U0482120

行政诉讼法

原理、制度与程序

杨临宏——著

中国社会科学出版社

图书在版编目（CIP）数据

行政诉讼法：原理、制度与程序/杨临宏著．—北京：中国社会科学出版社，2020.6

ISBN 978－7－5203－6362－4

Ⅰ.①行…　Ⅱ.①杨…　Ⅲ.①行政诉讼法—研究—中国
Ⅳ.①D925.304

中国版本图书馆CIP数据核字(2020)第067741号

出 版 人　赵剑英
责任编辑　张　林
特约编辑　宗彦辉
责任校对　周　昊
责任印制　戴　宽

出　　版　中国社会科学出版社
社　　址　北京鼓楼西大街甲158号
邮　　编　100720
网　　址　http://www.csspw.cn
发 行 部　010－84083685
门 市 部　010－84029450
经　　销　新华书店及其他书店

印　　刷　北京明恒达印务有限公司
装　　订　廊坊市广阳区广增装订厂
版　　次　2020年6月第1版
印　　次　2020年6月第1次印刷

开　　本　710×1000　1/16
印　　张　33
插　　页　2
字　　数　556千字
定　　价　188.00元

凡购买中国社会科学出版社图书，如有质量问题请与本社营销中心联系调换
电话：010－84083683

目　　录

第一章　行政争议及其解决途径

诉讼制度，是为了解决争议（纠纷）而设计的，但并非所有的争议（纠纷）都需要通过诉讼来解决。通常而言，诉讼制度只是解决法律争议（纠纷），即因法律上的权利义务发生的争议（纠纷）。至于非法律争议（纠纷），如感情争议、学术观点争议等，只要在合理的界限内，没有法律保护的人身或财产争议都不需要通过诉讼的方式解决。当然，因为法律争议的不同，国家设计的诉讼制度也不相同。综观当今世界各国，主要的法律争议（纠纷）有民事争议（纠纷）、行政争议（纠纷）和刑事争议（纠纷），国家相应的也设计了民事诉讼制度、行政诉讼制度和刑事诉讼制度，有部分国家除涉及了上述三种诉讼制度外，还设计了解决宪法争议的宪法诉讼制度。可见，法律争议（纠纷）是诉讼制度的逻辑起点，欲全面认识诉讼制度必须首先认识法律争议（纠纷）本身。

第一节　行政争议

争议，在现代汉语中作动词用，其基本含义是“争论”，而“争论”的基本含义是“各执己见，互相辩论”。①故古代曾经有“达练官曹，争议朝堂，莫能抗夺”②“古人争议，多成怨府”③ 的记载。

---

① 中国社会科学院语言研究所词典编辑室编：《现代汉语词典》（第5版），商务印书馆2005年版，第1734页。

② 《后汉书·左周黄列传》。

③ 《南史·刘师知传》。

“纠纷”在现代汉语中作名词用，其基本含义是指“争执的事情”，[①] 是指不同的主体之间对某一事项因认识不一致而产生的分歧。作为对某一事项认识不一致的行为，又可以称为争议、冲突。纠纷必须符合三个基本条件：一是纠纷的主体必须是具体且特定的行为主体；二是纠纷形成的机制必须植根于实际生活中的真正的利害关系的对立；三是双方当事人必须相互意识到对立的行为而实施一定的回应行为，如果当事人相互之间对对方的行为毫不在乎，任意地调整自己的行为则不能叫作纠纷。[②] 当然，也有不少的人是将争议与纠纷混同使用，是不作严格区分的。

法律争议（纠纷）是诉讼制度存在的前提，如果没有法律争议（纠纷），也就没有必要建立诉讼制度。因此，研究诉讼制度应当以法律争议（纠纷）为逻辑起点。诉讼是国家为了解决人们在社会生活中发生的法律争议（纠纷）而设计的一种专门但并非唯一的法律制度。不同的诉讼制度解决不同的法律争议（纠纷），如民事诉讼制度解决民事争议（纠纷）；刑事诉讼制度解决刑事争议（纠纷），即犯罪与刑罚方面的争议（纠纷）；行政诉讼制度就专门解决行政争议（纠纷）。[③] 当然，行政诉讼与民事诉讼、刑事诉讼不同，是现代民主法治的产物，古代是不存在行政诉讼制度的。人们在日常生活中所说的道德法庭、道德审判，其实只是社会公众舆论对社会生活中有争议的言行或违背社会道德的言行所进行的道德评议或者道德谴责，不是法律意义上的审判。

一　行政争议（纠纷）

（一）行政争议（纠纷）的含义

广义上，行政争议是指在行政管理领域发生的各种争议或者纠纷，但在现实生活中并不是行政管理领域发生的所有争议都需要通过裁决的方式解决。行政管理领域发生的行政争议，有的发生在行政主体之间，有的发生在行政相对人之

① 中国社会科学院语言研究所词典编辑室编：《现代汉语词典》（第5版），商务印书馆2005年版，第729页。

② 马怀德主编：《行政诉讼法学》，中国人民大学出版社2009年版，第2页。

③ 正因为如此，2014年11月1日第十二届全国人民代表大会常务委员会第十一次会议通过的《全国人民代表大会常务委员会关于修改〈中华人民共和国行政诉讼法〉的决定》第一条将“解决行政争议”补充为行政诉讼法的立法目的之一。

间。发生在行政主体之间的争议，通常不能通过裁决的方式解决。因此，行政争议可以分为通过裁决方式解决的行政争议和通过非诉讼程序解决的行政争议。在诉讼法视野中，所研究的行政争议仅限于行政主体与行政相对人之间的争议。行政争议，又称行政纠纷，从法律关系的角度看，是指在行政管理活动中，行政主体与行政相对人之间发生的有关行政法律关系的权利义务的争执；从行政活动的过程看，行政争议是指行政主体在行使行政职权，管理国家事务过程中所发生的纠纷。通常认为行政争议是指“国家行政机关及其工作人员，在行使职权的过程中所引起的法律关系主体之间的争议”。①

如何认识行政争议是构建行政诉讼制度的关键。在大陆法系国家，由于实行“二元裁判体制”，必须严格区分行政争议与民事争议，对行政争议的概念的研究就十分全面、深入。因为行政争议与民事争议分别由不同的法院或同一法院的不同审判庭分别按照不同的程序进行审理。德国和我国台湾地区将行政争议称为“公法上的争议”，日本则将其称为“行政事件”。② 行政机关在社会上的行为可以分为两类：一是以行政主体身份出现，通过行使公权力对国家事务和社会公共事务进行管理；二是以机关法人身份出现，从事的民事行为。在第一种情况下，行政主体与相对人发生的争议属于行政争议，而在第二种情况下发生的争议则属于民事争议。行政争议是行政主体在行使公权力过程中与相对人之间发生的依据公法程序解决的争议。

（二）行政争议的判断标准

如何判断一个争议是否属于行政争议呢？理论界还存在一定的分歧。

我国台湾地区学者吴庚认为，并非一切公法争议事件皆属于行政争讼法规范的对象，必须以行政法院为最终管辖之审级者，具有宪法性质的公法争议事件或者虽然属于行政法上的争议事件，但已经属于其他审判机关主管的都不属于行政争议、事件本身必须属公法（行政法）性质外，还应当具有争议性。③ 另一位台湾地区的学者陈清秀指出：一个法律上的争讼是属于公法性质还是私法性质，在

---

① 应松年主编：《行政法与行政诉讼法词典》，中国政法大学出版社 1992 年版，第 204 页。

② 马怀德主编：《行政诉讼法学》，中国人民大学出版社 2009 年版，第 5 页。

③ “所谓争讼性不限于有两造当事人对立，并由法院居间就争执之标的为裁判之通常意义的争讼性，亦包括对公权力主体单方面所为之处分行为，有所不服而生之争议在内。”吴庚著《行政争讼法论》（修订第三版），台湾三民书局 2005 年版，第 3 页。

法律没有明文规定救济途径的情形下，应如何判断，不无疑义。公法争议与私法争议之区别，应以导出诉讼请求权的法律关系的真正性质为准，而不以原告本身所主张的请求权的法律定性为准。如果原告的请求是应当根据私法规定加以判断的法律关系，则该类争议属于私法争议。反之，如果发生争议的诉讼请求，根据原告所提出的事实关系，仅可能是公法上的请求权时，则除法律另有特别规定外，原则上排除普通法律的诉讼救济。简言之，这类争议属于公法争议。此外，如果就原告在事实上的陈述，依正确的法律判断有公法上的关系存在时，则即使原告主张的请求权，外观上以私法上的形式（如所有权、占有权、不当得利或损害赔偿诉讼）表现出来，仍然不得根据民事诉讼请求救济，而仍然属于行政诉讼的救济范围，反之亦然。并且认为，公法争议的具体情形包括十五种：出售公产、公地放领、耕地收回自耕的核定与调处、公法上给付的返还请求权、公法上债权与概括承受、公法上债权债务的继承、依契约对于他人的税捐债务关系负担责任义务、公法上债权债务的争议、欠税的执行、第三人在强制执行中的权利、公法人假扣押与假处分、公营事业与其人员的关系、公立学校教师的聘用关系、公立学校与公费学生的契约、特许民间机构兴建营运交通建设的特许合约等。①

判断行政争议可以依据如下五个标准②进行。

第一，主体因素。主体因素是判断某一争议是否为行政争议时首先要考虑的因素。行政争议双方当事人中，必有一方是行政主体，另一方则是作为行政相对人出现在争议之中。

第二，公权力因素。即根据所适用法律的性质，行政可以分为公权力行政和私经济行政。凡是行政主体运用公权力的行为而导致与相对人发生争议，即应当属于行政争议，而行政主体处于与相对人平等的地位，基于意思自治而做出的行为所导致的争议则属于民事争议。

第三，法律依据。如果争议的发生原因是行政主体的公法适用行为，则应当认定为行政争议；如果是行政主体适用私法的行为，则应当认定为民事争议。

---

① 陈清秀：《行政诉讼法》，台湾翰芦图书出版有限公司2002年版，第60—71页。

② 张红：《论行政争议——兼论行政争议与民事争议的区分》，《黑龙江政法干部管理学院学报》2005年第2期。

第四，权利义务的特殊性。行政法律关系的权利义务与作为私法关系内容的私法权利义务有很大的不同。其根本原因就在于行政主体与相对人在法律秩序中的不对等地位。在行政法律关系中，公行政的义务并不当然意味着相对人的权利。相对人在享有公权利的同时，负有行政法上的义务，相对人依行政法的规定，应当服从公权力，作出特定的作为、不作为或容忍。在行政争议中作为行政法律关系的相对人一方与行政主体一方各自的权利义务相应地呈现出与民事争议双方当事人权利义务关系不同的特殊性。

第五，公共利益。公共利益是公共行政的一个基本特征，公益向来为国家所积极追寻的目标之一。公共利益具有“不确定性”“非营利性”“优先保障性”“为社会成员直接享有”和“社会共享性”的特征。①

可见，判断某一争议是否为行政争议，应当综合考虑争议主体、公权力、法律依据、权利义务的特殊性、公共利益等多种因素，依据单一标准无法判断一个争议到底是民事争议还是行政争议。

（三）行政争议的特征

与民事争议相比，行政争议具有如下四个特征。

第一，行政争议产生于行政主体行使行政职权的过程中，是因行政主体行使行政职权的行为所引起的。行政主体行使职权是行政争议产生的前提条件，如果没有行政主体行使职权的行为，就不会产生行政争议。

第二，行政争议的双方当事人中至少有一方是行使行政职权的行政主体。从逻辑上说，行政争议可能发生在行政主体与行政相对人之间、行政主体与行政主体之间，这其中至少有一方是行政主体，没有行政主体参与的争议，不属于行政争议。当然，行政争议也可以发生在行政主体与行政主体之间，这种争议通常采用行政程序进行处理，不属于行政诉讼法所调整的争议，但行政诉讼法并没有明

① 杨临宏：《论公共利益》，载《修宪后的中国行政法——中国法学会行政法学研究会 2004 年年会论文集》，中国政法大学出版社 2005 年版，第 582—583 页。现阶段，学术界一般根据 2011 年 1 月 19 日国务院第 141 次常务会议通过的《国有土地上房屋征收与补偿条例》划定了公共利益的外延。该《条例》第八条规定：“为了保障国家安全、促进国民经济和社会发展等公共利益的需要，有下列情形之一，确需征收房屋的，由市、县级人民政府作出房屋征收决定：（一）国防和外交的需要；（二）由政府组织实施的能源、交通、水利等基础设施建设的需要；（三）由政府组织实施的科技、教育、文化、卫生、体育、环境和资源保护、防灾减灾、文物保护、社会福利、市政公用等公共事业的需要；（四）由政府组织实施的保障性安居工程建设的需要；（五）由政府依照城乡规划法有关规定组织实施的对危房集中、基础设施落后等地段进行旧城区改建的需要；（六）法律、行政法规规定的其他公共利益的需要。”

确将此类纠纷排除在行政诉讼之外。① 对于发生在行政主体之间的争议，需要分为两个部分：一是具有隶属关系的行政主体之间的争议；二是不具有隶属关系的行政主体之间的争议。在前一种关系中，双方的地位是不平等的，发生纠纷遵循上级指挥命令下级，下级服从上级的原则处理；后一种关系中，双方的地位是平等的，如果发生争议，一般通过协商或请求共同上级进行决断的方式处理。在特殊情况下，行政争议也可以发生在行政相对人之间，但这种争议通常是与行政主体有关联的。如甲因受到乙的殴打而受伤，公安机关对乙实施处罚后，甲认为处罚过轻，对处罚决定不服而提出争议，或者乙认为处罚过重，对处罚不服而提出争议。

第三，行政争议的焦点是行政主体所作行政行为的合法性和合理性。即行政主体与行政相对人之间的争议是围绕行政主体所作的行政行为是否合法或者是否合理展开的。

第四，双方当事人的地位具有差异性或者不对等性。发生在行政主体与行政相对人之间的争议，双方当事人的地位不对等。行政主体在行政管理中行使职权，处于管理者地位，而相对人则处于被管理者地位，对行政主体依法作出的行

---

① 2014 年 9 月 6 日新华网刊登记者周勉的文章，题为《湖南南县："镇政府告县政府"一审胜诉》，文章记载："在经过 8 月 12 日和 26 日两次公开开庭审理后，湖南省益阳市南县人民法院 9 月 5 日对备受关注的'镇政府告县政府案'作出一审判决：撤销被告南县人民政府和南县国土资源局颁发给南县三仙湖镇三渔场的《集体土地所有权证》，并判令被告在判决生效后重新作出具体行政行为。"该案缘起三仙湖镇人民政府和三渔场之间一起土地所有权纠纷。2005 年，南县国土局向三渔场颁发《集体土地所有权证》，所有权人为三渔场村民集体。但三仙湖镇政府认为渔场一直是镇政府资产，要求县国土局重新确定土地为镇集体所有并颁发新证。并以"主体不具法人资格"和"未进行公示"为由，将南县国土局和南县人民政府告上法庭。"法院审理查明，原告南县三仙湖镇政府从 1958 年起，即以投工投劳等形式对三渔场进行管理和开发。2004 年，南县启动全县 20 个乡镇辖区内的农村集体土地所有权登记发证工作，被告南县国土局为此次登记发证工作的具体实施部门。同年 12 月 7 日，作为本案第三人的三渔场递交该渔场负责人的法定代表人身份证明书，向两被告提出集体土地所有权的初始登记申请。2005 年 3 月 25 日，两被告根据第三人申请，颁发了土地所有权人为三渔场村民集体的《集体土地所有权证》，并未对该宗土地予以公告，该证颁发后也没有告知原告。法院据此认定被告违反了法定程序。""法院还认为两被告的颁证行为认定事实证据不足。两被告在申请人既未提供土地权属来源证明，又未提供土地附着物权属证明的情况下，便将讼争土地确权颁证，违反了原国家土地管理局《土地登记规则》第十条的规定。"三渔场作为本案第三人向法院提出，"原告与两被告间的纠纷应由民事法律关系调整，不应提起行政诉讼。同时，原告的起诉超过了诉讼时效且镇政府起诉县政府违反了相关法律规定。""对此，法院认为，三仙湖镇政府的起诉符合《中华人民共和国行政诉讼法》第二条和原《最高人民法院关于执行〈中华人民共和国行政诉讼法〉若干问题的解释》第十二条的规定，是行政诉讼的适格原告。南县人民政府和南县国土资源局作为土地颁证、登记机关，同在土地所有权证上署名，是本案适格被告。三仙湖镇政府 2014 年 4 月提起诉讼，距离其 2012 年 7 月得知被诉具体行政行为内容，并未超过两年的诉讼时效。"（http：//news. xinhuanet. com/mrdx/2014－09/06/c_ 133625131. htm，最后访问时间，2014 年 11 月 13 日）

政行为具有服从义务。

（四）行政争议与民事争议的区别

行政争议与民事争议相比，存在如下区别：

类型 内容 名称	行政争议	民事争议
争议主体	行政主体与行政相对人之间、行政主体之间	平等民事主体之间
争议内容	行政行为的合法性与适当性	民事权利义务的归属
发生领域	行政管理	民事活动
争议原因	行政权力的行使	民事活动
争议依据	行政法律法规	民事法律
解决途径	调解、行政复议、行政诉讼	调解、仲裁、诉讼

二　行政争议的种类

为全面认识行政争议，可以根据不同的标准对行政争议进行分类。

（一）根据争议的焦点不同，将行政争议区分为合法性行政争议和合理性（适当性）行政争议

合法性行政争议，是指争议双方当事人就争议的行政行为是否符合国家法律、法规、规章的规定而发生的争议。

合理性（适当性）行政争议，是指争议双方当事人就争议的行政行为合法的前提下，就其合理性（适当性）而发生的争议。

在合法性与合理性的争议中，合法性是合理性的前提，不能离开合法性追求所谓的合理性。

（二）根据行政争议发生的领域不同，将行政争议区别为内部行政争议和外部行政争议

内部行政争议，是指行政主体在行使内部行政职权时与其他行政主体或公务员之间发生的争议。内部行政争议包括两种：一是行政主体之间的争议，二是行政主体与所属公务员之间的争议。外部行政争议，是指行政主体在对国家事务和社会事务行使管理职权时，与作为被管理者一方的行政相对人之间所发生的争议。

内部行政争议与外部行政争议虽然都是因行政主体行使职权的行为所引起，但二者之间存在明显的区别。具体表现如下：

类型 名称	内部行政争议	外部行政争议
争议基础	组织法、公务员法	行政管理法律法规
争议主体	行政主体之间、行政主体与公务员之间	行政主体与行政相对人
争议性质	内部行政法律关系	外部行政法律关系
争议内容	行政职权的界限、内部行政处理职权	行政行为的合法性、适当性
解决途径	通过行政途径解决，按层级节制原则解决	既可通过行政途径解决，亦可通过司法途径，按管理原则解决

从诉讼法的角度研究行政争议，仅限于外部行政争议，因为内部行政争议一般不能通过诉讼方式解决。

此外，还可以根据行政争议所发生的行政管理领域的不同，将行政争议区分为外交管理行政争议、国防管理行政争议、国家发展和改革管理行政争议、教育管理行政争议、科学技术管理行政争议、工业和信息化管理行政争议、国家民族事务管理行政争议、公安管理行政争议、国家安全管理行政争议、民政部管理行

政争议、司法行政管理行政争议、财政管理行政争议、人力资源和社会保障管理行政争议、自然资源管理行政争议、生态环境管理行政争议、住房和城乡建设管理行政争议、交通运输管理行政争议、水利管理行政争议、农业农村管理行政争议、商务管理行政争议、文化和旅游管理行政争议、国家卫生健康管理行政争议、退役军人管理行政争议、应急管理行政争议、审计管理行政争议、金融管理行政争议等。

三　行政争议发生的原因

行政争议发生的原因，从根本上来说是行政权力之间、行政权力与公民权利之间发生了矛盾和冲突。因此，行政争议也与其他争议一样，表现为社会利益的冲突。“社会冲突最终可归结到利益上的冲突，它可能是物质利益上的冲突，也可能是精神利益上的冲突。有限的利益在社会主体之间进行分配，一旦出现利益分配的不合理或不公平，利益冲突和社会冲突便随之产生。”[①] 而“社会冲突——无论是统治阶层内部的冲突还是统治阶层外部的冲突都是与现实统治秩序（从而也是与法律秩序）不相协调的，严重的社会冲突威胁着统治秩序或法律秩序的稳定。诉讼的任务正在于为解决这些冲突，并抑制后续冲突的发生提供一种常规性手段”。[②] 这里需要注意，社会冲突是多方面的，并非所有的社会冲突都属于法律上所允许的争议。社会冲突只有表现为法律上的权利（力）义务冲突，并在法律许可的范围内才是法律上的争议，行政争议也不例外。具体而言，行政争议发生的具体原因有如下六个方面。

第一，争议双方对行政行为的认识存在偏差，即行政主体认为自己所作的行政行为是合法的，但行政相对人则认为是违法的；或者行政主体认为自己所作的行政行为是适当的，而行政相对人则认为是不适当的。

第二，行政主体在认定案件事实、适用法律上有错误，或认定案件事实正确但适用法律有错误而导致相对人不服而发生争议。

第三，行政相对人违法或者行政主体认为行政相对人违法而发生争议。

第四，行政相对人认为行政主体的行为违法或者不当而发生争议。

---

① 江伟主编：《民事诉讼法学原理》，中国人民大学出版社 1999 年版，第 1 页。

② 顾培东：《社会冲突与诉讼机制》（修订版），法律出版社 2004 年版，第 17 页。

第五，行政相对人认为行政主体没有依法履行应当履行的法定职责而发生争议。

第六，行政相对人认为行政主体没有按照法定程序履行行政职责，而行政主体则认为自己已经按照法定程序履行了职责而发生争议。

这里需要特别指出，行政争议的发生都只是当事人的主观认识行为，并不表明有争议的行政行为已经实质上给行政相对人的合法权益造成损害或者行政主体的行为具有违法性，也不表明行政争议双方各自的主张和理由都是合法的、客观的。

第二节　行政争议的解决途径

一　行政救济的概述

（一）行政救济的概念

“救济”一词，就通常意义而言，是指“用金钱或物资帮助灾区或生活有困难的人”。[①]《应用汉语词典》也作了类似的解释，认为“救济”是“用财物援助遭受灾害或生活困难的人”。[②] 在法律意义上救济一般是指“纠正、矫正或改正已发生或业已造成伤害、危害、损失或损害的不正当行为”。“救济法指各种权利被侵犯时应予实施或请求实施的救济方法的法律部门。”[③]《中国法学大辞典》将“救济”解释为“是对宪法规定的年老、疾病和丧失劳动能力的公民给予物质帮助，以保障他们的基本生活，帮助他们克服困难”。[④] 可见，法律上使用的“救济”，与人们通常意义上所使用的“救济”在含义上有较大的区别。行政救济，是行政法律救济的简称。通常行政救济所指称的是行政事件的法律救济，包

① 中国社会科学院语言研究所词典编辑室编：《现代汉语词典》（第5版），商务印书馆2005年版，第733页。

② 《应用汉语词典》，商务印书馆2002年版，第542页。

③ ［英］戴维·M. 沃克：《牛津法律大辞典》（中译本），北京社会与科技发展研究所组织翻译，光明日报出版社1988年版，第764页。

④ 《中华法学大辞典》，中国检察出版社2003年版，第414页。

括司法救济在内。但有时如果将“行政救济”与“司法救济”并列使用，即被限制在行政体系内所作的救济。因此，必须注意行政救济的准确含义。并且，由于请求救济的人民与行政主体之间通常处于争议状态，因此，又可以称为“行政争讼”。①

“行政救济”一词，并非严格意义上的法律用语。因世界各国、各地区制度、传统上存在差异，在学术上也并无定论。② 学术界对行政救济概念的认识主要有“救济监督说”“程序说”“争讼说”“对应说”“请求补救说”五种观点。③

“救济监督说”。我国大陆地区有的学者从行政法制监督的角度，认为救济监督是法定国家机关代表国家的监督。

“程序说”。持这种观点的学者认为，行政救济程序，作为行政法的重要环节之一，“包括狭义的行政司法和行政诉讼。具体说来，包括行政调解、行政复议、行政仲裁、行政诉讼四者”。这里把行政救济作为行政程序来表述，有一定道理。但把行政救济程序分为行政司法和行政诉讼两种，客观上扩大了行政救济概念的外延。实质上，行政司法程序与行政救济程序是两种不同的行政程序，二者不能相混淆。同时，不能把行政救济仅仅理解成行政诉讼，行政诉讼只是行政救济的一种途径而已。

“行政争讼说”。行政争讼一词源自日本，指诉愿和诉讼两种程序。“行政争讼程序指最终审级归行政法院管辖之公法争议事件的审理程序，行政争讼法即规范此一程序之法规的总称。”④ 我国台湾地区学者认为，“行政争讼，即为行政救济”，“行政争讼是关于行政上事项之争讼——行政官署适用行政法规是否合法、适当之争讼”，并认为行政争讼应包括诉愿、行政诉讼、声明与异议、选举诉讼。这种观点较为准确地说明了行政救济的一个特征，即救济因争讼不决而发生，但争讼并不能反映救济的全部特征，因而，把行政争讼等同于行政救济的观点也失之狭隘。目前，我国台湾地区学者多用行政救济一词取代行政争讼一词。这样做的理由可能有：一是行政救济是立法上的正式用语；二是行政救济涵盖范围较

---

① 陈敏：《行政法总论》（第三版），台湾神州图书出版有限公司 2003 年版，第 1200 页。

② 林莉红：《救济基本理论问题研究》，《中国法学》1999 年第 1 期。

③ 在这五种观点中，前四种转引自王景斌、尹奎杰《行政救济概念范畴若干问题探析》，载《东北师大学报》（哲学社会科学版）1998 年第 6 期。第五种观点是王景斌、尹奎杰在《行政救济概念范畴若干问题探析》一文中所持的观点。

④ 吴庚：《行政争讼法论》（修订第三版），台湾三民书局 2005 年版，第 1—2 页。

广，使用比较方便；三是行政争讼外来语意味浓厚而避免使用。①

“对应说”。西方有的学者把“行政救济”与“司法救济”相对应来理解，即把行政机关对行政主体作出的违法或不当等行为的补救行为视为行政救济，如行政复议等。而把行政诉讼视为司法救济。这种理解是基于西方三权分立政治体制，把行政机关救济和司法机关救济对应并提。我国政治体制的特点决定了行政救济不能据此理解，而应从广义上来理解。

“请求补救说”。行政救济是指行政相对人认为行政主体在行使国家行政职权过程中的违法或不当的行政行为使自身的合法权益受到侵害，而请求国家有权机关予以补救的行政法律制度。

（二）行政救济的含义

“‘行政救济’是指行政法上为合法权益受到损害的当事人提供法律救济的制度，大致相当于英文中的 legal remedy 或者德文中的 der Rechtsbehelfe。”② 是指行政相对人因行政主体违法或不当行使行政职权，致使行政相对人的合法权益直接遭受损害，而向国家有关机关请求予以补救的路径或制度安排。简言之，行政救济是国家为受到公共行政（国家公共行政和社会公共行政）侵害的个人、法人或者其他组织提供的行政法上的补救的制度安排。在日本，“行政救济主要是在行政作用给国民权益造成侵害或负担的情况下，根据该国民的请求，通过一定机关防止和排除其侵害或负担，以保护、救济国民的权益”。③ 在我国台湾地区，有学者明确指出，“何谓‘行政救济’，学界还缺乏公认之定义。如依‘肇因说’（又名‘惹起说’）(Ursachentheorie）之定义，乃指‘因（实质意义之）国家行政机关有瑕疵之行政行为，导致人民之权益或公益受损，在依法行政原则之要求下，对于受侵害之人民权益或公益（法益）给予行政体系内或体系外之保护者’”。④

行政救济是指国家机关通过解决行政争议，制止和纠正违法或不当的行政行为，进而对行政相对人的合法权益进行补救的法律制度。行政救济包括广义和狭义两个方面的内容，广义的行政救济是指对行政权力行使所提供的救济，包括行

① 吴庚：《行政争讼法论》（修订第三版），台湾三民书局 2005 年版，第 1—2 页。

② 姜明安主编：《行政法与行政诉讼法》（第 6 版），高等教育出版社、北京大学出版社 2015 年版，第 357 页。

③ ［日］室井力：《日本现代行政法》，吴微译，中国政法大学出版社 1995 年版，第 186 页。

④ 蔡志方：《行政救济法新论》，台湾元照出版公司 2000 年版，第 2 页。

政系统提供的各种救济和司法救济两大部分。可见，广义的行政救济，是指国家法律确定的、对因违法或不当行政行为造成行政相对人合法权益损害，以及因合法行政行为造成损失时进行救济的法律制度的总称。狭义上的行政救济，则仅包括行政系统中已经形成了法律制度的救济，即行政复议、行政赔偿、行政补偿、信访等制度。

从上述分析可知，行政救济制度是针对行政权力行使过程中可能产生的消极作用而设计的一种法律制度。由于行政主体的行政职权既具有积极维护行政相对人合法权益、满足公共利益需要的一面，同时，如果这种权力不能严格依法行使，则又会具有消极损害行政相对人合法权益的一面，因此，如何充分发挥行政救济的积极作用，避免行政救济发生消极作用是当代行政法的重要内容之一。行政救济制度正是为避免行政权力发生消极作用或者消极作用发生后给予补救的一项重要法律制度。根据上述分析，行政救济包含如下四个方面的含义。

第一，行政救济是一种以行政争议存在为前提条件的法律制度。行政主体行使行政职权管理国家事务和社会公共事务，必然会涉及行政相对人的合法权益，引起行政相对人的不满，这就产生了行政争议，即行政主体在行使行政职权，管理行政事务过程中所发生的纠纷。这种行政争议的存在，使得正常的行政管理秩序受到影响，行政主体不能正常地行使行政职权，所以必须建立一种化解行政争议的制度，使行政管理秩序恢复正常，以确保行政主体能够正常地行使行政职权。因此，没有行政争议，也就没有必要建立行政救济制度。

第二，行政救济是一种根据行政相对人的申请才开始运作的法律制度，所以，遵循“不告不理”的原则，如果没有行政相对人的申请，尽管主管机关已经知道了行政行为违法或不当，也不能主动提供救济。

第三，行政救济的目的在于纠正违法或者不当的行政行为，确保行政相对人的合法权益免受行政主体的不法侵害。这就要求提供行政救济的国家机关必须是依法拥有纠正行政行为违法或不当的权力机关。在我国，行政救济一般是由作出行政行为的上级行政机关、本级人民政府，或者人民法院提供。

第四，行政救济是一种事后救济，即行政救济是在行政主体的行政行为作出之后才开始运作的，在行政行为作出之前或者作出的过程中行政相对人不能寻求行政救济。当然，这里说的事后，也有一个时间限度，即行政相对人必须在法定救济时效范围内申请行政救济，如果超过了法定救济时效，当事人也不能得到有效救济。

这里需要注意，不能将行政救济错误地理解为行政主体为行政相对人提供的救济。行政救济包括行政系统提供的救济和司法机关提供的救济两个部分。准确地讲，行政救济是法律为保护行政相对人的合法权益、监督行政权力的合法、适当行使而提供的救济。

二 行政救济的特点

第一，行政救济是一种解决行政争议的制度。这一点是行政救济与民事救济的重要区别。行政救济解决的是行政争议，而民事救济解决的是民事争议。因此，行政救济具有平息行政争议的特征。

第二，行政救济制度是一种制止和纠正违法行政行为或不当行政行为的一种法律制度。由于行政救济必然发生在行政主体作出一定的行政行为之后，因此，具有事后性特征。

第三，行政救济制度是对行政相对人的合法权益进行补救的法律制度，既要对行政主体作出的违法或不当的行政行为进行处理（包括撤销、纠正或限期作出），又要对因行政主体的违法或不当行政行为给行政相对人的合法权益所造成的损害进行弥补。因此，行政救济又具有善后性的特征。

第四，行政救济只能严格依据法定程序进行，并由法定机关主持。非依法律规定就可以启动的程序，虽然未必违法，但不属于行政救济程序。违反法定程序进行的救济不能够产生相应的法律后果。因此，行政救济具有严格的法律性。

第五，行政救济是严格依法进行的，其产生的结果具有法定约束力，对与该行政救济结果具有法律上利害关系的行政相对人和行政主体都具有拘束力，都必须遵守。因此，行政救济的结果具有法律效力。

第六，行政救济是通过对法定机关及其公务人员的行政行为进行审查，将违法与不当行政行为给予权威确定、撤销、变更、限期作出的行为，从而实现对行政相对人合法权益的救济的制度。它是由一系列的制度、原则和规范所构成，是多种救济手段、方法的总称。它包括行政机关自身设置的救济、由司法机关主导的救济等。因此，行政救济的方式具有法定的特征。

三 行政救济的功能

在德国建立行政救济制度的早期，关于行政救济的功能存在着法律规范维持说和相对人权利保护说两种学说。[①]

法律规范维持说是北部德国即普鲁士学派的主张。该学说认为，行政救济的作用，在于维持行政主体行使行政职权的行为符合行政法律规范所确立的秩序。如果行政主体行使行政职权的行为符合了行政法律规范所确立的秩序，即是对行政法律规范的维持。

相对人权利保护说是南部德国学者所主张的观点。该学说认为，行政救济的目的在于为违法或不当的行政公权力所侵害之人民提供补救。为保证行政相对人合法权益真正得到补救，作为提供救济的机关应当具有独立之地位。

我国台湾地区的行政法学者张家洋教授认为，行政救济的功能包括六个方面的内容：（1）实现行政与公权力之目的；（2）加强监督与矫正措施；（3）保障人民权益；（4）维护政府威信；（5）促进行政司法化；（6）提高行政效率。[②]

四　行政救济的种类

在广义上，行政救济包括行政内部救济和行政外部救济两大类。所谓行政内部救济，就是指行政相对人向行政体系内部寻求的救济；所谓行政外部救济，就是指行政相对人向行政体系外的机关寻求的救济。行政内部救济包括请愿、异议、信访和行政复议、行政补偿和行政赔偿。行政外部救济就是行政诉讼。

依照不同的标准可以对行政救济进行不同的分类。

首先，根据提供行政救济的机关不同，将行政救济区别为行政体系内的救济和行政体系外的救济，亦即内部行政救济与外部行政救济。

其次，根据行政救济所采取的程序不同，将行政救济区别为诉讼方法的行政救济和非诉讼方法的行政救济。

最后，根据行政救济是否已经形成专门的法律制度，将行政救济区别为法律化的行政救济与非法律化的行政救济。

我国台湾地区学者对行政救济的分类比较一致。按台湾地区的法制，行政救济的方式有正式途径和非正式途径。正式途径除诉愿、行政诉讼外，还包括行政补偿、行政赔偿，非正式途径包括请愿、陈情。

---

① 蔡志方：《行政救济法新论》，台湾元照出版公司 2000 年版，第 3—5 页。

② 参阅张家洋《行政法》，台湾三民书局股份有限公司 1994 年版，第 681—683 页。

我国目前已经形成法律制度的救济有申诉、行政复议、行政诉讼、行政补偿、行政赔偿和信访六种。

五　行政救济的意义

《中共中央关于全面推进依法治国若干重大问题的决定》指出："构建对维护群众利益具有重大作用的制度体系，建立健全社会矛盾预警机制、利益表达机制、协商沟通机制、救济救助机制，畅通群众利益协调、权益保障法律渠道。把信访纳入法治化轨道，保障合理合法诉求依照法律规定和程序就能得到合理合法的结果。"综合学者的不同见解，行政救济的功能主要有以下四个方面。

第一，建立和完善行政救济制度对开展依法治国的意义。在全面推进依法治国原则的指导下，国家与人民群众在行政法上的关系不只是命令服从关系，更为重要的是权利与义务关系。行政主体与行政相对人都共同负有遵守法律、法规的义务，行政主体所作的各种行政行为必须合法、适当。否则，行政主体行使行政职权的行为必然会给行政相对人的合法权益造成损害。为有效地防范违法不当行政行为的发生，国家对行政机关行使职权的行为建立了各种监督制度。行政救济制度正是在法治原则下对行政职权的行使进行有效监督的一种重要法律制度，这一制度对保障国家依法治国方略的实现具有十分重要的意义。

第二，建立和完善行政救济制度对加强依法行政、建设法治政府的意义。建立和完善行政救济制度是依法加强对行政主体行使职权行为的监督和纠正行政违法、不当行为的重要措施。由于行政救济制度允许因行政主体违法、不当行政行为受损害的行政相对人就此提出申诉、控告或请求赔偿的权利，进而引起有权力的国家机关对此行为进行审理，继而确定有争议的行政行为是否违法、适当，对违法、不当者给予必要的纠正，这就能够确保行政行为的合法性与适当性。因此，行政救济制度对监督和纠正违法行政、不当行政的意义也是十分重大的。通过行政救济能够及时监督和纠正行政主体的行政行为或不当行为，使人民群众充分认识到，政府与人民群众一同守法、护法，政府的行为是在法律轨道上运行的，这就能够改善长期以来人民群众认为政府在守法方面的不良形象，进而维护政府权威。

第三，建立和完善行政救济制度对保障行政相对人合法权益的意义。《中共中央关于全面推进依法治国若干重大问题的决定》指出："强化法律在维护群众权益、化解社会矛盾中的权威地位，引导和支持人们理性表达诉求、依法维护权益，解决好群众最关心最直接最现实的利益问题。"行政相对人的合法权益，在行政主体违法或不当行使职权的时候不可避免地会受到损害或处于即将受到损害的危险之中，如果没有相应的事后救济制度，则这种损害就将成为不可逆转的客观现实。所以通过行政救济制度，违法、不当的行政行为被有权机关宣告为无效，或者由有权机关直接给予撤销或变更，在行政主体怠于行使职权时，则由有权机关责令其在一定期限内作出行为，这就能恢复行政相对人的合法权益、已经受到的损害得到实际弥补，或者使行政相对人的合法权益置于行政主体的切实保护之下。可见行政救济制度在保护行政相对人合法权益方面的作用是不容忽视的。

第四，建立和完善行政救济制度有利于提高行政工作效率。行政职权的行使是以提高行政效率为目的的。但在实践中如果行政相对人对行政主体行使行政职权的行为产生了行政争议，这就使行政管理工作处于紊乱状态，行政效率必然会受到影响，行政管理也就无法正常进行。而通过行政救济的方法能够有效地排除行政争议，使行政管理秩序恢复正常，加强行政管理的有效性，进而也就提高了行政机关的工作效率。

由于行政救济是因行政主体行使职权的行为违法或不当损害行政相对人合法权益时所提供的补救方法，因此，行政救济具有消极性、事后性和善后性的特点，属于消极行政的范围。

六　行政救济的理论基础

行政救济制度的理论基础有二，即主权在民与有权利必有救济。

我国台湾学者蔡志方认为，现代国家之行政救济制度，其存在及运作之根本理念或理论基础有二，即"人性尊严与国民主权之原理"和"有权利，即有救济之法理"或"无救济，即无权利"的法谚。就有权利即有救济之法理而言，其为所有权利保护制度之根本思想，亦为行政救济制度之发端基础，尤其是以保护人民权利为目的的导向之行政救济，更是非以之为思想基础不可。虽然依法行政原则为行政救济制度之前提之一，但徒有依法行政之原则，并不当然导出行政救济制度，尤其是以保障人民权利为目的的行政救济制度。

七 完备的行政救济制度的衡量标准

台湾地区学者蔡志方提出，完备的行政救济制度的衡量标准如下。

第一，正确。即行政救济要能够客观公正地解决纠纷。

第二，实现。基于“有救济，而无实效，即非救济”之法理，行政救济必须得以完全、迅速地实现。否则空有权利存在之确认，亦仍属无济于事。

第三，完整。基于有权利即有救济之法理，行政救济之范围，应图求完整，避免存在死角或漏洞。为谋求行政救济之完整，行政救济制度就加强救济的制度应加强救济之广度与密度。

第四，经济。权利保护之主张，需要投入相当之人力、物力及时间。为免人民在寻求行政救济时，必须付出过大之成本，而导致放弃救济并助长行政活动之瑕疵，因此，行政救济制度必须能够以最少之人力、物力及时间，达成最终极、最佳解决。

第五，迅速。迟来的正义不是正义，因此，行政救济必须及时。[①]

八 行政救济制度简介

（一）行政复议

所谓行政复议，相当于诉愿，是指公民、法人或者其他组织认为行政行为侵犯其合法权益，按照法定程序和条件向作出行政行为的行政机关的上一级行政机关或法定复议机关提出复议申请，由受理申请的行政机关对有争议的行政行为进行重新审查并作出决定的行政救济活动。复议机关基于法律和事实上的依据，可以依法确认行政行为违法，裁定予以撤销，使违法行为的效力归于消灭，以恢复相对人的合法权益；或变更一个不当的行政行为，使行政相对人获得合理的权益；或消除行政相对人所承担的不合理的义务，使行政行为对行政相对人的影响恢复正常；对于因行政行为致使行政相对人人身权、财产权受损的，复议机关可以决定由侵权机关予以赔偿，使行政相对人获得补救。

（二）行政补偿

所谓行政补偿，是指行政机关因实施合法行政行为造成行政相对人的权益损

---

① 蔡志方：《行政诉讼法新论》，台湾元照出版公司2005年版，第8—12页。

失，或者因行政相对人为社会公益而受到损失时，行政机关依法弥补行政相对人损失的一种行政救济途径。因行政机关作出的合法的行政行为而致行政相对人权益受到损害的，行政相对人理应得到合理的补偿。同理，对于为社会公益承担了特别义务和受到损害的行政相对人，通过行政补偿的方式给予行政相对人救济，也是法律公平、合理原则的体现。因此，行政补偿不仅仅是一种行政职权的行使，实际上已经成为一种义务与职责。

（三）行政赔偿

所谓行政赔偿，是行政机关和行政机关工作人员在行使职权时违法侵害公民、法人或其他组织的合法权益，国家负责向受害人作出赔偿的行政救济方式。依据目前的法律规定，取得行政赔偿的途径只有两种，即行政复议和行政诉讼。

（四）行政诉讼

所谓行政诉讼，是指行政相对人认为行政机关的行政行为侵犯其合法权益，向人民法院提起诉讼，由人民法院对被诉行政行为进行合法性审查，对违法或显失公正的行政行为予以撤销或变更的救济途径。法院可以依法判决撤销违法的行政行为，对显失公正的行政处罚决定判决予以变更，判令行政机关履行法定职责或者判令行政机关作出赔偿，以使行政相对人受到损害的权益能够得到恢复和补救。人民法院在解决行政争议时具有的权威性及强制执行的效力，使行政诉讼成为社会公正的最后一道屏障，也使行政诉讼成为不可能被其他救济方式所取代的救济途径。

行政救济与行政诉讼的关系，理论界有不同的观点。有的学者认为，行政救济与行政诉讼都是对具体事件提起的争讼，目的是通过审理，为人民提供救济。二者的区别如下：首先，性质不同。行政救济是行政权本身之作用，以确保行政适当的运作为目的；行政诉讼则是司法权之作用，以人民权利或利益之救济为目的。其次，范围不同，行政救济适法与否及裁量当否；行政诉讼仅限于法律问题，不及于裁量问题。再次，审理机关不同。行政救济的审理机关系行政机关；行政诉讼的审理机关为法院。最后，适用程序不同。行政救济原则上采用书面审理原则；行政诉讼则采用言词辩论主义。当然也有学者认为，广义的行政争讼包括行政诉讼与行政复议，行政复议属于狭义的行政争讼。①

① 徐瑞晃：《行政诉讼法》，台湾五南图书出版股份有限公司2009年版，第6页。

（五）信访

“信访”一词，《辞海》中没有这个条目，《汉语大词典》对“信访”的解释为群众来信来访的简称，指人民群众致函或走访有关部门，反映情况，并要求解决某些问题。《现代汉语词典》亦将其解释为“人民群众来信来访（多用于机关团体）”。[①] 1966 年 7 月，中央办公厅“信访处”的成立，标志着“信访”一词首先在党政机关被正式使用。1971 年，《红旗》杂志刊登的《必须重视人民来信来访》一文，首次公开把人民来信来访称为“信访”，把处理人民来信来访工作称为“信访工作”。从此，“信访”一词被社会认可。

信访的概念有广义和狭义之分。广义的信访是指社会成员（社会人或社会组织）之间，为了达到一定的目的，采用书信或走访的形式所进行的社会交往活动。它是社会管理者为了实施其有效管理而采用的一种手段。[②] 狭义的信访是指 2005 年国务院颁布的《信访条例》所规范的行为，即“公民、法人或者其他组织采用书信、电子邮件、传真、电话、走访等形式，向各级人民政府、县级以上人民政府工作部门反映情况、提出建议、意见或者投诉请求，依法由有关行政机关处理的活动”。在信访活动中，向国家机关反映情况、提出意见、建议或者投诉请求的公民、法人或者其他组织称为信访人。本书所说的信访是指狭义的信访。需要特别指出的是，通过信访能够解决一些行政争议，但信访解决的并不局限于行政争议。从实践的视角来看，信访既能够解决行政争议，还能够解决一些因司法引起的争议、因政策引起的争议，甚至历史遗留的争议。

《中共中央关于全面推进依法治国若干重大问题的决定》指出：“把信访纳入法治化轨道，保障合理合法诉求依照法律规定和程序就能得到合理合法的结果。”这里的信访，所指的也应当是狭义的信访。

---

① 中国社会科学院语言研究所词典编辑室编：《现代汉语词典》（第 5 版），商务印书馆 2005 年版，第 1518 页。

② 中国行政管理学会信访分会编：《信访学概论》，中国方正出版社 2005 年版，第 2 页。

第二章　行政诉讼

“诉讼”俗称打官司，通常是指司法机关在当事人和其他诉讼参与人的参加下，为解决法律争议而依法定程序所进行的全部活动。在古代，“诉”与“讼”是两个不同的概念，也有两种不同的意义。在第一种意义上，“诉”的本意是告，“讼”的本意是争。[①] 如《说文解字》的解释是：“诉，告也。从言，斥省声。”具有告知、告诉的意思，是指一种向对方传递信息（或表达心声）的行为。“讼，争也。从言，公声。”即在两方或两方以上的当事人之间进行争辩。其含义有三：一为争财，即“讼谓以财货相告者”；二为争罪，即“争罪亦曰讼也”；三为争是非，即“列道而议，分徒而讼”，[②] 或“讼，争是非也”。在第二种意义上，“诉”指刑事案件，“讼”指民事案件。如《周礼·地官》解释：“争罪曰狱，争财曰讼。”清代学者段玉裁认为：“诉者，谓有冤抑之事而陈告也；讼者，谓有争论之事而陈告也。”刑事案件的审理活动，称为“折狱”；民事案件的审理活动，称为“听讼”。由于各国的法律文化、法律传统和法治化程度不同，诉讼制度也有所不同。如有的国家存在民事诉讼、刑事诉讼、行政诉讼和宪法诉讼等四种诉讼制度，有的国家则只有民事诉讼、刑事诉讼和行政诉讼等三种诉讼制度，有的国家甚至只有民事诉讼和刑事诉讼两种诉讼制度。现阶段，我国已经建立了民事诉讼、刑事诉讼和行政诉讼三种诉讼制度。人民群众将行政诉讼形象地称为“打行政官司”，或者“民告官”。但是这里值得注意的是，将行政诉讼称为“民告官”，作为一种俗称并无大错，但严格意义上讲，这种称谓是有缺陷

① 典籍中关于“讼”的记载很多，如《礼记·曲礼》：“分争辩讼，非礼不决。”《论语·颜渊》：“听讼，吾犹人也，必也使无讼乎？”《盐铁论·利议》：“辩讼公门之下，讻讻不可胜听。”

② 《淮南子·俶真》：“周室衰而五道废，儒墨乃始列道而议，分徒而讼。”

的。因为：第一，并非所有“民告官”的诉讼都属于行政诉讼；第二，行政诉讼也并非仅仅局限于“民告官”，有时会出现“官告官”的情形。

第一节 行政诉讼概述

一 行政诉讼的概念

如何界定行政诉讼，对于行政诉讼的制度设计和程序运行都具有重要的意义。

在法学界，多数学者以《中华人民共和国行政诉讼法》（以下简称新《行政诉讼法》）第二条①为根据，对行政诉讼进行定义。如姜明安教授认为：“行政诉讼是指作为行政相对人的公民、法人或者其他组织认为作为行政主体的行政机关或法律、法规授权的组织所实施的行政行为侵犯其合法权益，依法向人民法院起诉，人民法院依法对被诉行政行为的合法性进行审查，并依法作出裁决的活动。”② 多数学者关于行政诉讼的定义没有实质性差别，只是详略不一而已。本书认为，行政诉讼是指行政相对人认为行政主体的行政行为侵犯其合法权益而引发争议，依法向人民法院提起诉讼，人民法院依法定程序对行政机关的行政行为是否合法进行审查并作出裁判的活动。

行政诉讼是国家诉讼制度的重要组成部分。行政诉讼作为诉讼的一种，一方面，与其他诉讼具有共通性，有一些共同的制度、基本原则和规则；另一方面，由于行政诉讼解决的争议——行政争议，与其他诉讼审理的对象不同（既不同于民事诉讼解决的争议——民事争议，也不同于作为刑事诉讼解决的对象——被告人是否有罪的问题），因此，行政诉讼又有其自身的特殊性，必须遵循不同于民事诉讼、刑事诉讼的一些制度和规则。

---

① 原《行政诉讼法》第二条：“公民、法人或者其他组织认为行政机关和行政机关工作人员的具体行政行为侵犯其合法权益，有权依照本法向人民法院提起诉讼。”2014 年 11 月 1 日第十一次届全国人民代表大会常委会第十一次会议作出了《全国人民代表大会常务委员会关于修改〈中华人民共和国行政诉讼法〉的决定》第二条规定：“第二条增加一款，作为第二款：‘前款所称行政行为，包括法律、法规、规章授权的组织作出的行政行为。’”第六十条规定：“将本法相关条文中的‘具体行政行为’修改为‘行政行为’。”

② 姜明安：《行政诉讼法》（第三版），北京大学出版社 2016 年版，第 75 页。

关于行政诉讼的含义，可以从以下四个方面理解。

第一，行政诉讼是专门解决行政争议的制度。行政诉讼首先是一种诉讼活动，具有诉讼活动的基本属性（发生争议的一方或者双方，请求与本争议没有利害关系的国家机关，按照法定的程序和方式解决争议），但由于行政争议具有不同于民事争议及刑事诉讼审理对象的特性，使得行政诉讼要适用不同于民事诉讼、刑事诉讼的规则。

第二，行政诉讼当事人的地位具有恒定性。这里的恒定性是指当事人双方在诉讼中的地位始终不变，不可互换。这种恒定性具体表现在两个方面，即一方面，行政诉讼的原告恒定为行政管理之中的行政相对人；另一方面，行政诉讼的被告恒定为行政管理之中行使行政职权进行行政管理的行政主体（行政机关和法律、法规授权的组织）。当然在行政机关与法律、法规授权的组织不是作为行政主体，而是作为行政相对人时，也可以成为行政诉讼原告，提起行政诉讼。例如，某公安机关违章建盖房屋，规划建设主管部门就有权对其进行处罚。如果该公安机关不服处罚，就有权提起行政诉讼。为什么行政机关在行政管理中处于行政主体地位时不能以原告身份提起行政诉讼呢？因为法律已经赋予行政机关广泛的行政权力，有权命令、强制行政相对人。当行政相对人不服自己的管理时，行政主体可以通过自身所享有的这些权力迫使当事人服从行政命令，履行行政义务，行政主体无须通过向法院起诉的方式达到行政目标。可见，行政诉讼当事人的恒定是由行政管理活动的特点决定的。

第三，行政诉讼是由人民法院依法行使行政审判权解决行政争议的活动，即行政诉讼的主管机关是人民法院。这是行政诉讼与行政复议的本质区别。行政复议与行政诉讼都是为行政相对人提供的法律救济途径。但行政复议提供的行政系统内部的救济，一般不具有终局性，而行政诉讼提供的则是行政系统之外的救济，即司法救济，各国都坚持司法最终解决的原则，具有终局性。

第四，行政诉讼以解决行政争议为基本目的或者说行政诉讼的内容是解决行政争议。前面已经述及，行政诉讼制度以行政争议的存在为前提条件，没有行政争议的存在，也就没有必要建立行政诉讼制度。因此，《全国人民代表大会常务委员会关于修改〈中华人民共和国行政诉讼法〉的决定》第一条将“解决行政争议”补充为行政诉讼法的立法目的之一，准确地揭示了行政诉讼制度的目的，其意义是十分重大的。

二　行政诉讼的基本特征

相对于其他诉讼制度和其他行政救济途径，行政诉讼具有如下四个基本特征。

第一，行政诉讼解决的争议具有特定性。即行政诉讼是解决行政争议的一种诉讼活动，是行政相对人作为行政争议的一方当事人发起的，请求人民法院依照诉讼程序解决与行政主体之间发生的行政纠纷。

第二，行政诉讼的主体具有特定性。即行政诉讼的原告只能是行政相对人（公民、法人或者其他组织）；被告只能是行政主体（作出行政行为的行政机关，法律、法规、规章授权的组织）。行政主体不能以原告身份提起行政诉讼，也不得在行政诉讼中提起反诉。

第三，行政诉讼案件的审判过程，实质上是人民法院对行政行为的合法性进行审查，① 是人民法院通过司法审查对行政主体依法行政实施的监督。现阶段，人民法院主要进行合法性审查，法律有特殊规定的才进行合理性审查。

第四，行政诉讼的根本目的在于通过解决行政争议保护公民、法人或其他组织的合法权益，监督行政机关依法行使行政职权。

三　行政诉讼的性质

行政诉讼的性质，是指行政诉讼这一客观存在的社会制度在本质上的属性，它既表明行政诉讼作为一种法律制度的一般性，又表明行政诉讼区别于其他法律制度的特殊性。② "行政诉讼制度建立至今，其性质主要表现为三个方面：诉讼程序制度、监督行政制度与救济权利制度，三方面的性质依次递进。"③ 行政诉讼，又称司法审查，其法律性质如下。

第一，行政诉讼是一种司法监督制度，体现司法权对行政权的监督。行政诉讼作为控制行政权运行的一种制度安排，由法院通过对行政行为进行审查，使国

① 1989 年制定《行政诉讼法》时，行政诉讼的受案范围仅限于具体行政行为的合法性问题。2014 年 11 月 1 日，全国人大常委会修改了《行政诉讼法》，用"行政行为"一词替换了"具体行政行为"一词，使行政诉讼的受案范围有了实质性的扩大，但受案范围方面采用列举式为主体，概括式为补充的方式，受案范围的扩大十分有限。

② 孔繁华：《行政诉讼性质研究》，人民出版社 2011 年版，第 15 页。

③ 同上书，第 104—105 页。

家行政权力与其责任相符并保证其在法律范围内有效运行。

第二，行政诉讼是一种法律救济制度，能够保证在行政主体已经作出某种生效行政行为后，行政相对人可以请求人民法院对该行为进行审查，解决行政行为存在的违法或者不当问题，并恢复或补救受违法、不当行政行为侵犯的权益的制度。

第三，行政诉讼是国家三大基本诉讼制度的组成部分①，与宪法诉讼、民事诉讼、刑事诉讼一起构成国家完整的诉讼制度。

概括起来，行政诉讼具有司法监督、法律救济和诉讼制度三个方面的性质。

四 行政诉讼的类型

行政诉讼的类型，是指公民、法人或其他组织能够提起行政诉讼、请求救济且人民法院仅在裁判方法范围内裁决的诉讼形态。行政诉讼的基本类型有以下四个。

（一）撤销之诉

撤销之诉，是指原告对行政主体作出的行政行为不服，请求人民法院撤销该行政行为的诉讼。

《行政诉讼法》《适用行政诉讼法解释》对这类诉讼规定是最为具体的，只要有下列情形之一，公民、法人或其他组织即可提起撤销之诉：①行政行为主要证据不足；②适用法律法规错误；③违反法定程序；④超越职权；⑤滥用职权。

（二）确认之诉

确认之诉，是指原告要求人民法院确认被诉的行政主体与原告之间存在或不存在特定行政法律关系的诉讼。

从表面现象而言，人民法院只是确认被诉的行政主体与原告之间是否存在某种行政法律关系，对当事人的合法权益并不产生直接的影响。但确认之诉一般是其他诉讼的前提或基础，对其他诉讼的诉讼结果具有先定性，请求确认判决都不会是最终的目的。因此，确认之诉一般不会被单独提出，通常伴随着其他诉讼同

---

① 姜明安主编：《行政法与行政诉讼法》（第6版），高等教育出版社、北京大学出版社2015年版，第400页。

时提出或之后还会以确认之诉为基础提起其他诉讼。确认之诉的判决不能作为强制执行的依据，但确认之诉的判决具有既判力。

（三）变更之诉

变更之诉，是指原告认为行政主体所作的行政行为不公正，而要求人民法院给予变更的诉讼。

由于人民法院审理行政案件以对行政行为的合法性进行审查为原则，以审查行政行为合理性为例外，因此变更之诉的范围仅限于行政主体行使自由裁量权（如行政处罚显失公正）引起诉讼的情形。

变更之诉，最早仅限于原告认为行政处罚显失公正，而要求人民法院变更处罚决定的诉讼。《行政诉讼法》修改后，变更之诉的范围有明显的扩大，即根据新《行政诉讼法》第七十七条的规定，对于行政处罚明显不当，或者其他行政行为涉及对款额的确定、认定确有错误的，人民法院可以判决变更。这里还需要注意，人民法院判决变更，不得加重原告的义务或者减损原告的权益。但利害关系人同为原告，且诉讼请求相反的除外。

（四）给付之诉

给付之诉，是指原告要求人民法院判决行政主体履行一定的给付义务的诉讼。

行政给付，是指行政主体基于行政相对人的申请或依职权作出的以给付特定行政相对人财产权利为内容的行政行为。给付之诉通常是因是否应当提供给付或给付数额是否符合法定标准而引起的。如新《行政诉讼法》第十二条第一款第（十）规定的，认为行政机关没有依法支付抚恤金、最低生活保障待遇或者社会保险待遇的诉讼，就属于给付之诉。

五　行政诉讼与相关制度之间的关系

（一）行政诉讼与行政复议之间的关系

行政诉讼与行政复议都是解决行政争议的制度，裁决的依据都是行政法律、法规、规章，所作的裁决对双方当事人都具有拘束力，但二者存在诸多的区别，不能互相替代。具体表现如下。

内容＼名称	行政复议	行政诉讼
受理机关	一般由作出有争议的行政行为的行政机关的上一级机关受理，特殊情况下由本级行政机关受理	人民法院
性质	行政救济行为，属于行政系统的内部救济和监督	人民法院的司法行为，是行政系统外部的救济和监督
范围	既可以审查行政行为，也可以在审查行政行为时附带审查规章以下的抽象行政行为①	只能审查行政行为，可附带非立法性的审查抽象行政行为②
程序	适用行政程序，一般实行一级复议，相对灵活	适用司法程序，实行两审终审制，比行政复议程序严格
审理强度	既可审查行政行为的合法性，也可以审查行政行为的合理性	原则上只能审查行政行为的合法性，不能审查行政行为的合理性。只有行政处罚明显不当，或者其他行政行为涉及对款额的确定、认定确有错误的，人民法院才可以审查适当性
审查依据	依据法律、法规、规章	依据法律、法规，参照规章
裁决效力	除法律有特别规定之外，不具有终局效力	具有终局效力
审理方式	原则上书面审理	原则上开庭审理

① 《行政复议法》第七条规定："公民、法人或者其他组织认为行政机关的具体行政行为所依据的下列规定不合法，在对具体行政行为申请行政复议时，可以一并向行政复议机关提出对该规定的审查申请：(一)国务院部门的规定；(二)县级以上地方各级人民政府及其工作部门的规定；(三)乡、镇人民政府的规定。""前款所列规定不含国务院部、委员会规章和地方人民政府规章。规章的审查依照法律、行政法规办理。"

② 新《行政诉讼法》第五十三条规定："公民、法人或者其他组织认为行政行为所依据的国务院部门和地方人民政府及其部门制定的规范性文件不合法，在对行政行为提起诉讼时，可以一并请求对该规范性文件进行审查。""前款规定的规范性文件不含规章。"第六十四条规定："人民法院在审理行政案件中，经审查认为本法第五十三条规定的规范性文件不合法的，不作为认定行政行为合法的依据，并向制定机关提出处理建议。"

（二）行政诉讼与民事诉讼之间的关系

在诉讼法史上，行政诉讼的历史远远短于民事诉讼和刑事诉讼的历史，行政诉讼是脱胎于民事诉讼的。原《行政诉讼法》颁布实施前，人民法院就是按照1982年《中华人民共和国民事诉讼法（试行）》第三条第二款的规定："法律规定由人民法院审理的行政案件，适用本法规定。"① 新《行政诉讼法》第一百零一条规定："人民法院审理行政案件，关于期间、送达、财产保全、开庭审理、调解、中止诉讼、终结诉讼、简易程序、执行等，以及人民检察院对行政案件受理、审理、裁判、执行的监督，本法没有规定的，适用《中华人民共和国民事诉讼法》的相关规定。"其他国家诉讼制度的发展过程也表明，行政诉讼独立于民事诉讼是现代法治理念形成、有限政府和责任政府观念确立的结果，是在民事诉讼制度发展到一定阶段后才产生的。②

行政诉讼脱胎于民事诉讼，说明行政诉讼与民事诉讼有共同之处，否则行政诉讼不可能使用民事诉讼的规则；行政诉讼脱胎于民事诉讼，同时说明行政诉讼与民事诉讼有本质的区别，否则行政诉讼也没有必要从民事诉讼中分离出来。

1. 行政诉讼与民事诉讼的区别

名称 标准	行政诉讼	民事诉讼
案件性质	行政争议	民事争议
诉讼目的	解决行政争议	解决民事纠纷

① 行政诉讼早期适用《民事诉讼法》规定的理由是：一是行政诉讼从最终结果上看要解决的是侵权问题，而"侵权"问题是行政诉讼的永恒主题；二是由于主要豁免原则占据支配地位，行政机关的侵权要么不予赔偿，要么转化成公职人员赔偿。因此，解决行政侵权问题不需要特别的规则。当大量的行政违法不仅表现为侵权问题的时候，当主权豁免转向公职人员免责的时候，当行政机关不得不充当被告的时候，行政诉讼就逐渐从民事诉讼中分离出来，成为一种独立的诉讼。但由于行政诉讼与民事诉讼有诸多相似之处，为了立法上的简洁，各国的行政诉讼法通常仅就其与民事诉讼特殊的部分进行规定，而对其相同部分则仍然准用《民事诉讼法》。如德国《行政法院法》第一百六十七条规定，"除本法有特殊规定外，民事诉讼法第八编的规定相应适用于司法执行"。最高人民法院原《关于执行〈中华人民共和国行政诉讼法〉若干问题的解释》第九十七条也规定："人民法院审理行政案件，除依据行政诉讼法和本解释外，可以参照民事诉讼的有关规定"。参阅江必新、梁凤云《行政诉讼法理论与实务》（第三版），法律出版社2016年版，第29—30页。

② 马怀德主编：《行政诉讼法学》，中国人民大学出版社2009年版，第10页。

续　表

名称 标准	行政诉讼	民事诉讼
诉讼主体	诉讼主体具有恒定性,被告只能是行政主体,行政相对人不能作行政诉讼的被告	被告既可以是公民、法人,也可以是行政机关,行政机关在民事诉讼中,既可以作原告,也可以作被告
权利义务	当事人双方的权利义务不完全对等	双方当事人享有的诉讼权利和承担的诉讼义务完全对等
举证责任	被告负举证责任。被告不得自行向原告和证人收集证据	谁主张,谁举证。在民事诉讼中,当事人可以补充证据
诉讼权利	原告有起诉权,被告无反诉权	原告有起诉权,被告有反诉权
执行效力	一般不停止行政行为的执行	除先行给付或保全措施外,不发生向一方当事人执行某一协议或决定的问题
调解	行政赔偿、补偿以及行政机关行使法律、法规规定的自由裁量权的案件可以调解	全面适用调解

2. 行政诉讼与民事诉讼的交织

尽管行政诉讼已经从民事诉讼中分离出来了，但由于行政争议与民事争议之间具有千丝万缕的关系，实践中有时会交织在一起不能顺利剥离，因此两种争议经常会交织在一起，需要应用一些特殊的规定来解决。

如何解决行政诉讼与民事诉讼的交织问题呢?

最高人民法院原《关于执行〈中华人民共和国行政诉讼法〉若干问题的解释》[①]（以下简称《若干问题的解释》）第六十一条规定："被告对平等主体之间民事争议所作的裁决违法，民事争议当事人要求人民法院一并解决相关民事争议的，人民法院可以一并审理。"《民事诉讼法》第一百五十条第一款第五项规定"本案必须以另一案的审理结果为依据，而另一案尚未审结的"，人民法院应当

① 最高人民法院1999年11月24日通过，2000年3月10日起施行。该解释已经被2017年11月13日最高人民法院审判委员会第1726次会议通过的《最高人民法院关于适用〈中华人民共和国行政诉讼法〉的解释》所废止。

中止民事诉讼。[①] 这些规定为解决行政诉讼与民事诉讼的交织问题提供了依据，但是都过于简单，实践中很难把握，还需要进一步细化。针对客观的复杂性和立法、司法解释的不具体性，理论界提出了两个解决方案：一是采用行政附带民事诉讼的方式进行处理；二是分阶段处理行政诉讼和民事诉讼。新《行政诉讼法》第六十一条规定："在涉及行政许可、登记、征收、征用和行政机关对民事争议所作的裁决的行政诉讼中，当事人申请一并解决相关民事争议的，人民法院可以一并审理。""在行政诉讼中，人民法院认为行政案件审理需以民事诉讼的裁判为依据的，可以裁定中止行政诉讼。"可见，采用第一种方式，就是行政附带民事诉讼，采用第二种方式，就是分阶段处理行政诉讼和民事诉讼。

（1）行政诉讼附带民事诉讼[②]。

行政诉讼附带民事诉讼是人民法院在审理行政案件的同时，对与引起该案件

---

① 《民事诉讼法》第一百五十条规定："有下列情形之一的，中止诉讼：（一）一方当事人死亡，需要等待继承人表明是否参加诉讼的；（二）一方当事人丧失诉讼行为能力，尚未确定法定代理人的；（三）作为一方当事人的法人或者其他组织终止，尚未确定权利义务承受人的；（四）一方当事人因不可抗拒的事由，不能参加诉讼的；（五）本案必须以另一案的审理结果为依据，而另一案尚未审结的；（六）其他应当中止诉讼的情形。""中止诉讼的原因消除后，恢复诉讼。"

② 关于行政能否附带民事诉讼的问题，理论界有不同的观点。否定的学者认为，以行政诉讼附带民事诉讼根本无法实现诉讼效益原则，而且由于附带民事诉讼会产生以下一些混乱，而最终导致诉讼拖延：1. 诉讼管辖上的混乱；2. 诉讼时效上的混乱；3. 举证责任上的混乱；4. 判决结果的混乱；5. 执行上的混乱（何文燕、姜霞：《行政诉讼附带民事诉讼质疑》，载《河南省政法管理干部学院学报》2002 年第 2 期）。此外还有学者亦认为：行政诉讼中不存在附带民事诉讼的可能性：（一）行政机关的同一行为不会产生两个或两个以上不同性质的法律关系。行政行为的法律后果由行政主体承担。如果行政行为违法，侵犯了相对一方的合法权益，则违反了法律保护的行政法律关系，其法律后果为：1. 相对一方可以提起行政诉讼，要求确认行政行为违法；2. 对于行政行为给相对一方造成的财产权、人身权的损失，可以提出行政赔偿请求，要求行政机关给予赔偿。因此，在行政行为程序中，既不会产生两个不同性质的法律关系，不存在附带诉讼的基础，也不会产生两个不同性质的法律责任。（二）行政机关不可能同时既是行政诉讼的被告，又是附带的民事诉讼的被告。具体解释为：1. 如果行政机关的民事行为与其他民事主体发生纠纷，应当承担民事责任，则产生的民事纠纷当然要得到解决。2. 如果通过审查，人民法院发现行政裁决证据不充分，或者有其他违法情节，则应撤销行政裁决行为。行政裁决被撤销后，视为自始不存在，民事纠纷恢复到争议状态，产生如下可能性：(1) 民事争议的双方当事人自行和解，解决民事纠纷；(2) 民事争议的双方当事人可以向人民法院提起民事诉讼解决纠纷；(3) 如果法律、法规规定该民事纠纷必须先由行政机关裁决的，应当由行政机关重新收集证据，并作出裁决。因此，在行政裁决行政诉讼中，不附带解决民事纠纷，民事纠纷能够由多种途径得到解决，但是如果附带民事诉讼，则会产生不利的后果：不同举证责任导致混乱。3. 后果的冲突。人民法院审查行政诉讼附带民事诉讼时，通过审查两种诉讼证据，出现下列结果：(1) 行政诉讼的裁决与民事诉讼的裁决同一性。行政机关的裁决有违法情形包括没有法定权限、适用法律错误、滥用职权、证据不充分等，人民法院将依据行政诉讼法的规定撤销行政机关的裁决，同时人民法院通过附带的民事诉讼双方当事人的举证，查明的事实与行政机关认定的事实完全不符，因此作出有利于行政诉讼原告的民事判决。这种情况下，行政诉讼的原告既成为行政诉讼的胜诉方，也成为附带民事诉讼的胜诉方，这也符合该原告起诉的目的。(2) 结果的不一致。经过人民法院审查，人民法院认为行政行为违法，应予撤销，但是根据民事诉讼当事人的举证，行政裁决的处理结果是正确的，因此，行政诉讼中胜诉的原告在民事诉讼中败诉。这一结果对于行政诉讼的原告至少表明，其提起行政诉讼是没有任何效率的。（三）行政诉讼附带民事诉讼不能实现审判效率（翟晓红、吕利秋：《行政诉讼不应附带民事诉讼》，载《行政法学研究》1998 年第 2 期）。

的行政争议相关的民事纠纷一并审理的诉讼活动和诉讼关系的总称。开展行政附带民事诉讼具有一定的理论根据，即在现代社会生活中，行政法律关系与民事法律关系相互交织、相互关联的情况大量存在，导致行政争议与民事争议相互关联，因而要解决相应行政争议，必须要以弄清相关联的民事争议的是非曲直为前提，相关联的民事争议的是非曲直情况是解决相应行政争议的事实根据之一；而解决相关联的民事争议更是必须以先解决相应行政争议为前提，相应行政争议解决的结果是解决相关联的民事争议的必要依据。

行政附带民事诉讼的成立必须具备以下三个条件：

第一，行政诉讼必须成立；

第二，两个或两个以上不同性质且相互联系的诉讼请求行政附带民事诉讼中必须有一个行政法性质的诉讼请求；

第三，受理法院对两种诉讼请求并案审理。

行政附带民事诉讼具有以下两个特点：

第一，行政诉讼附带民事诉讼实质是两种不同性质诉讼（行政诉讼、民事诉讼）的合并，是在解决行政争议附带解决与行政争议有一定关联的民事纠纷；

第二，附带民事诉讼的原告可以是行政诉讼的原告，但附带民事诉讼的被告不能是行政诉讼的被告，应当是民事争议的另一方当事人。

根据原《若干问题的解释》第六十一条的规定，行政诉讼附带民事诉讼的适用条件如下：

第一，被诉行政行为是行政裁决，其他行政行为即使涉及民事纠纷也不能一并审理。行政裁决是行政机关根据法律、法规的授权，解决当事人之间的民事纠纷的行为。此行为因具有强制力而属于一种行政行为，其特殊性在于不是行政机关的单一管理行为，而是解决争端的活动，由此所形成的法律关系属三方法律关系。当事人对民事权利义务的分配不满，必须先提起行政诉讼。

第二，被诉行政裁决违法。行政裁决合法，法院应当作出维持判决，当事人之间的民事权利义务分配也因此而确定。只有行政裁决违法，才存在附带民事诉讼的可能。

第三，民事争议当事人要求法院一并解决相关民事纠纷。既然是附带民事诉讼，就必须遵守民事诉讼不告不理的原则，在当事人没有提出附带民事诉讼的情况下，法院无权一并审理。

这里需要特别注意的是该条司法解释已经被《适用行政诉讼法解释》第一百三十七条替代为“公民、法人或者其他组织请求一并审理《行政诉讼法》第六十一条规定的相关民事争议，应当在第一审开庭前提出；有正当理由的，也可以在法庭调查中提出”。

（2）行政诉讼与民事诉讼分阶段处理。

行政诉讼与民事诉讼分阶段处理，即“先行后民”或“先民后行”的模式。

“先行后民”是指在民事诉讼过程中，当民事争议的解决取决于某一行政行为自身的合法性时，行政争议即作为解决民事争议的前提性问题，行政争议的解决是解决民事争议的基础。[①] 根据最高人民法院《关于审理专利纠纷案件若干问题的解答》第三条的规定：“在人民法院审理专利侵权案件中，经常发生侵权人利用请求宣告专利权无效故意拖延诉讼，继续实施侵权行为。为了有效地依法保护专利权人的合法权益，避免侵权损害的扩大，特规定如下：（一）人民法院受理实用新型或外观设计专利侵权案件后，在向被告送达起诉状副本时，应当通知被告如欲请求宣告该项专利权无效，须在答辩期间内向复审委员会提出。”“被告在答辩期间内请求宣告该项专利无效的，人民法院应当中止诉讼。专利权人提出财产保全申请并提供担保的，人民法院认为必要时，在裁定中止诉讼的同时责令被告停止侵权行为或者采取其他制止侵权损害继续扩大的措施。”“被告在答辩期间内未请求宣告该项专利权无效，而在其后的审理过程中提出无效请求的，人民法院可以不中止诉讼。”“（二）人民法院受理的发明专利侵权案件或者经专利复审委员会审查维持专利权的实用新型专利侵权案件，被告在答辩期间请求宣告该项专利无效的，人民法院可以不中止诉讼。”这就表明，最高法院的司法解释实质上是要求先行确认后进行民事诉讼，即先行后民。

“先民后行”是指行政争议的处理结果须以民事诉讼的处理结果为前提时，实行先解决民事诉讼，然后再解决行政诉讼，民事诉讼中可以审查行政行为的合法性，但不直接撤销或确认违法，对已经提起行政诉讼的，中止行政案件的审理，待民事争议判决后再恢复审理。根据原《最高人民法院关于贯彻〈中华人民共和国民法通则〉若干问题的意见》第四十九条的规定：“个人合伙或者个体

① 按照《土地管理法》及相关司法解释，涉及土地权属争议适用行政前置程序，必须由行政机关先行处理后方可提起行政诉讼，土地权属争议不属于民法调整范畴，却是处理排除妨碍的先决条件，应中止民事诉讼，待权属之争处理后再恢复审理。

工商户，虽然工商行政管理部门错误地登记为集体所有制的企业，但实质为个人合伙或个体工商户的，应当按个人合伙或者个体工商户对待。”这就给人民法院自主直接确定的权力。

（三）行政诉讼与刑事诉讼的关系

刑事诉讼是指人民法院、人民检察院和公安机关（含国家安全机关）在当事人以及其他诉讼参与人的参加下，依照法定程序解决被追诉者的刑事责任问题的一系列活动的总称。可见，刑事诉讼是在专门的国家机关主持下进行的国家司法活动，是特定机关代表国家行使刑罚权的活动，解决的是被追诉者的行为是否构成犯罪、犯何种罪、应当处以何种刑罚的问题。刑事诉讼与行政诉讼都属于国家诉讼活动，但二者之间的差别远比行政诉讼与民事诉讼的差异明显得多。

刑事诉讼与行政诉讼的区别表现如下。

名称 标准	行政诉讼	刑事诉讼
性质	审理行政争议案件，其被告是在进行行政管理时因其行政行为引起行政相对人不服的行政主体	审理刑事犯罪案件，其被告是被起诉认为触犯刑法，依法应当受刑罚处罚的人
诉讼目的	保护公民的合法权益，维护和监督行政机关依法行使行政职权	打击犯罪和保障人权
诉讼主体	法院和原告、被告、第三人、共同诉讼人等	公安机关、检察机关、法院、犯罪嫌疑人、自诉人、刑事被告人、刑事被害人等
诉讼程序	第一审程序、第二审程序、审判监督程序和执行程序	侦查程序、公诉审查程序、第一审程序、第二审程序、审判监督程序、死刑复核程序、执行程序
法律依据	行政实体法、行政程序法和《行政诉讼法》	《刑法》和《刑事诉讼法》

虽然，刑事诉讼与民事诉讼有明显的区别，但在实践中二者也有一定的联系，具体表现在人民法院在审理案件的过程中，发现受到行政机关行政处罚的行政相对人的行为实质上已经构成了犯罪，应当追究刑事责任的，如果对刑事责任的追究不影响该案件审理的，应当继续审理，并应当及时将有关犯罪材料移送有关司法机关；如果对刑事责任追究影响该案审理的，应当中止诉讼，将有关犯罪材料移送有关机关处理，有关机关作出最终处理后，再恢复行政诉讼；如果行政案件的审判须以相关刑事案件的审理结果为依据，而相关案件尚未审结的，也应当中止诉讼。

第二节　行政诉讼法

一　行政诉讼法的概念

在中国特色社会主义法律体系中，诉讼与非诉讼程序法是其中重要组成部门之一，是指规范解决社会纠纷的诉讼活动与非诉讼活动的法律规范的总和。我国诉讼程序法包括刑事诉讼、民事诉讼、行政诉讼三大体系。非诉讼程序法包括《仲裁法》、《人民调解法》等。行政诉讼法作为调整行政诉讼活动的法律规范体系，是规定行政诉讼活动的程序法，是我国法律体系中的一个重要法律部门。具体而言，行政诉讼法是规定人民法院、当事人和其他诉讼参与人实施诉讼活动，发生诉讼法律关系的步骤、顺序、方式方法和时限的总称。或者说，行政诉讼法是调整行政诉讼关系的法律规范的总称。

当事人和其他参与人的诉讼活动程序，规范各种行政诉讼行为，调整行政诉讼关系的法律规范，也是我国法律体系中的一个重要法律部门。行政诉讼法与民事诉讼法、刑事诉讼法并列称为我国三大诉讼法。行政诉讼法，一方面是在部门法意义上使用，另一方面也具有法典和制度意义。狭义的行政诉讼法，仅指行政诉讼法典，即 1989 年 4 月 4 日第七届全国人民代表大会第二次会议通过，1990 年 10 月 1 日起生效实施，2014 年 11 月 1 日第十二届全国人民代表大会常务委员会第十一次会议修改通过的《关于修改〈中华人民共和国行政诉讼法〉的决定》，根据该决定重新公布了《中华人民共和国行政诉讼法》；广义的行政诉讼法还包括其他相关的法律规定。把握行政诉讼法的概念，应当注意以下几点：

第一，行政诉讼法调整的对象是诉讼行为和诉讼关系。所谓诉讼行为，是指行政诉讼中法院、当事人及其他诉讼参与人在诉讼过程中实施的各种行为，如起诉、答辩、送达、裁判、妨碍诉讼、拒不执行判决等。行政诉讼法调整诉讼行为的基本方式是创设行为模式，明确规定各个诉讼主体实施行为的条件、标准及法律后果。所谓诉讼关系，是指行政诉讼过程中各方诉讼主体之间形成的特定的诉讼事实与后果之间的关系。

第二，行政诉讼法的主要内容是规定行政诉讼主体的权利与义务。行政诉讼法是设定行政诉讼主体诉讼权利和诉讼义务的法律规范。行政诉讼法规范人民法院在行使行政审判权审理行政案件过程中的职权、职责，也规范其他行政诉讼主体的权利和义务。

第三，行政诉讼法是调整行政诉讼活动的所有法律规范的系统。无论是制定法还是判例法，只要调整行政诉讼活动，均是行政诉讼法的表现形式。需要注意的是，在当代主要西方国家，判例法都是行政诉讼法的重要法律渊源。判例法与制定法共同形成行政诉讼法的完整体系。

二　行政诉讼法的渊源

行政诉讼法的法律渊源，即行政诉讼法律规范的存在和表现形式，包括行政诉讼法典，有关法律对行政诉讼的规定，宪法和国家机关组织法、地方性法规和行政法规中的有关规定，国际条约和法律解释等，我国的行政诉讼法的渊源体现出成文法特征，但是判例法也在司法实践中发挥作用，不可忽视。

（一）宪法

宪法是国家的根本大法，其对公民基本权利的规定对行政诉讼活动的进行具有基础性的指导性作用。《宪法》第四十一条规定：“中华人民共和国公民对于任何国家机关和国家工作人员，有提出批评和建议的权利；对于任何国家机关和国家工作人员的违法失职行为，有向有关国家机关提出申诉、控告或者检举的权利，但是不得捏造或者歪曲事实进行诬告陷害。”“对于公民的申诉、控告或者检举，有关国家机关必须查清事实，负责处理。任何人不得压制和打击报复。”“由于国家机关和国家工作人员侵犯公民权利而受到损失的人，有依照法律规定取得赔偿的权利。”这一规定被认为是建立行政诉讼制度最重要的宪法依据。此外，《宪法》中关于国家根本政治制度、行政权和司法权配置、国家结构以及公民基本权利和义务的规定，均是行政诉讼法的宪法渊源。

（二）国家机关组织法

除《宪法》外，《国务院组织法》《人民法院组织法》《人民检察院组织法》《地方各级人民代表大会和地方各级人民政府组织法》等国家机关组织法中关于法院和行政机关组织法的规定等都是行政诉讼法的法律渊源。

（三）行政诉讼法典

《行政诉讼法》是我国的行政诉讼法典，也是我国行政诉讼法最重要的法律渊源。《行政诉讼法》颁布施行以后，对于《行政诉讼法》没有规定或规定比较原则的方面，仍适用《民事诉讼法》的规定。人民法院审理行政案件，关于期间、送达、财产保全、开庭审理、调解、中止诉讼、终结诉讼、简易程序、执行等，以及人民检察院对行政案件受理、审理、裁判、执行的监督，新《行政诉讼法》没有规定的，适用《民事诉讼法》的相关规定。所以，民事诉讼法也是行政诉讼法的渊源之一。

（四）有关的法律

在《行政诉讼法》颁布实施前，以《中华人民共和国民事诉讼法（试行）》为代表的法律已经有了关于人民法院受理行政案件的规定，都是行政诉讼法的渊源。① 在《行政诉讼法》颁布之后，行政管理的法律中就公民对行政机关的行为不服可以提起诉讼的有关规定：仍然是提起行政诉讼的依据。

1994 年通过《国家赔偿法》，② 其中关于行政赔偿的规定，也是行政诉讼制度的重要内容。另外，《行政诉讼法》中"法律另有规定"所指的单行法律都是

① 如 1980 年原《中外合作经营企业所得税法》《中外合资经营企业所得税法》《个人所得税法》和 1981 年原《外国企业所得税法》规定：外国组织、公民对税务机关的行政行为不服或者纳税决定不服可以到法院提起诉讼；1981 年原《经济合同法》规定：人民法院受理合同管理行政案件；1982 年《国家建设征用土地条例》规定：人民法院受理土地管理行政案件。

② 该法于 2010 年 4 月 29 日第十一届全国人民代表大会常务委员会第十四次会议已经对该法进行了修正。1989 年制定《行政诉讼法》时，因国家尚未制定《国家赔偿法》，立法中缺少行政侵权赔偿的规定，为保证行政相对人的合法权益受到具体行政行为的不法侵害时得到赔偿，《行政诉讼法》第九章专门对侵权赔偿责任问题作了规定。之后，国家制定了《国家赔偿法》，原《行政诉讼法》第九章规定的内容已经被《国家赔偿法》所覆盖，因此，2014 年 11 月 1 日第十二届全国人民代表大会常务委员会第十一次会议通过的《全国人民代表大会常务委员会关于修改〈中华人民共和国行政诉讼法〉的决定》已经删除了原《行政诉讼法》第九章的内容。

行政诉讼法的渊源。如《税收征收管理法》[①] 规定了起诉不停止行政行为执行、行政复议前置、起诉期限等内容，这些规定行政诉讼有关内容的法律也是行政诉讼法的渊源。

（五）行政法规和地方性法规、自治条例、单行条例

行政法规是国务院根据宪法和法律制定的关于全国行政管理工作的法律规范的总称。

地方性法规是指省、自治区、直辖市的人民代表大会及其常务委员会，设区的市、自治州人民代表大会及其常务委员会，在不与宪法、法律和行政法规相抵触的情况下，制定颁布的规范性文件的总称。

自治条例和单行条例是民族自治地方的人民代表大会，依照《宪法》、《民族区域自治法》和其他法律规定的权限，结合当地的政治、经济、文化的特点，所制定的规范性文件的总称。

在这些法律规范性文件中有关行政职权规定的内容都是行政诉讼法的渊源，但是前提是符合《立法法》对法律效力和层级的要求，并且不得违反立法原则和精神。

行政法规和地方性法规、民族自治地方的自治条例和单行条例中有关调整行政诉讼活动的规范也是行政诉讼法的法律渊源。

（六）国际条约

原《行政诉讼法》第七十二条规定，我国参加的国际条约中关于行政诉讼的规则，除了我国声明保留的以外，都是我国行政诉讼法的成文法渊源。[②] 但如果我国参加的国际条约涉及行政诉讼问题，对我国的行政诉讼活动是有约束力的。

（七）法律解释

根据全国人大常委会1981年《关于加强法律解释工作的决议》，法律解释包

---

① 《税收征收管理法》第八十八条规定："纳税人、扣缴义务人、纳税担保人同税务机关在纳税上发生争议时，必须先依照税务机关的纳税决定缴纳或者解缴税款及滞纳金或者提供相应的担保，然后可以依法申请行政复议；对行政复议决定不服的，可以依法向人民法院起诉。""当事人对税务机关的处罚决定、强制执行措施或者税收保全措施不服的，可以依法申请行政复议，也可以依法向人民法院起诉。""当事人对税务机关的处罚决定逾期不申请行政复议也不向人民法院起诉、又不履行的，作出处罚决定的税务机关可以采取本法第四十条规定的强制执行措施，或者申请人民法院强制执行。"

② 原《行政诉讼法》第八十八条规定："中华人民共和国缔结或者参加的国际条约同本法有不同规定的，适用该国际条约的规定。中华人民共和国声明保留的条款除外。"该条现已被删除。

括立法解释、司法解释、行政解释和地方解释。法律和法规制定机关对其制定颁布的法律、法规有权进行解释。如果涉及行政诉讼关系的调整，亦为行政诉讼法的法律渊源。

作为行政诉讼法的法律渊源的法律解释主要是最高审判机关所作的司法解释。如最高人民法院1999年11月24日最高人民法院审判委员会第1088次会议通过，2000年3月10日起施行的最高人民法院《关于执行〈中华人民共和国行政诉讼法〉若干问题的解释》；[①] 2002年6月4日最高人民法院审判委员会第1224次会议通过，自2002年10月1日起施行的《行政诉讼证据若干问题的规定》；2002年9月11日最高人民法院审判委员会第1242次会议通过，自2003年1月1日起执行的《最高人民法院关于审理反倾销行政案件应用法律若干问题的规定》《最高人民法院关于审理反补贴行政案件应用法律若干问题的规定》；2004年1月14日发布并执行的《最高人民法院关于规范行政案件案由的通知》；2007年12月17日最高人民法院审判委员会第1441次会议通过，自2008年2月1日起执行的《最高人民法院关于行政案件管辖若干问题的决定》《最高人民法院关于行政诉讼撤诉若干问题的规定》等；2015年4月20日最高人民法院审判委员会第1648次会议通过的《最高人民法院关于适用〈中华人民共和国行政诉讼法〉若干问题的解释》等等，这些司法解释是最高人民法院在行政审判工作中对实践中出现的问题作出的全面而具体的解释，在行政诉讼制度的发展过程中发挥着不可忽视的作用，这些司法解释如果不违背新《行政诉讼法》，就是行政诉讼法的重要渊源。

值得注意的是，2018年2月6日最高人民法院以法释〔2018〕1号发布了《最高人民法院关于适用〈中华人民共和国行政诉讼法〉的解释》（2017年11月13日最高人民法院审判委员会第1726次会议通过，自2018年2月8日起施行），该解释对适用行政诉讼法的问题作了全面系统的解释，对原有的司法解释作了重新的整理，明确规定“本解释自2018年2月8日起施行”。“本解释施行后，《最高人民法院关于执行〈中华人民共和国行政诉讼法〉若干问题的解释》（法释

① 在此之前，最高人民法院于1991年5月29日最高人民法院审判委员会第499次会议讨论通过了《最高人民法院关于贯彻执行〈中华人民共和国行政诉讼法〉若干问题的意见（试行）》，该解释自1991年7月11日起试行，但自最高人民法院《关于执行〈中华人民共和国行政诉讼法〉若干问题的解释》生效之日起废止。

〔2000〕8 号）、《最高人民法院关于适用〈中华人民共和国行政诉讼法〉若干问题的解释》（法释〔2015〕9 号）同时废止。最高人民法院以前发布的司法解释与本解释不一致的，不再适用。”2018 年 2 月 23 日最高人民法院、最高人民检察院联合发布的《关于公益诉讼案件适用法律若干问题的解释》（法释〔2018〕6 号）等都属于我国行政诉讼法的法律渊源。[①]

（八）判例

在我国判例不能作为法律的正式渊源，但判例在英美法系国家和大陆法系国家的法国，行政判例也是行政诉讼的法律渊源。目前最高人民法院推行指导性案件制度，对人民法院审理案件具有一定的示范作用。最高人民法院发布指导性案例的目的是为总结审判经验，统一法律适用，提高审判质量，维护司法公正。根据《最高人民法院关于案例指导工作的规定》第二条的规定，指导性案例，是指裁判已经发生法律效力，并符合以下条件的案例：①社会广泛关注的；②法律规定比较原则的；③具有典型性的；④疑难复杂或者新类型的；⑤其他具有指导作用的案例。

三　行政诉讼法的效力

行政诉讼法的效力范围，是指行政诉讼法适用于一定的时间、空间、人员和事件的范围，具体包括行政诉讼法的空间效力、时间效力、对人的效力和对事的效力。

（一）行政诉讼法的空间效力

行政诉讼法的空间效力是指行政诉讼法适用的地域范围。

行政诉讼法适用于国家主权所及的一切空间领域，凡在我国领域内（包括领土、领空、领海及领土的延伸部分）进行行政诉讼的都必须遵守我国的《行政诉讼法》。也就是说，凡在我国进行行政诉讼活动，均应适用我国《行政诉讼法》。当然，行政诉讼法的空间效力因法律体系的不同及法律规范的级别而有所不同。例如，在我国香港、澳门特别行政区和台湾地区，不适用我国大陆地区的《行政诉讼法》。有关行政诉讼的地方性法规和自治条例、单行条例只能在本行

---

① 最高人民法院审判委员会第 1734 次会议、2018 年 2 月 11 日最高人民检察院第十二届检察委员会第 73 次会议通过，自 2018 年 3 月 2 日起施行。

政区域内适用，超出这一范围，就不能适用。

（二）行政诉讼法的时间效力

行政诉讼法的时间效力是指行政诉讼法适用的时间范围，具体包括行政诉讼法的生效、失效的起止时间以及行政诉讼法对该法生效前发生的行政案件的溯及力。

原《行政诉讼法》规定："本法自1990年10月1日起施行。"该日期即为行政诉讼法的生效日期。同时，《行政诉讼法》不具有溯及既往的效力。"在1990年10月1日前已经发生但还没有受理的行政案件，如果属于行政诉讼的受案范围且起诉期限未届满，人民法院也应按行政诉讼法的规定予以受理、审理和裁判。如果按行政诉讼法规定的诉讼时效已经届满，则不应予以受理。"[①]《修改决定》自2015年5月1日起实施，此前的诉讼活动仍然按照原法的规定执行。

（三）行政诉讼法对人的效力

行政诉讼法对人的效力，是指行政诉讼法能对哪些人有拘束力，对哪些人没有拘束力。

我国行政诉讼法采用属地主义原则确定对人的效力。凡在我国领域内（包括领土、领空、领海及领土的延伸部分）进行行政诉讼的，无论当事人为中国公民、法人，还是外国人、外国组织或无国籍人，均适用我国《行政诉讼法》。但是，中国参加或缔结的国际条约对外国公民的权利作了特殊规定的，适用该规定。例如，《中华人民共和国外交特权与豁免条例》第十四条规定，外交代表享有民事管辖豁免和行政管辖豁免。据此，除非派遣国政府明确表示放弃豁免或者外交人员从事与公务无关的活动，行政诉讼法对其没有约束力。外交代表免受强制执行，但对前款所列情况，强制执行对其人身和寓所不构成侵犯的，不在此限。外交代表没有以证人身份做证的义务。

（四）行政诉讼法对事的效力

对事的效力，是指行政诉讼法对行政案件的适用范围，即只有属于人民法院的受案范围内的行政案件才能适用行政诉讼法，其他的行政争议并不能适用行政诉讼法。

---

① 林莉红：《行政诉讼法学》（第4版），武汉大学出版社2015年版，第18页。

第三节　行政诉讼法律关系

一　行政诉讼法律关系概述

（一）行政诉讼法律关系的概念

行政诉讼法律关系，是指经《行政诉讼法》所规范和调整的，人民法院与行政诉讼中的诉讼参与人之间所发生的以行政诉讼权利、义务为内容的具体的社会关系。详言之，是指人民法院与行政诉讼当事人、其他参加人、参与人之间以及行政诉讼当事人、其他参加人、参与人之间为解决行政争议，进行行政诉讼，根据行政诉讼法律规范而发生的各种权利义务关系。从总体上看，行政诉讼法律关系是一个复杂法律关系群的总和。在这个法律关系群中，人民法院与当事人之间的法律关系具有基础性、核心性作用。这一定义包括如下含义：

第一，行政诉讼法律关系以行政诉讼法律规范的存在为前提，是行政诉讼法律规范对诉讼关系进行调整后所产生的结果。任何社会关系在未经法律规范调整之前都只是一种客观事实，不具有权利义务内容，不能上升为法律关系。因此，没有行政诉讼法律规范，行政诉讼法律关系就不会产生、变更或者消灭；人们的行为如果违反了行政诉讼法律规范，也不能产生预期的诉讼效果。从这个意义上讲，行政诉讼法律关系是具有国家意志性的。如原告如果超过法律起诉期间提起诉讼，其起诉无效；被告如果超过举证期间举证，其举证无效，不能产生预期的诉讼效果。

第二，行政诉讼法律关系是一种具体的社会关系。行政诉讼法律关系也是人们在社会活动和社会交往过程中形成的相互关系，但相互关系是以行政诉讼活动为纽带的。作为一种具体的社会关系，行政诉讼法律关系在主体上是确定的，包括特定的当事人、审判机关、监督机关，等等；在争议上也是特定的，必须围绕特定的行政争议展开诉讼活动，解决特定当事人之间的权利义务冲突。

第三，行政诉讼法律关系是在行政诉讼活动中所形成的法律关系。这就意味着，如果一种社会关系还处于行政管理阶段，尚未发生争议，不属于行政诉讼法律关系；如果一种社会关系是因民事权利义务发生纠纷而形成的，也不属于行政诉讼法律关系。

第四，行政诉讼法律关系是以诉讼权利和诉讼义务为内容的法律关系。权利义务问题是法律关系的核心内容，任何法律关系都是该法律关系中主体的权利和义务的全面体现。行政诉讼法律关系充分体现了审判机关在诉讼中的职责和职权，诉讼当事人在诉讼中的权利义务，其他诉讼参与人在诉讼中的权利义务。

（二）行政诉讼法律关系的特征

1. 行政诉讼法律关系的自身特征

行政诉讼法律关系的特征，是将其与行政法律关系、民事诉讼法律关系相比较而言的。行政诉讼法律关系的特征包括四个方面，[①] 即：

第一，法律关系的复杂性。行政诉讼法律关系主体的复杂性表现为行政诉讼法律关系是人民法院与当事人的法律关系、诉讼当事人之间的法律关系、人民法院之间的法律关系、人民法院与人民检察院之间的法律关系、人民法院与其他诉讼参与人之间的法律关系等是并存的。任何一个行政案件，都不可能只涉及其中一种法律关系。

第二，行政诉讼权具有单向性。由于行政诉讼法律关系是因行政法律关系产生纠纷而引起的，而这种纠纷都是因行政相对人不服行政主体的行政行为而引起的，因此，行政诉讼法只将行政诉讼的起诉权赋予了行政相对人而没有赋予行政主体，这就决定了行政诉讼中行政相对人有权以原告的身份对行政主体的行为提起诉讼，而作为被告的行政主体则不能对行政相对人提起反诉。而且，事实上被告也没有提起反诉的必要。因为，在行政法律关系中，行政主体依法对行政相对人具有管理权，如果行政主体认为行政相对人的行为违法，依法有权采取措施给予制裁，以实现行政管理的目标。例如，对于公民的违法行为，相关行政机关有权直接给予处罚，没有必要通过诉讼的方式来对公民进行处罚。

第三，主体关系的确定性。“从行政诉讼整体上说，行政诉讼法律关系主体恒定地包含有人民法院、行政相对人、行政机关或组织。因为没有行政机关或组织，就不成其为行政诉讼；而没有行政相对人的起诉和人民法院的受理和审判，行政诉讼法律关系就无以发生。因为，行政诉讼的原告、被告和人民法院在诉讼

---

① 王雅琴：《行政诉讼法十二讲》，中国法制出版社 2010 年版，第 43—44 页。

中的地位是确定的。”[①] 行政诉讼法律关系中主体关系的确定性表明，在行政诉讼中原告始终都只能是原告，被告也始终都只能是被告，二者之间的关系不能互换，也不能互诉。

第四，诉讼关系的监督性。这主要是指行政诉讼法律关系体现了国家审判权对行政权的监督。行政诉讼通过对当事人之间有争议的行政行为的审查，以确定其合法与否，对于合法的给予维护，对于违法的给予撤销，这就充分体现了审判权对行政权的监督，实现新《行政诉讼法》第一条所规定的“为保证人民法院公正、及时审理行政案件，解决行政争议，保护公民、法人和其他组织的合法权益，监督行政机关依法行使职权”的目的。

2. 行政诉讼法律关系与相关法律关系的区别

与行政诉讼法律关系密切相关的主要是行政法律关系与行政诉讼法律关系、行政诉讼法律关系与民事诉讼法律关系两种。现列表比较如下。

（1）行政诉讼法律关系与行政法律关系的区别。

名称 标准	行政诉讼法律关系	行政法律关系
主体	人民法院、人民检察院、行政诉讼参加人、其他诉讼参与人	行政主体、行政相对人
主体间关系	以人民法院与诉讼参加人之间为基础的，诉讼参加人与诉讼参加人之间、人民法院与其他诉讼参与人之间、人民法院与人民检察院之间的多重法律关系	行政主体与行政相对人之间的单一法律关系
内容	程序性的权利义务	实体上的权利义务
客体	以审查被诉的行政行为为核心	物、行为、智力成果
地位	当事人之间的法律地位平等	当事人之间的法律地位不平等
法律事实	原告的起诉行为和人民法院的受理行为	因行政行为或行政事件而引起

① 王雅琴：《行政诉讼法十二讲》，中国法制出版社 2010 年版，第 44 页。

（2）行政诉讼法律关系与民事诉讼法律关系的区别。

名称 标准	行政诉讼法律关系	民事诉讼法律关系
主体地位	当事人的地位具有恒定性，原告有起诉权，被告无反诉权	当事人的地位具有互换性，原告有起诉权，被告有反诉权
客体	被诉讼的行政行为的合法性	民事实体权利义务的归属
内容	当事人之间的诉讼权利义务不对等	当事人之间的权利义务对等

二 行政诉讼法律关系的构成要素

任何法律关系都是由法律关系的主体、法律关系的内容和法律关系的客体三个要素构成的，行政诉讼法律关系虽然有其特殊性，但在构成要素上仍然是由三个要素构成。

（一）行政诉讼法律关系的主体

行政诉讼法律关系的主体，是指在行政诉讼法律关系中依法享有一定的诉讼权利和承担一定的诉讼义务的国家机关、组织和公民。简言之，行政诉讼法律关系的主体，就是行政诉讼权利的享有者和义务的承担者。

行政诉讼法律关系的主体包括行政诉讼主体和其他行政诉讼参与人。行政诉讼主体，是指在行政诉讼中享有诉讼权利、承担诉讼义务，有权通过自己的诉讼行为引起诉讼程序产生、变更或者消灭的公民、法人或者其他组织。行政诉讼主体包括诉讼参加人、人民法院和人民检察院，不包括其他诉讼参与人。因为诉讼参加人、人民法院和人民检察院在诉讼过程中能够作出引起行政诉讼产生、变更或者消灭的法律行为，对行政诉讼程序的产生、变更或者消灭具有决定性作用，而其他诉讼参与人则无权作出引起行政诉讼程序产生、变更或者消灭的行为。

1. 人民法院

人民法院是行政诉讼法律关系的特殊主体，是国家依法设立的行政案件的审判机关，代表国家行使审判，在行政诉讼程序中拥有组织、指挥审判活动并对行政案件进行审理和判决的权力。人民法院在行政诉讼中所拥有的权力是垄断的，其在行政诉讼中的地位也是不可替代的。

2. 人民检察院

人民检察院是国家依法设立的法律监督机关，在行政诉讼中承担对人民法院和当事人是否遵守行政诉讼法进行法律监督的责任。新《行政诉讼法》第十一条规定："人民检察院有权对行政诉讼实行法律监督。"人民检察院参与行政诉讼活动的方式主要是抗诉。新《行政诉讼法》第九十三条规定："最高人民检察院对各级人民法院已经发生法律效力的判决、裁定，上级人民检察院对下级人民法院已经发生法律效力的判决、裁定，发现有本法第九十一条规定情形之一，或者发现调解书损害国家利益、社会公共利益的，应当提出抗诉。""地方各级人民检察院对同级人民法院已经发生法律效力的判决、裁定，发现有本法第九十一条规定情形之一，或者发现调解书损害国家利益、社会公共利益的，可以向同级人民法院提出检察建议，并报上级人民检察院备案；也可以提请上级人民检察院向同级人民法院提出抗诉。""各级人民检察院对审判监督程序以外的其他审判程序中审判人员的违法行为，有权向同级人民法院提出检察建议。"

3. 行政诉讼参加人

行政诉讼参加人，是指行政诉讼当事人和与当事人诉讼地位相同的人，包括原告人、被告人、共同诉讼人、第三人和诉讼代理人。①

4. 其他诉讼参与人

行政诉讼中的其他诉讼参与人，是指行政诉讼参加人之外的，根据行政案件需要而参加诉讼活动的证人、鉴定人、勘验人和翻译人员等。其他诉讼参与人参加诉讼的目的是为了协助人民法院和诉讼参加人查明案件事实，与案件的诉讼结果没有利害关系，没有诉讼上的请求权，对行政诉讼程序的发生、变更或消灭没有影响，人民法院的裁判对其也没有拘束力。

（二）行政诉讼法律关系的内容

行政诉讼法律关系的内容，是指行政诉讼法律关系主体在诉讼活动中依法所享有的诉讼权利和所承担的诉讼义务。具体包括下列情形。

第一，人民法院在行政诉讼中拥有的权力和承担的职责。人民法院在行政诉

① 诉讼代理人分为法定代理人、指定代理人和委托代理人三种。

讼中，依法享有案件受理权、案件审理权、庭审指挥权、调查取证权、案件裁判权、生效裁判执行权、采取排除妨碍诉讼的强制措施权。人民法院在行政诉讼中，依法承担保护当事人实现诉权的义务、正确适用法律法规的义务、公正裁判的义务。新《行政诉讼法》第三条第一款规定：“人民法院应当保障公民、法人和其他组织的起诉权利，对应当受理的行政案件依法受理。”

第二，行政诉讼参加人在行政诉讼中享有的诉讼权利和承担的诉讼义务。总体而言，行政诉讼参加人在诉讼中的权利有原告的起诉权、被告的答辩权、辩论权、委托代理权、申请回避权、上诉权、请求赔偿权、申请执行权，等等。行政诉讼参加人在诉讼中的义务有依法举证义务、服从法院指挥义务、遵守法庭纪律义务、履行生效裁判义务，等等。需要特别注意的是，新《行政诉讼法》第三条第二款规定：“行政机关及其工作人员不得干预、阻碍人民法院受理行政案件。”第三款规定：“被诉行政机关负责人应当出庭应诉。不能出庭的，应当委托行政机关相应的工作人员出庭。”这是对作为被告的行政主体所增加的新义务。

第三，其他行政诉讼参与人在行政诉讼中的权利义务。其他行政诉讼参与人在行政诉讼中的权利和义务主要有依法如实做证、依法如实鉴定、依法如实勘验、依法如实翻译，不妨碍行政诉讼活动的顺利进行。

第四，人民检察院在行政诉讼中的诉讼权利和诉讼义务。人民检察院在行政诉讼中的权力和职责主要是开展法律监督，依法提起抗诉。

（三）行政诉讼法律关系的客体

行政诉讼法律关系的客体，是指行政诉讼主体的权利义务共同指向的对象。总体而言，行政主体法律关系主体之间的权利义务都是围绕被诉行政行为的合法性展开的，但由于行政诉讼法律关系中各个主体的诉讼权利义务有差异，因此，各个主体之间的权利义务共同指向的对象也有差别。具体包括如下情形。

第一，人民法院与诉讼参加人之间的行政诉讼法律关系的客体是查明被诉行政行为的合法性。

第二，人民法院与行政诉讼其他诉讼参与人之间的行政诉讼法律关系的客体是查明案件事实真相，弄清案情，不涉及案件在实体上的权利义务问题。

第三，人民法院与人民检察院之间的行政诉讼法律关系的客体是要保证人民法院生效判决、裁定文书的合法性。

三 行政诉讼法律事实

（一）行政诉讼法律关系产生、变更或消灭的概念

任何事物都有一个产生、变更或者消灭的过程，行政诉讼法律关系也不例外。

行政诉讼法律关系的产生，是指行政诉讼法律关系主体之间形成某种诉讼权利义务关系。

行政诉讼法律关系的变更，是指行政诉讼法律关系主体、客体或者内容发生部分变化。

行政诉讼法律关系的消灭，是指行政诉讼法律关系主体之间权利义务关系终止。

（二）行政诉讼法律事实

行政诉讼法律关系的产生、变更和消灭取决于一定的行政诉讼法律事实的出现，即行政诉讼法律关系的产生、变更和消灭必须以一定的法律事实为根据，没有一定的法律事实，就不能产生、变更或者消灭一定的法律关系。这种能够引起行政法律关系产生、变更或者消灭的原因，就是行政诉讼法律事实。行政诉讼法律事实分为行政诉讼法律事件和行政诉讼法律行为两种。

1. 行政诉讼法律事件

行政诉讼法律事件，是指由于人们意志之外的客观情况而导致的行政诉讼法律关系产生、变更或者消灭的客观事实。如，在行政诉讼过程中，有起诉权的公民死亡的，其近亲属可以以原告的身份提起诉讼，而导致新的行政诉讼法律关系的产生；同时，导致死者与被告、其他诉讼参与人、人民法院之间原有行政诉讼法律关系的消灭。

2. 行政诉讼法律行为

行政诉讼法律行为，是指人民法院和诉讼参加人为了实现诉讼目的而实施的导致行政诉讼法律关系发生、变更或者消灭的行为。如，原告起诉行为与人民法院的受理行为结合起来就导致行政诉讼法律关系的产生，使原告人、被告人及其他诉讼参与人的诉讼地位得到确立。又如，人民法院终审判决的作出，导致行政诉讼法律关系的消灭，等等。

第三章　行政诉讼的历史沿革

近现代行政诉讼是资产阶级革命的产物，最早起源于大革命之后的法国。之后，行政诉讼通过德国、日本等向大陆法系国家和地区传播，我国台湾地区的行政诉讼制度深受德国和日本的影响。英美法系国家没有大陆法系国家意义上的行政诉讼制度，但也有解决行政纠纷的专门制度，可谓称之为一种没有命名为“行政诉讼制度”的行政诉讼制度。

第一节　法国行政诉讼制度

法国的行政诉讼，是指当事人对行政机关的违法行为不服，请求行政法院通过诉讼程序给予救济的诉讼手段，它是行政法院监督行政机关的基本方式。

一　法国行政诉讼的历史

法国近代意义的行政诉讼制度是依据1806年民事诉讼法典得以确立的。由于各国的法律传统和立法体例不同，形成了两种不同的诉讼体制，即解决争议的审判机关存在单轨制和双轨制之分。

在大陆法系国家，一般采用双轨制的审判体制来解决行政争议，即在普通法院系统之外还设立了专门受理行政案件的行政法院系统。这与英美法系国家实行诉讼单轨制（行政争议由普通法院统一受理）有明显的不同。

行政法院系统的审判体制起源于法国，之后为德国所承继，并形成行政案件审理的双轨制模式。

（一）法国行政诉讼的起源

法国行政诉讼制度的起源，可追溯到法国大革命之前。当时掌握法国司法权的议会主张概括的管辖权，国王为了排除议会对行政的干涉，确保行政的顺利运行，而在行政内部设立行政案件的审判机关，即法国最高行政法院的起源。从14世纪开始，法国又在普通法院之外设立了特别的专门法庭（如审计法庭、补助税法庭、财政法庭）受理行政案件。路易十三时期，国王发布敕令，限制司法机关的权力，将其与行政权分离，并确立各省议会与总督之间的争议必须诉诸国王咨政院的原则。

（二）法国行政诉讼的历程

法国是现代行政法的发源地，具有"行政法之母国"的荣誉。1799年国家参事院——最高行政法院的前身的设立，是法国行政诉讼产生的标志。法国行政法的发展历程与行政法院（尤其是国家参政院，即最高行政法院）的发展密不可分，甚至可以说，行政法院造就了法国行政法。

从行政审判权与普通法院的分离，到行政审判权同行政法院的结合，大致经历了如下六个阶段。

第一阶段，是1790年到1799年的"行政救济时期"，又称旧制度时期的行政诉讼。这个阶段虽然禁止普通法院受理行政案件，但对公民的申诉并没有考虑设立行政法院来管辖行政诉讼，公民对行政机关行为的申诉，由其上级机关受理，最终裁判权属于国家元首。法国大革命后废除了旧制度下的高等法院。立宪会议于1790年8月16日颁布了《司法组织法》，其中第二章第十条规定："法院不得直接或间接参与立法活动，不得阻止或延缓立法机构所颁布法令的执行。"第十三条规定："司法职能和行政职能不同，现在和将来永远分离，法官不得以任何方式干扰行政机关的活动，也不能因其职务上的原因，将行政官员传唤到庭，违者以渎职罪论。"从此，普通法院丧失了行政审判权，为法国独特的双轨制司法体制奠定了基础。

第二阶段，是从1799年至1872年的"保留审判权时期"，又称革命时期的行政诉讼。拿破仑执政后，为了强化中央集权，大力改组国家机构，在1799年12月13日（共和国八年霜月22日）通过宪法设立国家参政院。法国《宪法》第五十二条规定："国家参事院对行政机关与法院之间所发生的争议和已经由部长作出决定的诉讼案件进行裁决。”国家参事院作为执政官的咨询机构，其职能除起草和审查法律、法规外，还受理公民对行政机关申诉的案件。虽然国家参政院事实上成了行政案件的专门裁决机构，但只能审理案件，提供解决案件的方案，不能独立作出判决，行政裁判权仍由国家元首保留。1806 年，法国在国家参事院内增设了一个诉讼委员会，负责对国家参事院管理的一切案件进行预审，并在此基础上写出报告，提交大会批准。

第三阶段，是从 1872 年到 1889 年的“委托审判权时期”，又称共和国八年之后时期。普法战争结束时，国家参政院一度被取消。1872 年 5 月 24 日，法兰西第三共和国颁布了专门规范行政法院制度的法律《参政院法》，赋予国家参政院以法国人民的名义行使审判权力，行政审判正式取得了独立地位，不再属于国家元首保留的权力，国家参事院在法律上便成为最高行政法院。与此同时，法国还成立了一个权限争议法庭，裁决行政法院和普通法院之间的权限争议。权限争议法庭，由最高法院和最高行政法院选出相同数额的法官，加上司法部长组成审判组织。这一改革被视为是法国行政诉讼制度发展的里程碑。但是由于法国行政管理与行政诉讼不分的传统，存在“部长法官制”，部长仍然拥有第一审案件的一般管辖权，人民只有在不服部长裁判时，才能向最高行政法院上诉。

第四阶段，是“取消部长法官制时期”。1889 年以前，一切行政案件，除非法律规定可以直接向国家参政院起诉，否则，必须先由主管的部长裁决。1889 年 12 月 13 日，最高法院在卡多案（Cadot）① 的判决中正式否定了“部长法官制”，确立了行政法院的普遍管辖权。对行政案件，只要法律没有明确规定由其他法院管辖，都可以向中央行政法院起诉，中央行政法院获得了独立、完整的行政审判权。从此，当事人如果不服行政机关的决定，可以直接向国家参政院起诉。卡多案件标志着作为总体的法国行政法院制度正式形成。

第五阶段，是一般管理权时期。1889 年至 1953 年，最高行政法院作为行使一般管辖权的法院。最高行政法院产生一些重要的判例，通过这些判例形成了法

---

① 卡多案件的案情是：1889 年法国马赛市取消“市立道路与水源公司总工程师”的职位，此时正好是卡多先生担任该职位。卡多不服即向市政府要求损害赔偿，被驳回后，卡多又向普通法院起诉。普通法院认为不属于民事雇佣关系，理由是卡多先生与马赛市签订的合同不具备民事雇佣合同的要件，普通法院无管辖权，卡多的诉求又被驳回。卡多再向省政府申诉，省政府又认为该行为不属于中断公共工程合同，所以对于卡多的诉求无法保护，再次不予受理。卡多再向内政部长申诉，内政部长也予以拒绝。最后卡多向行政法院起诉内政部长。行政法院判决内政部长认为无管辖权是正确的，该案应为行政法院管辖。

国行政诉讼的重要原则，推动了法国行政诉讼的发展。1926 年，法国把每省一个行政法院合并为数省一个，成为省际行政法院。

第六阶段，是特定审判权限时期。为减轻最高行政法院的负担，1953 年又通过法律规定：省际参政院为一般权限法院，凡法律未规定由其他法院管辖的一切行政诉讼案件都以省际参政院为初审法院，并将省际参政院改名为行政法庭。最高行政法院成为特定权限法院，只受理上诉案件和重大复杂的一审案件。至此，法国行政诉讼体制基本定型。

为了进一步减轻最高行政法院的负担，1987 年《行政诉讼改革法》规定，自 1989 年 1 月 1 日起设立上诉行政法院，行政法院实行三级制。对于地方行政法院的上诉案件，都由上诉法院管辖，不服上诉法院的判决，再上诉至最高行政法院，以分担国家参政院的大部分上诉审管辖权。法国共有五个上诉行政法院，分设在巴黎、里昂、波尔多、斯特拉斯堡和南特。这样，最高行政法院、上诉行政法院、行政法庭、行政争议法庭（法国海外没有建省的领地内受理行政诉讼的机构）组成了普通行政法院，加上审计法院、预算和财务纪律法院两种专门行政法院，共同构成了完整的法国行政法院系统。

这里需要注意的是，由于历史的原因，法国行政诉讼制度始终没有得到宪法的确认。法国历史上存在的大多数宪法只规定普通法院，没有任何一部宪法规定了行政法院。即使是最高行政法院也不承认行政法院审判人员的法官地位。1980 年 7 月 22 日宪法委员会才根据法国《宪法》第六十四条[①]有关司法机关的规定，以及 1872 年 5 月 24 日相关法律确认了行政审判的独立，议会和政府都不得侵犯。1986 年 1 月 6 日通过的法律规定，地方法院及行政上诉法院的法官获得身份保障，未经其同意，不得调整职务，成为一个独立的团体，不再受内部的管理，而受最高行政法院院长的管理，但是中央行政法院法官并没有获得不可撤销的身份保障权。[②]

二　法国行政诉讼的审判体制

法国行政法院包括两类：一类是专门行政法院，一类是普通行政法院。专门

---

① 法国《宪法》第六十四条规定：“共和国总统为司法机关独立之保证人。”“总统由最高司法会议襄赞处理司法事务。”“司法官之地位，以组织法定之。”“司法官为终身职。”

② 徐瑞晃：《行政诉讼法》，台湾五南图书出版社股份有限公司 2009 年版，第 10—11 页。

行政法院主要有：审计法院、财政和预算纪律法庭、补助金和津贴法院、战争损害赔偿法院等。普通行政法院的组织体系包括最高行政法院、8个上诉行政法院、28个地方行政法庭、9个海外行政法庭和权限争议庭。

最高行政法院是中央政府中最重要的咨询机关，也是最高行政审判机关，它享有初审、上诉审和复核审的管辖权。最高行政法院的职权表现在四个方面：为政府提供咨询、审判行政案件、裁决行政法院内部管辖事务、指导下级行政法院的工作。总理虽然是最高行政法院的法定院长，但从不参与最高行政法院的活动。最高行政法院举行活动时，由司法部长代替总理参加。最高行政法院内设诉讼组、行政组以及报告和研究组。①

上诉行政法院是法国行政法院系统中的上诉审法院，对不服普通地方行政法庭判决的上诉案件有一般管辖权。上诉行政法院是为了减轻最高行政法院的压力于1988年创设的。只有上诉审管辖权，没有初审权。目前共设立有8个上诉行政法院。上诉行政法院的法官必须具备地方行政法庭一级法官以上的资格，有6年以上工作经验且其中有不少于4年的审判工作经验。

地方行政法庭是法国行政法院系统中的基层法院。1953年前称为省际参事院。它具有三大职能：审判职能、咨询职能和行政职能。海外行政法庭也属于基层法院，但与地方行政法庭不同的是，它设于法国海外没有建省的领地内，当事人不服行政争议庭的判决，只能上诉于最高行政法院。根据法国行政诉讼法的规定，行政法庭在诉讼中可以进行调解。

权限争议法庭是为了解决普通法院与行政法院之间的权限争议和判决冲突而设立的专门裁判机构。法国于1872年设立了权限争议法庭。它由9名正式法官组成，其中3名来自最高法院，3名来自最高行政法院，2名来自上届争议庭成员。司法部长为当然的主席，法庭表决票数相等时，由他投出决定性的一票。除司法部长外，其他8名法官都是任期3年，届满更换。权限争议法庭受理的案件主要包括三类，即积极争议（指行政机关认为普通法院对正在审理但尚未作出终局判决的案件无管辖权，管辖应当属于行政法院的争议）、消极争议（指普通法院和行政法院均认为自己对案件没有管辖权的争议）和判决争议（指普通法院

---

① 全国人大常委会法制工作委员会行政法室编：《行政诉讼法立法背景与观点全集》，法律出版社2014年版，第349页。

和行政法院对同一标的的案件，作出相互矛盾的判决）。对于行政判决争议，当事人有权在最后判决确定的2个月内向权限争议法庭起诉，请求撤销原判决，并就案件的实体问题作出最终判决。

三　法国行政诉讼的类型

关于法国行政诉讼的类型，理论上有传统分类和当代分类两种。

（一）法国行政诉讼的传统分类

在传统的行政法学理论上，爱德华·拉弗里埃尔在其名著《行政裁判概论》中将法国的行政诉讼分为四种基本类型，即撤销之诉、完全管辖权之诉、解释之诉和处罚之诉。[①]

1. 撤销之诉

撤销之诉，是指当事人请求行政法院撤销损害其利益的违法的行政决定。在撤销之诉中，行政法院的权限仅限于审查行政决定是否合法，并撤销违法的行政决定，而不能变更或裁定重新作出行政决定，更不能判决行政主体给予赔偿。在撤销之诉中，最主要的是越权之诉，因为行政法的宗旨是依法行政，行政主体的活动必须遵守法律，越权之诉通过撤销越权的行政行为促使行政机关依法办事，进而保护公民的合法权益。

2. 完全管辖权之诉

完全管辖权之诉，是指行政法院有权行使全部审判权力的行政诉讼，行政法院可以撤销、变更或者判决重新作出行政决定、判决行政机关赔偿。在完全管辖权之诉中，最典型的是行政主体的损害赔偿诉讼和行政合同诉讼。

3. 解释之诉

解释之诉，是指行政法院的权力只是解释有争议的行政决定的意义或者对其合法性进行审查的行政诉讼。在通常情况下，行政法院的解释权和审查权都属于审判权的一部分，不是独立的权力，但在解释之诉中，行政法院无权对一个争议作出判决，而只能对行政决定的意义进行解释或者对行政决定的合法性进行审查。在解释之诉中，最典型的案件是普通法院对某个案件作出判决时依赖于一个行政决定，普通法院的法官无权决定行政决定的意义或者合法性而请求行政法院

---

① ［法］让·里韦罗、让·瓦利纳：《法国行政法》，鲁仁译，商务印书馆2008年版，第782页。

对此作出决定。

4. 处罚之诉

处罚之诉，是指行政法院对于违法者直接判以行政处罚的行政诉讼。这类案件很少，通常仅限于破坏公共不动产保管规则的违法行为。

（二）法国行政诉讼的当代分类

法国行政诉讼的当代分类主要是根据诉讼标准的性质进行的。近代的一些学者，特别是波尔多学派主张以诉讼标的的性质为依据将行政诉讼分为客观的行政诉讼和主观的行政诉讼两大类。

客观的行政诉讼包括撤销违法的行政行为、审查行政行为的合法性、复核专门行政法庭的终审判决、处罚违反不动产保管规则的行为、决定，行政性选举的合法性等诉讼。主观的行政诉讼包括关于行政合同、行政主体赔偿责任的诉讼。①

这种分类的出发点是区别客观的法律规则、法律地位，以及主观的法律规则、法律地位。客观诉讼的目的旨在恢复法律的普遍权威，主观诉讼的目的旨在恢复被忽视的个人地位权利。②

四　法国行政诉讼的程序③

（一）诉讼当事人

根据法国行政诉讼法的规定，原告应当具有诉讼权利能力，并且被诉行政行为涉及自己的个人利益。原告起诉应提交起诉状。

被告是地方行政机关和国家。地方行政机关由国会正式授权的行政执行机构——省长、市长、议会议长代表；国家由相应部长（有时是省长）代表。

（二）诉讼客体

行政诉讼的诉讼客体，必须是行政机关已经正式作出的行政决定（包括书面和口头形式）。对于行政相对人的请求，行政机关4个月内不予答复的，视为默

① 王名扬：《法国行政法》，北京大学出版社2007年版，第527页。

② ［法］让·里韦罗、让·瓦利纳：《法国行政法》，鲁仁译，商务印书馆2008年版，第787页。

③ ［法］古斯塔夫·佩泽尔：《法国行政法》，廖坤明、周洁译，国家行政学院出版社2002年版，第276—286页。

示的拒绝行政决定，行政相对人可以提起诉讼。

（三）起诉时效

法国规定的起诉时效为两个月，除非有例外的规定。起诉时效自被诉行政行为以公告或通知形式告知行政相对人起算。如果行政机关未能将被诉行政行为公告或通知告知行政相对人，行政相对人起诉将不受时效限制。

（四）审理和判决

行政法院对于受理的行政案件，先交付裁判庭一个审案组进行预审。在预审中，法官可以进行鉴定、调查、勘验和实地检查。

行政案件进入正式审理的程序是：由报告人简述案情，提出判决草案；律师对其进行口头评论；政府特派员依据法律提出结论性意见。

在最高行政法院、行政上诉法院和行政法庭的开庭审理，除少数例外，都公开进行。案件经过审理以后，由合议庭进行合议和作出判决。政府特派员参加合议，但无权参加表决。

（五）上诉

当事人对判决不服，有权在判决作出后的两个月内提起上诉。

原审原告在上诉中不能提出一审没有提出的新的请求和新的理由，但原审被告上诉的则无此限制。

上诉法院审理上诉案件，可以对案件进行全面审理，但最高行政法院审理上诉案件主要限于法律问题、对事实的歪曲和法律定性的问题。最高行政法院对上诉案件审理后，既可以发回原审行政法院重审，也可以交其他行政法院审理，还可直接作出终审判决。

五　法国行政诉讼的特点

法国行政诉讼有如下几个方面的特点。

第一，受案范围的广泛性。一般说来，对行政行为均可以提起行政诉讼，受案没有过多的限制。公立学校和医院的行为、行政机构撤销职员的职务以及纪律处分、监狱对罪犯予以禁闭的行为，都可以提起行政诉讼，也可以直接对抽象行政行为提起行政诉讼。行政法院不能受理的案件只有：一是总统作出的政治性决定；二是总统、总理与议会的关系方面的事项；三是法国的国际关系方面的事项。

第二，实行三审终审制。法国行政案件实行三审终审制，所以不少案件一直打到最高行政法院才能终结诉讼。

第三，单设一个“独立顾问”。该制度起源于拿破仑时代。当时行政法院只有最高行政法院，开庭时政府派代表到庭表明立场，法官听取其意见，但没有义务必须采纳其观点。有一个独立顾问既表明政府的官方立场，也作为法律专家发表个人意见。从此之后，原来的独立顾问逐渐演变为现在的独立顾问，虽然保留了独立顾问的名称，但实际上不再代表官方，而是法官队伍中的一员，只代表个人在法庭上公开发表对案件的意见，在法官表决时也列席。

第四，实行判例制度。判例在法国行政法领域的作用很大，特别是要求行政机关赔偿方面更是判例在起主导作用。最高行政法院判例有先例作用，基层行政法院、上诉行政法院的判决也可以作为判例，在最高行政法院未作相反判例时暂时作为判例使用，原则上只能以最高法院的判决作为判例。

第五，举证责任实行“谁主张，谁举证”。只有在特殊情况下，实行举证责任倒置。一个判例表明在行政相对人提出由行政机关提供证据的要求合理时，由行政机关承担举证责任。

第六，经过复议的行政行为提起诉讼只能以复议机关为被告。凡是经过复议的案件，即使维持原行政行为，仍然以复议机关为被告。

第七，不太注重和解，但也不禁止。既没有简易程序的规定和实践，也没有书面审理之说，实行非书面审理。①

第八，行政诉讼不停止被诉行政行为的执行。

第九，行政诉讼实行低收费，某些诉讼可以免除律师代理要求。②

当然，法国的行政诉讼在体制上也存在一些缺点。原司法部长亨利·拉赖特提出，法国行政诉讼体制主要存在三个问题，即迟延、行政机关对行政法院的判

① 所谓非书面审理程序，是指由法院主持下，起诉人没有主动权，法院通过审问式可查明行政行为的法律根据和事实。

② 根据法国1994年的《财政法》规定收100法郎印花税，律师费原则上由请律师的当事人一方支付，同时1991年的法律规定，法官可以判处败诉方支付给另一方由其确定的、不包括在诉讼费中的陈诉费。在越权之诉、养老金诉讼与选举诉讼中尤可免律师代理。在最高行政法院的诉讼中，当事人只能由具有正式资格的“最高行政法院和最高法院的律师”代理（参阅姜明安著《行政诉讼法》（第三版），北京大学出版社2016年版，第34页）。

决执行不力和对非诉讼纠纷解决方式不力。①

六　法国的诉讼外行政救济

在法国法律体系中，对行政的救济除行政诉讼外，还有其他的救济方式，被称为诉讼外救济。诉讼外救济主要包括议会救济、行政请愿和共和国监察官救济三种。

（一）议会救济

议会救济，是指受害人利用议会对行政机关的监督权而获得权利补救的救济方式。议会救济是法国的一种传统救济途径，应用范围较为广泛。在法国学者看来，“议会监督政府是一种极其自然的事情，因为议会制特征之一就是行政权对立法权负责。而且这种负责制不只涉及政府职能，行政职能也应受议会监督”。②

议会救济的基本方式如下。

第一，财政监督。主要是通过或否定政府提出的财政预算案对政府实行监督。

第二，不信任投票。通过对政府的不信任案，以迫使政府辞职。

第三，询问或质询。议员总理和部长就行政问题提出询问或质询，由政府负责答复。

第四，特别调查。组织调查委员会，就某一特定事件展开调查。

在这些议会救济方式中，通过预算案或否定预算案、不信任投票方式属于政治范围的救济；询问或质询、特别调查可以用于个人救济。

（二）行政请愿③

行政请愿，是指当事人对于违法或不当的行政行为，向行政机关请求纠正的一种行政救济方式，属于行政系统内部救济和监督的范畴。

在法国，根据受理机关的不同，行政救济分为异议申诉和越级申诉两类。

异议申诉，指行政相对人向原行政机关申请的救济；越级申诉，是指行政相

---

① ［英］L. 赖维乐·布朗、约翰·S. 贝尔：《法国行政法》（第五版），高秦伟、王锴译，中国人民大学出版社 2006 年版，第 285 页。

② ［法］让·里韦罗、让·瓦利纳：《法国行政法》，鲁仁译，商务印书馆 2008 年版，第 681 页。

③ 同上书，第 673 页。

对人向作出决定的行政机关的上级机关申请的救济。

行政请愿不需要提交文字材料，没有任何时间限制，也不拘泥于任何形式。政府部门也没有对请愿作出决定的法律，请愿往往被无声地驳回。

（三）共和国监察官救济①

共和国监察官救济，又有人译作为调解专员救济，是指在政府部门专门设立的调解专员对违法和不当的行政行为进行的救济。

调解专员救济起源于瑞典议会督察专员和英国的议会监察专员制度。1973年1月3日的法律设立了“监察官”，规定只有自然人能够向监察官申诉，“监察官”后来改名为“共和国监察官”；1976年12月24日的法律扩大了共和国监察官的权限和申诉人员的范围，法人亦可以向共和国监察官申诉，但必须由自然人代理进行，而且代理人对自己的诉讼必须有利害关系；2000年4月12日“关于公民与政府关系”的法律中，进一步确认了共和国监察官的地位。

共和国监察官的权限主要有三，即说情者、追诉发动者和改革倡导者。表现在共和国监察官没有裁判权，但有广泛的训导权，如果其认为受害者申诉有理，还有权对责任人进行忠告；共和国监察官没有处理权，但有权促使有关方面对公务员进行纪律追究，必要时还有权提起刑事起诉；如果有申诉表明，正确执行一个有效法规反而产生“极不公正现象”，共和国监察官不仅有权提出一个公正的解决办法，而且可以敦促人们修改现行法规，以免再次出现合法但却荒谬的情况。共和国监察官是一个不具有独立地位的行政机关，其决定不具有执行力。

第二节　德国行政诉讼制度

“德国可能是世界上最早建立独立行政法院制度的国家。”② 在德国，行政诉讼是指公民等对政府的行政行为不服，向行政法院起诉并寻求司法救济的诉讼法律制度。

---

① ［法］让·里韦罗、让·瓦利纳：《法国行政法》，鲁仁译，商务印书馆2008年版，第675—680页。

② 刘飞：《行政诉讼制度专题研究：中德比较的视角》，法律出版社2016年版，第1页。

一　德国行政诉讼的历史[①]

德国行政诉讼发展可以分为三个时期：第一个时期是神圣罗马帝国法院司法时期；第二个时期是行政司法或行政裁判时期；第三个时期是司法的行政审判时期，即战后的国家行政诉讼时期。

德国实质意义上的行政诉讼，可以追溯到1495年成立的神圣罗马帝国法院和1501年成立的帝国枢密院。负责受理人民因领主滥用统治权的公法事件，即对领主的公法行为的审理。1806年神圣罗马帝国瓦解，法院亦随之消灭。此时为行政诉讼的萌芽时期，但行政诉讼与民事诉讼不分，没有独立的行政法院、法官及诉讼程序。[②]

德国行政法院建立的目的在于解决行政审判的专业性要求和他们对侵权学说的理解。侵权学说首先确保了法律对司法以外的行政的控制，从而与此相关的依法治国的要求也得到了进一步的发展。[③] 受法国的影响，早在1808年，德国的巴伐利亚邦效仿法国，由作为行政机关的枢密院受理和裁判行政事务方面的纠纷案，并在19世纪下半叶正式建立了行政法院。之前，就行政审判机构的设立模式问题，德国曾出现过激烈的争论，即司法国家思想和行政国家主义之争。德国著名的法学家奥托·贝尔（Otto Bahr）和鲁道夫·冯·格奈斯特（Rudolf von Gneist）为两种观点的代表者。以贝尔为代表的一派主张司法国家的观点，“赞成通过普通司法机构保护个人的权利”，[④] 认为司法与行政应当分离，行政必须接受司法审判，行政事件应当由司法机关裁判，即由普通法院的法官审理案件。而以格奈斯特为代表的一派则主张行政国家主义的观点，认为应当严格区分国家与社会的关系，普通法院不适合控制行政，行政事件应由专门的行政法院来裁判，只有独立的行政法院才能公正地审查行政机关的行为，同时也能够审查行政机关的自由裁量行为，从而防止司法（系指普通法院）干预行政的危险。争议与交锋的结果，最终是以格奈斯特为代表的一派占有绝对优势，从而直接影响和

---

① 杨成：《大陆法系国家行政法院之考察与启示》，《行政与法》2006年第5期。

② 徐瑞晃：《行政诉讼法》，台湾五南图书出版股份有限公司2009年版，第11页。

③ 李缮桃、申东亮：《德国行政法院再认识》，《牡丹江大学学报》2008年第8期。

④ ［德］弗里德赫尔穆·胡芬：《行政诉讼法》，莫光华译，法律出版社2003年版，第23页。

推动了德国各邦行政法院的建立和行政法与行政诉讼制度的发展。[①] 1849 年的《法兰克福帝国宪法》明确规定行政司法，所有行政诉讼案件均由法院裁判，即普通法院裁判。19 世纪后半叶，德意志各邦开始相继设立高等行政法院。1863 年，巴登邦建立了一个独立的高等行政法院，这是德国第一个独立的高等行政法院。随后，先后有黑森、奥地利、符腾堡、巴伐利亚、普鲁士、安哈特、勃劳森、奥尔登堡、吕贝克、汉堡和布莱梅等邦，相继设置了行政法院，但全国范围内并没有建立起全联邦统一的行政法院。1871 年普鲁士统一德国，4 月 14 日通过了《德意志帝国宪法》。1872 年至 1875 年，普鲁士创立了一个独立的行政法院体系，其设置的县委员会为初等行政法院、地区委员会为中等行政法院、普鲁士高等行政法院为最高行政法院。

德国行政法院成立之初，关于行政法院的功能有两种基本方案，即所谓的“北德方案”和“南德方案”。“北德方案”以格奈斯特的理论为基础，认为行政诉讼系行政内部行政行为的审理，本质上属于行政行为，所以应当设立与普通法院不同的法院，即应当设立一种从属于行政机关的机构，通过类似于司法的程序来对行政进行控制。行政法院的任务在于确保行政的合法性，即应当“建立独立的行政法院，以避免国家为它的权力行为像公民一样受到普通法院的审判——这真是一个令保守者都感到惊诧的观念”。[②] “南德方案”认为，行政诉讼与行政机关的其他行为在本质上有区别，应当把行政法院定位为在行政法领域进行独立司法活动的法院，其功能在于对个人因其主体权利受到侵害而提供法律保护，[③] 即在普通法院之外另设行政法院，并非要维护行政权的独立性，以免司法权的支配，而是行政诉讼具有专门性与技术性，非普通法院法官所能胜任。[④] 很显然，德国最终接受的是“南德方案”。

1919 年《魏玛宪法》在一百零七条中规定，联邦与各邦为保护个人对付行政官署的违法处分或命令，应依法律设置行政法院。1926 年联邦德国政府曾经提出设置联邦行政法院的法律草案，但胎死腹中。在纳粹统治时期，1934 年颁布《司法引导法》规定，设立帝国行政法院，并将普鲁士高等行政法院并入帝

① 徐瑞晃：《行政诉讼法》，台湾五南图书出版股份有限公司 2009 年版，第 12 页。
② ［德］弗里德赫尔穆·胡芬：《行政诉讼法》，莫光华译，法律出版社 2003 年版，第 23 页。
③ 李絓桃、申东亮：《德国行政法院再认识》，《牡丹江大学学报》2008 年第 8 期。
④ 徐瑞晃：《行政诉讼法》，台湾五南图书出版股份有限公司 2009 年版，第 12 页。

国行政法院。1939年希特勒颁布行政简化令，解散了各州的一、二审诉讼机关，多数州的高等行政法院也陷入停顿，行政法院处于半瘫痪状态。1941年5月1日，为了处理战争赔偿事务，在1934年帝国行政法院的基础上，德国在柏林设立了联邦行政法院，但之后因1945年德国战败被终止。1946年战后德国根据联军管制委员会颁布的第36号法律恢复各个占领区及柏林的行政诉讼，但各占领区的行政诉讼制度并不一致。① 1952年9月，德国根据1949年5月23日生效的《德意志联邦共和国基本法》第九十四条、第九十五条规定，② 在柏林设置了联邦行政法院，其行政法院组织设置才趋于统一。1960年4月1日的《行政法院法》进一步完善了德国行政法院制度。值得一提的是，德国建立行政法院虽然是受法国的影响，但其并没有完全照搬法国的做法，而是对法国的行政法院制度有所改进。

二　德国行政法院的组织体系③

在司法体制上，德国与法国都实行双轨制，即普通法院之外设立独立且自成体系的行政法院，行政案件由专门法院审理，普通法院无权管辖行政案件。但德国的行政法院属于司法机关，与一般法院（民事法院和刑事法院）、劳动法院、财政法院和社会法院一起构成德国的普通司法体制。德国行政法院产生的主要法律依据有三，即1919年的《魏玛宪法》、1949年的《德意志联邦共和国基本法》、和1960年的《行政法院法》。《魏玛宪法》是国家设立联邦行政法院的第一个宪法性依据，明确规定联邦及各州都应当依据法律成立行政法院；《德意志

① 徐瑞晃：《行政诉讼法》，台湾五南图书出版股份有限公司2009年版，第13页。

② 第九十四条："1. 联邦宪法法院由联邦法官和其他成员组成。联邦宪法法院的成员，半数由联邦议院选举产生，半数由联邦参议院选举产生。他们既不得为联邦、联邦参议院、联邦政府成员，亦不得为州相应机关的成员。2. 联邦法律规定联邦宪法法院的组成和程序，并规定在何种情形下作出的裁判具有法律效力。联邦法律可规定，以先前穷尽全部法律诉讼手段作为提出宪法诉讼的条件，并规定一种特别受理程序。"第九十五条："1. 对于普通法院体系、行政法院体系、财税法院体系、劳动法院体系和社会法院体系，联邦相应设立联邦最高法院、联邦行政法院、联邦财税法院、联邦劳动法院和联邦社会法院为联邦各个最高法院。2. 主管各项事务领域的联邦部长与法官选任委员会共同决定上述法院法官的作用，法官选任委员会由各州主管各项事务领域的部长和由联邦议院选出的同等数量的成员组成。3. 为维护司法的统一性，对于第一款所列各个法院，设立一个联合审判委员会。具体细则由联邦法律予以规定。"（孙谦、韩大元主编：《世界各国宪法》，中国检察出版社2012年版，第190—191页）

③ 许晔：《简述德国的行政法院体系》，《德语学习》2007年第4期。

联邦共和国基本法》[①] 促使德国内行政诉讼制度的普遍建立，并且明确规定行政法院在性质上属于司法机关，使行政法院在性质上到底属于行政机关，还是属于司法机关的争论得到了终结；《行政法院法》是德国建立统一行政诉讼制度和行政法院体系的依据。

根据《行政法院法》的规定，行政法院是五种法院体系[②]的一部分，主要审理行政机关侵犯公民合法权益的案件，实行复议前置，有独立的组织。

德国行政法院由初等行政法院、高等行政法院和联邦行政法院组成。目前各级行政法院共52所。

根据各州大小，设立初等行政法院的数量有所不同。初等行政法院由1名院长和若干职业法官和相等数量的名誉法官组成。初等法院成立若干合议庭，分别负责处理特定的诉讼。每个合议庭由3名职业法官和2名名誉法官组成，合议庭成员组成和受案范围在年初确定之后在本年度内不得随意更改，以保证处理案件的专业化以及平等对待同类型的一切当事人。

每个州设立一个高等行政法院，共16所；高等行政法院由1名院长、若干合议庭庭长和其他行政法官组成。合议庭由2名职业法官和2名名誉法官组成或者只由3名职业法官组成。

联邦行政法院是行政法院的最高审级，设在柏林。联邦行政法院的成员和高等行政法院相同，合议庭由5名职业法官组成。

高等行政法院和联邦行政法院可以设立大合议庭，由院长和其他6名任期2年以上的法官组成，以审理重大法律问题。

三　德国行政诉讼的受案范围

德国行政诉讼法采用排除的方式确定行政法院的受案范围。根据规定，所有非宪法性公法争议，只要联邦法律没有明确规定由财政法院、社会法院、普通法

---

① 《德意志联邦共和国基本法》第二十条第二款规定：“一切国家权力从属于人民。国家权力由人民以选举和决议的方式，通过立法、执法和司法等特定机构得到实现。”

② 德国主要设五类法院，包括：普通法院（民事法院和刑事法院）、行政法院、劳动法院、财政法院和社会法院。每类法院的最高法院分别为联邦法院、联邦行政法院、联邦劳动法院、联邦财政法院和联邦社会法院，同时在各州设置高等法院和初等法院。此外，德国还设置了联邦宪法法院和联邦专利法院。为避免这种复杂性给法院在管辖权上带来冲突，德国建立了联合参议院。这个参议院设在五类法院之上，由这五个法院的院长和其他一些法官组成，负责研究、解决管辖权冲突问题。

院等其他法院受理，则由行政法院受理。部分抽象行政行为和机关内部人事管理行为也属于行政诉讼的受案范围。[①]“概言之，德国确定行政诉讼受案范围的基本模式是：以宪法上的概括式规定确定所有公法争议均可以诉讼至法院，以《行政法法院法》上的概括规定和其他特别法上的列举式规定相结合的方式确定具体受理法院。只要公权力的行使有可能会损害到个人权利，就可以对之提起行政诉讼，而不论《行政法院》中是否对此作出了明文规定。”[②]

四　德国行政诉讼的类型

根据德国《行政法院法》的规定，德国的行政诉讼有三种基本类型，即撤销之诉、强制履行之诉和确认之诉。

撤销之诉，是指公民提起诉讼请求行政法院撤销一个行政行为的诉讼。提起撤销之诉的前提是被诉的行政行为必须是已经作出但尚未完成的，原告主张该行政行为侵犯了自己的权利，并且经过行政复议已经取得成果，在一个月内提起诉讼。

强制履行之诉，是指针对行政机关拒不履行法定义务而提起的诉讼。强制履行之诉的目的是要求行政法院判令行政机关履行某种法定义务。

确认之诉，是指原告要求确认一个种行政法律关系是否存在，或者确认行政行为无效的行政诉讼。确认之诉的作用是对原告已经存在的权利的保障，判决没有给付的内容的诉讼。[③]

五　德国行政诉讼的审级制度

德国行政法院分为三级，即初等行政法院、高等行政法院和联邦行政法院。

行政法院实行三级审判制，即：初等行政法院受理了绝大多数案件；高等行政法院主要是上诉法院，受理不服初等行政法院判决和裁定的上诉和申诉案件，

---

① 全国人大常委会法制工作委员会行政法室编：《行政诉讼法立法背景与观点全集》，法律出版社2014年版，第359页。

② 刘飞：《行政诉讼制度专题研究：中德比较的视角》，法律出版社2016年版，第37页。

③ 德国《行政法院法》第四十三条规定：“（确认之诉）1. 通过诉讼，可以要求确认一种法律关系的存在或不存在，或一个行政行为的无效，只要原告人对及时确认拥有合法的利益（确认之诉）。”“2. 原告人的权利如可以通过形成之诉或给付之诉得到满足的，无需作出该确认，但是，这点不适用于涉及行政行为无效的确认。”

同时也受理部分初审案件；联邦行政法院主要受理不服高等行政法院判决的案件，同时也受理部分初审案件。行政案件上诉原则上要经上一级法院同意，但对于高等行政法院不准上诉的初等行政法院一审案，公民可直接上诉到联邦行政法院。

德国实行审级不封顶原则，即如果当事人在初等行政法院起诉，可以上诉到高等行政法院；对高等行政法院的判决不服，又可以上诉至联邦行政法院；如果一审案件由高等行政法院审理，当事人不服只能上诉到联邦行政法院；如果一审由联邦行政法院审理，当事人不服就不能再上诉。可见，德国行政诉讼存在一审终审、二审终审和三审终审的情况。①

六　德国行政诉讼的特点

从目前情况来看，德国行政诉讼制度中具有自身特点的法律制度包括：

一是行政法院司法化。根据德国《行政法院法》的规定，行政审判权由与行政机关相互独立，并与行政机关分离的行政法院行使。行政法院是普通法院体系中的一种，属于司法机关而非行政机关，行政法院不得行使任何行政职权，行政机关的议员和行政机关的官员都不得担任行政法院的法官。

二是独任法官制度。根据德国《行政法院法》规定，在下列情况下，法庭一般应将诉讼指定其成员之一独任法官决定：（1）未显示案件中存在法律上或事实上的困难；（2）案件不具有基本原则上的意义。②

三是公益代表人制度。德国非常重视对公共利益的保护，在《行政法院法》中专门对公益代表人作出了规定，确立了行政诉讼公益代表人制度。公益代表人在行政诉讼中是作为参加人参加的，为保护公共利益，可以依法提起诉讼。德国在联邦行政法院中设有1名检察官。为维护公共利益，该检察官可以参与在联邦行政法院中的任何诉讼，但不包括纪律惩戒审判庭的案件以及军事审判庭的案件。该联邦行政法院的检察官只听命于联邦政府。在高等行政法院及初等行政法院内各设一名公益代表人，州或州机关可就一般或特定案件授权于该代表人。

---

① 张树义主编：《行政诉讼法学》，中国政法大学出版社2009年版，第2页。

② 贺荣、程虎：《德国行政诉讼制度的特色与改革》，（http：//oldfyb. chinacourt. org/public/detail. php？id＝85402，最后访问时间：2010年7月24日）。

四是规范审查制度。根据德国《行政法院法》第四十七条规定,[①] 高等行政法院在规范审查中具有管辖权。高等行政法院在其审判管辖范围内根据申请，对下列事宜的有效性作出判决：（1）按照建筑法典的规定颁布的规章，以及根据《建筑法典》第二百四十六条第二款规定颁布的法规；（2）其他在位阶上属州法律以下的法规，只要该法规是由州法律予以规定。任何自然人、法人因法规或其适用而遭受损害，或在可预见时间将遭受损害，可提起针对法规的审查申请，行政机关也可以提起该申请。

五是法庭和解制度。根据德国《行政法院法》第一百零六条规定,[②] 只要参加人对和解的标的有处分权，为完全或部分终结诉讼，参加人可在法院作出笔录，或在指定或委派的法官面前作出笔录以达成和解。

六是审级不封顶制度。从审级上说，德国行政审判实行不封顶的原则，并设置了具有特色的上诉与重审并列的诉讼规则。[③]

七是言词审理制度。在审理中，主审法官应当就争议的事实与法律问题与参加人讨论，参加人提出自己的主张并说明理由，除法律另有规定外，行政法院必须以言词审理的结果作出裁判。言词审理的期限一旦确定，应当在两个星期前传唤诉讼参加人，传唤时应当说明诉讼参加人制度不影响案件的审理与判决。

八是审问式诉讼制度。德国行政诉讼实行审问式，行政法院的责任是调查事

---

① 德国《行政法院法》第四十七条规定：“1. 高等行政法院在其审判管辖权范围内根据申请，对下列事宜的有效作出判决：（1）按照建筑法典的规定颁布的规章，以及根据建筑法典第 246 条第 2 款规定颁布的法规；（2）其它在位阶上属州法律以下的法规，只要该法规是由州法律予以规定。”“2. 任何自然人、法人因法规或其适用而遭受损害，或在可预见时间将遭受损害，可提起针对法规的审查申请，行政机关也可以提起该申请。申请是针对任何颁布法规的团体、机构或财团而提起。高等行政法院应在设定的一定时间内，听取因该法规影响其权限的州或其他公法人的意见。”“3. 法律明文规定，法规专门由州宪法法院审查的，高等行政法院不得审查法规是否与州法律保持一致。”“4. 对一法规有效性的审查与宪法法院中的某一诉讼程序相关时，高等行政法院应中止其对法规的审查，直至宪法法院的诉讼终结。”“5. 高等行政法院通过判决作出决定，如没有言词审理阶段，也可以以裁定形式作出决定。高等法院认为法规不具有效性的，应宣布法规无效；在此情况下，判决具有普遍约束力，并须由被申请人以颁布法规所要求的方式予以公布。对判决的效力，准用第一百八十三条。已确定根据建筑法典颁布的规章或法规存在的瑕疵，可通过建筑法典第二百十一五 a 条规定意义上的增补程序予以补正的，高等行政法院可宣布该规章或法规在补正之前不产生效力；准用本款第二句的规定。”“6. 防止出现严重不利或基于其他紧急需要，高等行政法院可以根据申请作出暂时命令。”

② 德国《行政法院法》第一百零六条规定：“（法庭和解）只要参与人对和解的标的有处分权，为完全或部分终结诉讼，参与人可在法院作出笔录，或在指定或委派的法官面前作出笔录以达成和解。法庭和解也可以通过以法院、主审法官或编制报告法官建议作出的裁定形式，以书面方式在法院达成。”

③ 胡建森主编：《外国行政法规与案例评述》，中国法制出版社 1997 年版，第 141 页。

实，不受当事人双方提出的抗辩和证据的约束。行政法院可以要求当事人双方结束和改正抗辩，提出行政法院认为一个正确的判决所必需的证据和证人。在该程序中，行政法院的法官不是消极的仲裁人，而是一个主动的组织者。①

七　德国的诉讼外救济制度

在德国，行政救济除行政诉讼之外，还有行政申诉制度。

行政申诉，是指行政相对人控告行政主体行政行为的一种制度，其范围超越复议，但不包括行政诉讼。②

德国行政申诉的受理机关，是作出行政行为的行政机关的主管机关和议会的相关机构。议会受理行政申诉的制度被称为狭义的行政申诉制度，其处理案件的机构是申诉委员会。作出行政行为的行政机关的主管机关受理行政申诉制度被称为异议审查制度，包括声明异议③和行政复议。

第三节　日本行政诉讼制度

在日本，行政诉讼，又称行政案件诉讼，是指由于行政主体行使行政权，作出违法行为或者不作为，并使国民的具体权益受到损害时，国民可以向法院提出诉讼，请求审理行政主体的作为或者不作为的合法性，以排除违法状态、救济国民权益为主要目的的诉讼程序。

一　日本行政诉讼的历史发展

日本行政诉讼的历史可以分为两个大的阶段，即第二次世界大战以前和第二次世界大战以后两个阶段。第二次世界大战以前，日本行政诉讼属于大陆法系，行政案件由行政法院审理；第二次世界大战以后属于英美法系，行政案件由最高法院和依法设立的下级法院审理。

---

① 姬亚平主编：《外国行政法新论》，中国政法大学出版社 2003 年版，第 135 页。

② 胡建森：《比较行政法》，法律出版社 1998 年版，第 296—297 页。

③ 声明异议，是指当异议人对行政机关的行政处分不服时向作出行政行为的行政机关提出不服的声明，要求作出该行为的机关重新审查。

1889年2月11日，日本公布了《大日本帝国宪法》，第五章专门规定了司法问题。其中第六十条规定："凡属于特别法院管辖者，另以法律规定之。"第六十一条规定："凡因行政官厅之违法处分致被害权利之诉讼而应属于另以法律规定之行政法院审判者，不在司法法院受理之限。"之后，日本依照德国建立了行政审判制度。按当时之法律，日本在东京设立了一个行政法院，实行一审终审；行政法院的权利保护范围，采用列举式，只有法律规定的事件才能提起行政诉讼；在审理方式上采用书面主义、职权主义的原则；在与行政复议的关系上，采用行政诉愿前置主义。

第二次世界大战之后，在联合国占领军的左右之下，日本颁布了新的《宪法》。根据1946年11月3日公布的《日本国宪法》第七十六条规定："一切司法权属于最高法院及依法律规定设置的下级法院。""不得设置特别法院。行政机关不得施行作为终审的审判。""所有法官依其良心独立行使其职权，只受本宪法及法律的约束。"根据该条第二款的规定，日本废除了明治时期设立的行政法院及其制度，将行政案件的管辖权收归普通法院统一行使。1947年日本制定了过渡时期的民事诉讼法、应急措施法。因为"平野事件",① 1948年制定了《行政案件特例法》，尽管该法只有12条，但已标志着日本已经在新宪法下建立起了现代行政诉讼制度。1962年日本根据三权分立原则和法制原则制定了《行政案件诉讼法》，同时废除了《行政案件特例法》。按照《行政案件诉讼法》第二条之规定，日本的行政诉讼分为四大类，即抗告诉讼、当事人诉讼、民众诉讼和机关诉讼。但根据当时的规定，行政诉讼必须以行政解决为必经程序，称为诉愿前置主义，只有当事人不服行政解决时才能提起取消之诉。现行行政诉讼制度取消了诉愿前置主义，而改为选择原则，也就是既可先请求行政解决，也可直接向法院提起行政诉讼。

日本《行政案件诉讼法》是日本行政诉讼的基本法。尽管多年来，随着理论和实践的发展，对该法予以修改完善的呼声日渐强烈。但是，由于日本慎重修改法律的传统，长期未作大的、实质性的修改。自20世纪90年代起，日本进行

---

① 1947年占领军司令部对战争协助者发布开除公职备忘录，众议院议员平野力三被认为符合该备忘录的规定而决定开除公职。对此，平野依据民事诉讼法，向法院申请确认议员地位的临时处分，法院予以支持。但占领军司令部认为法院没有作出临时处分的权限，法院在压力下撤销了决定。使占领军司令部意识到行政诉讼不能完全套用民事诉讼的规则（全国人大常委会法制工作委员会行政法室编：《行政诉讼法立法背景与观点全集》，法律出版社2014年版，第373页）。

了第三次司法改革。2001年，借着司法改革全面展开的契机，行政诉讼制度改革正式纳入议事日程。2004年6月9日，日本通过并颁布了《修改行政案件诉讼法之部分的法律》，并自2005年4月1日起正式实施。

2004年日本行政诉讼改革的主要内容是：基于保障人权的需要以及增强司法对行政的制约功能，扩大了行政诉讼原告的范围，放宽了对行政诉讼起诉要件的限制；为适应社会发展的新需要，引入义务之诉、停止诉讼等新的诉讼类型；为便于公民提起行政诉讼，改变了实行被告资格、完善了法院管辖、延长了起诉期间，并规定了诉讼期间停止执行、暂时课予义务、暂时禁止等制度。①

二　日本行政诉讼的类型

（一）抗告诉讼

在日本，抗告诉讼是指国民不服行政厅的公权力行使而提起的行政诉讼。抗告诉讼可以分为法定抗告诉讼和无名抗告诉讼两种。

法定抗告诉讼是指日本《行政案件诉讼法》明确规定的类型诉讼。法定抗告诉讼共有六种形式，即处分撤销诉讼、裁决的撤销诉讼、无效的确认诉讼、不作为的违法确认诉讼、义务赋课诉讼和中止诉讼。②

（二）当事人诉讼

当事人诉讼，是指国民对确认或者形成当事人之间法律关系的处分或者裁决不服，而以另一方当事人为被告的行政诉讼。

当事人诉讼包括：（1）关于确认或者形成当事人之间的法律关系的处分或者裁决的诉讼中，根据法令的规定，以该法律关系的一方当事人为被告的诉讼；（2）关于公法上的法律关系的确认的诉讼，以及关于其他公法上的法律关系的诉讼。前者又可称为形式性当事人诉讼，后者又可称为实质性当事人诉讼。③

（三）民众诉讼

民众诉讼，是指国民以选民资格及其他与自己法律上的利益无关的某种行为而提起的，请求纠正国家或公共团体机关的不合法行为而提起的诉讼。

---

① 江利红：《日本行政诉讼法》，知识产权出版社2008年版，第33页。

② ［日］南博方：《行政法》（第六版），杨建顺译，中国人民大学出版社2009年版，第178页。

③ 同上书，第187—188页。

民众诉讼典型的包括选举诉讼和居民诉讼。选举诉讼包括对选举效力提出争议的选举诉讼和对特定当选人的当选效力提出争议的当选诉讼。

居民诉讼，是指在普通地方公共团体的首长等进行了违法或者对当地公款支出以及财产的管理、处分时，经过对监察委员会进行的监察请求后提起的诉讼。居民诉讼包括行政的中止请求、行政处分的撤销或无效请求、怠于作为事实的违法确认请求和操守赔偿或不当得利返还请求等。①

（四）机关诉讼

机关诉讼，是指行政主体（行政厅或者公共团体）之间的权限争议诉讼。“行政机关相互间的权限纷争是行政内部的纷争，因此，本来是应该在行政机关内部解决的问题，不属于‘法律上的争讼’。但是，有时候法律特别要求公正的法院的判断，要求通过诉讼程序来解决问题。”②

三　日本行政诉讼的特点

日本行政诉讼制度具有如下特点。③

第一，在诉讼体制上实行混合制。即日本行政诉讼体制，既不属于大陆法系国家的双轨制行政诉讼体制，也不同于普通国家的单轨制的行政诉讼体制。日本在法院设置上，属于单轨制。因为其行政法院和普通法院是合一的，但在适用程序上，日本则属于双轨制，因为其审理行政案件和审理民事案件适用不同的诉讼程序。

第二，在行政诉讼的受案范围上采取概括主义。

第三，提起行政诉讼采用自由选择主义。即国民是直接提起诉讼，还是先提起请求不服审查，或者两者同时提起，由原告自由选择。

第四，行政诉讼案件的审级实行四级三审制。即原则上，从地方法院开始，不服可以上诉至高等法院。对高等法院的判决不服，还可以上诉至最高法院。

第五，日本行政诉讼实行合法性审查原则，不承认合理性审查；行政诉讼和行政复议都实行不停止执行原则。④

---

① ［日］南博方：《行政法》（第六版），杨建顺译，中国人民大学出版社2009年版，第190页。

② 同上。

③ 参阅姬亚平主编《外国行政法新论》，中国政法大学出版社2003年版，第167—168页。

④ 全国人大常委会法制工作委员会行政法室编：《行政诉讼法立法背景与观点全集》，法律出版社2014年版，第370—371页。

四　日本的诉讼外救济制度

在日本，关于行政争议的救济制度除了行政诉讼之外，还有行政不服审查、行政裁判和苦情处理三种制度。

（一）行政不服审查制度

日本的行政不服审查，是指国民认为行政厅的行政处分行为或者其他事实行政违法或不当，特向行政厅提出申请，请求改变或者撤销被诉行政行为结果的法律制度。

根据《行政不服审查法》的规定，日本行政不服审查包括三种：

第一，审查请求。审查请求，是指当事人向处分厅以外的行政厅提出不服申诉。

第二，异议申诉。异议申诉，是指当事人向原处分厅提出的不服申诉。

第三，再审查请求。再审查请求，是指当事人经过审查请求裁决后提出的不服申诉。

行政不服审查的事项有行政行为、事实行为和不作为。经过审查后，审查机关可以根据实际情况依法作出撤销或者容忍的处理结论。

（二）行政裁判制度

日本的行政裁判，是指由独立于一般行政机关之外的行政委员会或者相当的行政机关，依据司法程序处理某些特定争议的法律制度。

日本行政裁判的范围主要有两类，即解决私人之间的纠纷（是一种事后救济）、审查对行政行为不服进行的行政裁判（是一种事前救济）。

（三）苦情处理

在日本，“苦情”是指国民对行政行为不满或者不服。由专门机关负责解决这种国民的不满或者不服的制度，就是苦情处理制度。

苦情处理与行政不服审查、行政裁判从广义上看都是行政不服审查制度的组成部分。但是苦情处理是一种非正式的法律程序，而行政不服审查和行政裁判都是正式的法律程序。

1960 年日本行政厅颁布了《行政苦情调停处理纲要》，规定只要是对有关业务有苦情的人，都可以以书面或者口头的方式向管辖区内的行政监察局或者地方行政监察局提出。目的在于避免将一些普通的行政争议纳入诉讼程序，减少或避免国民与行政机关之间的直接对抗，有利于防止矛盾的激化，以便迅速、简便、有效地解决行政争议。

日本的行政不服审查、行政裁判和苦情处理制度，虽然都同为行政不服申诉制度的组成部分，但三者之间还是存在一些区别。三者的区别如下。

名称 内容	行政不服审查	行政裁判	苦情处理
处理权限	有权直接改变行政处理行为	有权直接改变行政处理行为	不能直接改变或者撤销行政处理行为
处理范围	小	小	无明确具体的限制,范围大
处理程序	正式法律程序	正式法律程序	非正式法律程序

第四节　英国行政诉讼制度

英国属于普通法系国家。与大陆法系国家不同，普通法系国家没有区别公法和私法的传统，表现在行政诉讼上，就是不划分行政诉讼与普通民事诉讼，公民与政府之间的关系以及公民相互之间的关系原则上受同一法律支配，因此产生的纠纷也由相同的法院管辖。受英国法的影响，以英美法系国家，行政案件由普通法院管辖，没有独立的行政法院受理与行政机关及官吏有关的行政案件。普通法院审理行政案件适用普通法，没有单独适用行政案件的行政法。这是普通法系国家行政诉讼的共同特点。

一　英国行政诉讼制度的产生和发展

在英国，没有关于行政诉讼的准确概念。实质意义上的行政诉讼在英国被称为司法审查。它是指普通法院通过行使上诉管辖权和司法审查权的方式，对行政机关的行为是否合法所进行的审查活动。① 司法审查是英国行政诉讼的核心，是英国历史上一项悠久的制度。正因为如此，有学者认为，“在英国，司法审查制度产生和发展的历史就是行政诉讼制度产生和发展的历史”。②

英国最早以法律控制权力的法律文件是1215年的《自由大宪章》。英国具有现代特色的司法审查制度，最早是因反对王权的宪政斗争而产生的，确立于17世纪。15世纪后，郡长的权力逐渐被治安法官所取代。③ 15世纪末至17世纪前期，英国实行君主专制制度，全国除普通法院之外，还有根据国王特权设立的特别法院，其中包括星座法院。④ 星座法院以严刑手段（包括巨额罚金、监禁、枷锁、鞭笞、烙印及断肢等）保护国王利益，压制反对意见，因此受到普通法院的反对。17世纪英国资产阶级革命时，普通法院和议会结成联盟，共同对付国王，最终议会取得胜利，国王的特权受到了法律的限制。1641年，除了大法官法院外，包括星座法院在内的其他特权法院被废除，至此，全国只有普通法院受理因各种法律关系所发生纠纷而引起的一切诉讼。

---

① 王名扬主编：《外国行政诉讼制度》，人民法院出版社1999年版，第290页。

② 应松年主编：《行政诉讼法学》（第四版），中国政法大学出版社2007年版，第27页。

③ 治安法官具有地方政府的性质和职能，主要是作为地方政府机构而存在，并行使司法和行政职能。治安法官举行季审法庭，行使司法权，同时还履行救济贫民、修理道路桥梁、颁发酒业执照等行政职能。英国最早的治安法官是12世纪末至14世纪中叶从骑士中任命的，他们经立誓后维持治安作为治安监管人。从1327年开始，法律规定每个郡的治安监督官任命事项，其权力不断扩大。1361年根据《治安法官法》，英格兰的每一个郡任命1名贵族和3、4名该郡最知名的人维持治安，审理并裁决重罪和非法犯罪案件。1363年，治安法官受命主持一年4次开庭，从此他们就成为治安法官。此后，他们的职责不断增加，管辖范围扩大，人数也增多。从16世纪起，法律继续授权他们简易处理某些违法案件，这些审理活动逐渐就成了小治安法庭。18世纪早期的实践是在郡最高军事长官提名的基础上任命治安法官，尽管大法官仍可以依据自己的提名任命治安法官。19世纪，治安法官的许多行政职责移交给了选举产生的地方当局，但他们保留了司法审判职能，该职能包括民事的和刑事的，在小裁判法庭和以前的一般法庭或季审法庭行使。小裁判法庭现在被称为治安法院。20世纪，被选入的领域有了相当的扩大，顾问委员会协助贵族总督保证社会各阶层都有其代表。尽管他们现在有权得到收入损失和费用支出的补贴，但那时，治安法官的职务都是无报酬的（参阅［英］戴维·M. 沃克《牛津法律大辞典》（中译本），北京社会与科技发展研究所组织翻译，光明日报出版社1988年版，第680页）。

④ 爱德华三世时，皇家枢密院定期召集会议处理各种事务，据记载，这种活动有时在星宫举行（星宫是威斯特宫的大殿之一）。随着具有独立司法权的法官法庭的发展，皇家枢密院一般只在星宫中处理其他事务。1485年后，都铎王朝的历代国王开始动用内阁的司法权力，自己处理流行于英格兰的各种不法行为。1487年，皇家枢密院建立了一个权力很大的委员会，专门处理危害国家安全的违法行为。1526年，皇家枢密院中出现分化，最后形成了枢密院和星座法院议事机构。16世纪后期，星宫法院已经与枢密院分立但仍有联系的法院，具有了专职的官员和专门的程序，并合并了一些在一个世纪之前设立的拥有有限司法管辖权的委员会，成为一个有效而重要的法院（参阅［英］戴维·M. 沃克《牛津法律大辞典》（中译本），北京社会与科技发展研究所组织翻译，光明日报出版社1988年版，第850页）。

1688年，英国发生“光荣革命”，议会1689年制定的《权利法案》进一步确立了议会的最高权力地位。权利法案，通常是倡导个人应当拥有的对抗国家和政府的人权或民权的一般宣言的总称。“《权利法案》是英国历史上重要的宪法性文献，也是英国法中关于臣民的民主和自由权力的伟大宪章之一。”“规定了英国臣民的权利和自由，安排了王位的继承问题。”[①] 1701年，国王签署了《王位继承法》。[②]《权利法案》和《王位继承法》的颁布标志着英国资产阶级的君主立宪制政体基本确立，英国近代资本主义国家的行政诉讼制度正式形成。

在地方，1888年《地方政府法》实行民选的郡议会之前，行政权力掌握在治安法官手中，治安法官既行使行政权，又行使司法权。斯图亚特王朝前期，中央对地方的监督权主要通过星座法院来行使，星座法院发出提审状、禁止状和执行状，撤销治安法官的决定，命令治安法官为一定的行为或不为一定的行为。星座法院被废除之后，中央对治安法官的监督职能完全由普通法院承担。普通法院中的王座法庭利用各种特权监督治安法官的活动。1888年以后，治安法官的权力转移到新成立的民选机构，从此，对治安法官的各种监督手段适用于地方民选政府。19世纪中叶以后，中央政府机构扩张，新成立了一些部。19世纪末20世纪初以来，特别是第二次世界大战之后，英国成立大量行政裁判所负责裁决行政争议。普通法院又将各种特权监督手段扩大适用于中央行政机关和行政裁判所。“目前，涉及行政诉讼的制定法主要有《1981年最高法院法》、《最高法院规则》（第53号命令）（1977年）、《民事诉讼规则》（第54编）、（2000年）等。此外，欧盟法、欧洲人权公约以及欧洲法院、欧洲人权法院的判例对英国行政诉讼制度也发挥了不可忽视的作用。”[③]

二　英国司法审查的基本体系

英国司法审查的基本体系，可以分为提起司法审查、提起普通法上的一般诉讼和上诉三类。

---

① ［英］戴维·M. 沃克：《牛津法律大辞典》（中译本），北京社会与科技发展研究所组织翻译，光明日报出版社1988年版，第96—97页。

② 关于安妮女王最后一个健在子女的死亡而必须规定英格兰王位继承人的法律。该法律规定，王位要由汉诺威女候选人、詹姆斯一世的孙女索菲娅继承。

③ 全国人大常委会法制工作委员会行政法室编：《行政诉讼法立法背景与观点全集》，法律出版社2014年版，第341页。

（一）提起司法审查

在英国，由法院提供的对行政行为的救济包括三个部分：一般救济、特权救济和上诉。

一般救济和特权救济都属于传统的普通法上的救济，区别于制定法新创制的上诉等救济方式，如王权诉讼。

一般救济按普通法程序获得，包括损害赔偿之诉、非法侵入之诉、违约责任之诉、宣告令、① 强制令、② 告发人之诉③和履行义务之诉等。

特权救济是起源于古老的特权令状，并经现代制定法改造后的救济类型，即基于英王特权令状而建立的司法救济，包括人身保护状、④ 调卷令、⑤ 阻止令⑥和训令。⑦

特权救济是英国最主要的对行政行为的公法救济手段，虽然名为特权令状，但实际上与救济的特权性没有多大的实质关系，在英国这样一个尊重历史传统的国家，这样的称谓更多表现的是历史的象征性。除人身保护状以外的特权救济，包括调卷令、阻止令和训令，是严格意义上的司法审查。这三种特权令，在1938

---

① 宣告令（Declaration），是一种只是宣示诉讼当事人之间的法律关系，而不附随任何制裁或者强制手段的判决。

② 强制令（Injunction），是一种与特权令状同等的适用于所有法律分支的救济类型，无论是公法领域还是私法领域，都可以通过强制令来保护个人的权利免受非法的侵害。强制令属于普通法上的救济手段，不属于特权救济手段，因此与特权救济手段的阻止令、训令在分类上不同。强制令的职能包括：一是一般地禁止所有人从事法院认为其无权实施的作为或者不作为的职能；二是必须实施法院要求其实施的行为；三是强制执行行政决定或者命令（参见张越《英国行政法》，中国政法大学出版社2004年版，第689—691页）。

③ “告发人诉讼是指在他人要求提供禁止令或宣告令或者同时请求这两种救济时，为防止违法行为而由检察总长提起的诉讼。为此通过出借名字的方式，检察总长使得禁止令与宣告令这类基本上旨在维护私人权益的救济机制，转化成了维护公共利益的公法救济机制。”（［英］威廉·韦德、克里斯托弗·福赛：《行政法》，骆梅英、苏苗罕、周华兰、卢超、王瑞雪译，中国人民大学出版社2018年版，第440页）。告发人之诉是以检察总长及地方当局的名义提起的一类诉讼，具有一定的公益诉讼性质。

④ 人身保护状是一项在剥夺个人自由的公法或者私法诉讼中的重要的救济手段。其本质是一个法院可以有效而迅速地决定某一对个人拘禁的合法性程序。人身保护状是一种特权令状，即由英王对其官员签发，以强制这些官员妥当地行使其职权的命令，但不属于司法审查；人身保护状的应用范围不限于行政领域，可以释放任何被非法拘禁的人；人身保护状不是一种自由裁量的救济，而且也不能仅仅因为存在其他的救济机会而拒绝予以救济（参见张越《英国行政法》，中国政法大学出版社2004年版，第694—699页）。

⑤ 调卷令（Certiorari），又称提审令，是指由高等法院王座法庭签发的，用以撤销某一决定的令状。

⑥ 阻止令（Prohibition），又称禁审令，是指用于阻止行政当局超越其职权范围行政的令状。

⑦ 训令（Mandamus），是指在行政当局不履行法定职权的情况下，命令其履行职责的一种特权令状（mandamus）。

年以前被称为特权状。1938 年《司法法》简化了几种常用的特权状的程序，简化以后被称为特权令。

（二）普通法上的一般诉讼

私法上的救济手段主要包括制止令和确定判决。

制止令，是指法院要求诉讼当事人为或不为一定行为的命令。

确定判决，是指法院宣告某种法律关系或法律地位是否存在，从而确定当事人之间法律关系的判决。

（三）上诉

上诉，是指制定法所规定的救济手段，在制定法有规定时，对行政机关和行政裁判所的决定不服可以向普通法院请求上诉管辖权，以便审查行政行为的法律适用是否正确。当然有时就事实问题也可以上诉。第二次世界大战之前，上诉主要针对一般行政机关的行政行为；第二次世界大战之后，主要针对行政裁判所裁决中涉及的法律问题。公民权益受到行政机关的侵害，如果构成普通法上的一般诉讼条件，也可以提起一般诉讼。①

这里需要指出，在 1977 年修改《最高法院规则》以前，公法上的救济手段和私法上的救济手段不仅适用范围不同，而且缺乏共同的程序规则。1977 年的《最高法院规则》在程序方面作了重大修改，建立了统一的程序规则，称为司法审查程序。

三　英国行政诉讼的依据②

英国行政诉讼的依据是越权无效原则。

（一）越权无效的含义

越权无效，是指行政越权无效，即行政机关行政职权的行为如果超越了法律的授权，该行为是无效的，不能产生相应的法律效果。行政越权，是指行政机关在行使行政职权时，超越法定的范围。

---

① 应松年主编：《行政诉讼法学》（第四版），中国政法大学出版社 2007 年版，第 27 页。

② 参阅王名扬主编《外国行政诉讼制度》，人民法院出版社 1991 年版，第 311—324 页；张越《英国行政法》，中国政法大学出版社 2004 年版，第 670—684 页；姬亚平主编《外国行政法新论》，中国政法大学出版社 2003 年版，第 42—43 页。

越权无效原则是在英国宪政背景下发展起来的普通法院监督行政机关活动的法律根据。英国是实行议会主权的国家，行政权力来源于议会制定的法律，行政机关行使权力必须以议会制定的法律为限。由于议会享有最高权力，其制定的法律法院必须执行，且法院不得审查议会制定法律的合法性。因此，行政机关行使行政权力的行为，只要没有超过法定的界限，法院即无权过问，而不论该行为是否正确和妥当。换言之，在没有制定法授权的情况下，只有当行政机关行使权力超越了法定的范围才发生法院对行政行为是否合法进行司法审查的问题。

根据越权无效原则，对于越权的行政行为，法院有权宣布其无效而给予撤销。

（二）越权无效的内容

越权无效原则的内容十分丰富，也没有一部统一的成文法对行政机关越权进行标准化规范。根据英国法院的判例，构成越权无效的情况主要有三种：

1. 违反自然公正原则

自然公正，是英国一项历史悠久的原则。其核心内容是任何人都必须公正地行使权力。自然公正原则包括以下两个最基本的程序规则：①

第一，任何人或团体在行使权力可能使他人受到不利影响时，必须听取对方的意见，每一个人都有为自己进行辩护和防卫的权利；

第二，任何人或团体都不能作为自己案件的法官。

为了保证上述规则的实现，必须建立相应的保障制度，即听取对方意见的制度和自己不能作为自己案件的法官的制度。前者包括公民有在合理的时间以前得到通知的权利，行政机关必须事先告知当事人意图，以便公民为陈述自己的意见而有心理准备；公民有了解行政机关的论点和根据的权利；公民有为自己进行辩护的权利，能够陈述自己的情况和意见，相应的，行政机关必须为行政相对人提供进行陈述和辩护的机会。后者要求公民在其权利和合理的利益受到行政决定的不利影响时，不仅有权为自己辩护，而且有权要求他的意见必须由一个没有偏私（要求行政机关的决定必须由没有利益牵连的人作出）的行政官员决定。

2. 程序上的越权

程序上的越权，是指行政机关违反制定法规定的程序。

① 王名扬主编：《外国行政诉讼制度》，人民法院出版社1991年版，第313—314页。

在英国，制定法上的常见程序规则主要包括调查程序、听证程序、咨询程序、委任程序、说明理由程序和通知、公布、批准程序，等等。

3. 实质越权

实质越权，是指行政机关或行政裁判超越法定权力范围。

实质越权的表现形式主要有：超越管辖范围、不履行法定义务、权力滥用、[①] 记录中的法律错误等四种。

四　英国行政诉讼程序

（一）英国司法审查的机构

在英国，司法审查的机构是普通法院。但普通法院是指一个法院体系，而不是指某一个具体的法院，因此，普通法院体系中也存在着管辖范围的问题。

根据案件性质的不同，英国的普通法院分为民事和刑事两个子系。

民事审判系统由四个审级构成，由高到低分别是上议院、上诉法院民事庭、高等法院和郡法院。

刑事审判系统也是由四个审级构成，由高到低分别是上议院、上诉法院刑事庭、皇家刑事法院和治安法院。

由于英国审理行政案件适用的是民事程序规则，因此行政案件由民事审判系统的法院管辖。并且，民事审判系统法院的郡法院有对行政案件的管辖权，行政案件的审理法院实际上是三级，即第一审案件由高等法院的王座分院管辖，第二审案件由上诉法院的民事庭管辖，第三审案件由上议院管辖。

由于英国保留了传统的特权令状形式，其行政诉讼程序比较复杂。1983 年英国制定了《司法法》，对过往法院使用的基于英王特权而对官吏发布的各种命令的特权状的程序进行了简化。简化后的特权状，除人身保护状外，统称为特权令。

现在法院使用的特权令状有调卷令、禁止令、执行令和人身保护状。

1977 年，英国的《最高法院法》对行政诉讼程序作了重大修改，规定了统一的行政诉讼程序规则，统称为司法审查程序。司法审查程序适用于人身保护状、提审令、禁止令、执行令、阻止令和确认判决等救济手段，并且明确规定了

---

① 权力滥用主要包括不符合法律规定的目的、不相关考虑和不合理的决定。

每种救济手段的适用范围和方式。

五　英国行政诉讼的特征

根据学者的归纳总结，英国司法审查制度具有如下基本特点：①

第一，不存在独立的行政诉讼法律体系。由于英国是普通法的发源地，没有独立的行政法体系，公民和政府之间的关系同公民之间的关系一样，受相同的法律规范，由相同法院系统管辖。

第二，由普通法院负责司法审查。由于英国人奉行法律面前人人平等的法治观念，所有的人，包括政府均受相同的法律支配，诉讼案件也由有管辖权的普通法院管辖，所以认为没有建立行政法院的必要。

第三，司法救济与行政救济两种制度并存，行政裁判所作为普通法院解决行政争议的机构而存在，普通法院作为行政诉讼的主要受理机构，对其他行政诉讼受理机构的裁决享有最终裁决权。

第四，实行判例制度。判例制度是普通法系的重要特征，行政诉讼也不例外。正如有的学者所指出："如果从英国法律体系中抽出成文法，该体系仍能自成一体，但是若抽出判例法，该体系就失去基本原则，成为一堆支离破碎的东西了。"②

第五，在审查依据上，以越权无效原则为依据；在法律适用上，对行政案件的审理以适用普通法为原则，以适用特别法则为例外。

第六，诉讼程序较为复杂，受案范围十分广泛。

六　英国的诉讼外救济

在英国，对行政权力的救济除诉讼方式外，还有议会救济、议会行政监察专员救济、部长救济和行政裁判所救济等方式。

（一）议会救济

在英国公民认为自己受到行政行为侵害时，可以通过本选区的议员促使部长注意，也可以由议员在议会活动时提出质问或提议辩论。对于重大问题，议会还

---

① 参阅王名扬主编《外国行政诉讼制度》，人民法院出版社1991年版，第299—303页；姬亚平主编《外国行政法新论》，中国政法大学出版社2003年版，第41页；王雅琴《行政诉讼法十二讲》，中国法制出版社2010年版，第71—72页。

② 姬亚平主编：《外国行政法新论》，中国政法大学出版社2003年版，第41页。

可以通过决议成立调查法庭，为当事人提供救济。

（二）议会行政监察专员救济

议会行政监察专员是英国法律中为当事人提供的另外一种诉讼外救济手段，适用于不是由于违法的行政行为，而是由于不良的行政行为所产生的损害。但根据英国法律规定，公民不能向议会监察专员申请，必须通过议员转递申请。

（三）部长救济

公民认为自己的权利受到行政机关侵害时，有权向部长提出申诉。按照英国法律，申诉不是公民的当然权利，只有法律有明确规定时才能向部长申请。实践中，法律规定向部长的申诉，往往规定部长可以就地方政府决定的事实方面、法律方面或者决定是否妥当进行全面考量，有权变更地方政府的决定。

（四）行政裁判所救济

行政裁判所，是指在普通法院之外，由法律规定设立的，专门解决行政争议的特别的裁判机构。行政裁判所是英国特有的一种行政救济制度，是普通法院受理行政诉讼的辅助机构。英国以普通法院解决行政争议为原则，但由于行政争议的广泛性和专业性使普通法院无法有效地解决行政争议。在 19 世纪末 20 世纪初，特别是第二次世界大战之后，英国设置了许多常设性的行政裁判所。行政裁判所不属于法院系统，在组织上和行政机关有关联，但活动上保持独立的性质。

通常而言，行政裁判所所解决的是行政争议，但并不仅限于行政争议。有些纠纷虽然产生于平等地位的双方当事人之间，如出租人和承租人之间因房屋租赁引起的纠纷，虽然不是行政争议，但因这些纠纷与国家的社会政策有关，因此，还是将这些纠纷交给行政裁判所解决。①

1992 年英国制定了《行政裁判所与公开调查法》，对行政裁判所作了基本的规范。根据该法的规定，某些裁判所的主席必须由相关部长在一个由人们认可的候选人名单中挑选，但是最近的立法则要求所有的行政裁判所成员都由大法官任命。所有的行政裁判所都有义务依当事人的请求，在作出决定或者公布决定之前说明其决定的理由。②

① 王名扬主编：《外国行政诉讼制度》，人民法院出版社 1991 年版，第 308 页。

② 张越：《英国行政法》，中国政法大学出版社 2004 年版，第 623 页。

第五节　美国行政诉讼制度

一　美国行政诉讼制度概念

美国“行政诉讼”的概念与我国“行政诉讼”的概念之间是不能对应的。在美国，“行政诉讼”（Administrative Proceedings）是指行政机构就涉及行政相对人权益的有关问题，依行政程序法或其他有关法律规定的程序作出裁决的活动，甚至包括行政机构在制定规章中就有关争议事实作出裁决的活动。与我国“行政诉讼”比较对应的概念是“司法审查”（Judiaial Review），① 是指法院应行政相对人的申请，审查行政机构行为的合法性，并作出相应裁决的活动。② 当然，也有学者认为“美国的司法复审也不能简单地等同于中国的行政诉讼，而是指法院对行政行为和司法行为的审查活动。其实，美国法院此外还享有对立法行为的司法审查（违宪审查）权”。③

美国是一个没有经历封建社会的资本主义国家，其司法复审制度法律依据是1787年制定的《美利坚合众国宪法》第三条。④ 法院根据法律取得司法审查权的方式有法定审查、非法定审查和执行诉讼的司法审查三种。

---

① “Judiaial Review”，也有人将其译作“司法复审”。

② 王名扬主编：《外国行政诉讼制度》，人民法院出版社1991年版，第152页。

③ 胡建森：《比较行政法——20国行政评述》，法律出版社1998年版，第164—165页。

④ 《美利坚合众国宪法》第三条第一款规定：“合众国的司法权属于最高法院以及由国会随时下令设立的低级法院。最高法院和低级法院的法官，如果尽忠职守地继续任职，并应在规定时间获得服务报酬，此项报酬在他们继续任职期间不得减少。”第二款规定：“（一）司法权的适用范围包括：由于本宪法、合众国法律和根据合众国权力已缔结或将缔结的条约而产生的有关普通法和衡平法的一切案件；涉及大使、公使和领事的一切案件；关于海事法和海事管辖权的一切案件；合众国为一方当事人的诉讼；两个或两个以上州之间的诉讼；一州和他州公民之间的诉讼；不同州公民之间的诉讼；同州公民之间对不同州转让与土地的所有权的诉讼；一州或其公民同外国或外国公民或臣民之间的诉讼。（二）涉及大使、公使和领事以及一州为一方当事人的一切案件，最高法院有初审管辖权。对上述所有其他案件，不论法律方面还是事实方面，最高法院有上诉管辖权，但须依照国会所规定的例外和规章。（三）除弹劾案外，一切犯罪皆由陪审团审判；此种审判应在犯罪发生的州内举行；但如犯罪不发生在任何一州之内，审判应在国会以法律规定的一个或几个地点举行。”“第三款（一）对合众国的叛国罪只限于同合众国作战，或依附其敌人，给予其敌人以帮助和支援。无论何人，除根据两个证人对同一明显行为的作证或本人在公开法庭上的供认，不得被定为叛国罪。（二）国会有权宣告对叛国罪的惩罚，但对因叛国罪而被褫夺公民权的人，除非其仍在世，不得褫夺其继承财产的权利，亦不得没收其财产。”

二 美国行政诉讼制度的产生和发展

据学者总结，美国的司法复审制度大致经过了四个发展阶段：[①]

第一阶段是司法复审的奠基时期（1787 年至 20 世纪 20 年代）。在这一阶段，美国联邦宪法的出台，特别是第三条关于司法机关地位的确立，为司法复审奠定了宪法基础。但由于受普通法中“王者不能为非”原则的影响，主张主权豁免，如果政府不同意，不得对其起诉。政府的行政行为对公民造成损害的，通常由政府官员个人负责。公民与政府之间的纠纷，就成了公民与官员之间的纠纷，法院对政府官员适用的法律原则和法律程序等同于适用普通当事人的法律原则和诉讼程序。但事实上，这一阶段的司法机关没有也没有可能对行政机关的行政行为进行审查。美国的司法审查制度可以溯源至其建国初期的马伯里诉麦迪逊一案。[②]

---

① 胡建森：《比较行政法——20 国行政法评述》，法律出版社 1998 年版，第 165—166 页。

② 马伯里诉麦迪逊案件的基本案情是：1801 年 3 月 3 日，即将卸任的总统亚当斯新任命一批法官。这批法官的任命状虽然已经被亚当斯总统签署，当时任国务卿的马歇尔也加盖了国玺并开始发送。但因处于新旧总统交接之际，马歇尔本人第二天即辞去国务卿之职，同时接任首席大法官，主持新总统杰斐逊的就职典礼，致使包括马伯里在内的十七名治安法官的委任状未能发出。新总统杰斐逊上任后，命令新任国务卿麦迪逊将这十七名法官的委任状给予扣留，准备作废。马伯里对此不服，便根据 1789 年的《司法条例》第十三条“联邦最高法院在法律原则与习惯所容许的范围内，得向联邦政府现职官员下达令状，命其履行法定义务”的规定，向联邦最高法院起诉，要求最高法院下达令状，命令国务卿麦迪逊为其分发委任状。联邦最高法院受理了该案后，首席大法官马歇尔在审理时提出了三个问题：第一，马伯里是否有权担任委任状中的职位？第二，如果马伯里有权担任委任状中的职位，而且他的该项权利受到侵害时，政府是否应当提供补救办法？第三，如果为他提供补救的办法，则该项补救办法是否就指联邦最高法院应签发令状，命令国务卿发放委任状？马歇尔肯定地回答了第一个问题。因为杰斐逊上台之时，马伯里已经得到任命，且亚当斯总统签署的委任状是在离任之前，该项任命已经生效，不可撤回。对第二个问题，马歇尔也作了肯定回答。认为每个人的权利受到侵害时，都有权获得法律的保护。而提供保护是政府的责任之一。国务卿也无权剥夺他人既得权利的权力，如果试图剥夺他人的既得权利，则应当向法院陈述理由。但是，马歇尔否定了第三个问题。他认为，根据联邦宪法第三条第二段的规定，只有外国大使、公使、领事及州政府作为诉讼当事人时，联邦最高法院才享有案件初审管辖权。而马伯里只是一名治安法官，没有这一资格。但是，1789 年的《司法条例》第二十五条又规定：“当事人之全国性的利益受到法院否定时，受害人得向联邦最高法院上诉。”因而联邦最高法院对本案又有管辖权。至于《司法条例》第十三条的规定，马歇尔认为，这是变相地把联邦最高法院的管辖权加以扩大，显然已经违反联邦宪法第三条第二段的规定，应当属于无效的。他主张法律的解释权应当属于司法机关，法律与联邦宪法抵触者无效，宪法的效力优于任何立法机关制定的法律。在马伯里的诉讼请求被驳回后，该案件就开了美国司法审查制度的先河。

第二阶段是司法复审的事实上肯定时期（20世纪20年代至30年代末）。在这一阶段，1935年法官弗朗福尔特编集了《案例汇编》，表明法院在这一时期事实上已经进行了以行政机关为被告的实质意义的司法审查，但理论上人们对以政府为被告仍持否定态度。20世纪30年代发生的经济危机，迫使美国政府大规模介入社会经济活动。随着行政权的扩张，自然要求司法权对行政权加以制约。20世纪30年代末40年代初，司法机关和行政机关的观点曾经明显对立，仅1935年最高法院就判决“新政”的几个主要法案违宪（如巴拿马案件①、谢克特案件②）。1940年国会通过了“沃尔特－洛根法案”（Walter－Logan Bill），用标准行政程序，要求法院对联邦行政机构遵守标准行政程序实施监督，即加强对行政行为的司法审查，但这一法案被罗斯

① 巴拿马案件的基本案情：1933年7月11日，罗斯福总统颁布了一项命令，重申《全国工业复兴法》中公平竞争自律条款中有关所有各州的大小工业都可以自由竞争，各项生产的数量和生产单位，应按各州的生产配额彼此分配，生产总量不得超过各州应有的配额，运输石油也不例外。违反此项规定，总统可以根据《全国工业复兴法》第九（C）项的规定，下令禁止。如果不服从此项禁止的命令，总统给予处罚。罗斯福总统的上述命令发布后不久，巴拿马炼油公司向联邦最高法院指控《全国工业复兴法》第九（C）项关于石油管制的条款违宪无效。联邦最高法院于1935年1月7日判决，首席大法官休斯和另外七名大法官指出，国会在《全国工业复兴法》中关于石油管制的规定，并没有提出一套具体的标准以便遵循，结果等于国会授权总统自由裁量，而且裁量范围广泛，例如石油生产、提货、运输超出法定配额等，总统皆有权下令禁止。违反总统此项命令的，应受处罚。诸如此类的规定，等于国会立法权授予总统，而且十分广泛，因此明显违宪，应属无效。对此项判决，只有大法官卡多佐一人投反对票，结果以8票对1票，判决《全国工业复兴法》第9（C）项无效（参见王名扬《美国行政法》，中国法制出版社1995年版，第296页；胡建淼主编《外国宪法案件及评述》，北京大学出版社2004年版，第114—116页）。

② 谢克特案件的基本案情是：谢克特兄弟开设的家禽公司是纽约布鲁克林区的一家肉食公司，专门经营家禽屠宰业。他们从纽约市内的曼哈顿区、火车站等地买进活的鸡鸭，屠宰后转售给零售商和肉商。他们的营业仅属州内商业性质，并不具备州际商业的条件，所涉及的新政法规，就是《纽约市周围大都会地区活禽商公平竞争自律规约》。违反公平竞争规约的，应以《全国工业复兴法》处理。联邦政府便根据《全国工业复兴法》，指控谢克特兄弟违反《活禽商公平竞争自律规约》，违反的内容计18项之多。如，（一）违反最低工资和最高工作时数的规定；（二）未经必要检查，将病鸡卖给客户；（三）允许客户从笼中选鸡，使其他同业处于不利位；（四）制造虚假报告；（五）未将每天的价格提出报告。联邦政府根据《全国工业复兴法》指控谢克特兄弟，谢克特兄弟反控《全国工业复兴法》违宪。第一审中，纽约联邦地区法院判决谢克特兄弟败诉；第二审中纽约联邦上诉法院维持原判；上诉到联邦最高法院后，1935年5月27日联邦最高法院全体法官一致认为《全国工业复兴法》违宪，推翻了联邦上诉法院的判决（王名扬：《美国行政法》，中国法制出版社1995年版，第297页；胡建淼主编：《外国行政法规与案例评述》，中国法制出版社1997年版，第489—496页；胡建淼主编：《外国宪法案件及评述》，北京大学出版社2004年版，第118—120页）。

福总统否决了。①

第三阶段是司法复审的法律化时期（20世纪40年代到60年代）。在这一阶段，司法复审从事实上的肯定过渡到理论上的肯定，特别是在1946年美国国会在制定《联邦行政程序法》之后，又制定了《联邦侵权求偿法》，该法正式确定了国家可以作为被告。1950年美国制定了《联邦司法审查法》，正式建立了美国的司法审查制度。这正如姜明安教授所指出："1946年的美国联邦《行政程序法》和1950年的《司法审查法》对健全和完善审查制度起了最重要的作用。但直到本世纪以前，还不能说美国真正有了行政诉讼制度。美国行政诉讼是随着独立管制机构的出现、行政法官制度的产生、法院对行政行为和行政裁决的司法审查的加强和制度化而逐步产生和逐步完善的。"②

第四阶段是司法复审的扩大时期（20世纪60年代后）。这时期的主要表现是司法复审范围的进一步扩大，政府的行政行为几乎无所不包地被列为司法审查范围之内，不能复审的行为必须是严格论证的例外。

---

① "沃尔特－洛根法案"的背景是：1929年美国爆发了严重的经济危机，延伸到20世纪30年代中期。1933年罗斯福当选为美国总统，为了摆脱经济危机，他推行复兴经济的新政。1933年至1946年期间，美国的行政权力迅速扩张，建立了大量的独立管制机构，法律对于某些机构权力的行使有时没有规定必要的程序限制。美国企业界最初和政府合作以摆脱经济危机。在危机基本消除后，企业界转而反对行政权力的扩张。律师界对管制机构同时行使立法、行政、司法三种权力，持反对态度。1933年美国律师协会任命一个行政法特别委员会，研究行政机关权力扩张产生的问题。律师界特别反对管制机构同时行使追诉权力和裁决权力，认为不符合公平原则，主张建立行政法庭制度，剥夺行政机关的司法裁决权力，并主张对行政程序加以更大的限制，加强法院的司法审查。最高法院最初对新政持反对态度，在1935年的两个判决中，否定了国家对行政机关授予的广泛的委任立法权力。罗斯福总统制止了最高法院的反抗，并威胁要增加法官的名额以改变最高法院对新政的观点。在罗斯福总统的压力下，最高法院主动退却，采取完全相反的态度，从反对行政权力的扩张转而成为尊重行政机关的权力。从20世纪30年代末期开始，建立了法院和行政机关之间的合作伙伴关系，司法审查的作用被削弱。反对行政机关迅速扩张的各种意见中，主要的要求是实现行政程序的标准化、正规化和加强司法审查。在强大的要求限制行政权力，加强程序保障和司法审查的压力下，罗斯福总统于1939年命令司法部长任命一个委员会研究行政程序问题。委员会从1939年开始工作，首先对联邦政府中51个重要的行政机关实行的程序进行调查，撰写专题报告，然后在总结全部研究的基础上，写出委员会的最终报告和建议。但委员会的成员没有取得全体一致的意见。委员会的报告和建议分为多数派的报告和建议，少数派的报告和建议。后者倾向于行政程序调度的司法化和广泛司法审查权；前者承认加强程序保障的重要性和必须行政程序的标准化，但倾向于给予行政程序更多的灵活性，限制司法化程序的范围，建议加强听证官的独立地位，以解决追诉职能和裁决职能混合的矛盾。在委员会提出最终报告以前，国会两院已经在1940年通过"沃尔特－洛根法案"。该法案基本上接受了律师界的观点，采取高度的司法化的行政程序，法案被罗斯福总统否决。司法部长行政程序委员会的立法建议于1941年提交国会，同时包括多数派和少数派的建议，由于美国参加第二次世界大战，国会没有讨论委员会的建议。大战结束后，国会在司法部长程序委员会建议的基础上制定了1946年的行政程序法。这个法律没有完全采纳多数派的建议，也考虑了少数派的建议和律师界意见，是一个折中性的法律，所以在国会讨论中顺利通过（参见王名扬《美国行政法》，中国法制出版社1995年版，第53—55页）。

② 姜明安：《行政诉讼法》（第三版），北京大学出版社2016年版，第38页。

三　美国司法审查的法院

美国联邦法院体系从高至低分为联邦最高法院、专门法院、上诉法院、地区法院。

联邦最高法院在很小范围内受理初审案件（对涉及大使、公使、领事及以州为当事人的案件），主要是受理上诉案件（对上诉案件有权自由裁量是否提审）。

专门法院（如联邦巡回区上诉法院、索赔法院、税务法院和国际贸易法院等），受理特定范围内的第一审司法审查案件。

法定审查的法院主要是上诉法院，非法定审查的法院一般是地区法院，因为地区法院具有一般的审判权，有权管辖一切不属于其他法院管辖的案件。凡是不属于其他法院管辖的第一审行政案件都由地区法院管辖。目前，地区法院管辖的案件有三类：行政机构设置法规定由地区法院管辖的司法审查案件、信息自由法等规定地区法院管辖的有关行政公开方面的司法审查案件，以及根据美国法典第二十八编第一千三百三十一至一千三百六十三条规定由地区法院管辖的司法审查案件。①

如果一个司法审查案件同时有几个法院都具有管辖权，则原告有权选择管辖法院起诉。

四　美国法院受理司法审查案件的条件

美国法院受理司法审查案件的条件主要是三项，即首要管辖权原则、时机成熟原则和穷尽行政救济原则。

（一）首要管辖权原则

首要管辖权原则，是指法院和行政机关对某一案件都有原始管辖权时，由行政机关首先行使管辖权，法院只能在行政机关作出决定后，才进行审查。即“在某一问题可以通过法庭也可以由行政机构处理的情形中，法院通常应该拒绝管辖权，将处理该争议问题的机会首先让给行政机构。”②

确立首要管辖权原则的理由是为了保证行政政策的一致性，保证行政机关利用专门知识处理行政事务。

---

① 应松年、袁曙宏主编：《走向法治政府——依法行政理论研究与实证调查》，法律出版社 2001 年版，第 66 页。

② ［美］史蒂文·J. 卡恩：《行政法：原理与案例》，张梦中、曾二秀、蔡立辉译，中山大学出版社 2004 年版，第 179 页。

（二）时机成熟原则

时机成熟原则，是指行政程序必须发展到适宜由法院处理的阶段，才能允许进行司法审查。通常成熟与否的标志是看行政程序是否进入了最后的阶段。“时机成熟指原告过早地试图提起诉讼，在由司法作判决的时机‘成熟’之前，在当事人之间足以引起诉讼的冲突不再存在时，就是无实际意义。”①《联邦行政程序法》第五编第七百零四条规定：“法律规定可以复审的机关行为和在法院中没有其他合适补救方法的最终机关行为应接受司法审查。在对最终机关行为进行审查时，那些不应直接受司法审查的预备性、程序性或中期性机关行为或裁定也应成为审查的对象。除法律另有明确规定外，在其他情况下属于最终性的机关行为也就是本条意义上的最终行为，不论是否有人已经或决定提出要求就该行为发布宣告性命令或进行任何形式之复审的申请，也不论是否有人已经或决定向上级权力机关提出申诉，除非该机关的规章另有要求并规定该行为不得即时生效。”

确定时机成熟原则的理由有两个方面：一是避免法院过早地进行裁判，陷入抽象的行政政策争论；二是保护行政机关在最后决定作出之前，以及行政行为对当事人发生具体影响以前，不受法院干涉。在 1967 年以前，法院对成熟原则采取形式主义的解释。认为只有行政机关作出的具体决定影响当事人的法律地位时，条件才成熟。对于抽象的行政行为，在行政机关没有作出具体决定开始执行以前，不能审查。1967 年艾博特制药厂诉加德纳②一案中，联邦最高法院对成熟

---

① ［美］史蒂文·J. 卡恩：《行政法：原理与案例》，张梦中、曾二秀、蔡立辉译，中山大学出版社 2004 年版，第 161 页。

② 艾博特诉加德纳（Abbott Laboratories v. Gardner）一案的基本案情是：“在国会修改了《联邦食品、药品和化妆品法》关于包装标志的规定之后，食品与药品管理局（FDA）的委员会通过制规过程制定了有关规则。37 家药品生产商和药品生产商协会联名起诉 FDA，认为 FDA 超越了国会授权的范围。联邦地区法院判决原告胜诉，但该判决被上诉法院撤销，理由是国会禁止在规则实施前就进行审查而撤销，且本案不存在“实际争议”，因而也不存在适当的司法救济。最高法院撤销了上诉法官的判决，认为只要有关立法不明确禁止实施前的诉讼，法院就不应假定这类诉讼受到禁止，因为行政程序法强烈倾向于授权司法审查。关于诉讼时间问题，最高法院认为 FDA 的规章虽然还没有针对原告实施，但如果原告不遵守规章，显然存在受到起诉的相当大的可能性，从而给原告带来巨大经济损失。因此，本案的规则已经构成了《行政程序法》第七百零四条意义上的“最终机构行为”。最高法院同时驳回了政府主张，即有关在实施前就允许这类司法审查的做法将导致延误和成本。根据该案件的解释，“行政程序法强烈倾向于司法审查，但如果有关法律排除了司法审查或将行政行为变成机构的自由裁量权，那么又另当别论。如果有关法律明确或清楚表达了排除审查的意思，那么第七百零一（a）（1）要求排除审查。一般认为，有关立法也可暗含排除审查的意思，但立法语言必须提供‘清楚和有说服力的证据’。到 20 世纪 80 年代，法院进一步加强了司法审查的假定，确立了广泛的司法审查范围”（参阅张千帆、赵娟、黄建军《比较行政法——体系、制度与过程》，法律出版社 2008 年版，第 650—651 页）。

原则作了新的解释，建立了双重标准。一个问题是是否成熟到可以接受司法审查，要同时考虑两个方面的内容：一是是否适宜司法审查；二是法院推迟审查是否会对当事人造成实质困难。问题适宜于司法标准有两项：一是涉及法律争议。如果只是事实发生争议，不足以引起司法审查；二是行政机关最后的决定。对预备性的、中间性的决定，不能提起司法审查。①

（三）穷尽行政救济原则

穷尽行政救济原则，是指当事人在没有利用完一切可能的行政救济之前，不能寻求司法救济。即“如果一个人认为他或她已经或者即将受到行政行为的侵害时，只有他或她经受了所有在机构系统内可利用的渠道后，才能转过身去向法院寻求帮助。也就是说，这个人必须用尽机构内所有的法律补救措施”。②

根据穷尽行政救济原则，当事人在寻求司法救济时，首先必须利用行政内部存在的、最近的和简便的救济手段，然后才能请求法院救济。在行政救济没有完结之前，司法救济不能开始。

穷尽行政救济原则的理由是：保证行政机关完成法律授予的任务和行政机关的自主性，提高行政效率，给予行政机关自我改正错误的机会，避免法院与行政机关之间可能产生的矛盾。联邦最高法院在1969年的麦卡特诉美国③案件的判决中，对穷尽行政救济原则的理由作了列举说明。主要是：（1）国会设立行政机关是为了把法定的计划实施于特定的事实情况，穷尽行政救济原则保障行政机关能够完成这个任务，特别是使行政机关能利用其专门知识和行使法律所授予的自由裁量权；（2）让行政程序连续发展不受妨碍，法院只审查行政程序的结果，比在每一阶段允许司法干预更有效；（3）行政机关不是司法系统的一部分，它们是由国会设立执行特定职务的实体，穷尽行政救济原则保护行政机关的自主性；（4）没有穷尽行

---

① 应松年、袁曙宏主编：《走向法治政府——依法行政理论研究与实证调查》，法律出版社2001年版，第68页。

② ［美］史蒂文·J. 卡恩：《行政法：原理与案例》，张梦中、曾二秀、蔡立辉译，中山大学出版社2004年版，第178页。

③ 麦卡特诉美国案（McKart v. United States）的基本案情是：麦卡特原来因为是独子而免于兵役，但在父母双亡后又被要求服役，并因为故意没有及时报告而受到刑事起诉。他辩称自己仍然有权获得法律上的豁免权，但地区法院因为他没有穷尽行政救济而拒绝接受这项辩护。最高法院一致判决原告无须穷尽行政救济，因为在刑事诉讼领域中坚持救济穷尽可能会产生特别严重的后果，且刑事处罚的风险使本案不会鼓励未来的原告规避行政救济穷尽的要求。但对于一般的行政处罚，法院仍要求穷尽行政救济（张千帆、赵娟、黄建军：《比较行政法——体系、制度与过程》，法律出版社2008年版，第673页）。

政救济时，司法审查可能受到妨碍，因为这时行政机关还没有搜集和分析有关的事实，说明采取行政的理由，作为司法审查的根据；（5）穷尽行政救济原则是行政系统内部自我改进错误的机会，减少司法审查的需要，使法院有限的人力和财力能够更有效地使用；（6）不要求穷尽行政救济原则而进行司法审查，可能减少行政效率，鼓励当事人超越行政程序，增加行政机关工作的困难和经费。[①]

当然，穷尽行政救济原则也有一些例外。大致来说，这些例外情形主要包括：行政机关不能提供适当的救济、行政决定可能对行政相对人造成不可弥补的损害、行政机关无管辖权、宪法问题和法律解释问题、刑事案件和美国法典第四十二编第 1983 节的民权案件。[②] 需要指出的是，虽然存在着这些可能突破穷尽行政救济原则的特殊情形，“但总的看来，法院一直努力避免承认用尽行政救济方法要求的例外，否则，那些例外最终将会取消这一规则”。[③]

首要管辖权原则与穷尽原则有一定的区别。首要管辖原则涉及的是法院和行政机关同时具有管辖权时应当由谁首先管辖，而适用穷尽行政救济原则，是行政程序尚未完全结束，法院不能行使管辖权；在适用穷尽行政救济原则时，行政程序尚未开始，法院不行使管辖权，由行政机关首先行使管辖权。

五　美国对行政行为司法审查的标准

根据姜明安教授的研究，美国对行政行为司法审查的标准主要有六项，即：①是否专断、反复无常、滥用自由裁量权或者有其他违法行为；②是否与宪法规定的权利、权力、特许权或者豁免权相抵触；③是否超越法定管辖、职权或者限制，或者缺少法定权利；④是否遵循法定程序；⑤是否有实质证据支持；⑥是否没有事实根据。[④]

六　美国司法审查的特点

同其他国家相比，美国司法审查具有如下特点：[⑤]

---

① 王名扬：《美国行政法》（下册），中国法制出版社 1995 年版，第 652—653 页。

② 同上书，第 653—658 页。

③ ［美］欧内斯特·盖尔霍恩、罗纳德·M. 利文：《行政法和行政程序概要》，黄列译，中国社会科学出版社 1996 年版，第 233 页。

④ 姜明安：《行政诉讼法》（第三版），北京大学出版社 2016 年版，第 40—42 页。

⑤ 王名扬主编：《外国行政诉讼制度》，人民法院出版社 1991 年版，第 158—159 页。

第一，没有专门主管行政案件的司法机构，行政案件的审判职能由审理刑事、民事案件的普通法院统一行使；

第二，没有单独的行政诉讼法典，法院审理行政案件适用统一的民事诉讼程序规则和某些特别法规定的专门规则；

第三，以司法审查为主要方式审理行政案件；

第四，行政诉讼的范围是由各种制定法和普通法确定的；

第五，美国行政赔偿基本适用民事赔偿的规则，但其范围窄于民事赔偿的范围；

第六，司法审查的范围十分广泛，除了成文法排除或默示排除的行为、自由裁量行为、国家外交行为和军队内部管理行为外，法院基本上都可以对行政机关的行为进行审查。①

第六节 中国行政诉讼的历史沿革

由于我国“传统社会以‘无讼’作为价值取向，崇尚无讼，随之而来的必然是厌讼、贱讼，‘民告官”更是被视作畏途，所谓‘饿死莫作贼，怨死莫告官’。社会风气虽如此这般，但是历史上‘民告官’的事件还是时有发生”。② 中国行政诉讼是近现代法律化过去的产物，在西法东渐的影响之下，1906 年清政府将大理寺改组为大理院，专司审判，拟定了《行政裁判院官制草案》，试图仿效大陆法系的行政诉讼模式，建立二元制的司法体制。1910 年清政府颁布的《法院编制法》，试图仿效德日等国制度建立大清行政裁判院，但因辛亥革命推翻了清王朝而胎死腹中。中国行政诉讼的历史沿革主要分为两个大的阶段，即中华人民共和国成立前和中华人民共和国成立后。

一 中华人民共和国成立前的行政诉讼制度

（一）初创时期——平政院时期

我国行政诉讼制度的建立始于中华民国时期的平政院。“在此之前，无所谓

① 马怀德主编：《行政诉讼法学》（第二版），中国政法大学出版社 2008 年版，第 18 页。

② 宋玲：《国民行政诉讼制度研究》，中国政法大学出版社 2015 年版，第 25 页。

诉愿及行政诉讼之制，凡对于各下级机关之处分，有不服者，均得请求其上级机关依监督作用以纠正之，无次数及期限之限制，更无行政裁判机关之设置。”①1912 年，孙中山先生领导的资产阶级民主革命取得胜利，宣布成立中华民国，建立了南京临时政府。1912 年 3 月 11 日，临时参议院制定和公布了宪法性质的《中华民国临时约法》。作为中国历史上第一部资产阶级共和国性质的宪法，为行政诉讼制度的建立奠定了宪法基础。② 赋予了人民依法提起行政诉讼的权利，确立中华民国行政诉讼制度的初步模式——平政院是受理行政诉讼的组织机关。通观平政院的制度和作为，平政院的特征可以概括如下：③

第一，平政院隶属于大总统，不属于司法机关，类似于法国的中央行政法院；

第二，行政采用概括式确定行政诉讼受案范围，但不受理损害赔偿之诉；

第三，设立肃政史，当事人未在诉愿期间提起诉愿或于起诉期间内提起行政诉讼的情况下，肃政史可以在 60 日内提起诉讼，请求撤销违法之处分；

第四，行政诉讼采用语词辩论方式进行，诉讼提起后，非经平政院许可，不得撤回；

第五，平政院的审判庭由司法官和行政官组成，裁决为终审裁决，不能上诉、撤诉或者再审；

第六，除平政院或者是行政官署认为必要或者依原告的请求外，提起行政诉讼不影响原行政处分的效力，不停止原行政处分的执行；

第七，平政院裁决的执行，由平政院院长呈请大总统批令主管官署执行。

1914 年 3 月 31 日袁世凯政府公布了《平政院编制令》，④ 根据该法律成立了平政院。平政院于 1914 年 3 月 31 日开院，首任院长为汪大燮。值得注意的是，尽管平政院首开我国行政诉讼制度的先河，但平政院十余年的历史中只受理了

---

① 管欧：《中国行政法总论》（第十九版），中国台湾自刊本 1980 年版，第 548 页。

② 该约法第八条规定：“人民有陈诉于行政官署之权。”第九条规定：“人民有诉讼于法院受其审判之权。”第十条规定：“人民对于官吏违法损害权利之行为，有陈诉于平政院之权。”第四十九条：“法院依法律审判民事诉讼及刑事诉讼。但关于行政诉讼及其他特别诉讼，别以法律定之。”

③ 林腾鹞：《行政诉讼法》（修订二版），中国台湾三民书局 2005 年版，第 15—16 页。

④ 《平政院编制令》共二十九条，具体规定平政院的职权、组织、人员及其制度。主要内容有：平政院直属于大总统；平政院设院长 1 人，置 3 庭；每庭由平政院评事 5 人组成，审理行政诉讼案件；平政院评事定额 15 人；平政院设置肃政庭，肃政庭肃政史定额 16 人，设置都肃政史 1 人，肃政庭由肃政史 2 人审理纠弹事件；意见有分歧时，由肃政史决定，肃政庭对于平政院独立行使职权，平政院院长和肃政庭肃政史均由大总统任命。此外，《平政院编制令》还对评事、肃政史的任免、资格、惩戒、待遇、退职、转职等作了具体规定。

124 件案件，每年十余件，故人们将其谑称为“贫症院”。在 124 件案件中，维持行政机关决定的 57 件，占全部案件的 45.97%，撤销行政机关决定的 37 件，变更行政机关决定的 30 件，共占全部案件的 54.03%。即原告胜诉率为 54.03%，被告胜诉率 45.97%。① 这阶段具有影响力的案件当数鲁迅先生诉国民政府教育部案。②

（二）北洋军阀政府时期

1. 北洋军阀时期行政诉讼制度的基本情况

北洋军阀政府也承认和施行行政诉讼制度。其有关行政诉讼的立法活动更多，制定了一系列的有关行政诉讼的法律。主要有：

1914 年 5 月 1 日公布的《中华民国约法》第八条规定：“人民依法律所定，有诉愿于行政官署及陈诉于平政院之权。”第四十五条规定：“法院依法律独立审判民事诉讼、刑事诉讼。但关于行政诉讼及其他特别诉讼，各依其本法

---

① 翁岳生：《行政法与现代法治国家》，台湾大学法学丛书编辑委员会 1976 年版，第 387—389 页；林腾鹞：《行政诉讼法》（第二版），台湾三民书局 2005 年版，第 16 页。

② 在这一阶段最有名的当属鲁迅与章士钊之间的官司。1925 年 8 月 12 日，因支持北京女子师范大学学潮的鲁迅先生被段祺瑞临时执政府的司法总长兼教育总长章士钊呈请免除其教育部佥事职务。其呈文云：“兹有本部佥事周树人，兼任国立女子师范大学教员，于本部下令停办该校以后，结合党徒，附合女生，倡设校务维持会，充任委员。似此违法抗令，殊属不合，应请明令免去本职，以示惩戒（并请补交高等文官惩戒委员会核议，以完法律手续）。”次日，段祺瑞明令照准。1925 年 8 月 22 日，鲁迅先生向平政院递交诉状，控告教育总长章士钊“无故将树人呈请免职”，恳请“按律裁决，以保障民权施行”。裁决书引用了鲁迅诉章士钊的要旨：“树人充教育部佥事，已十有四载，恪恭将事，故任职以来屡获奖叙。讵教育总长章士钊竟无故将树人呈请免职，查文官免职，系惩戒处分之一。依《文官惩戒条例》第十八条之规定，须先交付，惩戒始能依法执行。乃滥用职权，擅自处分，无故将树人免职，显违《文官惩戒条例》第一条及《文官保障法草案》第二条之规定。此种违法处分，实难自甘缄默。”教育部答辩称：原本对鲁迅革职一事，拟循例交付惩戒委员会作出决定，但迫于形势严重，如果不及时作出革职决定，恐怕事态更行扩大，且群相效尤，更为不堪。鲁迅先生 1926 年 3 月 23 日收到裁决书。裁决书判定：“教育部之处分取消之。”其理由是：“被告停办国立女师大学，原告兼任该校教员，是否确有反抗部令情事，被告未能证明。纵使属实，涉及《文官惩戒条例》规定范围，自应交付惩戒，由该委员会依法议决处分，方为合法。被告遽行呈请免职，确与现行规定程序不符。至被告答辩内称原拟循例交付惩戒，其时形势严重，若不采用行政处分，深恐群相效尤等语，不知原告果有反抗部令嫌疑？先行将原告停职或依法交付惩戒已足示儆，何患群相效尤？又何至迫不及待必须采取非常处分？答辩各节并无理由，据此论断，所以被告呈请免职之处分系属违法，应予取消。兹据《行政诉讼法》第二十三条之规定裁决如主文。”1926 年 1 月 26 日，新任教育总长易培基签署命令，在平政院还没有对案件作出裁决之时，就恢复了鲁迅先生的职务（黄源盛纂：《平政院裁决录存》，台湾五南图书出版股份有限公司 2007 年版，第 995—998 页；林莉红：《行政诉讼法学》（第四版），武汉大学出版社 2015 年版，第 30 页；《鲁迅先生一生中打的两次官司》，http：//news. xinhuanet. com/theory/2008 - 06/12/content _ 8351464. htm，最后访问时间：2010 年 8 月 3 日；何兵：《鲁迅状告国民党教育部案》，http：//www. tianya. cn/publicforum/Content/law/1/11251. shtml，最后访问时间：2010 年 8 月 3 日）。

之规定行之。”

1914 年 4 月 10 日公布《纠弹条例》，1914 年 5 月 17 日公布《行政诉讼条例》，1914 年 6 月 9 日公布《平政院裁决执行条例》，[①] 1914 年 7 月 21 日公布《诉愿法》[②] 和《行政诉讼法》。[③] 此外，1923 年的《中华民国宪法》和 1925 年的《中华民国宪法草案》都对行政诉讼制度作了基本相同的规定。1926 年 1 月，国民党政府在广州颁布了《惩吏院组织法》和《惩治官吏法》，成立惩吏院。但惩吏院仅仅审理了 1 件案件后即于同年被撤销。

2. 北洋军阀时期行政诉讼制度的基本特点

据学者研究，平政院时期的行政诉讼主要有如下特点：[④]

第一，平政院之法律地位有如法国之中央行政法院，隶属于大总统，而非属于司法权之一部分，有强烈的行政司法色彩；

第二，行政诉讼的范围，采取概括规定，即人民对中央或地方行政官署之违法处分致损害其权利，经依诉愿法之规定提起诉愿至最高级行政官署仍不服其决定者，或对中央或地方最高级行政官署之违法处分致损害其权利者，皆得提起诉讼；

第三，设有肃政史，得在人民未于诉愿期间内提起诉愿或于起诉期间内提起行政诉讼者，肃政史在上述期间经过六十日内提起行政诉讼，请求撤销违法之处

① 《平政院裁决执行条例》共五条，其中规定：行政诉讼事件经评事审理裁决后，由平政院长呈报大总统批令主管官署按照执行。如果主管官署不按判决执行，肃政史得提起纠弹之诉，请付惩戒。纠弹事件之执行涉及刑律者，由平政院院长呈请大总统会交司法官署执行。涉及惩戒法令者，由平政院长呈请大总统以命令行之。

② 《诉愿法》是中国第一部诉愿法，共十八条。第一条至第六条规定诉愿的权利、诉愿管辖和审级。该《诉愿法》规定，对违法和不当的行政处分均可提起诉愿。诉愿得向原处分行政官署之直接上级行政官员提起之，不服其诉愿决定，还得向诉愿受理机关提起再诉愿。其中，对违法的行政处分的诉愿得一直诉愿至中央或地方最高的行政官署之后，才可向平政院起诉。对不当处分的诉愿、也一直得诉愿至中央或地方。最高级行政官署（针对地方最高级行政官署的不当处分的诉愿得诉愿至中央最高级行政官署），其决定为最终决定，不得起诉。第七条至第十五条具体规定诉愿方式、期限等。第十六条规定诉愿不影响原处分的执行，必要时，停止执行。第十七条规定诉愿决定的法律效力和拘束力。第十八条规定该法公布施行日。

③ 1914 年公布的《行政诉讼法》也是中国历史上第一部行政诉讼法，共四章和一个附则，共三十五条。第一章，行政诉讼之范围；第二章，行政诉讼之当事人；第三章，行政诉讼之程序；第四章，行政诉讼裁决之执行。主要内容有：对行政官署之行政处分违法且损害人民权利者方可起诉，平政院不得受理要求损害赔偿之诉；实行一审终审，也不得再审。该法还规定，个人和法人均有诉权，均可委托代理人，确认了有利害关系的第三人参加诉讼制度；肃政史可以依《诉愿法》和《行政诉讼法》为当事人的利益代为提起诉讼；诉讼不停止执行；判决可撤销违法处分，也可变更；诉讼判决的执行制度；等等。

④ 林腾鹞：《行政诉讼法》（第二版），台湾三民书局 2005 年版，第 15—16 页。

分，以符合依法行政之原则；

第四，行政诉讼采言词辩论主义，不受理请求损害赔偿之诉讼；

第五，平政院为终审法院，对其裁决不能上诉、抗告与再审；

第六，提起行政诉讼后，因基于行政诉讼之公益性，非经平政院之许可，不得撤回；

第七，行政诉讼之提起，并不影响行政处分之效力，但平政院或行政官署认为必要时或依原告之请求，得停止原行政处分之执行；

第八，平政院裁决之执行，由平政院院长呈请在总统指令主管官署或行政官署行之；

第九，平政院得就地审判，为了审理之便利或必要，除地方最高行政官署之诉讼外，得由平政院院长嘱托被告官署所在地之最高级司法官署司法官，并派遣平政院评事组织五人合议庭审理之；

第十，平政院评事之审判庭由司法官与行政官组成；

第十一，平政院评事之法律地位受法律保障，平政院肃政史不得干涉平政院评事之审判，评事非受刑之宣告或惩戒处分，不得强令退职、转职及减俸。

北洋政府的平政院制度有两大弊端：①

第一，平政院为一级一审制，除中央平政院外，地方并无行政诉讼机关，平政院一旦作出裁决，即为终审，缺乏上诉救济途径；

第二，平政院易受行政控制，难以确保独立。平政院所作出的裁决，必须呈请大总统指令有关官署执行，非一经审判终结即自动生效。肃政厅纠举的任何官员，只有获得大总统许可，才能启动弹劾案。

（三）国民党政府时期

1. 国民党政府时期行政诉讼制度的基本情况

1927年4月，南京国民政府成立，中央政府五院中的司法院为最高司法机关。1928年10月，南京国民政府公布的《司法院组织法》第三十三条规定："司法院为国民政府最高司法机关，掌理司法审判、司法行政、官吏惩戒及行政审判之职权。"明确规定了在司法院中，普通诉讼与行政诉讼并立的二元司法体

---

① 杨秀清：《从平政院到行政法院——民国时期大陆型行政审判制度探究》，http：//article. chinalawinfo. com/Article_ Detail. asp? ArticleId =47751，最后访问时间：2010年8月2日。

制。司法院由司法行政部、最高法院、行政法院和公务员惩戒委员会组成；行政法院掌理行政诉讼审判事宜。①

1931 年 5 月，南京国民政府公布的《训政时期约法》第二十二条规定：“人民依法律有提起行政诉讼及诉愿之权。”1931 年 12 月，修正后公布的《国民政府组织法》第三十六条规定：“司法院设最高法院、行政法院及公务员惩戒委员会。”第三十八条规定：“司法院院长对于行政法院及公务员惩戒委员会之审判，认为有必要时，得出庭审理之。”1931 年 6 月公布的《中华民国训政时期约法》第二十二条规定：“人民依法律有提起诉愿及行政诉讼之权”，但关于行政法院的内容并无涉及。1932 年 11 月 17 日公布《行政法院组织法》② 与《行政诉讼法》，这两个立法构成了南京国民政府时期行政诉讼制度的基本依据和框架。此外，1933 年 5 月公布了《行政诉讼费条例》，1933 年 6 月由司法院公布了《行政法院处务规程》。

1931 年（民国 20 年）6 月 1 日公布施行的《中华民国训政时期约法》，其中第二十一条规定：“人民依法律有诉讼于法院之权”，第二十二条规定：“人民依法律有提起诉愿及行政诉讼之权。”1946 年 12 月 25 日通过，1947 年 1 月 1 日公布的《中华民国宪法》③ 第十六条规定：“人民有请愿、诉愿及诉讼之权。”第二十四条规定：“凡公务员违法侵害人民之自由或权利者，除依法律受惩戒之外，应负刑事及民事责任。被害人民就其所受损害，并得依法律向国家请求赔偿。”第七十七条规定：“司法院为国家最高司法机关，掌理民事、刑事、行政诉讼之审判，及公务员之惩戒。”

---

① 1928 年 11 月，又将《司法院组织法》加以修改，经国民政府公布，此修正案即将组织司法院之“司法行政署”改为“司法行政部”，“司法审判署”改为“最高法院”，“行政审判署”改为“行政法院”，其余均照原案 。这初步奠定了行政法院隶属于司法院的体制。

② 《行政法院组织法》共十二条，下不设章；《行政诉讼法》共二十七条，也不设章。这两个法律所规定的行政法院的组织及诉讼程序，有延续原来的平政院制度，也有一些新变化的内容。

③ “1946 年 11 月 15 日，在中国共产党和民主同盟人士拒绝参加的情况下，国民党非法召开国民大会，《中华民国宪法草案》正本（即政协会议拟定的《中华民国宪法草案修正案》）交由大会讨论。迫于各方压力，政协宪草虽然在国民大会上经过激烈、广泛的讨论和分组、综合审查，就大体而言，只有条文次序的变更和表面字句的修饰。称得上修改的，大致只有四项：1. 考试院院长、副院长，改由总统提名，监察院同意任命（原案规定由考试委员互选）。2. 国民大会代表及立法委员名额酌量分配给职业团体、妇女团体及边疆民族（原案无）。3. 各省制定自治法时，须依照中央所定之‘省宪自治通则’（原案无此限制）。4. 于期末国策章内，增加数条原则。12 月 25 日上午国民大会对宪法草案三读完毕，全体代表一致起立表示通过，《中华民国宪法》遂告完成。”（夏新华、胡旭晟、刘鄂、甘正气、万利容、刘姗姗整理：《近代中国宪政历程：史料荟萃》，中国政法大学出版社 2004 年版，第 1104 页）。

这一时期规定行政诉讼制度的其他法律有：1930 年 3 月 24 日国民政府公布的《诉愿法》,[①] 1932 年 11 月 17 日公布，1933 年 6 月 23 日施行的《行政诉讼法》,[②] 1932 年 11 月 17 日公布的《行政法院组织法》,[③] 1933 年 6 月 24 日公布施行的《行政法院处务规程》，1933 年 5 月 6 日公布，同年 6 月 23 日施行的《行政诉讼费条例》等。从总体上讲，上述法律规定的行政诉讼程序和制度较之北洋军阀政府的行政诉讼制度有一些发展和变化。这一时期行政法院形式上虽有，但实际上效用不大。据统计，1933 年至 1947 年，行政法院共审理各类行政案件 712 件，年均 48 件，至于裁判，其中全部驳回 438 件。行政法院的形式意义大于实质意义。[④]

2. 国民党政府时期行政诉讼制度的基本特征

北洋军阀政府时期的行政诉讼与国民党政府时期的行政诉讼有诸多的联系，许多的区别，二者之间的差异如下表：[⑤]

时期 标准	北洋军阀政府时期	国民党政府时期
审理机关	平政院	行政法院
隶属	隶属于大总统，独立于司法机关之外，属于广义的行政机关	隶属于司法院，为司法机关

① 国民政府的《诉愿法》共十四条。第一条，诉愿权利的设定；第二条、第三条是关于诉愿管辖的规定，实行二次诉愿制，较北洋政府《诉愿法》的规定要更为明确和简洁，而且不像北洋政府规定的那样，诉愿一直至中央或地方最高级官署；第四条规定不当处分不可诉，只有违法处分才可诉；第五条至第十二条规定诉愿的具体程序和期限及效力等；第十三条规定“官吏因违法处分或不当处分应负刑事责任或应负惩戒者，由最终决定之官署于决定后送主管机关办理”。

② 国民政府的《行政诉讼法》在 1933 年 6 月 23 日施行后，经过 1935 年、1937 年、1942 年共修改三次，由最初的二十七条增加到三十条。主要内容如下：第一条关于诉权的规定，和北洋政府一样，在起诉之前，就须确定处分违法且侵害人民权利；第二条规定，可附带提起行政损害赔偿诉讼，较北洋政府不得提起损害赔偿诉讼有所进步；第三条和第二十三条规定，行政法院之裁判不得上诉或抗诉，但可再审。

③ 国民政府的《行政法院组织法》共十二条，具体规定：行政审判由行政法院负责，行政法院隶属于司法院，而非行政院，行政法院的性质是法院，而非行政机关。

④ 张树义主编：《行政诉讼法学》，中国政法大学出版社 2009 年版，第 4 页。

⑤ 张家洋：《行政法》（第六版），台湾三民书局 1993 年版，第 764—765 页；林腾鹞：《行政诉讼法》（第二版），台湾三民书局 2005 年版，第 17—18 页。

续　表

标准＼时期	北洋军阀政府时期	国民党政府时期
职权	纠弹官吏、审理行政诉讼案件及裁决官吏惩戒事件	专司行政诉讼审判事务
组成	行政诉讼庭、惩戒委员会	分设两个庭
管辖	对边远地区案件就地审理	无此规定
诉讼方式	言词辩论为原则,书面审理为例外	书面审理为原则,言词审理为例外
对于赔偿	不受理请求赔偿的案件	受理请求赔偿的案件

新近有学者从组织、权限和程序三个方面来总结国民党政府时期行政诉讼的特点。具体如下。①

第一，就组织体系而言，行政诉讼的特点是：①行政法院直属于司法院，为形式及实质的司法机关；②行政法院全国只设一所；③行政法院分设二庭或三庭；④行政法院每庭评事应有曾担任法官者二人；⑤行政法院的审判采用合议制；⑥行政法院评事的资格，其中曾列有须对于党的义务、三民主义有深切的研究者；⑦不设肃政史；⑧评事不采密荐主义。

第二，就权限上的特色而言，行政法院为纯粹的行政诉讼审判机关，为初审、终审及再审之法院，不受理纠弹案件，但受理附带损害赔偿案件；其次，审判采取概括主义及行政处分违法中心主义。

第三，就程序而言，行政诉讼的特点是：①采取诉愿前置主义；②准许提起附带损害赔偿之诉，但损害不及于所失利益；③禁止上诉或抗告，但允许提起再审之诉；④不为再诉讼，得提起行政诉讼；⑤采取提起诉讼不停止原处分执行力的原则；⑥采取书状审理为原则，言词审理为例外之主义；⑦采取对行政官署不为代理指派或不提出答辩，经催告仍不置理者，依职权调查事实迳为判决；⑧言词辩论得补充书证或更正错误及提出新证据；⑨行政法院得指定评事或嘱托法院

---

① 林腾鹞：《行政诉讼法》（第二版），台湾三民书局2005年版，第18页。

或其他官署调查证据；⑩行政法院的判决的执行，须行政法院呈由司法院转呈国民政府训令行之；⑪实行民事诉讼法补充主义；⑫）承认视为提起再诉愿制度；⑬明文规定当事人范围为原告、被告及参加人，并对被告机关明文规定；⑭撤销或变更之判决对象，及于原处分及决定；⑮允许公示送达；⑯诉讼原告只限于人民（自然人、法人及团体）；⑰不采取就地审判；⑱不禁止撤诉。

二　中华人民共和国成立后行政诉讼制度的产生和发展

中华人民共和国成立后，行政诉讼制度经历了三个阶段。

（一）1949 年至 1970 年的萌芽阶段

中华人民共和国的行政审判体制是在沿袭陕甘宁边区的司法制度的基础上发展而来的。1949 年 9 月 29 日公布的《中国人民政治协商会议共同纲领》第十九条规定："人民和人民团体有权向人民监察机关或人民司法机关控告任何国家机关和任何公务人员的违法失职行为。"1949 年 10 月 1 日，中华人民共和国成立，开始了崭新的法治实践。1949 年 12 月 20 日，中央人民政府委员会批准的《最高人民法院试行组织条例》规定，在最高人民法院内设立行政审判庭，从而为行政诉讼制度的建立奠定了基础。此外，1950 年颁布的《土地改革法》中明确规定，农民对乡政府、区政府批准评定的成分有不同意见的，可以向县人民法院申请，由其作出判决。[①] 这就十分明确地提出了要建立行政诉讼制度的要求和目标。1954 年《宪法》第九十七条规定："中华人民共和国公民对于任何违法失职的国家机关工作人员，有向各级国家机关提出书面控告或者口头控告的权利。由于国家机关 工作人员侵犯公民权利而受到损害的人，有取得赔偿的权利。"这充分表明在新中国第一部宪法的规定中，国家不仅要确立行政诉讼制度，而且要建立国家赔偿制度。但遗憾的是，这些法律的规定最终都未能付诸实践，可以说这一阶段实质上是有关行政诉讼的立法，而无行政诉讼的司法，是一个想建立行政诉讼制度，但实质上没有行政诉讼的阶段。

（二）1979 年至 1989 年行政诉讼的建设阶段

1978 年 12 月，中国共产党十一届三中全会明确提出了"为了保障人民民

---

① 在这一时期，一些行政法规、规章中也有关于行政诉讼的规定，如 1950 年的劳动部《关于劳动争议调解程序的规定》、1952 年的《关于"五反"运动中成立人民法庭的规定》、1954 年的《输出输入商品检验暂行条例》、1954 年的《海港管理暂行条例》中都有关于行政诉讼的内容。

主，必须加强社会主义法制，使民主制度化、法律化，使这种制度和法律具有稳定性、连续性和极大的权威，做到有法可依，有法必依，执法必严，违法必究”。1980 年 9 月 10 日第五届全国人民代表大会第三次会议通过的《中外合资经营企业所得税法》第十五条率先规定：“合营企业同税务机关在纳税问题上发生争议时，必须按照规定纳税，然后再向上级税务机关申请复议。如果不服复议后的决定，可以向当地人民法院起诉。”此外，1979 年的《选举法》、1980 年的《个人所得税法》、1981 年的《外国企业所得税法》都有类似的规定。1982 年《宪法》第四十一条再次以基本法的形式规定：“中华人民共和国公民对于任何国家机关和国家工作人员，有提出批评和建议的权利；对于任何国家机关和国家工作人员的违法失职行为，有向有关国家机关提出申诉、控告或者检举的权利，但是不得捏造或者歪曲事实进行诬告陷害。对于公民的申诉、控告或者检举，有关国家机关必须查清事实，负责处理。任何人不得压制和打击报复。由于国家机关工作人员侵犯公民权利而受到损失的人，有依照法律规定取得赔偿的权利。”但这些规定过于原则和抽象，缺少必要的可操作的配套法律规定，也基本上是一些被束之高阁的东西。

1982 年 3 月 8 日，《民事诉讼法（试行）》为适应这一社会发展的客观需要，在第一条第二款规定：“法律规定由人民法院审理的行政案件，适用本法规定。”虽然这只有一条，且还是准用性规范，但开启了行政诉讼制度的新纪元，“标志着新中国行政诉讼制度的正式建立”，[①]也为制定独立的行政诉讼法奠定了基础。1983 年开始，各级人民法院陆续设立经济审判庭，将经济行政案件纳入了受案范围。1985 年最高人民法院发布《关于人民法院审理经济行政案件不应进行调解的通知》，1986 年 9 月，第六届全国人大常委会第十七次会议通过的《治安管理处罚条例》，使行政案件数量大增，人民法院陆续设立行政审判庭。[②] 1986 年《民法通则》第一百二十一条又明确规定：“国家机关或者国家机关工作人员在执行职务中，侵犯公民、法人的合法权益造成损害的，应当承担民事责任。”由

① 应松年主编：《行政诉讼法学》（第四版），中国政法大学出版社 2007 年版，第 35 页。

② 1986 年 11 月，湖南省汨罗县（现汨罗市）人民法院率先在全国设立了第一个行政审判庭，据说是由当时中共汨罗县委决定建立的，尽管这种决定是违法越权的，但却是违法地做了件推动中国法治发展的好事。全国一个中级人民法院行政审判庭是同年湖北省武汉市中级人民法院建立的（姜明安：《行政诉讼法》（第三版），北京大学出版社 2016 年版，第 55 页）。

此初步确立了国家赔偿制度。到1987年底，全国已有1087个行政审判庭，有511个正在筹建，两项约占全国法院总数的50%。全国法院受理一审行政案件5240件，审结4677件。到1988年9月5日，最高人民法院也设立了行政审判庭，正式开展工作。[①] 到1989年3月，“已有130多个法规和行政法规规定了公民、组织对行政案件可以向人民法院起诉”。[②]

1986年，全国人民代表大会法律工作委员会受委员长会议委托，组织了由有关专家参加的行政立法研究组，开始研究和起草行政诉讼法，先后提出了草案试拟稿、草案征求意见稿和行政诉讼法草案。1987年7月，全国人大常委会法律工作委员会开始起草《行政诉讼法》，并经过多次研究和修改。1988年11月2日，第七届全国人民代表大会常委会第四次会议听取了关于行政诉讼法草案的说明，并公布了行政诉讼法草案提交全国人民讨论，并广泛征求社会各界的意见。共收到中央各部门、各地方和法院、检察院的意见130多份。后又经第七届全国人大常委会第六次会议审议，决定提请1989年3月召开的第七届全国人大第二次会议审议。1989年4月4日《行政诉讼法》由大会表决通过，于1990年10月1日起施行。该法共十一章七十五条，对行政诉讼的各项原则和具体制度作了较详细的规定，它标志着行政诉讼制度全面建立和发展，“是中国社会主义法制建设和民主政治建设的一个重大步骤，也是中国行政审判发展的重要里程碑，标志着一套符合法治理念的权力制约、权益救济和行政争议解决制度在中国正式确立”。[③] 2014年11月1日第十二届全国人民代表大会常务委员会第十一次会议通过了《修改决定》，自2015年5月11日起施行。修改后的《行政诉讼法》条文从原来的七十五条扩充到一百零三条。此次修改的重点是为了化解行政诉讼过程中长期存在的“立案难、审理难、执行难问题，提出了大量创设性、针对性、前瞻性的制度设计，是党的十八届四中全会召开以后中国修改的第一部国家基本法律。修改后的《行政诉讼法》涵盖了强化人权保障、监督依法行政、推进法治建设、保障公平正义的丰富内涵，对于保护人民群众合法权益，促进法治政府建

① 林莉红：《行政诉讼法学》（第四版），武汉大学出版社2015年版，第34页。

② 王汉斌：在第七届全国人民代表大会第二次会议上，《关于〈中华人民共和国行政诉讼法（草案）〉的说明》。

③ 中华人民共和国最高人民法院：《中国法院的行政审判（1990—2017）》，人民法院出版社2018年版，第2页。

设，推进全面依法治国，服务经济社会发展具有重大意义”。[①] 这些修改是根据《行政诉讼法》实施24年的实际情况和经济社会发展的情况，总结我国法制建设的经验和司法实践经验的基础上对行政诉讼法进行了较为全面的重大修改，标志着我国的行政诉讼法制迈上了一个新的台阶，进入了一个全新的发展时期。

2017年6月27日第十二届全国人民代表大会常务委员会第二十八次会议通过《全国人民代表大会常务委员会关于修改〈中华人民共和国民事诉讼法〉和〈中华人民共和国行政诉讼法〉的决定》，自2017年7月1日起施行。这是我国《行政诉讼法》的第二次修改。《决定》对第二条《中华人民共和国行政诉讼法》作出修改，规定《行政诉讼法》“第二十五条增加一款，作为第四款：‘人民检察院在履行职责中发现生态环境和资源保护、食品药品安全、国有财产保护、国有土地使用权出让等领域负有监督管理职责的行政机关违法行使职权或者不作为，致使国家利益或者社会公共利益受到侵害的，应当向行政机关提出检察建议，督促其依法履行职责。行政机关不依法履行职责的，人民检察院依法向人民法院提起诉讼。’”正式确立了人民检察院有权根据保护国家利益或者社会公共利益的目的提起行政公益诉讼制度。

① 中华人民共和国最高人民法院：《中国法院的行政审判（1990—2017）》，人民法院出版社2018年版，第3页。

第四章 行政诉讼法的立法目的、基本制度与基本原则

行政诉讼法的立法目的、基本制度与基本原则是紧密联系的。立法目的决定了制度构建的目标，基本制度是行政诉讼的柱石，基本原则是行政诉讼的灵魂。行政诉讼法的立法目的是一个国家建立行政诉讼制度的价值取向，是构建一个国家行政诉讼制度的路标；基本制度则是通过行政诉讼法建立起来的解决行政争议的必不可少的制度，是一个国家行政诉讼制度的“四梁八柱”；基本原则是进行行政诉讼必须遵守的基本行为规则，是一个国家行政诉讼制度的灵魂。正如学者所言：“行政诉讼目的反映行政诉讼原则、制度、规范之间的内在联系。在诉讼目的的指引下，行政诉讼法学原理的研究，行政诉讼法律条文的设计，行政诉讼具体制度的实施，都有了明确的方向和评价标准；反过来，理论和实践活动又为行政诉讼目的的实现创造条例。”① 当然，也有学者并不区分行政诉讼的基本制度和基本原则，将二者统称为行政诉讼的基本原则。

将行政诉讼的基本制度和基本原则区别开来是有必要的，因为基本制度属于上层建筑的范畴，其明确而具体，是必须遵守的；而基本原则则属于行为规则的范围，其内涵和外延都有一定的模糊性和伸缩性，不同的人可能会有不同的解读。

---

① 马怀德主编：《中华人民共和国行政诉讼法释义》，中国法制出版社 2015 年版，第 5 页。

第一节　行政诉讼立法的目的

一　行政诉讼立法目的的含义

“目的是主体在认识客体的过程中，按照自己需要和对象本身固有属性预先设计，并以观念形态存在于主体头脑中的某种结果，它体现了对自身需要与客观对象之间的内在联系。”① 学术界关于行政诉讼的目的，也存在较大的分歧。这些分歧首先体现在关于行政诉讼的目的与行政诉讼立法目的是否一致。在实践中，多数学者并不区分行政诉讼目的与行政诉讼立法目的，但也有学者主张应当将二者区别开来，认为“行政诉讼法的目的是行政诉讼目的的最直接的体现，是行政诉讼目的的具体化，但两者不能等同。行政诉讼目的与行政诉讼法目的在内容、逻辑顺序、表现形式上都是不同的”。② 其次是表现在关于行政诉讼目的的具体内容之上。对此又有一元说、二元说、三元说和其他说之分。再次表现为一元说、二元说、三元说和其他说内部对行政诉讼目的认识上的分歧。③

有学者认为，行政诉讼的目的是以观念形态表达的国家进行行政诉讼所期望达到的目标，是统治阶级按照自己的需要和基于对行政诉讼及其对象固有属性的认识预设的关于行政诉讼结果的理想状态。④ 还有的学者认为，行政诉讼的目的是以国家观念形态表达的国家进行行政诉讼所期望达到的目标，是国家基于对行政诉讼固有属性的认识预先设计的关于行政诉讼结果的理想模式，这种目的的设计包括了对行政诉讼结果的价值判断和选择。⑤ 此外，还有学者认为，“行政诉讼目的是人民（国家）在社会发展过程中，基于自身的需要、客体固有属性以及一定的价值观念，通过价值判断和选择，预先设定的以观念形态存在的国家进行行政诉讼所期望达到的理想目的状态”。⑥

---

① 李祖军：《民事诉讼目的论》，法律出版社 2000 年版，第 10 页。

② 杨海坤、章志远：《行政诉讼法专题研究述评》，中国民主法制出版社 2006 年版，第 34 页。

③ 同上书，第 45—49 页。

④ 马怀德主编：《行政诉讼原理》，法律出版社 2003 年版，第 68 页。

⑤ 杨伟东：《行政诉讼目的初探》，《国家行政学院学报》2004 年第 3 期。

⑥ 杨海坤、章志远：《行政诉讼法专题研究述评》，中国民主法制出版社 2006 年版，第 35 页。

对于行政诉讼目的，不宜人为地将其复杂化。因此，在本书中不区分行政诉讼目的与行政诉讼立法目的，在具体认识上以行政诉讼法的规定为依据。行政诉讼的立法目的，是指立法者在制定行政诉讼法时，期望对该法实施在社会生活中所产生的作用。正如德国法学家耶林所言："目的是全部法律的创造者。每条法律规则的产生都源于一种目的，即一种实际的动机。"① 在 2014 年行政诉讼法修改过程中，关于完善行政诉讼法立法目的的建议较多。建议对行政诉讼法立法目的作重大修改的理由主要有：有的学者认为原法中的立法目的层次多、不明确，建议突出对公民、法人和其他组织合法权益的救济功能，调整表述的顺序，将保护公民、法人和其他组织的合法权益调整为立法目的的首位；有的学者建议在立法目的中增加妥善解决行政争议，以明确行政诉讼具有争议解决功能；有的学者认为行政诉讼法的目的只能是监督行政机关依法行使行政职权，而不能有"维护"行政机关依法行使行政职权的职能；有的学者认为在立法目的中应当补充"保障公共秩序"；有的学者建议增加"公正、及时解决行政争议"。②

二 《行政诉讼法》确定的立法目的

原《行政诉讼法》第一条规定："为保证人民法院正确、及时审理行政案件，保护公民、法人和其他组织的合法权益，维护和监督行政机关依法行使行政职权，根据宪法制定本法。"围绕这一立法规定，学界对行政诉讼的目的产生了"三重目的说""双重目的说""监督说""依法行政说""权益保护说""纠纷解决说"等数种不同的认识。其中，持"双重目的说"者占多数，认为行政诉讼的目的包括"保护公民、法人和其他组织的合法权益"和"维护和监督行政机关依法行使行政职权"，二者并存。全国人大常委会决定对原《行政诉讼法》第一条作了三个方面的修改，一是将"为了保证人民法院正确、及时审理行政案件"修改为"为了保证人民法院公正、及时审理行政案件"；二是将"解决行政争议"增加为立法目的；三是删除了原来"维护"行政机关依法行使行政职权的立法目的。根据新《行政诉讼法》第一条的规定，行政诉讼的立法目的是：

---

① 转引自［美］E. 博登海默：《法理学——法哲学与法律方法》，邓正来译，中国政法大学出版社 1999 年版，第 109 页。

② 江必新、邵长茂：《新行政诉讼法修改条文理解与适用》，中国法制出版社 2014 年版，第 17—18 页。

（一）保证人民法院公正、及时审理行政案件

根据《宪法》《人民法院组织法》和《行政诉讼法》的规定，人民法院是国家的审判机关。在行政诉讼中，人民法院诉讼的地位与当事人不同，是行政案件的裁决者。在行政纠纷发生后，作为原告的行政相对人将作为被告的行政主体诉诸人民法院，能否有效公正权威地解决行政纠纷，依法监督行政机关依法行使职权，关键就看人民法院能否依法公正裁判案件。而人民法院要能够依法公正裁判案件，必须要有相应的程序法作保障。《行政诉讼法》正是人民法院审判行政案件的程序法，如何保证人民法院公正、及时审理行政案件是新《行政诉讼法》确定的首要目的。公正在通常意义上是指“公平正直，没有偏私”。[①] 是“社会、道德范畴和道德品质之一。指从一定原则和准则出发对人们行为和作用所作的相应评价；也指一种平等的社会状况，即按同一原则和标准对待相同情况的人和事”。[②] 在诉讼法语境中，公正指的是司法公正，即在司法活动的过程中要平等对待当事人，司法活动的结果要坚持和体现公平正义，不得有偏私，即人民法院要在查明案件事实的基础上，正确适用法律，作出公平的裁判。可见，司法公正包括程序公正和结果公正两方面的内容。要实现新《行政诉讼法》保证人民法院公正、及时审理行政案件的目的，必须做到：

第一，人民法院审理行政案件必须严格依据《行政诉讼法》规定的流程进行操作。新《行政诉讼法》为人民法院审理行政案件作了许多制度安排，设计了相应的操作规程。人民法院不仅应当全面系统地运用这些制度，而且还必须严格遵守这些制度，否则《行政诉讼法》就会被束之高阁，不能发挥应有的作用。

第二，人民法院必须严格按照《行政诉讼法》确定的裁判依据和标准进行裁判。为保护诉讼活动的顺利进行，《行政诉讼法》提供了相应的裁判依据、裁判标准、司法强制措施和执行措施等工具。在行政诉讼中，人民法院审查的对象是有争议的行政行为，并且需要针对其合法性作出裁判。如果人民法院不遵守裁判依据和标准，其所作的裁判自然就不符合法律的规定，就更不能体现法律的公平正义精神。例如，新《行政诉讼法》第六十三条：“人民法院审理行政案件，

---

① 中国社会科学院语言研究所词典编辑室编：《现代汉语词典》（修订本），商务印书馆 1997 年版，第 437 页。

② 《辞海》，上海辞书出版社 2002 年版，第 543 页。

以法律和行政法规、地方性法规为依据。地方性法规适用于本行政区域内发生的行政案件。”“人民法院审理民族自治地方的行政案件，并以该民族自治地方的自治条例和单行条例为依据。”“人民法院审理行政案件参照规章。”第六十九条规定：“行政行为证据确凿，适用法律、法规正确，符合法定程序的，或者原告申请被告履行法定职责或者给付义务理由不成立的，人民法院判决驳回原告的诉讼请求。”第七十条规定：“行政行为有下列情形之一的，人民法院判决撤销或者部分撤销，并可以判决被告重新作出行政行为：（一）主要证据不足的；（二）适用法律、法规错误的；（三）违反法定程序的；（四）超越职权的；（五）滥用职权的；（六）明显不当的。”如果人民法院按照新《行政诉讼法》的规定进行审判，诉讼活动就能够顺利开展。

第三，及时就是要求行政诉讼的各个环节，都应当按照《行政诉讼法》规定期间完成各项审判工作。要遵守《行政诉讼法》规定审级制度和时限制度，不拖延。因为“迟来的正义是不正义”。如果行政诉讼活动不能在法定时限内完成，则必须依法办理相关的法律手续，否则，就构成违法。

第四，行政诉讼要审理的是行政案件，而行政案件是指公民、法人或者其他组织认为行政机关和行政行为侵犯其合法权益而向人民法院提起诉讼，并已经由人民法院立案的行政争议。这就明确界定了《行政诉讼法》只适用于解决行政争议，不能用于解决其他争议。

（二）解决行政争议

行政争议，是行政主体在运用行政权力，进行行政管理过程中与行政相对人之争所发生的纠纷。行政主体与行政相对人之间发生纠纷而诉诸人民法院，其目的是企望人民法院提供司法救济以消弭纷争。原《行政诉讼法》没有将解决行政争议作为行政诉讼法的立法目的，通过修法将“解决行政争议”作为立法目的之一，其用意是进一步强化行政诉讼化解行政争议的功能，以法治的方式解决行政争议，形成“运用法治思维和法治方式深化改革、推动发展、化解矛盾、维护稳定能力，努力推动形成办事依法、遇事找法、解决问题用法、化解矛盾靠法的良好法治环境，在法治轨道上推动各项工作”。①

① 2012年12月4日习近平总书记在首都各界纪念现行宪法公布施行30周年大会上的讲话。

（三）保护公民、法人和其他组织的合法权益

《宪法》规定："中华人民共和国的一切权力属于人民。""国家尊重和保障人权。""公民的合法的私有财产不受侵犯。"这些规定为行政诉讼法确立该项原则奠定了基础。我国是人民当家做主的社会主义法治国家，保护公民、法人和其他组织的合法权益不受国家行政机关的非法侵犯，这不仅是落实《宪法》的需要，也是国家的根本任务之所在。

如何为行政相对人提供充分有效的法律救济，是现代法治国家面临的一项重要任务。在众多的救济途径中，行政诉讼是最为有效、最为重要、最为公正的途径。《行政诉讼法》将保护公民、法人和其他组织的合法权益作为立法目的之一，就是要为合法权益可能遭受行政机关侵害的公民、法人或者其他组织提供有效的法律救济途径。通过诉讼方式制止、纠正行政机关违法行使职权的行政行为，恢复、弥补公民、法人或者其他组织被行政机关违法行政行为侵害的合法权益，进而恢复正当的行政秩序。如人民法院通过撤销违法行政行为，改变显失公正的行政处罚行为，判令被告履行法定职责或承担赔偿责任等多种方式为公民、法人或者其他组织提供了充分有效的救济。

新《行政诉讼法》的许多规定，如行政诉讼的基本原则和制度、受案范围、案件管辖、起诉和受理、赔偿诉讼、判决等内容，均充分体现了行政诉讼法保护公民、法人或者其他组织合法权益的立法宗旨。

（四）监督行政机关依法行使行政职权

该项立法目的的确立，直接与人们对行政诉讼法的性质认识有关。有的学者认为行政诉讼法是控权法，因为它为行政机关行使职权的一种法律监督；也有学者认为行政诉讼法是保权法，因为它是对行政机关合法行使职权提供了保障；还有学者认为行政诉讼法是一柄双刃剑，一方面，当行政机关依法行使行政职权时，行政相对人对其不服而提起了诉讼，人民法院判决维持行政机关的行政行为，这显然是对行政机关依法行使职权的一种维护；另一方面，当行政机关违法行使职权时，行政相对人对其不服而提起了诉讼，人民法院判决确认被诉行政行为违法或者依法撤销，这显然是对行政机关依法行政职权的一种监督。①

---

① 胡建淼主编：《行政诉讼法学》，高等教育出版社 2003 年版，第 7 页；罗文燕主编：《行政法与行政诉讼法》，浙江大学出版社 2008 年版，第 403 页。

行政诉讼对行政机关行使职权的行为既有监督作用，又有维护作用，但从根本上来看，重点应当是监督职权，即通过司法审判，监督行政机关依法行使职权。如果在行政诉讼中，人民法院的审判活动过于偏向于维护行政主体行使行政职权，则会使人们更加不信任司法审判，使原本就难于开展的行政诉讼活动更加艰难。根据新《行政诉讼法》的规定，人民法院通过审理行政案件，有权撤销违法的行政行为或者变更明显不当的行政行为，有权驳回原告的诉讼请求。撤销违法的行政行为或者变更明显不当的行为，不仅是对行政行为作出了否定评价，而且也是预防行政机关再次以同样的方式违法侵犯公民、法人和其他组织的合法权益的重要监督方式。驳回原告的诉讼请求，就是通过司法裁判的形式对行政行为的合法性进行肯定，并使之具有最终的法律效力，在一定意义上具有为行政主体排除不当影响的作用。

第二节　行政诉讼的基本制度

行政诉讼的基本制度，亦即行政审判的基本制度，是指行政诉讼法及其他有关法律所构建的有关行政诉讼活动应当遵守的各种基本制度的总和。新《行政诉讼法》第七条规定："人民法院审理行政案件，依法实行合议、回避、公开审判和两审终审制度。"对于该条的理解，有的学者认为应当属于基本原则的范围，有的学者认为应当属于基本制度的范围。本书认为该条规定，应当是基本制度。理由是：第一，制度是明确的、具体的，而原则则是相对抽象的，人们在理解上是存在一定的分歧的；第二，关于原则和制度，新《行政诉讼法》自身已经作为界定，如第七条中就明确将合议、回避、公开审判和两审终审作为制度，而第三条、第四条、第五条、第七条、第八条、第九条、第十条则应当作为基本原则对待。

一　合议制度

（一）合议制度的含义

合议制度是人民法院组成合议庭审理行政案件的制度。合议制度，是指人民法院对行政案件的审理，由审判员或审判员与人民陪审员依照法定人数和组织形式组成合议庭进行。合议制度是民主集中制原则在人民法院行政审判活动中的具体运用，能够充分体现我国法治的民主原则和审判活动的集体负责制。

根据最高人民法院《关于人民法院合议庭工作的若干规定》[①] 的规定，人民法院实行合议制审判第一审案件，由法官或者由法官和人民陪审员组成合议庭进行；人民法院实行合议制审判第二审案件和其他应当组成合议庭审判的案件，由法官组成合议庭进行。合议庭成员享有平等的权利。人民陪审员在人民法院执行职务期间，除不能担任审判长外，同法官有同等的权利义务。

（二）采取合议审理行政案件的理由

合议制的实质是集体对案件行使审判权。行政诉讼采用合议制，是由行政诉讼的性质所决定的。行政案件技术性、知识性较强，“实行合议制，对审判人员集体组成法庭审理案件，能够充分发挥集体的智慧和力量，弥补个人知识上的缺陷和认识上的不足，保证正确审理案件，提高办案质量”，[②] 而且行政诉讼的当事人一方为行政机关，独任审判难以胜任。因此，原《行政诉讼法》没有规定独任审判的形式。

（三）组织合议庭要注意的问题

新《行政诉讼法》第六十八条明确规定，人民法院审理行政案件，由审判员组成合议庭，或者由审判员、陪审员组成合议庭。合议庭的成员，应当是三人以上的单数。

合议庭可能分为一审合议庭、二审合议庭和再审合议庭三种形式。一审合议庭可以由两名陪审员、一名审判员组成，也可以由一名陪审员、两名审判员组成（这里需要注意，根据新《行政诉讼法》第八十三条的规定，适用简易程序审理的行政案件，由审判员一人独任审判，并应当在立案之日起四十五日内审结）；二审合议庭，只能由审判员组成（这里需要注意，新《行政诉讼法》只规定了第一审案件的合议庭组成，没有规定第二审案件合议庭的组成，但根据新《行政诉讼法》第一百零一条[③]的规定适用《民事诉讼法》的相关规定）；再审案件的

---

① 法释〔2002〕25 号，2002 年 7 月 30 日由最高人民法院审判委员会第 1234 次会议通过，自 2002 年 8 月 17 日起施行。

② 江伟主编：《民事诉讼法》（第三版），高等教育出版社 2007 年版，第 39 页。

③ 新《行政诉讼法》第一百零一条规定：“人民法院审理行政案件，关于期间、送达、财产保全、开庭审理、调解、中止诉讼、终结诉讼、简易程序、执行等，以及人民检察院对行政案件受理、审理、裁判、执行的监督，本法没有规定的，适用《中华人民共和国民事诉讼法》的相关规定。”

合议庭，如果原来出现是一审的，按照一审程序另行组成合议庭，原审是二审的或是上级人民法院提审的，按照二审程序另行组成合议庭。

合议庭的审判长由符合审判长任职条件的法官担任。院长或者庭长参加合议庭审判案件的时候，自己担任审判长。

合议庭组成人员确定后，除因回避或者其他特殊情况不能继续参加案件审理的之外，不得在案件审理过程中更换。更换合议庭成员，应当报请院长或者庭长决定。合议庭成员的更换情况应当及时通知诉讼当事人。合议庭的审判活动由审判长主持，全体成员平等参与案件的审理、评议、裁判，共同对案件认定事实和适用法律负责。

（四）合议庭的职责

合议庭承担下列职责：

第一，根据当事人的申请或者案件的具体情况，可以作出财产保全、证据保全、先予执行等裁定；

第二，确定案件委托评估、委托鉴定等事项；

第三，依法开庭审理第一审、第二审和再审案件；

第四，评议案件；

第五，提请院长决定将案件提交审判委员会讨论决定；

第六，按照权限对案件及其有关程序性事项作出裁判或者提出裁判意见；

第七，制作裁判文书；

第八，执行审判委员会决定；

第九，办理有关审判的其他事项。

（五）合议庭合议案件应当遵守的规定

根据最高人民法院的司法解释，合议庭合议案件时应当遵守下列规定。

第一，合议庭评议案件应当在庭审结束后5个工作日内进行。

第二，合议庭评议案件时，先由承办法官对认定案件事实、证据是否确实、充分以及适用法律等发表意见，审判长最后发表意见；审判长作为承办法官的，由审判长最后发表意见。对案件的裁判结果进行评议时，由审判长最后发表意见。审判长应当根据评议情况总结合议庭评议的结论性意见。

第三，合议庭成员进行评议的时候，应当认真负责，充分陈述意见，独立行使表决权，不得拒绝陈述意见或者仅作同意与否的简单表态。同意他人意见的，也应当提出事实根据和法律依据，进行分析论证。

第四，合议庭成员对评议结果的表决，以口头表决的形式进行。

第五，合议庭评议案件，实行少数服从多数的原则，合议庭进行评议的时候，如果意见出现分歧，应当按多数人的意见作出决定，但是少数人的意见应当写入笔录。评议笔录由书记员制作，由合议庭的组成人员签名。

第六，合议庭应当依照规定的权限，及时对评议意见一致或者形成多数意见的案件直接作出判决或者裁定。①

第七，合议庭一般应当在作出评议结论或者审判委员会作出决定后的 5 个工作日内制作出裁判文书。

第八，裁判文书一般由审判长或者承办法官制作。但是审判长或者承办法官的评议意见与合议庭评议结论或者审判委员会的决定有明显分歧的，也可以由其他合议庭成员制作裁判文书。对制作的裁判文书，合议庭成员应当共同审核，确认无误后签名。

第九，院长、庭长可以对合议庭的评议意见和制作的裁判文书进行审核，但是不得改变合议庭的评议结论。

第十，院长、庭长在审核合议庭的评议意见和裁判文书的过程中，对评议结论有异议的，可以建议合议庭复议，同时应当对要求复议的问题及理由提出书面意见。合议庭复议后，庭长仍有异议的，可以将案件提请院长审核，院长可以提交审判委员会讨论决定。

第十一，合议庭应当严格执行案件审理期限的有关规定。遇有特殊情况需要延长审理期限的，应当在审理期限届满前按规定的时限报请审批。

（六）合议庭与审判委员会的关系

关于合议庭与审判委员会之间的关系，理论界有两种观点，一种认为“合议庭与审判委员会的关系不是行政领导关系，而是指导关系。审判委员会在审判业

① 但是对于下列案件，合议庭应当提请院长决定提交审判委员会讨论决定：（一）拟判处死刑的；（二）疑难、复杂、重大或者新类型的案件，合议庭认为有必要提交审判委员会讨论决定的；（三）合议庭在适用法律方面有重大意见分歧的；（四）合议庭认为需要提请审判委员会讨论决定的其他案件，或者本院审判委员会确定的应当由审判委员会讨论决定的案件。

务上对合议庭进行指导和监督”。[①] 另一种观点认为，合议庭与委员会之间是行政领导关系。如有学者认为“合议庭应当接受和服从审判委员会的领导和监督。”[②]

本书赞同第二种观点，理由是根据现行法律规定，对于审判委员会的决定，合议庭必须执行，这就意味着审判委员会在案件的审理和决定上有权指挥命令合议庭，审判委员会有权对合议庭实施领导。

二 回避制度

回避是为了保证行政案件公正审理而设立的一项审判制度，它既是法律赋予当事人的一项重要的诉讼权利，又是实现当事人实体权利的一项重要保障制度。

（一）回避制度的含义

在行政诉讼中，回避制度是指承办行政案件的审判人员和其他有关人员遇有法律规定应当回避的情形时，应当通过法定程序退出本案的审理活动的制度。新《行政诉讼法》第五十五条规定：“当事人认为审判人员与本案有利害关系或者有其他关系可能影响公正审判，有权申请审判人员回避。”“审判人员认为自己与本案有利害关系或者有其他关系，应当申请回避。”“前两款规定，适用于书记员、翻译人员、鉴定人、勘验人。”“院长担任审判长时的回避，由审判委员会决定；审判人员的回避，由院长决定；其他人员的回避，由审判长决定。当事人对决定不服的，可以申请复议一次。”

根据现行法律规定，回避可以分为自行回避和申请回避两种。自行回避，是指参与案件处理的审判人员和其他人员遇到应当回避的情形时，主动提出不参加该案件的审理或不参与该案件的其他诉讼活动。申请回避，是指案件当事人及其法定代理人认为承办案件的审判人员和其他人员与当事人有亲属关系，或与案件有利害关系或其他关系，可能影响案件公正审理，而申请他们退出案件审理或者其他诉讼活动。

（二）回避制度的适用范围

根据新《行政诉讼法》第五十五条、《最高人民法院关于审判人员严格执行

① 罗文燕主编：《行政法与行政诉讼法》，浙江大学出版社2008年版，第423页。

② 王雅琴：《行政诉讼法十二讲》，中国法制出版社2010年版，第32页。

回避制度的若干规定》[1]（以下简称《回避规定》）的规定，回避制度适用于审判人员和其他有关人员。审判人员包括各级人民法院院长、副院长、审判委员会委员、庭长、副庭长、审判员、助理审判员、陪审员等；其他有关人员包括书记员、勘验人、鉴定人、翻译人员、执行员以及人民法院中占行政编制的工作人员等。

（三）回避的条件

根据新《行政诉讼法》的立法精神，应当回避的人员具有下列情形之一的，应当回避：[2]

第一，是本案的当事人或者与当事人有近亲属关系的。

第二，本人或者其近亲属（包括与审判人员有夫妻关系、直系血亲、三代以内旁系血亲及近姻亲的亲属）与本案有利害关系的。

第三，担任过本案证人、翻译人员、鉴定人、勘验人、诉讼代理人、辩护人的。

第四，与本案的诉讼代理人、辩护人有夫妻、父母、子女或者兄弟姐妹关系的。

第五，私下会见本案一方当事人及其诉讼代理人、辩护人的。

第六，为本案当事人推荐、介绍诉讼代理人、辩护人，或者为律师、其他人员介绍办理该案件的。

第七，索取、接受本案当事人及其受托人的财物、其他利益，或者要求当事人及其受托人报销费用的。

第八，接受本案当事人及其受托人的宴请，或者参加其支付费用的各项活动的。

第九，向本案当事人及其受托人贷款，借用交通工具、通讯工具或者其他物品，或者索取、接受当事人及其受托人在购买商品、装修住房以及其他方面给予的好处的。

第十，其他不当行为，可能影响案件公正审理的。

此外，根据《适用行政诉讼法解释》第七十五条的规定，在一个审判程序

---

① 法释〔2011〕12号，2011年4月11日最高人民法院审判委员会第1517次会议通过，自2011年6月13日起施行。

② 江必新、邵正茂：《新行政诉讼法条文的理解与适用》，中国法制出版社2014年版，第205页。

中参与过本案审判工作的审判人员，不得再参与该案其他程序的审判。但发回重审的案件，在一审法院作出裁判后又进入第二审程序的，原第二审程序中合议庭组成人员不受此规定的限制。

（四）回避的程序

1. 回避的提出

当事人认为参与本案审理工作的人员与本案有利害关系或者其他关系，可能影响公正审判，有权申请回避，回避人员也可以自行申请回避。

根据《回避规定》，审判人员具有下列情形之一的，应当自行回避，当事人及其法定代理人也有权要求他们回避：

第一，本案的当事人或者与当事人有直系血亲、三代以内旁系血亲及姻亲关系的。

第二，本人或者其近亲属与本案有利害关系的。

第三，担任过本案的证人、司法鉴定人、勘验人、辩护人、诉讼代理人的。

第四，与本案的诉讼代理人、辩护人有夫妻、父母、子女或者同胞兄弟姐妹关系的。

第五，本人与本案当事人之间存在其他利害关系，可能影响案件公正处理的。

审判人员具有下列情形之一的，当事人及其法定代理人有权要求回避，但应当提供相关证据材料：

第一，未经批准，私下会见本案一方当事人及其代理人、辩护人的。

第二，为本案当事人推荐、介绍代理人、辩护人，或者为律师、其他人员介绍办理该案件的。

第三，接受本案当事人及其委托人的财物、其他利益，或者要求当事人及其委托人报销费用的。

第四，接受本案当事人及其委托人的宴请，或者参加由其支付费用的各项活动的。

第五，向本案当事人及其委托人借款、借用交通工具、通讯工具或者其他物品，或者接受当事人及其委托人在购买商品、装修住房以及其他方面给予的好处的。

2. 提出回避申请的时间

当事人申请回避，应当说明理由，在案件开始审理时提出；回避事由是在案件开始后知道的，也可以在法庭辩论终结前提出。

3. 回避申请的效力

被申请回避的人员，在人民法院作出是否回避的决定前，应当暂停参与本案的工作，但案件需要采取紧急措施的除外。

4. 回避决定的作出

人民法院院长担任审判长时的回避，由审判委员会决定；审判人员的回避，由院长决定；其他人员的回避，由审判长决定。

5. 作出决定的期限

对当事人提出的回避申请，人民法院应当在三日内以口头或者书面形式作出决定。对当事人提出的明显不属于法定回避事由的申请，法庭可以依法当庭驳回。

6. 对决定异议的处理

申请人对驳回回避申请决定不服的，可以向作出决定的人民法院申请复议一次。复议期间，被申请回避的人员不停止参与本案的工作。对申请人的复议申请，人民法院应当在三日内作出复议决定，并通知复议申请人。

此外，关于回避还需要注意，现任人民法院审判人员及其他有关人员离任①二年内不得担任诉讼代理人或者辩护人，二年后代理的，如果对方当事人认为可能影响公正审判提出异议的，人民法院应当支持。对于违反回避制度审理案件的，第二审人民法院发现或者根据当事人、诉讼代理人、辩护人的举报，认为第一审人民法院的审理有违反诉讼回避规定情形的，应当裁定撤销原判，发回原审人民法院重新审理；审判人员明知具有应当回避的情形而故意不依法自行回避，或者对符合回避条件的申请故意不作出回避决定，或者明知诉讼代理人具有不应当担任诉讼代理人的情形而故意不作出正确决定的，应当根据有关规定予以处分。

三　公开审判制度

（一）公开审判制度的含义

在行政诉讼中，公开审判制度是指人民法院审理行政案件的活动，除法律规

① “离任”，包括离休、退休、调动、辞职、辞退、开除等情形。

定的特殊情况外，一律公开进行。公开审判的实质意义在于将人民法院的审判活动公开、审判结果公开，就能够将案件的审理置于诉讼当事人及广大群众的监督之下，以防止错案的发生，确保审判的公正。

（二）公开审判制度的要求

公开审判是《宪法》确定的一项基本制度。新《行政诉讼法》第五十四条规定："人民法院公开审理行政案件，但涉及国家秘密、个人隐私和法律另有规定的除外。""涉及商业秘密的案件，当事人申请不公开审理的，可以不公开审理。"

公开审判包括审判过程公开和审判结果公开；公开审判要求人民法院的审判活动既应当对社会公开，也应当向当事人公开。因此，公开审判制度要求人民法院在审判行政案件时，允许人民群众旁听案件的审理和判决宣布，允许新闻记者采访、报道和评论。此外，人民法院还应当在开庭审理前将行政案件审理的相关信息（包括案由、当事人姓名或名称、开庭时间和地点等）予以公告，有利于接受社会和人民群众的监督。

（三）公开审判的例外

根据新《行政诉讼法》的规定，除下列案件不公开审理之外，其余案件都应当公开审理：

第一，涉及国家秘密的案件。《保密法》规定，国家秘密是关系国家安全和利益，依照法定程序确定，在一定时间内只限一定范围的人员知悉的事项。国家秘密受法律保护。一切国家机关、武装力量、政党、社会团体、企业事业单位和公民都有保守国家秘密的义务。任何危害国家秘密安全的行为，都必须受到法律追究。因此，为了防止国家秘密的泄露，损害国家安全和国家利益，凡是涉及国家秘密的案件一律不公开审理。

第二，涉及个人隐私的案件。个人隐私是指公民个人生活中不愿意为他人知晓和干预的事项，主要包括私人生活安宁不受他人非法干扰，私人信息保密不受他人非法采集、刺探和公开。

第三，法律另有规定不公开审理的案件。如新《行政诉讼法》第八十六条规定："人民法院对上诉案件，应当组成合议庭，开庭审理。经过阅卷、调查和询问当事人，对没有提出新的事实、证据或者理由，合议庭认为不需要开庭审理的，也可以不开庭审理。"

这里需要特别指出的是，涉及商业秘密的案件，可以公开审理，但如果当事人申请不公开审理的也可以不公开审理。商业秘密是指不为公众所知悉、能够为权利人带来经济利益、具有实用性并经权利人采取保密措施的技术信息和经营信息。对涉及商业秘密的案件可以不公开审理是因为商业秘密一旦公开会给权利人带来经济损失。这里也有一个前提，即只有在当事人申请不公开审理时，人民法院才决定不公开审理。

在此需要附带指出的是，根据法律规定，合议庭对案件的评议不公开进行，但即使属于不公开审理的案件，宣判也必须公开进行。

四 两审终审制度

（一）两审终审制度的含义

两审终审制度，是指行政案件经过两级人民法院的审判，诉讼程序就宣告完结的制度。

《人民法院组织法》和诉讼法规定，人民法院审判案件（包括刑事诉讼案件、民事诉讼案件、行政诉讼案件）实行两审终审制。根据两审终审制，当事人对第一审地方各级人民法院作出的裁判不服的，可以在法律规定的期限内向上一级人民法院提起上诉。上一级人民法院对案件进行审理并裁判后，裁判即发生法律效力，案件的诉讼程序宣告终结，当事人不得再提起诉讼。

被告两审终审制的目的一方面是防止发生错案，确保案件的审判质量；另一方面是防止案件旷日持久，给社会关系带来紊乱。

（二）两审终审制的法律规定

在行政诉讼中，两审终审制度是指一个行政案件经过两级人民法院的审理即告终结的制度。其具体内容包括：

第一，当事人对第一审行政判决、裁定不服的，可以向上一级人民法院提起上诉，启动第二审程序。

第二，第二审人民法院的判决、裁定是终局判决、裁定，已经发生法律效力，对此，当事人不得再提起上诉。

第三，最高人民法院是国家最高审判机关，最高人民法院作出的一审判决、裁定为终审判决、裁定，当事人不得上诉。

两审终审能够从制度安排上保证案件的审判质量：一是行政诉讼的上诉审既是事实审，又是法律审，能够充分发挥上诉审的作用；二是在两审终审之外设计了审判监督程序，能够弥补两审终审存在审级少的问题，对于人民法院已经发生法律效力的判决、裁定，有关国家机关如果认为确有错误可以通过审判监督程序予以纠正。

第三节　行政诉讼的基本原则

一　行政诉讼的基本原则概述

通常意义上，“原则是指观察问题、处理问题的准绳”。[①] 在法学意义上，“原则是指可以作为规则的基础或本源的具有综合性、稳定性的原理和准则，是构成一个法律体系的立足点或基本框架的根本规则”。[②]

（一）行政诉讼基本原则的含义

行政诉讼基本原则是指由宪法或者法律规定的，反映行政诉讼的基本特点，对于行政诉讼有普遍指导意义的，在审理和解决行政纠纷过程中必须遵循的基本准则。关于行政诉讼基本原则的含义，理论界存在一定的分歧，主要表现在三个方面：

一是行政诉讼基本原则与行政诉讼法基本原则是否是同一的。有的学者主张称为行政诉讼基本原则，有的学者主张称为行政诉讼法基本原则。主张行政诉讼基本原则的代表性观点有：“行政诉讼基本原则，是指反映行政诉讼基本特点和一般规律，贯穿于行政诉讼活动整个过程或主要过程，指导行政诉讼法律关系主体诉讼行为的重要准则。”[③] 行政诉讼基本原则是指行政诉讼法规定的，贯穿于行政诉讼的主要过程或主要阶段，对行政诉讼活动起支配作用的基本行为准则。[④] 行政诉讼

① 《辞海》，上海辞书出版社 2002 年版，第 2100 页。

② 江必新、梁凤云：《行政诉讼法的理论与实务》（上卷），法律出版社 2016 年版，第 37 页。

③ 姜明安主编：《行政法与行政诉讼法》（第六版），北京大学出版社、高等教育出版社 2015 年版，第 305 页。

④ 刘定波主编：《新编行政诉讼法学》，中国政法大学出版社 1990 年版，第 25 页；方世荣主编：《行政法与行政诉讼法》，中国政法大学出版社 1999 年版，第 323 页。

基本原则是指《行政诉讼法》总则规定的，贯穿于行政诉讼活动整个过程或主要过程，调整行政诉讼关系，指导和规范行政诉讼法律关系主体诉讼行为的重要规则。① 行政诉讼的基本原则是指反映行政诉讼的特点，对行政诉讼活动具有普遍指导意义，在审理和解决行政案件过程中必须遵循的基本准则。② 行政诉讼的基本原则是在行政诉讼的整个过程中起主导、支配作用的规则，它反映着行政诉讼法的基本精神，是行政诉讼法的精神实质和价值取向。③ 所谓行政诉讼的原则，是指贯穿整个行政诉讼活动全过程的、适用于所有参加到案件审理活动的各个诉讼法律关系主体的，由宪法、法律规定的行政诉讼活动必须遵循的基本准则。④

主张行政诉讼法基本原则的代表性观点有：行政诉讼法的基本原则，是指由宪法和法律规定的，反映行政诉讼的基本特点，对行政诉讼具有普遍指导意义，体现并反映行政诉讼的客观规律和法律的精神实质的基本准则。⑤ 行政诉讼法的基本原则，是指反映行政诉讼法本质要求，表现行政诉讼法各种制度和具体规则间的内在关系，指导行政诉讼活动基本方向和基本过程，调节基本行政诉讼关系的概括性法律规则。⑥ 行政诉讼法基本原则，是指人民法院在处理行政案件的全过程中起指导作用的，要求所有行政诉讼法律关系主体在行政诉讼活动中必须遵守的基本准则。⑦ 行政诉讼法的基本原则，系指由行政诉讼法所规定和体现的，反映行政诉讼基本特点和一般规律，直接约束行政诉讼中的职权主体和诉讼主体之诉讼活动的重要准则。⑧ 有的学者还进一步指出，“行政诉讼法典在总则部分确立的是行政诉讼法的基本原则，它们也是贯穿于行政诉讼活动整个过程的行政诉讼的基本原则。但是，行政诉讼法的基本原则和行政诉讼的基本原则应当存在一定的差异性”。⑨ 本书认为行政诉讼基本原则与行政诉讼法基本原则，在内涵

---

① 姜明安：《行政诉讼法》（第三版），北京出版社 2016 年版，第 93 页。

② 张树义主编：《行政诉讼法学》，中国政法大学出版社 1993 年版，第 37 页。

③ 张树义：《冲突与选择——行政诉讼的理论与实践》，时事出版社 1992 年版，第 18 页；杨解君、温晋锋著：《行政救济法——基本内容及评析》，南京大学出版社 1997 年版，第 187 页。

④ 关保英主编：《行政法与行政诉讼法》，中国政法大学出版社 2004 年版，第 530 页。

⑤ 马原主编：《行政诉讼知识文库》，北京师范学院出版社 1991 年版，第 23—24 页；崔卓兰、孙红梅编著：《行政诉讼法学》，吉林大学出版社 1997 年版，第 43 页；应松年主编：《行政诉讼法学》，中国政法大学出版社 1999 年版，第 47 页。

⑥ 于安、江必新、郑淑娜：《行政诉讼法学》，法律出版社 1997 年版，第 73 页。

⑦ 林莉红：《行政诉讼法学》（第四版），武汉大学出版社 2015 年版，第 43 页。

⑧ 胡建淼主编：《行政诉讼法学》，高等教育出版社 2003 年版，第 17 页。

⑨ 胡建淼主编：《行政诉讼法学》，法律出版社 2004 年版，第 30 页。

和外延上都是一致的，没有实质性的差别，其差别仅在于人们对此概念的使用习惯不同而已。

二是行政诉讼基本原则是存在于行政诉讼的主要过程中，还是存在于行政诉讼的全部过程中？有的学者主张，行政诉讼的基本原则是贯穿于行政诉讼的主要过程，而有的学者则认为行政诉讼基本原则是贯穿于行政诉讼的全部过程。

三是行政诉讼基本原则是否必须是在行政诉讼法总则部分规定的，分则部分规定的是否属于基本原则？有学者认为，“从立法形式上看，我国现行立法的习惯，总是把基本原则列入总则部分。我们当然不能认为，凡是总则上有规定的都是基本原则；但是应当坚持的是总则以外的内容不应当被视为基本原则”。① “我国行政诉讼基本原则集中规定在现行《行政诉讼法》总则之中。根据我国立法惯例，法律体系结构一般包括总则、正文和附则。总则最重要的任务就是规定立法目的、立法根据、立法调整对象和适用范围，以及法律的基本原则。法律的基本原则之所以如同立法目的一样在法律总则中规定，是因为法律基本原则如同立法目的一样，是贯穿于法律动作整个过程，规范行政诉讼活动主要过程和主要诉讼行为的准则，而不是仅仅规范行政诉讼活动某一个过程，某一项诉讼行为的具体规则。”② 但多数学者并没有明确提出，行政诉讼基本原则应当是在行政诉讼法典的总则部分进行规定，不少的学者并不管法律规则在法典中所处的位置，而是根据其性质认为其是否属于基本原则。本书认为，在一个立法技术完备的国家，行政诉讼的基本原则确实应当是规定在法典的总则部分，但在制定行政诉讼法典时，由于受立法技术和当时立法条件的限制，一些本应当规定在总则部分的内容被分散到分则部分进行规定的情形也是存在的。因此，没有规定在总则部分的内容就绝对不属于基本原则的观点，应当还有进一步讨论的余地。

这些观点，虽然在多数内容上是一致的，有的差别也只是学者表述方式上的差异，但其中也有实质性的差异。这些实质性的差异是不容忽视的，值得认真分析研究。

行政诉讼基本原则是指行政诉讼法规定的，贯穿于行政诉讼的全过程或者主要过程，对行政诉讼活动起主导作用、对行政诉讼法律关系的主体具有拘束力的

---

① 胡建森主编：《行政诉讼法学》，高等教育出版社 2003 年版，第 18 页。

② 姜明安：《行政诉讼法》（第三版），北京大学出版社 2016 年版，第 94 页。

基本行为准则。无论是人民法院还是诉讼当事人、其他诉讼参与人都应当遵循。行政诉讼法中所规定的基本原则，有的是所有诉讼活动均应当遵守的一般性原则，有的只是行政诉讼需要遵守的特有原则。由于各国的立法和司法实践的不同，行政诉讼或司法审查的基本原则也是不同的。在英国，司法审查的基本原则包括自然公正原则和越权无效原则；美国司法审查包含成熟原则、穷尽行政救济原则和首先管辖原则；德国行政诉讼的基本包括法定听证原则、程序平等原则、调查原则、处分原则、职权进行和集中原则、言词和直接原则、公开原则；我国台湾地区行政诉讼的基本原则包括处分原则、职权探知主义和言词、直接及公开审理主义等原则。①

（二）确定行政诉讼基本原则的标准

一个行政诉讼的法律规则要具备什么样的条件才能被确定为基本原则呢？不同的学者有不同的观点。

有学者认为行政诉讼的基本原则应当具有概括性、普遍性、客观性的特征；② 有学者认为行政诉讼基本原则具有法定性、普适性、指导性、抽象性或者概括性的特征；③ 有学者认为行政诉讼基本原则具有基础性、抽象性、普遍性、导向性的特征。④ 正所谓仁者见仁，智者见智。

本书认为，行政诉讼基本原则应当符合法定性、抽象性、普遍性、指导性和强制性的标准或特征。

1. 法定性

行政诉讼的基本原则，在性质上属于诉讼法律规范的重要组成部分之一，因此必须由相关的法律加以规定。行政诉讼基本原则的法定性，是指行政诉讼基本原则必须是被一个国家现行的法律规范所确认的，必须以一定的法律文本为载体的行为规则，它与行政诉讼具体制度一样具有法律效力。正如有学者所指出的："实然层面的行政诉讼基本原则只能是法定的，而不能是纯学术探讨性质的。"⑤

2. 抽象性

行政诉讼基本原则的抽象性，是指行政诉讼基本原则集中体现了行政诉讼的

---

① 应松年主编：《行政法与行政诉讼法》（下），中国法制出版社 2009 年版，第 674—676 页。

② 应松年主编：《行政法与行政诉讼法学》，法律出版社 2005 年版，第 448 页。

③ 胡建淼主编：《行政诉讼法学》，法律出版社 2004 年版，第 31 页。

④ 罗文燕主编：《行政法与行政诉讼法》，浙江大学出版社 2008 年版，第 413 页。

⑤ 胡建淼主编：《行政诉讼法学》，法律出版社 2004 年版，第 29 页。

基本特点和精神实质，对整个行政诉讼制度的基本问题所作的高度抽象，概括地反映行政诉讼基本行为规范，同时反映出行政诉讼作为三大诉讼之一所具有的一般诉讼原则。①

3. 普遍性

行政诉讼基本原则的普遍性，是指行政诉讼基本原则贯穿于行政诉讼的全部过程或主要过程，具有普遍的适用性，是人民法院进行审判活动、诉讼参加人和其他诉讼参与人进行诉讼都必须遵守的行为准则。简言之，是指“行政诉讼基本原则精神贯穿于行政诉讼始终，在行政诉讼的各个环节或者主要阶段上发挥作用”。②

4. 指导性

行政诉讼基本原则的指导性，是指行政诉讼的基本原则不仅是行政诉讼主体进行诉讼活动的基本准则，而且也是司法机关处理和解决行政案件的基本依据，特别是法律、法规没有明文规定的重大疑难问题，可以根据行政诉讼的精神或者宗旨进行处理和解决。基本原则能够有助于正确理解行政诉讼法律制度的精神实质，把行政诉讼法的规定准确地应用到每一个具体的案件之中，保证法律有效地贯彻实施。

5. 强制性

由于行政诉讼的基本原则是由行政诉讼法所确定的，因此，与其他法律规则一样具有强制执行的效力。行政诉讼基本原则的强制性，源于行政诉讼法律规范的强制性，要求人民法院和行政诉讼参与人都必须一体遵守，否则就要承担相应的法律责任。

（三）行政诉讼基本原则研究的新进展

近年来有的学者关于行政诉讼基本原则的研究已经不再局限于以新《行政诉讼法》的规定为依据，主张应当重构行政诉讼的基本原则。认为行政诉讼应当遵循司法独立原则、合法性审查原则、司法公正原则、平等原则和司法最终解决原则等五项基本原则。③

---

① 罗文燕主编：《行政法与行政诉讼法》，浙江大学出版社 2008 年版，第 413 页。

② 应松年主编：《行政法与行政诉讼法学》，法律出版社 2005 年版，第 448 页。

③ 应松年主编：《行政法与行政诉讼法》（下），中国法制出版社 2009 年版，第 677—678 页。

（四）行政诉讼基本原则的分类

行政诉讼的基本原则分为共有原则与特有原则两类。

1. 诉讼共有原则

诉讼的共有原则是指行政诉讼与民事诉讼、刑事诉讼通用的原则。共有原则包括人民法院依法独立行使行政审判权原则；以事实为根据、以法律为准绳原则；当事人的法律地位平等原则；使用民族语言文字原则；当事人有权辩论原则和人民检察院实行法律监督原则。

2. 行政诉讼特有原则

根据新《行政诉讼法》的规定，行政诉讼的特有原则包括以下几项：保障当事人诉讼权原则；对行政行为合法性进行审查的原则；以当事人选择行政复议为主，行政复议前置为例外的原则；诉讼期间不停止行政行为执行的原则；被告负举证责任的原则；不适用调解的原则；司法变更权有限的原则。

但由于多数学者由于受基本原则应当规定在总则之中的限制，主张行政诉讼的特有原则仅限于对行政行为进行审查的原则，其他的特有原则应当归入具体的诉讼规则之中。

二　诉讼制度的共有原则

（一）人民法院依法独立行使行政审判权原则

人民法院依法独立行使审判权，是《宪法》规定的一项重要原则，行政诉讼活动必须遵循。新《行政诉讼法》第四条规定："人民法院依法对行政案件独立行使审判权，不受行政机关、社会团体和个人的干涉。""人民法院设行政审判庭，审理行政案件。"该项原则具体包含以下内容。

第一，行政审判权只能由人民法院统一行使，行政审判权是司法主权不可分割的组成部分，只能由人民法院代表国家行使。这一含义，充分说明，只有人民法院能够行使行政审判权，其他任何国家机关、社会团体和个人都不得行使行政审判权。

第二，案件审判独立，即人民法院作为一个整体独立，不受外界的任何非法影响。这一含义包含两个基本内容，一是人民法院在审判组织上具有独立性，行政审判独立的首要一环是人民法院作为一个整体独立于行政机关、社会团体和个人；二是人民法院裁判上的独立，任何国家机关、单位或者个人都不能将自己的意志强加于人民法院。在具体个案审理中，任何机关包括上级人民法院在内都不得指令下级人民法院按照自己的意思进行审判，即使是下级人民法院的裁判有错误，上级人民法院也只能通过二审或再审程序给予纠正。

第三，人民法院独立行使审判，必须依法，而不能任意为之。人民法院的行政审判权是宪法和法律赋予的，因此必须严格依据宪法和法律的规定行使。违反法律规定行使行政审判权是违法的，应当由相关机关通过相应的法律程序给予纠正。

这里需要特别注意两个基本问题：一是人民法院依法独立行使行政审判权，并不排斥合议庭在具体审判行政案件的过程中独立对案件的事实和法律适用作出独立判断，不排斥审判人员参加合议庭审判和审判委员会合议时独立发表意见。合议庭有权拒绝来自法院内部和外部的任何非依法定程序的影响；审判人员有权不受来自法院内部和外部的干涉或者指使，独立进行判断，发表自己的意见，按照自己的意志表决。但无论是合议庭，还是审判人员，都不能以自己的名义对外宣布案件的审理结果，案件的裁判必须以人民法院的名义作出。二是人民法院依法独立行使行政审判权，并不排斥其他国家机关依法对人民法院进行监督。根据《宪法》的规定，各级人民法院受同级人民代表大会和人民检察院的监督，向其负责并报告工作；根据新《行政诉讼法》的规定，人民检察院作为国家法律监督机关，有权对人民法院的行政审判活动依法开展法律监督。有关国家机关依法对人民法院行政审判活动开展法律监督时，与人民法院独立行使行政审判权之间并不矛盾。

此外，应当注意，由于《人民法院组织法》中没有规定基层人民法院设立行政审判庭，所以新《行政诉讼法》规定人民法院设行政审判庭，审理行政案件是为了保证人民法院顺利开展行政审判工作的实际需要。根据此规定，行政案件应当由行政审判庭审理，刑事审判庭、民事审判庭不得审理行政案件，海事法院、森林法院等专门人民法院也不得审理行政案件。2014 年 8 月 31 日第十二届全国人民代表大会常务委员会第十次会议通过《全国人民代表大会常务委员会关于在北京、上海、广州设立知识产权法院的决定》，规定不服国务院行政部门裁定或者决定而提起的第一审知识产权授权确权行政案件，由北京知识产权法院管辖。知识产权法院所在市的基层人民法院第一审著作权、商标等知识产权民事和行政判决、裁定的上诉案件，由知识产权法院审理。

根据中央批准的试点方案，最高人民法院第一巡回法庭设在广东省深圳市，第二巡回法庭设在辽宁省沈阳市。两个巡回法庭于2015年年初开始受理、审理案件。十八届四中全会决定提出，最高人民法院设立巡回法庭，审理跨行政区域重大行政和民商事案件。最高法院设立的巡回法庭，相当于最高法院的派出机构，在审级上等同于最高法院。巡回法庭的法官也来自最高法院，由最高法院各业务庭选派，按一定的时间轮流派驻巡回法庭。巡回法庭的判决效力等同于最高法院的判决，均为终审判决。①

（二）以事实为根据、以法律为准绳原则

新《行政诉讼法》第五条规定："人民法院审理行政案件，以事实为根据，以法律为准绳。"该项原则的实质内容是人民法院在审理行政案件时，应当遵循客观事实，根据已经查明的事实严格依照法律规定审理和裁判案件，不得主观臆断案件事实，也不得任意裁判案件。

该项原则的具体含义包含以下三方面。

第一，以事实为根据，要求人民法院审理行政案件时，必须尊重案件事实，以案件事实作为定案处理的依据。所谓案件事实就是案件的客观事实，是行政争议发生的真实情况。既包括有争议的行政法律关系的发生、变更或者消灭的事实，也包括双方当事人之间的行政法律关系发生争议的事实。人民法院审理行政案件应当查明下列事实：当事人之间法律关系的事实、行政主体调查认定的事实、行政主体作出行政行为程序事实、与本案有关联的其他行政事实、行政诉讼程序事实。但是必须注意，行政诉讼以审查行政行为是否合法为重点，所以，法院要审查的不是原告行为是否合法的事实，而是被诉的行政行为认定的事实。正如有学者所指出的："人民法院在审理行政案件时，是对行政机关在行政程序中遵循以事实为根据、以法律为准绳、基于事实认定和适用法律，所作出的行政行为的审查和判断，法院的审理是第二次认定事实和适用法律。"②

第二，以法律为准绳，就是要求人民法院审理行政案件时，不管是对被诉行政行为合法性进行审查、判断，还是作裁定或决定，均应依法进行。③ 简言之，

---

① http：//news. xinhuanet. com/mrdx/2014－12/30/c_ 133886336. htm，最后访问时间：2014年12月31日。

② 应松年主编：《行政法与行政诉讼学》，法律出版社2005年版，第451页。

③ 张树义主编：《行政法与行政诉讼法学》（第二版），高等教育出版社2007年版，第202页。

以法律为准绳，就是以法律规定作为裁判当事人之间争议的标准和尺度。此处所谓的“法律”既包括行政实体法，也包括行政程序法，人民法院适用法律必须遵守新《行政诉讼法》第六十三条规定，即以法律、行政法规、地方性法规和自治条例、单行条例为依据。参照规章，在遇到法律规范之间发生冲突时，还应当遵守有关的法律冲突选择适用规则。

第三，以事实为依据，以法律为准绳，二者是一个统一的整体，不可分割。事实是正确运用法律的前提，依法判决是查清事实的目的。事实不清，裁判肯定不准确；事实虽然清楚，但适用法律错误，裁判也一样不准确。因此，只注重查清事实不注重法律适用，或者只注重法律适用，不注重查清事实都不能够得出公正的裁判，都是错误的，只有将二者紧密结合起来，才能达到公正审判的结果。

（三）当事人的法律地位平等原则

新《行政诉讼法》第八条规定：“当事人在行政诉讼中的法律地位平等。”该项原则是《宪法》第三十三条第二款规定：“中华人民共和国公民在法律面前一律平等。”第四款规定：“任何公民享有宪法和法律规定的权利，同时必须履行宪法和法律规定的义务。”第五条第五款关于“任何组织或者个人都不得享有超越宪法和法律特权”的规定在行政诉讼领域的具体化。该项原则要求人民法院在审理行政案件时，要公正司法，依法审理，不得区别对待行政主体与行政相对人，也不得因当事人的民族、性别、出身、宗教信仰、职务、社会地位等不同而差别对待，只要是参加行政诉讼活动的当事人，在适用法律时都必须一律平等对待。该原则的内容有以下三个方面。

第一，在行政诉讼中都是行政诉讼的当事人。在行政管理过程中，行政机关是行政主体，其地位明显优于行政管理相对人。在行政诉讼中，行政机关不再是管理者，不能再像在行政程序中那样管理公民、法人或者其他组织。

第二，各方当事人的诉讼地位平等。行政机关与公民、法人或者其他组织一样都是行政诉讼主体，享有同等的机会阐述意见和辨明是非，公民、法人或者其他组织依法享有起诉权，行政机关不但没有这项权利，也没有反诉权，相反却受到很多限制，如对行政行为的合法性承担举证责任，诉讼期间不得自行向原告、证人调查取证等，这些限制正是为了平衡双方当事人表达意见的机会，科学地反映了行政诉讼的特殊要求。

第三，人民法院作出裁判时应当同等情况同等对待，对当事人在适用法律上一律平等，不能因人而异。

这里需要注意，行政诉讼中的当事人法律地位平等与民事诉讼中当事人法律地位平等有一定的差别，即行政诉讼中当事人的诉讼权利义务具有一定的不对等性，而民事诉讼中当事人的诉讼权利义务具有对等性。如民事诉讼中原告有起诉的权利，被告有反诉的权利；而行政诉讼中原告有起诉的权利，被告则没有反诉的权利。民事诉讼中实行谁主张谁举证，而行政诉讼中一般由被告负举证责任。

（四）使用本民族语言文字进行诉讼的原则

新《行政诉讼法》第九条规定："各民族公民都有用本民族语言、文字进行行政诉讼的权利。在少数民族聚居或者多民族共同居住的地区，人民法院应当用当地民族通用的语言、文字进行审理和发布法律文书。人民法院应当对不通晓当地民族通用的语言、文字的诉讼参与人提供翻译。"该项权利是《宪法》第一百三十九条[①]规定在《行政诉讼法》中的具体化。

使用民族语言文字原则包括下述内容。

第一，当事人有权用本民族语言、文字进行行政诉讼，包括可以使用本民族语言文字提交法律文书、证据、鉴定材料，可以使用本民族语言在法庭上陈述事实或者辩论。使用本民族语言文字是公民的宪法权利，各个国家机关在执行职务时，都应当尊重公民的语言文字权。在民族自治地区，自治机关在执行职务时，依照本民族自治地方自治条例的规定，使用当地通用的一种或者几种语言文字，即在立法、执法和司法等各个环节必须体现对公民的语言文字权的尊重。在非民族自治地区，当事人同样有权使用本民族的语言文字，而不论其是否在本地通用。

第二，人民法院应当用当地民族通用的语言、文字进行审理和发布法律文书。在少数民族聚居或者多民族共同居住的地区，可能有些当事人不通晓普通话，在这种情况下人民法院有义务使用当地通用的语言文字制作法律文书。

第三，人民法院应当为不通晓当地民族通用语言、文字的诉讼参与人提供翻译。提供翻译是法定的强制性义务，人民法院必须无条件地履行。在通常情况

① 《宪法》第一百三十九条规定："各民族公民都有用本民族语言文字进行诉讼的权利。人民法院和人民检察院对于不通晓当地通用的语言文字的诉讼参与人，应当为他们翻译。""在少数民族聚居或者多民族共同居住的地区，应当用当地通用的语言进行审理；起诉书、判决书、布告和其他文书应当根据实际需要使用当地通用的一种或者几种文字。"此外，《宪法》第一百二十一条规定："民族自治地方的自治机关在执行职务的时候，依照本民族自治地方自治条例的规定，使用当地通用的一种或者几种语言文字。"

下，翻译的费用应当由使用翻译的当事人承担。

第四，人民法院如果在行政诉讼中违背当事人使用本民族语言文字进行诉讼的原则，属于违法审判行为，其所作的审判应当被视为无效审判。

（五）当事人有权辩论原则

所谓辩论，是指当事人在法院的主持下，就案件的事实和法律问题各自陈述主张和意见，互相反驳，进一步辨明真伪和是非，维护自己的合法权益。新《行政诉讼法》第十条规定："当事人在行政诉讼中有权进行辩论。"可见，辩论是当事人依法享有的诉讼权利，人民法院有义务依法给予保障。

当事人有权辩论的原则主要包含以下内容。

第一，辩论权是当事人的基本诉讼权，原告、被告、共同诉讼人和第三人都享有辩论权，审判人员应当发挥其指挥职能，确保当事人充分行使辩论权。

第二，在辩论的内容方面，当事人有权就案件事实问题、行政实体法问题、行政程序法问题、行政诉讼程序问题等进行辩论。

第三，当事人有权以口头或者书面方式进行辩论。

第四，在第一审程序、第二审程序、审判监督程序和执行程序中均有权进行辩论。

第五，辩论必须在人民法院主持下进行。

当然，也有学者从新视角总结辩论原则的内容。认为辩论原则包括：（1）语种不能成为当事人表达意见的障碍；（2）当事人有权对争议的问题进行辩论；（3）法院应当为当事人表达意见提供必要的条件（要使当事人充分了解对方的观点和根据、应当保证当事人当面质证的机会、应当给当事人必要的准备答辩时间）；（4）辩论结果应当成为裁判的基础。[①]

（六）人民检察院实行法律监督原则

《宪法》第一百二十九条规定："中华人民共和国人民检察院是国家的法律监督机关。"《人民检察院组织法》第一条规定："中华人民共和国人民检察院是国家的法律监督机关。"新《行政诉讼法》第十一条规定："人民检察院有权对行政诉讼实行法律监督。"第六十四条规定："人民检察院对人民法院已经发生

① 江必新、梁凤云：《行政诉讼法理论与实务》（上卷），法律出版社2016年版，第75页。

法律效力的判决、裁定，发现违反法律、法规规定的，有权按照审判监督程序提出抗诉。”人民检察院对行政诉讼实行法律监督，是为了保障行政诉讼活动依法进行。

人民检察院实行法律监督原则，包含如下内容：

第一，从人民检察院的监督内容看，人民检察院对行政诉讼活动的合法性有权进行法律监督，包括人民检察院对人民法院和行政诉讼参与人都有权进行法律监督；人民检察院有权对行政诉讼的整个过程实行法律监督，而不仅限于对行政审判活动进行法律监督。

第二，从监督方式看，人民检察院实行法律监督的主要方式是抗诉。具体而言，地方各级人民检察院对同级人民法院已经发生法律效力的行政判决、裁定，发现违反法律、法规规定的，应当建议上级人民检察院提出抗诉；最高人民检察院对各级人民法院已经发生法律效力的行政判决、裁定，上级人民检察院对下级人民法院已经发生法律效力的行政判决、裁定，发现违反法律、法规规定的，应当按照审判监督程序提出抗诉。人民检察院提出抗诉的案件，应当派员出庭，对诉讼活动是否合法进行监督。

三　行政诉讼的特有原则

行政诉讼的特有原则，又称行政诉讼的独有原则，是指行政诉讼法规定的，进行行政诉讼活动必须遵守的，不同于民事诉讼和刑事诉讼的基本准则。

（一）保障当事人诉讼权原则

新《行政诉讼法》第三条规定：“人民法院应当保障公民、法人和其他组织的起诉权利，对应当受理的行政案件依法受理。”“行政机关及其工作人员不得干预、阻碍人民法院受理行政案件。”“被诉行政机关负责人应当出庭应诉。不能出庭的，应当委托行政机关相应的工作人员出庭。”该条的规定是针对我国行政诉讼存在的“三难”（立案难、审理难和执行难）问题中最突出的立案难，行政诉讼受各方干预、阻碍多，以及行政诉讼“告官不见官”等问题所作的规定。

第一，人民法院应当保障公民、法人和其他组织的起诉权利，对应当受理的行政案件依法受理，目的是保障原告的起诉权。起诉权，属于请求权，是公民的基本权利之一，是指公民、法人和其他组织认为行政主体的行政行为侵害其合法权益，而通过诉讼的方式寻求司法保护和救济的权利。在原行政诉讼体制下，立案难是行政诉讼面临的最为严重的问题。行政相对人与行政主体之间发生行政争议后，行政主体不愿意出庭应诉，通过各种方式给人民法院或者行政相对人施加压力，人民法院不愿审，行政相对人不敢告或起诉之后又无故撤诉的情况十分常见。有的人民法院对依法应当属于自己受理的案件也是能推则推，能躲则躲，推不脱、躲不过则拖而不判，导致不少案件弃诉入访。当然，造成这一局面的原因，除立案难之处，还有原行政诉讼受案范围过窄，人民法院在人、财、物等方面都受制于地方有关机关。为保证人民法院在行使行政审判权时能够做到应立则立，应审则审，应判则判，新《行政诉讼法》在扩大行政诉讼受案范围的同时，还规定人民法院在接到起诉状时对符合本法规定的起诉条件的，应当登记立案，改变了原来的审查立案制度；对有法定依据不受理的，应当进行释明。[①]

第二，行政机关及其工作人员不得干预、阻碍人民法院受理行政案件。“干预一般是指通过打电话、批条子、作批示等语言方式过问人民法院受理行政案件。”“阻碍一般是指通过制定土政策，召开联席会议、内部会议，在各类会议上批评人民法院依法受理案件等行为方式阻止和妨碍人民法院受理行政案件。”[②]虽然原《行政诉讼法》已经明确规定了人民法院依法对行政案件独立行使审判，不受行政机关、社会团体和个人的干涉，但在行政诉讼实践中，由于受“官本位”或者“地方保护主义”的影响，有的行政机关打着“发展地方经济”“促进社会发展”的旗号，要求人民法院顾“大局”，保“中心工作”“完成中心任务”等给人民法院施加压力，干预、阻碍人民法院对行政案件的受理。新《行政诉讼法》对此作出明确规定，正是回应了社会的关切，对此作了明确的回答，重申行政机关及其工作人员不得干预、阻碍人民法院受理行政案件。

---

① 新《行政诉讼法》第五十一条规定：“人民法院在接到起诉状时对符合本法规定的起诉条件的，应当登记立案。”“对当场不能判定是否符合本法规定的起诉条件的，应当接收起诉状，出具注明收到日期的书面凭证，并在七日内决定是否立案。不符合起诉条件的，作出不予立案的裁定。裁定书应当载明不予立案的理由。原告对裁定不服的，可以提起上诉。”“起诉状内容欠缺或者有其他错误的，应当给予指导和释明，并一次性告知当事人需要补正的内容。不得未经指导和释明即以起诉不符合条件为由不接收起诉状。”“对于不接收起诉状、接收起诉状后不出具书面凭证，以及不一次性告知当事人需要补正的起诉状内容的，当事人可以向上级人民法院投诉，上级人民法院应当责令改正，并对直接负责的主管人员和其他直接责任人员依法给予处分。”第五十二条规定：“人民法院既不立案，又不作出不予立案裁定的，当事人可以向上一级人民法院起诉。上一级人民法院认为符合起诉条件的，应当立案、审理，也可以指定其他下级人民法院立案、审理。”

② 江必新主编：《中华人民共和国行政诉讼法理解适用与实务指南》，中国法制出版社 2015 年版，第 12 页。

第三，被诉行政机关负责人应当出庭应诉。[①] 不能出庭的，应当委托行政机关工作人员出庭。由于行政诉讼的实质是民告官，但由于官本位思想的作祟，行政机关工作人员，特别是领导干部不屑与人民群众对簿公堂，行政诉讼中普遍存在"告官不见官"的现象。行政机关出庭应诉的人员往往是不能作主的普通工作人员，甚至只有委托律师出庭应诉。对于这种现象，一方面人民群众意见很大；另一方面，出庭人员要么不了解案件情况，要么在法庭上不能作主，致使案件审理被不当拖延或诉讼程序空转。为改变这一局面，新《行政诉讼法》明确规定，行政机关负责人出庭应诉是基本原则，只有在行政机关负责人不能出庭时，才能委托相应的工作人员出庭。这里有三点需要特别说明，一是"行政机关负责人"既包括行政机关的法定代表人，也包括其他负责人，即正职和副职皆包括在内；二是行政机关负责人确实不能出庭应诉时，应当委托行政机关相应的工作人员出庭，不能只委托律师；三是除行政机关的法定代表人出庭应诉外，其他人员出庭应诉，应当依法办理委托手续。新《行政诉讼法》第三十一条规定："当事人、法定代理人，可以委托一至二人作为诉讼代理人。""下列人员可以被委托为诉讼代理人：（一）律师、基层法律服务工作者；（二）当事人的近亲属或者工作人员；（三）当事人所在社区、单位以及有关社会团体推荐的公民。"

为了保证新《行政诉讼法》第三条第三款规定的"被诉行政机关负责人应当出庭应诉。不能出庭的，应当委托行政机关相应的工作人员出庭"原则得到落实，《最高人民法院关于适用〈中华人民共和国行政诉讼法〉的解释》[②]（以下简称《适用行政诉讼法解释》）在第八部分中对此作了详细规定，根据该项解释，行政机关负责人出庭应诉应当注意如下问题：

第一，行政机关负责人，包括行政机关的正职、副职负责人以及其他参与分管的负责人。

第二，行政机关负责人出庭应诉的，可以另行委托一至二名诉讼代理人。行政机关负责人不能出庭的，应当委托行政机关相应的工作人员出庭，不得仅委托

① 2004 年，国务院在《全面推进依法行政实施纲要》中首次提出行政首长积极出庭应诉的要求；2007 年最高人民法院在《关于加强和改进行政审判工作的意见》中对行政机关负责人出庭应诉做了相应的规定；2010 年国务院在《关于加强法治政府建设的意见》中明确要求，做好行政诉讼应诉工作，完善行政应诉制度，积极配合人民法院的行政审判活动，支持人民法院依法独立行使审判。对人民法院受理的行政案件，行政机关应当积极响应。但这些规定，形同虚设，未能兑现。

② 2017 年 11 月 13 日，最高人民法院审判委员会第 1726 次会议通过，自 2018 年 2 月 8 日起施行。

律师出庭。

第三，涉及重大公共利益、社会高度关注或者可能引发群体性事件等案件以及人民法院书面建议行政机关负责人出庭的案件，被诉行政机关负责人应当出庭。

第四，被诉行政机关负责人出庭应诉的，应当在当事人及其诉讼代理人基本情况、案件由来部分予以列明。

第五，行政机关负责人有正当理由不能出庭应诉的，应当向人民法院提交情况说明，并加盖行政机关印章或者由该机关主要负责人签字认可。行政机关拒绝说明理由的，不发生阻止案件审理的效果，人民法院可以向监察机关、上一级行政机关提出司法建议。

第六，"行政机关相应的工作人员"，包括该行政机关具有国家行政编制身份的工作人员以及其他依法履行公职的人员。被诉行政行为是地方人民政府作出的，地方人民政府法制工作机构的工作人员，以及被诉行政行为具体承办机关工作人员，可以视为被诉人民政府相应的工作人员。

第七，行政机关负责人出庭应诉的，应当向人民法院提交能够证明该行政机关负责人职务的材料。行政机关委托相应的工作人员出庭应诉的，应当向人民法院提交加盖行政机关印章的授权委托书，并载明工作人员的姓名、职务和代理权限。

第八，行政机关负责人和行政机关相应的工作人员均不出庭，仅委托律师出庭的或者人民法院书面建议行政机关负责人出庭应诉，行政机关负责人不出庭应诉的，人民法院应当记录在案和在裁判文书中载明，并可以建议有关机关依法作出处理。

（二）对行政行为合法性进行审查原则

1. 对行政行为合法性进行审查原则的含义

对行政行为合法性进行审查原则，是学术界已经取得共识的观点。对行政行为合法性进行审查原则，是指人民法院依法通过受理起诉、审理行政案件，对有争议的行政行为的合法性进行审查并作出裁判。原《行政诉讼法》第五条只规定对具体行政行为的合法性进行审查，其审查范围较狭窄。新《行政诉讼法》用"行政行为"一词替代了"具体行政行为"，使得审查范围有了较大拓宽。对行政行为合法性进行审查的原则包含两个基本含义，一是人民法院审理行政案件，只能审查行政行为，而不能审查非行政行为；二是人民法院在审理行政案件原则上只能审查行政行为的合法性，原则上不能审查行政行为行使的适当性。

与刑事诉讼和民事诉讼相比，对行政行为合法性审查原则是行政诉讼最有特色、没有争议的基本原则。

人民法院审查行政行为合法性的具体内容包括以下六项。

第一，对行政行为的主体进行审查，即对作出行政行为的主体是否具有主体资格进行审查。

第二，对作出行政行为的权限进行审查，即行政主体是否享有作出行政行为的权限，是否超越法定的职责权限以及是否依法享有事务主管权、地域管辖权、级别管辖权和时间管辖权，上述任何一方面违法都构成无权限或者超越职权。

第三，对行政行为的证据进行审查，即行政行为的证据是否确凿充分、事实是否清楚、行政行为的证据是否具有合法性、客观性和相关性。

第四，对行政行为的法律依据进行审查，即对行政行为适用法律依据是否正确进行审查。

第五，对作出行政行为程序的合法性进行审查，即行政主体不得违反法定程序，即要求行政主体作出行政行为时法定步骤不得省略、先后顺序不得颠倒、时限不得超越、方式不得违法。

第六，对行政行为的目的正当性进行审查，即行政主体作出行政行为的目的是否合法。

2. 对行政行为合法性审查原则的立法依据

新《行政诉讼法》第六条规定："人民法院审理行政案件，对行政行为是否合法进行审查。"新《行政诉讼法》在第十二条[①]明确规定了人民法院的受案范

① 新《行政诉讼法》第十二条规定："人民法院受理公民、法人或者其他组织提起的下列诉讼：（一）对行政拘留、暂扣或者吊销许可证和执照、责令停产停业、没收违法所得、没收非法财物、罚款、警告等行政处罚不服的；（二）对限制人身自由或者对财产的查封、扣押、冻结等行政强制措施和行政强制执行不服的；（三）申请行政许可，行政机关拒绝或者在法定期限内不予答复，或者对行政机关作出的有关行政许可的其他决定不服的；（四）对行政机关作出的关于确认土地、矿藏、水流、森林、山岭、草原、荒地、滩涂、海域等自然资源的所有权或者使用权的决定不服的；（五）对征收、征用决定及其补偿决定不服的；（六）申请行政机关履行保护人身权、财产权等合法权益的法定职责，行政机关拒绝履行或者不予答复的；（七）认为行政机关侵犯其经营自主权或者农村土地承包经营权、农村土地经营权的；（八）认为行政机关滥用行政权力排除或者限制竞争的；（九）认为行政机关违法集资、摊派费用或者违法要求履行其他义务的；（十）认为行政机关没有依法支付抚恤金、最低生活保障待遇或者社会保险待遇的；（十一）认为行政机关不依法履行、未按照约定履行或者违法变更、解除政府特许经营协议、土地房屋征收补偿协议等协议的；（十二）认为行政机关侵犯其他人身权、财产权等合法权益的。"

围扩大至行政行为，第十三条[①]只是将国家行为、立法性行政行为、内部行政行为和法律规定由行政机关最终裁决的行政行为排除在人民法院受案范围之外。

3. 对行政行为合法性进行审查的理论依据

理论界认为，新《行政诉讼法》确定对行政行为合法性进行审查的理论依据是：

第一，对行政行为进行审查，符合宪法精神。根据《宪法》和组织法的规定，审查立法性行政行为合法性的权力是由各级人民代表大会及其常务委员会和作出行政行为主体的本级人民政府和上级机关行使的。如《宪法》第六十七条、[②] 第八十九条、[③] 第一百零四条[④]和第一百零八条[⑤]都有明确的规定。这些规定为对行政行为合法性审查原则奠定了宪法基础。

第二，对行政行为合法性进行审查原则，能够明确行政机关与人民法院之间的制约关系，既要防止行政权不受司法权的监督而滥用，也要防止司法权过度干预行政权。在我国，行政权和司法权都由宪法和国家权力机关赋予，受国家权力机关制约。行政权与司法权，各有自己存在的形式、管辖范围和活动领域，司法权只有依据法律的明确授权，才能对行政权进行监督，并且必须在法定范围内进行。加之，行政管理日益专业化，对行政行为的合理性问题，行使司法权的人民法院未必比行政机关更加准确。因而，司法权对行政权的监督原则上只能限于合法性，对行政行为的合理性原则上不能进行审查（当然，行政行为明显不当的除外）。新《行政诉讼法》如此规定，既能保证行政机关依法行使自由裁量权，有效履行行政管理职能，又保证司法权不得干预行政权，影响行政权的正常运作，

---

① 新《行政诉讼法》第十三条规定："人民法院不受理公民、法人或者其他组织对下列事项提起的诉讼：（一）国防、外交等国家行为；（二）行政法规、规章或者行政机关制定、发布的具有普遍约束力的决定、命令；（三）行政机关对行政机关工作人员的奖惩、任免等决定；（四）法律规定由行政机关最终裁决的行政行为。"

② 《宪法》第六十七条规定："全国人民代表大会常务委员会行使下列职权：……（七）撤销国务院制定的同宪法、法律相抵触的行政法规、决定、命令……"。

③ 《宪法》第八十九条规定："国务院行使下列职权：……（十三）改变或者撤销各部、各委员会发布的不适当的命令、指示和规章；（十四）改变或者撤销地方各级国家行政机关的不适当的决定和命令……"

④ 《宪法》第一百零四条规定："县级以上的地方各级人民代表大会常务委员会讲座、决定本行政区域内各方工作的重大事项；监督本级人民政府、人民法院和人民检察院的工作；撤销本级人民政府的不适当的决定和命令；撤销下一级人民代表大会的不适当的决议；依照法律规定的权限决定国家机关工作人员的任免；在本级人民代表大会闭会期间，罢免和补选上一级人民代表大会的个别代表。"

⑤ 《宪法》第一百零八条规定："县级以上的地方各级人民政府所属各工作部门和下级人民政府的工作，有权改变或者撤销所属各工作部门和下级人民政府的不适当的决定。"

更不能代替行政权。

第三，由于行政管理涉及较强的专业性，需要具有丰富行政工作经验的人才能判断其适当性，而行政诉讼的案件审理人员只具有较强的法律专业水平，对行政管理知识并不一定精通，让其判断行政行为的合理性实在属于强人所难。

4. 对行政行为合法性进行审查的范围

从客体来看，人民法院只审查行政机关的行政行为，不审查行政机关的立法性行政行为和行政诉讼原告行为的合法性。从内容来看，人民法院以审查行政行为的合法性为原则，以审查行政行为的合理性为例外。新《行政诉讼法》第七十七条规定："行政处罚明显不当，或者其他行政行为涉及对款额的确定、认定确有错误的，人民法院可以判决变更。""人民法院判决变更，不得加重原告的义务或者减损原告的权益。但利害关系人同为原告，且诉讼请求相反的除外。"可见，新《行政诉讼法》关于行政行为合理性审查的范围有所扩大。

5. 对行政行为进行审查的依据

根据新《行政诉讼法》和《适用行政诉讼法解释》的规定，人民法院对行政行为合法性审查的依据如下。

第一，依据法律和行政法规、地方性法规（地方性法规适用于本行政区域内发生的行政案件）。

第二，人民法院审理民族自治地方的行政案件，并以该民族自治地方的自治条例和单行条例为依据。

第三，适用人民法院审理行政案件，用最高人民法院司法解释的，在裁判文书中援引。

第四，人民法院审理行政案件，可以在裁判文书中引用合法有效的规章及其他规范性文件。

（三）人民法院特定主管原则

1. 人民法院特定主管原则的含义

人民法院特定主管原则，是指人民法院只能审判法律明确规定由人民法院管辖的行政案件，对于法律没有明确规定由人民法院管辖的行政案件，人民法院不得审理。由此可见，行政案件与民事案件、刑事案件不同，在民事诉讼中人民法院有权审理所有的民事案件和刑事案件，而在行政诉讼中人民法院不能审理全部的行政案件，只能审理部分法律明确规定属于人民法院主管的案件。

2. 人民法院特定主管原则的内容

根据新《行政诉讼法》第十二条和第十三条的规定，人民法院主管的行政案件有：

第一，人民法院不能主管因国家行为引起争议的行政案件。

第二，人民法院只能主管因行政行为引起争议的行政案件，不能主管因立法性行政行为引起的行政案件。

第三，人民法院只能主管因外部行政行为引起争议的行政案件，不能主管因内部行政行为引起争议的行政案件。

第四，人民法院只能主管因非终局行政行为引起争议的行政案件，不能主管因终局行政行为引起争议的行政案件。

这里值得注意的是，随着我国法治建设的推进和“国家尊重和保障人权”理念的宪法化和法治中国建设的日益进步，人民法院主管行政案件的范围也会不断扩大。法律规定由行政机关最终裁决的行政行为，即行政保留事项越来越少。

（四）诉讼期间不停止行政行为执行的原则

1. 诉讼期间不停止行政行为执行的原则的基本含义

诉讼期间不停止行政行为执行的原则，是指当事人对行政行为不服而提起行政诉讼后，在行政诉讼期间有争议的行政行为必须交付执行，不得停止执行。

2. 立法依据

该项原则的立法依据是新《行政诉讼法》第五十六条的规定：“诉讼期间，不停止行政行为的执行。但有下列情形之一的，裁定停止执行：（一）被告认为需要停止执行的；（二）原告或者利害关系人申请停止执行，人民法院认为该行政行为的执行会造成难以弥补的损失，并且停止执行不损害国家利益、社会公共利益的；（三）人民法院认为该行政行为的执行会给国家利益、社会公共利益造成重大损害的；（四）法律、法规规定停止执行的。”“当事人对停止执行或者不停止执行的裁定不服的，可以申请复议一次。”

3. 理论依据

新《行政诉讼法》规定这项基本原则的理论依据是行政行为的公定力原理。行政行为的公定力原理认为，行政行为一经依法作出，在未经法定程序予以撤销前推定为合法有效，必须交付实施。该原理的客观依据是国家行政管理具有的特殊性：首先，行政行为是由行政主体代表国家作出的，体现国家意志，为了保证行政管理的高效率，必须推定为合法，未经法定程序，任何个人或者机关不得将其随意撤销或停止执行。其次，现代国家的行政管理具有连续性，不得中断，如果行政相对人起诉即停止执行，必然会破坏行政管理的连续性，其实质是行政权力在特定领域的失效，使社会秩序处于不稳定状态，如果某行政机关或组织作出的行政行为连续被行政相对人提起诉讼，就必然导致该领域的行政管理的失控，其后果不堪设想。正因如此，新《行政诉讼法》第五十六条将有争议的行政行为不因原告提起诉讼而停止执行规定为行政诉讼的一项基本原则。

4. 例外情形

根据新《行政诉讼法》第五十六条的规定，诉讼期间不停止行政行为执行的原则具有四种例外情形：

第一，被告认为需要停止执行的。此种情形通常是原告起诉后，被告经过衡量后认为所作的行政行为可能存在某些瑕疵或不当，经过权衡利弊得失而依职权作出停止执行的决定。

第二，原告或者利害关系人申请停止执行，人民法院认为该行政行为的执行会造成难以弥补的损失，并且停止执行不损害国家利益、社会公共利益的。这里申请停止执行的人包括原告和利害关系人两方，比原《行政诉讼法》的规定有了扩大（原《行政诉讼法》仅限于原告申请）。其目的是贯彻行政诉讼保护公民、法人和其他组织合法权益的目的，充分平衡原告、利害关系人利益与国家利益、社会公共利益之间的关系，人民法院有权在进行审查后根据实际情况作出是否停止执行的裁定。例如，《税收征管法》第八十八条第一款规定：“纳税人、扣缴义务人、纳税担保人同税务机关在纳税上发生争议时，必须先依照税务机关的纳税决定缴纳或者解缴税款及滞纳金或者提供相应的担保，然后可以依法申请行政复议；对行政复议决定不服的，可以依法向人民法院起诉。”

第三，人民法院认为该行政行为的执行会给国家利益、社会公共利益造成重大损害的。据此规定，如果人民法院认为行政行为的执行将导致国家利益、社会公共利益遭受重大损害的，即使原告或者利害关系人没有申请，也有权裁定停止行政行为的执行。而此时的裁定停止执行，是人民法院主动作出的。

第三，法律、法规规定可以停止执行的。此种情形是指新《行政诉讼法》之外的其他单行法律、法规规定可以停止执行的情况。例如，《治安管理处罚法》第一百零七条规定：“被处罚人不服行政拘留处罚决定，申请行政复议、提起行政诉讼的，可以向公安机关提出暂缓执行行政拘留的申请。公安机关认为暂缓执行行政拘留不致发生社会危险的，由被处罚人或者其近亲属提出符合本法第一百零八条①规定条件的担保人，或者按每日行政拘留二百元的标准交纳保证金，行政拘留的处罚决定暂缓执行。”

（五）选择复议为主，复议前置为例外的原则

1. 选择复议为主，复议前置为例外原则的基本含义

所谓选择复议为主，复议前置为例外的原则，是指在法律、法规没有明确规定行政争议必须经过行政复议才能提起行政诉讼的情况下，当事人对于行政行为不服时，既有权首先向复议机关申请行政复议，对行政复议决定不服再向人民法院提起行政诉讼，也可以不经过行政复议就直接向人民法院提起行政诉讼。简言之，除法律有特别规定之外，行政复议不是提起行政诉讼的必经程序，是否需要经过行政复议，当事人有权自主选择。

2. 选择复议为主，复议前置为例外原则的立法依据

选择复议原则的立法依据是新《行政诉讼法》第四十四条的规定：“对属于人民法院受案范围的行政案件，公民、法人或者其他组织可以先向行政机关申请复议，对复议决定不服的，再向人民法院提起诉讼；也可以直接向人民法院提起诉讼。”“法律、法规规定应当先向行政机关申请复议，对复议决定不服再向人民法院提起诉讼的，依照法律、法规的规定。”

根据新《行政诉讼法》第四十四条的规定，行政复议与行政诉讼之间的关系如下图：

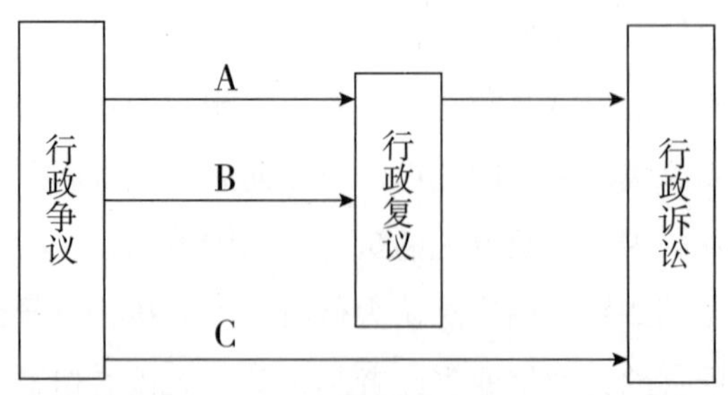

从此图表可知，行政复议与行政诉讼在解决行政争议上有三种关系，即：

① 《治安管理处罚法》第一百零八条的规定是：“担保人应当符合下列条件：（一）与本案无牵连；（二）享有政治权利，人身自由未受到限制；（三）在当地有常住户口和固定住所；（四）有能力履行担保义务。”

A 行政复议前置，即发生行政争议必须经过行政复议才能够提起行政诉讼。如《行政复议法》第三十条第一款规定："公民、法人或者其他组织认为行政机关的具体行政行为侵犯其已经依法取得的土地、矿藏、水流、森林、山岭、草原、荒地、滩涂、海域等自然资源的所有权或者使用权的，应当先申请行政复议；对行政复议决定不服的，可以依法向人民法院提起行政诉讼。"《国家安全法》第三十一条规定："当事人对拘留决定不服的，可以自接到处罚决定书之日起 15 日内，向作出处罚决定的上一级机关申请复议；对复议决定不服的，可以自接到复议决定书之日起 15 日内向人民法院提起诉讼。"《税收征管法》第八十八条第一款规定："纳税人、扣缴义务人、纳税担保人同税务机关在纳税上发生争议时，必须先依照税务机关的纳税决定缴纳或者解缴税款及滞纳金或者提供相应的担保，然后可以依法申请行政复议；对行政复议决定不服的，可以依法向人民法院起诉。"《反垄断法》第五十三条规定："对反垄断执法机构依据本法第二十八条、第二十九条①作出的决定不服的，可以先依法申请行政复议；对行政复议决定不服的，可以依法提起行政诉讼。""对反垄断执法机构作出的前款规定以外的决定不服的，可以依法申请行政复议或者提起行政诉讼。"《海关法》第六十四条规定："纳税义务人同海关发生纳税争议时，应当缴纳税款，并可以依法申请行政复议；对复议决定仍不服的，可以依法向人民法院提起诉讼。"《外汇管理条例》第五十一条规定："当事人对外汇管理机关作出的具体行政行为不服的，可以依法申请行政复议；对行政复议决定仍不服的，可以依法向人民法院提起行政诉讼。"《企业法人登记管理条例》第三十二条规定："企业法人对登记主管机关的处罚不服时，可以在收到处罚通知后十五日内向上一级登记主管机关申请复议。上级登记主管机关应当在收到复议申请之日起三十日内作出复议决定。申请人对复议决定不服的，可以在收到复议通知之日起三十日内向人民法院起诉。逾期不提出申诉又不缴纳罚没款的，登记主管机关可以按照规定程序通知其开户银行予以划拨。"《社会保险费征缴暂行条例》第二十五条："缴费单位和

① 《反垄断法》第二十八条规定："经营者集中具有或者可能具有排除、限制竞争效果的，国务院反垄断执法机构应当作出禁止经营者集中的决定。但是，经营者能够证明该集中对竞争产生的有利影响明显大于不利影响，或者符合社会公共利益的，国务院反垄断执法机构可以作出对经营者集中不予禁止的决定。"第二十九条规定："对不予禁止的经营者集中，国务院反垄断执法机构可以决定附加减少集中对竞争产生不利影响的限制性条件。"

缴费个人对劳动保障行政部门或者税务机关的处罚决定不服的，可以依法申请复议；对复议决定不服的，可以依法提起诉讼。”《工伤保险条例》第五十五条规定：“有下列情形之一的，有关单位或者个人可以依法申请行政复议，也可以依法向人民法院提起行政诉讼：（一）申请工伤认定的职工或者其近亲属、该职工所在单位对工伤认定申请不予受理的决定不服的；（二）申请工伤认定的职工或者其近亲属、该职工所在单位对工伤认定结论不服的；（三）用人单位对经办机构确定的单位缴费费率不服的；（四）签订服务协议的医疗机构、辅助器具配置机构认为经办机构未履行有关协议或者规定的；（五）工伤职工或者其近亲属对经办机构核定的工伤保险待遇有异议的。”《化妆品卫生监督条例》[①] 第三十条规定：“当事人对卫生行政部门的行政处罚决定不服的，可以在收到通知书次日起15日内向上一级卫生行政部门申请复议。上一级卫生行政部门应当在30日内给予答复。当事人对上一级卫生行政部门复议决定不服的，可以在收到复议通知书次日起15日内向人民法院起诉。但对卫生行政部门所作出的没收产品及责令停产的处罚决定必须立即执行。当事人对处罚决定不执行，逾期又不起诉的，卫生行政部门可以申请人民法院强制执行。”《价格违法行为行政处罚规定》第十六条规定：“经营者对政府价格主管部门作出的处罚决定不服的，应当先依法申请行政复议；对行政复议决定不服的，可以依法向人民法院提起诉讼。”

B复议终局，即发生行政争议后，只能申请行政复议，不能提起行政诉讼。如《行政复议法》第三十条第一款规定：“公民、法人或者其他组织认为行政机关的具体行政行为侵犯其已经依法取得的土地、矿藏、水流、森林、山岭、草原、荒地、滩涂、海域等自然资源的所有权或者使用权的，应当先申请行政复议；对行政复议决定不服的，可以依法向人民法院提起行政诉讼。”第二款规定：“根据国务院或者省、自治区、直辖市人民政府对行政区划的勘定、调整或者征用土地的决定，省、自治区、直辖市人民政府确认土地、矿藏、水流、森林、山岭、草原、荒地、滩涂、海域等自然资源的所有权或者使用权的行政复议决定为最终裁决。”《出境入境管理法》第六十四条：“外国人对依照本法规定对其实施的继续盘问、拘留审查、限制活动范围、遣送出境措施不服的，可以依法申请行政复议，该行政复议决定为最终决定。”“其他境外人员对依照本法规定对其实

---

① 1989年9月26日国务院批准1989年11月13日卫生部令第3号发布，1990年1月1日起施行。

施的遣送出境措施不服，申请行政复议的，适用前款规定。”另外，《集会游行示威法》第十三条：“集会、游行、示威的负责人对主管机关不许可的决定不服的，可以自接到决定通知之日起三日内，向同级人民政府申请复议，人民政府应当自接到申请复议书之日起三日内作出决定。”第三十一条：“当事人对公安机关依照本法第二十八条第二款或者第三十条的规定给予的拘留处罚决定不服的，可以自接到处罚决定通知之日起五日内，向上一级公安机关提出申诉，上一级公安机关应当自接到申诉之日起五日内作出裁决；对上一级公安机关裁决不服的，可以自接到裁决通知之日起五日内，向人民法院提起诉讼。”这两个法条中，前一条只有关于行政复议的规定，没有规定行政诉讼的内容；后一条既规定了“申诉”（实质是申请复议），又规定了提起行政诉讼的内容。因此，多数人认为对《集会游行示威法》第十三条的规定是不能提起行政诉讼的，属于行政机关最终裁决的行为。

C 直接起诉，即发生行政争议后，不需要经过行政复议就能够直接向人民法院提起行政诉讼。目前除行政复议前置外，绝大多数法律允许原告直接起诉。

在上述三种基本关系的基础上，还可以演变出 A 或者 B、A 或者 C、B 或者 C。

A 或者 B，即一方面必须经过行政复议，另一方面行政复议即为终局，在逻辑上是矛盾的，不可能在立法实践中采行。

A 或者 C，即选择复议，指在发生行政争议后，当事人有权申请行政复议，对行政复议不服再提起行政诉讼，也有权不经过行政复议就直接向人民法院提起行政诉讼。目前选择复议是一项基本原则，复议前置是例外规定。如《治安管理处罚法》第一百零二条规定：“被处罚人对治安管理处罚决定不服的，可以依法申请行政复议或者提起行政诉讼。”《税收征管法》第八十八条第二款规定：“当事人对税务机关的处罚决定、强制执行措施或者税收保全措施不服的，可以依法申请行政复议，也可以依法向人民法院起诉。”

B 或者 C，即选择复议，但复议终局，指在发生行政争议后，当事人有权申请行政复议，也有权提起行政诉讼，但如果申请了行政复议就不能再提起行政诉讼。目前，我国立法中规定，法律规定由行政机关最终裁决的行政行为，只有三个，即《行政复议法》第十四条规定：“对国务院部门或者省、自治区、直辖市人民政府的具体行政行为不服的，向作出该具体行政行为的国务院部门或者省、自治区、直辖市人民政府申请行政复议。对行政复议决定不服的，可以向人民法院提起行政诉讼；也可以向国务院申请裁决，国务院依照本法的规定作出最终裁决。”以及前面提到的《出境入境管理法》《集会游行示威法》。

3. 选择复议为主，复议前置为例外原则的理论依据

新《行政诉讼法》将选择复议为主作为原则，将行政复议前置作为例外的理由是：行政复议前置在进行行政诉讼之前，必须穷尽一切救济手段，能够促使行政机关对有争议的行政行为进行重新审查、自我纠错，一方面能够维护行政机关的权威；另一方面也能够减轻人民法院的负担，充分体现司法权对行政权的尊重。但是，当事人应当享有选择救济手段的权利和自由，应当给予当事人充分的诉讼选择权，对于是否经过行政复议，之后再提起行政诉讼，应当交由原告方自由选择，而不能强制原告方接受。如《行政复议法》第十六条规定：“公民、法人或者其他组织申请行政复议，行政复议机关已经依法受理的，或者法律、法规规定应当先向行政复议机关申请行政复议、对行政复议决定不服再向人民法院提起行政诉讼的，在法定行政复议期限内不得向人民法院提起行政诉讼。”“公民、法人或者其他组织向人民法院提起行政诉讼，人民法院已经依法受理的，不得申请行政复议。”

（六）被告负举证责任原则

举证责任，是指法律对诉讼当事人主张的案件事实预设提出相应证据的责任，负有提供证据的当事人如果不能提供证据就必须承担不利的诉讼风险。被告负举证责任原则，其含义是指在行政诉讼中，被告行政机关或组织对被诉的行政行为的事实和法律依据负有举证责任，如果不能举出足够的证据证明有争议的行政行为合法，就要承担败诉的法律后果。可见，行政诉讼与民事诉讼“谁主张，谁举证”、刑事诉讼公诉机关负举证责任是完全不同的。

新《行政诉讼法》第三十四条规定：“被告对作出的行政行为负有举证责任，应当提供作出该行政行为的证据和所依据的规范性文件。”“被告不提供或者无正当理由逾期提供证据，视为没有相应证据。但是，被诉行政行为涉及第三人合法权益，第三人提供证据的除外。”第六十七条规定：“人民法院应当在立案之日起五日内，将起诉状副本发送被告。被告应当在收到起诉状副本之日起十五日内向人民法院提交作出行政行为的证据和所依据的规范性文件，并提出答辩状。人民法院应当在收到答辩状之日起五日内，将答辩状副本发送原告。”“被告不提出答辩状的，不影响人民法院审理。”这就是立法中关于被告负举证责任的规定。

（七）不适用调解结案和反诉的原则

1. 不适用调解结案原则

不适用调解原则，是指人民法院审理行政案件不进行调解，行政案件不得以调解的方式结案。新《行政诉讼法》第六十条规定：“人民法院审理行政案件，不适用调解。但是，行政赔偿、补偿以及行政机关行使法律、法规规定的自由裁量权的案件可以调解。”

诉讼中的调解，是指在人民法院主持下，当事人双方通过摆事实、讲道理、学法律的方式，互谅互让，达成协议，彻底解决争议。案件能否进行调解，关键是看当事人对自己的实体权利和程序权利是否享有处分权。如果当事人有权对自己的实体权利和程序权利享有处分权，则可以进行调解，否则就不能进行调解。行政诉讼法规定不适用调解，主要是因为调解在于由人民法院说服当事人互相让步，达到谅解而结束案件。[①] 在传统行政法理论中，人们普遍认为行政案件当事人双方的法律关系不同于民事法律关系，双方当事人之间是管理与被管理、命令与服从的关系，行政诉讼中的被告是代表国家依法行使行政管理职权的主体，它只能依照法律的规定执行公务，没有自由的处分权，也不能放弃或转让自己的职能，因而在诉讼中无权作出让步或与对方达成和解；人民法院也只能对被诉行政行为作出合法或违法的判断，不能以调解的方式结案。[②]

虽然新《行政诉讼法》第六十条明确规定了行政案件不适用调解的原则，但是该条规定行政赔偿、补偿以及行政机关行使法律、法规规定的自由裁量权的案件可以调解。因此，在法律法规规定的幅度内，人民法院在查明案件事实真相、分清是非曲直的基础上，对行政赔偿诉讼和行政补偿案件，可以对金钱赔偿的数额进行调解，然后作出判决；对单独提起行政赔偿、行政补偿诉讼的案件，也可以调解的方式结案。《国家赔偿法》[③] 第十三条第一款规定：“赔偿义务机关应当自收到申请之日起两个月内，作出是否赔偿的决定。赔偿义务机关作出赔偿

---

① 罗豪才、湛中乐主编：《行政法学》（第二版），北京大学出版社 2006 年版，第 499 页。

② 关保英主编：《行政法与行政诉讼法》，中国政法大学出版社 2004 年版，第 539 页；王雅琴著：《行政诉讼法十二讲》，中国法制出版社 2010 年版，第 39—40 页。

③ 1994 年 5 月 12 日第八届全国人民代表大会常务委员会第七次会议通过，2010 年 4 月 29 日第十一届全国人民代表大会常务委员会第十四次会议《关于修改〈中华人民共和国国家赔偿法〉的决定》，自 2010 年 12 月 1 日起施行。

决定，应当充分听取赔偿请求人的意见，并可以与赔偿请求人就赔偿方式、赔偿项目和赔偿数额依照本法第四章的规定进行协商。”第二十三条第一款也规定：“赔偿义务机关应当自收到申请之日起两个月内，作出是否赔偿的决定。赔偿义务机关作出赔偿决定，应当充分听取赔偿请求人的意见，并可以与赔偿请求人就赔偿方式、赔偿项目和赔偿数额依照本法第四章的规定进行协商。”

这里应当注意，近年来学术界开始对行政案件不适用调解原则提出了一些挑战。有的学者认为，从行政诉讼立法的精神上看，并没有限制和禁止人民法院通过一定的工作，促使行政机关主动纠正错误，并以准许原告撤诉的方式结案。从新《行政诉讼法》第六十二条关于“被告改变其所作的行政行为，原告同意并申请撤诉”的规定隐含着行政案件可以“和解”的意思。[①] 在实践中，《最高人民法院关于行政诉讼撤诉若干问题的规定》[②]（以下称《撤诉规定》）中规定，对于被诉行政行为存在违法或不当情况的，人民法院可以向被诉行政主体提出改变的建议，以使原告申请撤诉，从而达到解决行政争议的目的。

根据新《行政诉讼法》第六十条第二款的规定，“调解应当遵循自愿、合法原则，不得损害国家利益、社会公共利益和他人合法权益。”

根据《适用行政诉讼法解释》第八十四条、第八十五条和第八十六条的规定，人民法院对行政案件进行调解时要注意如下问题：

第一，法院审理行政赔偿、行政补偿以及行政机关行使法律、法规规定的自由裁量权的案件时，认为法律明确、事实清楚，在征得当事人双方同意后，可以径行调解。

第二，调解达成协议的，人民法院应当制作调解书。调解书应当写明诉讼请求、案件的事实和调解结果。调解书由审判人员、书记员署名，加盖人民法院印章，送达双方当事人。调解书经双方当事人签收后，即具有法律效力。调解书生效日期根据最后收到调解书的当事人签收的日期确定。

第三，除当事人公开的案件外，人民法院审理行政案件，调解过程不公开。

第四，经人民法院准许，第三人可以参加调解。人民法院认为有必要的，可以通知第三人参加调解。

---

① 王雅琴：《行政诉讼法十二讲》，中国法制出版社 2010 年版，第 40 页。

② 法释〔2008〕2 号，2007 年 12 月 17 日最高人民法院审判委员会第 1441 次会议通过，自 2008 年 2 月 1 日起施行。

第五，当事人一方或者双方不愿调解、调解未达成协议的，人民法院应当及时判决。

第六，当事人自行和解或者调解达成协议后，请求人民法院按照和解协议或者调解协议的内容制作判决书的，人民法院不予准许。

2. 不适用反诉原则

不适用反诉原则，是指在行政诉讼中作为行政管理中的相对人一方有权向人民法院起诉行政管理中的行政主体一方，但不允许行政主体起诉行政相对人，即不允许实行反诉原则。

不适用反诉原则的理由如下。

第一，行政主体不享有起诉权是因为行政主体的行政管理权是有国家强制力作后盾的，是国家进行行政管理的行为，对于行政相对人来说，是必须要服从的。换言之，法律为了保障国家行政管理的顺利进行，已经为行政主体提供了实现管理目的所必需的法律手段，没有必要通过诉讼的方式来实现自己的管理目标。

第二，行政主体是国家法律的执行机关，其依职权执行国家法律法规，作出的行政行为，对行政行为相对人有当然的法律效力，行政相对人不服从要承担法律后果。所以，行政机关无须再借助司法机关的力量来保证其行为产生法律效力。

第三，相对于行政相对人来说，行政主体处于强势地位，拥有强大的行政权力，如果允许其在已作出行政行为的基础上再有反诉权，则在行政诉讼中难以体现和实现行政诉讼当事人法律地位平等的原则。

第四，行政主体的被诉行政行为或相应的不作为应当是依法作出的，行政主体不能在其依法作出行政行为或不作为后，因行政相对人向人民法院提起诉讼而又要求人民法院加重对原告人的处罚或增加原告人的不利益，否则，既改变了其依法作出的行政行为或不作为，有违依法行政的原则，也有悖于合法性审查原则和不适用调解原则。

（八）司法变更权有限原则

1. 司法变更权有限的基本含义

行政诉讼的司法变更，是指人民法院对被审查的行政行为依法作出的变更裁判。司法变更权有限原则，是指人民法院在审理行政案件时，一般情况下不得变更有争议的行政行为，只有在审理时认为被诉的行政处罚行为明显不当，或者其他行政行为涉及款额的确定、认定有错误的情况下，才能够判决变更有争议的行政行为。

2. 司法变更权有限原则的立法依据

该项原则的立法根据是新《行政诉讼法》第七十七条的规定："行政处罚明显不当，或者其他行政行为涉及对款额的确定、认定确有错误的，人民法院可以判决变更。""人民法院判决变更，不得加重原告的义务或者减损原告的权益。但利害关系人同为原告，且诉讼请求相反的除外。"

3. 司法变更权有限原则的理论依据

概括起来，在制定行政诉讼法的过程中，人民法院是否应当享有司法变更权，理论界有两种观点。[①]

一种观点认为，人民法院应当享有司法变更权。其理由是：①赋予人民法院以司法变更权，有利于保护行政相对人的合法权益；②有利于行政行为虽然在法律范围内，但显失公正，极不合理，人民法院如果不能变更，不利于实现行政诉讼的目的；③赋予人民法院司法变更权，有利于避免重复诉讼，人民法院如果只享有撤销权，由行政机关自行变更，行政机关变更后的决定未必与人民法院撤销的理由吻合，当事人不服势必会再次起诉到人民法院，形成"循环诉讼"。

相反的观点则认为，人民法院不应当享有司法变更权。理由是：①如何作出行政行为是法律法规赋予行政机关的权限，人民法院变更行政行为实际上就是替代行政机关行使职权，就是司法权侵犯了行政权；②行政机关作出行政行为不仅要依据法律，而且要在法律的范围内考虑政策，人民法院可以对法律范围内的行政行为加以变更，会影响行政管理政策的统一性、连续性；③人民法院缺乏行政管理的专门知识、技术、经验，其对行政行为适当性的判断通常不及行政机关。

本书认为，司法变更权是人民法院司法审判权的重要组成部分，属于司法裁量权的范畴。在司法实践中，必须处理好行政权与司法权之间的关系，既不能因为过于强调司法权对行政权的监督而出现以司法权替代行政权的情形，也不能因为过于强调行政权的重要而规避司法权的监督。在实践中，人民法院一般情况下只是对被诉行政行为的合法与否作出判断，然后维持或者撤销有争议

① 张正钊主编：《行政法与行政诉讼法》，中国人民大学出版社 1999 年版，第 344—345 页。

的行政行为，或者在撤销的基础上要求被告重新作出行政行为；对于行政不作为违法，人民法院只能判决其履行职权，法院不能替代行政机关直接作出行政决定。

新《行政诉讼法》授权人民法院在行政处罚明显不当，或者其他行政行为涉及对款额的确定、认定有错误的情况下直接变更行政行为。这样做的目的有二：一是为了更好地保护行政相对人的合法权益；二是为了提高行政效率。因为，如果人民法院只能判决撤销行政处罚，并责令被告重新作出行政处罚；如果新的行政处罚仍然不公正，当事人又必须再次启动诉讼程序寻求救济，必然陷入讼累之中。通过变更判决的形式能够有效地避免重复诉讼的发生，但这种变更毕竟是由人民法院替代行政机关作出决定，而人民法院相对于行政机关而言没有足够的行政权威和技术，因此新《行政诉讼法》只是将行政处罚明显不当的变更权授予人民法院，对于一般的行政处罚违法或不当并没有授予人民法院变更权。

4. 禁止不利变更

禁止不利变更，是指人民法院依法判决变更行政行为时，不能增加原告的义务或者减损原告的权益。人民法院变更行政行为不得损害原告方的合法权益是行政复议和行政诉讼的一项原则。禁止不利变更的法理依据是行政诉讼是法律为相对人提供的救济途径，不是针对行政相对人的违法行为的追责机制。如果允许人民法院作不利变更，当事人在行使诉权时就会畏首畏尾，行政诉讼的救济功能就很难发挥。因此，新《行政诉讼法》第七十七条第二款规定：“人民法院判决变更，不得加重原告的义务或者减损原告的权益。但利害关系人同为原告，且诉讼请求相反的除外。”

第五章　行政诉讼的受案范围

受案范围明确规定了在行政争议发生之后，哪些争议归人民法院审理，哪些争议人民法院不能审理的制度安排。对人民法院而言，受案范围的实质是划分人民法院与行政机关之间在解决行政争议时的分工和权限。对行政相对人而言，受案范围明确的是其可以向人民法院提起行政诉讼的界限；对行政主体而言，受案范围明确的是需要接受司法监督的界限。因此，行政诉讼的受案范围，从人民法院的角度来说，即主管范围；从行政相对人的角度来说，即诉权范围；从行政主体的角度来说，即受司法监督的范围。①

第一节　行政诉讼受案范围概述

一　行政诉讼受案范围的概念

行政诉讼受案范围，又称人民法院对行政诉讼案件的主管范围，是指人民法院受理行政案件的权限，是行政相对人提起行政诉讼的范围和人民法院受理行政案件、裁判行政争议范围的统一。② 行政诉讼的受案范围决定着司法机关对行政机关的行政行为的监督范围，决定着行政相对人诉权的行使范围，也决定着行政终局裁决权的范围。因此，行政诉讼的受案范围是确定人民法院与其他国家机关

① 应松年主编：《行政法与行政诉讼法学》，高等教育出版社 2017 年版，第 422 页。

② 马怀德主编：《行政诉讼法学》，中国人民大学出版社 2009 年版，第 30 页。

之间在解决行政争议案件上的分工的依据。这就要求对于行政诉讼的受案范围，法律必须作出明确具体的规定，否则，必然会引起国家机关之间在解决行政案件上的混乱和纷争。从这个意义上讲，行政诉讼的受案范围也是司法权对行政相对人提供的合法权益受到行政权侵害的保护范围。“从世界范围来看，几乎所有的国家（包括大陆法系和普通法系国家）都有关于受案范围或类似的规定，只是各自对这一问题的表述有所不同。例如，美国将该问题称为‘司法审查的可得性’，法国称为‘行政法院的审判权范围’。但不管表述如何，各国均对法院受理行政案件的范围作了程序不一的限制，即法院能够解决的行政争议范围是特定，有限的。”①

由于受各国政治架构、法治发展水平、法律体系、法律传统和诉讼文化的影响，各国行政诉讼的受案范围是不相同的。尽管“各国确定行政诉讼的受案范围的依据和标准不管是相同还是相异，不管有多少相同之处或相异之处，但依据和标准都是有的。因为任何立法者均不可能任意地将某些行政行为划入受案范围和任意地将另一些行政行为排除这个范围”。② 就我国而言，确定行政诉讼受案范围的标准和依据主要有以下几点。

第一，我国的政治架构。我国是议行合一的国家，人民代表大会制度是我国的根本政治制度。《宪法》第三条规定：“中华人民共和国的国家机构实行民主集中制的原则。”“全国人民代表大会和地方各级人民代表大会都由民主选举产生，对人民负责，受人民监督。”“国家行政机关、监察机关、审判机关、检察机关都由人民代表大会产生，对它负责，受它监督。”“中央和地方的国家机构职权的划分，遵循在中央的统一领导下，充分发挥地方的主动性、积极性的原则。”因此，在确定行政诉讼受案范围时，既要考虑司法机关对行政机关的监督，也要考虑权力机关对行政机关的监督。由于《宪法》第六十七条第七项已经将“撤销国务院制定的同宪法、法律相抵触的行政法规、决定和命令”的权力授予全国人民代表大会常务委员会。第一百零四条授权“县级以上的地方各级人民代表大会常务委员会讨论、决定本行政区域内各方面工作的重大事项；监督本级人民政府、监察委员会、人民法院和人民检察院的工作；撤销本级人民政府的不适

① 马怀德主编：《新编中华人民共和国行政诉讼法释义》，中国法制出版社 2014 年版，第 35 页。

② 姜明安：《行政诉讼法》（第三版），北京大学出版社 2016 年版，第 144 页。

当的决定和命令”。因此，监督行政机关抽象行政行为的权力，原则上已经授予了权力机关，没有必要再授予人民法院。

第二，因行政诉讼的立法目的的变化，受案范围也需要作适当调整。我国新《行政诉讼法》调整了原来的立法目的，从“为保证人民法院正确、及时审理行政案件，保护公民、法人和其他组织的合法权益，维护和监督行政机关依法行使行政职权，根据宪法制定本法”修改为“为保证人民法院公正、及时审理行政案件，解决行政争议，保护公民、法人和其他组织的合法权益，监督行政机关依法行使职权，根据宪法，制定本法”。可见，新的立法目的更加强调行政诉讼的纠纷解决和对行政主体依法履行行政职权的监督，这就导致行政诉讼受案范围的适度扩大。

第三，适当区分法律问题和政策法律、法律争议和技术争议的解决途径。大致而言，主要涉及法律问题的行政行为争议列入行政诉讼的受案范围，将主要涉及政策问题的行政行为排除受案范围；将只涉及或者主要涉及法律争议的行政案件列入行政诉讼受案范围，将涉及或者主要涉及技术争议的案件排除出行政诉讼受案范围或者列入行政诉讼受案范围时附以行政复议前置条件。①

二 确定行政诉讼受案范围的基本标准

确定行政诉讼受案范围的基本标准，是指行政诉讼法在确定受案范围时所要考虑的基本因素，即将部分行政行为纳入受案范围，将另一些行为排除在受案范围之外时所依据的标准。

新《行政诉讼法》确定受案范围的标准有两个：行为标准和权益标准。

（一）行为标准

确定受案范围的行为标准是指将什么样的行政行为纳入行政诉讼的受案范围。根据新《行政诉讼法》的规定，行政诉讼的受案范围仅限于因行政行为引起的争议，对非行政行为、立法性行政行为引起的争议不予受理。因此，确定受案范围的行为标准是非立法性的行政行为。

行政行为标准，是指人民法院只受理因行政行为引起的争议案件，而不受理因立法性行政行为引起的争议案件。这一标准规定在新《行政诉讼法》第二条

① 姜明安：《行政诉讼法》（第三版），北京大学出版社2016年版，第145—146页。

中。确定此标准的理由有：[①]

第一，行政行为经常地、直接地影响公民、法人或者其他组织的权益，大多数的行政争议由行政行为引起。

第二，根据《宪法》《立法法》和相关组织法的规定，对立法性行政行为的监督职责主要由各级国家权力机关以及地方各级人民政府承担。

第三，我国还处于社会主义初级阶段，法治建设的道路还很长，行政诉讼制度仍处于低水平阶段，受案范围不宜过宽。

根据这一标准，行政法规、规章和行政机关制定、发布的具有普遍约束的行政决定、命令均不属于行政诉讼的受案范围。当然，随着人民群众权利意识的不断提高，学术界关于扩大行政诉讼受案范围，将部分抽象行政行为纳入受案范围的呼声长期持续高涨，为回应社会各界和人民群众的关切，全国人大常委会在修改行政诉讼法时，对行政诉讼的受案范围作了适度扩大。

（二）权益标准

确定受案范围的权益标准，是指什么样的权益受到损害时可以通过行政诉讼的方式给予救济。在民主法治国家，人们的合法权益很多，但并非所有合法权益受到损害时都能够通过行政诉讼的渠道获得救济。根据新《行政诉讼法》的规定，只有人身权、财产权受到损害时才能通过行政诉讼的方式得到救济，所以权益标准即人身权、财产权标准，是指人民法院受理的绝大多数行政案件是因人身权、财产权引起争议的案件，除此之外的其他合法受到损害的（只有当单行法律、法规规定可以提起诉讼时，其他合法权益才属于保护范围），一般不能通过行政诉讼的方式获得救济。确定此项标准主要是考虑到人身权、财产权是公民、法人或者其他组织最根本、最重要、最广泛的两项基本权利，行政诉讼制度必须首先加以保护。这一标准规定在新《行政诉讼法》第十二条第一款，尤其是体现在该条第一款第十二项中。[②]

除上述两个标准外，还有学者主张第三个标准——违法侵权标准，即行政行为必须违法，并且认为这一标准实质上反映了行政诉讼与民事诉讼的重要区别。“在民事诉讼中，并不强调所诉行为必须违法，只要所诉行为侵权即可提起诉讼。

① 马怀德主编：《行政诉讼法学》，中国人民大学出版社2009年版，第34页。

② 同上书，第35页。

因为对于民事活动而言，不论合法、违法，都不能建立在损害他人权益的基础之上。但行政权力的特征在于，它是一种可以强制他人服从的力量，以影响他人的权益为特征，一经影响即可提起诉讼。而行政活动的法律规则是依法行政，只有当行政行为违法，才具有可诉的性质，相对人对此不服可以提起诉讼。”①

三　确定受案范围的立法方式

概括世界各国行政诉讼受案的确立方式，无非制定法式和判例法式两种。制定法式又分为通过行政诉讼法典确定和通过单行法确定两种。行政诉讼受案范围的确定，在立法技术中大致有三种基本模式：概括式、列举式与结合式（或称混合式、折中式）。

（一）概括式

概括式，指依照法律或者判例概括地确定行政案件由法院受理的方式，即由法律或者判例概括地确定一个标准，只要符合这一标准，行政相对人即可提起行政诉讼。

概括式规定的特点是简单、全面，受案范围比较宽，对当事人的诉权保障充分。但是，实际上，由于受案范围不可能没有限制，所以，仅有概括式的规定显然会过于宽泛而不容易具体掌握。

在各国立法中，美国②和德国③确定行政诉讼受案范围的方式就属于概括式。

---

① 张树义：《行政法与行政诉讼学》（第二版），高等教育出版社2007年版，第208页。

② 《美国联邦行政程序法》第七百零二条规定：“因机关行为而致使其法定权利受到侵害的人，或者受到有关法律规定范围之内的机关行为的不利影响或损害的人，均有权要求司法审查。如果向合众国法院提起诉讼的目的是要获得非金钱赔偿性的救济，而且其控告的行为是某机关或者其官员或雇员以职务身份或在合法权力名义下的作为或不作为，那么法院则不得以此诉讼指向的是合众国或者合众国是必不可少的当事人为理由而不予受理驳回救济的请求。在此类诉讼中，合众国可以作为被告方，法院也可以作出针对合众国的判决或命令，但是，任何强制性或禁止性命令都应指明具体负责执行此命令的联邦官员或雇员（注明姓名或者职务）或者其继任者。本条规定并不：（一）影响对司法审查的其他限制，或者法院依据其他适当的理由或衡平法理由不予受理或驳回救济请求的权力或职责。（二）授与准许救济的权力，如果其他允许起诉的法律明示或暗示应禁止给予所请求之救济。”（《世界各国法律大典》总编译委员会主持编译：《美国法典》（宪法行政法卷），中国社会科学出版社1993年版，第285页。）

③ 德国《行政法院法》第四十条规定：“1. 一切未被联邦法律划分归为属其他法院管辖的非宪法性质的公法争议，对之均可提起行政诉讼。州法律规范的公法争议，也可由州法律划归其他法院管辖。2. 因为公益作出牺牲而生的请求权，因公法上财产保管而生的请求权，不涉及公法合同的因违反公法义务而生的赔偿请求权，均由普通管辖。”

（二）列举式

列举式，是指由单行的法律或判例特别列举法院可以受理的行政案件的范围，只有符合这些特别规定，行政相对人才可提起行政诉讼。

列举式的特点是只有法律、法规逐一列举当事人可以向法院起诉的行政案件，因此，只有在法律明文规定的当事人可以起诉的情况下，法院才享有受理并审判的权力。否则，法院不能受理，更不能审判。原《行政诉讼法》实施之前，采用的就是列举式确定受案范围。1982 年《民事诉讼法（试行）》第三条第二款规定："法律规定由人民法院审理的行政案件，适用本法规定。"此后至原《行政诉讼法》生效前，各单行法律、法规不断列举可以提起行政诉讼的行政案件种类。

列举式的优点在于具体、明确，便于遵照执行。细分下来，列举式又可以进一步分为肯定式列举与否定式列举两种。肯定式列举是指法律对可以提起行政诉讼的范围进行逐一规定，只有在列举范围内的争议法院才能够受理，未列举的争议法院不能受理。肯定式列举的优点是能够明确受案范围的边界，便于人们掌握和运用。但难免会出现挂一漏万的缺点。否定式列举是指法律对不能提起行政诉讼的范围作出明确的规定，除明确列举不能提起诉讼的范围外，其他的行政行为都可以提起行政诉讼。

不管是肯定式列举，还是否定式列举，列举式的不足是受案范围不平衡、受理范围过于狭窄、在立法上显得过于繁琐，[①] 难以列举穷尽且容易产生过分严格地限制当事人诉权的情况。

充分发挥概括式和列举式的优点，尽量避免概括式和列举式的缺点，新《行政诉讼法》第二条[②]作了概括式的规定，新《行政诉讼法》第十二条与第十三条分别作了肯定式与否定式的列举。《行政诉讼适用解释》则以正面的概括式的规定和反面无例外的排除列举来确定行政诉讼受案范围。

（三）结合式（又称混合式、折中式、综合式）

结合式，是指采用综合概括式和列举式确定行政诉讼受案范围的方式。结合

① 林莉红：《行政诉讼法学》（第四版），武汉大学出版社 2015 年版，第 57 页。

② 新《行政诉讼法》第二条规定："公民、法人或者其他组织认为行政机关和行政机关工作人员的行政行为侵犯其合法权益，有权依照本法向人民法院起诉。""前款所称行政行为，包括法律、法规、规章授权的组织作出的行政行为。"

式一般是在法律条文中进行概括，然后再对具体案件的类型加以列举。新《行政诉讼法》就是采用的这种方式，它既有概括式（第二条）的一般规定，也有列举式（第十二条、第十三条）的具体规定。

第二节　行政诉讼受案范围的法律规定

新《行政诉讼法》关于受案范围的规定在总则部分的第二条和第二章（第十二条和第十三条）中，共三个条文。其中第二条是关于行政诉讼受案范围的概括式规定，第二章是第二条的具体化，从肯定与否定两个方面对行政诉讼的受案范围作了明确的规定。此外，《行政诉讼适用解释》也对受案范围作了具体化规定。

一　行政诉讼受案范围的概括式列举

新《行政诉讼法》第二条第一款规定："公民、法人或者其他组织认为行政机关和行政机关工作人员的行政行为侵犯其合法权益，有权依照本法向人民法院提起诉讼。"这是一款概括性的规定，明确了行政诉讼受案范围的标准是行政行为标准和合法权益标准。此外，新《行政诉讼法》第二章对行政诉讼的受案范围问题作了明确的规定。从总体上规定行政机关侵犯公民、法人或者其他组织的人身权、财产权的行政行为属于人民法院受理行政诉讼案件的范围。《适用行政诉讼法解释》在第一条重申："公民、法人或者其他组织对行政机关及其工作人员的行政行为不服，依法提起诉讼的，属于人民法院行政诉讼的受案范围。"

二　新《行政诉讼法》关于受案范围的肯定式列举

新《行政诉讼法》第十二条从正面列举了十二类可诉的行政行为。

（一）对行政处罚行为不服的案件

行政处罚，是指享有处罚权的行政主体依照法定权限和程序对扰乱行政管理秩序，违反行政法规范但又未构成犯罪的行政相对人给予强制性制裁的行政行为。根据行政法学界的分类，行政处罚分为申诫罚（警告和通报批评）、财产罚

(罚款、没收违法所得和没收非法财物)、行为罚(又称资格罚,包括责令停产、停业和暂扣许可证、执照;吊销许可证、执照)、人身罚(又称自由罚、人身自由罚,如行政拘留和已经废止的劳动教养①)。

由于行政处罚直接针对被处罚者的人身权和财产权,如果行政处罚违法,就必然对行政相对人的人身权和财产权造成不法侵害。新《行政诉讼法》第十二条第一款第一项规定"对行政拘留、暂扣或者吊销许可证和执照、责令停产停业、没收违法所得、没收非法财物、罚款、警告等行政处罚不服的",可以提起行政诉讼。法条中列举了行政拘留、暂扣或吊销许可证和执照、责令停产停业、没收违法所得、没收非法财物、罚款、警告等六种行政处罚不服的,可以提起行政诉讼。这里的"等"② 应当包括所有的行政处罚行为,即包括《行政处罚法》第八条规定的警告,罚款,没收违法所得、没收非法财物,责令停产停业,暂扣或者吊销许可证、暂扣或者吊销执照,行政拘留,以及法律、行政法规规定的其他行政处罚。

这里需要特别指出,《行政处罚法》第二十三条规定:"行政机关实施行政处罚时,应当责令当事人改正或者限期改正违法行为。"对责令改正是否可以提起行政诉讼,《行政处罚法》没有作明确规定。但从理论而言,行政主体违法要求行政相对人责令改正,可能侵犯行政相对人合法权益,理应允许提起行政诉讼。因此,无论责令改正是与其他处罚同时适用,还是单独适用,当事人对责令改正不服的,可以提起行政诉讼。③

(二) 对行政强制措施和行政强制执行不服的案件

行政强制措施,是指行政机关在行政管理过程中,为制止违法行为、防止证据损毁、避免危害发生、控制危险扩大等情形,依其职权对特定的行政管理相对人暂时限制其行使某些权利或强制其履行某种义务的行政行为。行政强制执行是

① 2013 年 12 月 28 日,第十二届全国人大常委会第六次会议通过了《全国人大常委会关于废止有关劳动教养法律规定的决定》,这意味着已经实施 50 多年的劳教制度被依法废止。

② 《行政处罚法》中的"等"字一词,理论界曾经有"等内等"与"等外等"之争。"等内等"指"以表示同等物列举未尽"。"等外等"是指"列举尽后用以煞尾"。[《辞海》(缩印本),上海辞书出版社 2002 年版,第 310 页] 理论界多数学者认为,《行政诉讼法》第十一条中的"等"字属于"等外等"。[张树义:《行政法与行政诉讼法学》(第二版),高等教育出版社 2007 年版,第 216 页;林莉红:《行政诉讼法学》(第四版),武汉大学出版社 2015 年版,第 60 页]

③ 袁杰主编:《中华人民共和国行政诉讼法解读》,中国法制出版社 2014 年版,第 38 页。

指行政机关或者行政机关申请人民法院，对不履行行政决定的公民、法人或者其他组织，依法强制履行义务的行为。新《行政诉讼法》第十二条第一款第二项规定，行政相对人对限制人身自由或者对财产的查封、扣押、冻结等行政强制措施和行政强制执行不服的，可以提起行政诉讼。

根据行政强制措施针对的对象不同，行政强制措施可以分为限制人身自由的行政强制措施和限制财产权利的强制措施。《行政强制法》[①] 第九条规定："行政强制措施的种类：（一）限制公民人身自由；（二）查封场所、设施或者财物；（三）扣押财物；（四）冻结存款、汇款；（五）其他行政强制措施。"

限制人身自由的强制措施是指行政机关采取强制手段暂时限制公民的人身自由的具体行为。这种强制措施常见的有约束措施、[②] 扣留、[③] 隔离、留验、[④] 带离现场等。[⑤]

限制财产的强制措施是指行政机关采取强制手段暂时限制公民、法人或者其他组织的财产流转的行政行为。根据现行单行法律的规定，限制财产的强制措施主要有查封、扣押、冻结、扣留财物、暂扣和扣留有关证照、车辆等强制措施等。

这里需要指出的是，在制定《行政强制法》时，对于行政强制执行是否提起行政诉讼，理论界有不同意见。因为行政强制执行是执行已经发生法律效力的行政决定，没有增加行政相对人的新义务，因此，不应该允许提起行政诉讼。但因行政强制执行决定是一个独立的行政行为，《行政强制法》第八条明确规定，行政相对人可以对行政强制执行提起行政诉讼。但这里的行政强制执行只是指行政机关的强制执行，不包括人民法院的非诉强制执行。[⑥]

---

① 2011 年 6 月 30 日，第十一届全国人民代表大会常务委员会第二十一次会议通过，自 2012 年 1 月 1 日起施行。

② 《治安管理处罚法》第十五条第二款规定："醉酒的人在醉酒状态中，对本人有危险或者对他人的人身、财产或者公共安全存在威胁的，应当对其采取保护性措施约束至酒醒。"

③ 《海关法》第六条规定："对有走私嫌疑的运输工具、货物、物品和走私犯罪嫌疑人，经直属海关关长或者其授权的隶属海关关长批准，可以扣留。"

④ 《国境卫生检疫法》第十二条第一款规定："国境卫生检疫机关对检疫传染病染疫人必须立即将其隔离，隔离期限根据医学检查结果确定；对检疫传染病染疫嫌疑人应当将其留验，留验期限根据该传染病的潜伏期确定。"

⑤ 《集会游行示威法》第二十七条规定，发生骚乱时对闹事者采取的"带离现场"措施。

⑥ 袁杰主编：《中华人民共和国行政诉讼法解读》，中国法制出版社 2014 年版，第 39 页。

（三）对行政许可不服的案件

根据《行政许可法》[①] 的规定，行政许可，是指行政机关根据公民、法人或者其他组织的申请，经依法审查，准予其从事特定活动的行为。可见，行政许可是一种授益性行政行为，《行政许可法》对行政许可的设定、实施主体、实施程序等问题作了比较明确的规定，行政主体如果不能依法实施行政许可，必然会给行政相对人的合法权益造成损害。因此，新《行政诉讼法》第十二条第一款第三项规定："申请行政许可，行政机关拒绝或者在法定期限内[②]不予答复，或者对行政机关作出的有关行政许可的其他决定不服的"可以提起行政诉讼。

颁发证照的行为，即颁发许可证和颁发执照的行为。许可证和执照，在法律本质上是一致的，只不过是人们在实践中的习惯性称谓不同而已。许可证和执照，是指行政主体根据行政相对人的申请，依法准许行政相对人从事特定活动的凭证。在实践中，由于《行政许可法》出台在后，单行立法关于行政许可的立法在前，单行法律、法规关于行政许可的规定比较混乱，因此，对行政许可证和执照，不应单纯从名称上理解，而应当从实质内容上理解。行政许可证和执照的范围十分广泛，在实践中主要包括许可证、执照、资质证、资格证、合格证、批准文件、证明文件、检验（含检测、检疫）合格的标签（或印章）等都属于行政许可证照的范围。

（四）对行政机关确认自然资源的所有权或者使用权的决定不服的案件

对行政机关确认自然资源的所有权或者使用权的决定不服的案件，即人们通常所说的行政确权案件。行政确权案件是指对行政机关作出的关于确认土地、矿藏、森林、山岭、草原、荒地、滩涂、海域等自然资源所有权或者使用权的决定不服而提起的行政诉讼。行政确权案件，涉及的单行法律较多，主要有《土地管

---

① 全国人大常委会于 2003 年 8 月 27 日通过，自 2004 年 7 月 1 日起施行。

② 《行政许可法》第四十二条规定："除可以当场作出行政许可决定的外，行政机关应当自受理行政许可申请之日起二十日内作出行政许可决定。二十日内不能作出决定的，经本行政机关负责人批准，可以延长十日，并应当将延长期限的理由告知申请人。但是，法律、法规另有规定的，依照其规定。""依照本法第二十六条的规定，行政许可采取统一办理或者联合办理、集中办理的，办理的时间不得超过四十五日；四十五日内不能办结的，经本级人民政府负责人批准，可以延长十五日，并应当将延长期限的理由告知申请人。"第四十三条规定："依法应当先经下级行政机关审查后报上级行政机关决定的行政许可，下级行政机关应当自其受理行政许可申请之日起二十日内审查完毕。但是，法律、法规另有规定的，依照其规定。"第四十四条规定："行政机关作出准予行政许可的决定，应当自作出决定之日起十日内向申请人颁发、送达行政许可证件，或者加贴标签、加盖检验、检测、检疫印章。"

理法》《草原法》《森林法》《渔业法》《矿产资源法》等。根据法律规定，对自然资源的所有权或使用权予以确认或者核发证书，应当由县级以上人民政府作出。

这里需要注意，根据《行政复议法》第三十条的规定，公民、法人或者其他组织认为行政机关的行政行为侵犯其已经依法取得的土地、矿藏、水流、森林、山岭、草原、荒地、滩涂、海域等自然资源的所有权或者使用权的，应当先申请行政复议；对行政复议决定不服的，可以依法向人民法院提起行政诉讼。但是，根据国务院或者省、自治区、直辖市人民政府对行政区划的勘定、调整或者征收土地的决定，省、自治区、直辖市人民政府确认土地、矿藏、水流、森林、山岭、草原、荒地、滩涂、海域等自然资源的所有权或者使用权的行政复议决定为最终裁决，不得向人民法院提起行政诉讼。

（五）对行政征收、征用决定及其补偿决定不服的案件

行政征收，是指行政机关为了公共利益的需要，依照法律条件和程序将公民、法人或者其他组织的财物或者劳务收归国有的行政行为。如税务机关向纳税人征税；为了公共设施、基础设施建设的需要，征收农村集体所有的土地或者城乡居民的房屋。行政征用，是指行政机关为了公共利益的需要，依法强制使用公民、法人或其他组织的财物或者劳务使用权的行政行为。行政征收和行政征用都是经公用利益的需要而进行的，但二者也有一些区别。主要表现在：一是权属变动不同。行政征收导致财产所有权的转移，即财产的所有权从被征收人转移给征收人；而行政征用只是引起财产使用权短时期内从所有人转移给征用人，征用结束后，恢复原状。二是适用条件不同。行政征用只适用于紧急状态，而行政征收既可适用于紧急状态，也可以适用于非紧急状态。

这里需要特别注意两点：一是无论是行政征收，还是行政征用，都应当依法给予权利人相应的补偿；二是虽然行政征收包括征税和行政收费，但此处的征税和行政收费并不包含在行政征收之内，对征税和行政收费不服的，应当根据认为行政机关违法集资、摊派费用或者违法要求履行其他义务的案件进行处理。

（六）对不履行法定职责不服的

人身权，是指与公民、法人或者其他组织不可分的无直接财产内容的权利。人身权包括自然人的生命权、健康权、人身自由权、姓名权、名誉权、肖像权以

及法人和其他组织的名称权、名誉权、荣誉权等权利。财产权，是指具有财产内容的民事权利，包括财产所有权、债权、继承权，以及与财产有关的使用权、经营权等。保护公民、法人或者其他组织合法的人身权和财产权，是包括行政机关在内的国家机关的义务。

行政机关是重要的执法组织，负有保护公民、法人或者其他组织的人身权、财产权的等合法权益的职责。当公民、法人或者其他组织的人身权、财产权等合法权益受到不法侵害而向行政机关请求保护时，如果行政机关不依法履行保护职责，就属于行政渎职行为，公民就有权向人民法院提起诉讼，要求行政机关履行保护职责，或者承担相应的法律责任。故此，新《行政诉讼法》第十二条第一款第六项规定："申请行政机关履行保护人身权、财产权等合法权益的法定职责，行政机关拒绝履行或者不予答复的"案件，人民法院应当受理。新《行政诉讼法》与原《行政诉讼法》[①] 相比，该法律中增加了"等合法权益"[②] 的内容，这意味着，立法扩大了行政相对人可以提起行政诉讼的范围，即除了可以就人身权、财产权可以申请保护外，对其他合法权益，如劳动权、受教育权等合法权益也可以申请保护，行政机关如果拒绝或者不予答复的，权利人可以提起行政诉讼，人民法院应当受理。

根据新《行政诉讼法》第四十七条规定："公民、法人或者其他组织申请行政机关履行保护其人身权、财产权等合法权益的法定职责，行政机关在接到申请之日起两个月内不履行的，公民、法人或者其他组织可以向人民法院提起诉讼。法律、法规对行政机关履行职责的期限另有规定的，从其规定。""公民、法人或者其他组织在紧急情况下请求行政机关履行保护其人身权、财产权等合法权益的法定职责，行政机关不履行的，提起诉讼不受前款规定期限的限制。"

这里需要注意，人民法院受理不履行法定职责的行政案件，一般应当符合以下四个条件。

第一，申请人的人身权或者财产权正受到或已受到不法行为的侵害，具体包

---

① 原《行政诉讼法》第十一条第一款第五项规定，行政相对人"申请行政机关履行保护人身权、财产权的法定职责，行政机关拒绝履行或者不予答复的"，可以提起行政诉讼。

② 根据2009年12月26日第十一届全国人民代表大会常委会第十二次会议通过的《侵权责任法》第二条第二款的规定，公民的民事权益"包括生命权、健康权、姓名权、名誉权、荣誉权、肖像权、隐私权、婚姻自主权、监护权、所有权、用益物权、担保物权、著作权、专利权、商标专用权、发现权、股权、继承权等人身、财产权益"。

括三种情形，一是人身权、财产权遭受被侵害的威胁；二是人身权、财产权正在遭受不法侵害；三是不法侵害已经结束，被侵害人要求行政机关保护。

第二，公民、法人或者其他组织已经向被诉的行政机关提出了保护申请。申请人已向行政主体提出消除侵害的请求，若申请人为无行为能力人或限制行为能力人的，其法定代理人有权以受害人的名义提出申请。

第三，接到申请的行政机关对申请的保护事项具有法定的保护职责。

第四，行政机关对公民、法人或者其他组织的申请给予拒绝或者不予答复。拒绝履行，是指行政主体明确表示不履行保护申请人人身权或财产权的法定职责；不予答复，是指行政主体超过法定期限或者在无法定期限情况下超出合理期限（两个月内）对申请人不作出履行或者拒绝履行保护职责的意思表示。

这里需要注意，公民、法人或者其他组织对行政机关不履行法定职责提起诉讼的，应当在行政机关履行法定职责期限届满之日起六个月内提出。

（七）认为行政机关侵犯经营自主权或者农村土地承包经营权、农村土地经营权的案件

经营自主权，是指各种企业和经济组织依照法律、法规和行政规章的规定，对自身的机构、人员、原材料供应、生产、销售等方面事务自主管理和自主经营的权利，即人们通常所说的产、供、销，人、财、物的权利。行政机关侵犯经营自主权的方式多种多样，实践中常见有违法要求上缴利润、强制变更企业名称、违法改变企业性质、违法插手企业经营，等等。

农村土地承包经营权是农村集体经济组织的成员或者其他承包经营人依法对其承包的土地享有的自主经营、流转、收益的权利。根据《农村土地承包法》的规定，农村土地承包经营一般采用承包合同的方式约定双方的权利义务，作为农村集体经营组织发包方与作为承包方的农户或者其他组织者之间发生的纠纷是民事纠纷，通过民事诉讼或仲裁的方式解决。《农村土地承包法》规定，承包方对其依法取得的土地承包经营权，可以采取转包、出租、互换、转让或者其他合法方式进行流转。农村土地经营权是从农村土地承包经营权中分离出来的一项权利，是指承包农户将其承包的土地流转出去，由其他组织或个人经营，其他组织或个人取得了经营土地的权利。但是如果行政机关干涉农村的土地承包，擅自变更、解除农村土地承包合同，或者强迫、阻碍承包方流转承包的土地发生的纠纷属于行政纠纷，应当通过行政诉讼的方法解决。

新《行政诉讼法》第十二条第一款第三项规定："认为行政机关侵犯其经营自主权或者农村土地承包经营权、农村土地经营权的"有权向人民法院提起诉讼。农村土地承包经营权和农村土地经营权案件，是2014年修改《行政诉讼法》时新增加的内容，其目的在于维护农村土地承包关系的稳定，规范农村土地承包经营权的流转行为，充分保障土地承包经营权人和流转当事人的合法权益。[①]

（八）认为行政机关滥用行政权力排除或者限制竞争的

行政机关滥用行政权力排除或者限制竞争的实质是侵犯市场主体的公平竞争权。公平竞争是市场主体依法享有的在公平环境中参与竞争，以实现经济利益的权利。《反垄断法》规定国家制定和实施与社会主义市场经济相适应的竞争规则，完善宏观调控，健全统一、开放、竞争、有序的市场体系。行政机关和法律、法规授权的具有管理公共事务职能的组织不得滥用行政权力，排除、限制竞争。具有市场支配地位的经营者，不得滥用市场支配地位，排除、限制竞争。《反垄断法》第五章专门对"滥用行政权力排除、限制竞争"进行了限制，明确规定：行政机关和法律、法规授权的具有管理公共事务职能的组织不得滥用行政权力，限定或者变相限定单位或者个人经营、购买、使用其指定的经营者提供的商品。行政机关和法律、法规授权的具有管理公共事务职能的组织不得滥用行政权力，实施下列行为，妨碍商品在地区之间的自由流通：（1）对外地商品设定歧视性收费项目、实行歧视性收费标准，或者规定歧视性价格；（2）对外地商品规定与本地同类商品不同的技术要求、检验标准，或者对外地商品采取重复检验、重复认证等歧视性技术措施，限制外地商品进入本地市场；（3）采取专门针对外地商品的行政许可，限制外地商品进入本地市场；（4）设置关卡或者采取其他手段，阻碍外地商品进入或者本地商品运出；（5）妨碍商品在地区之间自由流通的其他行为。行政机关和法律、法规授权的具有管理公共事务职能的组织不得滥用行政权力，以设定歧视性资质要求、评审标准或者不依法发布信息等方式，排斥或者限制外地经营者参加本地的招标投标活动。行政机关和法律、法规授权的具有管理公共事务职能的组织不得滥用行政权力，采取与本地经营者不平等待遇等方式，排斥或者限制外地经营者在本地投资或者设立分支机构。行政机关和法律、法规授权的具有管理公共事务职能的组织不得滥用行政权力，强制

① 马怀德主编：《新编中华人民共和国行政诉讼法释义》，中国法制出版社2014年版，第48页。

经营者从事本法规定的垄断行为。行政机关不得滥用行政权力，制定含有排除、限制竞争内容的规定。《反不正当竞争法》第七条规定："政府及其所属部门不得滥用行政权力，限定他人购买其指定的经营者的商品，限制其他经营者正当的经营活动。""政府及其所属部门不得滥用行政权力，限制外地商品进入本地市场，或者本地商品流向外地市场。"第三十条规定："政府及其所属部门违反本法第七条规定，限定他人购买其指定的经营者的商品、限制其他经营者正当的经营活动，或者限制商品在地区之间正常流通的，由上级机关责令其改正；情节严重的，由同级或者上级机关对直接责任人员给予行政处分。被指定的经营者借此销售质次价高商品或者滥收费用的，监督检查部门应当没收违法所得，可以根据情节处以违法所得一倍以上三倍以下的罚款。"

由于行政机关滥用行政权力排除或者限制竞争的行为必然导致特定生产领域、流通领域或者消费领域的竞争被限制，会对公平竞争的市场环境造成破坏，会侵害公民、法人或者其他组织的公平竞争权，进而产生地方保护、行业保护，或者价格垄断、排除竞争对手，损害消费者的合法权益。因此，新《行政诉讼法》第十二条第一款第八项新增加了"认为行政机关滥用行政权力排除或者限制竞争的"可以提起行政诉讼。目的是规范行政机关对市场的经营管理行为，保障公民、法人和其他组织的合法权益。

（九）行政机关违法要求履行义务的案件

行政机关违法要求履行义务，是指行政机关在没有依据或违反法律、法规规定的情况下，要求公民、法人或者其他组织履行某种义务（如乱集资、乱摊派、私自收费）的行政行为。在现代法治国家，行政相对人在行政法上的义务必须是行政机关依照行政法规范而具体科处的义务，同时科处这种义务的程序也应该是符合法律规范要求的，否则，即构成违法要求履行义务。换言之，行政机关要求行政相对人履行行政法上的义务，必须是由能够设定该项义务的法律、法规或规章所设定，且要遵循一定的程序，否则即是对公民、法人或者其他组织人身权或财产权的侵犯。这种义务既可以是作为义务，也可以是不作为义务；对其可以是实体义务，也可以是程序义务。

根据新《行政诉讼法》第十二条第一款第九项的规定，行政相对人"认为行政机关违法集资、摊派费用或者违法要求履行其他义务的"有权向人民法院提起行政诉讼。这里违法集资，是指行政机关违反法律、法规的规定或不依照法定程序，向社会筹集资金的行为；摊派费用，是指行政机关以法律、法规规定以外的任何方式要求公民、法人或者其他组织提供财产的行为。违法要求履行其他义务，如违法摊派劳务、违法要求执行公务。

在实践中，行政机关违法要求履行其他义务的情形主要有①：

第一，行政机关以无权设定某项义务的规范性文件为依据，要求行政相对人履行义务或者没有任何法律依据随意要求行政相对人履行义务。

第二，公民、法人或者其他组织已经依法履行应有的义务，但行政机关仍重复要求履行该义务。

第三，行政机关在要求履行义务时违反法定程序。

第四，行政机关要求行政相对人所履行的义务超出了相应的规范性文件所规定的种类、幅度和方式等。

（十）行政机关没有支付抚恤金、最低生活保障待遇或者社会保险待遇的案件

抚恤金，是指由国家民政部门发给因公、因病致伤，致残或者死亡的军人、国家机关工作人员、参战民兵、民工等伤残者本人或者死者家属的生活保障费用和抚慰费用。抚恤金包括伤残抚恤金和遗属抚恤金。伤残抚恤金的发放对象是革命伤残军人、因工伤残的人员；遗属抚恤金的发放对象是革命烈士、因工牺牲或者特殊原因死亡人员的家属。例如国务院、中央军事委员会制定的《军人抚恤优待条例》第十二条规定："现役军人死亡，根据其死亡性质和死亡时的月工资标准，由县级人民政府民政部门发给其家属一次性抚恤金。"②

最低生活保障费，是国家对共同生活的家庭成员人均收入低于当地最低生活保障标准的家庭的国家救助，目的是满足低收入家庭维持基本的生活需要。最低

---

① 张树义：《行政法与行政诉讼法学》（第二版），高等教育出版社 2007 年版，第 219 页。

② 《军人抚恤优待条例》第十二条规定："现役军人死亡，根据其死亡性质和死亡时的月工资标准，由县级人民政府民政部门发给其遗属一次性抚恤金，标准是：烈士，80 个月工资；因公牺牲，40 个月工资；病故，20 个月工资。月工资或者津贴低于排职少尉军官工资标准的，按照排职少尉军官工资标准发给其遗属一次性抚恤金。获得荣誉称号或者立功的烈士、因公牺牲军人、病故军人，其遗属在应当享受的一次性抚恤金的基础上，由县级人民政府民政部门按照下列比例增发一次性抚恤金：（一）获得中央军事委员会授予荣誉称号的，增发 35%；（二）获得军队军区级单位授予荣誉称号的，增发 30%；（三）立一等功的，增发 25%；（四）立二等功的，增发 15%；（五）立三等功的，增发 5%。多次获得荣誉称号或者立功的烈士、因公牺牲军人、病故军人，其遗属由县级人民政府民政部门按照其中最高等级奖励的增发比例，增发一次性抚恤金。"

生活保障待遇，是按照家庭成员人均收入低于当地最低生活保障标准的差额，按月发给的最低生活保障金。《城市居民最低生活保障条例》第二条规定持有非农业户口的城市居民，凡共同生活的家庭成员人均收入低于当地城市居民最低生活保障标准的，均有从当地人民政府获得基本生活物质帮助的权利。第四条规定城市居民最低生活保障制度实行地方各级人民政府负责制。县级以上地方各级人民政府民政部门具体负责本行政区域内城市居民最低生活保障的管理工作；财政部门按照规定落实城市居民最低生活保障资金；统计、物价、审计、劳动保障和人事等部门分工负责，在各自的职责范围内负责城市居民最低生活保障的有关工作。县级人民政府民政部门以及街道办事处和镇人民政府（以下统称管理审批机关）负责城市居民最低生活保障的具体管理审批工作。居民委员会根据管理审批机关的委托，可以承担城市居民最低生活保障的日常管理、服务工作。国务院民政部门负责全国城市居民最低生活保障的管理工作。

社会保险是公民在年老、疾病、工伤、失业、生育等情况下，由国家和社会提供的物质帮助。《社会保险法》规定，社会保障包括基本养老保险、基本医疗保险、工伤保险、失业保险和生育保险。

新《行政诉讼法》第十二条第一款第十项规定，公民“认为行政机关没有依法支付抚恤金、最低生活保障待遇或者社会保险待遇的”，可以提起行政诉讼。这里“没有依法支付”包含以下几层意思。

第一，行政机关没有支付依照法律规定应当发放的抚恤金、最低生活保障待遇或者社会保险待遇。

第二，没有依照法定数额支付抚恤金、最低生活保障待遇或者社会保险待遇。

第三，没有依照法定的支付范围支付抚恤金、最低生活保障待遇或者社会保险待遇。

第四，没有按照法定期限支付抚恤金、最低生活保障待遇或者社会保险待遇，即拖延支付。

行政相对人对此类行为不服提起行政诉讼应符合下列四个条件。

第一，申请人具有领取抚恤金、最低生活保障待遇或者社会保险待遇的法定资格。

第二，行政相对人具有领取抚恤金、最低生活保障待遇或者社会保险待遇的法定条件。

第三，被申请的行政主体具有相应的支付抚恤金、最低生活保障待遇或者社会保险待遇的法定职责。

第四，行政相对人认为行政主体没有依照法定的条件、数额、程序等支付抚恤金、最低生活保障待遇或者社会保险待遇。

（十一）认为行政机关不依法履行、未按照约定履行或者违法变更、解除政府特许经营协议、土地房屋征收补偿协议等协议的案件

认为行政机关不依法履行、未按照约定履行或者违法变更、解除政府特许经营协议、土地房屋征收补偿协议等协议的争议，即行政合同争议。随着行政管理理念的变革和行政管理方式的多样化，行政机关也经常通过与行政相对人签订合同、订立协议的方式进行管理。这种管理方式既不同于传统的行政管理方式，也不同于民事合同方式，有其自身的特点，即行政合同方式。行政合同在现阶段的行政管理中大量存在，主要有：政府特许经营协议、公用征收合同、国家订购合同，等等。

政府特许经营协议是政府通过招标等公平竞争方式，许可特定经营者经营某项公共产品或者提供某项公共服务的协议。政府特许经营的范围主要适用于对有限自然资源的开发利用、公共资源配置以及直接关系公共利益的特定行政的市场准入领域。政府特许经营协议，最典型的是 BOT、BT 模式和 PPP 模式。BOT（Build - Operte - Transfer），即建设 - 经营 - 移交。在此形式下，行政机关与民间投资者之间签订协议，由行政机关提供优惠等方面的保证，由投资者负责某些基础设施或公共工程建设的筹资、设计、承建、经营和维护，并在协议期满后将该基础设施或工程项目无偿地移交给政府。BT 模式的含义：BT 是英文 Build（建设）和 Transfer（移交）的缩写形式，意即“建设 - 移交”，是政府利用非政府资金来进行基础非经营性设施建设项目的一种融资模式。BT 模式是 BOT 模式的一种变换形式，指一个项目的运作通过项目公司总承包，融资、建设验收合格后移交给业主，业主向投资方支付项目总投资加上合理回报的过程。政府特许经营目前广泛适用于城市供水、供气、供热、污水处理、垃圾处理、城市公共交通等公用事业领域。PPP（Public - Private - Partnership）模式，是指政府与私人组织之间，为了提供某种公共物品和服务，以特许权协议为基础形成一种伙伴式合作关系。这种合作模式通过签署合同来明确政府与私人组织之间的权利和义务，以

确保合作的顺利完成，最终使合作各方达到比预期单独行动更为有利的结果。

土地征收补偿，是指政府依法征收农村集体所有的土地时所给予的补偿。《土地管理法》规定国家为了公共利益的需要，可以依法对土地实行征收或者征用并给予补偿。国家征收土地的，依照法定程序批准后，由县级以上地方人民政府予以公告并组织实施。被征收土地的所有权人、使用权人应当在公告规定期限内，持土地权属证书到当地人民政府土地行政主管部门办理征地补偿登记。征收土地的，按照被征收土地的原用途给予补偿。虽然《土地管理法》没有规定在征收土地时可以采用协商方式确定补偿，但协商补偿的方式在实践中被广泛使用。房屋征收补偿是指对行政机关征收国有或者集体土地上的房屋所有权时所给予的补偿。《国有土地上房屋征收与补偿条例》规定，为了公共利益的需要，征收国有土地上单位、个人的房屋，应当对被征收房屋所有权人（以下称被征收人）给予公平补偿。房屋征收与补偿应当遵循决策民主、程序正当、结果公开的原则。市、县级人民政府负责本行政区域的房屋征收与补偿工作。市、县级人民政府确定的房屋征收部门（以下称房屋征收部门）组织实施本行政区域的房屋征收与补偿工作。市、县级人民政府有关部门应当依照本条例的规定和本级人民政府规定的职责分工，互相配合，保障房屋征收与补偿工作的顺利进行。第二十五条规定："房屋征收部门与被征收人依照本条例的规定，就补偿方式、补偿金额和支付期限、用于产权调换房屋的地点和面积、搬迁费、临时安置费或者周转用房、停产停业损失、搬迁期限、过渡方式和过渡期限等事项，订立补偿协议。""补偿协议订立后，一方当事人不履行补偿协议约定的义务的，另一方当事人可以依法提起诉讼。"第二十六条规定："房屋征收部门与被征收人在征收补偿方案确定的签约期限内达不成补偿协议，或者被征收房屋所有权人不明确的，由房屋征收部门报请作出房屋征收决定的市、县级人民政府依照本条例的规定，按照征收补偿方案作出补偿决定，并在房屋征收范围内予以公告。""补偿决定应当公平，包括本条例第二十五条第一款规定的有关补偿协议的事项。""被征收人对补偿决定不服的，可以依法申请行政复议，也可以依法提起行政诉讼。"

为了解决行政合同履行过程中发生的行政争议，新《行政诉讼法》第十二条第一款第十一项规定："认为行政机关不依法履行、未按照约定履行或者违法变更、解除政府特许经营协议、土地房屋征收补偿协议等协议的"可以提起行政诉讼。"法院在审理这类争议，在实体法方面，应当适用有关法律、法规或者规章的特别规定，没有特别规定，适用合同法。”[①] 这里值得注意的是，新《行政诉讼法》将行政协议的争议纳入了行政诉讼的受案范围，只是解决了行政机关一方不履行行政协议的情况，没有将行政相对人不履行行政协议的争议纳入行政诉讼的受案范围。其主要原则是：第一，行政协议争议主要是由行政主体不履行或者 未按约定履行协议引起的；第二，行政相对人不履行协议时行政主体可以通过诸如取消特许经营等方式得到解决；第三，如果规定行政主体可以作为原告，与行政诉讼是“民告官”的性质不符。[②]

（十二）认为行政机关侵犯其他人身权、财产权等合法权益的

根据《侵权责任法》第二条的规定，公民的民事权益“包括生命权、健康权、姓名权、名誉权、荣誉权、肖像权、隐私权、婚姻自主权、监护权、所有权、用益物权、担保物权、著作权、专利权、商标专用权、发现权、股权、继承权等人身、财产权益。”新《行政诉讼法》第十二条第一款第十二项规定，法院受理行政相对人认为行政机关侵犯其他人身权、财产权等合法权益而提起的诉讼案件。理论界通常认为，这是一条兜底条款，是指除了上述十一类案件外，行政行为对其他侵犯公民人身权、财产权等合法权益造成损害而引发的案件。这里的“合法权益”范围较广，如劳动权、受教育权、知情权等。如根据《最高人民法院关于审理政府信息公开行政案件若干问题的规定》[③]（以下简称《政府信息公开规定》），公民、法人或者其他组织认为下列政府信息公开工作中的行政行为侵犯其合法权益，依法提起行政诉讼的，人民法院应当受理：（1）向行政机关申请获取政府信息，行政机关拒绝提供或者逾期不予答复的；（2）认为行政机关提供的政府信息不符合其在申请中要求的内容或者法律、法规规定的适当形式的；（3）认为行政机关主动公开或者依他人申请公开政府信息侵犯其商业秘密、个人隐私的；（4）认为行政机关提供的与其自身相关的政府信息记录不准确，要求该行政机关予以更正，该行政机关拒绝更正、逾期不予答复或者不予转送有权机关处理的；（5）认为行政机关在政府信息公开工作中的其他行政行为侵犯其合法权益的。公民、法人或者其他组织认为政府信息公开行政行为侵犯其合法

---

① 袁杰主编：《中华人民共和国行政诉讼法解读》，中国法制出版社 2014 年版，第 45 页。

② 童卫东主编：《中华人民共和国行政诉讼法释义与案例》，中国民主法制出版社 2014 年版，第 55 页。

③ 法释〔2011〕17 号，2010 年 12 月 13 日由最高人民法院审判委员会第 1505 次会议通过，自 2011 年 8 月 13 日起施行。

权益造成损害的，可以一并或单独提起行政赔偿诉讼。

此外，新《行政诉讼法》第十二条第二款规定："除前款规定外，人民法院受理法律、法规规定可以提起诉讼的其他行政案件。"在理解该款法律时，要特别注意：

第一，"法律、法规"是指除《行政诉讼法》之外的其他法律、法规（包括行政法规、地方性法规、自治条例和单行条例）。这些法律、法规，无论是在原《行政诉讼法》之前或之后公布的，只要有允许行政相对人起诉的规定，都属于可以提起诉讼的范畴。①

第二，这些法律、法规的"规定"是指有关行政相对人人身权、财产权以外的其他权利规定。

第三，即使法律、法规未明确规定可以提起诉讼，只要符合新《行政诉讼法》第二条的概括规定，同时又未被新《行政诉讼法》第十三条和《适用行政诉讼法解释》所明确排除，都应当属于行政诉讼的受案范围。

三　行政诉讼受案范围的否定式列举

新《行政诉讼法》第十三条列举了四种不属于行政诉讼受案范围的行为，而《适用行政诉讼法解释》除对这四种行为进行细化解释外，另外还明确了十种不属于行政诉讼受案范围的行为。

（一）国家行为

1. 国家行为的内涵

新《行政诉讼法》第十三条规定，人民法院不受理公民、法人或者其他组织对国防、外交等国家行为提起的诉讼。从理论上讲，国家行为，又称统治行为，是指国家最高权力机关、国家元首、中央人民政府、中央军事委员会、国防部、外交部等根据宪法和法律的授权，以国家的名义实施的有关国防和外交事务的行为，以及经宪法和法律授权的国家机关宣布紧急状态、实施戒严和总动员等行为。② 根据

① 在原《行政诉讼法》出台之前，已经有140多项法律、法规规定了公民、法人或者其他组织对行政主体所作的具体行政行为不服可以提起诉讼的规定。

② 原《若干问题解释》第二条："行政诉讼法第十二条第（一）项规定的国家行为，是指国务院、中央军事委员会、国防部、外交部等根据宪法和法律的授权，以国家的名义实施的有关国防和外交事务的行为，以及经宪法和法律授权的国家机关宣布紧急状态、实施戒严和总动员等行为。"

《行政诉讼法适用解释》第二条第一款的规定，国家行为“是指国务院、中央军事委员会、国防部、外交部等根据宪法和法律的授权，以国家的名义实施的有关国防和外交事务的行为，以及经宪法和法律授权的国家机关宣布紧急状态等行为”。根据这些规定和解释，新《行政诉讼法》第十三条第（一）项规定的国家行为包括如下含义。

第一，从国家行为实施的主体看，能够实施国家行为的行政机关可能有国务院、国防部、外交部以及特别情况下的国务院各部、委及省级人民政府。有时虽然最高权力机关、国家元首、司法机关等也可以实施国家行为，但这里特别强调排除的显然是行政机关所进行的国家行为，而不是最高权力机关、国家元首、司法机关的国家行为。因为最高权力机关、国家元首、司法机关的国家行为本身就不属于行政行为。

第二，从性质上看，国家行为属于政治行为，是以国家名义行使主权的活动，行为后果由国家承担，以政治上的利益为目的的涉及国家主权或重大国家利益的行为。国家行为关系国家的存亡及国家根本的方针政策，具有高度的政治性、主要性、整体性。①

第三，从范围上来看，国家行为分为国防行为和外交行为两类。国防行为主要是指国务院、外交部根据宪法、国防法等采取的对外宣战、宣布战争状态、调动军队、设立军事禁区等行为。外交行为主要有与国际组织、他国建交、断交，签订协定、条约等行为。军事和紧急行政行为，是指经宪法和法律授权的国家机关宣布紧急状态、实施戒严和总动员等行为。

第四，从行为主体的层次上看，国家行为必须是一个国家层级较高的国家机关实施的行为。如行政机关征兵行为、复退转军人安置的行为、签发护照的行为、有关军事设施保护的行为，并不能将其归入国家行为的范畴，而应当作为普通行政行为对待。

根据《适用行政诉讼法解释》第二条的解释，国家行为“是指国务院、中央军事委员会、国防部、外交部等根据宪法和法律的授权，以国家的名义实施的有关国防和外交事务的行为，以及经宪法和法律授权的国家机关宣布紧急

---

① 江必新主编：《中华人民共和国行政诉讼法理解适用与实务指南》，中国法制出版社2015年版，第78页。

状态等行为。”

2. 将国家行为排除在行政诉讼受案范围之外的理由

将国家行为排除在行政诉讼受案范围之外的理由如下。

第一，国家行为具有其特殊利益关系。与其他行政行为相比，国家行为不仅仅涉及行政相对人的个体利益，而且涉及国家的整体利益和人民的根本利益，有的直接关系国家的荣誉、尊严，甚至存亡。根据国家利益至上的原理，不能因为利害关系人的权益受到损害，而使国家行为无效。

第二，国家行为具有特殊的政治内容。国家行为通常以国家的对内、对外的基本政策为依据，以国际政治斗争的形势为转移，法院很难作出判断。

第三，国家行为具有特殊的责任形式。国家行为的失误通常只由有关领导人或机关承担政治责任，而政治责任的承担只能通过立法机关才能进行追究。

第四，国家行为的范围比行政行为的范围广。国家主席、全国人大及其常委会作出的国防、外交等国家行为，从主体上讲就属于行政主体，当然也不是行政行为，更不能将其纳入行政诉讼的受案范围。[①]

（二）抽象行政行为

1. 抽象行政行为的内涵

抽象行政行为，又称普遍行政行为，是与具体行政行为相对应的概念。在理论上，抽象行政行为，是指行政机关就社会生活中的普遍性事件制定行政法规、规章和制定发布针对不特定的相对人作出的、具有反复适用性和普遍约束力的决定、命令的行政行为。

新《行政诉讼法》第十三条规定：“人民法院不受理公民、法人或者其他组织对下列事项提起的诉讼：……（二）行政法规、规章或者行政机关制定、发布的具有普遍约束力的决定、命令……”最高人民法院在《适用行政诉讼法解释》第二条将“具有普遍约束力的决定、命令”解释为“是指行政机关针对不特定对象发布的能反复适用的规范性文件”。

在行政诉讼中，抽象行政行为一直都是存在争议的。其争议主要表现在两个方面，一是抽象行政行为的认定标准，这涉及抽象行政行为与具体行政行为

---

① 江必新主编：《中华人民共和国行政诉讼法理解适用与实务指南》，中国法制出版社2015年版，第78页。

的区别问题；二是抽象行政行为的可诉性，这涉及抽象行政行为能否成为行政诉讼的对象。

2. 抽象行政行为的识别标准

抽象行政行为与具体行政行为的区别标准主要有：

第一，从行政相对人方面看，抽象行政行为是在行政行为终结时行政相对人不能被个别化、固定化的行政行为；具体行政行为是在行政行为终结时行政相对人已经明确、固定的行政行为。所谓明确，是指行政相对人已经被个别化为具体的组织或个人；所谓固定，是指具体行政行为终结时行政相对人的范围已经封闭，不可能扩大或缩小。①

第二，从行政行为能否反复的适用上看，抽象行政行为是能够反复适用的行政行为。抽象行政行为通常针对某类事和某类人产生效力，某类事是指符合一定特征的同一类型事项，某类人是指符合一定条件的自然人、法人或者其他组织。这类人可能随时在增加或减少，所以抽象行政行为具有反复适用的条件。具体行政行为通常只针对特定的事、特定人产生效力，所以只能适用一次。

第三，从行政行为的表现形式看，抽象行政行为的通常表现形式是具有普遍约束力的行政规范性文件，而具体行政行为通常通过处罚、强制、许可、征收、指导等多种方式。

第四，从行政行为的生效时间看，抽象行政行为的生效时间是后及，而惩罚性具体行政行为的效力是前溯，授权性具体行政行为的效力是后及。

第五，从因果关系上看，抽象行政行为是作出行政行为有依据，具体行政行为是根据抽象行政行为作出的结果。

可以说，抽象行政行为是对事不对人的行为，而具体行政行为是对事又对人的行为。根据这些标准，抽象行政行为包括：国务院制定行政法规的行为；国务院各部委制定部门规章的行为；省级人民政府、设区市人民政府（包括自治州人民政府）制定地方政府规章的行为和行政机关制定发布具有普遍约束力的决定、命令的行为。

3. 现阶段不将抽象行政行为纳入行政诉讼受案范围的理由

应否将抽象行政行为纳入行政诉讼的受案范围，理论界一直存在着两种截然

① 马怀德主编：《行政诉讼法学》，中国人民大学出版社 2009 年版，第 47 页。

不同的意见。

持否定意见的观点认为，现阶段不应将抽象行政行为纳入行政诉讼受案范围。主要理由是：

第一，根据宪法和有关组织法的规定以及人民代表大会的政治制度，确认行政机关抽象行政行为是否合法，是否予以撤销、改变的是权力机关和其上级机关，人民法院无此权力。现行体制中已经设计了对抽象行政行为的监督和救济制度，没有必要通过行政诉讼的方式解决抽象行政行为的问题。如，备案审查制度、规范性文件清理制度；再如，《行政复议法》第七条第一款规定：公民、法人或者其他组织认为行政机关的具体行政行为所依据的国务院部门的规定；县级以上地方各级人民政府及其工作部门的规定；乡、镇人民政府的规定不合法，在对具体行政行为申请行政复议时，可以一并向行政复议机关提出对该规定的审查申请。

第二，抽象行政行为是一种具有普遍约束力的行为规则，它的行政相对人是不特定的公民、法人或者其他组织，不会直接侵害公民、法人或者其他组织的合法权益，它需要通过具体行政行为的转化才会影响相对人的权益。假如将抽象行政行为纳入行政诉讼受案范围，允许广大民众对抽象行政行为提起诉讼，实践中难以操作，法院也没有足够的审判力量进行审理。

第三，抽象行政行为针对的都是较大范围的广泛的对象，如果抽象行政行为符合大多数人的利益，则表明该行为是正确的，个别人的利益要服从多数人的公共利益；如果抽象行政行为侵犯了大多数人的利益，也不宜由每一个对象通过提起诉讼的方式来解决，合适的方式是由国家权力机关和上级行政机关撤销或者改变抽象行政行为，进行全面解决。①

第四，抽象行政行为具有较多的政策成分和自由的因素，不适于法院审查。法院应当解决的是法律问题，而不是政策问题。②

持肯定观点的学者认为，应当将抽象行政行为纳入新《行政诉讼法》的受案范围，主要理由有：

第一，中国现行监督制度难以及时有效地纠正抽象行政行为中的违法问题，

① 马怀德主编：《行政诉讼法学》，中国人民大学出版社 2009 年版，第 48 页。

② 马怀德主编：《新编中华人民共和国行政诉讼法释义》，中国法制出版社 2014 年版，第 58 页。

将其纳入行政诉讼受案范围有利于及时有效地解决问题。

第二，将抽象行政行为纳入行政诉讼受案范围与现行体制并不相悖。《宪法》与《立法法》中虽然没有明确可以通过司法审查制度纠正违法的抽象行政行为，但是，也未将司法审查制度排除在外。建立相应的制度，反而有助于中国监督制度的完善。

值得特别指出的是，尽管理论界主张将抽象行政行为纳入行政诉讼的受案范围，但这种观点至今尚未被立法机关所采纳。2014 年 11 月 1 日，十二届全国人民代表大会常务委员会第十一次会议审议通过的《关于修改〈中华人民共和国行政诉讼法〉的决定》第六十条虽然规定“将本法相关条文中的‘具体行政行为’修改为‘行政行为’”，但并没有修改原《行政诉讼法》第十二条第二项的内容，因此，不能错误地认为对抽象行政行为也能够提起行政诉讼。只是在第五十三条中规定，公民、法人或者其他组织认为行政行为所依据的国务院部门和地方人民政府及其部门制定的规范性文件不合法，在对行政行为提起诉讼时，可以一并请求对该规范性文件进行审查。但规范性文件不含规章。

（三）内部行政行为

1. 内部行政行为的概念

内部行政行为，是指行政主体在进行内部管理的过程中所作的只对行政主体内部产生法律效力的行政行为。内部行政行为是“发生在行政机关与公务员之间的非民事性的，也非外部行政管理性的行为。”[①] 新《行政诉讼法》第十三条第三项规定，人民法院不受理公民、法人或者其他组织因行政机关对行政机关工作人员的奖惩、任免等决定不服提起的诉讼。《适用行政诉讼法解释》第二条第三款对此的解释是：“行政诉讼法第十二条第三项规定的‘对行政机关工作人员的奖惩、任免等决定’，是指行政机关作出的涉及该行政机关工作人员公务员权利义务的决定。”与原来的司法解释相比，将行政机关中不属于公务员的其他工作人员的奖惩、任免等也排除在提起行政诉讼的范围之中。

2. 内部行政行为的分类

根据行政诉讼法和司法解释的规定，内部行政行为可以分为两类。

一类是上级行政机关或工作人员与下级行政机关或工作人员间的工作关系。

① 马怀德主编:《行政诉讼法学》，中国人民大学出版社 2009 年版，第 49 页。

常见的有上级行政机关对下级行政机关的命令、指示、批复，等等。

另一类是行政机关与行政机关工作人员间的人事管理关系。常见的有行政机关对其工作人员的奖惩（如嘉奖、记三等功、记二等功、记一等功、授予荣誉称号、物质奖励；警告、记过、记大过、降级、撤职、开除）、任职、免职考核、调动等。

这里需要注意的是，新《行政诉讼法》第十三条第三项中“奖惩、任免等决定”中的“等”字应当是“等内等”，还是“等外等”？《适用行政诉讼法解释》表明这里的“等”是“等外等”。按此解释除了奖惩和任免外，凡是“涉及该行政机关公务员权利义务的决定”，包括对公务员的培训、交流、考核、调动、退休、回避、工资、福利保障等诸多行为类型，即行政机关针对公务员作出的基于公务员身份而产生的权利义务决定均属行政诉讼的排除范围。

3.《行政诉讼法》将内部行政行为排除出行政诉讼的受案范围理由

《行政诉讼法》将内部行政行为排除出行政诉讼的受案范围理由如下。

第一，行政诉讼的重点应放在外部行政法律关系方面。

第二，行政机关内部人事管理行为，属于机关内部自身建设问题，这种决定具有很强的政策性，由法院审查其合法性难度较大。

第三，行政系统内部已经对此类行为设有相应的救济机制。行政机关工作人员不服有关行政机关奖惩、任免等决定，可以根据行政程序向上级行政机关或者人事部门通过公示期异议、申诉等途径解决。

（四）终局行政行为

1. 终局行政行为的概念

终局行政行为，是指法律规定由行政机关最终裁决的行政行为，即某类争议经行政机关裁决后，当事人不服的，只能向作出最终裁决的机关或其上级机关申诉，不能向人民法院提起行政诉讼的行政行为。

新《行政诉讼法》第十三条第四项规定，人民法院不受理公民、法人或者其他组织对“法律规定由行政机关最终裁决的行政行为”提起的诉讼。《适用行政诉讼法解释》第二条第四款对此所作的解释是“行政诉讼法第十三条第四项规定的‘法律规定由行政机关最终裁决的行政行为’中的‘法律’，是指全国人民代表大会及其常务委员会制定、通过的规范性文件”。即理论界所说的狭义的法律。

2. 立法中有关终局行政行为的规定

在现行立法中，明确规定行政机关享有终局行政权的法律①如下。

第一，《出境入境管理法》第三十六条：“公安机关出入境管理机构作出的不予办理普通签证延期、换发、补发，不予办理外国人停留居留证件、不予延长居留期限的决定为最终决定。”第六十四条：“外国人对依照本法规定对其实施的继续盘问、拘留审查、限制活动范围、遣送出境措施不服的，可以依法申请行政复议，该行政复议决定为最终决定。”“其他境外人员对依照本法规定对其实施的遣送出境措施不服，申请行政复议的，适用前款规定。”第八十一条：“外国人从事与停留居留事由不相符的活动，或者有其他违反中国法律、法规规定，不适宜在中国境内继续停留居留情形的，可以处限期出境。”“外国人违反本法规定，情节严重，尚不构成犯罪的，公安部可以处驱逐出境。公安部的处罚决定为最终决定。”“被驱逐出境的外国人，自被驱逐出境之日起十年内不准入境。”

第二，《行政复议法》第十四条规定：“对国务院部门或者省、自治区、直辖市人民政府的行政行为不服的，向作出该行政行为的国务院部门或者省、自治区、直辖市人民政府申请行政复议。对行政复议决定不服的，可以向人民法院提起行政诉讼；也可以向国务院申请裁决，国务院依照本法的规定作出最终裁决。”《行政复议法》第三十条第二款规定：“根据国务院或者省、自治区、直辖市人民政府对行政区划的勘定、调整或者征用土地的决定，省、自治区、直辖市人民政府确认土地、矿藏、水流、森林、山岭、草原、荒地、滩涂、海域等自然资源的所有权或者使用权的行政复议决定为最终裁决。”

另外，《集会游行示威法》第十三条规定：“集会、游行、示威的负责人对主管机关不许可的决定不服的，可以自接到决定通知之日起三日内，向同级人民政府申请复议，人民政府应当自接到申请复议书之日起三日内作出决定。”第三十一条：“当事人对公安机关依照本法第二十八条第二款或者第三十条的规定给予的拘留处罚决定不服的，可以自接到处罚决定通知之日起五日内，向上一级公安机关提出申诉，上一级公安机关应当自接到申诉之日起五日内作出裁决；对上一级公安机关裁决不服的，可以自接到裁决通知之日起五日内，向人民法院提起

---

① 这里需要注意，原《专利法》《商标法》曾经分别规定专利复审委员会、商标评审委员会对特定的行政纠纷所作的裁决具有终局性，不能提起行政诉讼，但这些规定都在修改法律时予以废除了。

诉讼。”这两个法条中，前一条只有关于行政复议的规定，没有规定行政诉讼的内容；后一条既规定了“申诉”（实质是申请复议），又规定了提起行政诉讼的内容。因此，多数人认为对《集会游行示威法》第十三条的规定是不能提起行政诉讼的，属于行政机关最终裁决的行为。

这里需要特别注意的是，法律设定行政机关终局行政行为实质上就是剥夺了行政相对人寻求司法救济的权力，因此必须有十分充分的理由。新《行政诉讼法》作出终局行政行为的理由如下。

第一，终局行政行为只能限于技术性强，需要运用专门的知识、技术和经验才能作出，不适合由人民法院审查的情形。

第二，终局行政行为只能针对侵犯行政相对人合法权益的可能性很小的情形。

第三，终局行政行为只能针对行政程序比较规范、严格，在行政系统内部已经有充分的救济手段的情形。

当然，这些理由是否成立和充分，也有值得进一步探讨的余地。

（五）《适用行政诉讼法解释》中确定的不能提起行政诉讼的行为

1. 刑事司法行为

根据《适用行政诉讼法解释》第一条第二款第一项规定，人民法院不受理“公安、国家安全等机关依照刑事诉讼法的明确授权实施的行为”。

刑事司法行为是指公安或者国家安全机关依照刑事诉讼法明确授权实施的行为，主要是公安或者国家安全机关在刑事案件的立案阶段采取强制措施的行为。由于公安机关和国家安全机关既具有行政职能（社会治安管理），又具有一定的司法职能（侦查、预审），对于公安机关因行使行政职权的行为引发的争议，依法可以提起行政诉讼，但对公安机关行使司法职权引发的争议，不能提起行政诉讼。因此如何区别公安、国家安全等机关的刑事司法行为和行政行为，就成了正确界定人民法院行政诉讼受案范围的关键问题之一。这主要是因为公安机关主体具有特殊性。公安机关既有刑事侦查的职权，又有行政管理的职权。在理论上划分公安机关行为性质的标准主要有行为的目的、行为的形式、行为的机构、法律授权等，[①] 但《适用行政诉讼法解释》采用的是刑事诉讼法明确授权这一标准，

---

① 甘文：《行政诉讼法司法解释之评论——理由、观点与问题》，中国法制出版社2000年版，第22页。

即只要公安、国家安全等机关实施的行为具有刑事诉讼法上的依据，该行为即属刑事司法行为，行政相对人不可提起行政诉讼。但是如果公安、国家安全等机关超出刑事诉讼法的明确授权或者滥用授权假借刑事侦查的形式而实质上作出一个行政行为时，对这类行为不服的也可以提起行政诉讼。[①]

最高人民法院将刑事司法行为排除于行政诉讼受案范围之外的基本理由是：

第一，实践中，人们已经习惯将公安、国家安全等机关在刑事活动中的行为作为刑事司法行为对待，没有必要再将其归入行政行为的范围。

第二，公安、国家安全等机关的刑事司法行为根据《刑事诉讼法》的规定已经受到检察机关的监督。

第三，违法的刑事司法行为造成相对方损害的，相对方可以依照《国家赔偿法》的规定获得救济，从而保障了行政相对人的合法权益。

2. 行政调解行为与行政仲裁行为

根据《适用行政诉讼法解释》第一条第二款第二项规定，人民法院不受理因“调解行为以及法律规定的仲裁行为”提起的诉讼。

行政调解行为，是指行政主体居间对平等主体之间的民事争议，通过说服教育等方式促使争议双方当事人互谅互让，达成协议，消除民事争议的行为。行政调解行为并非是一种行政行为，而只是一种行政相关行为，调解行为的作出并不涉及行政权力的行使，将此行为排除在行政诉讼的受案范围之外在于“尊重当事人意志”，即行政调解行为是以民事争议双方当事人的自愿为基础，不具有行政行为的基本特性，不产生强制约束的效力，如果当事人对行政调解行为不服，有权以对方当事人为被告提起民事诉讼。这里值得注意的是，实践中有的行政主体假借行政调解之名，强行权力行为之实，对这种违背当事人意愿的强制调解，当事人如果不服，是有权提起行政诉讼的。

行政仲裁行为，是指行政主体依照法律规定的程序，以第三方的身份对平等主体之间的民事纠纷进行公断的活动。与行政调解行为不同，行政仲裁行为是以国家公权力为基础的裁断行为，它不以当事人自愿为前提，行政主体代表国家对民事争议所作出的公断结论，对当事人均有强制拘束力。行政仲裁行为具有自愿性和最终性两个基本特征，即仲裁行为是在当事人意思自治的基础上产生的，只

---

① 杨解君主编：《行政法与行政诉讼法》（下），清华大学出版社2009年版，第90页。

有当事人双方达成仲裁协议，仲裁委员会才能受理，否则仲裁委员会不予受理。仲裁实行一裁终局，是当事人双方所认可的。根据立法，现阶段行政仲裁主要有劳动争议仲裁、公务员人事争议仲裁等。这里值得注意的是，根据现行法律的规定，当事人对仲裁行为不服，有些可以以对方当事人为被告向人民法院提起民事诉讼，如对劳动争议仲裁不服；有些仲裁属于终局裁决，当事人如果不服，在符合法定条件的情况下可以通过执行程序解决，而不能通过行政诉讼的程序解决，如公务员的人事争议仲裁。

总体而言，“调解行为以及法律规定的仲裁行为”是行政机关居于第三方地位对民事主体之间的民事争议，在尊重当事人各方意愿的基础上所作出的调停处理行为。“调解、仲裁不是行政决定。”①

3. 行政指导行为

根据《适用行政诉讼法解释》第一条第二款第三项规定，人民法院不受理因“行政指导行为”提起的诉讼。

行政指导行为，是国家行政机关在其所管辖事务的范围内，对于特定的公民、企业、社会团体等，通过制定诱导性法规、政策、计划、纲要等规范性文件以及采用具体的示范、建议、劝告、鼓励、提倡、限制等非强制性方式并辅之以利益诱导促使行政相对人自愿作出或不作出某种行为，以实现一定行政目的的行为。由此可见，行政指导行为不具有行政相对人必须履行的法律后果，是非强制性的，正是行政指导行为的非强制性和行政相对人对行政指导行为的可自由选择性，决定了此种行为被最高人民法院的司法解释排除在受案范围之外。

这里需要特别注意的是，不能将“不具有强制力的行政指导行为”的解释，理解为行政指导行为可以分为具有强制力和不具有强制力两大类。原《若干问题的解释》的目的在于进一步强调行政指导的性质不具有强制性。原《若干问题的解释》中特别在“行政指导”之前增加“不具有强制力”的定语，主要是基于两个方面的现实原因：一是行政指导行为在行政法学理论中是一个较新的概念，很多法院的法官，特别是基层法院的法官，对所谓行政指导行为不一定很了解。增加“不具有强制力”的限定，只是为了进一步说明行政指导的性质。二是在司法实践中，如果行政主体以行政指导为名，实施实质上具有强制性的行政

① 章剑生：《现代行政法总论》，法律出版社2014年版，第427页。

行为，行政相对人不服，当然有权依法提起行政诉讼。[①]

4. 重复处理行为

根据《适用行政诉讼法解释》第一条第二款第四项规定，人民法院不受理公民、法人或者其他组织因“驳回当事人对行政行为提起申诉的重复处理行为”而提起的诉讼。

重复处理行为，又称为重复处置行为，是指接受申诉的行政主体经审查作出对申诉人给予维持原决定，没有改变原有法律关系，没有对当事人的权利义务产生新的影响的行为。

在实践中，理解重复处理行为时需要特别注意如几个问题:[②]

第一，重复处理行为是针对行政机关的第一次行政行为而言，而不是针对当事人提出申诉的重复处理。

第二，当事人提起申诉的第一次行政行为超过诉讼期限，已不能提起行政诉讼。

第三，如果行政机关再次审查时，撤销或改变了原行政行为，应视为作出新的行政行为，诉讼期限应当重新计算，对这种重复处理行为不服，当事人可以起诉，法院应予受理。

司法解释之所以否定重复处理行为的可诉性，其主要理由是：[③]

第一，重复处理行为没有对当事人的权利义务产生影响，没有形成新的行政法律关系，所以没有诉讼的必要。

第二，如果对这种行为可以提起行政诉讼，必然导致事实上取消提起复议或行政诉讼的期限。

第三，除无效行政行为外，行政行为均有公定力、确定力和执行力，允许重复处理行为纳入行政诉讼的受案范围，就会增加行政法律关系的不稳定性，减少当事人对行政行为的信任，从而使行政行为永远处于不稳定状态。

5. 不产生外部法律效力的行为

根据《适用行政诉讼法解释》第一条第二款第五项规定，人民法院不受理

---

① 甘文主编：《行政诉讼法司法解释之评论——理由、观点与评论》，中国法制出版社 2000 年版，第 26 页。

② 马怀德主编：《行政诉讼法学》，中国人民大学出版社 2009 年版，第 53—54 页。

③ 最高人民法院行政审判庭主编：《关于执行〈中华人民共和国行政诉讼法〉若干问题的解释》，中国城市出版社 2000 年版，第 8—9 页。

对公民、法人或者其他组织对“行政机关作出的不产生外部法律效力的行为”而提起的诉讼。

对外性是可诉的行政行为的重要特征之一。“行政机关在行政程序内部所作的行为，例如行政机关的内部沟通、会签意见、内部报批等行为，并不对外发生法律效力，不对公民、法人或者其他组织合法权益产生影响，因此不属于可诉的行为。”

这里所说的“行政机关作出的不产生外部法律效力的行为”，主要是指还没有成立的行政行为以及还在行政机关内部运作的行为。对公民、法人或者其他组织的权利义务不产生实际影响的行为，主要包括两类：

一类是尚未成熟的行为，即主要是指尚处于行政系统内部、未最终形成的行为；另一类是程序性准备行为。如处理决定作出前的通知、咨询和调查等行为。这类行为对行政相对人的权利义务尚未产生实际影响，行政相对人对其提起行政诉讼没有实际意义。

6. 过程性行为

根据《适用行政诉讼法解释》第一条第二款第六项规定，人民法院不受理“行政机关为作出行政行为而实施的准备、论证、研究、层报、咨询等过程性行为”而提起的诉讼。

“一个行政行为的实施包含多个阶段，从而展示出复杂的形态；行政决定作出前，可能经过告知、请求等环节；行政决定作出后，可能有解释、补正和变更；有些行政决定需要强制执行；在一些情况下，行政机关根本没有作出任何行政决定。”① 因此，一个行政行为只有经过必要的法定程序，才能对外发生法律效力。“过程性行为强调行政行为不是静止的事物，而是一个不断发展的动态过程，其包含两方面的涵义：首先，任何一个特定的行政行为都是包含若干发展阶段的动态过程；其次，为履行某项行政管理职权而实施的一系列行政行为，形成一个前后承接的动态过程。”② “法院介入行政行为需要把握一个合适的时机，即所谓‘成熟性’标准，法院过早介入有干预行政之嫌，过迟介入则不利于为行

① 何海波：《行政诉讼法》（第二版），法律出版社 2016 年版，第 164 页。

② 王海燕、温贵能：《论过程性行为的司法介入——以“实际影响”条款的适用为视角》，载《山东审判：山东法官培训学院学报》2017 年第 1 期。

政相对人提供实效性行政救济。对于不成熟的行政行为，法院不予审查。”[①] 可诉的行政行为需要具备成熟性，而所谓的成熟性是行政行为必须对行政相对人产生了实际不利影响并适于法院通过审判方法进行审查时法院才能受理。行政机关在作出行政行为之前，为保证行政行为科学客观要进行必要的准备、论证、研究、层报、咨询等，这些行为尚不具备最终的法律效力，即行为尚未成熟，不属于可诉的行为。

7. 协助执行行为

根据《适用行政诉讼法解释》第一条第二款第七项规定，人民法院不受理因“行政机关根据人民法院的生效裁判、协助执行通知书作出的执行行为”而提起的诉讼，“但行政机关扩大执行范围或者采取违法方式实施的除外”。

可诉的行政行为须是行政机关基于法定职权和自身意思表示作出的行为。行政机关依照法院生效裁判作出的行为，本质上属于履行生效裁判的行为，并非行政机关自身依职权作出的行为，不属于行政行为，“是法院为实现司法判决的内容而借助的行政力量”,[②] 亦不应该属于可诉的行为。当然，如果行政机关超出法院协助执行的范围或者违法采取执行措施开展所谓的协助执行活动，当事人提起诉讼的，则不应当受此限制。

8. 内部层级监督行为

《行政诉讼法解释》第一条第二款第八项规定，人民法院不受理因“上级行政机关基于内部层级监督关系对下级行政机关作出的听取报告、执法检查、督促履责等行为”而提起的诉讼。

层级监督是指行政机关纵向划分为具有上下级关系的若干层级，各层级的业务性质和职能基本相同，不同层级的监督范围自下而上逐层扩大，下一层级分别对上一层级负责、上一层级对下一层级进行节制的监督体制。内部层级监督行为属于行政机关上下级之间内部管理的事务。在立法实践中，有的法律规定上级行政机关对下级行政机关的监督。例如，《国有土地上房屋征收与补偿条例》第六条规定：“上级人民政府应当加强对下级人民政府房屋征收与补偿工作的监督。”“国务院住房城乡建设主管部门和省、自治区、直辖市人民政府

---

① 章剑生：《现代行政法总论》，法律出版社 2014 年版，第 434 页。

② 同上书，第 431 页。

住房城乡建设主管部门应当会同同级财政、国土资源、发展改革等有关部门，加强对房屋征收与补偿实施工作的指导。”司法实践中，“有的当事人起诉要求法院判决上级人民政府履行监督下级人民政府的职责。法律法规规定的内部层级监督，并不直接设定当事人新的权利义务关系，因此，该类行为属于不可诉的行为。”①

9. 信访办理行为

根据《适用行政诉讼法解释》第一条第二款第九项规定，人民法院不受理因“行政机关针对信访事项作出的登记、受理、交办、转送、复查、复核意见等行为”而提起的诉讼。

信访，是指公民、法人或者其他组织采用书信、电子邮件、传真、电话、走访等形式，向各级人民政府、县级以上人民政府工作部门反映情况，提出建议、意见或者投诉请求，依法由有关行政机关处理的活动。信访办理行为不是行政机关行使“首次判断权”的行为。根据《信访条例》第六条的规定：“县级以上人民政府应当设立信访工作机构；县级以上人民政府工作部门及乡、镇人民政府应当按照有利工作、方便信访人的原则，确定负责信访工作的机构（以下简称信访工作机构）或者人员，具体负责信访工作。”“县级以上人民政府信访工作机构是本级人民政府负责信访工作的行政机构，履行下列职责：（一）受理、交办、转送信访人提出的信访事项；（二）承办上级和本级人民政府交由处理的信访事项；（三）协调处理重要信访事项；（四）督促检查信访事项的处理；（五）研究、分析信访情况，开展调查研究，及时向本级人民政府提出完善政策和改进工作的建议；（六）对本级人民政府其他工作部门和下级人民政府信访工作机构的信访工作进行指导。”可见，信访工作机构依据《信访条例》履行职责的行为并不对信访人的诉求进行实质性判决，只是处理信访人诉求的桥梁，对信访人不具有强制力，对信访人的实体权利义务不产生实质影响，因此不具有可诉性。

10. 对公民、法人或者其他组织权利义务不产生实际影响的行为

根据《适用行政诉讼法解释》第一条第二款第十项规定，人民法院不受理

① 《最高人民法院关于适用〈中华人民共和国行政诉讼法〉的解释新闻发布会》，http://www.court.gov.cn/zixun－xiangqing－80332.html，最后访问时间：2018年2月23日。

因“对公民、法人或者其他组织权利义务不产生实际影响的行为”而提起的诉讼。

提起行政诉讼的前提是公民、法人或者其他组织的合法权益已受到行政行为的侵害，如果行政行为对公民、法人或者其他组织权利义务不产生实际影响，说明该行政行为没有对行政相对人的合法权益产生侵害，因此，不具有提起行政诉讼的必要。

第六章　行政诉讼管辖

行政诉讼管辖和行政诉讼受案范围是密切相关的两项诉讼制度。受案范围解决的是人民法院与其他国家机关（主要是行政机关）之间在受理行政案件上的分工，管辖则是将属于人民法院主管的行政案件具体分配给某一特定的人民法院的制度安排。管辖是在确定受案范围之后，人民法院对行政争议解决权的进一步划分。可以说，管辖是受案范围的进一步深化，是司法权之间的分工。

第一节　行政诉讼管辖概述

在任何一种诉讼制度中，管辖都是其中的一项重要制度。管辖制度的核心是明确人民法院系统内部在受理案件时的分工。行政诉讼管辖与受案范围（或主管）不同，受案范围解决的是人民法院有权对哪些行政争议进行审判的问题，是人民法院与其他国家机关在解决行政争议方面的分工或权限。在我国实行受案范围法定的原则，法院并不能审理所有的行政争议，只有法律明确规定属于行政诉讼受案范围的案件，人民法院才能受理。而行政诉讼管辖解决的是在属于人民法院受案范围的行政案件，具体应当由哪一个人民法院来受理的问题，是关于人民法院系统内部权限和分工的制度安排。

合理的行政诉讼管辖制度，一是要明确人民法院受理行政案件的职权分工，便于人民法院行使审判权，公正处理案件；二是合理的管辖制度要能够有利于原告行使诉权，便于当事人进行诉讼。

行政诉讼管辖不同于行政诉讼的受案范围。影响行政诉讼管辖的因素有很多，行政诉讼管辖的确定应在考虑多种因素的基础上确定。同其他诉讼的管辖制度一样，行政诉讼管辖分为法定管辖和裁定管辖。法定管辖包括级别管辖、地域管辖；裁定管辖包括移送管辖、指定管辖和管辖权的转移等三种基本制度。

一　行政诉讼管辖的概念

行政诉讼管辖，是指人民法院受理第一审行政案件的权限和分工。所谓权限是指案件的审判权限，即一定的法院受理一定范围内的案件。所谓分工，是指法院系统内部由不同的法院受理不同性质的案件。行政诉讼管辖的确定，具有以下几方面的意义：一是明确了公民、法人或者其他组织应该向哪一级、哪一地方的人民法院起诉；二是有利于公民、法人或者其他组织及时行使诉权以维护自身的合法权益，也明确了人民法院之间受理行政诉讼案件的权限，可以避免人民法院之间相互推诿或重复审理的情形出现；三是有利于人民法院排除各种干扰，独立行使审判权。

行政诉讼管辖具有以下几个方面的内涵。

第一，行政诉讼管辖是关于行政案件审判权的权限和分工。行政诉讼管辖划分的是人民法院系统内部对于行政案件的审判权限，不涉及人民法院与其他国家机关处理行政案件的权限和分工。

第二，行政诉讼管辖是人民法院受理第一审行政案件的权限和分工，即在法律上只规定行政诉讼案件的第一审管辖问题，不规定二审行政诉讼案件的管辖问题。为什么行政诉讼法只规定第一审行政案件的管辖问题，不规定第二审以及再审行政案件的管辖问题呢？因为根据行政诉讼审级确定的规定，二审及再审的人民法院的确定根据一审的人民法院而定，一审管辖明确后，二审、再审的管辖也就相应的明确了。

第三，行政诉讼管辖只是普通人民法院之间关于行政审判权的分工，不涉及普通人民法院与专门人民法院之间的分工。《适用行政诉讼法解释》第三条规定："各级人民行政审判庭审理行政案件和审查行政机关申请执行其行政行为的案件。""专门人民法院、人民法庭不审理行政案件，也不审查和执行行政机关申请执行其行政行为的案件。铁路运输法院等专门人民法院审理行政案件，应当执行行政诉讼法第十八条第二款的规定。"[①] 据此，专门人民法院、人民法庭不

① 新《行政诉讼法》第十八条第二款规定："经最高人民法院批准，高级人民法院可以根据审判工作的实际情况，确定若干人民法院跨行政区域管辖行政案件。"

审理行政案件。行政诉讼管辖是普通人民法院之间关于行政审判权的分工。

第四，行政诉讼管辖具有纵向管辖和横向管辖两个方面的内容。在纵向上，管辖要明确的是上下级人民法院之间受理第一审行政案件的权限分工，即哪些案件由上级人民法院管辖，哪些案件由下级人民法院管辖的问题；在横向上，管辖要明确的是同级人民法院之间，即级别相同的人民法院之间受理第一审行政案件的权限或分工问题。

二　行政诉讼管辖与主审的关系

主审，是指人民法院内部具体承办行政案件的部门，即行政案件应当由哪一个审判庭、合议庭及法官来办理。管辖与主审的关系是：管辖是主审的前提，没有管辖权就不会产生主审的问题；主审是管辖的具体化，没有主审，管辖就得不到落实。根据新《行政诉讼法》第四条第二款规定："人民法院设立行政审判庭，审理行政案件。"可以明确的是，行政案件的主审机构应当是行政审判庭。

三　确定行政诉讼管辖的因素

行政诉讼管辖是在综合考虑各种因素的基础上合理确定的。在确定行政诉讼的管辖时，通常应当考虑如下因素。

第一，充分考虑法院的设置情况和审判能力。各国在确定行政诉讼的管辖时，首先要考虑的因素是作为审判机关——法院的设置情况和审判能力。因为管辖的实质是审判机关——法院内部的权限划分，关系到法院的工作量，所以在确定管辖时必然要考虑法院的具体情况。如法院的组织体系、审判层级、审判级别、法官的素质等。其次，确定管辖还要充分考虑法院的审判能力，防止案件过于集中使得一些法院积案过多或有的法院无案可审，所以只有在认真考虑法院因素的基础上，才能合理确定行政诉讼的管辖，避免出现不同的法院之间工作负担轻重悬殊过大以及影响案件公正审理的情况。

第二，充分考虑原告的实际情况。在确定行政诉讼的管辖时，应充分照顾原告的利益。原告是行政诉讼的发起者，没有原告的起诉，就不会有行政诉讼。如果管辖制度设计不合理，不便于原告行使诉权，必然对原告的起诉产生直接影响。因此，在确定行政诉讼的管辖时应当充分考虑原告的情况。如原告的身份、国籍、人数、居住地，等等。确定管辖应当从方便原告行使诉权的角度进行设计。

第三，充分考虑被告实际情况。行政主体作为行政诉讼的被告是被动地参与行政诉讼的，但这不代表在确定行政诉讼的管辖时不应考虑被告的因素。如果在确定行政诉讼的管辖时不考虑被告的情况，则可能对正常的行政诉讼活动产生障碍。例如，如果将省部级机关作为被告的案件确定由基层法院管辖，因为被告的行政级别过高，在中国现实社会生活中将会给基层人民法院产生极大的压力，会对基层人民法院行使审判权带来十分不利的影响。因此，在确定管辖时，需要充分考虑被告的行政主体的级别、管理的事项、机关所在地的情况等问题才能保证案件公平、公正的进行。

第四，充分考虑行政诉讼的标的。行政诉讼的标的即行政争议的内容。在确定行政诉讼的管辖时，也应当考虑争议标的的情况，包括是否涉及专门知识、涉及的权利属性（如是否涉及知识产权、动产或不动产等），如果涉及知识产权，则应当考虑由具有相应能力的法院进行管辖。

四 确定行政诉讼管辖的原则

为了科学合理地确定管辖，新《行政诉讼法》在综合考虑影响行政诉讼管辖各项因素的基础上，确定行政诉讼管辖时所遵循的原则有以下五个。

（一）保障当事人行使诉权原则

行政诉讼是行政相对人在认为自己的权益受到行政机关或法律法规授权的组织不法侵害时的一种救济手段。在行政法律关系中，行政相对人处于被管理方的地位，而行政机关或法律法规授权的组织却处于相对优越的地位。行政相对人提起行政诉讼的目的在于通过提起诉讼，请求人民法院纠正行政机关的违法行为以保护自己的合法权益。因此，在确定管辖时，首先应当为原告行使诉权提供便利。其次应当便于被告应诉。

新《行政诉讼法》第三章的规定对这一原则体现得十分充分。如：一审案件均由基层人民法院管辖；对于共同管辖的案件授予原告有充分的管辖选择权，等等。

（二）有利于人民法院行使审判权原则

人民法院是行政争议的司法裁判者，从人民法院的角度而言，行政诉讼的过程也就是人民法院行使审判权的过程。因此，行政诉讼管辖应当有利于人民法院行使审判权。在确定管辖时，应当为人民法院办理行政案件提供便利，便于人民法院调查取证以及送达司法文书。特殊地域管辖中因不动产引起的行政案件由不动产所在地的法院管辖，即体现了有利于人民法院行使审判权的原则。

（三）审判负担均衡原则

行政诉讼管辖是人民法院内部解决受理案件的权限分工。因此，在确定行政诉讼管辖时，应当考虑各级人民法院的职能分工和工作负担的均衡性，防止有的法院工作负担过重，而有的人民法院的工作任务又不饱满。根据《人民法院组织法》《行政诉讼法》的规定，不同级别的人民法院在职能和分工方面是不同的：基层人民法院的主要职能最为简单，只是负责审理案件以及执行案件；而中级以上的人民法院，除承担案件审理职能外，还要承担对下级人民法院进行审判监督和业务指导工作，而且级别越高的法院，其承担的监督和指导工作量就越大。因此，新《行政诉讼法》明确规定一审行政案件原则上由基层人民法院管辖，中级人民法院、高级人民法院和最高人民法院的管辖采用列举的方式进行确定。

（四）管辖唯一原则

管辖唯一原则，是指一个案件最终只能确定一个法院管辖。

坚持管辖唯一原则，能够有效地防止出现人民法院之间争夺案件管辖权或者重复管辖的现象。为保证该原则的贯彻执行，新《行政诉讼法》第二十一条规定："两个以上人民法院都有管辖权的案件，原告可以选择其中一个人民法院提起诉讼。原告向两个以上有管辖权的人民法院提起诉讼的，由最先立案的人民法院管辖。"第二十二条规定："人民法院发现受理的案件不属于自己管辖的，应当移送有管辖权的人民法院，受移送的人民法院应当受理。移送的人民法院认为受移送的案件按照规定不属于本院管辖的，应当报请上级人民法院指定管辖，不得再自行移送。"第二十三条第二款规定："人民法院对管辖权发生争议，由争议双方协商解决。协商不成的，报它们的共同上级人民法院指定管辖。"

（五）管辖恒定原则

管辖恒定，又称为管辖固定，是指行政诉讼案件的管辖一旦依法确定，就不能变更，即案件的管辖依法确定后，即使诉讼过程中确定管辖的根据发生了变化，也不影响已经确定的人民法院对案件进行管辖。如在共同管辖的案件中，原告本来依法享有选择管辖人民法院的权利，有权在两个或两个以上的法院之间选择起诉，但如果其选择了甲法院，且甲法院已经依法受理，则丧失再向其他法院起诉的权利。

诉讼中坚持管辖恒定，能够保持诉讼程序的安定性，避免因为管辖确定后，诉讼中管辖原因的变化导致诉讼资源的浪费和参加当事人的讼累。

管辖恒定具有地域管辖恒定和级别管辖恒定两种情形。地域管辖恒定，是指在诉讼过程中不能因为确定地域管辖的根据发生变动而改变已经确定案件的管辖。例如，新《行政诉讼法》第十九条规定："对限制人身自由的行政强制措施不服提起的诉讼，由被告所在地或者原告所在地人民法院管辖。"如果一个案件，是根据本条规定以原告所在地人民法院作为管辖根据，后原告所在地发生变化，案件应当继续由已经受理的人民法院管辖。或者有管辖权的人民法院受理案件后，被告的办公机关的办公地点搬迁至其他行政区域，在该种情况下也不应当将案件移送被告新的办公地点所在地的人民法院管辖。级别管辖恒定，是指诉讼过程中不能因为确定级别管辖的根据发生变动而改变已经确定的案件的管辖。例如，新《行政诉讼法》第二十四条规定："上级人民法院有权审理下级人民法院管辖的第一审行政案件。""下级人民法院对其管辖的第一审行政案件，认为需要由上级人民法院审理或指定管辖的，可以报请上级人民法院决定。"如果根据该条已经将案件交由上级法院管辖，诉讼中即使当时确定的理由已经发生变化，也不应当另行改变管辖。

为了保证管辖恒定原则的实现，《适用行政诉讼法解释》第四条规定："立案后，受诉人民法院的管辖权不受当事人住所地改变、追加被告等事实和法律状态变更的影响。"

（六）原则性与灵活性相结合原则

新《行政诉讼法》在管辖法定的基础上，规定了指定管辖、移送管辖和管辖权转移等多种灵活处理管辖的制度，这就给上级人民法院在处理管辖问题时有一定的裁量余地，体现了原则性与灵活性的结合。

五 行政诉讼管辖的分类

根据不同标准，可以对行政诉讼的管辖作不同的分类。

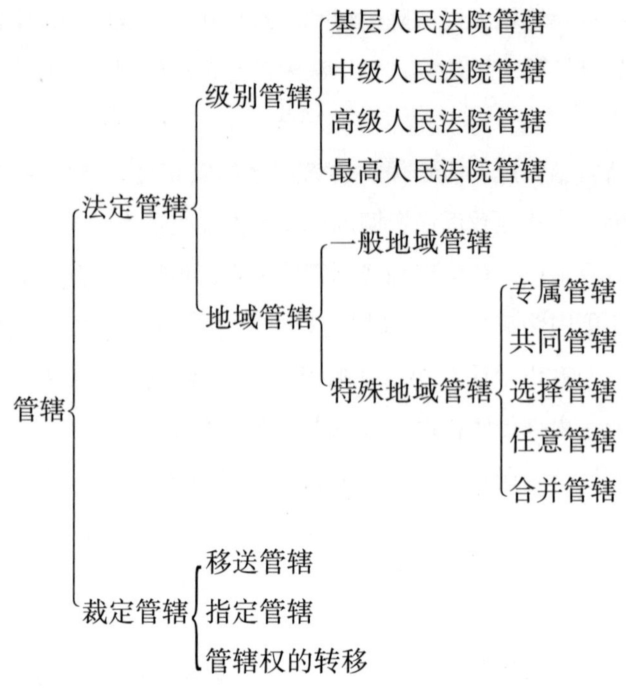

（一）法定管辖与裁定管辖

以行政案件的管辖是否由法律明确规定为标准，行政诉讼管辖可分为法定管辖和移送管辖。

法定管辖，是指由行政诉讼法明确规定第一审行政案件管辖法院制度安排。法定管辖又分为级别管辖和地域管辖。新《行政诉讼法》第十四条至第十七条对级别管辖予以了规定，第十八条和第十九条对地域管辖予以了规定。

移送管辖，是指并不是由行政诉讼法明确规定第一审行政案件管辖法院，而是由人民法院以作出裁定或决定的方式确定第一审行政案件管辖法院的制度安排。具体包括新《行政诉讼法》第二十二条规定的移送管辖，第二十三条规定的指定管辖以及第二十四条规定的管辖权的转移。

（二）专属管辖与任意管辖

以行政案件的管辖法律是否作了强制规定为标准，行政诉讼管辖可分为专属管辖与任意管辖。

专属管辖，是指行政诉讼法明确规定某一类案件只能由某一法院管辖，其他法院没有法定管辖权，原告也不能选择管辖法院的情形。例如，新《行政诉讼法》第二十条规定："因不动产提起的行政诉讼，由不动产所在地人民法院管辖。"第十八条规定："行政案件由最初作出行政行为的行政机关所在地人民法院管辖。经复议的案件，也可以由复议机关所在地人民法院管辖。""经最高人民法院批准，高级人民法院可以根据审判工作的需要，确定若干人民法院跨行政区域管辖行政案件。"如果该案件没有经过行政复议程序，或者虽然经过了行政复议程序但复议机关未改变原行政行为的行政案件的管辖，都属于专属管辖。

任意管辖，是指行政诉讼法明确规定某一类案件可以由两个以上的人民法院有第一审管辖权，最终确定管辖法院时，原告有权选择，也可以由有管辖权的法院协商，或者由共同的上级法院指定第一审管辖法院。例如，新《行政诉讼法》第十八条中规定的"经过行政复议机关复议的案件"的管辖；第十九条规定的"对限制人身自由的行政强制措施不服提起的诉讼，由被告所在地或者原告所在地人民法院管辖"。

（三）级别管辖与地域管辖

级别管辖和地域管辖是以确定第一审行政案件管辖时要解决上下级法院之间的分工，还是同级法院之间的分工为标准所作的分类。

级别管辖，是指具体的划分上下级人民法院之间受理第一审行政案件的分工和权限。如新《行政诉讼法》第十四条至十七条就是有关行政诉讼级别管辖的规定。

地域管辖，又称土地管辖、区域管辖，是指具体划分同级人民法院之间受理第一审行政案件的分工和权限。如新《行政诉讼法》第十八至二十三条就是有关行政诉讼地域管辖的规定。

人民法院在设置上分为基层人民法院、中级人民法院、高级人民法院和最高人民法院四个审级。新《行政诉讼法》根据行政案件的性质、繁简程度、影响大小、被告的级别等因素，分别对基层人民法院、中级人民法院、高级人民法院、最高人民法院的管辖范围进行了确定。

（四）共同管辖和合并管辖

共同管辖和合并管辖，是指根据当事人、诉讼标的同法院辖区之间的联系而进行的分类。

共同管辖，是指对同一案件，两个或者两个以上的法院都有第一审管辖权。

合并管辖，又称牵连管辖或者连带管辖，是指对于某一案件有第一审管辖权的法院，虽然对于其他案件本来没有管辖权，但由于有管辖权的案件与另一案件有牵连关系，从而获得另一案件的第一审管辖权。

六　管辖与人民法院内部分工

人民法院内部分工是指人民法院内部审判机构之间在审判职责上的划分。根据现行规定，人民法院设立不同的审判庭审理性质不同的案件。

为了科学合理地解决内部分工问题，《适用行政诉讼法解释》第三条第一款规定："各级人民法院行政审判庭审理行政案件和审查行政机关申请执行其他行政行为的案件。铁路运输法院等专门人民法院审理行政案件，应当执行行政诉讼法第十八条第二款的规定。"①

《适用行政诉讼法解释》第三条第二款同时还规定专门人民法院、人民法庭不审理行政案件，也不审查和执行行政机关申请执行其行政行为的案件。

此外，铁路运输法院等专门人民法院审理行政案件，应当经最高人民法院批准，高级人民法院可以根据审判工作的实际情况，确定若干人民法院跨行政区域管辖行政案件。

第二节　行政诉讼管辖的法律规定

一　级别管辖

如前所述，级别管辖是指划分上下级人民法院之间在受理第一审行政案件时的分工或权限。由于我国行政诉讼实行四级二审终审制，因此，级别管辖实质上就是基层人民法院、中级人民法院、高级人民法院和最高人民法院之间在受理第一审行政案件时的分工或权限。确定级别管辖时通常要考虑案件的性质、案件的繁简程度、影响范围、是否涉外等几个方面的因素。

① 新《行政诉讼法》第十八条第二款规定："经最高人民法院批准，高级人民法院可以根据审判工作的实际情况，确定若干人民法院跨行政区域管辖行政案件。"

（一）基层人民法院的管辖

新《行政诉讼法》第十四条规定："基层人民法院管辖第一审行政案件。"可见，基层人民法院管辖第一审行政案件是级别管辖的一般原则。

根据新《行政诉讼法》第十四条的规定，基层人民法院管辖的行政案件，采用的是概括式规定，这意味着两个方面的意思：

第一，除行政诉讼法另有规定外，行政案件通常由基层人民法院作为第一审行政案件的管辖法院。根据新《行政诉讼法》的规定，基层人民法院管辖除第十五条、第十六条和第十七条所规定的行政案件之外的所有行政案件。

第二，第一审行政诉讼案件管辖的起点法院是基层人民法院，立法中分别明确规定了中级人民法院、高级人民法院和最高人民法院管辖的案件，其他案件都属于基层人民法院管辖。

第一审行政案件主要由基层人民法院管辖的理由是：

第一，基层人民法院是基层审判机关，分布在基层的行政区域，数量多（全国共有3000多个基层人民法院），分布广且均衡，而且无须承担中级以上法院的上诉案件和对下级法院的审批指导工作，有足够的审判力量承担大量的第一审行政案件的审判工作。

第二，基层人民法院所在地，通常是行政案件的发生地和多数行政案件的当事人所在地，基层人民法院管辖第一审行政案件，既方便当事人进行诉讼，也方便人民法院进行必要的调查取证和开展审判工作，有利于将行政争议解决在当地、解决在基层。

第三，由于基层人民法院以一审程序审理行政案件，能够向人民法院展示行政诉讼的进程，能够通过对案件的审判向公众和行政机关开展生动形象的法治教育。

这里需要指出的是，由于我国正在进行司法体制改革，因此，对行政诉讼的管辖也有一些探索。采取了一些如提级管辖、[①] 异地交叉管辖[②]和相对集中管辖[③]等的实验措施，为完善行政诉讼管辖作了有益的探索。

---

① 提级管辖，指将原来属于基层人民法院管辖的案件交给中级人民法院管辖。

② 异地交叉管辖，指将原来由行政机关所在地基层人民法院管辖的案件，通过中级人民法院采用指定管辖的方式交给其他基层人民法院管辖。

③ 相对集中管辖，指上级人民法院通过指定管辖方式，将部分基层人民法院管辖的一审行政案件交给其他几个基层人民法院管辖。

（二）中级人民法院的管辖

中级人民法院的主要任务是对基层人民法院的审判工作进行监督和指导，同时作为对第一审判决或裁定不服的上诉法院。新《行政诉讼法》第十五条规定，只有一些影响较大、案情复杂的案件才由中级人民法院作为第一审法院。

根据新《行政诉讼法》第十五条的规定，中级人民法院审理的第一审行政案件包括以下四种。

1. 对国务院各部门或者县级以上人民政府所作的行政行为提起诉讼的案件

行政诉讼中被告的级别越高，所掌握的权力或资源越多，其所能发挥的影响也就越大，其所作的行政行为的效力也就越大。此外，国务院各部门或县级以上人民政府通常不直接针对具体管理事务作出行政行为，它们作出的行为所涉及的事项一般是较为重大、复杂的事项，对行政相对人的权益影响较大，通常也具有较大的社会影响。因而新《行政诉讼法》规定由中级人民法院管辖。

对国务院各部门或者县级以上人民政府所做的行政行为不服，提起诉讼的案件，可分为两种类型。

一类是对这些机关直接作出的行政行为不服，提起诉讼的案件（如在我国境内设立中外合资企业，必须经过国务院对外经济贸易主管部门批准；征收土地必须由国务院或省级人民政府批准）；另一类是对它们所作出的复议决定不服，提起诉讼的案件。根据新《行政诉讼法》第二十六条的规定，经过复议的案件，复议机关决定维持原行政行为的，作出原行政行为的行政机关和复议机关是共同被告，复议机关改变原行政行为的，复议机关是被告。因此，当国务院各部门或者县级以上人民政府作为复议机关，无论其是维持还是改变原行政行为的，都将作为被告，由中级人民法院管辖。

这里应当注意，对于“国务院部门”应当作广义理解，即除了国务院组成部门外，还应当包括国务院特设机构、国务院直属机构、国务院部委下的国家局，国务院办事机构、直属事业单位，在法律法规授权行使行政职权时，也应当认定为国务院部门。

2. 海关处理的案件

海关处理的案件，是指因海关行使行政职权作出行政行为而引起的行政案件。根据《海关法》的规定，海关处理的行政案件主要包括四类：一是海关处理的纳税和其他税费案件；二是行政处罚（罚款、没收、警告、暂停或者取消从业资格等）案件；三是海关行政许可案件；四是行政强制措施（扣留进出境货物、物品、运输工具及与之相关的文件、账册、资料等）案件；五是海关不作为案件。因为海关处理的案件具有较强的专业性，并与政策密切相关，而且海关大多设置在大中城市，因而由中级人民法院管辖更为合适，可以保证办理案件的质量。

在实践中特别需要将海关处理的案件与海事行政案件区别开来，防止将两者混同而产生管辖混乱。根据《最高人民法院关于海事法院管理案件范围若干规定》①，海事法院可以受理海事行政案件和海事行政赔偿案件。海事法院受理的行政案件，其上诉审由分管海事、海商案件的审判庭审理。根据《最高人民法院关于海关行政处罚案件诉讼管辖问题的解释》,② 海关行政处罚案件仍然由中级人民法院管辖。

3. 本辖区内重大、复杂的案件

新《行政诉讼法》第十五条第三项规定，中级人民法院管辖“本辖区内重大、复杂的”第一审行政案件。

在诉讼中，重大、复杂的案件一般应当提高管辖级别。重大、复杂的行政案件同样需要提高审级来确保审判的公正性。对于何为“重大、复杂的案件”，新《行政诉讼法》并未明确。案件“重大”主要是指案件的社会影响范围大；案件“复杂”是指案件涉及的法律关系疑难程度。根据《适用行政诉讼法解释》第五条的规定，新《行政诉讼法》第十五条第三项规定，有下列情形之一的案件，就是“本辖区内重大、复杂的案件”:③

第一，社会影响重大的共同诉讼案件。

第二，涉外或者涉及香港特别行政区、澳门特别行政区、台湾地区的案件。

第三，其他重大、复杂案件。

---

① 法释〔2001〕27 号，2001 年 8 月 9 日由最高人民法院审判委员会第 1187 次会议通过，自 2001 年 9 月 18 日起施行。

② 法释〔2002〕4 号，2002 年 1 月 28 日由最高人民法院审判委员会第 1209 次会议通过，自 2002 年 2 月 7 日起施行。

③ 根据《若干问题的解释》第八条与《最高人民法院关于行政案件管辖若干问题的规定》（法释〔2008〕1 号，最高人民法院审判委员会 2007 年 12 月 17 日第 1441 次会议通过，自 2008 年 2 月 1 日起施行）的解释，新《行政诉讼法》第十五条第三项中“本辖区内的重大、复杂案件”，需要由中级人民法院管辖：第一，被告为县级以上人民政府的案件，但以县级人民政府名义办理不动产物权登记的案件可以除外；第二，社会影响重大的共同诉讼、集团诉讼的案件；第三，重大涉外或涉及香港特别行政区、澳门特别行政区、台湾地区的案件；第四，其他重大、复杂的案件。

4. 其他法律规定由中级人民法院管辖的第一审行政案件

根据2014年8月31日第十二届全国人民代表大会常务委员会第十次会议通过的《全国人民代表大会常务委员会关于在北京、上海、广州设立知识产权法院的决定》，知识产权法院管辖有关专利、植物新品种、集成电路布图设计、技术秘密等专业技术性较强的第一审知识产权民事和行政案件。不服国务院行政部门裁定或者决定而提起的第一审知识产权授权确权行政案件，由北京知识产权法院管辖。知识产权法院对案件实行跨区域管辖。[①] 在知识产权法院设立的三年内，可以先在所在省（直辖市）实行跨区域管辖。

2014年10月27日最高人民法院审判委员会第1628次会议通过《最高人民法院关于北京、上海、广州知识产权法院案件管辖的规定》第一条规定："知识产权法院管辖所在市辖区内的下列第一审案件：（一）专利、植物新品种、集成电路布图设计、技术秘密、计算机软件民事和行政案件；（二）对国务院部门或者县级以上地方人民政府所作的涉及著作权、商标、不正当竞争等行政行为提起诉讼的行政案件；（三）涉及驰名商标认定的民事案件。"第二条规定："广州知识产权法院对广东省内本规定前述第（一）项和第（三）项规定的案件实行跨区域管辖。"第三条规定："北京市、上海市各中级人民法院和广州市中级人民法院不再受理知识产权民事和行政案件。""北京市、上海市各中级人民法院和广州市中级人民法院不再受理知识产权民事和行政案件。""广东省其他中级人民法院不再受理本规定第一条第（一）项和第（三）项规定的案件。""北京市、上海市、广东省各基层人民法院不再受理本规定第一条第（一）项和第（三）项规定的案件。"

确定中级人民法院的管辖还需要注意以下问题。

第一，根据《适用行政诉讼法解释》第六条的规定，当事人以案件重大复杂为由，认为有管辖权的基层人民法院不宜行使管辖权或者根据新《行政诉讼

---

① 下列第一审行政案件由北京知识产权法院管辖：（一）不服国务院部门作出的有关专利、商标、植物新品种、集成电路布图设计等知识产权的授权确权裁定或者决定的；（二）不服国务院部门作出的有关专利、植物新品种、集成电路布图设计的强制许可决定以及强制许可使用费或者报酬的裁决的；（三）不服国务院部门作出的涉及知识产权授权确权的其他行政行为的。

法》第五十二条[①]的规定，向中级人民法院起诉，中级人民法院应当根据不同情况在七日内分别作出以下处理：（1）决定自己审理；（2）指定本辖区其他基层人民法院管辖；（3）书面告知当事人向有管辖权的基层人民法院起诉。

第二，当事人向有管辖权的基层人民法院起诉，受诉人民法院在七日内未立案也未作出裁定，当事人向中级人民法院起诉，中级人民法院应当根据不同情况在七日内分别作出以下处理：（1）要求有管辖权的基层人民法院依法处理；（2）指定本辖区其他基层人民法院管辖；（3）决定自己审理。

第三，根据《适用行政诉讼法解释》第七条规定，基层人民法院对其管辖的第一审行政案件，认为需要由中级人民法院审理或者指定管辖的，可以报请中级人民法院决定。中级人民法院应当根据不同情况在七日内分别作出以下处理：（1）决定自己审理；（2）指定本辖区其他基层人民法院管辖；（3）决定由报请的人民法院审理。

第四，中级人民法院对基层人民法院管辖的第一审行政案件，根据案件情况，可以决定自己审理，也可以指定本辖区其他基层人民法院管辖。

此外，还要特别注意的是国际贸易行政案件的管辖问题。国际贸易行政案件主要包括有关国际货物贸易的行政案件、有关国际服务贸易的行政案件、与国际贸易有关的知识产权行政案件以及其他国际贸易行政案件等。为适应我国加入WTO的需要，2002年8月27日通过了《最高人民法院关于审理国际贸易行政案件若干问题的规定》[②]（以下简称《国际贸易规定》），该规定第五条规定，第一审国际贸易行政案件由具有管辖权的中级以上人民法院管辖。2002年11月21日发布的《最高人民法院关于审理反倾销行政案件应用法律若干问题的规定》[③]（以下简称《反倾销规定》），其中第五条规定："第一审反倾销行政案件由下列人民法院管辖：（一）被告所在地高级人民法院指定的中级人民法院；（二）被告所在地高级人民法院。"《最高人民法院关于审理反补贴行政案件应用法律若

---

① 《行政诉讼法》第五十二条规定："人民法院既不立案，又不作出不予立案裁定的，当事人可以向上一级人民法院起诉。上一级人民法院认为符合起诉条件的，应当立案、审理，也可以指定其他下级人民法院立案、审理。"

② 法释〔2002〕27号，最高人民法院审判委员会2002年8月27日第1239次会议通过，自2002年10月1日起施行。

③ 法释〔2002〕35号，最高人民法院审判委员会2002年9月11日第1242次会议通过，自2003年1月1日起施行。

干问题的规定》[①]（以下简称《反补贴规定》），其中第五条规定："第五条第一审反补贴行政案件由下列人民法院管辖：（一）被告所在地高级人民法院指定的中级人民法院；（二）被告所在地高级人民法院。"

（三）高级人民法院的管辖

根据我国的司法体制，高级人民法院是地方各级人民法院中最高一级的法院，其主要承担对本辖区内中级人民法院和基层人民法院的审判工作的监督和指导工作，对不服中级人民法院所作裁判的上诉、抗诉案件的审理，因此，新《行政诉讼法》没有规定其过多的管辖第一审行政案件。

根据新《行政诉讼法》第十六条的规定，高级人民法院管辖本辖区内重大、复杂的第一审行政案件。

（四）最高人民法院的管辖

根据我国的司法体制，最高人民法院是我国的最高审判机关，其主要任务是对全国地方各级人民法院的审判工作实行监督和指导，对行政审判过程中具体适用法律问题作出司法解释，审理不服高级人民法院裁判的上诉、抗诉案件。而且，由于实行两审终审制，如果最高人民法院受理第一审案件，其所作的裁判均为终审裁判，必然剥夺当事人的上诉权，因此最高人民法院只能受理十分特别的极少数第一审行政案件。

根据新《行政诉讼法》第十七条的规定，最高人民法院管辖全国范围内重大、复杂的第一审行政案件。

这里值得注意的是，按照十八届四中全会对最高人民法院巡回法庭受理案件的要求，最高人民法院第一巡回法庭设在广东省深圳市，最高人民法院第二巡回法庭设在辽宁省沈阳市。最高人民法院设立的巡回法庭，相当于最高法的派出机构，在审级上等同于最高法。巡回法庭的判决效力等同于最高法的判决，均为终审判决。巡回法庭受理的案件大致可分为三种类型。第一类是，一审裁判由高级人民法院作出，当事人提出上诉的民商事案件；第二类主要是行政诉讼案件，如省级人民政府当被告，省高院来一审，一审判完了以后，有人上诉或者有抗诉的话，可以由巡回法庭就近处理；第三类申诉和涉诉信访案件，如已经由高级人民

---

① 法释〔2002〕36号，最高人民法院审判委员会2002年9月11日第1242次会议通过，自2003年1月1日起施行。

法院作出终审裁判，当事人不服要到最高人民法院申诉的民商事和行政案件。

二　地域管辖

（一）地域管辖概述

地域管辖是指同级人民法院之间审理第一审案件的权限和分工。地域管辖与级别管辖有着十分密切的联系，如果只确定级别管辖，不确定地域管辖，案件仍然处于无法院管辖的状态。因此，在确定行政诉讼案件的具体受理法院时，首先应当确定级别管辖，然后再确定地域管辖。只有在明确了级别管辖进一步确定地域管辖之后，才能将案件的管辖落到实处。

新《行政诉讼法》在确定行政诉讼的地域管辖时，主要根据两个因素：一是人民法院的辖区。地方各级人民法院的设置与行政区划一致，地方人民法院审理本辖区范围内的行政案件。二是当事人或诉讼标的与人民法院辖区的关系。除指定管辖外，只有当事人或诉讼标的在人民法院的辖区内，案件才可能由该人民法院管辖。① 其中根据第一个因素确定的管辖属于一般地域管辖，按照第二个因素确定的管辖，就是特殊地域管辖。

（二）地域管辖的分类

行政诉讼中的地域管辖分为一般地域管辖和特殊地域管辖两种。

1. 一般地域管辖

一般地域管辖，是指适用于一般行政案件，按照一般标准确定的地域管辖，即除法律特别列举外，其他所有行政案件都属于其管辖的地域管辖制度。行政诉讼的一般地域管辖是以最初作出行政行为的行政机关——被告所在地为标准确定的地域管辖，即人们通常所说的“原告就被告”。

新《行政诉讼法》第十八条第一款规定：“行政案件由最初作出行政行为的行政机关所在地人民法院管辖。经复议的案件，也可以由复议机关所在地人民法院管辖。”由此可见，行政诉讼一般地域管辖的标准是：原则上由最初作出行政行为的行政机关所在地的人民法院管辖。该标准具有以下两层含义：

---

① 马怀德主编：《行政诉讼法学》，中国人民大学出版社2009年版，第64页。

第一，行政诉讼一般地域管辖根据被告行政机关所在地来确定，遵循“原告就被告”的原则，即由被告所在地的法院管辖。行政诉讼中的“原告就被告”具体适用于没有经过复议的行政案件。

第二，经过行政复议，无论复议机关是否改变原来的行政行为，也可以由复议机关所在地的人民法院管辖。这一规定赋予了原告选择管辖的权利。①

行政诉讼的一般管辖，之所以规定原告应该向“最初”作出行政行为的行政机关所在地的人民法院起诉，其基本理由是有些行政案件是经过行政复议后才进入诉讼阶段的。经过复议的行政案件，客观上存在两个行政机关，即原行政机关和复议机关。规定由“最初”作出行政行为的机关所在地的人民法院管辖，即明确了由原行政机关所在地的人民法院管辖。因为行政机关的管辖范围也是按照地域来确定的。在多数情况下，被告所在地同时也是原告所在地，所以规定由原行政机关所在地的人民法院管辖，既方便当事人参加诉讼，也方便人民法院调查取证，提高办案效率。

这里需要特别注意的是，新《行政诉讼法》新增加第十八条第二款规定：“经最高人民法院批准，高级人民法院可以根据审判工作的实际情况，确定若干人民法院跨行政区域管辖行政案件。”作出这样规定的目的在于：一是为了适应行政诉讼发展的需要，二是落实中国共产党十八届三中全会作出的“探索建立与行政区划适当分离的管辖制度”“法院实行省以下人财物统管”的要求和中国共产党十八届四中全会关于“最高人民法院设立巡回法庭，探索设立跨行政区划的人民法院和人民检察院”的要求而作出的规定。

2. 特殊地域管辖

特殊地域管辖，是指法律针对特别案件所列举的确定管辖法院的管辖方式。特殊地域管辖不是或不完全是按照被告所在地来确定管辖法院的，而是以法律特别规定的诉讼标的所在地或者引起法律关系变更、消灭的法律事实所在地等因素为标准确定管辖法院，是对一般地域管辖的例外规定。

---

① 原《行政诉讼法》规定只有“复议机关改变原具体行政行为，也可以由复议机关所在地人民法院管辖”。可见，新《行政诉讼法》与原《行政诉讼法》相比，给了原告更多的选择管辖的权利。原《行政诉讼法》中的“改变原具体行政行为”的准确含义是，根据《若干问题的解释》第七条的规定，“改变原具体行政行为”是指下列三种情形之一：（1）改变原行政行为所认定的主要事实和证据的；（2）改变原行政行为所适用的规范依据且对定性产生影响的；（3）撤销、部分撤销或者变更原行政行为处理结果的。

根据新《行政诉讼法》的规定，特殊地域管辖有三种，即共同管辖、选择管辖和专属管辖。

（1）共同管辖与选择管辖。

共同管辖，是指依照行政诉讼法的规定，两个或两个以上的人民法院对同一个案件都有管辖权而由原告选择具体法院管辖的管辖。根据管辖唯一的原则，原告只能在两个以上的有管辖权的法院中选择一个管辖法院，如果原告向两个以上有管辖权的人民法院提起诉讼的，由最先立案的人民法院管辖。

选择管辖，是指根据法律规定，两个以上的人民法院都有管辖权，具体的管辖法院根据原告的选择而确定的案件管辖。根据管辖唯一的原则，原告只能在两个以上的有管辖权的法院中选择一个管辖法院，如果原告向两个以上有管辖权的人民法院提起诉讼的，由最先立案的人民法院管辖。

共同管辖与选择管辖，是同一案件管辖的一体两面。对人民法院来说，是两个以上的人民法院对同一案件都具有管辖权，对原告来说，则需要在有管辖的人民法院之间作出选择。

新《行政诉讼法》规定的共同管辖和选择管辖有两种情形。

第一，根据新《行政诉讼法》第十八条的规定，经过复议的案件，最初作出行政行为的行政机关所在地的人民法院和复议机关所在地的人民法院都有管辖权。经过复议的行政案件，客观上存在两个行政机关，即"最初"作出行政行为的机关和复议机关。经过复议的，由当事人选择，既可以由"最初"作出行政行为的行政机关所在地的人民法院管辖，也可以由复议机关所在地的人民法院管辖。无论复议机关是维持、改变了原行政行为，还是复议机关不作为（不予受理或不予答复）。

第二，根据新《行政诉讼法》第十九条的规定，对限制人身自由的行政强制措施不服而提起的诉讼，由被告所在地或原告所在地法院管辖。这里需要特别注意的是，根据《适用行政诉讼法解释》第八条第一款的规定，"原告所在地"，包括原告的户籍所在地、经常居住地和被限制人身自由地。"经常居住地"是指公民在户籍所在地之外至起诉时止已连续居住 1 年以上的地域，住院治疗的除外。原告在对限制人身自由的行政强制措施不服而提起诉讼时，可以选择向被告所在地或原告的户籍所在地、经常居住地或被限制人身自由地的人民法院提起诉讼。如此规定的理由是为了保障原告的诉权并方便其行使诉权，限制、监督行政机关的行政权力。因为被限制人身自由的公民——原告本身可能具有流动性，其户籍所在地、经常居住地可能与行政机关所在地有时并不一致，如果按照一般地域管辖的规则来确定管辖法院，则必然给原告起诉带来极大的不便。而将“被限制人身自由地”也作为“原告所在地”，则是因为在一般情况下，行政行为不因起诉而停止执行，将“被限制人身自由地”也作为“原告所在地”，将有利于原告及时行使诉权，从而最大限度地为原告行使诉权提供便利。依此精神，《适用行政诉讼法解释》第八条第二款规定：“行政机关基于同一事实，既采取限制公民人身自由的行政强制措施，又采取其他行政强制措施或者行政处罚不服的，由被告所在地或者原告所在地的人民法院管辖。”

（2）专属管辖

专属管辖，是指法律强制规定某类案件只能由特定法院管辖，其他法院无权管辖。专属管辖具有明显的排他性，即：①凡属于专属管辖案件，只能由法律明确规定的法院管辖，其他法院均无权管辖；②凡属于专属管辖的案件，当事人不得通过协议变更案件的管辖法院；③凡属于专属管辖的案件，不适用地域管辖和特殊地域管辖的规定。[①]

新《行政诉讼法》第二十条规定：“因不动产提起的行政诉讼，由不动产所在地人民法院管辖。”这里值得注意的是，所谓不动产，是指在位置上不能移动，或移动后会引起性能、价值、用途改变的财产。一般是指土地及其附着物，不能移动或者移动后会损害其用途或者价值的物，如土地、山岭、荒地、滩涂、林地、房屋、草原等。所谓不动产所在地是指不动产实物所处的地域。这里“因不动产提起的行政诉讼”是指因行政行为导致不动产物权变动而提起的诉讼。不动产已登记的，以不动产登记簿记载的所在地为不动产所在地；不动产未登记的，以不动产实际所在地为不动产所在地。[②]

法律规定因不动产提起的诉讼由不动产所在地法院管辖，是各国的通例。其理由，一是便于法院就近调查、勘验、取证，从而及时作出公正的处理，同时也便于判决、裁定的执行；二是能够减少司法成本支出，避免人力、物力、财力的浪费，符合诉讼经济的原则。

因不动产引起的行政诉讼主要有三类：①因不动产所有权、使用权等纠纷

① 张卫平：《民事诉讼法》（第二版），法律出版社 2009 年版，第 101—102 页。

② 《适用行政诉讼法解释》第九条。

提起的诉讼。如，对行政机关就不动产的确权、登记等行为不服而提起的行政诉讼。②因不动产的征用、拆除等引起的行政诉讼。例如，因土地的征用、违法建筑的拆除、城中村改造拆迁等而引起的行政诉讼。③因污染不动产提起的诉讼。

实践中应当注意两点：一是“对行政行为不是直接针对不动产，但涉及不动产内容，如国有资产产权界定行为是针对包含不动产在内的整体产权作出的，则不属于因不动产引发的诉讼”；[①] 二是如果不动产所在地正好跨两个行政区域，就产生共同管辖问题，应当参照共同管辖的规定处理。[②]

三　裁定管辖

（一）裁定管辖概述

裁定管辖，是指法律虽然有规定，但需要由人民法院根据具体情况作出一个裁定或者决定来确定行政案件的管辖法院。

裁定管辖是对法定管辖的补充，不同于级别管辖和地域管辖，用于解决具体案件管辖上的一些特殊问题，裁定管辖本质上是人民法院内部对案件管辖的灵活调整。级别管辖和地域管辖属于法定管辖，它们分别从纵向和横向上解决受理案件的权限和分工。管辖的确定原则上应当由法律加以明确规定，只有根据法律无法正确确定管辖法院时，才通过裁定方式确定管辖。由于诉讼活动的复杂性，在现实中可能出现管辖不明、管辖权有争议以至于按照法定管辖规则无法确定受理法院的情况，或者出现不适宜由有管辖权的人民法院审理的情况。

（二）裁定管辖的种类

新《行政诉讼法》第二十二条、第二十三条、第二十四条分别规定了裁定管辖的三种情形，即移送管辖、指定管辖和管辖权的转移。

1. 移送管辖

移送管辖是指人民法院在受理行政案件以后，发现自己对该行政案件没有管辖权，从而通过裁定方式将案件移送给有管辖权的人民法院受理的一种管辖形

---

① 袁杰主编：《中华人民共和国行政诉讼法解读》，中国法制出版社 2014 年版，第 64 页。

② 马怀德主编：《新编中华人民共和国行政诉讼法释义》，中国法制出版社 2014 年版，第 90—91 页。

式。可见，移送管辖移送的是案件，而不是案件的管辖权；移送管辖实质上是人民法院受理行政案件后发生错误时而采取的一种补救措施。移送管辖主要发生在同级人民法院之间，主要用于纠正地域管辖方面的错误，少数情况下也会发生在上下级人民法院之间。

新《行政诉讼法》第二十二条规定："人民法院发现受理的案件不属于自己管辖的，应当移送有管辖权的人民法院，受移送的人民法院应当受理。受移送的人民法院认为受移送的案件按照规定不属于本院管辖的，应当报请上级人民法院指定管辖，不得再自行移送。"根据该条规定，移送管辖必须同时具备四个条件：

第一，行政案件已经被某一人民法院立案受理。人民法院已经受理了案件是移送管辖的首要条件。如果人民法院在尚未受理案件时发现自己对案件没有管辖权，则应该不予受理，告知原告向有管辖权的人民法院起诉，而不会产生移送管辖问题。如果案件经审理已经作出了裁判，则一审程序已经完结，同样不会产生移送管辖问题，在此情况下，当事人认为一审人民法院没有管辖权的，应该提出上诉或者抗诉，要求上级人民法院解决诉讼程序的违法问题。

第二，受理案件的人民法法院认为本院对该案件无管辖权。即已经受理案件的人民院只有在发现自己对案件没有管辖权的情况下才能将案件移送。这里"认为本院对该案件无管辖权"只是主观标准，是已经受理案件的人民法院的主观认识，而非客观标准。当已经受理案件的人民法院错误地认为自己没有管辖权时，也可以移送。不过这种情况下的移送是错误的移送，并且很可能导致管辖权的纠纷。

第三，只能将案件移送给有管辖权的人民法院。已经受理案件的人民法院在移送时，不能将案件移送给没有管辖权的人民法院。这同样也是主观标准，只是已经受理案件的人民法院的认识。如果在客观上将案件移送给了没有管辖权的人民法院，也会导致管辖权的纠纷。

第四，移送只能移送一次，接受移送的人民法院必须接受移送，不得拒收、退回或再自行将案件移送给其他人民法院。之所以如此规定，主要目的是为了防止人民法院之间相互推诿，出现"踢皮球"的现象，使原告告状无门，从而保护原告的诉权。这里值得注意的是，如果接受移送的人民法院认为自己也没有管辖权，则只能通过报请与移送案件的人民法院共同的上一级人民法院指定管辖来解决。

2. 指定管辖

指定管辖，是指在有管辖权的人民法院不能行使管辖权或者两个以上的下级人民法院对同一案件的管辖发生争议时，由上级人民法院以裁定的方式指定一个下级人民法院对某一案件进行管辖。简言之，指定管辖就是指上级人民法院以裁定的方式，指定其辖区内的下级人民法院对某一行政案件行使管辖权。指定管辖的意义在于，使原来没有管辖权的人民法院因上级人民法院的指定而具有管辖权，或者在管辖权发生争议时明确具体的管辖法院，从而保证行政案件得到及时审理。

（1）指定管辖的情形。

新《行政诉讼法》第二十三条规定："有管辖权的人民法院由于特殊原因不能行使管辖权的，由上级人民法院指定管辖。人民法院对管辖权发生争议，由争议双方协商解决。协商不成的，报它们的共同上级人民法院指定管辖。"据此，指定管辖有以下两种情况。

第一，有管辖权的人民法院由于特殊原因不能行使管辖权，而由上级人民法院指定其他人民法院管辖。在这种情况下对管辖权的归属各方并无争议，但因为特殊原因而导致管辖权不能有效行使。导致管辖权不能行使的原因是多样的，既可能是事实上的原因（如发生地震、洪涝等自然灾害、暴乱动乱、战争、意外事故等），也可能是法律上的原因（如有管辖权的人民法院的审判人员需要回避而无法组成合议庭，或者出于公正审判的考虑等）。

第二，因人民法院之间对管辖权发生争议，而且协商不成时，由其共同的上级人民法院指定管辖。人民法院之间就管辖权发生争议的，由争议双方协商解决，协商不成的，报共同的上级人民法院，由该上级人民法院以指定的形式来解决管辖冲突或争议。人民法院之间发生管辖权争议主要有两种情况：（1）两个以上的人民法院对同一案件都主张管辖，即积极的管辖权争议（如在选择管辖的案件中，原告向两个以上的人民法院提起了行政诉讼，而这些人民法院均认为自己有管辖权并给予受理）；（2）两个以上的人民法院对同一案件都主张无管辖权，即消极的管辖权争议（如已经受理案件的人民法院认为自己没有管辖权而将案件移交给有管辖权的人民法院，但接受移交的人民法院认为自己也没有管辖权的）。

（2）指定管辖的启动方式。

最高人民法院《关于行政案件管辖若干问题的规定》第五条规定："中级人民法院对基层人民法院管辖的第一审行政案件，根据案件情况，可以决定自己审理，也可以指定本辖区其他基层人民法院管辖。"这一规定实际上就是对"异地交叉审理"制度的认可。"异地交叉审理"通过上级人民法院指定管辖的方式予以实现。

启动指定管辖的方式主要包括以下三种。[①]

第一，当事人启动。根据最高人民法院《关于行政案件管辖若干问题的规定》第三条、第四条和第五条[②]的规定，当事人启动指定管辖主要包括以下两种情形：一是当事人以案件重大复杂为由或者认为有管辖权的基层人民法院不宜行使管辖权，可以直接向中级人民法院起诉；二是当事人向有管辖权的基层人民法院起诉，受诉人民法院在七日内未立案也未作出裁定，当事人向中级人民法院起诉的。对上述两种情形，中级人民法院应当根据不同情况在七日内分别作出以下处理：①书面告知当事人向有管辖权的基层人民法院起诉，或者要求有管辖权的基层人民法院依法处理；②指定本辖区其他基层人民法院管辖；③决定自己审理。中级人民法院采用第二种处理方式的，即属于指定管辖；采用第三种处理方式的，即属于管辖权的转移。

第二，基层人民法院启动。基层人民法院对其管辖的第一审行政案件或者管辖权有争议的案件，认为需要由中级人民法院审理或者指定管辖的，可以报请中级人民法院决定。中级人民法院应当根据不同情况在七日内分别作出以下处理：①指定本辖区其他基层人民法院管辖，即指定管辖；②决定由报请的人民法院审理；③决定自己审理，此种情形即属于管辖权的转移。

第三，中级人民法院启动。中级人民法院对基层人民法院管辖的第一审行政案件，根据案件情况，既可以决定自己审理，也可以指定本辖区其他基层人民法院管辖。由其自己审理时，属于管辖权的转移；指定本辖区其他基层人民法院管辖时，即为指定管辖。

这里需要特别指出的是，指定管辖裁定应当分别送达被指定管辖的人民法院及案件当事人。指定管辖裁定还应当送达报请的人民法院；对指定管辖裁定有异

---

① 马怀德主编：《行政诉讼法学》，中国人民大学出版社 2009 年版，第 70—71 页。

② 第三条的规定："当事人向有管辖权的基层人民法院起诉，受诉人民法院在七日内未立案也未作出裁定，当事人向中级人民法院起诉，中级人民法院应当根据不同情况在七日内分别作出以下处理：（一）要求有管辖权的基层人民法院依法处理；（二）指定本辖区其他基层人民法院管辖；（三）决定自己审理。"第四条的规定是："基层人民法院对其管辖的第一审行政案件，认为需要由中级人民法院审理或者指定管辖的，可以报请中级人民法院决定。中级人民法院应当根据不同情况在七日内分别作出以下处理：（一）决定自己审理；（二）指定本辖区其他基层人民法院管辖；（三）决定由报请的人民法院审理。"第五条规定是："中级人民法院对基层人民法院管辖的第一审行政案件，根据案件情况，可以决定自己审理，也可以指定本辖区其他基层人民法院管辖。"

议的，不适用管辖异议的规定；执行最高人民法院《关于行政案件管辖若干问题的规定》的审理期限，提级管辖从决定之日起计算；指定管辖或者决定由报请的人民法院审理的，从收到指定管辖裁定或者决定之日起计算。

3. 管辖权的转移

（1）管辖权转移的概念。

管辖权的转移，是裁定管辖的又一种形式，是指经上级人民法院的同意或决定，将下级人民法院有管辖权的某个行政案件的管辖权转交给上级人民法院审理，或者上级人民法院将自己具有管辖权的某个行政案件交由下级人民法院审理的管辖形式。

新《行政诉讼法》第二十四条规定："上级人民法院有权审理下级人民法院管辖的第一审行政案件。""下级人民法院对其管辖的第一审行政案件，认为需要由上级人民法院审理或者指定管辖的，可以报请上级人民法院决定。"

管辖权的转移是在管辖权明确无争议的前提下发生的，其本质是赋予上级人民法院根据实际情况，在符合行政诉讼目的和管辖原则的基础上，灵活处置具体案件管辖权，允许某个具体案件的管辖权根据法律的规定在上下级人民法院之间相互转移。

（2）管辖权转移的条件。

管辖权的转移需要具备以下条件。

第一，对该行政案件的管辖权没有争议。在管辖权转移时，转移案件的人民法院和接受案件转移的人民法院对案件的管辖权没有争议，而且是转移案件的人民法院对该行政案件具有管辖权。

第二，转移案件的人民法院和接受转移案件的人民法院相互间有审判监督指导关系。管辖权转移其实质是对级别管辖这一法定管辖方式的补充和变更，因而管辖权的转移只能发生在具有监督指导关系的上下级人民法院之间。

第三，经上级人民法院决定。在管辖权的转移中，上级人民法院居于主导地位，没有上级人民法院的决定，管辖权的转移就不能实现。

（3）管辖权转移与移送管辖的区别。

管辖权转移与移送管辖具有一定的共同点，主要是在形式上都表现为一个案件从一个人民法院转移到另一个人民法院，两者存在着明显的实质上的区别，其区别如下。

标准＼名称	管辖权的转移	移送管辖
性质	转移的是案件的管辖权,而不是案件	移送的是案件,而不是案件的管辖权
作用	是对级别管辖的调整,即根据案件审理的实际情况,将级别管辖在上下级人民法院之间进行调整	纠正人民法院错误行使管辖权,是人民法院错误管辖案件后的一种补救措施
程序	可以因上级人民法院决定的单方行为而发生转移,也可以因下级人民法院报请上级人民法院并经上级人民法院同意的双方行为而转移	只表现为移送人民法院的单方行为,即移送法院通过裁定将案件移送给其认为有管辖权的人民法院,而不需要经过受移送人民法院的同意
发生领域	只能发生在有审判监督指导关系的上下级人民法院之间,是对级别管辖的补充和变更	既可以发生在具有审判监督指导关系的上下级人民法院之间,也可以发生在同级人民法院之间,还可以发生在没有上下级审判监督指导关系的异地不同级别的人民法院之间
要求	必须经上级人民法院决定,没有上级人民法院的同意就不能发生管辖权的转移	移送的人民法院在移送案件时不需要经过受移送的人民法院同意,受移送的人民法院不得拒绝或再移送给其他法院,只能接受移送

（4）管辖权转移的情形。

根据新《行政诉讼法》的有关规定，行政诉讼中，管辖权的转移包括两种情形：

第一，提审。即上级人民法院直接决定自己审理本应由下级人民法院管辖的一审行政案件。从法律规定而言，上级人民法院有权审理所有下级人民法院的一审案件，并且无须下级人民法院同意。

第二，经下级人民法院申请，上级人民法院提审。下级人民法院提请上级人民法院审理由下级人民法院管辖的一审案件。这是下级人民法院主动提出将自己管辖的一审案件转移给上级人民法院审理，但必须经上级人民法院同意才能实现。

这里需要特别注意原《行政诉讼法》的规定，“上级人民法院也可以把自己管辖的第一审行政案件移交下级人民法院审判”，即允许降低审理级别。即上级人民法院直接决定将自己管辖的一审行政案件交给下级人民法院管辖。这种情况是管辖权的下移，也不需要下级人民法院同意。由于降低审理级别实际上是降低了级别管辖，容易引起当事人的异议，并不利于案件的公正审理，在实践中应当特别慎重。上级人民法院原则上不应将自己管辖的一审行政案件交给下级人民法院管辖。[①] 因此，新《行政诉讼法》第二十四条已经删除了降低审理级别的规定。

第三节　管辖异议及其解决

当行政案件的管辖确定后，如果行政诉讼的当事人对受理案件的人民法院的管辖权有异议的，应当在法定的时限内提出，人民法院应当及时依法予以处理。

一　管辖异议的概念

管辖异议，是指行政诉讼的当事人（通常是被告人、第三人）在法院受理案件后的法定时间内，向受理案件的人民法院提出异议，认为受理案件的人民法院没有管辖权而应由其他有管辖权的人民法院受理的情形。管辖异议的实质是当事人对人民法院受理本案的管辖权提出质疑。

管辖异议与管辖权争议不同。管辖异议，是被告对人民法院管辖行政案件提出的质疑；管辖权争议，是人民法院之间在受理第一审行政案件时发生的权力冲突。二者适用不同的处理规则，不能混同。

管辖异议，可以分为地域管辖异议和级别管辖异议两种。对于地域管辖异议，经审查，异议成立的，受诉法院应当裁定将案件移送有管辖权的法院处理；异议不成立的，裁定驳回。对于级别管辖异议，受诉法院审查后认为确无管辖权的，应当将案件移送有管辖的法院并告知双方当事人，但不作裁定。受诉法院拒

① 杨临宏：《行政诉讼法：原理与制度》，云南大学出版社 2011 年版，第 166—167 页。

不移送，当事人向上级法院反映并就此提出异议的，如情况属实确有必要移送的，上级法院应当通知受诉法院将案件移送有管辖权的法院；对受诉法院拒不移送且作出实体判决的，上级法院应当以程序违法为由撤销受诉法院的判决，并将案件移送有管辖的法院审理。①

二　管辖权异议提起的条件

新《行政诉讼法》没有直接规定管辖权异议，根据《适用行政诉讼法解释》第十条第一款规定："人民法院受理案件后，被告提出管辖异议的，应当在收到起诉状副本之日起十五日内提出。"据此规定，提起管辖异议的条件有：

（一）管辖权异议的主体

提出管辖权异议的主体通常应当是本案被告。除此以外，其他任何人即使对案件的管辖有不同意见，也不能提出管辖权异议。

由于案件的管辖多数情况下是根据原告起诉而确定的，即原告到某一特定人民法院起诉，就已经认可了该人民法院对本案具有管辖权，因此，原告通常情况下不存在提出管辖权异议的条件。

（二）管辖权异议的客体

管辖权异议的客体，是指当事人提出管辖权异议的对象或内容。

管辖权异议的客体是对受理行政诉讼的人民法院的管辖权的否定，认为受理案件的人民法院没有管辖权而应由其他法院管辖，其实质是认为当前的人民法院受理案件违反了新《行政诉讼法》有关管辖的规定。

管辖权异议的客体应当是受诉法院对一审行政案件的管辖权，不存在对第二审行政案件管辖权提出异议的问题，因为第二审人民法院作为上诉法院只是一审法院的上一级法院，是法定的。当然，管辖权异议的客体，既可以针对地域管辖权，也可以针对级别管辖权。

（三）提出管辖权异议的形式

管辖权异议必须由有异议的当事人以书面形式正式向受理案件的人民法院提

① 最高人民法院行政审判庭编：《最高人民法院行政诉讼司法解释理解与适用》，人民法院出版社2018年版，第91页。

出，以其他形式对管辖权提出异议的，因不符合管辖权异议的形式要求，将不产生法律效果。

（四）管辖权异议的受理法院

管辖权异议应当向受理案件的人民法院提出。管辖权异议只能向受理案件的人民法院提出，向其他人民法院提出的，不产生管辖权异议的法律效果。

（五）提出管辖权异议的时间

管辖异议必须在法定期间内提出，即人民法院受理案件后，被告提出管辖异议的，应当在收到起诉状副本之日起十五日内提出。

三 管辖权异议的处理

（一）审查

对当事人提出的管辖权异议，人民法院应当进行审查。作为案件实体审理的前提，人民法院应当先处理管辖权异议。《适用行政诉讼法解释》第十条第二款规定："对当事人提出的管辖权异议，人民法院应当进行审查。异议成立的，裁定将案件移送有管辖权的人民法院；异议不成立的，裁定驳回。"依照该规定，人民法院对当事人提出的管辖权异议，应当按照以下程序处理：

第一，受理案件的人民法院在收到当事人提出的管辖异议后，应当对当事人提出的管辖异议进行审查，并作出本院对该案是否有管辖权的书面裁定，送达各方当事人。

第二，当事人对裁定不服的，应当在裁定送达后的十日内向上一级人民法院提出上诉。

第三，上一级人民法院在法定期限内，对上诉案件进行审查，并作出确定案件管辖的最终裁定。当事人在接到最终裁定后，应当到裁定所确定的管辖法院参加诉讼。原告不参加诉讼的，将视为自动撤诉；被告或第三人不参加诉讼的，视为不应诉，人民法院可以缺席审理。

第四，人民法院对管辖异议审查后确定有管辖权的，不因当事人增加或者变更诉讼请求改变管辖，但违反级别管辖、专属管辖规定的除外。

（二）不审查

根据《适用行政诉讼法解释》第十一条的规定，有下列情形之一的管辖异议，人民法院不予审查：

第一，人民法院发回重审或者按第一审程序再审的案件，当事人提出管辖异议的。

第二，当事人在第一审程序中未按照法律规定的期限和形式提出管辖异议，在第二审程序中提出的。

第七章　行政诉讼参加人

行政诉讼参加人，所要解决的是哪些人来“打行政官司”。只有明确了行政诉讼参加人的有关规定，才不会在诉讼中出现错告或告错人的情况，人民法院也才能够将与行政争议有利害关系的人聚集在同一个案件之中解决行政争议。

第一节　行政诉讼参加人概述

一　行政诉讼参加人的概念

行政诉讼参加人是一个未经法律明确定义的较为宽泛的法律概念，通常包括行政诉讼的原告、被告、共同诉讼人、第三人和诉讼代理人。理论界通常认为，行政诉讼参加人是指当事人和与当事人诉讼地位相同的人。但这种界定并不十分清晰。因此亦有学者认为：“行政诉讼参加人是指在整个或部分诉讼过程中参加行政诉讼，对行政诉讼程序能够产生重大影响的人。”① 诉讼参加人参加诉讼活动的目的是维护自己或者被代理人的合法权益，其在诉讼中的基本特征是与案件的审理结果有利害关系。因此，诉讼参加人的诉讼活动对诉讼程序的启动和推进具有直接的影响，诉讼参加人是诉讼权利义务的主要承担者。

诉讼参与人是一个比行政诉讼参加人更加宽泛的法学概念，是指除了包括诉讼参加人之外，还包括证人、鉴定人、勘验人、翻译人员等。这类诉讼参与人在

① 应松年主编：《行政法与行政诉讼法学》，高等教育出版社 2017 年版，第 451 页。

法律上与案件没有利害关系，但是，他们在诉讼中依法享有特殊的诉讼地位，参与特定的诉讼活动。

二　行政诉讼当事人

行政诉讼当事人，是指因行政主体作出的行政行为发生争议，依照行政诉讼法的规定，以自己的名义进行诉讼，并受人民法院裁判拘束的行政主体和行政相对人。行政诉讼的当事人具有广义和狭义两种不同的含义。广义上，行政诉讼当事人包括原告、被告、第三人和共同诉讼人；狭义上，行政诉讼当事人是指原告和被告。

行政诉讼当事人具有以下几个特征。

第一，行政诉讼当事人是以自己的名义进行诉讼的人。当事人参加诉讼是为了维护自己的利益，因此，在诉讼中，都应当以自己的名义进行诉讼。凡是不以自己名义参加行政诉讼活动的，都不是当事人。如诉讼代理人是以被代理人的名义参加诉讼，就不是当事人。

第二，行政诉讼的当事人是从行政管理中的行政主体和行政相对人转化而来的。即行政主体和行政相对人之间在行政法律关系中发生争议，并诉讼至人民法院时才能发生转变。行政主体转变为被告，行政相对人转变为原告。

第三，行政诉讼当事人是受人民法院裁判拘束的人。是否受人民法院裁判拘束是当事人与其他诉讼参与人的区别之所在。当事人与行政纠纷有利害关系，正是基于这种利害关系，法院才可以对当事人之间的利益纠纷进行审判。人民法院依法通过审理所作的裁判就是对当事人之间的纠纷进行决断，因此对当事人具有拘束力。其他诉讼参与人之间没有行政法律关系，也没有发生行政争议，因而与案件没有利害关系，他们的利益没有被提交给法院审判，他们只依法律的具体规定行使有限的程序权利，履行有限的程序义务。因此，他们的利益不受审理本案的人民法院裁判，也不受人民法院裁判的拘束。

第四，行政诉讼当事人具有恒定性。行政诉讼的原告是行政管理中的行政相对人，即通常所说的公民、法人或者其他组织，而被告是行政主体，即通常所说的行政机关或者法律、法规、规章授权的组织。正因为如此，人们才通俗地将行政诉讼称为“民告官”。

由于行政诉讼的程序不同，因此在不同的诉讼程序中，当事人的称谓也不同。在一审程序中，起诉一方的当事人被称为“原告”、被起诉一方的当事人被称为“被告”、因与有争议的行政行为有利害关系而参与诉讼的人被称为“第三人”。在第二审程序（亦称上诉审程序）中，上诉一方当事人被称为“上诉人”，被上诉的一方当事人被称为“被上诉人”，其他未提出上诉也未被他人上诉的人，依原审地位列明身份，如“原审原告”“原审被告”“原审第三人”等。在审判监督程序（亦称再审程序）中，按一审程序再审的称为“原审原告”“原审被告”，按二审程序再审的被称为“原审上诉人”“原审被上诉人”。不同的称谓，不仅反映了案件的不同审理程序，也反映了各方当事人诉讼地位的变化。行政诉讼当事人是行政诉讼参加人中的核心主体，也是整个行政诉讼活动不可缺少的核心主体。实践中需要注意，根据《适用行政诉讼法解释》一百零七条的规定，第一审人民法院作出判决和裁定后，当事人提起上诉的，上诉各方均为上诉人。诉讼当事人中的一部分人提出上诉，没有提出上诉的对方当事人为被上诉人，其他当事人依原审诉讼地位列明。

三　行政诉讼当事人的权利义务

（一）行政诉讼当事人的权利

行政诉讼当事人在行政诉讼中享有以下权利。

第一，原告的诉权，即向人民法院提起行政诉讼，在诉讼中放弃、变更或者增加诉讼请求的权利。

第二，被告应诉权，即对原告的起诉进行回应和答辩的权利。

第三，委托代理人进行诉讼的权利。

第四，经人民法院许可，向证人、鉴定人和勘验人员发问的权利。

第五，使用本民族语言文字进行诉讼的权利。

第六，申请审判人员、书记员、鉴定人员回避的权利。

第七，经人民法院许可，有查阅、复制本案庭审材料及有关法律文书的权利，但涉及国家秘密或个人隐私的材料除外。

第八，查阅、补正庭审笔录的权利。

第九，在宣判前，原告有申请撤诉，被告可以改变所做的行政行为的权利。

第十，向人民法院申请财产保全措施的权利。

第十一，当事人在证据可能灭失或者以后难以取得的情况下，有向人民法院申请证据保全的权利。

第十二，原告有申请人民法院裁定在诉讼过程中停止行政行为执行的权利。

第十三，对第一审判决或裁定，当事人有在法定期限内上诉的权利。

第十四，向人民法院申请执行已经发生法律效力的判决、裁决的权利。

第十五，原告具有附带请求国家赔偿的权利。

其中，起诉权、申请停止被诉行政行为的权利、撤诉权以及附带请求国家赔偿的权利，是原告特有的权利。

行政诉讼被告没有起诉权与反诉权，但原则上享有不停止执行被诉行政行为的权利，以及在法律、法规授权的情况下，具有对原告执行生效裁判的权利。

（二）行政诉讼当事人的义务

行政诉讼当事人的诉讼义务主要如下。

第一，依法行使诉讼权利，不滥用诉讼权利。

第二，按照法定期限和程序参加诉讼。经人民法院传票传唤，原告无正当理由拒不到庭的，按撤诉处理；被告无正当理由拒不到庭的，人民法院可以缺席判决。

第三，在诉讼中遵守法庭纪律，服从法庭指挥，不妨碍诉讼的正常进行。

第四，自觉履行已经发生法律效力的判决和裁定。

第五，被告行政机关对被诉的行政行为负有举证责任，不得自行向原告和证人收集证据，不得事后补证。被告也不得自行与原告和解。

四　行政诉讼代表人

诉讼代表人，是指众多当事人的一方，推选出的代表，或者特殊情况下特别代表当事人，为维护本方的利益而进行诉讼活动的人。新《行政诉讼法》第二十八条规定："当事人一方人数众多的共同诉讼，可以由当事人推选代表人进行诉讼。代表人的诉讼行为对其所代表的当事人发生效力，但代表人变更、放弃诉讼请求或者承认对方当事人的诉讼请求，应当经代表的当事人同意。"诉讼代表人也可分为相应的两种，即人数确定的诉讼代表人和人数不确定的诉讼代表人。诉讼代表人是众多同一案件的众多当事人（一般是原告），从中选出或有法院指定的代表，代表所有的当事人参与诉讼，他本身也必须是当事人之一（一般是原告）。这里"人数众多"一般是指十人以上。当事人一方人数众多的，由当事人推选代表。当事人推选不出代表人的，可以由人民法院在起诉的当事人中指定代表。代表人可以委托一至二人作为诉讼代理人。①

这里需要注意的是，诉讼代表人与诉讼代理人有本质的区别。区别如下。

第一，诉讼代表人是行政诉讼案件的当事人，因受众多当事人的委托，代表其他当事人参与诉讼；诉讼代理人自己不是行政诉讼案件当事人，与行政诉讼案件没有利害关系，是为了被代表人利益而参与诉讼。

第二，诉讼代表人在诉讼过程有权代表被代表的当事人作出一般的诉讼行为，其诉讼行为的效力对其他诉讼当事人具有约束力；诉讼代理人只能在授权范围内代理当事人进行诉讼。当然，诉讼代表人在进行处分时（如放弃、变更诉讼请求或者承认对方当事人的诉讼请求），则应当征得被代表人的同意，否则该项处分只能对代表人自己产生约束力，对其他被代表人不能产生约束力。

当事人超过五人以上的应当推选二作为诉讼代表人，参加诉讼。未选定而由人民法院指定其中二代表众多原告进行诉讼的人，以及依法可以代表非法组织参加诉讼的人。

第二节　行政诉讼的原告

一　行政诉讼原告的概念

行政诉讼的原告，是指认为行政主体及其工作人员所作的行政行为侵犯了自己的合法权益，而依法以自己的名义向人民法院提起诉讼（或者经法定程序申请行政复议，对行政复议决定不服而向人民法院提起诉讼），请求人民法院对争议的行政行为进行审理并作出有利于自己的裁判的行政相对人和利害关系人。简言之，行政诉讼原告，是指认为行政行为侵犯其合法权益，而依法向人民法院提起诉讼的公民、法人或者其他组织。行政诉讼原告是行政诉讼程序的启动人。可以说，行政诉讼原告的含义有：原告是以自己名义向人民法院提起行政诉讼的人；原告是认为自己的合法权益受到行政主体的行政行为侵害的人；原告是向人民法

① 《适用行政诉讼法解释》第二十九条。

院提起行政诉讼的人。

根据《行政诉讼法》的有关规定，只有与行政行为有法律上的利害关系的公民、法人或者其他组织对该行政行为不服的，才能依法提起行政诉讼。新《行政诉讼法》第二十五条规定："行政行为的相对人以及其他与行政行为有利害关系的公民、法人或者其他组织，有权提起诉讼。""有权提起诉讼的公民死亡，其近亲属可以提起诉讼。""有权提起诉讼的法人或者其他组织终止，承受其权利的法人或者其他组织可以提起诉讼。"第四十九条第一项又规定："原告是符合本法第二十五条规定的公民、法人或者其他组织。"

二　原告的特征

行政诉讼原告具有以下特征。

第一，行政诉讼原告是行政管理中的行政相对人及利害关系人，即在行政管理中的公民、法人或者其他组织。在行政管理中，行政机关以行政主体是行使国家行政管理职权的一方，不享有原告资格。

这里需要特别指出的是，行政机关以行政相对人身份出现时，其是另一行政主体的被管理方时，也可以成为行政诉讼的原告。例如，公安机关在维护社会治安秩序时是代表国家行使行政职权的行政主体，但其在建盖房屋时就属于被其他行政主体管理的行政相对人。当其对违反治安管理的人实施处罚时，属于行政主体，不能提起行政诉讼，成为行政诉讼的被告，但当其作为行政相对人时，对其他行政主体的管理行为不服，有权提起行政诉讼，成为行政诉讼的原告。

第二，行政诉讼的原告是承担行政行为法律后果或受行政行为实际影响的公民、法人或者其他组织。只要是与行政行为有法律上利害关系的公民、法人或者其他组织对该行政行为不服的，可以依法提起行政诉讼。

这里需要特别指出的是，"与行政行为有利害关系"的含义。关于利害关系，理论界存在"法律上的利害关系"和"与行政行为有利害关系"两种观点。根据《适用行政诉讼法解释》第一条第二款第十项："对公民、法人或者其他组织权利义务不产生实际影响的行为"法院不予受理的规定，"法律上的利害关系"可以理解为"对相对人权利义务产生实际影响"。但新《行政诉讼法》没有以"法律上的利害关系"为判断原告的标准，而是采用"与行政行为有利害关系"为标准。这里，"利害关系"其实是界定"其他与行政行为有利害关系的公民、法人或者其他组织”的范围标尺，可以包括被诉的行政行为涉及其相邻权或者公平竞争权的；与被诉的行政复议决定有利害关系或者在复议程序中被追加为第三人的；要求主管行政机关依法追究加害人法律责任的；与撤销或者变更的行政行为有利害关系的。[①] 根据《适用行政诉讼法解释》第十二条的规定、《行政诉讼法》第二十五条第一款规定的“与行政行为有利害关系”，是指下列情形之一，即：①被诉的行政行为涉及其相邻权或者公平竞争权的；②在行政复议等行政程序中被追加为第三人的；③要求行政机关依法追究加害人法律责任的；④撤销或者变更行政行为涉及其合法权益的；⑤为维护自身合法权益向行政机关投诉，具有处理投诉职责的行政机关作出或者未作出处理的；⑥其他与行政行为有利害关系的情形。

第三，行政诉讼原告资格（利害关系）的关键在于起诉请求中具有值得法律保护的利益，而不在于是现实的或者将来的、直接的或者间接的利益。但是，利害关系不能无限制地扩展下去。所谓值得法律保护的利益，是指相关法律要求行政机关作出行政行为时应当考虑且通过行政诉讼值得保护的实质利益。例如，公平竞争权诉讼，没有得到批准的人是否可以起诉？根据值得法律保护的利益标准，公平竞争权人只有通过行政诉讼才能维护自己的利益，除此之外，则无法有效维护其合法权益。

原告必须与被诉行政行为之间有利害关系，即承担该行政行为的法律后果或者合法权益受到实际影响。行政诉讼原告并不限于行政行为直接针对的公民、法人或者其他组织。在特定情况下，公民、法人或者其他组织即使不是行政行为的直接的行政相对人，只要其权益受到行政行为实质影响的，就可以成为原告。可以说，合法权益受到行政行为的实际影响，是公民、法人或其他组织作为行政诉讼原告的根本依据。

这里需要特别注意的是，原《行政诉讼法》规定，原告是认为具体行政行为侵犯其合法权益的公民、法人或者其他组织。包含两方面的含义：一是“认为具体行政行为侵犯其合法权益”的“认为”只是原告的主观上的认识，只要其“认为”受到行政行为的侵犯，就可以依照原《行政诉讼法》提起诉讼，并不要求客观上已经发生行政行为侵犯其合法权益的事实。这种主观认识明显不利于人

---

① 袁杰主编：《中华人民共和国行政诉讼法解读》，中国法制出版社 2014 年版，第 73—74 页。

民法院对起诉人是不是具有资格作出客观判断。“由于没有客观标准，有的法院在各种压力之下，不愿受理行政案件，对原告资格过度限制；有的法院仅将原告理解为行政行为的相对人，使一些应当纳入行政诉讼解决的争议没有纳入。”① 二是“合法权益”。“合法权益”是指法定权利和法定利益，其核心是法定权利。根据原《行政诉讼法》的规定，合法权益主要是指人身权、财产权。人身权、财产权以外的权利受到行政行为侵犯的，一般而言，只有在相关单行法律、法规以及司法解释作出规定的情况下，才能起诉。② 有关公民人身权、财产权以外的权利受到行政行为侵害可以寻求司法救济的法律规定比较少，比较有代表性的是《未成年人保护法》和《妇女权益保障法》。③为了充分发挥行政诉讼的功能，新《行政诉讼法》没有采用给原告下定义的方式来确定原告，而确定原告的方式，采用的是简单明了的方式确定原告。

第四，原告是以自己的名义向人民法院提起诉讼的公民、法人或者其他组织。原告是因自己的合法权益受到行政主体及其工作人员行使职权的行为的侵害而提起诉讼的，因此，必须以自己的名义向人民法院提起诉讼，而不能以他人的名义提起诉讼。这是原告与诉讼代理人的根本性区别。

三 原告人资格

在诉讼理论中，原告资格，又称起诉资格。关于原告资格，我国理论界的认识尚未达成一致的意见，概括起来有“条件说”“限制说”和“利害关系说”三类。“条件说”认为：原告资格要求具备一定的条件，才能引起行政诉讼程序；“限制说”认为，为了避免滥诉，对不具备原告资格的人给予无权向人民法院提起诉讼的限定；“利害关系说”认为：原告资格强调的是成为行政诉讼原告必须是与引起受案范围内行政行为之间存在一定利害关系的人员。④ 原告资格：“是

---

① 袁杰主编：《中华人民共和国行政诉讼法解读》，中国法制出版社 2014 年版，第 73 页。

② 马怀德主编：《行政诉讼法学》，中国人民大学出版社 2009 年版，第 80 页。

③ 《未成年人保护法》第五十一条第一款规定：未成年人的合法权益受到侵害，依法向人民法院提起诉讼的，人民法院应当依法及时审理，并适应未成年人生理、心理特点和健康成长的需要，保障未成年人的合法权益。《妇女权益保障法》第五十二条第一款规定：妇女的合法权益受到侵害的，有权要求有关部门依法处理，或者依法向仲裁机构申请仲裁，或者向人民法院起诉。这两部法律规定的“合法权益”不限于人身权和财产权。比如，妇女权益包括政治权利、文化教育权益、劳动和社会保障权益、财产权益、人身权利、婚姻家庭权益等内容。

④ 关保英主编：《行政法与行政诉讼法》，中国政法大学出版社 2004 年版，第 575 页。

指某人在司法性争端中如享有的将该争端诉诸司法程序的足够的利益，其中心课题是确定司法争端对起诉人影响是否充分，从而使起诉人成为本案的正当原告”。“行政诉讼原告资格是指提起行政诉讼的身份条件，在本质上是指起诉人与被诉行政行为或不作为或所争议的行政法律关系的利害关系。”①

四 几种特殊情况下的原告资格

（一）侵权行为中受害人的原告人资格

《适用行政诉讼法解释》第十二条规定：“有下列情形之一的，公民、法人或者其他组织可以依法提起行政诉讼：……（三）要求行政主管机关依法追究加害人法律责任的。”侵权行为中的受害人是指受到其他公民（加害人）违法行为侵害的人。在发生侵害时，行政机关可能有两种做法：一是对加害人不予处理；二是处罚了加害人，但受害人认为处罚轻微。在这两种情况下，受害人是否可以起诉，要求法院判令行政机关追究或者加重加害人的责任。最高人民法院之所以在《适用行政诉讼法解释》第十二条第三项对受害人要求行政机关追究加害人责任不服的，确定受害人享有原告资格时，追究违法者的法律责任不仅是行政机关对违反公法秩序的行为人处以公法责任，也是行政机关通过处罚对受害人的权益予以保护的手段。受害人享有请求行政机关依法给予加害人相应处罚的权利，受害人的权益是行政机关作出行政处罚行为时必须予以考虑的利益。②

（二）侵权行为中加害人的原告人资格

侵权行为中加害人是行政行为的对象，当然也具有行政诉讼原告资格。但需要注意：

第一，加害人或者受害人中起诉的一方是原告，没有起诉的一方是第三人。

第二，如果加害人认为行政处罚过重而起诉，受害人认为处罚过轻同时起诉，在这种情况下，受害人和加害人都是原告，但他们不是共同原告，各自利益独立。

（三）民事利害关系人的原告资格

民事利害关系中最明显的是相邻权关系和公平竞争人之间的关系。

---

① 江必新、梁凤云：《行政诉讼法理论与实务》（第三版），法律出版社2016年版，第549页。

② 马怀德主编：《行政诉讼法学》，中国人民大学出版社2009年版，第82页。

1. 相邻权人之间的原告人资格问题

在民事法律关系中，不动产的占有人在行使物权时，对相毗邻的他人的不动产享有一定的支配权。根据民法有关相邻关系的规定，相邻权主要包括截水、排水、通行、通风、采光等权利。例如，《城乡规划法》第九条规定："任何单位和个人都应当遵守经依法批准并公布的城乡规划，服从规划管理，并有权就涉及其利害关系的建设活动是否符合规划的要求向城乡规划主管部门查询。任何单位和个人都有权向城乡规划主管部门或者其他有关部门举报或者控告违反城乡规划的行为。城乡规划主管部门或者其他有关部门对举报或者控告，应当及时受理并组织核查、处理。"民事主体侵犯他人相邻权的行为，在很多时候，与行政机关的行政行为有密切的关系，特别是民事主体的很多行为是在行政机关批准、许可后实施的，拥有相邻权的一方认为行政机关的批准行为侵犯了其合法权益，可以向法院提起行政诉讼。法律赋予民事利害关系人的行政诉讼原告资格，也是来源于有关法律要求行政机关在作出行政行为时必须要考虑相邻权人的利益。《适用行政诉讼法解释》第十二条第一项肯定了相邻权人的诉讼资格。

2. 公平竞争权人的原告资格问题

所谓公平竞争权人的原告资格，是指行政机关作出行政行为时，与行政行为的受益者处于公平竞争状态的其他人具有提起诉讼的资格。《适用行政诉讼法解释》第十二条的规定："有下列情形之一的，属于行政诉讼法第二十五条第一款规定'与行政行为有利害关系'：（一）被诉的具体行政行为涉及其相邻权或者公平竞争权的……"因此，司法解释肯定了公平竞争权人的原告资格。

处于竞争状态的人是否具备行政诉讼的原告资格，关键取决于三个条件：一是原告是否遭受了特别的人身或者财产损害；二是看争议案件是否存在真正意义上的竞争，以及行政行为是否会损害合法的竞争，造成违法竞争的局面；三是看有无很强的政策和政治因素。如果行政行为是基于政策和政治考虑作出的，那么，即使竞争权利或者经济利益受到损害，也不宜通过行政诉讼的方式取得救济。

（四）债权人的原告资格问题

根据《适用行政诉讼法解释》第十三条的规定，"债权人以行政机关对债务人所作的行政行为损害债权实现为由提起行政诉讼的，人民法院应当告知其就民事争议提起民事诉讼，但行政机关作出行政行为时依法应予保护或者应予考虑的除外。”据此规定，债权人原则上不能以行政诉讼原告的身份提起行政诉讼。这是因为，债权是一种相对权，其实现应当通过相应的债务人履行债务。而在通常情况下，债权人与被诉行政行为的作出者——行政机关之间不存在行政诉讼法上的利害关系。在特殊情况下，如果行政机关作出行政行为时对当事人主张的债权是依法应当保护的或者应当考虑的，则债权人应当具有原告资格。如《最高人民法院关于审理房屋登记案件若干问题的规定》[①] 第四条规定：“房屋登记机构为债务人办理房屋转移登记，债权人不服提起诉讼，符合下列情形之一的，人民法院应当依法受理：（一）以房屋为标的物的债权已办理预告登记的；（二）债权人为抵押权人且房屋转让未经其同意的；（三）人民法院依债权人申请对房屋采取强制执行措施并已通知房屋登记机构的；（四）房屋登记机构工作人员与债务人恶意串通的。”这种情况下，债权人应当具有行政诉讼原告资格。

（五）合伙组织的原告资格问题

合伙企业，是指自然人、法人和其他组织依法在中国境内设立的普通合伙企业和有限合伙企业。普通合伙由普通合伙人组成，合伙人均可以参与合伙企业的经营管理，同时对于合伙企业的责任承担无限连带责任。有限合伙企业由普通合伙人有限责任合伙人组成，普通合伙人可以参与合伙企业的经营管理并对合伙企业的债务承担无限连带责任，有限合伙人不参与合伙企业的经营管理并对合伙企业的债务以出资额为限承担有限责任。[②] 由于合伙企业不具有法人资格，因此没有独立承担义务的能力。根据《适用行政诉讼法解释》第十五条第一款的规定，合伙企业向人民法院提起诉讼的，应当以核准登记的字号为原告。未依法登记领取营业执照的个人合伙的全体合伙人为共同原告；全体合伙人可以推选代表人，被推选的代表人，应当由全体合伙人出具推选书。

根据《合伙企业法》第二条的规定，普通合伙企业由普通合伙人组成，合伙人对合伙企业债务承担无限连带责任。有限合伙企业由普通合伙人和有限合伙

---

① 法释〔2010〕15号，2010年8月2日由最高人民法院审判委员会第1491次会议通过，自2010年11月18日起施行。

② 《合伙企业法》第二条规定：“本法所称合伙企业，是指自然人、法人和其他组织依照本法在中国境内设立的普通合伙企业和有限合伙企业。”“普通合伙企业由普通合伙人组成，合伙人对合伙企业债务承担无限连带责任。本法对普通合伙人承担责任的形式有特别规定的，从其规定。”“有限合伙企业由普通合伙人和有限合伙人组成，普通合伙人对合伙企业债务承担无限连带责任，有限合伙人以其认缴的出资额为限对合伙企业债务承担责任。”

人组成，普通合伙人对合伙企业债务承担无限连带责任，有限合伙人以其认缴的出资额为限对合伙企业债务承担责任。合伙企业领取营业执照，合伙企业成立，合伙人可以以合伙企业的名义从事合伙业务。当合伙企业的权益受到行政行为侵害时，合伙企业可以以核准登记的字号的名义向法院提起诉讼，由对外代表合伙企业的合伙人作为诉讼代表人。

（六）个体工商户的原告资格问题

个体工商户是根据法律法规的规定经市场监督管理部门登记、从事工商业经营的有经营能力的公民或者家庭。[①] 根据《适用行政诉讼法解释》第十五条第二款的规定，个体工商户向人民法院提起诉讼的，以营业执照上登记的经营者为原告。有字号的，以营业执照上登记的字号为原告，并应当注明该字号经营的基本信息。

（七）投资人的原告资格问题

根据《适用行政诉讼法解释》第十六条规定，投资人的原告资格有如下几种情形。

1. 股东大会、股东会、董事会的原告资格问题

股份制企业包括有限责任公司和股份有限公司，是最典型的营利法人，是指按照出资人出资的方式和责任承担方式的不同确定的企业形式。《适用行政诉讼法解释》第十六条第一款规定：“股份制企业的股东大会、股东会、董事会等认为行政机关作出的行政行为侵犯企业经营自主权的，可以企业名义提起诉讼。”

2. 联营企业、中外合资或者合作企业的联营、合资、合作各方原告资格问题

《适用行政诉讼法解释》第十六条第二款规定：“联营企业、中外合资或者合作企业的联营、合资、合作各方，认为联营、合资、合作企业权益或者自己一方合法权益受行政行为侵害的，可以自己的名义提起诉讼。”之所以这样规定，是由于联营、合资、合作企业各方权益在利益上往往具有对立性，如果法律上要求必须以联营、合资、合作体的名义提起行政诉讼，就不利于争议的解决，不利

---

① 《个体工商户条例》第二条规定：“有经营能力的公民，依照本条例规定经工商行政管理部门登记，从事工商业经营的，为个体工商户。”“个体工商户可以个人经营，也可以家庭经营。”“个体工商户的合法权益受法律保护，任何单位和个人不得侵害。”

于权益的救济。值得注意的是，联营企业、中外合资或者合作企业的联营、合资、合作各方，认为行政机关的行政行为侵犯了联营、合资、合作企业权益或者自己一方合法权益的，可以自己的名义提起诉讼。同时，如果联营企业、中外合资或者合作企业本身也对行政机关的行政行为不服，认为侵犯联营企业、中外合资或者合作企业合法权益的，该企业当然也具有行政诉讼原告资格。也就是说，如果联营企业、中外合资或者合作企业本身对行政行为不服，认为侵犯合作体合法权益的，可以合作体的名义提起行政诉讼。这样就会形成针对同一个行政行为的共同诉讼，各方为共同原告。

3. 被行政机关注销、撤销、合并、强令兼并、出售、分立或者改变企业隶属关系的非国有企业的原告资格问题

《适用行政诉讼法解释》第十六条第三款规定："非国有企业被行政机关注销、撤销、合并、强令兼并、出售、分立或者改变企业隶属关系的，该企业或者其法定代表人可以提起诉讼。"这些都是将非国有企业主体资格消灭的行政行为，如果不允许此类企业提起行政诉讼，则无异于对政府的这种行为没有司法救济手段。因此，司法解释承认了该企业或法定代表人的行政诉讼原告资格。承认法定代表人的原告资格主要是基于法定代表人的特殊法律地位，法定代表人在这种情况下可以以自己的名义提起诉讼，无须使用企业的名义。

（八）事业单位、社会团体、基金会、社会服务机构等非营利法人的出资人、设立人的原告资格问题

《民法总则》第八十七条规定："为公益目的或者其他非营利目的成立，不向出资人、设立人或者会员分配所取得利润的法人，为非营利法人。""非营利法人包括事业单位、社会团体、基金会、社会服务机构等。"事业单位是由国家机关或者有关组织利用国有资产设立的公益组织。① 社会团体，是指中国公民自愿组成，为实现会员共同意愿，按照其章程开展活动的非营利性社会组织。② 基金会是指依法成立的，利用自然人、法人或者其他组织捐赠的财产，以从事公益

① 《事业单位登记管理暂行条例》第二条规定："本条例所称事业单位，是指国家为了社会公益目的，由国家机关举办或者其他组织利用国有资产举办的，从事教育、科技、文化、卫生等活动的社会服务组织。""事业单位依法举办的营利性经营组织，必须实行独立核算，依照国家有关公司、企业等经营组织的法律、法规登记管理。"

② 《社会团体登记管理条例》第二条。

事业为目的的组织。[①] 社会服务机构，是指自然人、法人或者其他组织为了提供社会服务，主要利用非国有资产设立的非营利性法人。《民法总则》赋予事业单位、社会团体、基金会、社会服务机构等民事法律主体资格，自然就能够独立成为行政相对人地位，因此，《适用行政诉讼法解释》第十七条的规定："事业单位、社会团体、基金会、社会服务机构等非营利法人的出资人、设立人认为行政行为损害法人合法权益的，可以自己的名义提起诉讼。"

（九）业主委员会的原告资格问题

业主委员会，是指由业主选举产生，是业主行使共同管理权的一种特殊形式。业主委员会作为业主大会的执行机构，具有对外代表业主、对内具体实施与物业管理有关行为的职能，其行为法律效果及全体业主。业主大会和业主委员会，对任意弃置垃圾、排放污染物或者噪声、违反规定饲养动物、违章搭建、侵占通道、拒付物业费等损害他人合法权益的行为，有权依照法律、法规以及管理规约，要求行为人停止侵害、消除危险、排除妨害、赔偿损失。业主对侵害自己合法权益的行为，可以依法向人民法院提起诉讼。因此，《适用行政诉讼法解释》第十八条的规定："业主委员会对于行政机关作出的涉及业主共有利益的行政行为，可以自己的名义提起诉讼。""业主委员会不起诉的，专有部分占建筑物总面积过半数或者占总户数过半数的业主可以提起诉讼。"

（十）企业法定代表人的独立诉权和代位诉权问题

在企业法定代表人被行政机关变更或撤换的情况下，原企业法定代表人有权提起行政诉讼。新的法定代表人提出撤诉申请，缺乏法律依据。根据该司法解释的本意，原法定代表人既可以以自己的名义起诉，也可以以企业的名义起诉，人民法院不得以起诉的名义不当为由，不予受理或者裁定驳回诉讼请求。[②]

---

① 《基金会管理条例》第二条规定："本条例所称基金会，是指利用自然人、法人或者其他组织捐赠的财产，以从事公益事业为目的，按照本条例的规定成立的非营利性法人。"第三条规定："基金会分为面向公众募捐的基金会（以下简称"公募基金会"）和不得面向公众募捐的基金会（以下简称"非公募基金会"）。公募基金会按照募捐的地域范围，分为全国性公募基金会和地方性公募基金会。"

② 《最高人民法院行政审判庭关于对在案件审理期间法定代表人被更换，新的法定代表人提出撤诉申请，法院是否准予撤诉问题的电话答复》（1998 年 10 月 28 日）（参见马怀德主编《行政诉讼法学》，中国人民大学出版社 2009 年版，第 87 页）。

五 原告资格转移问题

原告资格转移，是指有权起诉的公民死亡，法人或者企业、其他组织终止，其原告资格依法自然转移给有利害关系的特定公民、法人或者其他组织承受。

（一）原告资格转移的条件

原告资格转移的条件包括以下三点。

第一，有原告资格的主体在法律上不复存在。

第二，有原告资格的人死亡或终止时，未逾诉讼保护期限，即仍在法定起诉期限以内。

第三，原告资格转移发生于与原告有特定利害关系的主体之间，没有这种关系即不发生资格转移。

这里的特定利害关系，对自然人来说就是彼此间存在近亲属法律关系，对法人组织来说就是权利义务承受关系，即承受者与被转移主体之间在实体权利义务上存在着承受与被承受的关系。

（二）自然人原告资格的转移

根据新《行政诉讼法》第二十五条第二款规定，有权提起诉讼的公民死亡，其近亲属可以提起诉讼。根据《适用行政诉讼法解释》第十四条的规定，近亲属包括配偶、父母、子女、兄弟姐妹、祖父母、外祖父母、孙子女、外孙子女和其他具有扶养、赡养关系的亲属。

这里值得注意的是，“近亲属提起诉讼”是指近亲属自己以原告人身份提起行政诉讼，而不是以死亡公民的名义起诉。承受原告资格的公民或者组织应当向人民法院提供其属于法定近亲属范围的证明或者作为被终止组织的权利承受者的证明文件。

此外，根据《适用行政诉讼法解释》第十四条第二款的规定，公民因被限制人身自由而不能提起诉讼的，其近亲属可以依其口头或者书面委托以该公民的名义提起诉讼。近亲属起诉时无法与被限制人身自由的公民取得联系，近亲属可以先行起诉，并在诉讼中补充提交委托证明。此种情况下并没有发生原告人资格转移的问题，而是代理起诉的问题。

（三）法人或其他组织原告资格的转移

新《行政诉讼法》第二十五条第三款的规定，有权提起诉讼的法人或者其他组织终止，承受其权利的法人或者其他组织可以起诉。法人或者其他组织终止有两种情况：一是消灭，即法人或者其他组织的资格在法律上最终归于消灭和结束，如撤销、破产，其权利由法律规定的组织承受，如上级企业或者清算组；二是变更，即原法人或者组织以新的法人或其他组织形式出现，并且与原法人或者其他组织之间在法律上具有继承关系。这种变更主要有分立和合并两种形式。

承受原告资格的公民或者组织应当向人民法院提供其属于法定近亲属范围的证明或者作为被终止组织的权利承受者的证明文件。

第三节　行政诉讼的被告

一　行政诉讼被告的概念

行政诉讼被告，是指实施了被原告指控侵犯其合法权益或者与其发生争议的行政行为而被原告提起诉讼，并由人民法院通知应诉的行政机关或者法律、法规、规章授权行使行政职权的组织。简言之，行政诉讼被告，是指原告控告其行政行为侵犯了原告的合法权益而被人民法院通知应诉的行政主体。因此，我国行政诉讼实行的是“机关被告”模式，由实施行政行为的行政机关和法律、法规、规章授权的组织在行政诉讼中担当被告，而不能由国家、机关首长或者公务员为被告。

二　行政诉讼被告的特征

行政诉讼被告具有以下特征。

（一）行政诉讼的被告是具有行政职权的行政机关或者法律、法规、规章授权行使行政职权的组织，即行政法学理论中的行政主体

行政主体是指依法享有一定的行政职权，能够以自己的名义作出行政行为，并承担因此而产生的法律后果的行政机关和法律、法规授权行使行政职权的组织。

行政机关是指依法独立享有行政职权的国家机关。

行政机关能够以自己的名义独立行使行政职权，有独立的机构、经费。法律、法规、规章授权的组织虽然不具有行政机关的身份，但依法取得了一定的行政职权。

另外，根据《适用行政诉讼法解释》第二十条第二款规定："法律、法规或者规章授权行使行政职权的行政机关内设机构、派出机构或者其他组织，超出法定授权范围实施的行政行为，当事人不服提起诉讼的，应当以实施该行为的机构或者组织为被告。"这一规定赋予了"规章"授权的组织也具有独立的行政诉讼被告资格。

（二）行政诉讼被告是作出被诉行政行为，有资格对被诉行政行为承担法律责任的行政主体

这一特征说明，并不是所有的行政主体都可以成为行政诉讼的被告，只有在行政主体实施行政行为给行政相对人的合法权益造成侵害，并被行政相对人诉诸法院时，才是行政诉讼的被告。

（三）被告是由人民法院通知应诉的行政主体

诉讼程序的推进必须有原告的起诉，但仅有原告的起诉没有人民法院的受理，诉讼不能顺利进行，因此，原告起诉与法院通知应诉这两个方面必须结合起来，诉讼才能成立，缺少任何一方面诉讼都不能成立。因为原告起诉，并不是直接将诉状交给被告，而是将诉状交给法院，即原告的起诉是通过法院（公权力机关）这一平台来进行，这也是行政诉讼属于公力救济的具体表现。没有原告的起诉，法院不能正确确定被告；没有法院的审查确定，原告可能误告，因此，仅有原告指控也不能构成真正的被告。正因为如此，《适用行政诉讼法解释》第二十六条明确规定："原告所起诉的被告不适格，人民法院应当告知原告变更被告；原告不同意变更的，裁定驳回起诉。""应当追加被告而原告不同意追加的，人民法院应当通知其以第三人的身份参加诉讼，但行政复议机关作共同被告的除外。"

三　行政诉讼被告人资格的确定

从上述分析可知，确定行政诉讼被告的一般规则是：谁（指行政主体）作出的行政行为被原告起诉，并由人民法院通知应诉，谁就是被告。但在实践中，

由于国家的行政管理范围十分广泛，行政机关的结构体系十分复杂，执行的法律数量众多，管理方式多样，情况十分复杂，行政主体之间的关系具有多样性。因此，在确定行政诉讼的被告时，要依据法律，根据不同的情况进行确定。根据新《行政诉讼法》第二十六条[①]和《适用行政诉讼法解释》在确定被告人资格时要注意如下情况：

（一）原告直接向人民法院起诉的被告确定问题

从救济程序而言，行政诉讼案件可以分为两类：一类是没有经过行政复议程序当事人直接向人民法院起诉案件，即直接起诉案件；另一类是经过行政复议后再向人民法院起诉的案件，即经过行政复议的案件。公民、法人或者其他组织直接向人民法院提起诉讼的，即没有经过行政复议的，作出行政行为的行政主体是被告。

（二）经过行政复议的案件的被告确认问题

根据新《行政诉讼法》第二十六条第二款和《适用行政诉讼法解释》第二十六条，[②] 经过行政复议而起诉的案件，确认被告时要分三种情况进行：

第一，复议机关维持原行政行为的，以作出原行政行为的行政机关和复议机关为被告。这样规定的理由是：一是虽然维持原行政行为，表面上看是原行政行为继续生效，但事实上是复议机关作出了一个与原行政行为完全相同的行政行为；二是能够有效解决行政复议机关充当“维持会”的功能，防止复议机关为了避免自己成为被告，对行政复议一律采用维持原行政行为的处理方式，使行政复议的纠错和监督功能丧失殆尽，复议程序空转。新《行政诉讼法》将原行政机关和复议机关作为共同被告，是因为它们对作出行政行为的事实、证据、法律等都最为清楚，在这种情况下确定以它们为被告，不仅能够开展对行政行为合法

---

① 新《行政诉讼法》第二十六条规定：“公民、法人或者其他组织直接向人民法院提起诉讼的，作出行政行为的行政机关是被告。”“经复议的案件，复议机关决定维持原行政行为的，作出原行政行为的行政机关和复议机关是共同被告；复议机关改变原行政行为的，复议机关是被告。”“复议机关在法定期限内未作出复议决定，公民、法人或者其他组织起诉原行政行为的，作出原行政行为的行政机关是被告；起诉复议机关不作为的，复议机关是被告。”“两个以上行政机关作出同一行政行为的，共同作出行政行为的行政机关是共同被告。”“行政机关委托的组织所作的行政行为，委托的行政机关是被告。”“行政机关被撤销或者职权变更的，继续行使其职权的行政机关是被告。”

② 原《若干问题的解释》第二十六条规定：“原告所起诉的被告不适格，人民法院应当告知原告变更被告；原告不同意变更的，裁定驳回起诉。”“应当追加被告而原告不同意追加的，人民法院应当通知其以第三人的身份参加诉讼，但行政复议机关作共同被告的除外。”

性的举证等各项诉讼活动，而且还能够有效监督行政机关依法行使职权。如何处理好复议机关作为共同被告的问题呢？最高人民法院在《适用行政诉讼法解释》第八部分中作了明确规定。具体内容如下。①行政诉讼法第二十六条第二款规定的“复议机关决定维持原行政行为”，包括复议机关驳回复议申请或者复议请求的情形，但以复议申请不符合受理条件为由驳回的除外。②复议机关决定维持原行政行为的，作出原行政行为的行政机关和复议机关是共同被告。原告只起诉作出原行政行为的行政机关或者复议机关的，人民法院应当告知原告追加被告。原告不同意追加的，人民法院应当将另一机关列为共同被告。③行政复议决定既有维持原行政行为内容，又有改变原行政行为内容或者不予受理申请内容的，作出原行政行为的行政机关和复议机关为共同被告。④复议机关作共同被告的案件，以作出原行政行为的行政机关确定案件的级别管辖。⑤复议机关决定维持原行政行为的，人民法院应当在审查原行政行为合法性的同时，一并审查复议决定的合法性。⑥作出原行政行为的行政机关和复议机关对原行政行为合法性共同承担举证责任，可以由其中一个机关实施举证行为；复议机关对复议决定的合法性承担举证责任；复议机关作共同被告的案件，复议机关在复议程序中依法收集和补充的证据，可以作为人民法院认定复议决定和原行政行为合法的依据。⑦人民法院对原行政行为作出判决的同时，应当对复议决定一并作出相应判决；人民法院依职权追加作出原行政行为的行政机关或者复议机关为共同被告的，对原行政行为或者复议决定可以作出相应判决；人民法院判决撤销原行政行为和复议决定的，可以判决作出原行政行为的行政机关重新作出行政行为；人民法院判决作出原行政行为的行政机关履行法定职责或者给付义务的，应当同时判决撤销复议决定；原行政行为合法、复议决定违法的，人民法院可以判决撤销复议决定或者确认复议决定违法，同时判决驳回原告针对原行政行为的诉讼请求。⑧原行政行为被撤销、确认违法或者无效，给原告造成损失的，应当由作出原行政行为的行政机关承担赔偿责任；因复议决定加重损害的，由复议机关对加重部分承担赔偿责任。⑨原行政行为不符合复议或者诉讼受案范围等受理条件，复议机关作出维持决定的，人民法院应当裁定一并驳回对原行政行为和复议决定的起诉。

第二，复议机关改变了原行政行为，复议机关是被告。这样规定的理由是：如果复议机关改变了原行政行为，其实质是行政复议机关撤销了原行政行为，然后又单独重新作出了一个新的行政行为，原行政行为已经被废除，对原告已经没有约束力了。在此情况下，一方面，作出原行政行为的机关并不清楚复议机关作出新的行政行为的理由；另一方面，由于原行政行为已经被废除，已经不需要对其进行司法监督，需要接受司法审查的是复议机关所作的行政行为。因此，当事人对复议结果不服而起诉，应当以行政复议机关为被告。这里所说的“改变”，[①]《适用行政诉讼法解释》第二十二条的解释，《行政诉讼法》第二十六条第二款规定的“复议机关改变原行政行为”，是指：①复议机关改变原行政行为的处理结果。复议机关改变原行政行为所认定的主要事实和证据、改变原行政行为所适用的规范依据，但未改变原行政行为处理结果的，视为复议机关维持原行政行为。②复议机关确认原行政行为无效，属于改变原行政行为。③复议机关确认原行政行为违法，属于改变原行政行为，但复议机关以违反法定程序为由确认原行政行为违法的除外。

第三，复议机关在法定期间内不作复议决定，当事人对原行政行为不服提起诉讼的，应当以作出原行政行为的行政机关为被告。原行政行为与行政复议机关的不作为，是由不同级别的行政机关作出的，是两种各自独立的行政行为，根据谁作为，谁负责的原则，应当确定不同的被告。复议机关在法定期间内不作复议决定，当事人对复议机关的复议不作为不服提起诉讼的，应当以复议机关为被告。[②] 这里在法定期限内不作出复议决定，是指《行政复议法》第三十一条规定的，“行政复议机关应当自受理申请之日起六十日内作出行政复议决定；但是法律规定的行政复议期限于六十日的除外。情况复杂，不能在规定期限内作出行政复议决定的，经行政复议机关的负责人批准，可以适当延长，并告知申请人和被申请人；但是延长期限最多不超过三十日”。可见，法律对此给当事人一个选择

① 根据原《若干问题的解释》第七条的规定，是指下列情形之一：（1）改变原行政行为所认定的主要事实和证据的；（2）改变原行政行为所适用的规范依据且对定性产生影响的；（3）撤销、部分撤销或者变更原行政行为处理结果的。

② 对于复议机关不作为的案件，有学者假设了一种较为极端的情况：“如果当事人既对复议机关的复议不作为不服，又对原具体行政行为不服，向人民法院提起行政诉讼，应当以哪个机关为被告呢？根据行政诉讼的基本原理，复议不作为和原具体行政行为是两个在法律意义上相互独立的行政行为，如果当事人对这两个行为均提起行政诉讼的，应当分别构成行政案件。但由于复议行为与原具体行政行为之间具有特定监督关系，为了避免诉讼之间的冲突，维护司法的统一，我们认为，人民法院对于这样的案件可以采取合并审理的办法予以处理。”（马怀德主编：《行政诉讼法学》，中国人民大学出版社 2009 年版，第 90 页）。

性的权利。之所以这样规定是因为：一是行政复议也是一种行政行为，无论是作为还是不作为，都应当司法监督；二是复议机关不作为，虽然没有增加行政相对人的义务，但使行政相对人失去了一次有效救济的机会；三是行政复议对行政相对人的合法权益救济全面，如果通过诉讼能使复议机关发挥作用，可以更好地保护其合法权益。[①]

（三）两个以上行政机关作出同一行政行为时的被告确定问题

两个以上的行政机关作出同一行政行为的，共同作出行政行为的行政机关是共同被告。

这里两个以上行政机关作出同一行政行为，是指行政机关联合执法而又没有组成新的专门机构的情况。其特征：一是主体是两个以上具有独立主体资格的行政机关；二是客观上行政行为只是一个。其表现形式一般是两个以上行政机关使用一个文号的一份行政决定书并共同署名盖章。[②]

（四）由法律、法规、规章授权的组织所作的行政行为的被告确定问题

新《行政诉讼法》第二十六条删除了原《行政诉讼法》第二十五条第四款关于“由法律、法规授权的组织所作的具体行政行为，该组织是被告”的规定，是否就意味着法律、法规、规章授权的组织不能成为被告呢？其实不然。根据新《行政诉讼法》第二条第二款[③]的规定，由法律、法规、规章授权组织所作的行政行为已经属于行政诉讼的对象，该组织的被告地位已经锁定。这里的删除其实只是为了避免立法中的重复而已。

此外，根据《适用行政诉讼法解释》的规定第二十条第二款规定：“没有法律、法规或者规章规定，行政机关授权其内设机构、派出机构或者其他组织行使行政职权的，属于行政诉讼法第二十六条规定的委托。当事人不服提起诉讼的，应当以该行政机关为被告。”第三款规定：“法律、法规或者规章授权行使行政职权的行政机关内设机构、派出机构或者其他组织，超出法定授权范围实施行政行为，当事人不服提起诉讼的，应当以实施该行为的机构或者组织为被告。”这

① 袁杰主编：《中华人民共和国行政诉讼法解读》，中国法制出版社 2014 年版，第 77—78 页。

② 林莉红：《行政诉讼法学》（第三版），武汉大学出版社 2009 年版，第 120 页。

③ 新《行政诉讼法》第二条第二款规定：“前款所称行政行为，包括法律、法规、规章授权的组织作出的行政行为。”

样规定的理由是，法律、法规、规章授权的组织超越授权范围所作的行为是一种越权行为，仍然应当以所授权的组织为被告进行行政诉讼。①

（五）开发区管理机构的被告人资格问题

现阶段我国的开发区管理机构十分混乱，各地在实践中的做法也有很大的差别。为了解决开发区管理机构在行政诉讼中的法律地位，最高人民法院在《适用行政诉讼法解释》第二十一条中对此作了如下规定：

第一，当事人对由国务院、省级人民政府批准设立的开发区管理机构作出的行政行为不服提起诉讼的，以该开发区管理机构为被告。

第二，对国务院、省级人民政府批准设立的开发区管理机构所属职能部门作出的行政行为不服提起诉讼的，以其职能部门为被告。

第三，对其他开发区管理机构所属职能部门作出的行政行为不服提起诉讼的，以开发区管理机构为被告。

第四，开发区管理机构没有行政主体资格的，以设立该机构的地方人民政府为被告。

（六）根据行政委托实施的行政行为的被告资格问题

行政委托，是指行政机关将本应当由自己行使的职权委托给其他机关或组织实施，而由行政机关承担法律后果的行为。根据代理人在被代理授权范围内所作的行为，其法律后果归属于被代理人的法理。行政机关委托的公务组织作出行政行为的，委托的行政机关是被告。

根据新《行政诉讼法》和《适用行政诉讼法解释》的规定的“授权”只有法律授权、法规和规章授权等形式，规章以下的规范性文件的所谓“授权”应当一律视为委托。对此，《适用行政诉讼法解释》第二十条第三款规定：“没有法律、法规或者规章规定，行政机关授权其内设机构、派出机构或者其他组织行使行政职权的，属于行政诉讼法第二十六条规定的委托。当事人不服提起诉讼的，应当以该行政机关为被告。”

（七）经上级机关批准后而作出的行政行为的被告资格问题

在实践中，下级行政机关在作出行政行为时已经经过上级行政机关的批准，

① 林莉红：《行政诉讼法学》（第三版），武汉大学出版社2009年版，第121页。

或根据上级机关的指示作出。对此种情况应当如何确定行政诉讼的被告人资格呢?《适用行政诉讼法解释》第十九条规定:“当事人不服经上级行政机关批准的行政行为,向人民法院提起诉讼的,以在对外发生法律效力的文书上署名的机关为被告。”这个标准采用的形式主义的做法,即无论批准机关和被批准机关在行政行为作出过程中所起的作用和关系如何,均以在生效法律文书上署名的机关为被告。① 但《行政复议法实施条例》第十三条规定:“下级行政机关依照法律、法规、规章规定,经上级行政机关批准作出具体行政行为的,批准机关为被申请人。”由此看来,《适用行政诉讼法解释》与《行政复议法实施条例》的规定之间有一定矛盾。如何解决这一矛盾呢?本书同意学术界提出的方法,即在行政复议中,对依照法律、法规、规章规定,经过上级行政机关批准而由下级行政机关作出的行政行为,行政复议的被申请人就是批准的行政机关。可见,对于经上级行政机关批准的行政行为的救济被申请人(被告)就在行政复议和行政诉讼中采取了两种不同标准。根据《适用行政诉讼法解释》的规定,在行政诉讼中采取的是形式标准或名义标准,即被告是在生效行政处理决定书上署名的机关。而在行政复议中,采取的是实质标准,即行政行为实质上是经过上级机关同意的,视为上级批准行政机关的行为,下级机关只不过是一个具体的执行机关而已,因此,被申请人是批准机关。由于《行政复议法实施条例》是行政法规,具有较高的法律地位,学术界认为,对于《适用行政诉讼法解释》第十九条的规定应当予以重新解释,不能将形式标准绝对化。具体而言,“行政行为的作出或者生效需要上级行政机关批准的”情况包括两种:一是法律、法规、规章要求的;二是其他规范性文件或行政机关的内部工作规范等要求的。对于法律、法规、规章要求的,视为法律、法规、规章将该项行政职权授予了上级行政机关,是上级行政机关的法定职权和职责,下级行政机关作出该行政行为实质是受到上级行政机关的委托,是一种行政委托关系,因此,这种情况应当适用新《行政诉讼法》第二十六条第五款规定的行政委托情况下的行政诉讼被告确定规则,由批准机关作为行政诉讼被告。而对于法律、法规、规章以外的其他规范性文件、内部工作章程等要求的“批准”,并不具有再造独立行政主体资格的能力,这种要求的批准行为并不能够改变行政职权的法律归属,只是上级行政机关对下级机关的一种

① 应松年主编:《行政法与行政诉讼法学》,高等教育出版社 2017 年版,第 461 页。

监督手段，即这种情况下的批准机关并不是法律意义上的行政职权的归属主体。因此，这种情况下的行政诉讼被告应当仍然适用“作出行政行为的行政机关”的标准，并不应当由批准机关作为行政诉讼被告。①

（八）内部机构或派出机构所作的行政行为的被告资格问题

《适用行政诉讼法解释》第二十条规定：“行政机关组建并赋予行政管理职能但不具有独立承担法律责任能力的机构，以自己的名义作出行政行为，当事人不服提起诉讼的，应当以组建该机构的行政机关为被告。”“法律、法规或者规章授权行使行政职权的行政机关内设机构、派出机构或者其他组织，超出法定授权范围实施行政行为，当事人不服提起诉讼的，应当以实施该行为的机构或者组织为被告。”“没有法律、法规或者规章规定，行政机关授权其内设机构、派出机构或者其他组织行使行政职权的，属于行政诉讼法第二十六条规定的委托。当事人不服提起诉讼的，应当以该行政机关为被告。”根据这一司法解释，对内部机构或派出机构所作的行政行为的被告资格确定问题，需要区分对待。而确定其是否具有被告人资格，必须根据法律、法规、规章的授权。

行政机关的内设机构或者派出机构在没有法律、法规或者规章授权的情况下，以自己的名义作出行政行为，当事人不服提起诉讼的，应当以该行政机关为被告。法律、法规或者规章授权行使行政职权的行政机关内设机构、派出机构或者其他组织，超出法定授权范围实施行政行为，当事人不服提起诉讼的，应当以实施该行为的机构或者组织为被告。

派出机关，是指根据宪法和地方组织法规定由人民政府设立的派出单位，如行政公署、区公所和街道办事处，都有被告资格。派出机构，是人民政府的工作部门根据法律与需要而设立的派出单位。派出机构是否有被告资格，取决于是否有法律、法规、规章授权。有法律、法规、规章授权的，具有被告资格，否则一律视为委托。

内设机构、派出机构的被告资格问题，以是否有法律、法规、规章授权为标准。如果法律、法规、规章没有给内设机构、派出机构授权，无论该内设机构、派出机构是否以自己的名义作出行政行为，它在法律上都不是行政行为的法律主体和后果承担者，不能以该派出机构为被告，而应以组建该内设机构的行政机关

① 马怀德主编：《行政诉讼法学》，中国人民大学出版社 2009 年版，第 91—92 页。

或派出机构所属的行政机关为被告。

如果依法律、法规或者规章授权行使行政职权的行政机关内设机构、派出机构或者其他组织，超出法定授权范围实施行政行为，当事人不服提起诉讼的，应当以实施该行为的机构或者组织为被告。即，如果法律、法规、规章授权内设机构、派出机构行使行政职权，内设机构、派出机构就取得行政主体资格，无论它作出的行政行为是否超越了授权范围，其法律后果都是由该机构或者组织承担，应当做行政诉讼的被告。①

（九）行政机关和其他组织以共同名义作出行政行为的被告资格问题

在实践中，行政机关有时会根据行政管理的需要和其他组织一起共同作出行政行为。例如，行政机关和工会组织共同作出行政行为的情形。由于工会并不是具有国家行政职权的组织，不是行政主体，所以，不具有担任行政诉讼被告的资格。此类情况应当如何确定被告呢？本书认为应当区分两种不同的情况进行确定：一是如果行政机关和法律、法规、规章授权的组织以共同名义作出行政行为的，行政机关和法律、法规、规章授权的组织为共同被告。这是因为行政机关和法律、法规授权的组织均具有行政主体资格，具备行政诉讼被告的能力，应当作为共同被告。二是如果行政机关和法律、法规、规章授权的组织以外的其他组织以共同名义作出行政行为的，行政机关为被告，未经法律、法规授权的组织应当作为第三人参加诉讼。

（十）行政不作为案件中的被告资格问题

行政不作为案件，是指原告认为行政机关没有依法履行自己的法定职责，作出应当作出的行政行为，使自己的合法权益受到侵害，而依法向人民法院提起诉

---

① 对此，在具体问题上有不同见解。比如，在公安派出所的被告资格问题上就有不同认识。有些人认为只有公安派出所以自己的名义作出警告和罚款的处罚时，才是行政诉讼的被告。如果公安派出所以自己的名义作出这两种处罚以外的行为。比如，采取有关强制措施等行为，都视为委托，以公安局为被告。即认为：公安派出所的行为幅度越权，以自己为被告；行为种类越权，以公安局为被告。这种观点在实践中较为流行，这体现了人们对最高法院《若干问题的解释》第二十条第二款和第三款的关系及含义存在着不同理解。但有学者认为，这种观点不符合《行政诉讼法》及《若干问题的解释》关于“法律、法规或规章授权组织”的精神和行政诉讼被告确定规则的基本原理。一旦法律、法规或规章授权内设机构、派出机构或者其他组织独立行使一定行政职权的权力，其是一个独立的行政主体，它超越法律、法规、规章作出的行政行为，仍然是其自己作出的行为。对行政诉讼被告的认定与它的行为是否超越法律授权范围没有关系，只与是否具有独立的行政主体资格有关，或者说，与是否有法律、法规、规章授权有关（马怀德主编：《行政诉讼法学》，中国人民大学出版社 2009 年版，第 93 页）。

讼的案件。在这类案件中，应当如何确定被告呢？本书认为，确定行政不作为案件的被告，应当首先明确哪个机关或组织在特定事项上存在法律规定的职责义务，谁负有法定的职责和义务而不作为，谁就是被告。

（十一）作出行政行为的行政机关被撤销或者职权变更的案件的被告资格问题

作出行政行为的行政机关被撤销的案件中应当如何确定被告？这涉及被告人资格转移的问题，实践中可能会出现两种不同的情况。一种是作出行政行为的行政机关被撤销后，其职权并入或者转移给其他行政机关；另一种是作出行政行为的行政机关被撤销后，没有继续行使其职权的行政机关。

对于第一种情况，根据新《行政诉讼法》第二十六条第六款规定，应当由继续行使其职权的行政机关作为被告。有被告资格的主体被撤销的，其被告资格转移给其他行政机关。发生被告资格转移的条件是：有被告资格的行政机关或授权组织被撤销，在法律上该主体已被消灭。行政机关被撤销后，其职权继续由其他主体行使的，如职权归入新组建的行政机关，或分别由两个机关行使的，被告是继续行使职权的机关。

对于第二种情况，如果行政机关被撤销后，其行政职权随政府职能转变而不复存在的，参照《国家赔偿法》第七条①的规定精神，由作出撤销决定的行政机关作为被告。

在实践中还需要注意的是，应当作为被告的行政机关的撤销的时间不同，法院的处理也会有所不同。一是行政机关在作出行政行为之后，原告起诉之前就已经被撤销的，原告应当以继续行使其职权的行政机关为被告提起诉讼，否则，人民法院可以不予受理或者驳回起诉；二是作出行政行为的行政机关是在已经进行的诉讼过程中被撤销的，此时，人民法院应当变更被告，继续行使其职权的行政

① 《国家赔偿法》第七条规定："行政机关及其工作人员行使行政职权侵犯公民、法人和其他组织的合法权益造成损害的，该行政机关为赔偿义务机关。""两个以上行政机关共同行使行政职权时侵犯公民、法人和其他组织的合法权益造成损害的，共同行使行政职权的行政机关为共同赔偿义务机关。""法律、法规授权的组织在行使授予的行政权力时侵犯公民、法人和其他组织的合法权益造成损害的，被授权的组织为赔偿义务机关。""受行政机关委托的组织或者个人在行使受委托的行政权力时侵犯公民、法人和其他组织的合法权益造成损害的，委托的行政机关为赔偿义务机关。""赔偿义务机关被撤销的，继续行使其职权的行政机关为赔偿义务机关；没有继续行使其职权的行政机关的，撤销该赔偿义务机关的行政机关为赔偿义务机关。"

机关出庭应诉。此外，还要注意，行政机关职权发生变更的，继续行使其职权的行政机关是被告。

为了规范行政机关被撤销或者职权变更引发的被告人资格问题，《适用行政诉讼法解释》第二十三条规定："行政机关被撤销或者职权变更，没有继续行使其职权的行政机关的，以其所属的人民政府为被告；实行垂直领导的，以垂直领导的上一级行政机关为被告。"

（十二）政府信息公开案件中的被告资格问题

政府信息，是指行政机关在履行职责过程中制作或者获取的，以一定形式记录、保存的信息。行政机关公开政府信息，应当遵循公正、公平、便民的原则。行政机关应当及时、准确地公开政府信息。行政机关发现影响或者可能影响社会稳定、扰乱社会管理秩序的虚假或者不完整信息的，应当在其职责范围内发布准确的政府信息予以澄清。根据《最高人民法院关于审理政府信息公开行政案件若干问题的规定》第四条规定，政府信息公开案件中的被告资格确定应当注意如下问题：

第一，公民、法人或者其他组织对国务院部门、地方各级人民政府及县级以上地方人民政府部门依申请公开政府信息行政行为不服提起诉讼的，以作出答复的机关为被告；逾期未作出答复的，以受理申请的机关为被告。

第二，公民、法人或者其他组织对主动公开政府信息行政行为不服提起诉讼的，以公开该政府信息的机关为被告。

第三，公民、法人或者其他组织对法律、法规授权的具有管理公共事务职能的组织公开政府信息的行为不服提起诉讼的，以该组织为被告。

第四，有下列情形之一的，应当以在对外发生法律效力的文书上署名的机关为被告：①政府信息公开与否的答复依法报经有权机关批准的；②政府信息是否可以公开系由国家保密行政管理部门或者省、自治区、直辖市保密行政管理部门确定的；③行政机关在公开政府信息前与有关行政机关进行沟通、确认的。

（十三）基层群众性自治组织的被告资格问题

基层群众自治制度，是依照宪法和法律，由村民（居民）选举的成员组成村民（居民）委员会，实行自我管理、自我教育、自我服务、自我监督的制度。《宪法》第一百一十一条规定："城市和农村按居民居住地区设立的居民委员会或者村民委员会是基层群众性自治组织。"基层群众自治组织包括村民委员会和居民委员会。根据《村民委员会组织法》第二条规定："村民委员会是村民自我管理、自我教育、自我服务的基层群众性自治组织，实行民主选举、民主决策、民主管理、民主监督。""村民委员会办理本村的公共事务和公益事业，调解民间纠纷，协助维护社会治安，向人民政府反映村民的意见、要求和提出建议。""村民委员会向村民会议、村民代表会议负责并报告工作。"根据《城市居民委员会组织法》第二条规定："居民委员会是居民自我管理、自我教育、自我服务的基层群众性自治组织。""不设区的市、市辖区的人民政府或者它的派出机关对居民委员会的工作给予指导、支持和帮助。居民委员会协助不设区的市、市辖区的人民政府或者它的派出机关开展工作。"基层群众性自治组织在行政诉讼中的地位，需要根据不同情况进行确定：

第一，当事人对村民委员会或者居民委员会依据法律、法规、规章的授权履行行政管理职责的行为不服提起诉讼的，以村民委员会或者居民委员会为被告。

第二，当事人对村民委员会、居民委员会受行政机关委托作出的行为不服提起诉讼的，以委托的行政机关为被告。

（十四）事业单位、行业协会的被告资格问题

事业单位，是指由政府利用国有资产设立的，从事教育、科技、文化、卫生、体育等活动的社会服务组织。事业单位主要包括高等学校、行业协会等。事业单位的主要职能是通过提供精神产品和服务，满足人们发展和享受的需要，为生产服务，为改善人民文化生活服务，为增进社会福利服务。现阶段我国的事业单位处于改革过程中，其中有的事业单位根据法律、法规、规章授权行使一定的行政职权，有的事业单位根据有关行政机关的委托行使一定的行政职权，有的事业单位不行使任何职权。因此，根据《适用行政诉讼法解释》第二十四条第三款、第四款的规定，要区分两种情况进行判断，即：

第一，当事人对高等学校等事业单位以及律师协会、注册会计师协会等行业协会依据法律、法规、规章的授权实施的行政行为不服提起诉讼的，以该事业单位、行业协会为被告。

第二，当事人对高等学校等事业单位以及律师协会、注册会计师协会等行业协会受行政机关委托作出的行为不服提起诉讼的，以委托的行政机关为被告。

（十五）房屋征收与补偿纠纷中被告资格问题

根据《国有土地上房屋征收与补偿条例》的规定，为了公共利益的需要，

征收国有土地上单位、个人的房屋，应当对被征收房屋所有权人给予公平补偿。市、县级人民政府负责本行政区域的房屋征收与补偿工作。市、县级人民政府确定的房屋征收部门组织实施本行政区域的房屋征收与补偿工作。近年来，房屋征收与补偿案件一直是社会关注的热点问题，为了妥善解决因房屋征收与补偿引发的行政诉讼案件，《行政诉讼法适用解释》第二十五条根据实际情况，分两种情况确定行政诉讼的被告资格，即：

第一，市、县级人民政府确定的房屋征收部门组织实施房屋征收与补偿工作过程中作出行政行为，被征收人不服提起诉讼的，以房屋征收部门为被告。

第二，征收实施单位受房屋征收部门委托，在委托范围内从事的行为，被征收人不服提起诉讼的，应当以房屋征收部门为被告。

四 被告人不适格的处理

被告适格是解决具体行政案件中谁是法定被告的问题，即在具体行政案件中，依照《行政诉讼法》规定，谁有资格取得或必须以被告的名义进行行政诉讼活动的资格。被告适格是诉讼程序依法进行的前提和基础，如果被告不适格，一切诉讼活动最终都归于无用。但由于原告起诉，只是其基于主观判定某一行政机关的行政行为损害其合法权益，未必能够做到准确无误。因此，根据《适用行政诉讼法解释》第二十六条的规定，原告所起诉的被告不适格，人民法院应当告知原告变更被告；原告不同意变更的，裁定驳回起诉。

应当追加被告而原告不同意的，人民法院应当通知其以第三人的身份参加诉讼，但行政复议机关作共同被告的除外。

第四节 行政共同诉讼人

一 行政共同诉讼

（一）行政共同诉讼的概念

新《行政诉讼法》第二十七条规定："当事人一方或者双方为二人以上，因同一行政行为发生的行政案件，或者因同类行政行为发生的行政案件、人民法院认为可以合并审理并经当事人同意的，为共同诉讼。”据此，行政共同诉讼，是指行政诉讼当事人一方或者双方为两人以上，因同一行政行为，或者因同类行政行为而引发的人民法院认为可以合并审理，并且当事人同意合并审理的行政诉讼。在通常情况下，行政诉讼中一个案件只有一个原告、一个被告，只有在特殊情况下才会出现两个以上的原告或者两个以上的被告，或者原告和被告均为二人以上的诉讼。因此，行政共同诉讼实质上是诉讼主体的合并，当原告、被告一方或者双方为二人以上时，诉讼就属于共同诉讼。

行政共同诉讼的实质是行政诉讼过程中诉的合并，即将几个相关的诉讼合并在一个案件中进行审理。这样做的目的是人民法院通过合并审理，一方面简化行政诉讼程序，节约诉讼成本；另一方面，通过合并审理能够有效防范人民法院在同一事件上作出相互矛盾的裁决。

（二）行政共同诉讼的条件

根据新《行政诉讼法》第二十七条和《适用行政诉讼法解释》第七十三条的规定，共同诉讼应当同时具备以下四个条件。

第一，当事人之中至少有一方是两人以上。其中，原告一方为两人或两人以上的是共同原告；被告一方为两人或两人以上的是共同被告。

第二，行政共同诉讼是因同一行政行为或同类行政行为引起的诉讼。这里同一行政行为是指行政行为是单一的、不可分的，法院必须一起审理。同类行政行为是多个，当事人之间的权利义务是可以分割的，法院可以合并在一个案件中审理，也可以分别开来进行审理。

第三，案件必须属于同一人民法院管辖，并且受理的人民法院决定合并审理。《适用行政诉讼法解释》第七十三条规定：“根据行政诉讼法第二十七条的规定，有下列情形之一的，人民法院可以决定合并审理：（一）两个以上行政机关分别对同一事实作出行政行为，公民、法人或者其他组织不服向同一人民法院起诉的；（二）行政机关就同一事实对若干公民、法人或者其他组织分别作出行政行为，公民、法人或者其他组织不服分别向同一人民法院起诉的；（三）在诉讼过程中，被告对原告作出新的行政行为，原告不服向同一人民法院起诉的；（四）人民法院认为可以合并审理的其他情形。”

第四，案件当事人同意合并审理。这是新《行政诉讼法》增加的规定，表明法律对当事人意愿的充分尊重。

二 行政共同诉讼的分类

根据新《行政诉讼法》第二十七条的规定，行政共同诉讼可以分为必要的共同诉讼和普通的共同诉讼两种。

（一）必要的共同诉讼

1. 必要的共同诉讼的概念

必要的共同诉讼是指当事人一方或双方为两人或两人以上，因同一行政行为发生争议，人民法院必须合并审理的诉讼。

必要的共同诉讼，是由行政主体的同一个行政行为引起的，实质上是一个行为引起了多人的不服，具有同一个诉讼标的，实质上就是一个案件，只不过是当事人是多个而已。根据《适用行政诉讼法解释》第二十七条的规定，必须共同进行诉讼①的当事人没有参加诉讼的，人民法院应当依法通知参加；当事人也可以向人民法院申请参加诉讼。人民法院应当对当事人提出的申请进行审查，申请理由不成立的，裁定驳回；申请理由成立的，书面通知其参加诉讼。

2. 必要的共同诉讼产生的情形

根据新《行政诉讼法》《适用行政诉讼法解释》和司法实践的情况，必要的共同诉讼主要存在如下几种情形。

第一，两个或两个以上的行政相对人共同违反法律、法规，被同一行政主体的处理决定给予处理，所有受到处理的行政相对人均不服而分别提起诉讼。

第二，作为行政相对人的法人或者其他组织，实施了违反法律、法规、规章的行为，行政主体根据有关法律、法规、规章的规定，对该行政相对人及其法定代表人、直接责任人员同时在一个行政处理决定中给予处理，受到处理的单位和个人均不服而提起诉讼的。

第三，在行政处罚案件中，两个以上的共同被害人对行政机关的行政处罚不服提起诉讼的，或者被处罚人和被侵害人双方都对行政处罚不服而提起诉讼的。

第四，两个以上的行政主体针对同一行政相对人联合作出行政行为，行政相对人不服而向人民法院提起诉讼的。

第五，同一行政主体的同一个行政行为实际影响了两个以上的当事人，这些

① 指当事人一方或者双方为两人以上，因同一行政行为发生行政争议，人民法院必须合并审理的诉讼。

当事人同时不服向人民法院提起诉讼的。

3. 必要的共同诉讼的特征

与普通的共同诉讼相比，必要的共同诉讼具有如下特征。

第一，诉讼标的同一性。必要的共同诉讼是由同一行政行为所引起的。

第二，审理程序的不可分割性。必要的共同诉讼是一种不可分的诉讼，人民法院应当合并审理。由于必要的共同诉讼中所争议的法律关系是相同的，任何一人的诉讼行为都会影响其他人的权益，任何一人都无权代替整体，不能分案审理。因此，当事人应当共同起诉或共同应诉，在诉讼之中具有共同的诉讼利益，应当在诉讼中共进退。对于应当共同起诉的原告或者应当共同应诉被告没有起诉、应诉的，人民法院应当通知相关人员参与诉讼。因此，最高人民法院在《适用行政诉讼法解释》第三十条中规定："行政机关的同一行政行为涉及两个以上利害关系人，其中一部分利害关系人对行政行为不服提起诉讼，人民法院应当通知没有起诉的其他利害关系人作为第三人参加诉讼。""与行政案件处理结果有利害关系的第三人，可以申请参加诉讼，或者由人民法院通知其参加诉讼。人民法院判决其承担义务或者减损其权益的第三人，有权提出上诉或者申请再审。""行政诉讼法第二十九条规定的第三人，因不能归责于本人的事由未参加诉讼，但有证据证明发生法律效力的判决、裁定、调解书损害其合法权益的，可以依照行政诉讼法第九十条的规定，自知道或者应当知道其合法权益受到损害之日起六个月内，向上一级人民法院申请再审。"

第三，当事人诉讼地位的独立性。在必要的共同诉讼中，每一个诉讼主体都是独立的，具有独立的诉讼法律地位，其中任何一个人的行为对其他共同诉讼人在法律上没有约束力。各自以自己的名义参加诉讼，各自可以提出自己的诉讼请求，并对各自的行为承担责任。

（二）普通的共同诉讼

1. 普通的共同诉讼的概念

普通的共同诉讼，是指当事人一方或双方为两人或两人以上，因同类的行政行为引起的行政案件，人民法院认为可以合并审理，且当事人同意合并审理而决定合并审理的行政诉讼案件。如，相邻的几个当事人都因行政机关命令其拆除违章建筑不服而向人民法院起诉的案件，人民法院就可以作为共同诉讼进行审理。

普通共同诉讼是因同类行政行为发生的是多个案件，而非一个案件，因此，普通共同诉讼人之间在事实上或法律上并无必然的不可分割的联系，仅仅因为诉讼标的属于同一种类型，即被诉行政行为有相同、相类似的性质，所以在程序上被人为地统一起来，人民法院认为可以合并审理，当事人也同意合并审理。

这里需要特别注意的是，普通共同诉讼并不是必须要合并，关键在于能否达到并案审理简化诉讼的目的。换言之，人民法院可以合并审理，也可以不合并审理。

2. 普通的共同诉讼产生的情形

根据《适用行政诉讼法解释》第七十三条规定，普通的共同诉讼主要有如下情形。

第一，两个以上行政机关分别对同一事实作出行政行为，公民、法人或者其他组织不服向同一人民法院起诉的。

第二，行政机关就同一事实对若干公民、法人或者其他组织分别作出行政行为，公民、法人或者其他组织不服分别向同一人民法院起诉的。

第三，在诉讼过程中，被告对原告作出新的行政行为，原告不服向同一人民法院起诉的。

第四，人民法院认为可以合并审理的其他情形。

3. 普通的共同诉讼的特征

与必要的共同诉讼相比，普通的共同诉讼有如下特征。

第一，诉讼标的的同类性。即在普通的共同诉讼中，当事人之间争议的法律关系是同一类型的，而不是同一的。因此，实际上普通的共同诉讼只是几个案件合并在一起审理，每个案件都有自己的诉讼标的，每个案件的诉讼标的之间也没有法律上的必须联系，只是各个诉讼的标的的性质相同而已。

第二，审理程序上的可分性。即普通的共同诉讼当事人之间并没有共同的权利义务关系，因此，在诉讼中人民法院可以合并审理，也可以分别审理。

三 共同诉讼人的追加

对应当参加诉讼的当事人，如果出现遗漏时人民法院可以追加。但根据《适用行政诉讼法解释》第二十八条的规定，人民法院追加共同诉讼的当事人时，应当通知其他当事人。应当追加的原告，已经明确表示放弃实体权利的，可以不予追加；既不愿意参加诉讼，又不放弃实体权利的，应当追加为第三人，其不参加诉讼，不能阻碍人民法院对案件的审理和裁判。

四 集团诉讼

集团诉讼，是共同行政诉讼的一种特殊形式，是指由相同利益的众多当事人，为保护其合法利益而临时性组成的诉讼集体，由其中一人或数人作为代表进行的行政诉讼。简言之，行政诉讼中的集团诉讼是由人数众多的原告推选诉讼代表人参加的，且法院的判决及于全体利益关系人的行政诉讼。

原《行政诉讼法》没有关于集团诉讼的规定，新《行政诉讼法》第二十八条规定："当事人一方人数众多的共同诉讼，可以由当事人推选代表人进行诉讼。代表人的诉讼行为对其所代表的当事人发生效力，但代表人变更、放弃诉讼请求或者承认对方当事人的诉讼请求，应当经被代表的当事人同意。"《适用行政诉讼法解释》第二十九条明确规定："行政诉讼法第二十八条规定的'人数众多'，一般指十人以上。""根据行政诉讼法第二十八条的规定，当事人一方人数众多的，由当事人推选代表人。当事人推选不出的，可以由人民法院在起诉的当事人中指定代表人。""行政诉讼法第二十八条规定的代表人为二至五人。代表人可以委托一至二人作为诉讼代理人。"根据这一规定，行政诉讼中集团诉讼具有以下特点：

第一，原告方人数众多。所谓众多，是指同案具有独立诉讼资格的原告人数须为十人以上。

第二，集团诉讼实行原告方代表参与制，并非每个原告都能够亲自参与诉讼。这样规定是由于原告人数众多，客观上不可能让每一个原告都亲自参加诉讼，而必须由从具有原告资格中的人中产生诉讼代表人。根据《适用行政诉讼法解释》第二十九条的规定，同案原告为十人以上，应当推选二至五名诉讼代表人参加诉讼；当事人推选不出的，可以由人民法院在起诉的当事人中指定代表人。

第三，在集团诉讼中，人民法院裁判的效力不仅及于诉讼代表人，也及于其他没有亲自参加诉讼的当事人。

这里需要特别注意的是，代表人在诉讼中只能代表当事人的一般性诉讼行为，如果代表人需要处分当事人的实体权利，则应当征得被代表人的同意。如果代表人滥用代表权或超越代表权限，损害被代表人合法权益的，应当认定其诉讼行为是无效的。此外，法律条文的表述是“可以”由当事人推选代表人进行诉讼，而不是“应当”由当事人推选代表人进行诉讼。这就意味着在集团诉讼中不是一定要推选代表人进行诉讼，如果当事人不同意推选代表人的，也可以自己出庭进行诉讼。而且代表人的诉讼行为对其所代表的当事人发生效力，但代表人变更、放弃诉讼请求或者承认对方当事人的诉讼请求，应当经被代表的当事人同意，否则对被代表的当事人不具有约束力。

第五节　行政诉讼第三人

一　行政诉讼第三人

行政诉讼第三人，是指与他人提起诉讼的行政行为有利害关系而申请或者由人民法院通知以参与诉讼的其他公民、法人或者其他组织。可见，行政诉讼第三人是除原告、被告之外的，同被诉行政行为有利害关系，或同案件处理结果有利害关系，为维持自己的合法权益，而参加到原告、被告之间已经开始尚未结束的案件中的公民、法人或者其他组织。

第三人有两种方式，一是申请参加诉讼，二是由人民法院通知参加诉讼。新《行政诉讼法》第二十九条规定：“公民、法人或者其他组织同被诉行政行为有利害关系但没有提起诉讼，或者同案件处理结果有利害关系的，可以作为第三人申请参加诉讼，或者由人民法院通知参加诉讼。”“人民法院判决第三人承担义务或者减损第三人权益的，第三人有权依法提起上诉。”

此外，根据《适用行政诉讼法解释》第三十条第二款的规定，与行政案件处理结果有利害关系的第三人，可以申请参加诉讼，或者由人民法院通知其参加诉讼。人民法院判决其承担义务或者减损其权益的第三人，有权提出上诉或者申请再审。

二　行政诉讼第三人的特征

行政诉讼第三人具有以下基本特征。

第一，第三人是与被诉行政行为或者同案件处理结果有利害关系[1]的人。第三人参加诉讼具有维护自身合法权益的目的，也有协助法院查明案件事实、正确解决纠纷的客观作用，享有当事人的诉讼地位。因此，“同被诉行政行为有利害关系，一般来说，就是具有原告资格，可以以自己名义提起行政诉讼，如果没有提起诉讼，其他利害关系人提起诉讼，可以作为第三人参加诉讼。”[2] 同案件处理结果有利害关系，是虽然公民、法人或者其他组织与被诉行政行为没有直接的利害关系，但案件处理结果能够影响到其合法权益的情况。如农户某甲将自己承包的土地流转给某乙。乡政府要求统一种植烤烟，某乙不服，有权向人民法院起诉。此案中某甲即可作为第三人参加诉讼，因为，如果某乙败诉，就可能与某甲解除土地流转协议，这样案件的处理结果就与某甲有利害关系。“同行政行为的利害关系”与“案件处理结果的利害关系”不能完全等同，同行政行为的利害关系的范围小于同案件的处理结果的利害关系范围。

第二，第三人是参加到他人已经开始但尚未终结的诉讼中来的公民、法人或者其他组织。第三人并非原来就不可能成为原告，只是没有作为原告起诉。在他人开始诉讼之后，认为有必要参加诉讼的，才申请参加诉讼或者被法院通知参加诉讼。如果他们的诉讼已经结束，也就不可能产生第三人参加诉讼的问题。

第三，第三人具有独立的诉讼地位。第三人参加诉讼是为了保护自己的权益，在这个方面，第三人独立于原告、被告，即使其诉讼主张与原告或者被告可能一致或者部分一致，法院也可对第三人直接作出判决，确定其权利义务。但需要注意的是，第三人是为了维护自己的合法权益，他既不会依附原告，也不依附被告，可以提出自己的请求，对第一审判决不服有权提出上诉，等等。

这里值得注意的是，行政诉讼的第三人与民事诉讼的第三人不同。在民事诉讼中，第三人分为有独立请求权的第三人和无独立请求权的第三人。而行政诉讼

---

① 这种利害关系既包括与被诉行政行为的利害关系，也包括与诉讼结果的利害关系；不仅包括直接利害关系，也包括间接利害关系。所谓直接联系，就是指该具体行政行为直接调整或涉及第三人的权利义务，而不是通过其他法律关系作为中介予以调整，且这里所形成的法律关系只能是行政法律关系，而不是其他法律关系，如民事法律关系。间接利害关系包括与具体行政行为所认定的事实有利害关系和与判决结果有利害关系以及与被诉行政主体的相对方有密切联系的民事法律关系等。其中，与被诉行政行为相对方有民事法律关系的主体成为行政诉讼第三人要符合两个条件：首先，该民事权益必须是重大的，与被诉具体行政行为关系密切；其次，该民事权益通过其他途径不能获得有效的救济，参加行政诉讼是维护民事权益的必然选择（马怀德主编：《行政诉讼法学》，中国人民大学出版社2009年版，第96页）。

② 袁杰主编：《中华人民共和国行政诉讼法解读》，中国法制出版社2014年版，第83页。

中，由于原告和被告之间是因行政法律关系发生争议，第三人不可能对诉讼标的有独立的请求权。

三 行政诉讼第三人的确认

新《行政诉讼法》第二十九条规定："公民、法人或者其他组织同被诉行政行为有利害关系但没有提起诉讼，或者同案件处理结果有利害关系的，可以作为第三人申请参加诉讼，或者由人民法院通知参加诉讼。"这样高度概括性的规定在纷繁复杂的行政诉讼实践中就经常导致对第三人身份确认上的争议。人民法院追加第三人的情况有：一是应当追加为被告而原告不同意追加的，人民法院应当通知其以第三人的身份参加诉讼；二是行政机关的同一行政行为涉及两个以上的利害关系人，其中一部分利害关系人对行政行为不服提起诉讼，人民法院应当通知没有起诉的其他利害关系人作为第三人参加诉讼。

从诉讼实践经验来看，第三人的情况主要有如下情形。

第一，根据《适用行政诉讼法解释》第三十条第一款的规定，行政机关的同一行政行为涉及两个以上利害关系人，其中一部分利害关系人对行政行为不服提起诉讼，人民法院应当通知没有起诉的其他利害关系人作为第三人参加诉讼。

第二，在治安行政案件中的受处罚人或者受害人、共同受处罚人。在行政处罚案件中，加害人不服处罚作为原告起诉，受害人则可以作为第三人参加诉讼；反之，如果受害人对处罚不服，以原告身份向法院起诉，加害人可以第三人名义参加诉讼。在一个行政处罚案件中，行政机关对两个以上的违法行为人实施了处罚时，如果其中有的被处罚人向法院起诉，而其他被处罚人没有起诉的，可以作为第三人参加诉讼。

第三，在行政确权和行政裁决案件中主张权利的人。公民、法人或者其他组织之间发生民事权益纠纷，由行政机关确权裁决，一方当事人不服向法院起诉，另一方可作为第三人参加诉讼。在行政裁决案件中行政机关居间对民事损害赔偿作出裁决，决定一方经济损失，在不同意裁决的一方提起诉讼的情况下，同意裁决的一方当事人可以作第三人。

第四，在同一行政行为涉及的行政相对人中，有人接受该行政行为，有人不接受该行政行为，在不同意该行政行为的当事人提起诉讼的情况下，接受该行政行为的一方当事人可以作为第三人。[①]

第五，在行政许可和行政审批案件中，当事人认为行政机关对他人的行政许可或者行政批准行为导致自己合法权益的损害，对行政许可或者行政批准行为提起诉讼。法院受理后，接受行政许可或者行政批准行为的行政相对人可以作为第三人参加诉讼。

第六，两个行政主体作出了相互冲突的行政行为，行政相对人对作出后一行政行为的行政主体提起诉讼，作出前一行政行为的行政主体应当作为第三人参加诉讼。

第七，在行政主体与非行政主体共同作出的行政行为引起的诉讼中，非行政主体应当作为第三人参加诉讼。

第八，应当追加为被告，而原告不同意追加的，人民法院可以通知其以第三人的身份参与诉讼。

第九，行政机关居间对民事损害赔偿作出裁决，决定一方赔偿另一方经济损失，在不同意裁决的一方提起诉讼的情况下，同意裁决的一方当事人可以作为第三人。[②]

第十，行政相对人对行政机关和非行政机关的组织共同作出行政行为不服的，非行政机关的组织应当以第三人身份参加诉讼。

此外，《最高人民法院关于审理房屋登记案件若干问题的规定》[③] 第六条规定："人民法院受理房屋登记行政案件后，应当通知没有起诉的下列利害关系人作为第三人参加行政诉讼：（一）房屋登记簿上载明的权利人；（二）被诉异议登记、更正登记、预告登记的权利人；（三）人民法院能够确认的其他利害关系人。"《最高人民法院关于审理反补贴行政案件应用法律若干问题的规定》[④] 第四条规定："与被诉反补贴行政行为具有法律上利害关系的其他国务院主管部门，

---

① 《适用行政诉讼法解释》第三十条第一款规定："行政机关的同一行政行为涉及两个以上利害关系人，其中一部分人对行政行为不服提起诉讼，人民法院应当通知没有起诉的其他利害关系人作为第三人参加诉讼。"

② 林莉红：《行政诉讼法学》（第四版），武汉大学出版社 2015 年版，第 115 页。

③ 法释〔2010〕15 号，2010 年 8 月 2 日最高人民法院审判委员会第 1491 次会议通过，自 2010 年 11 月 18 日起施行。

④ 法释〔2002〕36 号，2002 年 9 月 11 日最高人民法院审判委员会第 1242 次会议通过，自 2003 年 1 月 1 日起施行。

可以作为第三人参加诉讼。”《最高人民法院关于审理反倾销行政案件应用法律若干问题的规定》[①] 第四条规定：“与被诉反倾销行政行为具有法律上利害关系的其他国务院主管部门，可以作为第三人参加诉讼。”

四　第三人参加诉讼的原因和意义

行政诉讼第三人产生的原因有多种，最主要有两个基本原因：

第一，行政机关所作的行政行为不只涉及单一的行政相对人，且非单一相对人之间存在法律上的利害关系。

第二，法律对行政机关行政职能的规定界限不清，行政机关实施行政行为时往往与其他机关职权发生冲突，民事、行政、刑事案件常常纠缠在一起，法律关系处于无序状态。为了理清各种法律关系，解决行政争议，必然要求所有与行政行为有利害关系的相关人都能参加诉讼。[②]

建立行政诉讼第三人制度，有利于人民法院听取各方的意见，全面查清案件事实和法律争议的焦点，节约诉讼成本，保护公民、法人或者其他组织的合法权益，防止原诉的当事人处分第三人的合法权益，也有利于确保程序的合法性、裁判的一致性。

五　第三人诉讼权利的保护

无论第三人是同被诉的行政行为有利害关系，还是同案件的处理结果有利害关系，其参加诉讼的目的是维护自己的合法权益，因此如果人民法院的判决对其产生不利的影响，就该当授予其上诉或者申请再审的权利。行政诉讼法对第三人诉讼权利的保护主要包括：

第一，申请参加诉讼权。《适用行政诉讼法解释》第三十条第二款规定，与行政案件处理结果有利害关系的第三人，可以申请参加诉讼，或者由人民法院通知其参加诉讼。

第二，提起上诉权。新《行政诉讼法》第二十九条第二款规定：“人民法院判决第三人承担义务或者减损第三人权益的，第三人有权依法提起上诉。”

---

① 法释〔2002〕35 号，2002 年 9 月 11 日最高人民法院审判委员会第 1242 次会议通过，自 2003 年 1 月 1 日起施行。

② 马怀德主编：《行政诉讼法学》，中国人民大学出版社 2009 年版，第 97 页。

第三，申请再审权。《适用行政诉讼法解释》第三十条的规定，第三人申请再审有两种情形，一是人民法院判决其承担义务或者减损其权益的第三人，有权提出上诉或者申请再审；二是第三人因不能归责于本人的事由未参加诉讼，但有证据证明发生法律效力的判决、裁定、调解书损害其合法权益的，可以依照行政诉讼法第九十条[①]的规定，自知道或者应当知道其合法权益受到损害之日起六个月内，向上一级人民法院申请再审。这里需要注意的是，所谓“不能归因本人的事由”通常是指下列情形之一，不知道诉讼而未参加诉讼；申请参加未获批准；知道诉讼，或因客观原因无法参加诉讼；或者因其他不能归责于本人的事由未能参加诉讼的情形。

第六节　行政诉讼代理人

一　行政诉讼代理人的概念及特征

行政诉讼代理人，是以当事人的名义，在代理权限内，代理当事人进行诉讼活动的诉讼参与人。行政诉讼代理人具有以下特点：

第一，行政诉讼代理人是以行政诉讼当事人的名义进入诉讼程序的、参与诉讼活动的人。因此，行政诉讼代理人不能以自己的名义进行诉讼，否则，他就不是代理人而是当事人了。

第二，行政诉讼代理人在代理权限以内进行诉讼活动，超越代理权限的行为除非得到当事人的追任，否则对当事人不具有法律效力。

第三，行政诉讼代理人在代理权限内进行的诉讼活动的法律后果归属于被代理人。代理行政诉讼是基于代理权而产生，只要行政诉讼代理人的行政诉讼行为是在代理权限以内，就对被代理人产生法律后果。

第四，诉讼代理人进入行政诉讼活动的依据是法律规定、人民法院的指定或被代理人的委托。新《行政诉讼法》第三十条规定：“没有诉讼行为能力的公

① 新《行政诉讼法》第九十条：“当事人对已经发生法律效力的判决、裁定，认为确有错误的，可以向上一级人民法院申请再审，但判决、裁定不停止执行。”

民，由其法定代理人代为诉讼。法定代理人互相推诿代理责任的，由人民法院指定其中一人代为诉讼。”

第五，行政诉讼代理人必须具有诉讼行为能力，不具有诉讼行为能力的不能参与诉讼活动。

第六，代理人参加行政诉讼的目的在于维护被代理人的合法权益，因此，行政诉讼代理人只能在一个案件中代理一方当事人，不能同时代理双方当事人。

二　行政诉讼代理人的种类

按照代理人代理权限的依据不同，可将行政诉讼代理人分为三类，即法定代理人、指定代理人和委托代理人。

（一）法定代理人

法定代理人，是指依据法律的直接规定而享有诉讼代理权，代理无诉讼行为能力人进行诉讼的人。法定代理人的代理权限直接来源于法律的规定而非当事人的委托，其可以从事当事人有权进行的任何诉讼活动。没有诉讼行为能力的公民，由其法定代理人代为诉讼。法定代理人在正常情况下，由无诉讼行为能力人的近亲属充任，如果被代理人的近亲属死亡或因其他原因不能行使代理权的，则由未成年人父母所在单位或精神病人所在单位，或他们住所地的居民委员会、村民委员会作为法定代理人。法定代理权源自于监护人的监护权，一旦监护人丧失监护权，即不得再以法定代理人身份参与诉讼。

（二）指定代理人

法定代理人之间互相推诿代理职责的，人民法院从法定代理人中指定其中的一人作为代理人。受法院指定参加诉讼的法定代理人，其法律地位仍为法定代理人，与正常情况下的法定代理人有同等的权利和义务。

（三）委托诉讼代理人

委托诉讼代理人，是指受当事人、法定代理人的委托，并以被代理人的名义进行诉讼活动的诉讼代理人。新《行政诉讼法》第三十一条第一款规定：“当事人、法定代理人，可以委托一至两人作为诉讼代理人。”和其他诉讼的委托代理人相同，行政诉讼的委托代理人也具有如下特征：

第一，委托代理人不能以自己的名义进行诉讼，必须以被代理人的名义进行诉讼。

第二，委托代理人必须有诉讼行为能力，没有诉讼行为能力的人，不能作为诉讼代理人。

第三，诉讼代理人的代理权限和代理事项以被代理人的授权为依据，超越代理权限和代理事项所实施的所谓代理行为属于无效诉讼行为，对被代理人不具有约束力。

第四，诉讼代理的法律后果由被代理人承担。

第五，同一代理人在同一诉讼中，不能代理双方当事人，即不允许双面代理。

委托代理人的代理权来自于委托人的授权。代理人与被代理人之间订立诉讼代理合同后，再由被代理人向人民法院出具授权委托书。

在通常情况下，由当事人本人委托诉讼代理人，如果当事人无诉讼行为能力，则其法定代理人可以依法委托诉讼代理人。法定代理人委托的代理人是无诉讼行为能力人的代理人，而不是法定代理人的代理人。

新《行政诉讼法》第三十一条第二款规定："下列人员可以被委托为诉讼代理人：（一）律师、基层法律服务工作者；（二）当事人的近亲属或者工作人员；（三）当事人所在社区、单位以及有关社会团体推荐的公民。"其他公民不限于当事人的其他亲属，只要是人民法院认为适合从事代理的具有诉讼行为能力的人，都可以经法院许可成为代理人。这里需要注意的是，本款中的"工作人员"实质上指的是当事人如果是法人或者其他组织时，其本单位的工作人员。这里需要注意：

第一，根据《适用行政诉讼法解释》第三十二条的规定，与当事人有合法劳动人事关系的职工，可以当事人工作人员的名义作为诉讼代理人。以当事人的工作人员身份参加诉讼活动，应当提交以下证据之一加以证明：①缴纳社会保险记录凭证；②领取工资凭证；③其他能够证明其为当事人工作人员的证据。

第二，根据《适用行政诉讼法解释》第三十三条的规定，有关社会团体推荐公民担任诉讼代理人的，应当符合下列条件：社会团体属于依法登记设立或者依法免予登记的非营利性法人组织；被代理人属于该社会团体的成员，或者当事人一方住所地位于该社会团体的活动地域；代理事务属于该社会团体章程载明的业务范围；被推荐的公民是该社会团体的负责人或者与该社会团体有合法劳动人事关系的工作人员。

第三，专利代理人经中华全国专利代理人协会推荐，可以在专利行政案件中担任诉讼代理人。

三　行政诉讼代理人参与诉讼的依据

行政诉讼代理人参与必须有合法依据，这一合法依据就是被代理人的书面委托书。根据《适用行政诉讼法解释》第三十一条的规定，当事人委托诉讼代理人，应当向人民法院提交由委托人签名或者盖章的授权委托书。委托书应当载明委托事项和具体权限。公民在特殊情况下无法书面委托的，也可以由他人代书，并由自己捺印等方式确认，人民法院应当核实并记录在卷；被诉行政机关或者其他有义务协助的机关拒绝人民法院向被限制人身自由的公民核实的，视为委托成立。当事人解除或者变更委托的，应当书面报告人民法院。

根据新《行政诉讼法》第三十二条的规定："代理诉讼的律师，有权按照规定查阅、复制本案有关材料，有权向有关组织和公民调查，收集与本案有关的证据。对涉及国家秘密、商业秘密和个人隐私的材料，应当依照法律规定保密。""当事人和其他诉讼代理人有权按照规定查阅、复制本案庭审材料，但涉及国家秘密、商业秘密和个人隐私的内容除外。"

第八章　证据

第一节　行政诉讼证据概述

一　证据的概念

“证据”一词，在日常生活中是指“用来说明或者支持某一主张，某一观点的一切材料，它在人们的生活、工作、科研中被广泛运用”。[①] 主要有三种含义：一是指据实证明，据实考证；二是指用以证明的凭据；三是指司法机关在办案中搜集的，能够证明案情真相的事实或材料。[②] 可见，在三种含义中，只有第三种含义与诉讼活动有关。《现代汉语词典》将“证据”解释为：“能够证明某事物的真实性的有关事实或材料。”[③] 《云五社会科学大辞典》将“证据”解释为：“证据系用为证明因素之事实，凡用以证明（或释明）待证事实之基础事实，据以推论待证事实之存在或不存在，谓之证据。”[④] 这些观点只能说在大致上达成共识，但在诉讼实践和法学研究中，人们对证据的认识并未达成一致。有的学者认为，证据是一种用来证明案件情况的实事。认为“诉讼证据是能够证明案件真实情况的客观事实”。[⑤] 学者认为证据是能够证明案件事实的客观材料。这种理解意味着在确认事实材料“能够证明”案件真实情况以前，这些事实材料不能

① 王麟主编：《行政诉讼法学》，中国政法大学出版社 2008 年版，第 121 页。

② 《辞海》（缩印本），上海辞书出版社 2002 年版，第 2176 页。

③ 中国社会科学院语言研究所词典编辑室编：《现代汉语词典》（修订版），商务印书馆 1997 年版，第 1608 页。

④ 《云五社会科学大辞典》，台湾商务印书馆 1971 年版，第 452 页。

⑤ 江伟主编：《证据法学》，法律出版社 1999 年版，第 206 页。

被称为“证据”，只能称作证据材料。只有能够证明案件事实的证据材料才是证据。[①] 也有学者则以为这种观点似乎与实际不符，认为证据分为诉讼证据和定案证据，诉讼证据是“用以证明”某种案件事实的手段，法院审查确认后能够证明案件事实的证据是定案证据。[②] 还有学者认为，“证据，是指通过法定的诉讼程序，由司法机关基于特定的证明目的使用的，并能够反映案件事实的材料或者手段”。[③]

证据是诉讼中用以证明案件事实存在与否的客观根据。《行政诉讼法解释》第四十二条规定：“能够反映案件真实情况、与待证事实相关联、来源和形式符合法律规定的证据，应当作为认定案件事实的根据。”因此，证据既是当事人支持自己的诉讼主张，反对对方的诉讼主张的依据，也是人民法院审理案件，认定案件事实的根据。证据具有以下三个特征。

第一，证据具有客观真实性。客观真实性，是指证据能够客观地反映案件的真实情况。客观真实性是证据的本质要求，只有真实、客观存在的，表现为某种载体的客观材料才可能成为定案的依据，任何假设、推导、想象、虚构的情景不能作为证据，不能用以定案。

第二，证据必须与案件的待证事实之间存在关联性。关联性，是指证据与待证事实之间有内容的必然联系。各种证据所能表明的法律真实必须是与案件相关的事实，即使是客观真实存在的材料，若其反应的事实与案件不相关联，其不可能也没有必要成为证据。换言之，证据应当直接或间接地证明案件事实形成的条件、发生的原因、引发的后果、发展的过程等内容。

第三，证据应当具有合法性。合法性，是指证据的来源、获取手段、呈现形式、内容、程序等方面应符合法律的规定，欠缺合法性的材料将不能作为证据。因此，新《行政诉讼法》第四十三条第三款规定：“以非法手段取得的证据，不得作为认定案件事实的根据。”这里“以非法手段取得的证据”，是指下列情形之一：①严重违反法定程序收集的证据材料；②以违反法律强制性规定的手段获取且侵害他人合法权益的证据材料；③以利诱、欺诈、胁迫、暴力等手段获取的证据材料。

---

① 胡建森主编：《行政法与行政诉讼法》，清华大学出版社 2008 年版，第 467 页。

② 姜明安：《行政诉讼法》（第三版），北京大学出版社 2016 年版，第 194 页。

③ 江必新、梁凤云：《行政诉讼法理论与实务》（第三版），法律出版社 2016 年版，第 705 页。

当然，各方当事人向法庭所举的证据材料在法院认证之前，并不必然具备上述三个特征。因为，这三个特征应是定案证据的特征。需要指出的是，行政诉讼法及相关司法解释并没有对证据材料和证据二者作严格区分，并将二者都称为"证据"。在实际生活中，我们所说的证据其实是证据材料和定案证据的统称，即并非必须是法院所采纳的用以定案的证据才是证据。《适用行政诉讼法解释》第四十二条规定："能够反映案件真实情况、与待证事实相关联、来源和形式符合法律规定的证据，应当作为认定案件事实的根据。"因此，本书所认为的证据包括诉讼证据和定案证据，不对证据材料和证据作区分。

为了对证据有更清楚的了解，我们可以分别从证据的形态、内容、证据的结果等方面来对其加以分析。从证据的形态上来看，证据是能够用以证明案件事实的客观材料；从证据的内容来看，证据本身是用以证明案件的客观事实，而不是主观臆想的结果；从证据的结果来看，证据是认定案件事实的根据。

二　行政诉讼证据的概念

关于行政诉讼证据的概念，行政诉讼法没有作界定，理论界也有多种观点，没有统一认识。如有学者认为，行政诉讼证据是指能够证明案件事实情况的材料，是能证明案件事实是否客观的事实材料，就是指人或物所反映的事实材料。① 有学者认为，行政诉讼证据是指能够用来证明行政案件真实情况的一切材料或者手段。② 还有学者认为，行政诉讼证据必须是一种事实；此种事实必须能够证明案件的真实情况；此种证据必须具有法定形式。③ 这些观点没有反映出证据是由谁提出的问题。因此，有学者认为，行政诉讼证据就是在行政案件中行政诉讼主体用以证明行政案件真实情况的一切材料。④ 也有学者认为，从证据与证明活动的关系出发，行政诉讼证据就是法院和当事人为了证明案件的真实情况所使用的手段和方法；从证据与证明对象的关系出发，行政诉讼证据就是用以证明案件真实情况的事实材料。⑤ 也有学者十分简明地指出，证据是证明案件事实是

---

① 黄杰主编：《行政诉讼法释论》，中国人民公安大学出版社1989年版，第55页。

② 马原主编：《中国行政诉讼法讲义》，人民法院出版社1990年版，第86页。

③ 罗豪才主编：《行政审判问题研究》，北京大学出版社1990年版，第220页。

④ 马怀德主编：《行政诉讼法学》（第二版），北京大学出版社2008年版，第137页。

⑤ 于安、江必新、郑淑娜：《行政诉讼法学》，法律出版社1997年版，第143—144页。

否客观存在的材料。[①] 比较详细的观点认为："行政诉讼证据是行政诉讼法律关系主体用以证明被诉讼行政行为是否合法和是否侵犯相对人合法权益的事实材料。"[②]

根据上述分析，行政诉讼的证据是行政诉讼中用以证明被审查的行政行为是否合法和是否侵犯行政相对人合法权益的客观材料。行政诉讼证据对行政诉讼的结果起着至关重要的作用，行政诉讼从原告起诉开始到法庭审理，直至行政裁判，核心的问题都是围绕证据展开的，需要通过证据重现。行政诉讼的证据对被诉行政机关的行政行为是否具有合法性，行政相对人的合法权益是否受到侵害提供证明；行政诉讼证据为人民法院审查行政行为，认定法律事实提供了基本的素材；为法院裁判提供基本的客观理性基础，只有依照合法证据作出的判决才具有说服力，才可使行政裁判具有公信力。正是在这个意义上，人们才普遍认为"打官司就是打证据""证据为王"。

三　行政诉讼证据制度的特征

为了更加清晰地认识行政诉讼的证据，我们除明确行政诉讼的证据具有三个前述的共有的基本特征之外，还应当进一步认识行政诉讼证据制度的特征，即厘清行政诉讼证据制度与民事诉讼证据制度、刑事诉讼证据制度的区别。行政诉讼证据制度具有以下具体特点。

第一，行政诉讼证据的提供责任主要由被告来承担。在民事诉讼中实行的是"谁主张，谁举证"原则，通常原告负有更多的提供证据的责任；在刑事诉讼中公诉案件是由代表国家提起公诉的检察机关来提供侦查机关或其自行收集的证据；自诉案件则由自诉方提供证据。而在行政诉讼中则实行"谁行为，谁举证"的原则，[③] 因为行政诉讼的主要任务是审查行政行为的合法性，行政机关在作出行政行为之前，应当收集其作出决定时依赖的证据，因此主要由行政机关来提供证据材料证明其作出的行政行为的合法性，这是由行政诉讼的基本特征决定的。

---

① 信春鹰主编：《中华人民共和国行政诉讼法释义》，法律出版社 2014 年版，第 85 页。

② 姜明安：《行政诉讼法》（第三版），北京大学出版社 2016 年版，第 193 页。

③ 虽然法学界已经习惯于用"被告负举证责任"来总结行政诉讼证据的特点，但并没有完全排除原告的举证责任，因此，与民事诉讼中"谁主张，谁举证"相对应，我们建议将行政诉讼的举证责任特征总结为"谁行为，谁举证"。

第二，行政诉讼证据证明的对象主要是被诉行政行为的合法性。民事诉讼证据证明的对象主要是原告、被告双方所主张的事实；刑事诉讼的证据所要证明的对象主要是被告是否犯罪的事实；而行政诉讼证据主要证明的对象是被诉行政行为所认定的事实、适用的法律依据和作出行政行为适用的法律程序等。

第三，行政诉讼证据主要来源于行政机关在被诉行政行为的程序中所收集的证据材料。按照行政合法的要求，被诉的行政行为应当在行政机关调查和收集证据材料的基础上，对这些证据材料进行认定后方可作出；行政诉讼要审查的行政行为的合法性的根据也主要来源于行政机关在行政程序中所收集的证据材料，而不应该是行政机关在行政行为作出后收集的证据材料。案件进入行政诉讼之前经过行政程序甚至行政复议程序，其中所收集的证据（部分案件形成行政案卷）在证据提交期限内将被提交给人民法院作为审查被诉行政行为合法性的主要依据。

行政诉讼证据制度与民事诉讼证据制度、刑事诉讼证据制度之间的区别对照如下。

名称 标准	行政诉讼证据制度	民事诉讼证据制度	刑事诉讼证据制度
举证责任	主要由被告承担	谁主张谁举证	由控方负举证责任
证明对象	被诉行政行为的合法性	原被告双方所主张的事实	被告是否犯罪的事实
证据来源	主要来源于行政主体作出行政行为的程序中	当事人从事民事活动的过程中	侦查机关通过侦查获得

四　行政诉讼证据的分类

证据的分类是在证据理论上按不同的标准将证据分为不同的类别。行政诉讼证据在学理上的分类与民事诉讼和刑事诉讼没有质的区别，下面就对行政诉讼证据的学理分类简述之。

（一）本证与反证——根据证据与证明责任之间的关系分类

本证，是指能够证明负有举证责任的一方当事人所主张的事实存在的证据。

例如，行政机关提交的证明其行政行为合法的证据。反证，是指能否定负有证明责任一方当事人所主张的事实的证据，反证的目的是提出证据否定对方提出的事实，如行政相对人提交的主张行政机关认定事实错误的证据。由于行政诉讼中被告举证责任倒置的原则，被告负举证责任，因此，凡是证明行政机关主张的事实成立的证据就是本证，反之则为反证。

（二）直接证据与间接证据——根据证据与案件事实的关系分类

直接证据是指能够单独证明案件主要事实的证据。如，能够证明案件主要事实的行政机关出具的罚款单据、当事人陈述、能够证明行政行为违法的证人证言、音像资料等。间接证据是指不能单独直接证明案件事实，而需要与其他证据结合才能证明案件主要事实的证据。如，物证、勘验笔录、鉴定意见等在一般情况下都属于间接证据。直接证据的证明力一般大于间接证据。

（三）原始证据和传来证据——根据证据的来源分类

原始证据是指直接来源于案件事实而未经传抄、复制、转述等中间环节传播的证据。如行政机关就某一起交通事故的现场勘验笔录、证人证言、当事人陈述。传来证据是指经过中间环节辗转得来，非直接来源于案件事实的证据。如一个非目睹交通事故的证人转述从其他人处听到的关于案发现场的描述、无法直接取得的物证制作的模型、原书证的复印件。区别原始证据与传来证据的关键是看证据的取得是否经过了信息传播的中间环节，是否直接来源于案件事实或原始出处。原始证据的证明力一般大于传来证据。

（四）言词证据和实物证据——根据证据的表现形式不同的分类

凡是以人的陈述为存在和表现形式的证据即为言词证据，它包括以人的陈述形式表现出来的各种证据。如当事人的陈述、鉴定意见等。凡表现为一定实物的证据即为实物证据，实物证据多以物品或痕迹等实在物为其存在状态和表现形式。如书证、物证、视听资料、勘验笔录、现场笔录等。

（五）当事人所举的证据与法院定案的证据——根据证据的来源和对定案的影响不同的分类

所谓当事人所举的证据，是指根据《行政诉讼法》的规定负有举证责任的人在诉讼活动中向法院所提供的证据。这种证据一定对定案产生影响，由于新《行政诉讼法》第三十三条第二款规定："证据经法庭审查属实，才能作为认定案件的根据”，而法庭对证据进行审查后，会产生两种结果：一是经审查属实作为定案根据，二是经审查不属实不作为定案根据。因此，并非当事人所举之证均能够作为定案的依据。所谓法院定案的证据，是指法院经过审查属实的用以作为确定案件是非曲直的证据。由于新《行政诉讼法》第四十条规定：“人民法院有权向有关行政机关以及其他组织、公民调取证据。但是不得为证明行政行为的合法性调取被告作出行政行为时未收集的证据。”

五　行政诉讼证据的种类

根据新《行政诉讼法》第三十三条的规定，行政诉讼的法定证据根据其表现载体的不同可分为八种。

（一）书证

书证，是指以文字、符号、图形等形式所记录或表示的意思来证明案件事实的文字材料。如证明书、行政决定书、许可证、罚款单、会计凭证、专业技术证书等。其特点在于以书面上所记载的内容来证明案件事实。由于行政主体作出的行政行为一般都是采用书面形式，因此，书证在行政诉讼中使用范围较为广泛。行政诉讼中的书证所记载的内容往往是明确、具体的，通常是具有法律效力的文件，对于具有法定效力的书证，如政府发布的公告、公证机关制作的公证书等可以直接作为证明案件的证据，无须进行证明。

根据《最高人民法院关于行政诉讼证据若干问题的规定》[①]（以下简称《证据规定》），当事人向人民法院提供书证的要求是：提供书证原件的，原本、正本和副本均属于书证的原件，提供原件确有困难的，可以提供与原件核对无误的复印件、照片、节录本；提供由有关部门保管的书证原件的复制件、影印件或者抄录件的，应当注明出处，经该部门核对无异后加盖其印章；提供报表、图纸、会计账册、专业技术资料、科技文献等书证的，应当附有说明材料；被告提供的被诉行政行为所依据的询问、陈述、谈话笔录等，应当有行政执法人员、被询问人、陈述人、谈话人签名或者盖章。

① 法释〔2002〕21号，2002年6月4日由最高人民法院审判委员会第1224次会议通过，自2002年10月1日起施行。

（二）物证

物证，是指以物品的外形、特征、质量、规格等形式证明案件真实情况的物品或痕迹。其特点在于独立于人的主观意志之处，以物品的自然状态来证明案件事实，从而具有很强的客观性和不可替代性。如药品监督执法机关查获的假药。

《证据规定》要求，当事人向人民法院提供物证的，应当提供原物；提供原物有困难的，可以提供与原物核对无误的复印件或者证明该物证的照片、录像等其他证据；原物为数量较多的种类物的，提供其中的一部分。

物证和书证的区别主要表现为：物证以物质属性和外观特征来证明案件事实，不具有思想内容；书证则以思想内容来证明案件事实，具有一定的思想内容。在特殊情况下，一份书面材料既可以用作书证，也可以用作物证。如一张罚款单，当用其证明罚款数额多少之时，是书证；当用其证明是否由行政机关开具时，则为物证。

（三）视听资料

视听资料，是指利用现代科技手段，如录音、录像等手段记录下来的有关案件真实情况的事实和材料。如用录音机录制的谈话；用录像机录取的人物形象及其活动资料等。其主要特征就是以其录音、视频等多媒体数据存储信息表现的内容来证明案件事实，其查看需要借助一定的视听材料播放仪器。

视听资料与其他证据相比，具有生动性、直观性和客观真实性的特点，是一种借助高科技的证据种类。在使用视听资料时，应当注意，虽然视听资料能够真实再现案件事实，但其本身也存在着容易被仿造、修改、剪辑的缺点，因而必须特别注意审查其原真性。

《证据规定》要求，当事人向人民法院提供视听资料的，应当提供有关视听资料的原始载体；提供原始载体确有困难的，可以提供复制件，注明制作方法、制作时间、制作人和证明对象等；视听资料应当附有该声音内容的文字记录，对视听资料人民法院应当辨别真伪，并结合案件的其他证据进行审查判定。

（四）电子数据

电子数据，是指以数字化形式存储、处理、传输的数据表现出来的与案件事实有关的材料。《联合国电子商务示范法》第二条规定："电子数据是指由电子手段、光学手段或类似手段生成的传送、接收或者储存的信息。"如与案件事实有关的电子邮件、电子签名、网上聊天记录、手机短信、网络访问记录等。理论界对电子证据的定位大致有“视听资料说”“书证说”“混合证据说”以及“独立证据说”等多种学说。

2004 年的《电子签名法》第七条规定：“数据电文不得仅因其是以电子、光学、磁或者类似手段生成、发送、接收或者储存的而被拒绝作为证据使用。”电子数据是新《行政诉讼法》增加的一种新的证据形式，在此前一般将电子数据作为视听资料的一种。“电子数据在本质上是一种电子信息，可以实现精确复制，可以在虚拟空间无限快速传播，在传播方式上与传统证据只能在物理空间传递存在明显的差异。电子证据是以电子计算机及其他电子设备为基础的证据，没有专门的电子设备证件，没有相应的播放、检索、显示设备，电子证据只能停留在电子存储介质之中，无法被人们感知。”① 与其他证据形式相比，电子数据具有如下特点。

第一，表现形式复合性。指电子数据组合了文字、图像、图形、人物、动画、音频、视频等各种运用网络形式表现的多媒体技术。

第二，表现手段依赖性。指电子数据必须依赖现代高科技手段才能得到展现。离开计算机、互联网等高科技手段，电子数据无法存在。

第三，存在空间的隐蔽性。指电子数据赖以存在的信息符号隐蔽在人们无法直接获取的介质之中，必须借助相应的阅读工具才能从特殊介质（如磁盘、光盘、U 盘、移动硬盘等）上感知。

第四，脆弱性。指存储电子数据的介质容易被毁损，电子数据容易被删除、复制、覆盖、修改。

电子数据的存在形式很多，通常认为电子数据包括但不限于网络平台发布的信息（如网页、博客、微博、朋友圈、贴吧、网盘等）；网络通信信息（如手机短信、电子邮件、即时通信、通信群组等）；网络身份信息（如用户注册信息、身份认证信息、电子交易记录、通信记录、登录日志等）；电子文件信息（如文档、图片、音频视频、数字证书、计算机等）。

我国关于电子数据证据，还没有完整的规定，根据《最高人民法院印发

① 江必新主编：《中华人民共和国行政诉讼法理解适用与实务指南》，中国法制出版社 2015 年版，第 154 页。

〈关于审理证券行政处罚案件证据若干问题的座谈会纪要〉的通知》[1] 要求，当事人可以向人民法院提供电子数据证据证明待证事实，相关电子数据证据应当符合下列要求：第一，无法提取电子数据原始载体或者提取确有困难的，可以提供电子数据复制件，但必须附有不能或者难以提取原始载体的原因、复制过程以及原始载体存放地点或者电子数据网络地址的说明，并由复制件制作人和原始电子数据持有人签名或者盖章，或者以公证等其他有效形式证明电子数据与原始载体的一致性和完整性。第二，收集电子数据应当依法制作笔录，详细记载取证的参与人员、技术方法、步骤和过程，记录收集对象的事项名称、内容、规格、类别以及时间、地点等，或者将收集电子数据的过程拍照或录像。第三，收集的电子数据应当使用光盘或者其他数字存储介质备份。监管机构为取证时，应当妥善保存至少一份封存状态的电子数据备份件，并随案移送，以备法庭质证和认证使用。第四，提供通过技术手段恢复或者破解的与案件有关的光盘或者其他数字存储介质、电子设备中被删除的数据、隐藏或者加密的电子数据，必须附有恢复或破解对象、过程、方法和结果的专业说明。对方当事人对该专业说明持异议，并且有证据表明上述方式获取的电子数据存在篡改、剪裁、删除和添加等不真实情况的，可以向人民法院申请鉴定，人民法院应予准许。

（五）证人证言

证人，是指因为知道案件事实而向人民法院提供证言的人。证人提供的证言，就是证人证言。申言之，证人证言，是指证人在诉讼过程中以口头或书面方式就其所感知的案件事实向法庭所作的陈述。证人证言，是诉讼中运用较为广泛的一种证据形式，证人证言往往能够直接表达案件情况，但是证人表达的内容易受多种因素的影响（如表达能力、注意力等），而具有较大的主观性，因而可信度相对较弱，不能正确表达意思的人，不能作证。对证人证言的审查，应当采用客观检验法、质证法、对比法等方式进行审查。

证人是指因了解案件情况而参与诉讼活动的非本案诉讼参加人。出庭作证，既是当事人的权利，也是当事人的义务。根据《证据规则》第四十一条的规定："凡是知道案件事实的人，都有出庭作证的义务。有下列情形之一的，经人民法院准许，当事人可以提交书面证言：（一）当事人在行政程序或者庭前证据交换

---

① 法〔2011〕225号，2011年7月13日。

中对证人证言无异议的；（二）证人因年迈体弱或者行动不便无法出庭的；（三）证人因路途遥远、交通不便无法出庭的；（四）证人因自然灾害等不可抗力或者其他意外事件无法出庭的；（五）证人因其他特殊原因确实无法出庭的。”

证人出庭作证的方式有三种，即根据法庭通知要求出庭作证、根据当事人申请并经法庭允许出庭作证和证人自己主动向法庭申请出庭作证。《证据规定》要求，当事人向人民法院提供证人证言的，应当写明证人的姓名、年龄、性别、职业、住址等基本情况；需要证人的签名而不能签名的，应当以盖章等方式证明；注明出具日期；附有居民身份证复印件等证明证人身份的文件。

这里需要注意的是，根据《适用行政诉讼法解释》第四十条的规定，人民法院在证人出庭作证前，应当告知其如实作证的义务以及作伪证的法律后果。证人因履行出庭作证义务而支出的交通、住宿、就餐等必要费用以及误工损失，由败诉一方当事人承担。证人如实作证，是指证人如实陈述自己感知的案件事实，不能使用猜测、推断或者评论性的语言，不能宣读事先准备的书面证词，也不能对事实发表意见。[①]

（六）当事人陈述

当事人陈述，是指案件当事人就其在行政程序中经历的事实，向人民法院所作的叙述。当事人陈述一般包括两部分内容：其一是有关案件事实的陈述；其二是有关请求法院作出有利于自己的裁判的辩解。

由于行政争议就是在当事人之间进行的，所以他们最了解争议的事实。当事人的陈述是查明案件事实的重要线索，应当加以重视。但是，由于行政争议直接涉及当事人双方的利害关系，对自己有利的部分，其陈述往往可能会重点强调甚至夸大；对自己不利的部分往往会轻描淡写，甚至缩小。因此，人民法院对当事人的陈述应客观审慎地对待，注意当事人是否有片面和虚假陈述，是否有夸大或者缩小，是否有故意歪曲案件事实真相的内容。当事人的陈述只有和本案的其他证据结合起来，综合研究审查，才能确定能否作为认定事实的依据。

这里需要注意的是，根据《适用行政诉讼法解释》第四十一条的规定，有下列情形之一，原告或者第三人要求相关行政执法人员出庭说明的，人民法院可以准许：①对现场笔录的合法性或者真实性有异议的；②对扣押财产的品种或者

---

① 宋春雨：《〈民事诉讼法〉修改中完善民事证据制度的若干设想》，《法律适用》2011 年第 5 期。

数量有异议的；③对检验的物品取样或者保管有异议的；④对行政执法人员身份的合法性有异议的；⑤需要出庭说明的其他情形。

（七）鉴定意见

鉴定意见，原《行政诉讼法》中称为“鉴定结论”，是指鉴定人接受委托或聘请，运用自己的专门知识和现代科学技术手段，对行政案件中出现的某些专门性问题进行检测、分析、鉴别和判断后作出的具有结论性的书面专业意见。如司法精神病鉴定、卫生监督机构对药品质量所作出的检验证书。由于行政案件涉及许多专业技术管理领域，所以鉴定意见是行政诉讼中运用极为广泛的一种证据，同时，鉴定意见也是司法机关查明案件事实真相，确定案件性质的重要依据。与其他证据相比，鉴定意见具有科学性、事实针对性、确定性和书面性的特点。

新《行政诉讼法》将“鉴定结论”改称为“鉴定意见”，一是因为2005年2月第十届全国人民代表大会常务委员会第十四次会议通过的《全国人民代表大会常务委员会关于司法鉴定管理问题的决定》和其他两部诉讼法都已经将“鉴定结论”改称为“鉴定意见”；二是由于“鉴定意见”的称谓比“鉴定结论”更加准确，更加符合鉴定活动的本真。因为鉴定人个人的认识和判断，只是表达鉴定人个人的意见，对整个案件的处理而言，鉴定意见只是证据的一种，审判人员必须根据案件的全部证据进行综合审查判断，才能正确认定案件事实，作出正确判断。而“鉴定结论”包含有不可置疑的意味，也有代替审判人员作出判断的嫌疑。“鉴定意见”的称谓则表明，此种证据并非人民法院必须采信，而是应当与其他证据一样，只有经过法庭查证属实，与其他证据形成证据链才能作为定案的根据。

（八）勘验笔录、现场笔录

勘验笔录，是指行政主体或人民法院对能够证明案件事实的现场或者对不能、不便拿到人民法院的物证，就地进行分析、检验、测量、拍照、勘查后作出的记录。如对有争议的建筑物所作的拍摄、丈量，并以文字、图标等形式所作的记录。它是客观事物的书面反映、是保全原始证据的一种证据形式。勘验笔录常常用于涉及房产、土地、山林、环保管理等方面的行政纠纷。行政主体或人民法院勘验现场时，当事人应当到场，并可邀请当地基层组织或当事人所在单位的有关人员到场；当事人不到场的，不影响勘验工作的进行。勘验人、当事人和被邀请参加的人员应当在勘验笔录上签名或盖章。

现场笔录，是指行政主体及其工作人员在执行公务中实施行政行为时，依照法定程序对现场的某些事项所做的记录。现场笔录是《行政诉讼法》规定的一种特有证据种类。如公安机关对违反治安管理处罚法的行为人进行询问时所作的记录，交通警察对交通事故现场所作的记录。在行政执法过程中，现场笔录通常是行政主体进行当场处罚或处理的证据，能够对抗行政相对人事后的翻供。因此，现场笔录应当当场制作，不得事后补制，并且应由执行公务的人、当事人、见证人等人员签名或盖章。现场笔录与其他证据相比，具有自身的一些特征：一是现场笔录是由法定机关的工作人员制作的；二是现场笔录是在行政案件发生的过程中制定的，时间上具有特定性；三是现场笔录必须依据法定的程序制作；四是现场笔录必须在案件发生的现场制作。[①]

勘验笔录与现场笔录有一定的关联性，但也存在区别。其区别如下。

名称 标准	勘验笔录	现场笔录
制作主体	行政主体的工作人员、人民法院的审判人员	行政主体的工作人员
反映事实	一般是与案件有关的静态场所、物品	一般是动态的事实状况
形成时间	行政过程中、行政诉讼过程中	行政过程中
包含内容	不包括讯问行政相对人的笔录	可以包含对行政相对人进行讯问的笔录

以上八种证据，不论何种形式，人民法院都应审查其真实性、关联性和合法性。同时应对各种证据之间的相互联系以及与待证事实的关系进行审查。证据只

① 如《行政强制法》第十八条规定：“行政机关实施行政强制措施应当遵守下列规定：（一）实施前须向行政机关负责人报告并经批准；（二）由两名以上行政执法人员实施；（三）出示执法身份证件；（四）通知当事人到场；（五）当场告知当事人采取行政强制措施的理由、依据以及当事人依法享有的权利、救济途径；（六）听取当事人的陈述和申辩；（七）制作现场笔录；（八）现场笔录由当事人和行政执法人员签名或者盖章，当事人拒绝的，在笔录中予以注明；（九）当事人不到场的，邀请见证人到场，由见证人和行政执法人员在现场笔录上签名或者盖章；（十）法律、法规规定的其他程序。”

有经过法庭审查属实后，才能作为认定案件事实的根据。换言之，未经法庭审查属实的，不能作为认定案件事实的根据。

第二节　行政诉讼的举证

一　举证与举证责任

（一）举证的含义

无论是原告还是被告，都希望自己在诉讼中的主张能得到法院的支持，当事人为达此目的其中一方或双方按照法律的要求提供证据。当事人向法院提交证据得以证明自己的主张的行为就是举证。

（二）举证责任的含义

由于证据是证明案件真实情况的材料，只是一种客观存在。只有人们将其用以支持自己的诉讼主张、反对对方当事人的主张时才具有诉讼意义。人们将证据用以证明案件真实情况，即将证据呈献在法庭之上，即为举证。法律明确规定将证据呈献于法庭的责任，就是举证责任。举证责任起源于罗马法中的民事诉讼制度。在罗马法中，诉讼中主张事实的人应当承担举证责任，即人们通常所说的“谁主张，谁举证”。《民事诉讼法》和《刑事诉讼法》中都没有明确使用“举证责任”这一概念，新《行政诉讼法》第三十四条使用了“举证责任”这一提法。[①]《云五社会科学大辞典·法律学》将举证责任解释为“乃当事人要求依其主张为裁判，须就其主张这特定、重要、有关联之事实，并得为证据标的者，举证证明之责任。如不能举证证明其主张，则负担不能依其主张为裁判之危险”。[②]

---

① 新《行政诉讼法》第三十二条规定：“被告对作出的行政行为负有举证责任，应当提供作出该行政行为的证据和所依据的规范性文件。”“被告不提供或者无正当理由逾期提供证据，视为没有相应证据。但是被诉行政行为涉及第三人合法权益，第三人提供证据的除外。”《民事诉讼法》第六十四条规定：“当事人对自己提出的主张，有责任提供证据。”“当事人及其诉讼代理人因客观原因不能自行收集的证据，或者人民法院认为审理案件需要的证据，人民法院应当调查收集。”“人民法院应当按照法定程序，全面地、客观地审查核实证据。”《刑事诉讼法》中对此没有相关的条文。

② 《云五社会科学大辞典·法律学》，台湾商务印书馆1971年版，第482页。

在理论界对举证责任的界定还存有分歧，有权利说、义务说、责任说、负担说、权利义务说和风险说等理论，一般认为行政诉讼的举证责任，是指由法律预先规定的，在行政案件的真实情况难以确定的情况下，由一方当事人提供证据予以证明，其提供不出证明相应事实情况的证据则承担败诉风险及不利后果的制度。[①] 因此，举证责任对于诉讼当事人具有十分重要的意义，这正如美国著名行政法学家伯纳德·施瓦茨所指出的："在实际诉讼中，举证责任问题的实际重要性甚至比大多数律师认识到的还要大。确定举证责任问题常常就是决定谁胜负的问题。"[②] 因此，理论上的通说认为，举证责任有两层意思，即行为责任和结果责任。作为行为责任，举证责任是指当事人就其诉讼主张向法院提供证据的责任，故又称为主观的举证责任、形式的举证责任；作为结果责任，举证责任是指负有举证责任的当事人在不能提供足够的证据证明其主张的案件事实时所要承担的败诉风险，故又称为败诉风险责任、客观举证责任。

英美证据法上将其分为推进责任（又称法定证明责任、法定证明负担）和说服责任（又称说明责任、论证责任）。推进责任是指当事人提供证据证明其主张构成法律争端从而值得或者应当由法院进行审理的举证责任；说服责任是指当事人提出证据使法官或陪审团确信其实体主张成立的义务，否则必然遭受不利的裁判。大陆法系国家，占主导地位的证据理论将举证责任分为主观的举证责任和客观的举证责任。主观的举证责任是指当事人一方为避免败诉，就自己的主张向法院提供证据的一种义务或负担；客观的举证责任是指在案件事实处于真伪不明时，法院假定事实存在或不存在，所发生的对当事人不利的结果责任。[③] 德国法上，举证责任有两种解释：一是指当事人在具体的诉讼过程中为了避免承担败诉的危险而有必要向法院提供证据；二是指在口头辩论结束之后，当事人因主要事实没有得到证明，法院不认可发生以该事实为要件的法律效力而承担诉讼上的不利。前者是形式上的举证责任，即提供证据的责任，后者是实质上的举证责任，即证明责任。[④] 有学者认为，英美证据法的推进责任其实相当于大陆法系国家所

---

① 姜明安主编：《行政法与行政诉讼法》（第六版），北京大学出版社、高等教育出版社 2016 年版，第 460 页。

② ［美］伯纳德·施瓦茨：《行政法》，徐炳译，群众出版社 1986 年版，第 321 页。

③ 马怀德主编：《行政诉讼原理》，法律出版社 2003 年版，第 259 页。

④ 江必新、梁凤云：《行政诉讼法理论与实务》（第三版），法律出版社 2016 年版，第 743—744 页。

说的主观举证责任，说服责任相当于客观举证责任。[①] 由于我国的行政诉讼实践中，“当事人可以举证，也可以不举证，但是依照法律规定负有举证责任的当事人，在对某一应举证证明的事实没有举证时，虽然法院依职权也做调查，该当事人仍然负担可能遭受就该事实作出的不利于己判决的危险”，举证责任应该既不是权利，也不是义务，而应当是危险负担说。[②]

行政诉讼的举证责任存在推进责任（证据提出责任）说和证据推进责任（说服责任）说的区别。新《行政诉讼法》第四十九条规定关于原告证明起诉符合法定条件的举证责任属于推进责任，第三十四条规定的被告对作出的行政行为负有举证责任属于说服责任。[③] 推进责任，是指当事人提供证据证明其主张构成法律争端从而值得或者应当由法院进行审理的责任。说服责任，是指由实体法规则确定的，被确定有说服责任的一方当事人对自己的主张必须提供证据，充分的证明，使法官确信其主张成立。[④] 承担推进责任的当事人，必须提供证据启动诉讼程序的进行，直接表现是引起法院立案；承担说服责任的当事人在不能证明自己的主张时，只能推定其主张不能成立，即要因此而承担败诉责任。

（三）规定举证责任的目的

诉讼法规定，举证责任的目的，在于解决当案件事实处于真假难辨时，法院应当根据什么标准判定案件事实并在此基础上对案件作出裁判。换言之，举证责任的目的在于当案件真假难辨时如何决定不利的诉讼的结果（甚至败诉）的归属。

二 行政诉讼的举证责任的分配

（一）行政诉讼举证责任的分配原则

举证责任的分配，是指法律规定某一事实应由诉讼双方中哪一方当事人承担举证责任。推进责任事实是由原告来承担的，举证责任的分配要解决的是说服责任的承担，即诉讼是否成功的风险分配问题。行政诉讼举证责任的分配基本原则

---

① 张树义主编：《最高人民法院行政诉讼证据规定释评》，中国法制出版社 2002 年版，第 11 页。

② 林莉红：《行政诉讼法学》（第四版），武汉大学出版社 2015 年版，第 130 页。

③ 姜明安主编：《行政法与行政诉讼法》（第三版），北京大学出版社 2007 年版，第 523 页。

④ 江必新主编：《中华人民共和国行政诉讼法理解适用与实务指南》，中国法制出版社 2015 年版，第 159 页。

是被告对作出的行政行为负有举证责任。

（二）被告的举证责任

1. 被告负举证责任的范围和内容

举证责任的范围，是指举证人应当对哪些事项负举证责任，举证内容是指举证人应当提供什么证据来证明相应事项。新《行政诉讼法》第三十四条第一款规定："被告对作出的行政行为负有举证责任，应当提供作出该行政行为的证据和所依据的规范性文件。"① 此规定明确了行政诉讼中被告对被诉的行政行为承担举证责任。与民事诉讼和刑事诉讼不同的是，被告除对自己作出行为提供证据，还应提供作出行政行为所依据的规范性文件。虽然规范性文件并不属于新《行政诉讼法》第三十三条列举的法定证据种类，但是行政诉讼的目的在于审查行政行为的合法性，而判断行政行为的合法性，既要审查行政机关作出行政行为的事实根据，也要审查作出行政行为有无法律法规和规范性文件作为依据。行政机关在作出行政行为时有无法律法规、规范性文件依据，有何种法律法规、规范性文件依据是合法性审查的基础。当然，原告也可以提供证明被诉行政行为违法的证据。即使原告提供的证据不成立，仍然不免除被告对被诉行政行为合法性的举证责任。人民法院向被告送达应诉通知书时，应当告知其举证范围。概括起来被告所负的举证责任包括：

第一，被告对自己作为被告行政行为的主体资格负举证责任。

第二，行政行为是否合法由被告负举证责任。

第三，被告既要对行政行为的事实依据负举证责任，又要对作出行政行为的法律依据负举证责任。

第四，对原告起诉已经超过诉讼时效的事实，由被告负举证责任。

第五，与被诉行政行为合理性相关的事实。

第六，在行政赔偿诉讼中有关被告不予赔偿或者应当减少赔偿数额方面的事实。

第七，政府信息公开案件中实行的举证责任。根据《政府信息公开规定》

---

① 这里需要注意的是，实行对作出的行政行为负举证责任不等于实行在行政诉讼中对一切事实负举证责任；并不与实行享有提供证据的权利相矛盾；不同于原告和其他诉讼参加人、参与人或他人提供证据的义务；是"谁主张，谁举证"的一般举证责任原则在行政诉讼中的特殊体现［姜明安：《行政诉讼法》（第三版），北京大学出版社 2016 年版，第 198 页］。

的规定：①被告拒绝向原告提供政府信息的，应当对拒绝的根据以及履行法定告知和说明理由义务的情况举证；②因公共利益决定公开涉及商业秘密、个人隐私政府信息的，被告应当对认定公共利益以及不公开可能对公共利益造成重大影响的理由进行举证和说明；③被告拒绝更正与原告相关的政府信息记录的，应当对拒绝的理由进行举证和说明；④被告能够证明政府信息涉及国家秘密，请求在诉讼中不予提交的，人民法院应当准许；⑤被告主张政府信息不存在，原告能够提供该政府信息系由被告制作或者保存的相关线索的，可以申请人民法院调取证据；⑥被告以政府信息与申请人自身生产、生活、科研等特殊需要无关为由不予提供的，人民法院可以要求原告对特殊需要事由作出说明。

2. 被告负举证责任的理由

行政诉讼法确定被告承担举证责任的理由有以下四条。

第一，由作出被诉行政行为的被告承担举证责任，是顺应行政程序中被告“先取证，后裁决”的要求，有利于促进行政机关依法行政。依法行政的原则要求行政机关在行政程序中要先行收集充分的证据，然后才能做出行政决定。行政机关有义务就其被诉的行政行为提供其先行收集的证据以证明其行为的合法性，否则将承担败诉的风险，这样的要求反过来也督促行政机关在作出行政行为之前，力求依法行政，防止行政主体滥用权力，从而保证其行为的合法性。

第二，由作出被诉行政行为的被告承担举证责任，有利于发挥行政机关的举证优势。客观地说，诉讼中当事人的举证能力是存在差异的。例如，行政管理活动往往涉及一些专业性、技术性较强的问题，加之其作出行政行为时依据自己获悉的证据和繁多的法律法规，其实施行政行为时无须征得行政相对人的同意便可自行作出，从而使其居于主动地位。由行政机关负举证责任，有利于利用其自身的优势提高证据提供的效率；若行政机关不按规定提供证据，视其作出的行政行为没有合法根据，法院即可判决使其承担败诉的结果。

第三，由作出被诉行政行为的被告承担举证责任，有利于保障原告诉权。正是由于被告在作出行政行为的优势地位，若将举证责任加于原告来证明强势的行政机关作出行政行为的合法性，无疑极大地加重其负担，使其胜诉的机会微乎其微，这样明显不利于保护行政相对人的诉权。因此，被告承担举证责任，有利于平衡原被告双方在诉讼中的地位，进而增强其与被告的对抗能力。

第四，被告负举证责任，有利于公平原则。由于被告在行政管理中处于支配地位，被告实施行政管理行为一般都不以行政相对人同意为前提，处于强势；而行政相对人处于被支配地位，较为弱势。因此，在举证责任分配上，被告应当承担大于原告的举证责任，这样才能与行政管理中行政主体与行政相对人的地位相匹配。

需要注意的是，从形式上看，原告似乎处于主张者的地位，其主张是某一特定行政行为的违法性。但是，从事物的内在规定性来看，行政诉讼法这样的规定与“谁主张、谁举证”的基本举证原则并不冲突。① 事实上，被告对行政行为负举证责任是这一基本原则在行政诉讼中的具体体现，因为行政诉讼审查的主要是行政行为的合法性而不是审查原告行为的合法性。“但是，无论是行政行为的合法性，还是原告行为违法都是被告的主张，被告之所以要给予原告行政处罚，对原告采取强制措施，或拒发原告许可证、执照等，通常是认为原告行为违法或不合法，原告无须提供证据证明原告行为违法或者不合法。”②被告应对自己的主张举证，若被告不能提供证据证明其主张成立，法院就推定被告的行为不合法，而原告无须证明自己行为的合法性。

除行政诉讼法确定被告承担举证责任的基本原则之外，被告还对其他的一些事实主张承担举证责任。如《证据规定》第四条第三款规定，被告对其认为原告起诉超过法定期限的主张承担举证责任。

（三）原告的举证责任

在行政诉讼中被告要对其作出的行政行为的合法性承担举证责任并不意味着原告就没有举证责任。新《行政诉讼法》第三十八条规定：“在起诉被告不履行法定职责的案件中，原告应当提供其向被告提出申请的证据。但是下列情形之一的除外：（一）被告应当依职权主动履行法定职责的；（二）原告因正当理由不能提供证据的。”“在行政赔偿、补偿的案件中，原告应当对行政行为造成的损害提供证据。因被告的原因导致原告无法举证的，由被告承担举证责任。”《证据规定》进一步完善了原告举证责任的规定，其第四条、第五条规定了原告对以下事项承担举证责任。人民法院向当事人送达受理案件通知书时，应当告知其举证范围。

---

① 马怀德主编：《行政诉讼原理》，法律出版社 2003 年版，第 262 页。

② 姜明安：《行政诉讼法》（第三版），北京大学出版社 2016 年版，第 198 页。

1. 原告对其符合起诉条件承担举证责任，但被告认为原告起诉超过起诉期限的除外

《证据规定》第四条第一款规定：“公民、法人或者其他组织向人民法院起诉时，应当提供其符合起诉条件的相应的证据材料。”原告所负担的此项举证责任相当于英美法的推进责任，其目的在于证明其起诉符合新《行政诉讼法》第四十九条关于起诉的规定，否则原告的起诉将不能被法院受理。

2. 原告在起诉被告行政不作为的案件中承担举证责任，特殊情形除外

新《行政诉讼法》第三十八条第一款规定：“在起诉被告不履行法定职责的案件中，原告应当提供其向被告提出申请的证据。但有下列情形之一的除外：（一）被告应当依职权主动履行法定职责的；（二）原告因正当理由不能提供证据的。”此前，《证据规定》第四条第一款规定：“在起诉被告不作为的案件中，原告应当提供其在行政程序中曾经提出申请的证据材料。但有下列情形的除外：（一）被告应当依职权主动履行法定职责的；（二）原告因被告受理申请的登记制度不完备等正当事由不能提供相关证据材料并能够作出合理说明的。”之所以如此规定，是由于行政主体的不作为，一般先由原告申请行政主体才能作出行政行为，而要求被告举证证明原告是否提出过申请是不现实的，也是不可行的。①

3. 原告在行政赔偿诉讼中对被诉行政行为造成损害的事实承担举证责任

新《行政诉讼法》第三十八条第二款规定：“在行政赔偿、补偿的案件中，原告应当对行政行为造成的损害提供证据。因被告的原因导致原告无法举证的，由被告承担举证责任。”之前，《诉讼证据规定》第五条规定：“在行政赔偿诉讼中，原告应当对被诉行政行为造成损害的事实提供证据。”

4. 其他应当由原告承担的举证责任

根据实践经验，其他应当由原告负的举证责任包括：

第一，证明被诉行政行为存在的责任；

第二，对被告提供的证据进行反驳时，提供行政行为违法的证据；

第三，对有利于自己的程序意义的法律事实负举证责任；

---

① 新《行政诉讼法》第十二条第一款第六项规定：“申请行政机关履行保护人身权、财产权等合法权益的法定职责，行政机关拒绝履行或者不予答复的。”

第四，有关民事上的问题实行“谁主张，谁举证”；[①]

第五，原告起诉被告拒绝更正政府信息记录的，应当提供其向被告提出过更正申请以及政府信息与其自身相关且记录不准确的事实根据。

5. 原告负举证责任的理由

之所以将上述情况下的举证责任分配给原告，原因在于对这些事实的证明，一般情况下原告既有提供相应证据材料的便利性和可能性，也有提供相关证据的能力。[②] 具体而言，原告之所以要承担一定的举证责任其基本理由有：

第一，从行政诉讼的目的来看，原告应当负一定的举证责任。保护公民、法人或其他组织的合法权益是我国行政诉讼的目的之一，原告承担一定的举证责任能够充分保护其自身的实体权利和程序权利。“被诉行政行为没有认定的事实，即被告对这部分待证事实没有提出主张，而提出主张者是原告。原告承担举证责任符合‘谁主张，谁举证’的原则。”[③]

第二，在行政诉讼中，原告也有败诉的风险。在诉讼实践中，作为被告的行政主体一方通常能够举出一些证据证明其行政行为的合法性，这些证明如果原告不能举证相反的证据加以推翻，其证据的证据效力就将被认定，原告的胜诉就十分渺茫。因此，原告承担一定的举证责任，其实是增加了其胜诉的筹码。

第三，由于行政诉讼举证责任的分配与行政程序中的举证责任的负担具有一定的对应性。因此，原告在行政诉讼中承担一定的举证责任是其在行政程序中承担举证责任的延续。这正如有学者所明确指出的：“原告在行政程序中也负一定的举证责任，并且实质上带入行政诉讼，并不减免被告对行政行为合法性所负的举证责任。”“行政程序可以看成是初审，行政诉讼可以认为是上诉审，初审中负举证责任，上诉审中实质上不会免除。”[④] 而事实，原告之所以起诉，很大程度上是其在行政程序中的举证责任被行政诉讼中的被告所否定，而这种否定是否合法通过原告的举证能够使其接受人民法院的审查，更能够保护原告的合法权益。

---

① 林莉红：《行政诉讼法学》（第四版），武汉大学出版社 2015 年版，第 132 页。

② 胡建淼主编：《行政法与行政诉讼法》，清华大学出版社 2008 年版，第 476 页。

③ 江必新主编：《中华人民共和国行政诉讼法理解适用与实务指南》，中国法制出版社 2015 年版，第 178 页。

④ 刘善春：《行政诉讼举证责任分配规则论纲》，《中国法学》2003 年第 3 期。

当事人按照法律规定确定的举证责任提交证据，同时人民法院认为有必要时有权要求当事人提供或者补充证据。对当事人无争议，但涉及国家利益、公共利益或者他人合法权益的事实，人民法院可以责令当事人提供或者补充有关证据。

（四）证据失权

所谓证据失权，是指负有提交证据责任的一方诉讼当事人如果未能按照规定的时间向人民法院提交证据，则视为放弃举证权利。[①] 新《行政诉讼法》第三十四条第二款规定："被告不提供或者无正当理由逾期提供证据，视为没有相应证据。但是，被诉行政行为涉及第三人合法权益，第三人提供证据外。"《适用行政诉讼法解释》第三十五条规定，"原告或者第三人应当在开庭审理前或者人民法院指定的交换证据清单之日提供证据。因正当事由申请延期提供证据的，经人民法院准许，可以在法庭调查中提供。逾期提供证据的，人民法院应当责令其说明理由；拒不说明理由或者理由不成立的，视为放弃举证权利"。"原告或者第三人在第一审程序中无正当事由未提供而在第二审程序中提供的证据，人民法院不予接纳。"这些规定要求被告应当在举证期限内主动提供证据；如果被告不能在举证期限内主动提供证据，人民法院无法查清案件事实，则以行政行为主要证据不足为由撤销或者部分撤销，并可以判决被告重新作出行政行为。[②] 当然，证据失权也有例外情形，即被诉行政行为涉及第三人合法权益，第三人提供证据的除外。

三　行政诉讼的举证期限

为保障行政诉讼的顺利进行，保障人民法院及时审理案件，解决行政争议，保障当事人的合法权益，维护行政审判的权威，必须对当事人举证的期限加以规定。人民法院向当事人送达受理案件通知书或者应诉通知书时，应当告知其举证期限和逾期提供证据的法律后果，并告知因正当事由不能按期提供证据时应当提出延期提供证据的申请。

---

① 袁杰主编：《中华人民共和国行政诉讼法解读》，中国法制出版社 2014 年版，第 95 页。

② 新《行政诉讼法》第七十条规定："行政行为有下列情形之一的，人民法院判决撤销或者部分撤销，并可以判决被告重新作出行政行为：（一）主要证据不足的；（二）适用法律、法规错误的；（三）违反法定程序的；（四）超越职权的；（五）滥用职权的；（六）明显不当的。"

（一）被告的举证期限

根据新《行政诉讼法》第三十四条的规定，被告对作出的行政行为负有举证责任，应当提供作出该行政行为证据和所依据的规范性文件。被告不提供或者无正当理由逾期提供证据的，除被诉行政行为涉及第三人合法权益，第三人提供的证据外，视为被诉行政行为没有相应的证据。第三十六条规定，被告在作出行政行为时已经收集了证据，但因不可抗力等正当事由不能提供的，经人民法院准许，可以延期提供。根据《适用行政诉讼法解释》第三十四条的规定，被告申请延期提供证据的，应当在收到起诉状副本之日起十五日内以书面形式向人民法院提出。人民法院准许延期提供的，被告应当在正当事由消除后十五日内提供证据。逾期提供的，视为被诉行政行为没有相应的证据。这里明确了延期举证的条件，即：①申请延期举证必须在法定期限内提出，即收到起诉状副本之日起十五日内提出，逾期申请无效；②申请延期举证，必须有正当事由，即只有不可抗力或者客观上不能控制的正当事由；③申请延期举证，必须以书面形式提出，即申请延期举证属于要式诉讼行为；④申请延期举证，必须经人民法院审查，即举证期限能否延长，由人民法院审查后确定。

原告或者第三人提出其在行政程序中没有提出的理由或者证据的，经人民法院准许，被告可以补充证据。

（二）原告和第三人的举证期限

原告或者第三人应当在开庭审理前或者人民法院指定的交换证据之日提供证据。因正当事由申请延期提供证据的，经人民法院准许，可以在法庭调查中提供。逾期提供证据的，人民法院应当责令其说明理由。拒不说明理由或者理由不成立的，视为放弃举证权利。原告或者第三人在第一审程序中无正当事由未提供而在第二审程序中提供的证据，人民法院不予接纳。《适用行政诉讼法解释》第三十五条规定，“原告或者第三人应当在开庭审理前或者人民法院指定的交换证据清单之日提供证据。因正当事由申请延期提供证据的，经人民法院准许，可以在法庭调查中提供。逾期提供证据的，人民法院应当责令其说明理由；拒不说明理由或者理由不成立的，视为放弃举证权利”。“原告或者第三人在第一审程序中无正当事由未提供而在第二审程序中提供的证据，人民法院不予接纳。”这一规定明确了如下问题：①原告和第三人举证，应当在法定期间或者人民法院的指定期间内完成，即原告或者第三人应当在开庭审理前或者人民法院指定的交换证据清单之日提供证据；②原告和第三人逾期举证必须有正当事由，即原告和第三人有正当事由逾期举证的，经人民法院准许，可以延期至法庭调查中提供；③原告和第三人在举证期内不能提供证据的，视为放弃举证权利。

（三）当事人申请延期举证的处理

《适用行政诉讼法解释》第三十六条规定："当事人申请延长举证期限，应当在举证期限届满前向人民法院提出书面申请。""申请理由成立的，人民法院应当准许，适当延长举证期限，并通知其他当事人。申请理由不成立的，人民法院不予准许，并通知申请人。"根据该规定，当事人申请延期应当遵守如下规则：第一，当事人申请延长举证期限的，应当在举证期限届满前提出，逾期提出无效；第二，当事人申请延长举证期限应当以书面方式提出，口头方式提出无效；第三，人民法院对当事人申请延长举证期限的，人民法院应当对其申请理由进行审查，未经审查不得作出决定；第四，延长举证期限的长短由人民法院决定；第五，对于当事人申请延长期限的，人民法院应当进行答复。

四 行政诉讼的举证规则

（一）提供书证的规则

当事人向人民法院提供书证的，应当符合下列要求。

第一，提供书证的原件，原本、正本和副本均属于书证的原件。提供原件确有困难的，可以提供与原件核对无误的复印件、照片、节录本。

第二，提供由有关部门保管的书证原件的复制件、影印件或者抄录件的，应当注明出处，经该部门核对无异后加盖其印章。

第三，提供报表、图纸、会计账册、专业技术资料、科技文献等书证的，应当附有说明材料。

第四，被告提供的被诉行政行为所依据的询问、陈述、谈话类笔录，应当由行政执法人员、被询问人、陈述人、谈话人签名或者盖章。

法律、法规、司法解释和规章对书证的制作形式另有规定的，从其规定。

（二）提供物证的规则

当事人向人民法院提供物证的，应当符合下列要求。

第一，提供原物。提供原物确有困难的，可以提供与原物核对无误的复制件或者证明该物证的照片、录像等其他证据。

第二，原物为数量较多的种类物的，提供其中的一部分。

（三）提供视听资料的规则

当事人向人民法院提供计算机数据或者录音、录像等视听资料的，应当符合下列要求：

第一，提供有关资料的原始载体。提供原始载体确有困难的，可以提供复制件；

第二，注明制作方法、制作时间、制作人和证明对象等；

第三，声音资料应当附有该声音内容的文字记录。

（四）提供电子数据的规则

当事人向人民法院提供电子数据，就程序而言与普通证据没有差别。最大的差别在于提供方法，电子证据必须借助物理条件才能得到展示，有时需要相关的专业人士运用专业知识才能提供，当然，必要时可以打印、复制，甚至将存储设备从计算机中拆卸下来提交法庭。

（五）提供证人证言的规则

当事人向人民法院提供证人证言的，应当符合下列要求：

第一，写明证人的姓名、年龄、性别、职业、住址等基本情况。

第二，有证人的签名；不能签名的，应当以盖章等方式证明。

第三，注明出具日期。

第四，附有居民身份证复印件等证明证人身份的文件。

（六）提供鉴定意见的规则

对需要鉴定的事项负有举证责任的当事人，在举证期限内无正当理由不提出鉴定申请、不预交鉴定费用或者拒不提供相关材料，致使对案件争议的事实无法通过鉴定意见予以认定的，应当对该事实承担举证不能的法律后果。

被告向人民法院提供的在行政程序中采用的鉴定意见，应当载明委托人和委托鉴定的事项、向鉴定部门提交的相关材料、鉴定所依据和使用的科学技术手段、鉴定部门和鉴定人鉴定资格的说明，并应有鉴定人的签名和鉴定部门的盖章。通过分析获得的鉴定意见，应当说明分析过程。原告或者第三人有证据或者有正当理由表明被告据以认定案件事实的鉴定意见可能有错误，在举证期限内书面申请重新鉴定的，人民法院应予准许。

（七）提供现场笔录的规则

被告向人民法院提供的现场笔录，应当载明时间、地点和事件等内容，并由执法人员和当事人签名。当事人拒绝签名或者不能签名的，应当注明原因。有其他人在现场的，可由其他人签名。法律、法规和规章对现场笔录的制作形式另有规定的，从其规定。

（八）域外证据提供的规则

当事人向人民法院提供的在中华人民共和国领域外形成的证据，应当说明来源，经所在国公证机关证明，并经中华人民共和国驻该国使领馆认证，或者履行中华人民共和国与证据所在国订立的有关条约中规定的证明手续。当事人提供的在中华人民共和国香港特别行政区、澳门特别行政区和中国台湾地区内形成的证据，应当按照有关规定办理证明手续。

（九）提供外文书证和外国语视听资料的规则

当事人向人民法院提供外文书证或者外国语视听资料的，应当附有由具有翻译资质的机构翻译的或者其他翻译准确的中文译本，并由翻译机构盖章或者翻译人员签名。

无论当事人提供何种证据，如果证据涉及国家秘密、商业秘密或者个人隐私的，应当作出明确标注，并向法庭说明，法庭予以审查确认。当事人应当对其提交的证据材料分类编号，对证据材料的来源、证明对象和内容作简要说明，签名或者盖章，注明提交日期。

人民法院收到当事人提交的证据材料，应当出具收据，注明证据的名称、份数、页数、件数、种类等以及收到的时间，由经办人员签名或者盖章。对于案情比较复杂或者证据数量较多的案件，人民法院可以组织当事人在开庭前向对方出示或者交换证据，并将交换证据的情况记录在卷。

（十）特殊情况的处理

根据《适用行政诉讼法解释》的规定，对行政诉讼过程中证据可能出现的特殊问题，应当区别不同情况进行处理：

第一，被告有证据证明其在行政程序中依照法定程序要求原告或者第三人提供证据，原告或者第三人依法应当提供而没有提供，在诉讼程序中提供的证据，人民法院一般不予采纳。[①] 这里“依法应当提供而没有提供”，是指原告或者第三人依法应当履行协助行政机关执行公务的义务，或者应当就自己的主张提出相应的证据，而没有提供的情形。

第二，原告或者第三人确有证据证明被告持有的证据对原告或者第三人有利的，可以在开庭审理前书面申请人民法院责令行政机关提交。申请理由成立的，人民法院应当责令行政机关提交，因提交证据所产生的费用，由申请人预付。行政机关无正当理由拒不提交的，人民法院可以推定原告或者第三人基于该证据主张的事实成立。[②]

第三，持有证据的当事人以妨碍对方当事人使用为目的，毁灭有关证据或者实施其他致使证据不能使用行为的，人民法院可以推定对方当事人基于该证据主张的事实成立，并可依照妨碍行政诉讼行为的相关规定进行处理。

第四，在行政赔偿、补偿案件中，因被告的原因导致原告无法就损害情况举证的，应当由被告就该损害情况承担举证责任。对于各方主张损失的价值无法认定的，应当由举证的一方当事人申请鉴定，但法律、法规、规章规定行政机关在作出行政行为时依法应当评估或者鉴定的除外。负有举证责任的当事人拒绝申请鉴定的，由其承担不利的法律后果。当事人的损失因客观原因无法鉴定的，人民法院应当结合当事人的主张和在案证据，遵循法官职业道德，运用逻辑推理和生活经验、生活常识等，酌情确定赔偿数额。[③]

五　证明标准

（一）证明标准概述

证明标准是指为了实现法定证明义务，避免不利己的裁判，负有证明责任的当事人履行证明义务必须达到法律所要求的程度。其要解决的是当事人就其主张证明到何种程度才能使法庭确信案件事实的存在。举证责任与证明标准是紧密联系的。证明责任确定了提供证据的主体，证明标准确定了负有举证责任的当事人

① 《适用行政诉讼法解释》第四十五条。
② 《适用行政诉讼法解释》第四十六条。
③ 《适用行政诉讼法解释》第四十七条。

提供证据的内容与证据要达到的证明程度。对于承担举证责任的当事人而言，如果其提供的证据的证明程度没有达到法定的证明标准，其将要承担败诉的风险。同时，证明标准又是法官审查认定证据进而认定事实的基准，预先确定的证明标准有利于减少法院在审查证据时的恣意。

在英美法系国家，一般严格区分刑事诉讼和民事诉讼的证明标准，前者适应的是所谓的“排除合理怀疑标准”，后者根据不同的案件情况适用“占优势的盖然性标准（也称优势证明标准）”等标准。所谓“排除合理怀疑”就是对被告指控的犯罪事实已达到可以排除一切合理怀疑的程度。优势证明标准是指争议双方当事人中的一方提供的证据效力明显优于另一方当事人提供的证据的证明力，根据占优势的证据认定案件事实的证明标准。在大陆法系国家证据法中，不同的诉讼也确定了有差别的证明标准。[①] 在我国，长期以来各大诉讼领域实行的是统一的证明标准，即要达到“事实清楚，证据确实、充分”的程度。对这种统一的客观真实标准，不少学者提出了质疑，并形成了一些基本共识：

第一，三大诉讼审理对象不同，对当事人权利影响程度也不同，因而实行不同的证明标准。一般来说，刑事诉讼的证明标准高于行政诉讼和民事诉讼，行政诉讼的又高于民事诉讼。

第二，客观真实标准只是一种理想的，但不具现实操作性的标准，因而导致该标准实质上被虚化了，因为客观真实标准是用目标代替的标准。[②] 对此，《民事诉讼证据若干规定》第七十三条[③]规定了“高度盖然性”证明标准回应了以上讨论。

（二）行政诉讼的证明标准

就行政诉讼的证明标准，美国司法审查中区分事实问题和法律问题并对二者适用不同的证明标准。就事实问题，美国就不同的情形分别实行实质性证明标准，专横、任性、滥用自由裁量权标准和法院重新审理标准。德国行政诉讼的一

① 姜明安主编：《行政法与行政诉讼法》（第六版），北京大学出版社、高等教育出版社 2015 年版，第 474—475 页。

② 马怀德主编：《行政诉讼原理》，法律出版社 2003 年版，第 300—301 页。

③ 《最高人民法院关于民事诉讼证据的若干规定》第七十三条规定：“双方当事人对同一事实分别举出相反的证据，但都没有足够的依据否定对方证据的，人民法院应当结合案件情况，判断一方提供证据的证明力是否明显大于另一方提供证据的证明力，并对证明力较大的证据予以确认。”“因证据的证明力无法判断导致争议事实难以认定的，人民法院应当依据举证责任分配的规则作出裁判。”

般证明标准是排除合理怀疑的高度盖然性标准，但特定情形下通过法律的特别规定或行政法院的解释，此证明标准被修正（主要是降低）。[①]

行政诉讼法及相关司法解释都没有规定证明标准，在学界关于行政诉讼的证明标准形成了不同的看法。

有的学者认为，一般行政案件实行明显优势证明标准为主，以优势证明标准和严格证明标准为补充。这种观点认为行政诉讼的证明标准要求介于刑事诉讼和民事诉讼之间，刑事诉讼通行的是排除合理怀疑标准，民事诉讼通常采行优势证明标准，所以一般的行政案件行政诉讼应实行低于刑事诉讼和民事诉讼的证明标准，即明显优势证明标准。对于严重影响行政相对人权利的行政案件适用严格证明标准或排除合理怀疑标准，如拘留、责令停产停业、吊销营业执照等案件，因为这些案件对行政相对人的人身权和财产权会产生重大影响，故对行政机关应采取更为严格的证明标准。对于对行政相对人的权益影响不大的行政裁决、非行政行为案件、行政机关适用简易程序作出的行政行为案件以及行政机关采取临时保全措施的案件等降低证明标准，适用等同于民事诉讼的证明标准——优势证明标准。[②] 这种观点主张一种独立于刑事诉讼与民事诉讼的证明标准，表明行政诉讼应具有独立的证明标准，但问题在于如何确定明显优势证明标准、怎样具体操作。

有的学者则持另一种观点，主张排除合理怀疑标准（相当于严格证明标准）为主，特定情形下降低证明标准，适用占优势的盖然性标准（相当于优势证据标准）。考虑到行政行为的作出一般直接影响到公民的人身权、财产权等权利，行政诉讼的证明标准的确定必须与合法性原则及实体法的目的一致，应有利于依法行政，强化对行政机关在行政程序方面的要求，从而有利于保护处于弱势地位的行政相对人的地位，因此在一般的行政程序中应使用排除合理怀疑标准。在一些特殊情形下，如行政机关在紧急情况下作出紧急处置行为，原告是否具有行政法上的请求权；行政赔偿诉讼中原告对被诉行政行为造成损害的事实的证明等情形，降低证明标准，适用占优势的盖然性标准。[③] 这种标准对行政行为的作出提

---

① 马怀德主编：《行政诉讼原理》，法律出版社 2003 年版，第 302—306 页。

② 姜明安主编：《行政法与行政诉讼法》（第六版），北京大学出版社、高等教育出版社 2015 年版，第 475 页。

③ 马怀德主编：《行政诉讼原理》，法律出版社 2003 年版，第 307—308 页。

出了严格要求，而且分不同的情形直接适用刑事诉讼和民事诉讼的标准，具有一定便利性，但不足之处是没有形成独立的行政诉讼证明标准。

第三节　行政诉讼的取证、保全与交换

一　行政诉讼的取证

（一）行政诉讼取证概念

取证又称证据的收集，是指证据收集的主体在行政诉讼过程中对证据的获取。

在英美法系国家实行诉讼当事人主义原则，证据主要由当事人提供；在大陆法系国家一定程度上采行诉讼职权主义原则，除当事人依法举证外，法院也可依其职权取证。行政诉讼法主要确定了人民法院的取证，即其对证据的调取可以依其职权，也可根据当事人的申请取证。人民法院取证既是行政诉讼法赋予人民法院的重要程序性权利，它体现了诉讼的职权性，又是解决当事人举证困难的司法救济方式。

（二）行政诉讼取证的规则

1. 人民法院的取证规则

（1）人民法院主动取证规则。

新《行政诉讼法》第三十九条规定：“人民法院有权要求当事人提供或者补充证据。”第四十条规定：“人民法院有权向有关行政机关以及其他组织、公民调取证据。但是，不得为证明行政行为的合法性调取被告作出行政行为时未收集的证据。”可见，新《行政诉讼法》有条件地赋予了人民法院主动调取证据的权力。但这里需要注意的是，人民法院要求当事人提供或者补充证据是有限制的，即只有对当事人无争议，但涉及国家利益、公共利益或者他人合法权益的事实，人民法院可以责令当事人提供或者补充。[①] 这里“当事人无争议”只是说明当事

① 《适用行政诉讼法解释》第三十七条规定：“根据行政诉讼法第三十九条的规定，对当事人无争议，但涉及国家利益、公共利益或者他人合法权益的事实，人民法院可以责令当事人提供或者补充有关证据。”

人之间对案件事实的认可，与人民法院审理查明后认定事实不一定能够完全重合。

（2）人民法院依申请取证规则。

鉴于原告和第三人在行政诉讼中取证方面的弱势地位，所以新《行政诉讼法》第四十一条规定，当原告或者第三人不能自行收集，但能够提供确切线索的，可以申请人民法院调取下列证据材料：

第一，由国家有关部门保存，而须由人民法院调取的证据；

第二，涉及国家秘密、商业秘密、个人隐私的证据；

第三，确因客观原因不能自行收集的其他证据。

当事人申请人民法院调取证据的，应当在举证期限内提交调取证据申请书。调取证据申请书应当写明下列内容：

第一，证据持有人的姓名或者名称、住址等基本情况；

第二，拟调取证据的内容；

第三，申请调取证据的原因及其要证明的案件事实。

《适用行政诉讼法解释》第三十九条规定："当事人申请调查收集证据，但该证据与待证事实无关联、对证明待证事实无意义或者其他无调查收集必要的，人民法院不予准许。"这里所规定的当事人，既包括原告和第三人，也包括被告，即被告与原告、第三人都具有申请人民法院调取证据的权利，但人民法院在根据被告申请调取证据时，不得违反行政程序规则关于"先取证，后裁决"的要求。《证据规定》[①] 第二十五条规定人民法院对当事人调取证据的申请，经审查符合调取证据条件的，应当及时决定调取；不符合调取证据条件的，应当向当事人或者其诉讼代理人送达通知书，说明不准许调取的理由。当事人及其诉讼代理人可以在收到通知书之日起三日内向受理申请的人民法院书面申请复议一次。人民法院应当在收到复议申请之日起五日内作出答复。人民法院根据当事人申请，经调取未能取得相应证据的，应当告知申请人并说明原因。

（3）人民法院异地取证规则。

人民法院需要调取的证据在异地的，可以书面委托证据所在地人民法院调

① 《最高人民法院关于行政诉讼法证据若干问题的规定》2002 年 6 月 4 日由最高人民法院审判委员会第 1224 次会议通过，自 2002 年 10 月 1 日起施行。

取。受托人民法院应当在收到委托书后，按照委托要求及时完成调取证据工作，送交委托人民法院。受托人民法院不能完成委托内容的，应当告知委托的人民法院并说明原因。

（4）申请重新鉴定的规则

原告或者第三人有证据或者有正当理由表明被告据以认定案件事实的鉴定意见可能有错误，在举证期限内书面申请重新鉴定的，人民法院应予准许。当事人对人民法院委托的鉴定部门作出的鉴定意见有异议申请重新鉴定，提出证据证明存在下列情形之一的，人民法院应予准许：

第一，鉴定部门或者鉴定人不具有相应的鉴定资格的。

第二，鉴定程序严重违法的。

第三，鉴定意见明显依据不足的。

第四，经过质证不能作为证据使用的其他情形。对有缺陷的鉴定意见，可以通过补充鉴定、重新质证或者补充质证等方式解决。

人民法院对委托或者指定的鉴定部门出具的鉴定书，应当审查是否具有下列内容：鉴定的内容；鉴定时提交的相关材料；鉴定的依据和使用的科学技术手段；鉴定的过程；明确的鉴定意见；鉴定部门和鉴定人鉴定资格的说明；鉴定人及鉴定部门签名盖章。以上内容欠缺或者鉴定意见不明确的，人民法院可以要求鉴定部门予以说明、补充鉴定或者重新鉴定。

（5）人民法院勘验现场规则。

人民法院可以依当事人申请或者依职权勘验现场。勘验现场时，勘验人必须出示人民法院的证件，并邀请当地基层组织或者当事人所在单位派人参加。当事人或其成年亲属应当到场，拒不到场的，不影响勘验的进行，但应当在勘验笔录中说明情况。审判人员应当制作勘验笔录，记载勘验的时间、地点、勘验人、在场人、勘验的经过和结果，由勘验人、当事人、在场人签名。在勘验现场时绘制的现场图，应当注明绘制的时间、方位、绘制人姓名和身份等内容。当事人对勘验结论有异议的，可以在举证期限内申请重新勘验，是否准许由人民法院决定。

2. 当事人的取证规则

（1）被告的取证规则。

根据行政程序“先取证，后裁决”原则，被告不得用事后收集的证据证明其先前行为的合法性，故在诉讼过程中，被告及其诉讼代理人不得自行向原告和证人收集证据。除非原告或者第三人提出其在行政程序中没有提出的反驳理由或者证据的，经人民法院准许，被告可以在第一审程序中补充相应的证据。

（2）原告和第三人的取证规则。

行政诉讼法及相关司法解释没有对原告和第三人的自行取证的问题作出规定。理论上而言，原告和第三人的取证在举证期限内可以随意取证。但事实上，原告和第三人的取证将会受到诸多客观因素限制，故新《行政诉讼法》规定与案件有关的证据，原告或者第三人不能自行收集的，下列证据材料可以申请人民法院调取：

第一，由国家机关保存而须由人民法院调取的证据；

第二，涉及国家秘密、商业秘密和个人隐私的证据；

第三，确因客观原因不能自行收集的其他证据。

3. 人民法院要求当事人提供或者补充证据

如果当事人提供的证据尚不足以证明案件真实情况，而有进一步查明必要的，人民法院有权要求当事人提供或者补充证据。新《行政诉讼法》第三十九条规定人民法院有权要求当事人提供或者补充证据。对当事人无争议，但涉及国家利益、公共利益或者他人合法权益的事实，人民法院责令当事人提供或者补充有关证据。人民法院有权向有关行政机关以及其他组织、公民调取证据。但是，不得为证明行政行为的合法性调取被告作出行政行为时未收集的证据。

二　行政诉讼证据的保全

（一）证据保全的概念

证据的保全，是指在行政诉讼过程中，对于证据有可能灭失或者以后难以取得的情况时，由人民法院根据诉讼参加人的申请或者依职权所采取的对证据的调查收集和固定保护措施。

新《行政诉讼法》第四十二条规定："在证据可能灭失或者以后难以取得的情况下，诉讼参加人可以向人民法院申请保全证据，人民法院也可以主动采取保全措施。"证据是人民法院查明案件事实、认定行政行为合法与否、正确处理当事人争议的关键。证据保全是一项确保证据完整性、真实性和证据不被破坏或者灭失的有效措施，能够保护证据的证明力不受影响。可以说，证据保全既是人民法院取得证据的一种有效手段，也是当事人提供证据的一种重要方法，目的是通

过证据查清案件事实，保证人民法院在证据充分的基础上作出公正裁判。证据的保全具有以下几个特点：[①]

第一，证据保全的主体是人民法院；

第二，证据保全的前提是证据有可能灭失或者以后难以取得；

第三，证据保全可以依申请，也可由法院依职权为之；

第四，人民法院采取证据保全应制作裁定书。

（二）证据保全的种类

根据新《行政诉讼法》的规定，证据保全可以分为依法申请保全和依职权保全两种。依申请保全，是指诉讼参加人在证据出现可能灭失或者以后难以取得的情况时，向人民法院申请证据保全；依职权保全，是指人民法院在证据出现可能灭失或者以后难以取得的情况时主动采取的证据保全。

（三）证据保全的条件

人民法院实施证据保全的条件主要有：

第一，证据有可能灭失。如证人因年老、疾病可能死亡；作为物证的物品即将变质、腐烂。

第二，证据以后难以取得的。如证人将定居国外的，以后难以获得证人证言等。

（四）证据保全规则

1. 申请证据保全的期限

在证据可能灭失或者以后难以取得的情况下，诉讼参加人可以向人民法院申请保全证据，人民法院也可以主动采取保全措施。当事人及其诉讼代理人向人民法院申请保全证据的，应当在举证期限届满前以书面形式提出，举证期限届满之后提出的保全申请无效。

2. 申请证据保全的形式

申请证据保全应当采用书面形式。申请书需要说明证据的名称和地点、保全的内容和范围、申请保全的理由等事项。以口头或者数据电文等方式向人民法院

---

① 张树义主编：《最高人民法院关于行政诉讼证据若干问题的规定释评》，中国法制出版社 2002 年版，第 124 页。

提出申请，人民法院不予受理。申请理由应当着重说明该项证据容易灭失或者以后难以取得的原因。

3. 申请证据保全的担保

当事人申请保全证据的，人民法院可以要求其提供相应的担保。

（五）证据保全的方法

人民法院保全证据时，可以根据具体情况，采取查封、扣押、拍照、录音、录像、复制、鉴定、勘验、制作询问笔录等保全措施。人民法院保全证据时，可以要求当事人或者其诉讼代理人到场。

三　证据的交换

证据交换，是指行政诉讼案件开庭审理前，双方当事人在法官主持下交流案件的事实和证据方面的信息。通常情况下证据交换可经当事人申请启动，也可以由人民法院依职权对证据较多或者复杂疑难案件组织证据交换。根据《适用行政诉讼法解释》第三十八条的规定："对于案情比较复杂或者证据数量较多的案件，人民法院可以组织当事人在开庭前向对方出示或者交换证据，并将交换证据清单的情况记录在卷。""当事人在庭前证据交换过程中没有争议并记录在卷的证据，经审判人员在庭审中说明后，可以作为认定案件事实的依据。"这一规定明确了行政诉讼证据交换的下列内容：

第一，行政诉讼证据交换的条件。一是行政诉讼案情比较复杂；二是证据数量较多。

第二，行政诉讼证据交换的范围。我国目前没有明确行政诉讼证据交换的范围，因此我们认为只要是法律没有明确禁止、即将在法庭上使用的证据都可以进行庭审前交换。

第三，行政诉讼证据交换时间应当是在行政案件开庭审理期间。

第四，行政诉讼证据交换的程序。我国新《行政诉讼法》和相关司法解释没有明确规定证据交换的程序。实践中，通常是由合议庭成员或者法官助理主持证据交换，由书记员负责记录；证据交换的次数无明确的限制，实践以一次为限，特殊情况下可以进行超过一次的交换。这里需要注意当事人在庭前证据交换过程中没有争议并记录在卷的证据，经审判人员在庭审中说明后，可以作为认定案件事实的依据。

第四节 行政诉讼证据的质证

新《行政诉讼法》第四十三条规定："证据应当在法庭上出示，并由当事人互相质证。对涉及国家秘密、商业秘密和个人隐私的证据，不得在公开开庭时出示。""人民法院应当按照法定程序，全面、客观地审查核实证据。对未采纳的证据应当在裁判文书中说明理由。""以非法手段取得的证据，不得作为认定案件事实的根据。"

一 行政诉讼证据的质证概念

新《行政诉讼法》规定，证据经法庭审查属实，才能作为认定案件事实的根据。因此，法庭要审查证据，当事人必须向法庭出示证据。在法庭上，证据经当事人相互质证，才能保证证据的真实性、合法性和关联性，避免认定案件事实的证据出现差错，保证以事实为依据真正得到落实。可见，质证既是一项重要的法庭审理活动，也是一项当事人的重要诉讼权利。

行政诉讼的质证，是指在法庭审理过程中，在法庭的主持下，由当事人对当庭出示的证据，围绕其真实性、关联性、合法性以及证明力等问题进行相互询问、对质、辨认和解释的证明活动。证据应当在法庭上出示，未经法庭质证的证据不能作为人民法院裁判的根据，因此质证是人民法院经过庭审的证据材料转化为定案证据的重要环节，是法院最终采信证据的基本前提。这里需要特别注意：

第一，质证的主体是原告、被告、第三人及其诉讼代理人。人民法院，质证时法官不得参与询问和辩论，证人、鉴定人、勘验人等也不是质证主体。

第二，质证的范围是当事人举证和人民法院收集到的全部证据。

第三，质证的内容是证据的证明力和证明力的大小。

第四，质证的目的是通过质证的方式以在证据证明力等问题上对法官的内心确信产生影响。

二 行政诉讼证据的质证规则

（一）行政诉讼证据的质证的一般规则

第一，证据应当在法庭上出示，并经法庭审查质证。未经法庭审查属实的证据，不能作为认定案件事实的依据。当事人在庭前证据交换过程中没有争议并记录在卷的证据，经审判人员在庭审中说明后，可以作为认定案件事实的依据。

第二，经人民法院传票传唤，因被告无正当理由拒不到庭而需要依法缺席判决的，被告提供的证据不能作为定案的依据，但当事人在庭前交换证据中没有争议的证据除外。

第三，涉及国家秘密、商业秘密和个人隐私或者法律规定的其他应当保密的证据，不得在开庭时公开质证。当事人申请人民法院调取的证据，由申请调取证据的当事人在庭审中出示，并由当事人质证。

第四，当事人申请人民法院调取的证据，由申请调取证据的当事人在庭审中出示，并由当事人质证。人民法院依职权调取的证据，由法庭出示，并可就调取该证据的情况进行说明，听取当事人意见。

第五，当事人应当围绕证据的关联性、合法性和真实性，针对证据有无证明效力以及证明效力大小，进行质证。经法庭准许，当事人及其代理人可以就证据问题相互发问，也可以向证人、鉴定人或者勘验人发问。当事人及其代理人相互发问，或者向证人、鉴定人、勘验人发问时，发问的内容应当与案件事实有关联，不得采用引诱、威胁、侮辱等语言或者方式。

第六，法庭在质证过程中，对与案件没有关联的证据材料，应予排除并说明理由。法庭在质证过程中，准许当事人补充证据，对补充的证据仍应进行质证。法庭对经过庭审质证的证据，除确有必要外，一般不再进行质证。

在第二审程序中，对当事人依法提供的新的证据，法庭应当进行质证；当事人对第一审认定的证据仍有争议的，法庭也应当进行质证。按照审判监督程序审理的案件，对当事人依法提供的新的证据，法庭应当进行质证；因原判决、裁定认定事实的证据不足而提起再审所涉及的主要证据，法庭也应当进行质证。此处的“新的证据”是指以下证据：

第一，在一审程序中应当准予延期提供而未获准许的证据。

第二，当事人在一审程序中依法申请调取而未获准许或者未取得，人民法院在第二审程序中调取的证据。

第三，原告或者第三人提供的在举证期限届满后发现的证据。

（二）行政诉讼证据质证的具体规则

1. 书证、物证、视听资料、电子证据的质证规则

对书证、物证和视听资料进行质证时，当事人应当出示证据的原件或者原物。但有下列情况之一的除外：

第一，出示原件或者原物确有困难并经法庭准许可以出示复制件或者复制品；

第二，原件或者原物已不存在，可以出示证明复制件、复制品与原件、原物一致的其他证据。视听资料、电子证据应当当庭播放或者显示，并由当事人进行质证。

2. 证人证言质证规则

除不能正确表达意志的人以外，凡是知道案件事实的人，都有出庭作证的义务。有下列情形之一的，经人民法院准许，当事人可以提交书面证言。

第一，当事人在行政程序或者庭前证据交换中对证人证言无异议的。

第二，证人因年迈体弱或者行动不便无法出庭的。

第三，证人因路途遥远、交通不便无法出庭的。

第四，证人因自然灾害等不可抗力或者其他意外事件无法出庭的。

第五，证人因其他特殊原因确实无法出庭的。对于证人是否能够正确表达自己的意志，根据当事人申请，人民法院可以就证人能否正确表达意志进行审查或者交由有关部门鉴定，必要时，人民法院也可以依职权交由有关部门鉴定。

当事人申请证人出庭作证的，应当在举证期限届满前提出，并经人民法院许可。人民法院准许证人出庭作证的，应当在开庭审理前通知证人出庭作证。当事人在庭审过程中要求证人出庭作证的，法庭可以根据审理案件的具体情况，决定是否准许以及是否延期审理。有下述情形之一，原告或者第三人可以要求相关行政执法人员作为证人出庭作证：

第一，对现场笔录的合法性或者真实性有异议的；

第二，对扣押财产的品种或者数量有异议的；

第三，对检验的物品取样或者保管有异议的；

第四，对行政执法人员的身份的合法性有异议的；

第五，需要出庭作证的其他情形。

证人出庭作证时，应当出示证明其身份的证件。法庭应当告知其诚实作证的

法律义务和作伪证的法律责任。出庭作证的证人不得旁听案件的审理。法庭询问证人时，其他证人不得在场，但组织证人对质的除外。证人应当陈述其亲历的具体事实。证人根据其经历所作的判断、推测或者评论，不能作为定案的依据。

3. 鉴定意见质证规则

当事人要求鉴定人出庭接受询问的，鉴定人应当出庭。鉴定人因正当事由不能出庭的，经法庭准许，可以不出庭，由当事人对其书面鉴定意见进行质证。鉴定人不能出庭的正当事由，参照证人因正当事由不能出庭的规定。

对于出庭接受询问的鉴定人，法庭应当核实其身份、与当事人及案件的关系，并告知鉴定人如实说明鉴定情况的法律义务和故意作虚假说明的法律责任。对被诉行政行为涉及的专门性问题，当事人可以向法庭申请由专业人员出庭进行说明，法庭也可以通知专业人员出庭说明。必要时，法庭可以组织专业人员进行对质。当事人对出庭的专业人员是否具备相应专业知识、学历、资历等专业资格等有异议的，可以进行询问。由法庭决定其是否可以作为专业人员出庭。专业人员可以对鉴定人进行询问。

三　质证的顺序

根据新《行政诉讼法》及相关司法解释没有关于质证顺序的规定，适用民事诉讼法的有关规定，我们认为行政诉讼的质证可以按下列顺序进行：

第一，原告出示的证据，被告、第三人与原告进行质证；

第二，被告出示的证据，原告、第三人与被告进行质证；

第三，第三人出示的证据，原告、被告与第三人进行质证；

第四，人民法院根据当事人申请调查收集的证据，作为提出申请的一方当事人提供的证据，由该方当事人在庭审中出示，并由当事人质证；

第五，人民法院依职权调查收集的证据应当在庭审时出示，听取当事人意见，并可就调查收集该证据的情况予以说明；

第六，案件有两个以上独立诉讼请求的，当事人可以逐一出示证据进行质证。

四　质证方式

在诉讼实践中，质证的方式有三种，即直接方式、言词方式和交叉询问方式。

直接方式，是指审判人员必须在法庭上亲自听取质证的情况，进而形成对案件事实的内心确认。不能是通过他人转述、观看录像、收听录音等方式进行。

言词方式，是指质证应当以口头陈述的方式进行，而不是通过书面或其他方式进行。

交叉询问方式，是指当事人及其代理人可以对证据问题相互发问，可以向证人、鉴定人或者勘验人发问。

第五节 行政诉讼证据认证

一 行政诉讼证据认证的概念

行政诉讼的认证，是指行政诉讼程序在举证、质证的基础上，人民法院经过对证据的审查核实，对证据的证明力和证明力大小予以认定，并在此基础上认定案件事实的诉讼活动。认证是法院采信证据的最后环节，其决定着经历了举证、质证环节进入诉讼的证据材料是否能够支持当事人的主张。

认证具有以下特征：

第一，认证的主体是法官。认证是法院法官对证据进行审查核实的活动，这是法官行使其审判职权的重要活动。

第二，认证的对象是证据。认证的对象不是案件事实，对证据的认证是认定案件事实的基础，只有完成证据的法庭审查，才能利用具有证明能力的证据，依据证据效力的大小认定案件事实。

第三，认证的内容包括对证据能力和具有证据资格的证据的证明效力大小的认定。证据能力，也称证据资格，其要确定的是证据是否具有客观性、关联性和合法性，只有具备这几个属性才具有作为证据的基本条件，其解决的是对证据材料进行审查从而确定其是否能够作为证据的问题。后者在于确定具有证据资格的不同证据、同种证据的证明力的强弱问题。

二 行政诉讼证据认证的规则

庭审中经过质证的证据，能够当庭认定的，应当当庭认定；不能当庭认定的，应当在合议庭合议时认定。人民法院应当在裁判文书中阐明证据是否采纳的理由。

（一）证据能力认证的规则

法官审核认定证据通常需要经过三个环节，即确认证据已经经过法庭质证；对证据进行逐一审查和综合审查；排除无关联的证据，确定证据与待证事实之间的证明关系。人民法院裁判行政案件，应当以证据证明的案件事实为依据。法庭应当对经过庭审质证的证据和无须质证的证据进行逐一审查和对全部证据综合审查，遵循法官职业道德，运用逻辑推理和生活经验，进行全面、客观和公正地分析判断，确定证据材料与案件事实之间的证明关系，排除不具有关联性的证据材料，准确认定案件事实。

1. 证据合法性认证规则

（1）肯定性规则。

法庭应当根据案件的具体情况，从以下方面审查证据的合法性：

第一，证据是否符合法定形式。

第二，证据的取得是否符合法律、法规、司法解释和规章的要求。

第三，是否有影响证据效力的其他违法情形。

（2）案卷外证据的排除规则。

案卷外证据排除规则，是指行政机关在行政程序中形成的证据之外的证据，不能作为定案的根据。

根据《证据规定》第六十条的规定，下列情形的证据不能作为认定被诉行政行为合法的根据：

第一，被告及其诉讼代理人在作出行政行为后或者在诉讼程序中自行收集的证据；

第二，被告在行政程序中非法剥夺公民、法人或者其他组织依法享有的陈述、申辩或者听证权利所采用的证据；

第三，原告或者第三人在诉讼程序中提供的、被告在行政程序中未作为行政行为依据的证据；

第四，复议机关在复议程序中收集和补充的证据，或者作出原行政行为的行政机关在复议程序中未向复议机关提交的证据，不能作为人民法院认定原行政行为合法的依据。

2. 证据真实性认证规则

法庭应当根据案件的具体情况，从以下方面审查证据的真实性：

第一，证据形成的原因；

第二，发现证据时的客观环境；

第三，证据是否为原件、原物，复制件、复制品与原件、原物是否相符；

第四，提供证据的人或者证人与当事人是否具有利害关系；

第五，影响证据真实性的其他因素。

3. 不具有合法性和真实性的证据排除规则

非法证据排除规则，起源于20世纪初的美国。是对非法取得的供述和非法搜查扣押取得的证据予以排除的统称，也就是说，法律另有规定的除外，司法机关不得采信非法证据，不得将非法证据作为认定案件事实的证据。新《行政诉讼法》第四十三条第三款规定："以非法手段取得的证据，不得作为认定案件事实的根据。"以非法手段取得的证据，主要有三种情形：一是严重违反法定程序收集的证据材料；二是以违反法律强制性规定的手段获取且侵害他人合法权益的证据材料；三是以威胁、利诱、欺骗、暴力等手段获得的证据材料。①

从实践情况看，下列证据材料不能作为定案依据：

第一，严重违反法定程序收集的证据材料；

第二，以偷拍、偷录、窃听等手段获取侵害他人合法权益的证据材料；

第三，以利诱、欺诈、胁迫、暴力等不正当手段获取的证据材料；

第四，当事人无正当事由超出举证期限提供的证据材料；

第五，在中华人民共和国领域以外或者在中华人民共和国香港特别行政区、澳门特别行政区和中国台湾地区形成的未办理法定证明手续的证据材料；

第六，当事人无正当理由拒不提供原件、原物，又无其他证据印证，且对方当事人不予认可的证据的复制件或者复制品；

第七，被当事人或者他人进行技术处理而无法辨明真伪的证据材料；

第八，不能正确表达意志的证人提供的证言；

第九，不具备合法性和真实性的其他证据材料。

此外，证据根据其经历所作的判断、推测或者评论，不能作为定案的依据。

---

① 《适用行政诉讼法解释》第四十三条。

4. 其他非法证据排除规则

（1）非法证据排除规则。

以违反法律禁止性规定或者侵犯他人合法权益的方法取得的证据，不能作为认定案件事实的依据。

（2）原告在诉讼程序中提供其未按被告要求应在行政程序中依法提供的证据认证规则。

被告在行政程序中依照法定程序要求原告提供证据，原告依法应当提供而拒不提供，在诉讼程序中提供的证据，人民法院一般不予采纳，但特殊情形例外，如原告在行政程序中因客观事由而不能提供，在诉讼程序中提出，人民法院也可以决定采纳。

（3）鉴定意见认证排除规则。

对被告在行政程序中采纳的鉴定意见，原告或者第三人提出证据证明有下列情形之一的，人民法院不予采纳：

第一，鉴定人不具备鉴定资格；

第二，鉴定程序严重违法；

第三，鉴定意见错误、不明确或者内容不完整。

（二）证明效力认证规则

1. 优势证据规则：证明同一事实数个证据证明效力的认证

优势证据规则，是指在法庭就数个证据证明同一事实并都具有证明力、不同证据证明了相反的事实主张的情况下，法官选择占优势的证据和最有说服力的证据作为认定案件事实根据的规则。

证明同一事实的数个证据，其证明效力一般可以按照下列情形分别认定：

第一，国家机关以及其他职能部门依职权制作的公文文书优于其他书证；

第二，鉴定意见、现场笔录、勘验笔录、档案材料以及经过公证或者登记的书证优于其他书证、视听资料、电子证据和证人证言；

第三，原件、原物优于复制件、复制品（如以有形载体固定或者显示的电子数据交换、电子邮件以及其他数据资料，其制作情况和真实性经对方当事人确认，或者以公证等其他有效方式予以证明的，与原件具有同等的证明效力）；

第四，法定鉴定部门的鉴定意见优于其他鉴定部门的鉴定意见；

第五，法庭主持勘验所制作的勘验笔录优于其他部门主持勘验所制作的勘验笔录；

第六，原始证据优于传来证据；

第七，其他证人证言优于与当事人有亲属关系或者其他密切关系的证人提供的对该当事人有利的证言；

第八，出庭作证的证人证言优于未出庭作证的证人证言；

第九，数个种类不同、内容一致的证据优于一个孤立的证据。

2. 补强证据规则

补强证据规则，是从刑事诉讼证据制度发展起来的规则，是指在某些证据不能单独作为认定案件事实根据的情况下，结合其他证据补强其证明力，以作为定案证据的规则。根据《证据规定》第七十一条的规定，下列七种证据不能单独作为定案的依据：

第一，未成年人所作的与其年龄和智力状况不相适应的证言；

第二，与一方当事人有亲属关系或者其他密切关系的证人所作的对该当事人有利的证言，或者与一方当事人有不利关系的证人所作的对该当事人不利的证言；

第三，应当出庭作证而无正当理由不出庭作证的证人证言；

第四，难以识别是否经过修改的视听资料；

第五，无法与原件、原物核对的复制件或者复制品；

第六，经一方当事人或者他人改动，对方当事人不予认可的证据材料；

第七，其他不能单独作为定案依据的证据材料。

3. 自认规则

自认，是指在诉讼中当事人一方就对方当事人主张的不利于己方的事实承认为真实的声明或表示。自认规则，是指自认的提出、审查、采信所应当遵守的规范。在诉讼实践中，通常一方当事人对其他当事人所主张的对其不利的证据予以认可。

在庭审中，一方当事人或者其代理人在代理权限范围内对另一方当事人陈述的案件事实明确表示认可的，人民法院可以对该事实予以认定。但有相反证据足以推翻的除外。

在行政赔偿诉讼中，人民法院主持调解时当事人为达成调解协议而对案件事实的认可，不得在其后的诉讼中作为对其不利的证据。

在认定当事人自认时，需要特别注意如下问题：

第一，自认必须是当事人在庭审中所作出的，在其他场合所作出的无效；

第二，自认必须是当事人在庭审中以明示的方式作出，其他方式无效；

第三，自认只能针对案件事实，不能针对推断，或者主张；

第四，自认的结果需要人民法院进行审查，可以认定，也可以否定；

第五，自认如果是在行政赔偿程序中进行调解时作出的，不具有证据效力。

4. 对方当事人提供证据认可的效力认证

在不受外力影响的情况下，一方当事人提供的证据，对方当事人明确表示认可的，可以认定该证据的证明效力；对方当事人予以否认，但不能提供充分的证据进行反驳的，可以综合全案情况审查认定该证据的证明效力。

5. 司法认知

司法认知，是指法院在审判过程中以宣告的形式直接认定某一事实的真实性，以消除当事人无谓的争议，确保审判顺利进行的诉讼证明方式。[①] 司法认知是证明特定案件事实的诉讼行为，经法院司法认知的事实，其法律上的真实性得到确认，除非一方当事人提出合理的反证或人民法院发现了新事实，当事人无须举证，法院也无须进一步调查和审查。对于下列事实法庭可以直接认定：

第一，众所周知的事实；

第二，自然规律及定理；

第三，按照法律规定推定的事实；

第四，已经依法证明的事实；

第五，根据日常生活经验法则推定的事实。

但第一项、第二项、第四项、第五项，当事人有相反证据足以推翻的除外。

6. 推定规则

推定规则，是指一种根据法律规定，依据已知事实或者经验，从一个已知事实推论未知事实并得出结论的证据规则。推定规则可以分为法律推定和事实推定两种情况。

① 张树义主编：《最高人民法院关于行政诉讼证据若干问题的规定释评》，中国法制出版社 2002 年版，第 292 页。

（1）法律推定。

法律推定，是指根据法律的明确规定，从一个事实推定另一个事实存在的一种证明规则。其是解决已知事实与推定事实之间的逻辑关联性，因此，已知事实作为前提事实必须具有客观性和真实性。由于推定事实是以无相反证据证明为条件而推导出来的，因此适用推定还必须以无相反的证据推翻为前提。《证据规定》第六十九条规定："原告确有证据证明实行持有的证据对原告有利，被告无正当事由拒不提供的，可以推定原告的主张成立。"

（2）事实推定。

事实推定，是指一种法律虽然没有明确规定，但在司法实践中法庭可以根据日常生活经验法则证明另一事实是否存在的证明规则。《证据规定》第七十条规定："生效的人民法院裁判文书或者仲裁机构裁决文书确认的事实，可以作为定案依据。但是如果发现裁判文书或者裁决文书认定的事实有重大问题的，应当中止诉讼，通过法定程序予以纠正后恢复诉讼。"可见，事实推定是具有一定的条件的，这些条件通常包括：

第一，待证事实必须无直接证据加以证明，只能借助间接事实来证明；

第二，已知事实与推定事实之间必须有必然联系；

第三，已知事实必须已经得到法律上的确认；

第四，事实推定均属可反驳的推定，如果对方当事人的反证成立，则事实推定不能成立。

7. 证明妨碍及法律后果

证明妨碍，是指当事人采用隐藏、毁灭或其他妨碍证据使用的方法，使得对方当事人使用该证据证明其主张成为不可能或存在困难。证明妨碍所产生的法律后果则是法官可以肯定行政相对人关于由被毁灭的证据所支持的主张已经证明，从而产生其主张推定成立的法律后果。①

《证据规定》第六十九条规定，原告确有证据证明被告持有的证据对原告有利，被告无正当事由拒不提供的，可以推定原告的主张成立。

证明妨碍与事实推定之间有一定的联系性，但前者更注重结果，后者更加注重过程。

---

① 马怀德主编：《行政诉讼原理》，法律出版社 2003 年版，第 298—299 页。

（三）认证错误的纠正

法官在对证据进行认证的过程中，除极力避免发生错误外，也应高度重视对错误认定的及时纠正。法庭发现当庭认定的证据有误，可以按照下列方式纠正：

第一，庭审结束前发现错误的，应当重新进行认定；

第二，庭审结束后宣判前发现错误的，在裁判文书中予以更正并说明理由，也可以再次开庭予以认定；

第三，有新的证据材料可能推翻已认定的证据的，应当再次开庭予以认定。

三　认证的方式

法庭认证的方式有当庭认证和合议庭认证两种基本形式。庭审中经过质证的证据，能够当庭认定的，应当当庭认定；不能当庭认定的，应当在合议庭合议时认定。人民法院应当在裁判文书中阐明证据是否采纳的理由。

当然，人民法院在审理行政案件的过程中，认为有必要的，可以要求当事人本人或者行政机关执法人员到庭，就案件有关事实接受询问。在询问之前，可以要求其签署保证书。保证书应当载明据实陈述，如有虚假陈述愿意接受处罚等内容。当事人或者行政机关执法人员应当在保证书上签名或者捺印。负有举证责任的当事人拒绝到庭、拒绝接受询问或者拒绝签署保证书，待证事实又欠缺其他证据加以佐证的，人民法院对其主张的事实不予认定。①

① 《适用行政诉讼法解释》第四十四条。

第九章　起诉与立案

行政诉讼程序，是人民法院对行政案件进行审理和裁判时应当遵守的程序，是行政诉讼在时间和空间上的表现形式。详言之，“行政诉讼程序是指行政诉讼原告起诉、被告应诉，人民法院审查被诉行政行为合法性并作出裁决的过程、顺序、步骤和方式，是行政诉讼的时间和空间表现形式。”[①] 在时间层面上，表现为行政诉讼程序包括第一审程序、简易程序、第二审程序和审判监督程序；在空间层面上，表现为行政诉讼活动的具体内容，如起诉、立案、应诉、开庭审理、合议庭评议、裁决、审判、诉讼文书送达等。

第一节　起诉

行政诉讼的第一审程序，是指人民法院对行政案件进行初次审理的程序，具体包括对行政起诉的审查、案件的受理、开庭审理、裁判等环节。

一　行政诉讼起诉概念

通常意义上，起诉，是指与案件有利害关系的人行使法律赋予的起诉权的诉讼行为。作为一项法定权利，任何国家机关、组织或个人都不得给予剥夺或限制。

行政起诉，是指公民、法人或者其他组织认为自己的合法权益受到行政行为侵害或者与行政机关发生争议，而依法向法院提起诉讼，请求人民法院行使国家

① 姜明安：《行政诉讼法》（第三版），北京大学出版社 2016 年版，第 217 页。

审判权对有争议的行政行为进行合法性审查，并作出裁判的诉讼行为。

行政起诉，是行政相对人行使诉权的行为，是整个诉讼活动的起始点，由于司法奉行“不告不理”的被动性原则，没有行政相对人或者利害关系人起诉，人民法院不能主动审查行政行为的合法性。没有行政起诉，人民法院就不可能受理案件，行政诉讼审判也就无从谈起。

行政诉讼起诉包含如下含义。

第一，行政诉讼起诉是行政相对人和利害关系人请求人民法院进行司法救济的诉讼行为。如果行政相对人和利害关系人请求行政复议机关、信访部门或者其他国家机关进行救济，则不属于行政诉讼起诉的范围。

第二，行政诉讼起诉是行政相对人和利害关系人行使诉权的一种单方行为，无须以行政主体的同意为前提。

第三，行政诉讼起诉的权利属于行政管理中的行政相对人和利害关系人。提起诉讼的人主要是行政管理中的行政相对人，但并不仅限于行政相对人，在特定的情况下，未直接参与行政法律关系的人也可能会受到行政主体所作行政行为的影响，也可以以利害关系人的名义起诉。但是行政主体是不包括在“利害关系人”范围内的，因为法律没有授予行政主体起诉的权利。

第四，行政起诉人，即原告，是指起诉人认为自己的合法权益受到行政主体的行政行为侵害或者不利影响的公民、法人或者其他组织。这里包含三层意思：一是行政起诉权利只能是因为维护自己的合法权益而行使，对于维护别人的合法权益除在行使监护权或公共利益外，不能行使；二是行政起诉时，起诉人认为自己的合法权益受到行政主体行政行为的侵害或受到不利影响，只是起诉人的主观认识，并非客观事实，自己的合法权益是否受到侵害或受到不利影响需要根据人民法院的生效判决来确定；三是原告提起行政诉讼，必须以行政主体作出一定的行政行为为基础，当然这里的行政行为既包括积极的作为，也包括消极的不作为。①

① 行政行为的作出与否，包括两个基本的判断标准，一是行政行为已经对利害关系人发生了一定的法律效果。实践中，行政行为一般应当以书面形式作出，对于没有书面形式的即行政主体作出行政行为，不制作、不送达决定，起诉人对行政行为不服向人民法院起诉时，只要能够证实行政行为的存在，人民法院应当受理。二是行政行为已经完成，如果行政行为还处在拟定、审议、报批阶段，则该行政行为尚未成熟，不具有法律效力，不能就其提起行政诉讼。

二　行政起诉条件

为了保证当事人诉讼权利得到充分顺利行使，确保人民法院公正、及时的审理案件，同时防止当事人滥用诉权，法律规定了当事人的起诉条件。人民法院对符合起诉条件的案件应当立案，依法保护当事人行使诉讼权利。根据新《行政诉讼法》第四十九条①的规定，提起行政诉讼应具备以下条件：

（一）原告主体资格适格

原告主体资格适格，即原告是符合法律规定的具有起诉资格的公民、法人或者其他组织。原告适格所解决的是行政诉讼中谁有资格提起诉讼，即"谁来告"的问题。与行政行为有法律上利害关系的公民、法人或者其他组织认为行政行为侵犯其合法权益，对该行政行为不服的，可以依法提起行政诉讼，行政主体不能也无权提起行政诉讼。因此，原告只能是作为某一行政行为直接或间接的行政相对人——公民、法人或者其他组织，其与行政机关作出的行政行为处理的结果具有利害关系，并且只能为自己的利益请求法院裁判。因此，新《行政诉讼法》第二十五条第一至三款规定："行政行为的相对人以及其他与行政行为有利害关系的公民、法人或者其他组织，有权提起诉讼。""有权提起诉讼的公民死亡，其近亲属可以提起诉讼。""有权提起诉讼的法人或者其他组织终止，承受其权利的法人或者其他组织可以提起诉讼。"

虽然《中共中央关于全面推进依法治国若干重大问题的决定》提出："探索建立检察机关提起公益诉讼制度"，部分学者对此也很感兴趣，但 2014 年修改《行政诉讼法》还未明确规定可以为集体或国家利益而提起的公益诉讼。2017 年 6 月 27 日，第十二届全国人民代表大会常务委员会第二十八次会议《关于修改〈中华人民共和国民事诉讼法〉和〈中华人民共和国行政诉讼法〉的决定》在第二十五条之后增加一款，规定："人民检察院在履行职责中发现生态环境和资源保护、食品药品安全、国有财产保护、国有土地使用权出让等领域负有监督管理职责的行政机关违法行使职权或者不作为，致使国家利益或者社会公共利益受到

---

① 新《行政诉讼法》第四十九条："提起诉讼应当符合下列条件：（一）原告是符合第二十五条规定的公民、法人或者其他组织；（二）有明确的被告；（三）有具体的诉讼请求和事实根据；（四）属于人民法院受案范围和受诉人民法院管辖。"

侵害的，应当向行政机关提出检察建议，督促其依法履行职责。行政机关不依法履行职责的，人民检察院依法向人民法院提起诉讼。”为公益行政诉讼制度的建立奠定了基础。

概括而言，行政行为的行政相对人以及其他与行政行为有利害关系的公民、法人或者其他组织，有权提起行政诉讼。原告主体资格适格，包括三个基本要素：一是原告是作为行政相对人和利害关系人的公民、法人或者其他组织；二是原告是主观上认为自己的合法权益受到行政行为侵害的公民、法人或者其他组织；三是原告的合法权益是受到行政行为侵害的公民、法人或者其他组织。当然，根据新《行政诉讼法》的规定，有权提起诉讼的公民死亡的，其近亲属可以提起诉讼；如果提起诉讼的法人或其他组织终止，承受其权利义务的法人或其他组织有权提起诉讼。

（二）必须有明确的被告

必须有明确的被告，所解决的是明确原告起诉“要告谁”的问题。所谓“有明确的被告”就是指原告在起诉时必须明确、具体地认定起诉对象是谁。根据新《行政诉讼法》的规定，行政诉讼的被告必须是行政机关或者法律、法规、规章授权的组织。在诉讼中原告和被告两者缺一不可，有原告就应该有被告。原告在提起行政诉讼时，必须明确提出其所告的是哪一个行政机关或者法律、法规、规章授权的组织。

原告起诉时要求有明确的被告，即要求提起诉讼的公民、法人或者其他组织应指明被诉行政行为是由哪一行政机关或法律、法规、规章授权的组织作出的，不能含含糊糊、模棱两可、泛泛而指，否则人民法院无法通知被告到庭，也无法审理案件。如果起诉时不明确被告是谁，原告的起诉就是无的放矢，法院就无法通知被告应诉，也将无法确定诉讼后果由谁来承担。当然，囿于原告的认识能力，原告起诉的被告不一定是适格的被告，原告在起诉时指明被告即可，不要求准确指明被告。因此《适用行政诉讼法解释》第六十七条的规定：“原告提供被告的名称等信息足以使被告与其他行政机关相区别的，可以认定为行政诉讼法第四十九条第二项规定的‘有明确的被告’。”“起诉状列写被告信息不足以认定明确的被告的，人民法院可以告知原告补正；原告补正后仍不能确定明确的被告的，人民法院裁定不予立案。”

这里需要注意的是，“明确的被告”未必是“准确的被告”或者“正确的被告”。“明确的被告”包含两个要素：一是起诉人在起诉状中明确列出了被告名称、地址、法定代表人或主要负责人的姓名、职务；二是所列被告为适格被告。[①] 根据《适用行政诉讼法解释》第二十六条的规定，原告所起诉的被告不适格，人民法院应当告知原告变更被告；原告不同意变更的，裁定驳回起诉。应当追加被告而原告不同意追加的，人民法院应当通知其以第三人的身份参加诉讼，但行政复议机关作共同被告的除外。可见被告是否准确的判断权属于人民法院，而不在原告。因此，“明确的被告”是指原告在诉讼中列明了被告的名称等信息，已经肯定了具体的、特定的被诉行政机关。要求原告起诉要有“明确的被告”，目的是能够使原告指控的被告与其他行政机关区别开来。

（三）有具体的诉讼请求和事实根据

1. 有具体的诉讼请求

起诉要求有具体的诉讼请求，实质上就是要解决原告起诉所要达到的目的，即解决“为什么告”或“告的目的是什么”的问题。

具体的诉讼请求是原告向法院提出的，希望通过法院审判获得司法保护的实体性权利主张，明确和具体的要求法院作出何种判决。这里的“具体”的含义是指起诉人要求法院保护的是何种权利，以及诉讼请求的范围、索赔金额和数额等应当具体明确，不得含混不清、模棱两可。[②] 诉讼请求包含了原告请求人民法院通过审判程序来保护自己合法权益的目的（如撤销行政行为、颁发许可证或执照、减轻行政处罚、赔偿所遭受的损失等），具体的诉讼请求既是人民法院初步审查原告请求是否符合司法管辖的范围，也是被告有针对性地提出答辩的对象，其为法院的审判、裁决提供了基本的方向，法院的审判、裁决基本是围绕原告的诉讼请求进行的，起诉状副本送达被告后，原告提出新的诉讼请求的，人民法院不予准许，但有正当理由的除外。根据《适用行政诉讼法解释》第六十八条的规定，“有具体的诉讼请求”是指：①请求判决撤销或者变更行政行为；②请求判决行政机关履行特定法定职责或者给付义务；③请求判决确认行政行为违法；④请求判决确认行政行为无效；⑤请求判决行政机关给予赔偿或者补偿（当事人单独或者一并提起行政赔偿、补偿诉讼的，应当有具体的赔偿、补偿事项以及数

① 姜明安：《行政诉讼法》（第三版），北京大学出版社2016年版，第225页。

② 江必新、梁凤云：《行政诉讼法理论与实务》（下卷），法律出版社2016年版，第1056页。

额）；⑥请求解决行政协议争议；⑦请求一并审查规章以下规范性文件（请求一并审查规章以下规范性文件的，应当提供明确的文件名称或者审查对象）；⑧请求一并解决相关民事争议（请求一并解决相关民事争议的，应当有具体的民事诉讼请求）；⑨其他诉讼请求。

这里需要注意的是，当事人未能正确表达诉讼请求的，人民法院应当要求其明确诉讼请求。此外，根据《适用行政诉讼法解释》第七十条的规定，起诉状副本送达被告后，原告提出新的诉讼请求的，人民法院不予准许，但有正当理由的除外。

2. 有相应的事实根据

起诉要求有具体的事实根据，实质上就是要解决原告“凭什么告”的问题。事实根据是指原告向法院提起诉讼所依据的事实和理由，具体包括案件事实、证据事实和法律根据。其中“事实”主要包括原告与被告之间存在行政法律关系（产生、变更或消灭）的事实和原告合法权益受行政行为侵犯的事实。原告起诉提起具体的诉讼请求，应该有具体的理由来支持，其理由就是原告请求法院保护的法律根据。具体事实根据和理由是原告说服法院依法应受理案件的依据。当然，原告认为行政行为侵犯其合法权益，只需要提供行政行为存在的证据材料，如处罚决定书，而不必提供证明行政行为违法的证据。法律根据是指原告认为被告的行政行为违法并主张该诉讼请求的法律规定。

这里需要特别注意的是，根据新《行政诉讼法》第五十三条的规定：“公民、法人或者其他组织认为行政行为所依据的国务院和地方人民政府及其部门制定的规范性文件不合法，在对行政行为提起诉讼时，可以一并请求对该规范性文件进行审查。”但此处的“规范性文件不含规章”。这就将非立法性抽象行政行为纳入了人民法院附带审查其合法性的范畴。

人民法院应当如何对规范性文件一并进行审查呢？《适用行政诉讼法解释》第十一部分对此作了明确规定，在司法实践中要注意如下问题。

第一，公民、法人或者其他组织在对行政行为提起诉讼时一并请求对所依据的规范性文件审查的，由行政行为案件管辖法院一并审查。

第二，公民、法人或者其他组织请求人民法院一并审查除规章以外的规范性文件的，应当在第一审开庭审理前提出；有正当理由的，也可以在法庭调查中提出。

第三，人民法院在对规范性文件审查过程中，发现规范性文件可能不合法的，应当听取规范性文件制定机关的意见。制定机关申请出庭陈述意见的，人民法院应当准许。行政机关未陈述意见或者未提供相关证明材料的，不能阻止人民法院对规范性文件进行审查。

第四，人民法院对规范性文件进行一并审查时，可以从规范性文件制定机关是否超越权限或者违反法定程序、作出行政行为所依据的条款以及相关条款等方面进行。有下列情形之一的，属于行政诉讼法第六十四条规定的“规范性文件不合法”：①超越制定机关的法定职权或者超越法律、法规、规章的授权范围的；②与法律、法规、规章等上位法的规定相抵触的；③没有法律、法规、规章依据，违法增加公民、法人和其他组织义务或者减损公民、法人和其他组织合法权益的；④未履行法定批准程序、公开发布程序，严重违反制定程序的；⑤其他违反法律、法规以及规章规定的情形。

第五，人民法院经审查认为行政行为所依据的规范性文件合法的，应当作为认定行政行为合法的依据；经审查认为规范性文件不合法的，不作为人民法院认定行政行为合法的依据，并在裁判理由中予以阐明。作出生效裁判的人民法院应当向规范性文件的制定机关提出处理建议，并可以抄送制定机关的同级人民政府、上一级行政机关、监察机关以及规范性文件的备案机关。规范性文件不合法的，人民法院可以在裁判生效之日起三个月内，向规范性文件制定机关提出修改或者废止该规范性文件的司法建议。规范性文件由多个部门联合制定的，人民法院可以向该规范性文件的主办机关或者共同上一级行政机关发送司法建议。接收司法建议的行政机关应当在收到司法建议之日起六十日内予以书面答复。情况紧急的，人民法院可以建议制定机关或者其上一级行政机关立即停止执行该规范性文件。

第六，人民法院认为规范性文件不合法的，应当在裁判生效后报送上一级人民法院进行备案。涉及国务院部门、省级行政机关制定的规范性文件，司法建议还应当分别层报最高人民法院、高级人民法院备案。

第七，各级人民法院院长对本院已经发生法律效力的判决、裁定，发现规范性文件合法性认定错误，认为需要再审的，应当提交审判委员会讨论。

最高人民法院对地方各级人民法院已经发生法律效力的判决、裁定，上级人民法院对下级人民法院已经发生法律效力的判决、裁定，发现规范性文件合法性认定错误的，有权提审或者指令下级人民法院再审。

（四）起诉属于人民法院的受案范围，且属于受诉人民法院管辖

人民法院能够受理的行政诉讼案件范围是有限的，即使属于人民法院受案范围的案件也存在人民法院地域管辖和级别管辖的划分，而使某个特定的法院管辖受到限制，所以公民、法人或者其他组织提起诉讼所针对的行政争议不一定属于行政诉讼的受案范围，即便是属于行政诉讼的受案范围的案件，受诉人民法院也不一定具有管辖权。属于人民法院的受案范围，简言之，就是要符合新《行政诉讼法》第十二条、[①]《适用行政诉讼法解释》第一条第一款的规定，[②] 而不能具有《行政诉讼法》第十三条[③]和《适用行政诉讼法解释》第一条第二款[④]规定的情形。

受案范围与起诉权的行使有直接的关系，受案范围决定公民、法人或者其他

① 新《行政诉讼法》第十二条："人民法院受理公民、法人或者其他组织提起的下列诉讼：（一）对行政拘留、暂扣或者吊销许可证和执照、责令停产停业、没收违法所得、没收非法财物、罚款、警告等行政处罚不服的；（二）对限制人身自由或者对财产的查封、扣押、冻结等行政强制措施和行政强制执行不服的；（三）申请行政许可，行政机关拒绝或者在法定期限内不予答复，或者对行政机关作出的有关行政许可的其他决定不服的；（四）对行政机关作出的关于确认土地、矿藏、水流、森林、山岭、草原、荒地、滩涂、海域等自然资源的所有权或者使用权的决定不服的；（五）对征收、征用决定及其补偿决定不服的；（六）申请行政机关履行保护人身权、财产权等合法权益的法定职责，行政机关拒绝履行或者不予答复的；（七）认为行政机关侵犯其经营自主权或者农村土地承包经营权、农村土地经营权的；（八）认为行政机关滥用行政权力排除或者限制竞争的；（九）认为行政机关违法集资、摊派费用或者违法要求履行其他义务的；（十）认为行政机关没有依法支付抚恤金、最低生活保障待遇或者社会保险待遇的；（十一）认为行政机关不依法履行、未按照约定履行或者违法变更、解除政府特许经营协议、土地房屋征收补偿协议等协议的；（十二）认为行政机关侵犯其他人身权、财产权等合法权益的。""除前款规定外，人民法院受理法律、法规规定可以提起诉讼的其他行政案件。"

② 《适用行政诉讼法解释》第一条第一款："公民、法人或者其他组织对行政机关及其工作人员的行政行为不服，依法提起诉讼的，属于人民法院行政诉讼的受案范围。"

③ 《行政诉讼法》第十三条："人民法院不受理公民、法人或者其他组织对下列事项提起的诉讼：（一）国防、外交等国家行为；（二）行政法规、规章或者行政机关制定、发布的具有普遍约束力的决定、命令；（三）行政机关对行政机关工作人员的奖惩、任免等决定；（四）法律规定由行政机关最终裁决的具体行政行为。"

④ 《适用行政诉讼法解释》第一条第二款："下列行为不属于人民法院行政诉讼的受案范围：（一）公安、国家安全等机关依照刑事诉讼法的明确授权实施的行为；（二）调解行为以及法律规定的仲裁行为；（三）行政指导行为；（四）驳回当事人对行政行为提起申诉的重复处理行为；（五）行政机关作出的不产生外部法律效力的行为；（六）行政机关为作出行政行为而实施的准备、论证、研究、层报、咨询等过程性行为；（七）行政机关根据人民法院的生效裁判、协助执行通知书作出的执行行为，但行政机关扩大执行范围或者采取违法方式实施的除外；（八）上级行政机关基于内部层级监督关系对下级行政机关作出的听取报告、执法检查、督促履责等行为；（九）行政机关针对信访事项作出的登记、受理、交办、转送、复查、复核意见等行为；（十）对公民、法人或者其他组织权利义务不产生实际影响的行为。"

组织的合法权益受司法补救的范围，当事人只能在人民法院的受案范围内享有起诉权，不属于人民法院受案范围的，当事人不能起诉，人民法院也无权受理。[①]属于人民法院管辖的案件，公民、法人或者其他组织也应向有管辖权的法院提交诉状，否则法院也无权受理。当然，原告起诉的案件不属于受诉人民法院管辖，其并不因此丧失诉权，受诉法院应告知当事人向有管辖权的人民法院起诉或将诉状移送有管辖权的人民法院。

可以说，受案范围所解决的是人民法院与其他国家机关之间在解决行政争议问题上的分工，而管辖则是解决人民法院系统内受理行政争议问题的分工。只有属于人民法院受案范围内的案件，才有进一步研究管辖人民法院的需要。

（五）向人民法院提交相关的起诉材料

根据《适用行政诉讼法解释》第五十四条的规定，公民、法人或者其他组织提起诉讼时应当提交以下起诉材料：①原告的身份证明材料以及有效联系方式；②被诉行政行为或者不作为存在的材料；③原告与被诉行政行为具有利害关系的材料；④人民法院认为需要提交的其他材料。此外，由法定代理人或者委托代理人代为起诉的，还应当在起诉状中写明或者在口头起诉时向人民法院说明法定代理人或者委托代理人的基本情况，并提交法定代理人或者委托代理人的身份证明和代理权限证明等材料。

三　行政起诉期限

行政诉讼起诉期限是公民、法人或者其他组织向法院提起诉讼的有效时间，起诉期限是起诉的时间条件。超过起诉期限，法院便不得管辖，行政相对人就丧失司法救济的机会。行政诉讼的起诉期限包括一般期限和特殊期限。一般期限是指行政诉讼法规定适用于一般案件的起诉期限；特殊期限是指法律所规定的适用于特殊案件的起诉期限。二者的关系是：单行法律法规有规定的，从其规定，单行法律法规没有规定，按照新《行政诉讼法》的一般规定处理。行政诉讼的起诉期限具体分为以下几种情形。

（一）经复议的行政案件的起诉期限

根据《行政复议法》第三十一条的规定，行政复议机关应当自受理申请之

① 薛刚凌主编：《行政法与行政诉讼法》，中国人民大学出版社 2007 年版，第 320 页。

日起六十日内作出行政复议决定；但是法律规定的行政复议期限少于六十日的除外。情况复杂，不能在规定期限内作出行政复议决定的，经行政复议机关的负责人批准，可以适当延长，并告知申请人和被申请人；但是延长期限最多不超过三十日。根据新《行政诉讼法》第四十五条的规定，申请人不服复议决定的，可以在收到复议决定书之日起十五日内向人民法院提起诉讼，复议机关逾期不作决定的，申请人可以在复议期满之日起十五日内向人民法院提起诉讼。法律另有规定的除外。这里“法律另有规定的除外”，是指狭义的法律，即全国人大及其常务委员会制定的法律，如《专利法》第四十一条规定：“国务院专利行政部门设立专利复审委员会。专利申请人对国务院专利行政部门驳回申请的决定不服的，可以自收到通知之日起三个月内，向专利复审委员会请求复审。专利复审委员会复审后，作出决定，并通知专利申请人。”“专利申请人对专利复审委员会的复审决定不服的，可以自收到通知之日起三个月内向人民法院起诉。”第四十六条：“专利复审委员会对宣告专利权无效的请求应当及时审查和作出决定，并通知请求人和专利权人。宣告专利权无效的决定，由国务院专利行政部门登记和公告。”“对专利复审委员会宣告专利权无效或者维持专利权的决定不服的，可以自收到通知之日起三个月内向人民法院起诉。人民法院应当通知无效宣告请求程序的对方当事人作为第三人参加诉讼。”

这里值得注意的问题有以下四个。

第一，如果行政复议机关作出复议决定时，未告知行政相对人诉权或起诉期限而导致行政相对人逾期向人民法院提起诉讼的，其起诉期限从行政相对人知道或者应当知道诉权或者起诉期限之日起计算，但从知道或者应当知道行政行为内容之日起最长不得超过两年。

第二，对于法律、法规规定行政复议前置的案件，行政相对人如果没有先申请行政复议就向人民法院起诉的，人民法院不得受理。但如果是行政复议机关拒绝受理复议申请或者在法定期限内不作出复议决定的，行政相对人向人民法院起诉的，人民法院应当受理。

第三，对于法律、法规没有规定行政复议前置的，行政相对人既提起行政诉讼，又申请行政复议的，由先受理的机关管辖；如果同时受理的，由行政相对人选择。但是，如果行政相对人已经申请行政复议，在法定复议期限内又向人民法院提起诉讼的，人民法院不予受理。

第四，对于法律、法规未规定行政复议前置，行政相对人向复议机关申请行政复议后又撤回申请，经行政复议机关同意撤回的，行政相对人在法定起诉期限内又向人民法院提起诉讼的，人民法院应当受理。

（二）直接提起诉讼的起诉期限

所谓“直接起诉”是指行政相对人不服行政行为，直接向人民法院提起行政诉讼，而没有经过行政复议的诉讼程序，并非是指起诉有直接起诉和间接起诉之分。根据新《行政诉讼法》第四十六条的规定，公民、法人或者其他组织直接向人民法院提起诉讼的，应当自知道或者应当知道行政行为之日起六个月内提出，法律另有规定的除外。[①] 法律、法规规定应当先申请复议，公民、法人或者其他组织未申请复议直接提起诉讼的，人民法院裁定不予立案。这里需要特别注意的 是“法律另有规定的除外”这一例外情形。如《集会游行示威法》第三十一条规定：“当事人对公安机关依照本法第二十八条第二款或者第三十条的规定给予的拘留处罚决定不服的，可以自接到处罚决定通知之日起五日内，向上一级公安机关提出申诉，上一级公安机关应当在自接到申诉之日起五日内作出裁决；对上一级公安机关裁决不服的，可以自收到裁决通知之日起五日内，向人民法院提起诉讼。”《土地管理法》第十六条规定：“土地所有权和使用权争议，由当事人协商解决；协商不成的，由人民政府处理。”“单位之间的争议，由县级以上人民政府处理；个人之间、个人与单位之间的争议，由乡级人民政府或者县级以上人民政府处理。”“当事人对有关人民政府的处理决定不服的，可以自接到处理决定通知之日起三十日内，向人民法院起诉。”“在土地所有权和使用权争议解决前，任何一方不得改变土地利用现状。”《专利法》第四十六条规定：“专利复审委员会对宣告专利权无效的请求应当及时审查和作出决定，并通知请求人和专利权人。宣告专利权无效的决定，由国务院专利行政部门登记和公告。”“对

① 在原《行政诉讼法》之前出台的一些法律，都有关于起诉期限为十五日或三十日的规定。这里需要特别注意有些法律在修改时已经取消有关的规定。如原《邮政法》（1986 年 12 月 2 日第六届全国人民代表大会常务委员会第十八次会议通过，2009 年 4 月 24 日第十一届全国人民代表大会常务委员会第八次会议修订）第四十条规定的起诉期限为十五日；原《统计法》（第六届全国人民代表大会常务委员会第三次会议于 1983 年 12 月 8 日通过，自 1984 年 1 月 1 日起施行。1996 年 5 月 15 日第八届全国人民代表大会常务委员会第十九次会议修正；第十一届全国人民代表大会常务委员会第九次会议于 2009 年 6 月 27 日修订通过，自 2010 年 1 月 1 日起施行）第二十三条规定当事人对处罚不服的，可以在接到处罚通知之日起十五日内向人民法院起诉。有些法律没有修改。

专利复审委员会宣告专利权无效或者维持专利权的决定不服的，可以自收到通知之日起三个月内向人民法院起诉。人民法院应当通知无效宣告请求程序的对方当事人作为第三人参加诉讼。”《烟草专卖法》第四十一条规定：“当事人对烟草专卖行政主管部门和工商行政管理部门作出的行政处罚决定不服的，可以在接到处罚通知之日起十五日内向作出处罚决定的机关的上一级机关申请复议；当事人也可以在接到处罚通知之日起十五日内直接向人民法院起诉。”“复议机关应当在接到复议申请之日起六十日内作出复议决定。当事人对复议决定不服的，可以在接到复议决定之日起十五日内向人民法院起诉；复议机关逾期不作出复议决定的，当事人可以在复议期满之日起十五日内向人民法院起诉。”“当事人逾期不申请复议也不向人民法院起诉、又不履行处罚决定的，作出处罚决定的机关可以申请人民法院强制执行。”因此，只要法律未做特别限制，当事人直接起诉应遵循六个月的起诉期限。

因不动产提起诉讼的案件，自行政行为作出之日起超过二十年，其他案件自行政行为作出之日起超过五年提起诉讼的人民法院不予受理。

这里值得注意如下四个问题。

第一，所谓“知道”既包括行政主体以书面或口头形式通知、告知行政相对人或以文书形式送达行政相对人，也包括行政相对人未收到行政主体的任何通知、告知或送达，但实际上知道相应行政行为已经作出。

第二，对于行政主体作出行政行为时，没有制作或者没有送达法律文书，行政相对人对行政行为不服而提起行政诉讼的，只要能够证实行政行为存在并符合其他起诉条件的，人民法院就应当受理。

第三，如果行政主体在作出行政行为时，没有告知行政相对人的诉权或者起诉期限，而导致行政相对人逾期向人民法院提起诉讼的，其起诉期限从行政相对人知道或者应当知道诉权或者起诉期限之日起计算，但从知道或者应当知道行政行为内容之日起最长不得超过两年。

第四，对于行政相对人不知道行政主体作出的行政行为内容的，其起诉期限从知道或者应当知道行政行为内容之日起计算。对于涉及不动产的行政行为从作出之日起超过二十年，其他行政行为从作出之日起超过五年提起诉讼的，人民法院不予受理。

（三）特殊情况下起诉期限的起算

由于行政程序中可能出现特殊的情形，如行政主体不履行法定职责，或未履行告知行政相对人诉权，甚至出现行政相对人根本不知道行政行为的内容，如果对于这些情形仍按一般的诉讼期限执行，将不利于保护当事人的诉权，而对行政相对人造成极大的不公。鉴于此，《适用行政诉讼法解释》对诉讼时效作了补充规定。

第一，行政主体不履行法定职责时的起诉期限起算。在请求行政机关履行法定职责的案件中，如果法律、法规特别规定了行政机关履行法定职责的期限，期满行政机关不履行职责，公民、法人或者其他组织依照行政诉讼法的一般规定向人民法院提起诉讼；如果法律、法规没有特别规定履行期限，那行政相对人似乎只能无止境地等待其履行。为防止这种情形的出现，根据新《行政诉讼法》第四十七条规定："公民、法人或者其他组织申请行政机关履行保护其人身权、财产权等合法权益的法定职责，行政机关在接到申请之日起两个月内不履行的，公民、法人或者其他组织可以向人民法院提起诉讼。法律、法规对行政机关履行职责的期限另有规定的，从其规定。""公民、法人或者其他组织在紧急情况下请求行政机关履行保护其人身权、财产权等合法权益的法定职责，行政机关不履行的，提起诉讼不受前款规定期限的限制。"

第二，行政主体未履行告知行政相对人诉权和起诉期限时的起诉期限起算。告知行政相对人诉权和起诉期限是行政机关的一项法定义务，违反者必须承担相应的法律后果。行政主体未履行告知义务的不利后果，不应由行政相对人来承担，行政相对人的起诉权利也不能因此被剥夺。因此，《适用行政诉讼法解释》第六十四条规定，行政机关或者行政复议机关作出行政行为或者复议决定时，未告知公民、法人或者其他组织起诉期限的，起诉期限从公民、法人或者其他组织知道或者应当知道起诉期限之日起计算，但从知道或者应当知道行政行为内容之日起最长不得超过一年。

第三，公民、法人或者其他组织不知道行政主体作出的行政行为内容时起诉期限的起算。《适用行政诉讼法解释》第六十五条规定，公民、法人或者其他组织不知道行政机关作出的行政行为内容的，其起诉期限从知道或者应当知道该行政行为内容之日起计算，但最长不得超过行政诉讼法第四十六条第二款规定的起诉期限。即因不动产提起诉讼的行政行为从作出之日起超过二十年、其他案件自行政行为从作出之日起超过五年提起诉讼的，人民法院不予受理。

（四）对行政主体不作为的起诉时间

根据新《行政诉讼法》第四十七条的规定，公民、法人或者其他组织申请行政机关履行保护人身权、财产权等合法权益的法定职责，行政机关在接到申请之日起两个月内不履行的，公民、法人或者其他组织可以向人民法院提起诉讼。法律、法规对行政机关履行职责期限另有规定的，从其规定。公民、法人或者其他组织在紧急情况下请求行政机关履行保护其人身权、财产权等合法权益的法定职责，行政机关不履行的，提起诉讼不受前款规定期限的限制。

公民、法人或者其他组织对行政机关不履行法定职责提起诉讼的，应当在行政机关履行法定职责期限届满之日起六个月内提出。

（五）起诉期限延误的处理

因现实生活中出现的一些致使公民、法人或者其他组织耽误法定期限的特定事由而轻易否决行政相对人的诉权也是不妥的，因此，新《行政诉讼法》第四十八条规定公民、法人或者其他组织因不可抗力①或者其他不属于其自身的原因耽误②起诉期限的，被耽误的时间不计算在起诉期限内。公民、法人或者其他组织因不属于不可抗力或者其他不属于其自身的原因之外的其他特殊情况耽误起诉期限的，在障碍消除后的十日内，可以申请延长期限，是否准许由人民法院决定。这就授权给了人民法院自由裁量的权力。③ 由此可见，起诉期限的延长，必须同时具备三个基本条件：

第一，必须有不可抗力或者其他不属于其自身的原因的特殊情况出现并导致原告在法定期限内不能起诉。

第二，原告必须在障碍消除后的十日内向人民法院提出延长期限的申请，而且这十日的期间不得中止、中断和延长，是不可变期间。

第三，是否延长起诉期限，由人民法院审查后确定。

---

① “不可抗力”是指战争、地震、重大水灾等造成交通中断或者其他自然灾害引发的客观情况。

② “其他特殊情况”是指当事人自身的原因，如突然生重病、受伤、人身自由受到限制、受到威胁等使当事人不能在法定期限内到人民法院起诉的各种情况。

③ 最高人民法院《关于审理与低温雨雪冰冻灾害有关的行政案件若干问题座谈会纪要》（法〔2008〕139号，2008年4月29日）明确规定，公民、法人或者其他组织因低温雨雪冰冻灾害耽误法定起诉期限，在障碍消除后的十日内申请延长期限的，人民法院应当认为属于原《行政诉讼法》第四十条规定的不可抗力。

此外，还需要注意当事人向人民法院申请，既可以采用口头方式，也可以采用书面方式，申请后是否同意由人民法院根据实际情况自由裁量。

四　起诉方式

起诉方式，是指原告提起行政诉讼应当采取的必要的方法和形式。原《行政诉讼法》没有对行政诉讼起诉的方式作明确规定。新《行政诉讼法》第五十条规定："起诉应当向人民法院递交起诉状，并按照被告人数提出副本。""书写起诉状确有困难的，可以口头起诉，由人民法院记入笔录，出具注明日期的书面凭证，并告知对方当事人。"可见，提起行政诉讼的方式有提交起诉状和口头起诉两种。

起诉状是指原告向人民法院起诉时，用书面方式提出自己的诉讼请求和诉讼理由，从而引起诉讼程序发生的诉讼文书。根据《民事诉讼法》的规定，起诉应向法院提交书面诉状，起诉状应当包括下列内容：原告的姓名、性别、年龄、民族、职业、工作单位、住所、联系方式，法人或者其他组织的名称、住所和法定代表人或者主要负责人的姓名、职务、联系方式；被告的姓名、性别、工作单位、住所等信息，法人或者其他组织的名称、住所等信息；诉讼请求和所根据的事实与理由；证据和证据来源，证人姓名和住所。

口头起诉，即通过口头的方式向人民法院表达提起行政诉讼的意愿。根据新《行政诉讼法》的规定，只有起诉人书写起诉状确有困难的，可以口头起诉，由人民法院记入笔录，出具注明日期的书面凭证，并告知对方当事人。

此外，起诉状还应当写明接受起诉的人民法院和具体的具状日期，并由原告签名或者盖章。如果起诉状所记载的事项有欠缺的，接受起诉的人民法院可以要求起诉人限期补正。起诉状在提交时，还应当根据被告人数提交起诉状副本。①

五　对起诉材料的审查

起诉人向人民法院提交起诉材料后，人民法院应当就起诉状内容和材料是否

---

① 起诉状副本是相对于提交给人民法院的文本而言的，指与提交给人民法院起诉状内容相同，但需要由人民法院转交给被告方的文本。

完备以及是否符合行政诉讼法规定的起诉条件进行审查。经审查后，如果起诉状内容或者材料欠缺的，人民法院应当给予指导和释明，并一次性全面告知当事人需要补正的内容、补充的材料及期限。在指定期限内补正并符合起诉条件的，应当登记立案。当事人拒绝补正或者经补正仍不符合起诉条件的，退回起诉状并记录在册；起诉人坚持起诉的，裁定不予立案，并载明不予立案的理由。

第二节　立案

一　登记立案概述

所谓登记立案是指起诉人向人民法院提起诉讼时，只要符合法律规定的起诉条件，人民法院就应当进行登记并给予立案的制度。此项制度是根据《中共中央关于全面推进依法治国若干重大问题的决定》关于改革法院案件受理制度，变立案审查为立案登记制，对人民法院依法应当受理的案件，做到有案必立、有诉必理，保障当事人诉权，为解决立案难问题所作的创新性规定。长期以来，行政诉讼立案难是我国行政诉讼的一大弊病。而立案难产生的原因是多而复杂的，有人民法院主观懈怠，有外界干扰，有业务不精，要求人民法院进行立案十分困难。因此，新《行政诉讼法》采取立案登记制度，只要起诉符合形式条件，人民法院就应当登记立案，依法保障当事人行使诉讼权利。立案登记制度的建立和实施对于“进一步强化诉权保护意识，着力从制度上、源头上、根本上解决人民群众反映强烈的‘立案难’问题，对依法应当受理的案件有案必立、有诉必理，人民群众的行政诉权得到了充分保护，立案渠道全面畅通”① 起到了十分积极的作用。

二　登记立案的具体规定

根据新《行政诉讼法》第五十一条的规定，登记立案有如下要求：

① 《最高人民法院关于进一步保护和规范当事人依法行使行政诉权的若干意见》（法发〔2017〕25 号）。

第一，人民法院在接到起诉状时对符合起诉条件，即新《行政诉讼法》第四十九条的规定的应当登记立案。立案登记制度的核心含义是在立案环节只是对起诉材料进行形式审查，而不对起诉材料进行实质性审查。这样就降低了立案的条件和要求，只要符合起诉条件，即使可能存在超过起诉期限、重复起诉[①]等程序方面的问题，人民法院也应当立案受理。新《行政诉讼法》第五十一条第一款规定："人民法院在接到起诉状时对符合本法规定的起诉条件的，应当登记立案。"

第二，新《行政诉讼法》第五十一条第二款规定："对当场不能判定是否符合本法规定的起诉条件的，应当接收起诉状，出具注明收到日期的书面凭证，并在七日内决定是否立案。不符合起诉条件的，作出不予立案的裁定。裁定书应当载明不予立案的理由。原告对裁定不服的，可以提起上诉。"可见，立案受理以当场登记为原则，对当场不能判定是否符合起诉条件的，应当接收起诉状，出具注明收到日期的书面凭证，并在七日内决定是否立案。不符合起诉条件的，作出不予立案的裁定。裁定书应当载明不予立案的理由。原告对裁定不服的，可以提起上诉。这里需要注意立案期限的计算问题，根据《适用行政诉讼法解释》第四十九条的规定，因起诉状内容欠缺或者有其他错误通知原告限期补正的，从补正后递交人民法院次日起算。由上级人民法院转交下级人民法院立案的案件，从受诉人民法院收到起诉状的次日起计算。

第三，起诉状内容欠缺或者有其他错误的，应当给予指导和释明，并一次性告知当事人补正的内容。不得未经指导和释明即以起诉不符合条件为由不接收起诉状。新《行政诉讼法》第五十二条第三款规定："起诉状内容欠缺或者有其他错误的，应当给予指导和释明，并一次性告知当事人需要补正的内容。不得未经指导和释明即以起诉不符合条件为由不接收起诉状。"

这里需要注意的是，为了登记立案制度落到实处，《适用行政诉讼法解释》第五十三条第二款特别规定："对当事人依法提起的诉讼，人民法院应当根据行政诉讼法第五十一条的规定接收起诉状。能够判断符合起诉条件的，应当当场登

---

① 重复起诉是指当事人就已经提起诉讼的事项在诉讼过程中或者裁判生效后再次起诉的行为。《适用行政诉讼法解释》第一百零六条的规定："当事人就已经提起诉讼的事项在诉讼过程中或者裁判生效后再次起诉，同时具有下列情形的，构成重复起诉：（一）后诉与前诉的当事人相同；（二）后诉与前诉的诉讼标的相同；（三）后诉与前诉的诉讼请求相同，或者后诉的诉讼请求被前诉裁判所包含。"

记立案；当场不能判断是否符合起诉条件的，应当在接到起诉状后七日内决定是否立案；七日内仍不能作出判断的，应当先予立案。”

第四，人民法院裁定准许原告撤诉后，原告以同一事实和理由重新起诉的，人民法院不予立案。

第五，准予撤诉的裁定确有错误，原告申请再审的，人民法院应当通过审判监督程序撤销原准予撤诉的裁定，重新对案件进行审理。

第六，原告或者上诉人未按规定的期限预交案件受理费，又一次提出缓交、减交、免交申请，或者提出申请未获批准的，按自动撤诉处理。在按撤诉处理后，原告或者上诉人在法定期限内再次起诉或者上诉，并依法解决诉讼费预交问题的，人民法院应予立案。

第七，行政机关作出行政行为时，没有制作或者没有送达法律文书，公民、法人或者其他组织只要能够证明行政行为存在，并在法定期限内起诉的，人民法院应当依法立案。

第八，人民法院将起诉状副本送达被告后，原告提出新的诉讼请求的，人民法院不予准许，但有正当理由的除外。

《适用行政诉讼法解释》第五十五条规定，人民法院在立案阶段也负有一定的释明义务，即人民法院应当就起诉状内容和材料是否完备以及是否符合行政诉讼法规定的起诉条件进行审查。起诉状内容或者材料欠缺的，人民法院应当给予指导和释明，并一次性全面告知当事人需要补正的内容、补正的材料及期限。在指定期限内补正并符合起诉条件的，应当登记立案。当事人拒绝补正或者经补正仍不符合起诉条件的，退回诉状并记录在册；坚持起诉的，裁定不予立案，并载明不予立案的理由。

三　对立案不作为的处理

立案不作为，是指人民法院对当事人的起诉既不作立案登记，又不作不予立案的裁定，致使当事人起诉无着落的消极司法行为。根据新《行政诉讼法》第五十二条对不立案不服提供了救济渠道，即对人民法院既不立案，又不作出不予立案裁定的，当事人可以向上一级人民法院起诉。上一级人民法院认为符合起诉条件的，应当立案、审理，也可以指定其他下级人民法院立案、审理。判断立案不作为的标准是看起诉是否已经超过立案审查的期限，即从收到起诉状七日内是否不作出立案的决定。超过七日不作出决定的即可视为立案不作为。

四　与行政复议有关的立案问题

《适用行政诉讼法解释》第五十六条、五十七条、五十八条和五十九条对复议前置情形下复议与诉讼的衔接问题作了明确规定，具体内容是：

第一，法律、法规规定应当先申请行政复议，公民、法人或者其他组织未申请复议直接提起诉讼的，人民法院裁定不予立案。

第二，除法律另有规定的外，公民、法人或者其他组织不服复议决定的，可以在收到复议决定书之日起十五日内向人民法院提起诉讼。复议机关逾期不作决定的，申请人可以在复议期满之日起十五日内向人民法院提起诉讼。

第三，复议机关不受理复议申请或者在法定期限内不作出复议决定，公民、法人或者其他组织不服，依法向人民法院提起诉讼的，人民法院应当依法立案。

第四，法律、法规未规定行政复议为提起行政诉讼必经程序，公民、法人或者其他组织既提起行政诉讼又申请行政复议的，由先立案的机关管辖；同时立案的，由公民、法人或者其他组织选择。公民、法人或者其他组织已经申请行政复议，在法定复议期间又向人民法院提起诉讼的，人民法院裁定不予立案。

第五，法律、法规未规定行政复议为提起行政诉讼必经程序，公民、法人或者其他组织向复议机关申请行政复议后，又经复议机关同意撤回复议申请，在法定起诉期限内对原行政行为提起诉讼的，人民法院应当依法立案。

第五，公民、法人或者其他组织向复议机关申请行政复议后，复议机关作出维持决定的，应当以复议机关和原行政机关为共同被告，并以复议决定送达时间确定起诉期限。

五　对规范性文件的起诉与受理

（一）规范性文件的含义

从理论研究和实践中使用的情况来看，规范性文件有广义、狭义和最狭义之分。广义的规范性文件，泛指所有规范性文件，只要文件本身符合“规范”的含义，都属于规范性文件，而不考虑制发主体的资格。广义的规范性文件既包括属于法律范畴的立法性文件，也包括由国家机关、党政机关及社会团体、组织制定的具有约束力的非立法性文件。立法性文件又称规范性法律文件，具体包括法律、行政法规、地方性法规、自治条例、单行条例、国务院部门和地方政府规章，其制定主体是有立法权的国家机关。狭义的规范性文件，仅指立法性文件以外的具有约束力的非立法性文件。其制定主体非常广泛，包括各级党组织、权力机关、人民政府及其所属部门、企事业团体等。最狭义的规范性文件，仅指行政机关制定的非立法性质的行政规范性文件，不包括政党系统、人大系统、政协系统、司法系统和社会团体系统的规范性文件。

（二）对规范性文件起诉与受理的法律规定

新《行政诉讼法》第五十三条规定："公民、法人或者其他组织认为行政行为所依据的国务院部门和地方人民政府及其部门制定的规范性文件不合法，在对行政行为提起诉讼时，可以一并请求对该规范性文件进行审查。""前款规定的规范性文件不含规章。"根据这一规定，对规范性文件的起诉与受理应当符合下列条件：

第一，规范性文件仅限于非立法性质的行政规范性文件，对非行政规范性文件和具有立法性质的的行政规范性文件均不起诉，人民法院亦不得受理。

第二，对规范性文件的起诉理由是该项规范性文件不合法。这里不符合包括无法律依据、内容与上位法相抵触、程序违法或者违反法律保留原则等情形。

第三，起诉规范性文件不合法，只能附带提出，不能单独提出。因为，行政机关制定的具有普遍约束力的规定是对不特定的人或事作出的，如果不具体适用到具体的人或事，它并不能产生现实危害，公民、法人或其他组织如果认为它违反了法律，可以通过其他途径提出和解决。只有在行政主体根据规范性文件对行政相对人进行处理时，才会对行政相关人的权利义务产生直接的影响。因此，相对人不能单独就规范性文件提出诉讼，必须在对行政行为提起诉讼时附带提出。

第四，人民法院在案件审理过程中，应当对非立法性的规范性文件进行审查，并可以在判决中对其合法性进行评议，认为规范性文件违法的，不中止案件审理，不作为裁判依据。①

① 信春鹰主编：《中华人民共和国行政诉讼法释义》，法律出版社 2014 年版，第 140 页。

六　对错误立案的处理

对于本不应当立案，而人民法院已经错误立案的情况，根据《适用行政诉讼法解释》第六十九条的规定应当裁决驳回起诉：①不符合行政诉讼法第四十九条[①]规定的；②超过法定起诉期限且无行政诉讼法第四十八条[②]规定情形的；③错列被告且拒绝变更的；④未按照法律规定由法定代理人、指定代理人、代表人为诉讼行为的；⑤未按照法律、法规规定先向行政机关申请复议的；⑥重复起诉的；⑦撤回起诉后无正当理由再行起诉的；⑧行政行为对其合法权益明显不产生实际影响的；⑨诉讼标的已为生效裁判或者调解书所羁束的；⑩其他不符合法定起诉条件的情形。对于可以补正或者更正的上述情形，人民法院应当指定期间责令补正或者更正；在指定期间已经补正或者更正的，应当依法审理。人民法院经过阅卷、调查或者询问当事人，认为不需要开庭审理的，可以径行裁定驳回起诉。

七　对恶意诉讼的处理

恶意诉讼，又称虚假诉讼，是指当事人之间企图通过诉讼方式侵害国家利益、社会公共利益或者他人合法权益而恶意串通制造的诉讼活动。根据《适用行政诉讼法解释》第八十二条的规定，当事人之间恶意串通，企图通过诉讼等方式侵害国家利益、社会公共利益或者他人合法权益的，人民法院应当裁定驳回起诉或者判决驳回其请求，并根据情节轻重予以罚款、拘留。构成犯罪的，依法追究刑事责任。

八　对准许撤诉后再起诉的处理

根据《适用行政诉讼法解释》第六十条的规定，人民法院裁定准许原告撤诉后，原告以同一事实和理由重新起诉的，人民法院不予立案。准予撤诉的裁定

---

① 新《行政诉讼法》第四十九条："提起诉讼应当符合下列条件：（一）原告是符合本法第二十五条规定的公民、法人或者其他组织；（二）有明确的被告；（三）有具体的诉讼请求和事实根据；（四）属于人民法院受案范围和受诉人民法院管辖。"

② 新《行政诉讼法》第四十八条："公民、法人或者其他组织因不可抗力或者其他不属于其自身的原因耽误起诉期限的，被耽误的时间不计算在起诉期限内。""公民、法人或者其他组织因前款规定以外的其他特殊情况耽误起诉期限的，在障碍消除后十日内，可以申请延长期限，是否准许由人民法院决定。"

确有错误，原告申请再审的，人民法院应当通过审判监督程序撤销原准予撤诉的裁定，重新对案件进行审理。

九　对原告或者上诉人未预交诉讼费的处理

根据《适用行政诉讼法解释》第六十一条的规定，原告或者上诉人未按照规定的期限预交案件受理费，又不提出缓交、减交、免交申请，或者提出申请未获批准的，按自动撤诉处理。在按撤诉处理后，原告或者上诉人在法定期限内再次起诉或者上诉，并依法解决诉讼费预交问题的，人民法院应予以立案。

十　对人民法院判决撤销行政行为后，行政机关重新作出行政行为不服起诉的处理

根据《适用行政诉讼法解释》第六十二条的规定，人民法院判决撤销行政机关的行政行为后，公民、法人或者其他组织对行政机关重新作出的行政行为不服向人民法院起诉的，人民法院应当依法立案。

十一　对行政机关作出行政行为时，没有制作或者没有送达法律文书的处理

根据《适用行政诉讼法解释》第六十三条的规定，行政机关作出行政行为时，没有制作或者没有送达法律文书，公民、法人或者其他组织只要能够证明行政行为存在，并在法定期限内起诉的，人民法院应当依法立案。

十二　对未告知诉权或者起诉期限的处理

根据《适用行政诉讼法解释》第六十四条的规定，行政机关作出行政行为时，未告知公民、法人或者其他组织起诉期限的，起诉期限从公民、法人或者其他组织知道或者应当知道起诉期限之日起计算，但从知道或者应当知道行政行为内容之日起最长不得超过一年。复议决定未告知公民、法人或者其他组织起诉期限的，适用前款规定。

十三　对不知道行政行为内容的处理

根据《适用行政诉讼法解释》第六十五条的规定，公民、法人或者其他组

织不知道行政机关作出的行政行为内容的，其起诉期限从知道或者应当知道该行政行为内容之日起，但因不动产提起诉讼的案件自行政行为作出之日起不得超过二十年，其他案件自行政行为作出之日起不得超过五年。

十四　对行政机关不履行法定职责的处理

根据《适用行政诉讼法解释》第六十六条的规定，除法律、法规对行政机关履行职责的期限另有规定外，公民、法人或者其他组织申请行政机关履行保护其人身权、财产权等合法权益的法定职责，行政机关在接到申请之日起两个月内不履行的，公民、法人或者其他组织对行政机关不履行法定职责提起诉讼的，应当在行政机关履行法定职责期限届满之日起六个月内向人民法院提起诉讼。

第十章　行政诉讼审理程序

第一节　行政诉讼审理程序的通用规则

行政诉讼审理的通用规则，是指适用于行政诉讼第一审程序、第二审程序、审判监督程序和简易程序的普遍性规定。这些普遍性规定有的是基本原则和基本制度的具体化（如公开审理原则、回避制度等），有的是保障行政诉讼审理程序顺利进行的保障性规定，缺少这些规定，行政诉讼的进行会受到一定程度的影响。本章中对于前面已经作过全面介绍的内容只作简略介绍，对前面没有介绍过的内容将进行全面介绍。

一　公开审理制度

公理审理，是指人民法院开庭审理行政案件的各种诉讼活动，除了各合议庭对案件的评议不向社会公开外，其他诉讼活动一律向社会公开。根据新《行政诉讼法》第五十四条的规定，人民法院公开审理行政案件，但涉及国家秘密、个人隐私和法律另有规定的除外。涉及商业秘密的案件，当事人申请不公开审理的，可以不公开审理。该规定是新《行政诉讼法》第七条有关审判公开制度的具体化。

按此规定，人民法院审理行政案件有公开审理和不公开审理两种情况。在通常情况下，人民法院审理行政案件应当公开进行，只有例外情况下才不公开进行。不公开审理又可以分为法定不公开和依申请不公开两种。

法定不公开，指涉及国家秘密、个人隐私的案件和新《行政诉讼法》第八十六条规定的“人民法院对上诉案件，应当组成合议庭，开庭审理。经过阅卷、调查和询问当事人，对没有提出新的事实、证据或者理由，合议庭认为不需要开庭审理的，也可以不开庭审理”的情形。

依申请不公开，指涉及商业秘密的案件，可以公开审理，也可以不公开审理，如果当事人申请不公开审理，则不公开审理案件。

二 回避制度

回避，是指参与行政案件办理的审理人员和其他人员与本案有利害关系或者其他关系，可能影响对案件公正审理的，应当按照一定的程序退出该案件审理的制度。新《行政诉讼法》第五十五条的规定，是对第七条规定的部分内容的具体化。回避可以由应当回避的人员主动提出，也可以根据当事人的申请进行。根据新《行政诉讼法》和《适用行政诉讼法解释》第七十四条的规定，行政诉讼中的回避制度涉及如下问题：

第一，回避申请人。有权申请回避的人包括诉讼当事人、具有法定回避事由的审判人员和其他有关人员（包括书记员、翻译人员、鉴定人、勘验人等）。

第二，回避被申请人。回避被申请人是审判人员（包括审判长、审判员、人民陪审员）和其他有关人员（包括书记员、翻译人员、鉴定人、勘验人等）。被申请回避的人员，在人民法院作出是否回避的决定前，应当暂停参与本案的工作，但案件需要采取紧急措施的除外。

第三，回避条件。审判人员和其他有关人员回避的理由是与本案有利害关系或者其他可能影响公正审判的其他关系。这里的“利害关系”，通常是指参与案件处理人员本人或其近亲属是本案的当事人。“其他关系”是指参与案件处理人员与当事人是同学关系、同事关系、邻居关系、上下级关系，或者曾经是仇人、恩人、恋人、情人等关系。

第四，回避程序。回避有主动回避和被申请回避两种情形。但无论何种情形，回避都应当先由当事人或者具有回避事由的参与案件处理的人员提出申请，然后由人民法院有权处理的人员进行审查决定才能实行。因此，当事人提出回避申请应当说明理由，在案件开始审理时提出。当然，回避事由是在案件开始审理后知道的，应当在法庭辩论终结前提出。

根据新《行政诉讼法》和有关司法解释的规定，审判人员的回避问题由人民法院院长审查决定；其他有关人员的回避问题由审判长审查决定；人民法院院长担任审判长时的回避，由审判委员会审查决定。被申请回避人员在人民法院有权机关作出是否回避的决定前，应当暂停参与本案的处理工作，但是案件需要采取紧急措施的不受此限。

人民法院对当事人提出的回避申请，应当在三日内以口头或者书面形式作出决定。对当事人提出的明显不属于法定回避事由的申请，法庭可以依法当庭驳回。申请人对驳回回避申请决定不服的，可以向作出决定的人民法院申请复议一次。复议期间，被申请回避人员不停止参与本案的工作。对申请人的复议申请，人民法院应当在三日内作出复议决定，并通知复议申请人。

此外，根据《适用行政诉讼法解释》第七十五条的规定："在一个审判程序中参与过本案审判工作的审判人员，不得再参与该案其他程序的审判。""发回重审的案件，在一审法院作出裁判后又进入第二审程序的，原第二审程序中合议庭组成人员不受前款规定的限制。"

三　起诉不停止执行

根据新《行政诉讼法》第五十六条的规定，在行政诉讼中行政行为不停止执行是一项基本原则，停止执行是例外。这种例外只包括四种情形，即：一是被告认为需要停止执行的；二是原告或者利害关系人申请停止执行，人民法院认为该行政行为的执行会造成难以弥补的损失，并且停止执行不会损害国家利益、社会公共利益的；三是人民法院认为该行政行为的执行会给国家利益、社会公共利益造成重大损害的；四是法律、法规规定停止执行的。如《治安管理处罚法》第一百零七条规定，被处罚人不服行政拘留处罚决定，申请行政复议、提起行政诉讼的，可以向公安机关提出暂缓执行行政拘留的申请。公安机关认为暂缓执行行政拘留不致发生社会危险的，由被处罚人或者其近亲属提出符合规定条件的担保人，或者按每日行政拘留两百元的标准交纳保证金，行政拘留的处罚决定暂缓执行。

人民法院作出相关决定时，应当使用裁定。如果在诉讼中原告申请停止有争议的行政行为停止执行，人民法院如果准许停止执行，则应当裁定停止行政行为的执行；人民法院如果不准许停止执行，则应当裁定驳回原告停止执行的申请。

为了维护当事人的合法权益，新《行政诉讼法》第五十六条第二款还补充规定当事人对停止执行或者不停止执行的裁定不服的，可以申请复议一次。

四 诉讼保全与先予执行

（一）诉讼保全

1. 诉讼保全的含义

诉讼保全根据不同的标准可以进行不同的分类。

根据申请保全的时间不同，可以将诉讼保全分为诉讼前保全和诉讼中保全两种；根据保全针对的对象不同，可以分为财产保全和行为保全两种；根据保全启动的方式不同，可以分为人民法院根据当事人的申请进行的保全和人民法院依职权主动进行的保全。本书重点研究财产保全和行为保全两种。

财产保全，是指人民法院为了保证将来生效的判决得到实际执行，在对行政案件作出判决前，因一方当事人或者其他原因，可能出现行政行为或者人民法院生效裁判不能或者难以执行的情形，而根据对方诉讼当事人的申请，或者人民法院依职权对当事人的财产采取临时性强制措施的法律制度。财产保全制度的主要目的是确保法院判决的执行，进而维护当事人的合法权益。行为保全，是指人民法院为了保证将来生效的判决得到实际执行，在对行政案件作出判决前，因一方当事人或者其他原因，可能出现行政行为或者人民法院生效裁判不能或者难以执行的情形，而根据对方诉讼当事人的申请，或者人民法院依职权责令一方当事人作出一定行为或者禁止其作出一定行为，以防止该当事人正在实施或者将要实施的行为对申请人造成不可弥补的损害的法律制度。

2. 财产保全的规定

虽然新《行政诉讼法》没有对财产保全问题作出直接规定，但规定可以适用《民事诉讼法》有关保全的规定。《民事诉讼法》第一百条规定："人民法院对于可能因当事人一方的行为或者其他原因，使判决难以执行或者造成当事人其他损害的案件，根据对方当事人的申请，可以裁定对其财产进行保全、责令其作出一定行为或者禁止其作出一定行为；当事人没有提出申请的，人民法院在必要时也可以裁定采取保全措施。"《适用行政诉讼法解释》第七十六条第一款规定，人民法院对于因一方当事人的行为或者其他原因，可能使行政行为或者人民法院生效裁判不能或者难以执行的案件，根据对方当事人的申请，可以裁定对其财产进行保全、责令其作出一定行为或者禁止其作出一定行为；当事人没有提出申请的，人民法院在必要时也可以裁定采取上述保全措施。可见，财产保全的启动方式有两种，即根据当事人申请，人民法院采取财产保全措施和人民法院依职权主动采取财产保全措施。

3. 财产保全的注意事项

财产保全通常经过申请、提供担保、裁定和交付执行四个阶段。根据《适用行政诉讼法解释》第七十六条、第七十七条、第七十八条的规定，实施财产保全时应当注意如下问题：

第一，当事人申请保全，即诉讼中保全的注意事项。当事人申请保全的，人民法院采取保全措施，可以责令申请人提供担保；申请人不提供担保的，裁定驳回申请。人民法院接受申请后，对情况紧急的，必须在四十八小时内作出裁定；裁定采取保全措施的，应当立即开始执行。当事人对保全的裁定不服的，可以申请复议，复议期间不停止裁定的执行。

第二，利害关系人申请保全，即诉讼前保全的注意事项。利害关系人因情况紧急，不立即申请保全将会使其合法权益受到难以弥补的损害的，可以在提起诉讼前向被保全财产所在地、被申请人住所地或者对案件有管辖权的人民法院申请采取保全措施。申请人应当提供担保，不提供担保的，裁定驳回申请。人民法院接受申请后，必须在四十八小时内作出裁定；裁定采取保全措施的，应当立即执行。申请人在人民法院采取保全措施后三十日内不依法提起诉讼的，人民法院应当解除保全。当事人对保全的裁定不服的，可以申请复议，复议期间不停止裁定的执行。

第三，保全的范围。保全限于请求的范围，或者与本案有关的财物。

第四，保全的方式。财产保全采取查封、扣押、冻结或者法律规定的其他方法。人民法院保全财产后，应当立即通知被保全人。财产已被查封、冻结的，不得重复查封、冻结。

第五，保全的解除。涉及财产的案件，被申请人提供担保的，人民法院应当裁定解除保全。

第六，保全错误的救济。申请有错误的，申请人应当赔偿被申请人因保全所遭受的损失。

（二）先予执行

先予执行，是指人民法院对某些案件生效判决确定之前，为解决权利人的生活或者生产经营所需，裁定义务人预先履行一定义务的法律制度。故又称为先行给付。行政诉讼的先予执行主要是为了解决原告生活上的困难，及时为生活困难的原告提供法律上的帮助。

新《行政诉讼法》第五十七条规定："人民法院对起诉行政机关没有依法支付抚恤金、最低生活保障金和工伤、医疗社会保险金的案件，权利义务关系明确、不先予执行将严重影响原告生活的，可以根据原告的申请，裁定先予执行。""当事人对先予执行裁定不服的，可以申请复议一次。复议期间不停止裁定的执行。"

可见，先予执行的案件主要是四类：一是没有依法支付抚恤金的案件；二是没有依法支付最低生活保障金的案件；三是没有依法支付工伤社会保险金的案件；四是没有依法支付医疗社会保险金的案件。

先予执行通常经过申请、裁定和执行三个阶段。

第一阶段，申请。先予执行的申请由权利人向受诉人民法院提出书面申请，人民法院不能在没有权利人提出申请的情况下依职权主动采取执行措施。

第二阶段，裁定。人民法院对当事人提出的先予执行的申请应当进行审查，审查的内容主要是两个方面：①申请先予执行的案件是否属于先予执行的范围；②申请是否符合先予执行的条件。人民法院对符合先予执行条件的申请，应当及时作出先予执行的裁定。

第三阶段，执行。先予执行裁定送达后即发生法律效力，义务人不服可以申请复议一次，但复议期间，不停止先予执行裁定的效力。义务人应当依裁定履行义务，拒不履行义务的，人民法院可以根据权利人的申请或依职权决定采取执行措施强制执行。义务人申请复议有理的，人民法院应当裁定撤销原裁定。

五　撤诉与缺席判决

（一）撤诉

1. 撤诉概述

撤诉，是指原告申请撤销法院已经受理的案件或依其行为推定其将已经受理的案件撤销，经法院审查后同意其撤销或认定为撤销的诉讼行为。

撤诉是原告对诉讼请求的放弃，确立撤诉制度是对当事人诉权的尊重，但是原告的撤诉不意味着行政行为就不存在违法性，人民法院可以基于公共利益的考虑对原告的撤诉进行干预。因此，当事人提出撤诉请求后，是否准许由人民法院审查决定。为了规范行政诉讼中的撤诉问题，新《行政诉讼法》第五十八条规定："经人民法院传票传唤，原告无正当理由拒不到庭，或者未经法庭许可中途退庭的，可以按照撤诉处理；被告无正当理由拒不到庭，或者未经法庭许可中途退庭的，可以缺席判决。"为规范行政诉讼的撤诉问题，此前最高人民法院制定了《关于行政诉讼撤诉若干问题的规定》（以下简称《撤诉规定》）。[①] 根据该规定，人民法院经审查认为被诉行政行为违法或者不当，可以在宣告判决或者裁定前，建议被告改变其所作的行政行为。

2. 撤诉种类

撤诉分为申请撤诉和视为撤诉两种。

（1）申请撤诉。

申请撤诉是指原告在人民法院立案后、宣告判决或者裁定前主动撤回起诉的行为。根据新《行政诉讼法》第六十二条规定："人民法院对行政案件宣告判决或者裁定前，原告申请撤诉的，或者被告改变其所作的行政行为，[②] 原告同意并申请撤诉的，是否准许，由人民法院裁定。"根据该条的规定，申请撤诉又分为两种情形。

第一种是原告主动申请撤诉，通常是原告起诉后，认识到诉讼请求不合法、不合理或者不愿为此耗费时间、精力而主动放弃诉讼请求。这种情形主要审查申请撤诉是否属于原告自愿提出，撤诉是否影响到公共利益。

第二种是被告改变其作出的行政行为，原告同意并申请撤诉。根据新《行政诉讼法》第六十二条的规定，被告在一审程序中可以改变引起诉讼的行政行为。原告对被告改变后的行政行为表示满意的，可以申请撤诉，没有必要继续进行诉讼。对于这种情形的撤诉，被告规避法律的可能性很大，因为其可能牺牲公共利

① 法释〔2008〕2号，2007年12月17日最高人民法院审判委员会第1441次会议通过，自2008年2月1日起施行。

② 《撤诉规定》第三条规定："有下列情形之一的，属于行政诉讼法第五十一条（指原《行政诉讼法》）规定的"被告改变其所作的具体行政行为：（一）改变被诉具体行政行为所认定的主要事实和证据；（二）改变被诉具体行政行为所适用的规范依据且对定性产生影响；（三）撤销、部分撤销或者变更被诉具体行政行为处理结果。"第四条规定："有下列情形之一的，可以视为'被告改变其所作的具体行政行为'：（一）根据原告的请求依法履行法定职责；（二）采取相应的补救、补偿等措施；（三）在行政裁决案件中，书面认可原告与第三人达成的和解。"

益换取原告撤诉，也可能通过压制、威胁、欺骗原告，对行政行为作无关痛痒的改动，来迫使或诱使原告撤诉。[①] 根据《适用行政诉讼法解释》第八十一条的规定，被告在一审期间改变被诉行政行为的，应当书面告知人民法院。原告或者第三人对改变后的行政行为不服提起诉讼的，人民法院应当就改变后的行政行为进行审理。被告改变原违法行政行为，原告仍要求确认原行政行为违法的，人民法院应当依法作出确认判决。原告起诉被告不作为，在诉讼中被告作出行政行为，原告不撤诉的，人民法院应当就不作为依法作出确认判决。但是无论是哪一种撤诉，都应经法院审查，人民法院经审查后用裁定方式决定是否同意撤诉。

合法有效的撤诉应当符合五个基本条件：

第一，申请撤诉只能由原告提出。

第二，必须出于原告的自愿。

第三，申请撤诉必须符合法律规定，不得规避法律，不得损害公共利益。

第四，申请撤诉必须在人民法院立案之后，判决、裁定作出之前提出。

第五，原告申请撤诉并不能自然产生终结诉讼程序的结果，人民法院必须对诉讼申请进行审查，并作出准许撤诉或不准许撤诉的裁定。

此外，对于被告改变原行政行为引起的诉讼，最高人民法院规定被告改变被诉行政行为，原告申请撤诉，符合下列条件的，人民法院应当裁定准许：[②]

第一，申请撤诉是当事人真实意思表示。

第二，被告改变被诉行政行为，不违反法律、法规的禁止性规定，不超越或者放弃职权，不损害公共利益和他人合法权益。

第三，被告已经改变或者决定改变被诉行政行为，并书面告知人民法院。

第四，第三人无异议。

（2）视为撤诉。

视为撤诉是指原告没有提出撤诉申请，但法院根据其消极的诉讼行为而推定其有撤诉的意思，并按撤诉处理。被视为撤诉也分为两种情形，第一种是原告或者上诉人经传票传唤，无正当理由拒不到庭或者未经法庭许可中途退庭的，可以按撤诉处理。当然，这种情形法院也要做严格的审查，因为这时原告规避法律的

---

① 姜明安：《行政诉讼法》（第三版），北京大学法律出版社 2016 年版，第 225 页。

② 《撤诉规定》第二条。

可能性较大，其可能故意不出庭以逃避法律责任。第二种情形是原告或上诉人未按规定的期限预交案件受理费，又不提出缓交、减交、免交的申请，或者提出而未获批准的，按撤诉处理。

3. 撤诉的法律后果

人民法院裁定准许原告撤诉后，原告以同一事实和理由重新起诉的，人民法院不予受理，已经受理的，应当驳回起诉。对于原告未预交诉讼费而按撤诉处理的，原告在起诉期限届满前再次起诉，人民法院应当受理；对于原告经传票传唤，无正当理由拒不到庭的，是否准许撤诉由人民法院裁定。

此外，根据最高人民法院的司法解释，在处理撤诉时还要注意：

第一，被告改变被诉行政行为，原告申请撤诉，有履行内容且履行完毕的，人民法院可以裁定准许撤诉；不能及时或者一次性履行的，人民法院可以裁定准许撤诉，也可以裁定中止审理。

第二，准许撤诉裁定可以载明被告改变被诉行政行为的主要内容及履行情况，并可以根据案件的具体情况，在裁定理由中明确被诉行政行为全部或者部分不再执行。

第三，申请撤诉不符合法定条件，或者被告改变被诉行政行为后当事人不撤诉的，人民法院应当及时作出裁判。

第四，第二审或者再审期间行政机关改变被诉行政行为，当事人申请撤回上诉或者再审申请的，参照《撤诉规定》执行。准许撤回上诉或者再审申请的裁定可以载明行政机关改变被诉行政行为的主要内容及履行情况，并可以根据案件的具体情况，在裁定理由中明确被诉行政行为或者原裁判全部或者部分不再执行。

第五，根据《适用行政诉讼法解释》第八十条第二款、第三款的规定，当事人申请撤诉或者依法可以按撤诉处理的案件，当事人有违反法律的行为需要依法处理的，人民法院可以不准许撤诉或者不按撤诉处理。除涉及国家利益和社会公共利益之外，法庭辩论终结后原告申请撤诉，人民法院可以准许。

（二）缺席判决

缺席判决是指在法庭审理时，经人民法院传票传唤，被告无正当理由拒不到庭，或者未经法庭许可中途退庭的，法庭继续审理并直接作出裁判的制度。缺席判决制度的建立，主要是为了保障审判活动能够顺利进行，有利于维护法院的权威，同时有利于保护正常出庭方的合法权益，不因对方无故拒不到庭而无法实现诉讼目的。为保证被告出庭应诉，《中共中央关于全面推进依法治国若干重大问题的决定》要求“健全行政机关依法出庭应诉、支持法院管理行政案件、尊重并执行法院生效判决的制度。完善惩戒妨碍司法机关依法行使职权、拒不执行法院生效裁判和决定、藐视法庭权威等违法犯罪行为的法律规定”，这对于改进行政审判程序将起到十分积极的作用。

根据新《行政诉讼法》第五十八条[①]和《适用行政诉讼法解释》第七十九条第二款的规定，缺席判决适用于以下两种情形：

第一，被告经传票传唤无正当理由拒不到庭，或者未经法庭许可中途退庭的，人民法院可以按期开庭或者继续开庭审理，对到庭的当事人诉讼请求、双方的诉辩理由以及已经提交的证据及其他诉讼材料进行审理后，依法缺席判决。

第二，原告或者上诉人申请撤诉，人民法院裁定不予准许的，原告或者上诉人经传票传唤无正当理由拒不到庭，或者未经法庭许可而中途退庭的，人民法院可以缺席判决。由此可知，行政诉讼的缺席判决也可以适用于原告和上诉人。

在行政诉讼过程中，第三人经传票传唤无正当理由拒不到庭，或者未经法庭许可中途退庭的，不发生阻止案件的审理的效果。

这里需要注意的是，根据《适用行政诉讼法解释》第一百零三条第二款的规定，以简便方式送达的开庭通知，未经当事人确认或者没有其他证据证明当事人已经收到的，人民法院不得缺席判决。

六　排除妨害行政诉讼的强制措施

（一）妨害行政诉讼的行为

妨害行政诉讼的行为，是指诉讼参加人和其他人在行政诉讼过程中，故意干扰、破坏诉讼秩序，妨碍诉讼活动正常进行的行为。根据新《行政诉讼法》第五十九条的规定，妨害行政诉讼的行为具体包括：

第一，有义务协助调查、执行的人，对人民法院的协助调查决定、协助执行

① 新《行政诉讼法》第五十八条规定：“经人民法院传票传唤，原告无正当理由拒不到庭，或者未经法庭许可中途退庭的，可以按照撤诉处理；被告无正当理由拒不到庭，或者未经法庭许可中途退庭的，可以缺席判决。”

通知书，无故推拖、拒绝或者妨碍调查、执行的；

第二，伪造、隐藏、毁灭证据或者提供虚假证明材料，妨碍人民法院审理案件的；

第三，指使、贿买、胁迫他人作伪证或者威胁、阻止证人作证的；

第四，隐藏、转移、变卖、毁损已被查封、扣押、冻结的财产的；

第五，以欺骗、胁迫等非法手段使原告撤诉的；

第六，以暴力、威胁或者其他方法阻碍人民法院工作人员执行公务，或者以哄闹、冲击法庭等方式扰乱人民法院工作秩序的；

第七，对人民法院审判人员或者其他工作人员、诉讼参与人、协助调查和执行的人员恐吓、侮辱、诽谤、诬陷、殴打、围攻或者打击报复的；

第八，当事人之间恶意串通，企图通过诉讼等方式侵害国家利益、社会公共利益或者他人合法权益的。

（二）排除妨害行政诉讼的法定强制措施

排除妨害行政诉讼的强制措施，是指人民法院为了保证行政诉讼活动的正常进行，依法对故意妨害诉讼秩序的人采取强制手段的行为。诉讼参与人或者其他人有以上行为之一的，人民法院可以根据情节轻重，予以训诫、责令具结悔过或者处1万元以下的罚款、十五日以下的拘留；构成犯罪的，依法追究刑事责任。人民法院对实施妨碍行政诉讼行为的单位，可以对其主要负责人或者直接责任人员依法予以罚款、拘留；构成犯罪的，依法追究刑事责任。其中罚款、拘留须经人民法院院长批准。当事人对决定不服的，可以向上一级人民法院申请复议一次。复议期间不停止执行。

根据《适用行政诉讼法解释》第八十三条的规定，在对实施妨害行政诉讼行为的当事人适用罚款、拘留时需要注意：

第一，罚款、拘留可以单独适用，也可以合并适用；

第二，对同一妨害行政诉讼行为的罚款、拘留不得连续适用；

第三，发生新的妨害行政诉讼行为的，人民法院可以重新予以罚款、拘留。

七　行政诉讼调解

（一）行政诉讼调解概述

调解，是指在审判员的主持下，行政诉讼当事人双方通过自愿达成协议，从而解决行政争议，终结诉讼所进行的活动和结案的方式。一般来说，人民法院审理行政案件，不适用调解。但是，法律规定的特定范围内的行政诉讼可以调解。原《行政诉讼法》第五十条规定："人民法院审理行政案件，不适用调解。"新《行政诉讼法》改变了原来的立场，在第六十条规定："人民法院审理行政案件，不适用调解。但是，行政赔偿、补偿以及行政机关行使法律、法规规定的自由裁量权的案件可以调解。""调解应当遵循自愿、合法原则，不得损害国家利益、社会公共利益和他人合法权益。"

（二）行政诉讼调解的范围

新《行政诉讼法》第六十条规定，人民法院审理行政案件原则上不适用调解。但是行政赔偿、补偿以及行政机关行使法律、法规规定的自由裁量权的案件可以调解。因此，行政诉讼调解适用于以下三类案件。

第一，行政赔偿案件，即行政机关及其工作人员违法行使行政职权，侵犯公民、法人或者其他组织的合法权益造成损害的，受害人向人民法院起诉要求赔偿的案件。

第二，行政补偿案件，即行政机关及其工作人员合法行使行政职权造成公民、法人或者其他组织损失的，或者行政相对人因保护公共利益受到损失的，受害人向人民法院起诉要求补偿的案件。

第三，行政机关行使法律、法规规定的自由裁量权的案件。

（三）调解的原则

调解应当遵循自愿、合法原则、保密原则，不得损害国家利益、社会公共利益和他人合法权益。

第一，自愿原则。人民法院必须在双方当事人自愿的基础上进行调解。当事人自愿包括程序上的自愿和实体上的自愿。程序上的自愿，指以调解的方式来解决争议必须征得当事人的同意，当事人拒绝调解或不同意以调解方式结案的，人民法院不得强迫当事人接受调解。实体上的自愿，是指达成调解协议必须双方自愿，调解协议应当是在双方当事人互谅互让的基础上自愿达成的。

第二，合法原则。当事人的调解协议内容合法，不得违反法律的规定，不得损害国家利益、社会公共利益和他人合法权益。

第三，保密原则。人民法院审理行政案件以公开为原则，不公开为例外。行政诉讼调解则正好相反，以不公开为原则，公开为例外。这是因为，调解协议的达成，通常是双方当事人反复协调、互谅互让、彼此照顾各自利益的结果，在调解过程中必然会有涉及当事人不想让外界知道的信息，因此，不宜向社会公开。因此，《适用行政诉讼法解释》第八十六条第一款规定："人民法院审理行政案件，调解过程不公开，但当事人同意公开的除外。"

（四）行政诉讼调解的程序

人民法院对受理的第一审、第二审和再审行政案件，在符合调解范围的情况下，可以在裁判作出前进行调解。但是，新《行政诉讼法》没有直接规定调解的程序。根据新《行政诉讼法》第一百零一条的规定，调解程序适用《民事诉讼法》的有关调解规定。其要点包括：

一是调解程序的开始，可以依当事人申请进行，也可以由人民法院根据案件的具体情况依职权主动进行。人民法院依职权开始的调解，应征得双方当事人的同意。当事人可以自己提出调解方案，也可以由人民法院提出调解方案供当事人参考。对于法律关系明确、事实清楚的行政调解案件，人民法院在征得双方同意后，可以径行调解。

二是人民法院进行调解，可以由审判员一人主持，也可以由合议庭主持。

三是人民法院进行调解，可以采用简便方式通知当事人、证人到庭。必要时可以邀请有关单位和个人协助。受邀请的单位和个人，有协助之责。

四是调解达成协议，必须双方自愿，不得强迫，且调解协议的内容不得违反法律的相关规定。当事人双方在法院主持下达成调解协议的，人民法院应当制作调解书。调解书是法院确认当事人调解协议内容的法律文书，只有调解书才能成为执行的根据。人民法院依据调解协议的内容，整理、规范后制作调解书。调解书应当写明诉讼请求、案件事实和调解结果。当事人就部分诉讼请求达成调解协议的，人民法院可以就此先行确认并制作调解书。调解书应当由审判人员、书记员署名，加盖人民法院印章，并送达当事人。调解书经双方当事人签收后，即具有法律效力。调解书生效日期根据最后收到调解书的当事人签收的日期确定。调解未达成协议或者调解书送达前一方反悔的，人民法院应当及时裁判。此外，还需要注意的是，当事人自行和解、调解达成的协议不得转化为人民法院裁判的内容，即当事人自行和解或者调解达成协议后，请求人民法院按照和解协议或者调解协议的内容制作判决书的，人民法院不予考虑准许。

（五）调解的效力

法院调解与法院判决具有同等效力。对于能够即时履行的案件，也可以不制作调解书，但是应当记入笔录，由双方当事人、审判人员、书记员签名或者盖章后具有法律效力。法院制作的调解书在当事人签收后产生以下效力：

第一，形式上的约束力。当事人和法院在调解生效后，需受到调解的约束。当事人不得对调解不服而提起上诉。关于本案的诉讼因调解生效而告结束，当事人不得对该案件继续争议，法院也不能撤销和变更调解协议或调解书的内容。

第二，实质上的确定力。调解的效力与判决的既判力内容相同。案件争议的法律关系因为调解而发生确定的法律效果，当事人双方不得提出与调解标的相反的主张，法院也不能在其他诉讼中作出与该调解标的相反的判断。

第三，执行力。有给付内容的调解具有执行力。如果在调解书中负有给付义务的当事人不自动履行义务，权利人可以根据调解书向法院申请强制执行。

八　民事行政争议交叉问题的规定

（一）民事行政争议交叉问题概述

民事争议和行政争议交叉处理一般有两种方式：第一种是将民事争议和行政争议合并，由同一审判组织对两种性质不同的争议一并进行审理和判决，即采用行政附带民事诉讼的方式进行审理；第二种是将民事争议与行政争议分开，由不同的审判组织分别进行审理和判决。然后再分别处理，如果民事争议的解决需要以行政争议的裁判为依据，则民事诉讼裁定中止，在行政裁判生效后，再进行民事诉讼；如果行政争议的解决需要以民事争议的裁判为依据，则行政诉讼裁定中止，在民事裁判生效后，再进行行政诉讼。

（二）民事行政争议交叉问题的法定处理方式

根据新《行政诉讼法》第六十一条的规定，对民事行政争议交叉问题的法定处理方式有两种，即：

第一，在涉及行政许可、登记、征收、征用和行政机关对民事争议所作的裁决的行政诉讼中，当事人申请一并解决相关民事争议的，人民法院可以一并审理。

第二，在行政诉讼中，人民法院认为行政案件的审理需以民事诉讼裁判为依据的，可以裁定中止行政诉讼。

为了解决好行政诉讼与相关民事诉讼一并审理的问题，《适用行政诉讼法解释》第十部分明确规定了如下内容：

第一，公民、法人或者其他组织请求一并审理行政诉讼法第六十一条规定的相关民事争议，应当在第一审开庭审理前提出；有正当理由的，也可以在法庭调查中提出。

第二，人民法院决定在行政诉讼中一并审理相关民事争议，或者案件当事人一致同意相关民事争议在行政诉讼中一并解决，人民法院准许的，由受理行政案件的人民法院管辖。

第三，公民、法人或者其他组织请求一并审理相关民事争议，人民法院经审查发现行政案件已经超过起诉期限，民事案件尚未立案的，告知当事人另行提起民事诉讼；民事案件已经立案的，由原审判组织继续审理。

第四，人民法院在审理行政案件中发现民事争议为解决行政争议的基础，当事人没有请求人民法院一并审理相关民事争议的，人民法院应当告知当事人依法申请一并解决民事争议。当事人就民事争议另行提起民事诉讼并已立案的，人民法院应当中止行政诉讼的审理。民事争议处理期间不计算在行政诉讼审理期限内。

第五，有下列情形之一的，人民法院应当作出不予准许一并审理民事争议的决定，并告知当事人可以依法通过其他渠道主张权利：①法律规定应当由行政机关先行处理的；②违反民事诉讼法专属管辖规定或者协议管辖约定的；③约定仲裁或者已经提起民事诉讼的；④其他不宜一并审理民事争议的情形。对不予准许的决定可以申请复议一次。

第六，人民法院在行政诉讼中一并审理相关民事争议的，民事争议应当单独立案，由同一审判组织审理。人民法院审理行政机关对民事争议所作裁决的案件，一并审理民事争议的，不另行立案。

第七，人民法院一并审理相关民事争议，适用民事法律规范的相关规定，法律另有规定的除外。当事人在调解中对民事权益的处分，不能作为审查被诉行政行为合法性的根据。

第八，对行政争议和民事争议应当分别裁判。当事人仅对行政裁判或者民事裁判提出上诉的，未上诉的裁判在上诉期满后即发生法律效力。第一审人民法院应当将全部案卷一并移送第二审人民法院，由行政审判庭审理。第二审人民法院发现未上诉的生效裁判确有错误的，应当按照审判监督程序再审。

第九，行政诉讼原告在宣判前申请撤诉的，是否准许由人民法院裁定。人民法院裁定准许行政诉讼原告撤诉，但其对已经提起的一并审理相关民事争议不撤诉的，人民法院应当继续审理。

第十，人民法院一并审理相关民事争议，应当按行政案件、民事案件的标准分别收取诉讼费用。

九　向社会公众公开裁判文书

新《行政诉讼法》第六十五条规定："人民法院应当公开发生法律效力的判决书、裁定书，供公众查阅，但涉及国家秘密、商业秘密和个人隐私的内容除外。"据此规定，人民法院应当根据实际情况，积极采取多种措施和方式，向社会公开裁判文书，以方便社会公众查阅，以保障公众查阅生效裁判文书的权利。这里值得注意的是，人民法院应当公开的裁判文书范围是已经生效的判决书、裁定书，不包括裁判文书以外的其他法律文书（如起诉状、答辩状、法庭笔录等）。

在新《行政诉讼法》公布前，2009 年《最高人民法院关于司法公开的六项规定》[①] 中明确规定，"裁判文书应当充分表述当事人的诉辩意见、证据的采信理由、事实的认定、适用法律的推理与解释过程，做到说理公开。人民法院可以根据法制宣传、法学研究、案例指导、统一裁判标准的需要，集中编印、刊登各类裁判文书。除涉及国家秘密、未成年人犯罪、个人隐私以及其他不适宜公开的案件和调解结案的案件外，人民法院的裁判文书可以在互联网上公开发布。"2013 年《最高人民法院关于推进司法公开三大平台建设的若干意见》[②] 要求合力推进审判流程公开、裁判文书公开、执行信息公开三大平台建设，充分利用现代信息手段，变被动公开为主动公开，力争取得社会公认的明显成效。根据《最高

① 法发〔2009〕58 号，2009 年 12 月 8 日公布施行。
② 法发〔2013〕13 号，2013 年 11 月 21 日发布施行。

人民法院关于人民法院在互联网公布裁判文书的规定》①，人民法院的生效裁判文书应当在互联网公布，但有下列情形之一的除外：（一）涉及国家秘密、个人隐私的；（二）涉及未成年人违法犯罪的；（三）以调解方式结案的；（四）其他不宜在互联网公布的。人民法院在互联网公布裁判文书时，应当保留当事人的姓名或者名称等真实信息，但必须采取符号替代方式对下列当事人及诉讼参与人的姓名进行匿名处理：（一）婚姻家庭、继承纠纷案件中的当事人及其法定代理人；（二）刑事案件中被害人及其法定代理人、证人、鉴定人；（三）被判处三年以下有期徒刑刑罚以及免予刑事处罚，且不属于累犯或者惯犯的被告人。人民法院在互联网公布裁判文书时，应当删除下列信息：（一）自然人的家庭住址、通讯方式、身份证号码、银行账号、健康状况等个人信息；（二）未成年人的相关信息；（三）法人以及其他组织的银行账号；（四）商业秘密；（五）其他不宜公开的内容。承办法官或者人民法院指定的专门人员应当在裁判文书生效后七日内按照要求完成技术处理，并提交本院负责互联网公布裁判文书的专门机构在中国裁判文书网公布。独任法官或者合议庭认为裁判文书具有本规定第四条第四项不宜在互联网公布情形的，应当提出书面意见及理由，由部门负责人审查后报主管副院长审定。在互联网公布的裁判文书，除依照本规定的要求进行技术处理以外，应当与送达当事人的裁判文书一致。人民法院对送达当事人的裁判文书进行补正的，应当及时在互联网公布补正裁定。人民法院在互联网公布的裁判文书，除因网络传输故障导致与送达当事人的裁判文书不一致的以外，不得修改或者更换；确因法定理由或者其他特殊原因需要撤回的，应当由高级人民法院以上负责互联网公布裁判文书的专门机构审查决定，并在中国裁判文书网办理撤回及登记备案手续。《中共中央关于全面推进依法治国若干重大问题的决定》也明确要求"构建开放、动态、透明、便民的阳光司法机制，推进审判公开、检务公开、警务公开、狱务公开，依法及时公开执法司法依据、程序、流程、结果和生效法律文书，杜绝暗箱操作。加强法律文书释法说明，建立生效法律文书统一上网和公开查询制度"，这一要求对加快行政诉讼裁判文书公开具有直接的指导意义。

人民法院公开生效裁判文书供公众查阅，具有十分重要的意义：一是有利于

---

① 法释〔2013〕26号，2013年11月13日最高人民法院审判委员会第1595次会议通过，自2014年1月1日起施行。

促进人民法院切实贯彻公开审判原则，实现审判活动公开透明；二是可以使公众知悉裁判文书的内容，促使审判人员增强责任心，审慎处理每一个案件，不断提高办案质量，使当事人和社会公众在每一个案件中都感受到司法的公平、公正，最大限度地赢得当事人和社会公众对司法的信任和支持；三是通过具体案例以案释法，宣传普及法律知识，为社会公众学法提供途径，为法学理论研究提供资源，促进法治社会建设；四是有利于人民法院之间相互交流，学习和借鉴，有利于统一司法标准，提高司法水平。[①]

十　司法建议

司法建议，是指人民法院在审判工作中，以预防纠纷、犯罪的发生和改进行政管理为目的，针对行政案件中有关行政主体在制度上、工作上所存在的问题，建议他们健全规章制度，堵塞漏洞，进行科学管理，提出改进和完善管理工作的建议。新《行政诉讼法》第六十六条规定："人民法院在审理行政案件中，认为行政机关的主管人员中、直接责任人员违法违纪的，应当将有关材料移送监察机关、该行政机关或者其上一级行政机关；认为有犯罪行为的，应当将有关材料移送公安、检察机关。""人民法院对被告经传票无正当理由拒不到庭，或者未经法庭许可中途退庭的，可以将被告拒不到庭的情况予以公告，并可以向监察机关或者被告的上一级行政机关提出依法给予其主要负责人或者直接责任人员处分的司法建议。"

采用司法建议需要特别注意如下几点。

第一，司法建议是人民法院实现审判职能的一项措施或方式，也是参与社会治安综合治理系统工程的一个重要手段，而不是人民法院的法定职权。

第二，司法建议属于建议性质，不具有法律效力，也不存在执行问题。

第三，司法建议并非案件审理的必经程序。在审理案件时，针对案件的不同情况，有提出司法建议的必要就提出来，没有必要一案一建议。

第四，司法建议向该行政机关的上一级行政机关或者监察、人事机关提出司法建议。接受司法建议的机关，根据有关规定进行处理，并将处理情况告知人民法院。

---

① 袁杰主编：《中华人民共和国行政诉讼法解读》，中国法制出版社 2014 年版，第 181—182 页。

第二节　第一审程序

一　第一审程序概述

审理，是指人民法院对案件进行审查和认定证据、听取当事人陈述和辩解、询问证人等活动，其目的是查清案件事实、确定案件的性质。行政诉讼案件第一审程序是指人民法院自立案到作出第一审判决的诉讼程序。由于我国实行两审终审原则，因此，第一审程序是所有行政案件必经的基本程序，第一审程序也成为行政判决的基础程序。行政案件一经法院立案，即进入审理阶段，行政诉讼的审理阶段和民事诉讼、刑事诉讼没有太大的区别。第一审程序大致可分为开庭审理前的准备阶段和开庭审理阶段。

（一）庭审前的准备

庭审前的准备，是指人民法院立案后自开庭审理前，为保证审理工作顺利进行而作的准备工作。审理前的准备是保证开庭审理顺利进行的必要步骤，准备工作大致包括以下内容。

1. 送达诉讼文书

人民法院应当在立案之日起五日内，将起诉状副本发送被告。被告应当在收到起诉状副本之日起十五日内向人民法院提交作出行政行为的证据和所依据的规范性文件，并提交答辩状。人民法院应当在收到答辩状之日起五日内，将答辩状副本发送原告。被告不提交答辩状的，不影响人民法院审理。在送达诉讼文书的同时，应告知当事人诉讼权利与义务。此外，如果案件涉及第三人，那么，还要将诉讼文书送达给第三人。

2. 组成合议庭

合议庭是人民法院行使审判权、审理行政案件的基本组织形式。行政案件一律采用合议制，而不采用独任审判制是行政诉讼的一大特色。人民法院审理行政案件，由审判员组成合议庭，或者由审判员、陪审员组成合议庭。合议庭的成员，应当是三人以上的单数。

3. 审查诉讼材料和调取证据

法庭在审理前，应当通读案卷材料，才能对案情、原告的诉讼请求和被告的答辩状，证据材料有一个全面的了解，这样才能为开庭做好基本的准备。如果原告、被告双方提供的证据相互冲突，法庭有权向任何一方或双方调取证据。另外，法庭认为有必要或依当事人的申请，可以依法调取必要的证据。

4. 更换或者追加诉讼当事人

法庭在审阅案卷材料的过程中，对诉讼主体的资格进一步审查。首先，如果发现诉讼当事人不适格的话，应当及时地更换诉讼当事人。其次，如果案件需要有第三人参加，法院应通知其参加诉讼。最后，在共同诉讼中，具有共同诉讼资格的人没有参加诉讼的，法庭应追加其为当事人并通知其参加诉讼。

当然，更换和追加诉讼当事人也可能发生在诉讼的其他阶段。只要符合更换和追加当事人的条件，人民法院都应当依法进行更换或者追加。

5. 其他准备工作

法庭在开庭审理前要确定开庭审理的时间、地点；根据案件情况决定是否采取诉讼保全措施；审查行政行为是否停止执行；如果人民法院立案后发现该案件本院没有管辖权时，应当将案件移送给有管辖权的人民法院，等等。

（二）开庭审理

开庭审理是人民法院在诉讼当事人和其他诉讼参与人的参加下，依照法定程序对行政案件进行审理并作出裁判的活动。人民法院审理第一审案件一律开庭审理。开庭审理的方式有两种：一种是公开审理；另一种是不公开审理。根据新《行政诉讼法》的规定，行政案件一般公开审理，但涉及国家秘密、商业秘密、个人隐私和法律另有规定的除外。公开审理面向社会公开，允许具有选举权的公民旁听；不公开审理不向社会公开，不允许公民旁听。

1. 开庭审理的程序

新《行政诉讼法》没有对开庭审理的具体步骤作出明确规定，一般是适用《民事诉讼法》的规定进行。根据《民事诉讼法》的规定，开庭审理包括开庭准备、宣布开庭、法庭调查、法庭辩论、合议庭评议、宣告判决等六个阶段。

（1）开庭准备。

开庭准备不同于庭审前的准备，是为开庭得以顺利进行而进行的程序性工作，与开庭直接相关。通常情况下，开庭准备一般包括两项工作：

首先，法庭应在开庭三日前，将开庭的时间、地点以传票或通知书的形式告知当事人及其他诉讼参与人，公开审理的案件，还应公告当事人的姓名、案由、开庭的时间、地点。根据《适用行政诉讼法解释》第七十一条的规定，人民法院适用普通程序审理案件，应当在开庭三日前用传票传唤当事人。对证人、鉴定人、勘验人、翻译人员，应当用通知书通知其到庭。当事人或者其他诉讼参与人在外地的，应当留有必要的在途时间。

这里需要注意的是，参照《关于进一步加强民事送达工作的若干意见》[①] 的规定，送达地址确认书是当事人送达地址确认制度的基础。送达地址确认书应当包括当事人提供的送达地址、人民法院告知事项、当事人对送达地址的确认、送达地址确认书的适用范围和变更方式等内容。人民法院应当在登记立案时要求当事人确认送达地址。人民法院应当要求当事人对其填写的送达地址及法律后果等事项进行确认。当事人确认的内容应当包括当事人已知晓人民法院告知的事项及送达地址确认书的法律后果，保证送达地址准确、有效，同意人民法院通过其确认的地址送达诉讼文书等，并由当事人或者诉讼代理人签名、盖章或者捺印。当事人提供的送达地址应当包括邮政编码、详细地址以及受送达人的联系电话等。同意电子送达的，应当提供并确认接收民事诉讼文书的传真号、电子信箱、微信号等电子送达地址。当事人委托诉讼代理人的，诉讼代理人确认的送达地址视为当事人的送达地址。为保障当事人的诉讼权利，人民法院应当告知送达地址确认书的填写要求和注意事项以及拒绝提供送达地址、提供虚假地址或者提供地址不准确的法律后果。当事人拒绝确认送达地址的，依照《最高人民法院关于登记立案若干问题的规定》第七条的规定，当事人提交的诉状和材料不符合要求的，人民法院应当一次性书面告知在指定期限内补正；当事人在指定期限内补正的，人民法院决定是否立案的期间，自收到补正材料之日起计算；当事人在指定期限内没有补正的，退回诉状并记录在册；坚持起诉、自诉的，裁定或者决定不予受理、不予立案；经补正仍不符合要求的，裁定或者决定不予受理、不予立案。根据最高人民法院《关于进一步加强民事送达工作的若干意见》的规定，因当事人提供的送达地址不准确、拒不提供送达地址、送达地址变更未书面告知人民法院，导致民事诉讼文书未能被受送达人实际接收的，属于直接送达的，民事诉讼

---

① 法发〔2017〕19 号，2017 年 7 月 19 日发布。

文书留在该地址之日为送达之日；属于邮寄送达的，文书被退回之日为送达之日。

当事人拒绝确认送达地址或以拒绝应诉、拒接电话、避而不见送达人员、搬离原住所等躲避、规避送达，人民法院不能或无法要求其确认送达地址的，可以分别以下列情形处理：（1）当事人在诉讼所涉及的合同、往来函件中对送达地址有明确约定的，以约定的地址为送达地址；（2）没有约定的，以当事人在诉讼中提交的书面材料中载明的自己的地址为送达地址；（3）没有约定、当事人也未提交书面材料或者书面材料中未载明地址的，以一年内进行其他诉讼、仲裁案件中提供的地址为送达地址；（4）无以上情形的，以当事人一年内进行民事活动时经常使用的地址为送达地址。人民法院按照上述地址进行送达的，可以同时以电话、微信等方式通知受送达人。如果通过这些方法还不能确认送达地址的，自然人以其户籍登记的住所或者在经常居住地登记的住址为送达地址，法人或者其他组织以其工商登记或其他依法登记、备案的住所地为送达地址。

此外，还应当注意：采用传真、电子邮件方式送达的，送达人员应记录传真发送和接收号码、电子邮件发送和接收邮箱、发送时间、送达诉讼文书名称，并打印传真发送确认单、电子邮件发送成功网页，存卷备查。采用短信、微信等方式送达的，送达人员应记录收发手机号码、发送时间、送达诉讼文书名称，并将短信、微信等送达内容拍摄照片，存卷备查。对于移动通信工具能够接通但无法直接送达、邮寄送达的，除判决书、裁定书、调解书外，可以采取电话送达的方式，由送达人员告知当事人诉讼文书内容，并记录拨打、接听电话号码、通话时间、送达诉讼文书内容，通话过程应当录音以存卷备查。

其次，开庭审理前，书记员在法庭上查明当事人及其他诉讼参与人是否到庭，并宣读法庭纪律，然后请审判长及其他合议庭成员入庭，并向审判长报告诉讼参加人的出庭情况、法庭纪律和当事人的诉讼义务，如果出现应当出庭的人员没有到庭的，由审判长根据情况，作出继续审理或延期审理的决定。

（2）宣布开庭。

第一，宣布正式开庭是审判长的权力。合议庭进入法庭后，由审判长宣布正式开庭后，然后宣布案由、开庭方式以及开庭审理的法律根据。

第二，宣布审判人员、书记员、鉴定人、勘验人和翻译人员名单。

第三，要依法核对当事人（按原告、被告、第三人的顺序）身份及其信息

（如果当事人是自然人的，具体包括姓名、性别、年龄、民族、籍贯、工作单位、职务和住所；如果当事人是法人或其他组织的，要核对单位法定名称、住址、法定代表人的基本情况）。核对的顺序是原告、被告、第三人。

第四，告知当事人诉讼权利与义务，询问是否申请回避，审查代理人资格和代理权限等。对于当事人申请回避有合法理由的，合议庭应当宣布休庭，并根据有关法律规定对回避申请作出处理，对于当事人申请回避的理由不符合法律规定，应当直接给予驳回。

第五，审查诉讼代理人资格和代理权限。如果是律师担任代理人，只审查代理权限，不核对律师的自然情况。

第六，宣布法庭开庭审理的注意事项。

（3）法庭调查。

法庭调查是指在法院的主持和当事人及其他诉讼参与人的参加下，审查判断证据、查明案件事实的诉讼活动。

法庭调查的重点是行政行为的证据事实和作出行政行为的程序事实。法庭调查的顺序依次如下：

首先，介绍案由，即宣读起诉状，提出诉讼请求及事实根据；然后由被告宣读答辩状，说明作出行政行为的根据和所依据的规范性文件。

其次，询问当事人和当事人陈述。当事人陈述，其顺序是原告、被告、第三人及其诉讼代理人陈述。这里需要注意的是，根据《适用行政诉讼法解释》第八十条第一款的规定，原告或者上诉人在庭审中明确拒绝陈述或者以其他方式拒绝陈述，导致庭审无法进行，经法庭释明法律后果后仍不陈述意见的，视为放弃陈述权利，由其承担不利的法律后果。

再次，证人作证和宣读证人证言。证人一般都应当出庭作证，如果因特别原因不能到庭作证的，可以提供书面证言。对于证人出庭作证的，审判人员应当告知证人的权利义务，证人作证，宣读未到庭的证人证言。当事人各自举证及互相质证，当事人举证及质证按下列顺序进行：原告出示证据，被告及第三人对原告出示的证据质证；被告出示证据，原告及第三人对其所出示的证据质证；第三人出示证据，原告、被告对第三人出示的证据进行质证。宣读鉴定意见，一般是先宣读鉴定书，然后由鉴定人对鉴定意见作出口头说明。宣读勘验笔录，经过人民法院审判人员或者法院指定的有关人员在现场进行勘验而依法制作的笔录应当庭宣读，在勘验时拍摄的照片或绘制的图像应该向当事人出示。法院出示其依职权调查出的其他证据。

最后，审判人员对证据进行认证。审判长根据当事人分别陈述的诉讼请求及其理由归纳案件争议焦点，并征求当事人的意见。

在这一环节上需要注意的是：当事人有权要求重新鉴定或勘验，是否准许由人民法院决定，双方可以提出新的证据。审判长认为需要进一步调查、鉴定和勘验的，有权宣布休庭或延期审理。

（4）法庭辩论。

法庭辩论是指在审判人员主持下，双方当事人就案件的事实、证据、行政行为，以及作出行政行为的法律依据提出自己的主张和理由，并对对方的主张和理由进行反驳的诉讼行为。

法庭辩论阶段的主要任务是组织当事人对法庭调查的事实、证据提出自己的看法，陈述自己的意见，便于人民法院查明事实、分清是非。

法庭辩论一般按下列顺序进行：首先由原告及其诉讼代理人发言，再由被告及其诉讼代理人答辩，接着由第三人及其诉讼代理人发言或者答辩，最后互相辩论。一般情况下，当事人之间的辩论应不少于两轮。

这里需要特别注意的是，辩论是当事人之间进行辩论，在辩论过程中审判人员不得对案件性质、是非责任发表意见，不得参与当事人的辩论。如果辩论中提出了与案件有关的新的事实、证据，审判长有权决定停止辩论，恢复法庭调查；如果有在法庭上调查不清而又是影响作出裁判的重要事实证据，则应当作出延期审理的决定。

法庭辩论终结，由审判长按照原告、被告、第三人的先后顺序征询各方最后意见。

（5）合议庭评议。

法庭辩论结束后，审判长宣布休庭，由合议庭全体成员对案件进行评议。

无论案件是否公开开庭审理，合议庭评议案件一律秘密进行。

合议庭评议案件既要涉及对案件事实的认定，又要涉及案件的法律适用，并在此基础上形成判决。合议庭评议案件，实行少数服从多数的原则。

评议应当制作笔录，评议中的不同意见，必须如实记入笔录。评议笔录由合议庭全体成员签名。对于重大疑难的案件，可以提请院长提交审判委员会讨论决定。审判委员会的决定合议庭必须执行。

（6）宣布判决。

宣布法庭对案件的裁判是开庭审理的最后一个阶段。无论是公开审理的案件，还是不公开审理的案件，都应公开宣判法庭裁判结果。判决宣告有当庭宣告和定期宣告两种基本形式。当庭宣告指合议庭评议结束后立即宣告判决。定期宣告指在开庭审理日之后的某个特定日期公开宣告判决。合议庭评议以后，可以当庭宣判的，应在十日内发放行政判决书；不能当庭宣判的，可以定期宣判，宣判时一并发放判决书。法庭宣判时，应告知当事人上诉权利、上诉期限和上诉法院。

宣告判决后，审判长应当宣布本案的审理至此终结，宣布闭庭。另外，开庭审理的全过程应当制作笔录。笔录应当由审判人员、书记员、当事人和其他诉讼参与人签名或者盖章。当事人或其他诉讼参与人认为笔录中记载本人的陈述有遗漏或差错的，有权申请法庭补充或者更正。

2. 一审案件的审理期限

审理期限，习惯上称为审限，是人民法院审结案件的时间界限，具体是指从立案之日起至裁判宣告之日的期限。

确定审理期限的目的在于约束法院及时审理案件，防止案件久拖不决。新《行政诉讼法》第八十一条规定，人民法院应当在立案之日起六个月内作出第一审判决，其中，鉴定、处理管辖争议或者异议以及中止诉讼的时间不计算在内。有特殊情况需要延长审限的，由高级人民法院批准；高级人民法院审理第一审案件需要延长的，由最高人民法院批准。这里需要特别注意审理期限的计算问题，根据《适用行政诉讼法解释》第五十条的规定，审理期限是指从立案之日起至裁判宣告、调解书送达之日止的期间，但公告期间、鉴定期间、调解期间、中止诉讼期间、审理当事人提出的管辖异议以及处理人民法院之间的管辖争议期间不计算在内。基层人民法院申请延长审理期限的，应当直接报请高级人民法院批准，同时报中级人民法院备案。

二　第一审程序中的特殊制度

（一）合并审理

合并审理，是指因两个或两个以上的诉讼不可分离或紧密联系，人民法院可以合并或一并审理。合并或一并审理主要基于诉讼经济原则考虑，其目的在于节约诉讼成本，避免作出相互冲突的行政裁判，有利于裁判的统一性和确定性。

根据《适用行政诉讼法解释》第七十三条的规定，有下列情形之一的，人民法院可以决定合并审理：

第一，两个以上行政机关分别对同一事实作出行政行为，公民、法人或者其他组织不服向同一人民法院起诉的；

第二，行政机关就同一事实对若干公民、法人或者其他组织分别作出行政行为，公民、法人或者其他组织不服分别向同一人民法院起诉的；

第三，在诉讼过程中，被告对原告作出新的行政行为，原告不服向同一人民法院起诉的。

第四，人民法院认为可以合并审理的其他情形。

（二）诉讼中止、诉讼终止

1. 诉讼中止

诉讼中止，是指在行政诉讼的过程中，出现了使案件无法继续进行的法定事由，从而暂时停止诉讼的制度，待中止诉讼的原因消除后，再恢复诉讼，简言之，诉讼中止就是诉讼程序的暂时停止。中止诉讼的原因消除后，恢复诉讼。

《适用行政诉讼法解释》第八十七条规定，在诉讼过程中，有下列情形之一的，中止诉讼：①原告死亡，须等待其近亲属表明是否参加诉讼的；②原告丧失诉讼行为能力，尚未确定法定代理人的；③作为一方当事人的行政机关、法人或者其他组织终止，尚未确定权利义务承受人的；④一方当事人因不可抗力的事由不能参加诉讼的；⑤案件涉及法律适用问题，需要送请有权机关作出解释或者确认的；⑥案件的审判须以相关民事、刑事或者其他行政案件的审理结果为依据，而相关案件尚未审结的；⑦其他应当中止诉讼的情形。

在此需要特别注意的是，诉讼中止是由人民法院依照职权裁定的，当事人对诉讼中止的裁定不得上诉，也不能申请复议；中止诉讼的情形消除后，人民法院应当恢复诉讼程序，当事人在诉讼中止前所作的诉讼行为继续有效。

2. 诉讼终止

诉讼终止，又称诉讼终结，是指在诉讼进程中，因特定事由的出现使已经开始的诉讼无法进行或没有必要继续诉讼而终结诉讼的制度。

诉讼终止明显不同于诉讼中止，前者的目的在于永久地停止诉讼程序，而后者只是暂时地中断诉讼进行，待中止诉讼的事由消除后，诉讼还能得以继续进行。诉讼终止也不同于诉讼结束，诉讼终止只表明程序上的完结，不代表实体的争议得到解决，诉讼结束意味着已对实体问题作出了处理，表明案件的正常的审结。诉讼终止制度有利于结束那些无法继续审理或审理已无意义的案件，使当事人从案件中摆脱出来，并节约司法资源。

《适用行政诉讼法解释》第八十八条规定，在诉讼过程中，有下列情形之一的，终结诉讼：

第一，原告死亡，没有近亲属或者近亲属放弃诉讼权利的；

第二，作为原告的法人或者其他组织终止后，其权利义务的承受人放弃诉讼权利的。

此外，因原告死亡，须等待其近亲属表明是否参加诉讼，或者原告丧失诉讼行为能力，尚未确定法定代理人，或者作为一方当事人的行政机关、法人或者其他组织终止，尚未确定权利义务承受人等原因中止诉讼满九十日仍无人继续诉讼的，裁定终结诉讼，但有特殊情况的除外。

（三）延期审理

延期审理，是指人民法院在特定情况下，将已经确定的审理日期或正在进行的审理顺延至另一日期的诉讼制度。

新《行政诉讼法》没有规定延期审理制度，在诉讼实践中最初适用《民事诉讼法》的规定执行。《适用行政诉讼法解释》在第七十二条明确有下列情形之一的，可以延期开庭审理：

第一，应当到庭的当事人和其他诉讼参与人有正当理由没有到庭的；

第二，当事人临时提出回避申请且无法及时作出决定的；

第三，需要通知新的证人到庭，调取新的证据，重新鉴定、勘验，或者需要补充调查的；

第四，其他应当延期的情形。

延期审理与休庭是两种不同的诉讼制度。其区别主要是：休庭是在开庭审理后暂时停止审理，通常发生在开庭未能一次审结的时候；延期审理则是在审理活动中出现某种特殊情况时审理日期推延至另行确定的日期。

第三节　行政诉讼简易程序

一　简易程序概述

简易程序，是指人民法院在审理简单第一审行政案件时，可以适用相对简化程序、步骤的案件审理程序。这里简单第一审行政案件是指案件事实清楚、权利义务关系明确、争议不大的行政案件。简易程序追求的目标主要是平衡效率与公正、减少当事人讼累和优化司法资源配置。实现目标的具体制度包括：简易程序适用的案件范围、审级、审判组织、环节简化和程序转换等。[①]

原《行政诉讼法》并未规定行政诉讼案件的简易程序，新《行政诉讼法》增加了规定的新的案件审理程序。此前，根据《最高人民法院关于开展行政诉讼简易程序试点工作的通知》，[②] 部分基层人民法院已经作过试点。简易程序的特征在于高度简化的程序，通过限制甚至取消当事人的一部分诉讼权利来获得或突出“效率”，使程序在灵活的同时出现了某种非确定性，其意义在以下两点。

第一，方便当事人进行诉讼。我国地域面积辽阔，经济发展不均衡，尚有许多地方交通不便，给广大人民群众通过诉讼解决行政争议造成一定困难。简易程序的适用能够从一定程度上节约诉讼的时间成本和经济成本，方便人们解决纠纷，从而更好地保护当事人的合法权益。

第二，方便法院审理案件。近年来人民法院受理行政案件的数量呈逐年上升趋势，对于其中一部分相对简单的案件适用简易程序，可以提高法院的办案效率，使法院将更多的精力投入复杂案件的审理中，提高法院的整体办案效率。

二　简易程序的适用法院

简易程序的适用法院是基层人民法院和中级人民法院，而且仅限于审理第一审行政案件时才可以适用。因为根据级别管辖的规定，只有基层人民法院和中级

---

① 江必新主编：《中华人民共和国行政诉讼法理解适用与实务指南》，中国法制出版社 2015 年版，第 359 页。

② 法〔2010〕446 号，最高人民法院 2010 年 11 月 17 日发布。

人民法院管辖的案件才可能同时符合案件事实清楚、权利义务关系明确、争议不大的要求，高级人民法院、最高人民法院管辖的第一审行政案件都是本辖区内或全国范围内重大复杂的行政案件。

三　简易程序的适用范围

根据新《行政诉讼法》第八十二条规定，人民法院审理认为事实清楚、权利义务关系明确、争议不大的第一审行政案件可以适用简易程序。

第一，被诉行政行为是依法当场作出的案件。如因《行政许可法》第三十四条第二款（“申请人提交的申请材料齐全、符合法定形式，行政机关能够当场作出决定的，应当当场作出书面的行政许可决定。”）《行政处罚法》第三十三条（“违法事实确凿并有法定依据，对公民处以五十元以下、对法人或者其他组织处以一千元以下罚款或者警告的行政处罚的，可以当场作出行政处罚决定。”）《治安管理处罚法》第一百条（“违反治安管理行为事实清楚，证据确凿，处警告或者二百元以下罚款的，可以当场作出治安管理处罚决定。”）《出境入境管理法》第八十六条（“对违反出境入境管理行为处五百元以下罚款的，出入境边防检查机关可以当场作出处罚决定。”）的规定引发的行政案件。

第二，案件涉及款额两千元以下的案件。

第三，属于政府信息公开的案件。

第四，当事人各方同意适用简易程序的其他案件。

但是需要特别注意的是，人民法院在审理发回重审、按照审判监督程序再审的案件时，不得适用简易程序。

在上述规定中，根据《适用行政诉讼法解释》第一百零二条的规定，“事实清楚”，是指当事人双方对争议的事实陈述基本一致，并能提供可靠的证据，无须人民法院调查收集证据即可判明事实。这里“事实清楚”只是针对适用案件审理程序而言的，只是一种初步判断和形式判断，与通过诉讼审查后认定的案件事实不同。“权利义务关系明确”，是指当事人之间的权利和义务能够明确区分。这里“权利义务关系明确”是指行政法律关系中的权利与义务能够明确区分，即在作出被诉的行政行为的过程中或者行政行为作出之后产生的权利义务是清楚、明确的。“争议不大”是指当事人对行政行为的合法性、责任承担（即被诉的行政机关是否应当承担责任）等没有实质分歧。在通常情况下，事实清楚、权利义务关系明确与争议不大之间是相互关联的，“如果当事人对争议事实陈述不一致，则难以区分之间的权利义务关系，彼此之间的争议则较大，案件通常难以通过简易程序直接处理”,[①] 只有三者同时具备，才能说明案件简单，才能适用简易程序进行审理。

四　简易程序的具体规定

（一）起诉与答辩

1. 起诉

适用简易程序的案件，起诉方式有两种：书面方式起诉和口头方式起诉。原告的起诉材料中应包括当事人的基本情况、联系方式、诉讼请求、事实及理由等内容。如原告采用口头方式起诉的，法院应将上述内容准确记录，将相关证据予以登记。

2. 答辩

在简易程序中，被告可以选择口头或书面的方式进行答辩。即，双方当事人到庭后，被告同意口头答辩的，人民法院可以当即开庭审理；被告要求书面答辩的，人民法院应当将提交答辩状的期限和开庭的具体日期告知各方当事人，并向当事人说明逾期举证及拒不到庭的法律后果。

3. 举证

适用简易程序案件的举证期限与普通程序案件的举证期限有所不同，根据《适用行政诉讼法解释》第一百零四条的规定，适用简易程序案件的举证期限由人民法院确定，也可以由当事人协商一致并经人民法院准许，但不得超过十五日。被告要求书面答辩的，人民法院可以确定合理的答辩期间。由此可见，简易程序案件的举证期限有由人民法院直接确定和当事人协商一致后经人民法院准许两种。

人民法院应当将举证期限和开庭日期告知双方当事人，并向当事人说明逾期举证以及拒不到庭的法律后果，由双方当事人在笔录和开庭传票的送达回证上签名或者捺印。

当事人双方均表示同意立即开庭或者缩短举证期限、答辩期间的，人民法院

---

① 最高人民法院行政审判庭编著:《最高人民法院行政诉讼法司法解释理解与适用》（上），人民法院出版社 2018 年版，第 483 页。

可以立即开庭审理或者确定近期开庭。

（二）审理前的准备

适用简易程序审理的案件，当事人及其诉讼代理人申请人民法院调查收集证据和申请证人出庭作证，应当在举证期限届满前提出，但其提出申请的期限不受《证据规定》第十九条第一款和第五十四条第一款的限制。

根据《适用行政诉讼法解释》第一百零三条的规定，适用简易程序审理的行政案件，人民法院可以用口头通知、电话、短信、传真、电子邮件等简便方式传唤当事人、通知证人、送达裁判文书以外的诉讼文书。以简便方式送达的开庭通知，未经当事人确认或者没有其他证据证明当事人已经收到的，人民法院不得缺席判决。

（三）开庭审理

适用简易程序审理的行政案件，由审判员一人独任审理，并应当在立案之日起四十五日内审结。庭审须由书记员记录。开庭时，审判员可以根据诉讼请求和答辩意见归纳出争议点，经当事人确认后，围绕争议点举证、质证和辩论。不受普通程序顺序的制约。应当注意的是，即便是简易程序，也应在开庭审理中保障当事人陈述意见的权利。这里需要特别注意审理期限的计算问题，根据《适用行政诉讼法解释》第五十条的规定，审理期限是指从立案之日起至裁判宣告、调解书送达之日止的期间，但公告期间、鉴定期间、调解期间、中止诉讼期间、审理当事人提出的管辖异议以及处理人民法院之间的管辖争议期间不计算在内。

根据新《行政诉讼法》第八十四条的规定，在简易程序审理过程中，法院发现案件不宜适用简易程序的，应裁定转为普通程序，并及时通知双方当事人。[①] 为此，《适用行政诉讼法解释》第一百零五条明确规定："人民法院发现案情复杂，需要转为普通程序审理的，应当在审理期限届满前作出裁定并将合议庭组成人员及相关事项书面通知双方当事人。""案件转为普通程序审理的，审理期限自人民法院立案之日起计算。"这里"案情复杂"是指案件事实不清、权利义务关系不明确或者当事人之间争议较大的情形。

① 《最高人民法院关于开展行政诉讼简易程序试点工作的通知》第七条规定的转换条件是当事人就适用简易程序提出异议且理由成立的，或者人民法院认为不宜继续适用简易程序的，应当转入普通程序审理。

（四）宣判

适用简易程序审理的案件，通常应当庭宣判。但如果人民法院认为不宜当庭宣判的，也可以定期宣判。

人民法院在制作裁判文书时，有下列情况之一的，可以对文书中认定事实或判决理由部分进行适当简化：

第一，一方当事人在诉讼过程中明确表示承认对方全部或部分诉讼请求。

第二，当事人对案件事实没有争议或争议不大。

第三，涉及个人隐私或者商业秘密的案件，当事人一方要求简化裁判文书中的相关内容，人民法院认为理由正当的。

第四，当事人双方一致同意简化裁判文书。

按照简易程序审判的行政案件，当事人有权提起上诉。

第四节　行政诉讼第二审程序

一　行政诉讼第二审程序概述

行政诉讼第二审程序，又称上诉审程序，是指上级人民法院根据当事人的上诉请求，就下级人民法院第一审行政案件所作出的未生效的判决、裁定，依据事实和法律进行审理并作出生效裁判的一种诉讼制度。由于我国实行两审终审制，这就意味着一个行政案件经过两级人民法院的审理诉讼程序即告终结，或者说第一审人民法院审理后所作出的判决、裁定，不能立即产生法律效力，当事人有权在上诉期限内提出上诉或抗诉，经过二审人民法院审理后所作出的判决裁定，一经审判立即产生法律效力。

第二审程序是由诉讼当事人引起的，因此，第二审程序也可被称为上诉审程序。我国对诉讼案件实行两审终审制度，第二审人民法院对案件所作出的判决、裁定，是终审裁判，当事人不得再行上诉，因此第二审程序也是终审程序。尽管当事人对终审判决、裁定可以提出申诉，但不影响判决、裁定的执行。

第一审程序与第二审程序相比存在一些区别，这些区别概括如下表。

标准 \ 程序	第一审程序	第二审程序
启动者	行政相对人、利害关系人,行政主体不能行使起诉权	不服第一审裁判的当事人,包括原告、被告和第三人
审级	对案件进行初审,适用第一审程序	对案件进行终审,适用第二审程序
审判对象	被诉的行政行为	一审人民法院的裁判
审理方式	一律开庭审理	既可以开庭审理,也可以书面审理
法律后果	在法定期限内不发生执行力,其法律后果是超过法定的上诉期限,没有上诉才产生法律效力	属于终审裁判,一经作出即发生法律效力,当事人应当执行,否则人民法院可能根据申请强制执行

二　上诉的提起与受理

（一）上诉的提起

1. 上诉的概念

行政诉讼的上诉，是指当事人不服第一审人民法院作出的未生效的判决或者裁定，请求上一级人民法院对行政案件重新审理并作出裁判的诉讼活动。上诉是当事人享有的一项重要诉权，行政诉讼法的上诉是发动第二审程序的前提。

2. 上诉提起的条件

第一，提起上诉针对的对象是第一审未生效的行政判决或者裁定，其中裁定仅限于不予受理、驳回起诉和管辖异议三种，对其他裁定不服，不得上诉。对生效的判决和裁定不能提起上诉。

第二，提起上诉的主体是第一审程序中的当事人，被上诉的主体是案件中的另一方当事人。根据《适用行政诉讼法解释》第一百零七条的规定，第一审人民法院作出判决和裁定后，当事人均提起上诉的，上诉各方均为上诉人。诉讼当事人中的一部分人提出上诉，没有提出上诉的对方当事人称为被上诉人，其他当事人依原审诉讼地位列明。

第三，上诉应在法定期限内提出。根据新《行政诉讼法》第八十五条的规定，当事人不服人民法院第一审判决的，有权在判决书送达之日起十五日内向上一级人民法院提起上诉。一审的原告、被告和被人民法院判决承担义务或者减损权益的第三人均能提起上诉。当事人不服人民法院第一审裁定的，有权在裁定书送达之日起十日内向上一级人民法院提起上诉。逾期不提起上诉的，人民法院的第一审判决或者裁定发生法律效力。

第四，提起上诉的当事人应当采用书面形式提交上诉状。因为第二审程序所审查的对象主要是第一审裁判，上诉状有利于二审法院全面了解上诉的理由与根据，便于上诉案件的及时审理。当事人若以口头起诉，人民法院应告知其应在法定期限内提交书面上诉状。

3. 上诉提起的程序

理论上讲，当事人上诉可以直接向一审法院的上一级法院提起，也可以通过一审法院提起，但新《行政诉讼法》及其司法解释对两者都没有具体规定，实践中多采用后一种方式。根据《适用行政诉讼法解释》第一百零八条规定，当事人提出上诉，应当按照其他当事人或者诉讼代表人的人数提出上诉状副本。原审人民法院收到上诉状，应当在五日内将上诉状副本发送给其他当事人，对方当事人应当在收到上诉状副本之日起十五日内提出答辩状。原审人民法院应当在收到答辩状之日起五日内将副本发送上诉人。对方当事人不提出答辩状的，不影响人民法院审理。原审人民法院收到上诉状、答辩状，应当在五日内连同全部案卷和证据，报送第二审人民法院；已经预收的诉讼费用，一并报送。

（二）上诉的受理

1. 对上诉的审查

人民法院收到当事人的上诉状后，应对当事人提出上诉的条件和上诉提交的材料进行审查。

2. 上诉的受理

人民法院经过审查后，对于不符合上诉条件的，裁定不予受理；对于符合上诉条件的，应当受理；对于符合上诉条件，但需要补正上诉状内容或相关材料的，告之限期补正，否则不予受理，补正后符合条件的，应当受理。

（三）上诉的撤回

上诉的撤回，是指上诉人在自上级法院受理上诉案件后作出二审裁判之前，向二审法院申请撤回上诉请求的一种诉讼行为。撤回上诉应提交撤诉状。撤回上诉是否准许，应由二审法院决定。经审查，法院认为上诉人撤回上诉没有规避法律和损害国家、社会、集体和他人利益，符合撤诉条件应当准许撤诉。法院在审查撤诉申请时发现有以下情形的，不准予撤诉：①行政机关对上诉人有胁迫的情况或者行政机关对上诉人做出违法让步而损害公共利益的；②在第二审程序中，行政机关改变原行政行为，而上诉人因行政机关改变原行政行为而申请撤回上诉的；③原审人民法院的裁判确有错误，应予以纠正或发回重审的；④双方当事人都提出上诉，而只有一方当事人提出撤回上诉的。

（四）行政诉讼第二审案件的审理

二审人民法院审理上诉案件，首先应当组成合议庭。合议庭由人民法院审判员组成，人民陪审员不能参加第二审案件的合议庭，即第二审人民法院裁定发回原审人民法院重新审理的行政案件，原审人民法院应当另行组成合议庭进行审理。

合议庭应当对原审人民法院的裁判和被诉行政行为是否合法进行全面审查，即应当全面审查一审法院的判决或裁定认定的事实是否清楚，适用法律是否正确，诉讼程序是否合法；另外，对被诉的行政行为的合法性作全面审查，不受上诉人在诉状中列举范围和上诉内容的限制。行政诉讼的二审的审理方式可以分为两种：

第一，书面审理。二审的书面审理适用于一审裁判认定事实清楚的上诉案件。二审法院经过一审法院报送的案卷材料、上诉状、答辩状、证据材料等进行审查，认为事实清楚的，可以不再传唤当事人、证人和其他诉讼参与人到庭调查核实，只通过书面审理后，即可作出裁判。新《行政诉讼法》第八十六条规定："人民法院对上诉案件，应当组成合议庭，开庭审理。经过阅卷、调查和询问当事人，对没有提出新的事实、证据或者理由，合议庭认为不需要开庭审理的，也可以不开庭审理。"

第二，开庭审理。当事人对原审人民法院认定的事实有争议的，或者第二审人民法院认为原审人民法院认定事实不清楚的，第二审人民法院应当开庭审理。二审法院开庭审理与一审开庭审理程序基本相同。

第二审人民法院审理上诉案件，应当对原审人民法院的判决、裁定和被诉行政行为进行全面审查，不受上诉人上诉范围的限制。

三　行政诉讼第二审的期限

人民法院审理上诉案件，应当在收到上诉状之日起三个月内作出终审判决。有特殊情况需要延长的，由高级人民法院批准，高级人民法院审理上诉案件需要延长的，由最高人民法院批准。这里需要特别注意审理期限的计算问题，根据《适用行政诉讼法解释》第五十条的规定，审理期限是指从立案之日起至裁判宣告、调解书送达之日止的期间，但公告期间、鉴定期间、调解期间、中止诉讼期间、审理当事人提出的管辖异议以及处理人民法院之间的管辖争议期间不应计算在内。

四　第二审人民法院对上诉案件的处理

根据新《行政诉讼法》第八十九条和《适用行政诉讼法解释》第一百零九条的规定，人民法院审理上诉案件，按照下列情形，分别处理：

第一，原判决、裁定认定事实清楚，适用法律、法规正确的，判决或者裁定驳回上诉，维持原判决、裁定。

第二，原判决、裁定认定事实错误或者适用法律、法规错误的，依法改判、撤销或者变更。

第三，原判决认定基本事实不清、证据不足的，发回原审人民法院重审，或者查清事实后改判。

第四，第二审人民法院经审理认为原审人民法院不予立案或者是驳回起诉的裁定确有错误且当事人的起诉符合起诉条件的，应当裁定撤销原审人民法院的裁定，指令原审人民法院立案或者继续审理。

第五，原判决遗漏必须参加诉讼的当事人或者违法缺席判决等严重违反法定程序的，裁定撤销原判决，发回原审人民法院重审。

第六，原审人民法院不予立案或者驳回起诉的裁定确有错误且当事人的起诉符合起诉条件的，应当裁定撤销原审人民法院的裁定，指令原审人民法院依法立案或者继续审理。

第七，原审判决遗漏了必要诉讼参加人或者诉讼请求的，第二审人民法院应当裁定撤销原审判决，发回重审。

第八，原审判决遗漏行政赔偿请求，第二审人民法院经审查认为依法不应当予以赔偿的，应当判决驳回行政赔偿请求。

第九，原审判决遗漏行政赔偿请求，第二审人民法院经审理认为依法应当予以赔偿的，在确认被诉行政行为违法的同时，可以就行政赔偿问题进行调解；调解不成的，应当就行政赔偿部分发回重审。

第十，当事人在第二审期间提出行政赔偿请求的，第二审人民法院可以进行调解；调解不成的，应当告知当事人另行起诉。

这里需要特别注意的是，一是原审人民法院对发回重审的案件作出判决后，当事人提起上诉的，第二审人民法院不得再次发回重审；二是人民法院审理上诉案件，需要改变原审判决的，应当同时对被诉行政行为作出判决；三是第二审人民法院裁定发回原审人民法院重新审理的行政案件，原审人民法院应当另行组成合议庭进行审理。

第五节　行政诉讼审判监督程序

一　审判监督程序的概念

审判监督程序，又称再审程序，是指人民法院对存在错误的已发生法律效力的行政判决、裁定或者行政赔偿调解书依法再次进行审理的诉讼程序。

审判监督程序虽与第二审程序一样具有救济作用，但与第二审程序不同，它所针对的对象是已生效的判决、裁定，属于事后救济手段。审判监督程序不是每起行政案件所必经的程序，也不是第二审程序的继续，只有在生效裁判确有错误，需要进行再审时所适用的一种特殊程序。审判监督程序的目的在于贯彻审判工作实事求是、有错必纠的原则，及时纠正错案，保证人民法院的办案质量，切实保障当事人的合法权益。新《行政诉讼法》第九十条规定："当事人对已经发生法律效力的判决、裁定，认为确有错误的，可以向上一级人民法院申请再审，但判决、裁定不停止执行。"

二　审判监督程序的提起

审判监督程序所针对的是已发生法律效力的行政判决、裁定或者行政赔偿调解书，该程序的发动将会影响既定的法律关系，其是特定国家机关形式审判监督权的表现——具体体现为人民法院系统内行政审判监督和检察机关对行政诉讼的法律监督，而第一、二审程序的发动依据的是当事人诉权——起诉权和上诉权，所以，审判程序的发动的主体不同于第一、二审行政诉讼程序，其发动程序也更加严格。

（一）提起审判监督程序的条件

第一，提起审判监督程序的对象，即已生效的人民法院的判决、裁定。在特定情况下，行政赔偿调解书也可以成为提起审判监督程序的对象。

第二，提起审判监督程序必须具有法定理由，即人民法院已经发生法律效力的判决、裁定确有错误。根据新《行政诉讼法》第九十一条的规定，当事人的申请符合下列情形之一的，人民法院应当再审：①不予立案或者驳回起诉确有错误的；②有新的证据，足以推翻原判决、裁定的；③原判决、裁定认定事实的主要证据不足、未经质证或者系伪造的；④原判决、裁定适用法律、法规确有错误的；⑤违反法律规定的诉讼程序，可能影响公正审判的；⑥原判决、裁定遗漏诉讼请求的；⑦据以作出原判决、裁定的法律文书被撤销或者变更的；⑧审判人员在审理该案件时有贪污受贿、徇私舞弊、枉法裁判行为的。

第三，提起审判监督程序的主体，只能是具有法定审判监督权的国家机关，即人民法院和人民检察院，当事人只能通过向原审人民法院或者上一级人民法院提出申诉，由人民法院审查后符合再审条件的，由人民法院发动审判监督程序。

（二）审判监督程序提起的程序

1. 当事人申诉

新《行政诉讼法》第九十条规定：“当事人对已经发生法律效力的判决、裁定，认为确有错误的，可以向上一级人民法院申请再审，但判决、裁定不停止执行。”根据《适用行政诉讼法解释》第一百一十条的规定，当事人向上一级人民法院申请再审，应当在判决、裁定或者调解书发生法律效力后六个月内提出。有下列情形之一的，自知道或者应当知道之日起六个月内提出：①有新的证据，足以推翻原判决、裁定的；②原判决、裁定认定事实的主要证据是伪造的；③据以作出原判决、裁定的法律文书被撤销或者变更的；④审判人员审理该案件时有贪污受贿、徇私舞弊、枉法裁判行为的。

根据《适用行政诉讼法解释》第一百一十一条的规定，当事人申请再审的，应当提交再审申请书等材料。人民法院认为有必要的，可以自收到再审申请书之日起五日内将再审申请书副本发送给对方当事人。对方当事人应当自收到再审申请书副本之日起十五日内提交书面意见。人民法院可以要求申请人和对方当事人补充有关材料，询问有关事项。人民法院应当自再审申请案件立案之日起六个月内审查，有特殊情况需要延长的，由本院院长批准。①

2. 人民法院提起

（1）各级人民法院院长提起。

各级人民法院院长对本院已经发生法律效力的判决、裁定，发现有法定情形，或者发现调解违反自愿原则或者调解书内容违法，认为需要再审的，应当提交审判委员会讨论决定。

（2）上级人民法院提起。

最高人民法院对地方各级人民法院已经发生法律效力的判决、裁定，上级人民法院对下级人民法院已经发生法律效力的判决、裁定，发现有《行政诉讼法》第九十一条规定情形之一，或者发现调解违反自愿原则或者调解书内容违法的，有权提审或者指令下级人民法院再审。

3. 人民检察院提起抗诉

（1）人民检察院提起抗诉的基本规定。

人民检察院是国家的法律监督机关，抗诉是人民检察院对行政诉讼实行法律监督的方式之一。《人民检察院组织法》规定，最高人民检察院对于各级人民法院已经发生法律效力的判决和裁定，上级人民检察院对于下级人民法院已经发生法律效力的判决和裁定，如果发现确有错误，应当按照审判监督程序提出抗诉。按照审判监督程序审理的案件，人民检察院必须派人出庭。新《行政诉讼法》第九十三条规定："最高人民检察院对各级人民法院已经发生法律效力的判决、裁定，上级人民检察院对下级人民法院已经发生法律效力的判决、裁定，发现有本法第九十一条规定情形之一，或者发现调解书损害国家利益、社会公共利益的，应当提出抗诉。地方各级人民检察院对同级人民法院已经发

① 《适用行政诉讼法解释》第一百一十二条。

生法律效力的判决、裁定，发现有本法第九十一条规定情形之一，或者发现调解书损害国家利益、社会公共利益的，可以向同级人民法院提出检察建议，并报上级人民检察院备案；也可以提请上级人民检察院向同级人民法院提出抗诉。各级人民检察院对审判监督程序以外的其他审判程序中审判人员的违法行为，有权向同级人民法院提出检察建议。”人民检察院对于已经发生法律效力的判决、裁定、调解，有下列情形之一的，可以向当事人或者案外人调查核实：①可能损害国家利益、社会公共利益的；②行政诉讼的原告、第三人在原审中因客观原因不能自行收集证据，书面申请人民法院调查收集，人民法院应当调查收集而未调查收集的；③行政诉讼活动违反法定程序，可能影响案件正确判决、裁定的。《适用行政诉讼法解释》第一百二十五条规定：“人民检察院提出抗诉的案件，人民法院再审开庭时，应当在开庭三日前通知人民检察院派员出庭。”相对人民法院的自我监督而言，人民检察院的审判监督属于外部监督。为使这种外部监督能充分得到实现，法律确立了自上而下的监督规则和程序：除最高人民检察院可以依法对最高人民法院的生效判决、裁定提出抗诉外，只能由上级人民检察院依法对下级人民法院的生效判决、裁定向同级人民法院提出抗诉。因此，如果地方各级人民检察院对同级人民法院已经发生法律效力的判决、裁定，发现违反法律、法规规定的，应当提请上级人民检察院提出抗诉。凡人民检察院按照审判监督程序提出抗诉的，必须制作抗诉书并将其送交有关人民法院。人民法院开庭审理抗诉案件时，应当通知人民检察院派员出庭。

（2）提出抗诉的主体。

抗诉的主体是有权提出抗诉的人民检察院。具体是：最高人民检察院对各级人民法院、上级人民检察院对下级人民法院已经发生法律效力的判决、裁定，发现违反法律、法规规定的，有权向作出生效裁判的人民法院的上一级人民法院提出抗诉。

实践中需要注意的是，当事人虽然不是提起抗诉的主体，但是，根据《适用行政诉讼法解释》第一百一十七条的规定，有下列情形之一的，当事人可以向人民检察院申请抗诉或者检察建议：①人民法院驳回再审申请的；②人民法院逾期未对再审申请作出裁定的；③再审判决、裁定有明显错误的。

人民法院基于抗诉或者检察建议作出再审判决、裁定后，当事人申请再审的，人民法院不予立案。

（3）抗诉的决定程序。

人民检察院提起抗诉，应当由检察长或者检察委员会决定。

如果人民检察院发现本院的抗诉不当的，应当由检察长或检察委员会决定撤回抗诉。

上级人民检察院发现下级人民检察院抗诉不当的，有权撤销下级人民检察院的抗诉决定。

此外，人民检察院还可以通过检察建议的方式对行政诉讼活动进行监督。人民法院收到再审检察建议后，应当在三个月内进行审查并将审查结果书面回复人民检察院。人民法院认为需要再审的，应当通知当事人。人民检察院认为人民法院不予再审的决定不当的，应当提请上级人民检察院提出抗诉。人民检察院提出检察建议的，人民法院应当在一个月内作出处理并将处理情况书面回复人民检察院。人民检察院对人民法院的回复意见有异议的，可以通过上一级人民检察院向上一级人民法院提出。上一级人民法院认为人民检察院的意见正确的，应当监督下级人民法院及时纠正。人民检察院办理行政申诉案件，发现行政机关有违反法律规定、可能影响人民法院公正审理的行为，应当向行政机关提出检察建议，并将相关情况告知人民法院。①

（4）提出抗诉的方式。

人民检察院决定提出抗诉的，应当制作《抗诉书》。《抗诉书》应当载明案件来源、基本案情、人民法院审理的基本情况和提出抗诉的基本理由等内容。同样，当人民检察院决定撤回抗诉时，也应当制作《撤回抗诉决定书》，送达人民法院，通知当事人，并报上一级人民检察院。

（5）对抗诉案件的处理。

对于人民检察院提起抗诉的行政案件，人民法院应当分情况进行处理：

第一，人民检察院提出抗诉的案件，接受抗诉的人民法院应当自收到抗诉书之日起三十日内作出再审的裁定；有《行政诉讼法》第九十一条第二、三项规定情形之一的，可以指令下一级人民法院再审，但经该下一级人民法院再审

① 高检会〔2011〕1号，《最高人民法院、最高人民检察院关于对民事审判活动与行政诉讼实行法律监督的若干意见（试行）》，2011年3月10日施行。

过的除外。

人民法院在审查抗诉材料期间，当事人之间已经达成和解协议的，人民法院可以建议人民检察院撤回抗诉。[①]

第二，人民检察院提出抗诉的案件，人民法院再审开庭时，应当在开庭三日前通知人民检察院派员出庭。[②]

第三，人民法院收到再审检察建议后，应当组成合议庭，在三个月内进行审查，发现原判决、裁定、调解书确有错误，需要再审的，依照《行政诉讼法》第九十二条规定裁定再审，并通知当事人；经审查，决定不予再审的，应当书面回复人民检察院。[③]

第四，人民法院审理因人民检察院抗诉或者检察建议裁定再审的案件，不受此前已经作出的驳回当事人再审申请裁定的限制。[④]

三　再审的审理程序

（一）再审案件的审级和审判

根据《适用行政诉讼法解释》第一百一十九条的规定，人民法院按照审判监督程序再审的案件，发生法律效力的判决、裁定是由第一审法院作出的，按照第一审程序审理，所作的判决、裁定，当事人可以上诉。

发生法律效力的判决、裁定是由第二审法院作出的，按照第二审程序审理，所作的判决、裁定，是发生法律效力的判决、裁定。

上级人民法院按照审判监督程序提审的，按照第二审程序审理，所作的判决、裁定是发生法律效力的判决、裁定。

（二）再审案件的合议庭

人民法院依照审判监督程序审理行政案件时，应当另行组成合议庭，原审合议庭成员不得再参与案件的审理。

① 《适用行政诉讼法解释》第一百二十四条。
② 《适用行政诉讼法解释》第一百二十五条。
③ 《适用行政诉讼法解释》第一百二十六条。
④ 《适用行政诉讼法解释》第一百二十七条。

（三）再审案件的审查

1. 再审案件的审查重点

根据《适用行政诉讼法解释》第一百二十条的规定，人民法院审理再审案件应当围绕再审请求和被诉行政行为的合法性进行。当事人的再审请求超出原审诉讼请求，符合另案诉讼条件的，告知当事人可以另行起诉。

被申请人及原审其他当事人在庭审辩论结束前提出的再审请求，符合本解释规定的申请期限的，人民法院应当一并审理。

人民法院经再审，发现已经发生法律效力的判决、裁定损害国家利益、社会公共利益、他人合法权益的，应当一并审理。

2. 审查再审案件需要注意的问题

根据《适用行政诉讼法解释》第一百一十三、第一百一十四条和第一百一十五条的规定，人民法院对再审案件进行审查时应当注意：

第一，人民法院根据审查再审申请案件的需要决定是否询问当事人；新的证据可能推翻原判决、裁定的，人民法院应当询问当事人。[①]

第二，审查再审申请期间，被申请人及原审其他当事人依法提出再审申请的，人民法院应当将其作为再审申请人，对其再审事由一并审查，审查期限重新计算。经审查，其中一方再审申请人主张再审事由成立的，应当裁定再审；各方再审申请人主张事由均不成立的，一并裁定驳回再审申请。

第三，审查再审申请期间，再审申请人申请人民法院委托鉴定、勘验的，人民法院不予准许。

第四，审查再审申请期间，再审申请人撤回再审申请的，是否准许，由人民法院裁定。

第五，再审申请人经传票传唤，无正当理由拒不接受询问的，按撤回再审申请处理。

第六，人民法院准许撤回再审申请或者按撤回再审申请处理后，再审申请人再次申请再审的，不予立案，但有行政诉讼法第九十一条第二项、第三项、第七

① 《适用行政诉讼法解释》第一百一十三条。

项、第八项规定情形，自知道或者应当知道之日起六个月内提出的除外。①

第七，《适用行政诉讼法解释》第一百一十六条规定："当事人主张的再审事由成立，且符合行政诉讼法和本解释规定的申请再审条件的，人民法院应当裁定再审。""当事人主张的再审事由不成立，或者当事人申请再审超过法定申请再审期限、超出法定再审事由范围等不符合行政诉讼法和本解释规定的申请再审条件的，人民法院应当裁定驳回再审申请。"

（四）裁定终止原判决、裁定的执行

根据《适用行政诉讼法解释》第一百一十八条的规定，按照审判监督程序决定再审的案件，裁定中止原判决、裁定、调解书的执行，但支付抚恤金、最低生活保障费或者社会保险待遇的案件，可以不中止执行。

对于上级人民法院决定提审或者指令下级人民法院再审的案件，应当作出裁定，裁定应当写明中止原判决的执行；情况紧急的，可以将中止执行的裁定口头通知负责执行的人民法院或者作出生效判决、裁定的人民法院，但应当在口头通知后十日内发出裁定书。

（五）再审案件的审理期限

再审案件的审理期限分别按照第一审或第二审的审限执行。审理期限自再审立案的次日起算。即：

第一，再审案件按照第一审程序审理的，人民法院应当在立案之日起六个月内作出第一审判决。有特殊情况需要延长的，由高级人民法院批准，高级人民法院审理的第一审案件需要延长的，由最高人民法院批准。

第二，再审案件按照第二审程序审理的，人民法院应当在收到上诉状之日起三个月内作出终审判决。有特殊情况需要延长的，由高级人民法院批准，高级人民法院审理上诉案件需要延长的，由最高人民法院批准。

（六）再审程序的终结

根据《适用行政诉讼法解释》第一百二十一条的规定，再审审理期间，有

① 新《行政诉讼法》第九十一条规定："当事人的申请符合下列情形之一的，人民法院应当再审：（一）不予立案或者驳回起诉确有错误的；（二）有新的证据，足以推翻原判决、裁定的；（三）原判决、裁定认定事实的主要证据不足、未经质证或者系伪造的；（四）原判决、裁定适用法律、法规确有错误的；（五）违反法律规定的诉讼程序，可能影响公正审判的；（六）原判决、裁定遗漏诉讼请求的；（七）据以作出原判决、裁定的法律文书被撤销或者变更的；（八）审判人员在审理该案件时有贪污受贿、徇私舞弊、枉法裁判行为的。"

下列情形之一的，裁定终结再审程序：①再审申请人在再审期间撤回再审请求，人民法院准许的；②再审申请人经传票传唤，无正当理由拒不到庭的，或者未经法庭许可中途退庭，按撤回再审请求处理的；③人民检察院撤回抗诉的；④其他应当终结再审程序的情形。

因人民检察院提出抗诉裁定再审的案件，申请抗诉的当事人有前款规定的情形，且不损害国家利益、社会公共利益或者他人合法权益的，人民法院裁定终结再审程序。

再审程序终结后，人民法院裁定中止执行的原生效判决自动恢复执行。

（七）再审案件的处理

人民法院对再审案件进行审理后，应当分不同情况进行处理：

第一，人民法院审理再审案件，认为原生效判决、裁定确有错误，在撤销原生效判决或者裁定的同时，可以对生效判决、裁定的内容作出相应裁判，也可以裁定撤销生效判决或者裁定，发回作出生效判决、裁定的人民法院重新审理。[①]

第二，人民法院审理二审案件和再审案件，对原审法院立案、不予立案或者驳回起诉错误的，应当分情况作如下处理：①第一审人民法院作出实体判决后，第二审人民法院认为不应当立案的，在撤销第一审人民法院判决的同时，可以经行驳回起诉；②第二审人民法院维持第一审人民法院不予立案裁定错误的，再审法院应当撤销第一审、第二审人民法院裁定，指令第一审人民法院受理；③第二审人民法院维持第一审人民法院驳回起诉裁定错误的，再审法院应当撤销第一审、第二审人民法院裁定，指令第一审人民法院审理。[②]

① 《适用行政诉讼法解释》第一百二十二条。

② 《适用行政诉讼法解释》第一百二十三条。

第十一章　行政诉讼的法律适用

新《行政诉讼法》第五条规定："人民法院审理行政案件，以事实为根据，以法律为准绳。"这里的"以事实为根据"，指的是诉讼证据问题；"以法律为准绳"，指的是审判依据问题。证据问题，本书已经在证据部分作了介绍，本章专门讨论审判依据问题。

第一节　行政诉讼的法律适用概述

一　行政诉讼的法律适用的概念

行政诉讼的法律适用，是指人民法院按照行政诉讼法规定的程序，通过识别、判断和选择，将宪法、法律、法规（或参照规章的规定）具体运用于各种行政案件，从而对行政机关行政行为的合法性进行审查的专门活动。[①] 简言之，行政诉讼的法律适用，是指人民法院在审理行政案件过程中，具体运用法律规范对行政行为的合法性进行审查、评价，并作出相应裁判的诉讼活动。

行政诉讼的法律适用，具有广义和狭义之分。广义上是指人民法院依据法律规范处理行政诉讼案件时所进行的全部诉讼活动的总称。在此意义上，行政诉讼的法律适用包括对两类规范的适用：一类是保证人民法院审查被诉行政行为顺利进行的法律规范的适用，即诉讼法律规范的适用；另一类是解决案件实体问题，

① 马怀德主编：《行政诉讼法学》（第二版），北京大学出版社 2008 年版，第 233 页。

即对被诉行政行为是否合法进行判断时的法律规范（行政实体法和行政程序法）的适用。狭义上，是指在行政诉讼过程中，在进行案件审理阶段后，人民法院选择具体法律规范应用于特定的案件事实，判断行政行为的合法性，并据此作出裁判的诉讼活动。在此意义上，行政诉讼的法律适用仅指对与行政行为的合法性有关的实体法及程序法规范的适用。

在广义上理解行政诉讼的法律适用，要解决的问题是行政诉讼活动应当怎样进行和行政案件应当怎样裁判；狭义上理解行政诉讼的法律适用，要解决的是行政诉讼案件可以依据哪些法律规范来进行裁判的问题。本章仅从狭义的角度理解行政诉讼的法律适用。

二 行政诉讼的法律适用的特征

行政诉讼的法律适用的特征，是相对于行政行为法律适用与其他诉讼的法律适用而言的。

（一）相对于行政行为的法律适用的特征

与行政行为的法律适用相比，行政诉讼的法律适用有如下特征。

第一，适用主体的特定性。行政诉讼的法律适用主体是人民法院，行政行为的法律适用主体是行政主体。这一特征使得行政诉讼的法律适用与行政行为的法律适用区别开来。

第二，行政诉讼的法律适用具有严格的法律程序。这主要表现在：行政诉讼的法律适用，是人民法院审理行政案件时适用法律规范的一种重要的诉讼活动，必须遵守严格的诉讼程序；同时，人民法院在选择适用法律规范时，也必须严格遵守法律适用的规则。这样才能确保行政诉讼的权威性和公正性。

第三，行政诉讼的法律适用具有监督性和效力最终性。这主要表现在行政诉讼的法律适用是对行政主体法律适用的审查和监督，其效力高于行政主体的法律适用，具有最终的法律效力，行政主体必须服从。

第四，解决范围的特定性。行政诉讼的法律适用主要是解决行政行为的合法性问题，只有在行政行为明显不当之时才解决行政行为的合理性问题。

第五，适用依据的限定性。根据新《行政诉讼法》的规定，人民法院的适用依据包括法律、行政法规、地方性法规、自治条例和单行条例，参照规章。

（二）相对于其他诉讼的特征

与其他诉讼的法律适用相比，行政诉讼的法律适用有如下特征。

第一，行政诉讼的法律适用是二次法律适用。即行政诉讼所审理的对象是行政行为，该行政行为是行政主体依据行政程序适用法律所作出的，是行政主体适用法律的结果。而在行政诉讼中，人民法院要依据并审查被诉行政行为的合法性，是人民法院根据诉讼程序第二次适用法律的过程。

第二，行政诉讼的法律适用具有复杂性和广泛性。这主要表现在，由于行政法规范涉及的领域十分广泛，数量众多，制定主体多元、效力等级不一、专业性强、时效性强、渊源广泛（包括宪法、法律、行政法规、地方性法规、自治条例和单行条例，部门规章和地方政府规章），而其他诉讼中，如刑事诉讼的法律适用的是刑事实体法，民事诉讼的法律适用的是民事实体法，相对比较简单。

第二节 行政诉讼案件的审理依据

一 行政诉讼案件审理依据概述

行政诉讼案件的审理依据，又称行政审判依据或行政审判规范，是指人民法院审理案件时，在对被诉行政行为的合法性进行审查并作出裁判时所依据的法律规范。行政诉讼案件审理依据与行政诉讼的法律适用密切相关，“行政诉讼中人民法院作出裁判的标准和尺度，就是行政审判的依据；确立行政审判依据过程，就是行政诉讼中法律规范的适用过程。”①

新《行政诉讼法》第六十三条规定：“人民法院审理行政案件，以法律和行政法规、地方性法规为依据。地方性法规适用于本行政区域内发生的行政案件。”“人民法院审理民族自治地方的行政案件，并以该民族自治地方的自治条例和单行条例为依据。”“人民法院审理行政案件，参照规章。”可见，人民法院审理行政案件是依据法律、法规，参照规章。

① 胡建森主编：《行政诉讼法学》，高等教育出版社2003年版，第172页。

二　人民法院审理行政案件依据的法律规范

新《行政诉讼法》第六十三条规定：“人民法院审理行政案件，以法律和行政法规、地方性法规为依据。地方性法规适用于本行政区域内发生的行政案件。”“人民法院审理民族自治地方的行政案件，并以该民族自治地方的自治条例和单行条例为依据。”要正确掌握该条的立法精神，必须准确理解“依据”“法律”“行政法规”“地方性法规”“自治条例”和“单行条例”的含义。

“依据”在现代汉语中的基本含义是“根据、凭借”[①] 的意思。在新《行政诉讼法》第六十三条中，所谓“依据”，是指人民法院在审理行政案件时，在查清事实的基础上，应以法律、行政法规、地方性法规等作为处理行政纠纷的标准和尺度，以此来衡量和判断行政行为是否合法，从而确认当事人之间的权利义务关系。“依据”法律，对人民法院而言是一种义务，是指人民法院审理行政案件时，对该规范没有审查权，必须无条件地适用该规范，不能拒绝适用。用来作为人民法院审理依据的规范性文件，人民法院可以在判决书中直接引用。

“法律”是狭义的概念，是指全国人民代表大会及其常务委员会根据宪法，依照《立法法》规定的立法程序制定和颁布的在全国范围内有普遍约束力的规范性文件的总称，包括全国人民代表大会制度的基本法律和全国人民代表大会常务委员会制定的单行法律。

“行政法规”，是指最高国家行政机关——国务院根据宪法和法律的规定，依照行政法规的制定程序，制定和颁布的在全国范围具有普遍约束力的规范性文件的总称。

“地方性法规”，是指由省、自治区、直辖市，以及设区市、自治州的人民代表大会及其常务委员会根据本行政区域的具体情况和实际需要，在不与宪法、法律、行政法规相抵触的前提下，按法定程序制定的效力仅及于本行政区域的规范性文件的总称。

“自治条例”，是指民族自治地方（包括自治区、自治州、自治县）的人民代表大会为了保证民族区域自治制度在本地区内得到全面实施，而根据宪法、民族区域自治法和其他法律、法规的规定，结合当地民族的政治、经济和文化的特

① 《辞海》（缩印本），上海辞书出版社 2002 年版，第 2007 页。

点制定的规范性文件。

“单行条例”，是民族自治地方的人民代表大会（包括自治区、自治州、自治县）根据区域自治的特点和实际需要制定的单项法规。《立法法》对自治条例和单行条例的立法权限作了特别规定，即“可以依照当地民族的特点，对法律和行政法规的规定作出变通规定，但不得违背法律和行政法规的基本原则，不得对宪法和民族区域自治法的规定以及其他有关法律、行政法规专门就民族自治地方所作的规定作出变通规定”。

这里需要特别指出的是，关于宪法能否作为行政诉讼的审理依据问题，实践中有不同的观点。主张将宪法作为行政诉讼审理依据的学者认为，宪法是国家的根本大法，是国家、民族、人民利益的集中体现。《宪法》序言规定：“本宪法以法律形式确认了中国各族人民奋斗的成果，规定了国家的根本制度和根本任务，是国家的根本法，具有最高的法律效力。全国各族人民、一切国家机关和武装力量、各政党和各社会团体、各企业事业组织，都必须以宪法为根本的活动准则，并且负有维护宪法尊严、保证宪法实施的职责。”因此，宪法是行政诉讼法律适用的最高和最后标准。《立法法》也规定：“宪法具有最高的法律效力，一切法律、行政法规、地方性法规、自治条例和单行条例、规章都不得同宪法相抵触。”“虽然《行政诉讼法》并未明确规定人民法院审理行政案件，以宪法为根据，但是，从宪法本身和立法法、行政诉讼法原则和精神看，宪法是行政诉讼的审理依据。”①

三　《行政诉讼法》关于参照规章的规定

（一）参照规章的含义

行政规章，是国务院各部、委和地方人民政府制定、发布的规范性文件的总称。规章可以分为部委规章和地方人民政府规章两类，这两类规章在法律效力上是相同的。《宪法》第九十条第二款规定：“各部、各委员会根据法律和国务院的行政法规、决定、命令，在本部门的权限内，发布命令、指示和规章。”《地方人民代表大会和地方各级人民政府组织法》第六十条规定：“省、自治区、直辖市的人民政府可以根据法律、行政法规和本省、自治区、直辖市的地方性法

① 马怀德主编：《行政诉讼法学》（第二版），北京大学出版社2008年版，第236页。

规，制定规章，报国务院和本级人民代表大会常务委员会备案。省、自治区的人民政府所在地的市和经国务院批准的较大的市的人民政府，可以根据法律、行政法规和本省、自治区的地方性法规，制定规章，报国务院和省、自治区的人民代表大会常务委员会、人民政府以及本级人民代表大会常务委员会备案。”新《行政诉讼法》第六十三条第三款规定：“人民法院审理行政案件，参照规章。”依此规定，人民法院审理行政案件，参照两类规章，即部、委规章（或部门规章）和地方人民政府规章。

部门规章，是指国务院各部门（包括国务院各部、各委员会、中国人民银行、审计署和具有行政管理职能的直属机构）根据法律和国务院的行政法规、决定、命令在本部门的权限内按照规定程序所制定的规定、办法、实施细则、规则等规范性文件的总称。

地方人民政府规章，是指由省、自治区、直辖市和市区的市、自治州人民政府根据法律、行政法规和本区域的地方性法规，按照规定程序所制定的普遍适用于本地区行政管理工作的规定、办法、实施细则、规则等规范性文件的总称。

“参照”在现代汉语中的基本含义是“参考并依照”。[①] 根据立法机关的解释，“参照”是指“对符合法律、行政法规规定的规章，法院要参照审理，对不符合或不完全符合法律、行政法规原则精神的规章，法院可以有灵活处理的余地”。[②] 可见，“‘参照’不同于‘依据’，它是指法院在审理行政案件时，对规章是否合法有效进行判断，对于合法有效的应当适用；对于不符合或者不完全符合法律、法规原则精神的，法院有灵活处理的余地，可以不予适用”。[③] 但理论界对此存在不同的认识，有学者认为：“‘参照’规章既不是无条件地适用规章，也不是一律拒绝适用规章。‘参照’规章是指人民法院进行司法审查在没有法律、法规对相应问题作出明确、具体规定，且人民法院通过适当审查，认为相应规章对相应问题作出的规定是明确、具体和不与法律、法规、法理相违背的情况下，依据此种规章对行政行为进行审查、评价，确定其合法性和有效性”。[④] 可见，“参照”，是“指参考并仿照规章的有关精神审理行政案件，但不能完全依

---

① 中国社会科学院语言研究所词典编辑室编：《现代汉语词典》，商务印书馆1985年版，第103页。
② 王汉斌：《关于〈中华人民共和国行政诉讼法（草案）〉的说明》。
③ 江必新、邵长茂：《新行政诉讼法修改条文理解与适用》，中国法制出版社2014年版，第238页。
④ 姜明安：《行政诉讼法》（第三版），北京大学出版社2016年版，第269页。

据规章，即人民法院在审理行政案件时，并不是无条件地援引和适用规章而是要对规章进行一定程度的审查。这是因为，虽然由于现代行政法的发展，行政机关拥有一定范围、一定事项的立法权，但是从严格的法治角度说，行政机关也必须在宪法和法律规定的范围内进行活动，行政机关所制定的规章也不应违法”。[①]正如有学者所指出的：“人民法院审理行政案件参照规章，就是法律赋予人民法院对规章的‘选择适用权’。可见参照规章是与‘依据’法律、法规相对的，具有特定含义的概念。”[②]“‘参照’规章和‘依据’法律是不同的。‘参照’比‘依据’规格低一些。对于那些符合法律和法规的规章，人民法院在审查依据规章作出的具体行政行为的合法性时，就应该适用规章，如果行政机关的具体行政行为是依据不符合法律、法规规定或法律原则的规章作出的，人民法院就应该不适用该规章，但法院无权在判决书中明确宣布该规章无效，而只有不予适用的权力，可不将此规章作为审理案件的标准。”[③]

相对而言，章剑生教授对“参照规章”的含义的论述最为全面和深刻，他认为“参照规章”至少具有五个方面的含义，即，一是“参照规章具有司法审查的性质，但它不同于对行政行为的司法审查。它表现为还要求所参照的规章制定者为自己制定规章的合法性提供证据，它不负举证责任；同时，法院也不能用判决的形式对被认定为不合法的规章表明法院的态度”。二是“被列为参照的规章必须是具有规章制定权的行政机关所制定的规章，因为主体不合格，其所制定的规范性文件就不是规章，也就丧失了被参照的资格”。三是“经过参照，法院对合法的规章应当在其判决或裁定中加以引用，对不合格的规章也应当在判决或者裁定中表达出来。如果法院对因引用规章不合法而撤销行政行为，却不告知当事人撤销的理由，从裁判依据上说它是一种理由不充分的瑕疵”。四是“规章与上位法之间是否存在着冲突是参照需要解决的核心问题。规章之间的不一致不属于参照的范围，法院应当依照《行政诉讼法》的规定，由最高人民法院送请国务院作出解释或者裁定”。五是“参照规章是司法审查权的一种表现形式，但不包含对不合法规章的撤销权。因此，参照规章只表明不合法的规章在本案中不适

① 林莉红：《行政诉讼法学》（第四版），武汉大学出版社 2015 年版，第 178 页。
② 胡建淼主编：《行政诉讼法学》，高等教育出版社 2003 年版，第 183 页。
③ 马怀德主编：《行政诉讼法学》（第二版），北京大学出版社 2008 年版，第 241 页。

用，在行政领域中它仍然存在着法律效力”。[①]

（二）人民法院对规章进行审查的内容

人民法院对规章的审查的内容主要包括以下方面：

第一，规章的制定权限和程序是否合法。

第二，规章的内容是否符合法律、法规的规定，有无与现行法律、法规相抵触，有无规避法律、法规，违反国家法律的总的原则和精神，以及规章之间相互矛盾的情况等。

（三）参照规章需要注意的问题

人民法院对规章进行审查后，一般有以下处理办法。

第一，对符合法律、法规规定的规章，人民法院要参照审理。

第二，对不符合或者不完全符合法律、法规原则和精神的规章，人民法院不参照审理，而直接依据法律、法规审理。

第三，对于规章之间规定不一致的，根据《立法法》的规定，人民法院认为地方人民政府制定、发布的规章与国务院部、委制定、发布的规章不一致的，以及国务院部、委制定、发布的规章之间不一致的，由最高人民法院送请国务院作出解释或者裁决。在国务院作出解释或裁决之前，人民法院有权暂时不予参照。

也有学者认为，部门规章与地方政府规章之间对相同事项规定不一致的，人民法院一般可以按照下列情形适用：法律或者行政法规授权部门规章作出实施性规定的，其规定优先适用；尚未制定法律、行政法规的，部门规章对于国务院决定、命令授权的事项，或者对属于中央宏观调控的事项，需要全国统一的市场活动规则及对贸易和外商投资等事项作出的规定，应当优先适用；地方政府规章根据法律或者行政法规的授权，根据本行政区域的实际情况作出的具体规定，应当优先适用；地方政府规章对属于本行政区域的具体行政管理事项作出的，应当优先适用。国务院部门之间制定的规章对同一事项的规定不一致的，人民法院一般可以按照下列情形选择适用：适用与上位法不相抵触的部门规章规定；与上位法均不抵触的，优先适用根据专属职权制定的规章规定；两个以上的

① 章剑生：《现代行政法基本理论》，法律出版社2008年版，第580页。

国务院部门就涉及其职权范围的事项联合制定的规章规定，优先于其中一个部门单独作出的规定。①

第四，人民法院认为规章违法、越权，或者规避法律，或者违反制定程序，只能不适用相应规章或者相应规章的相应条款，而不能撤销相应规章或者宣布相应规章的相应条款无效，但可以向权力机关或者相应行政机关提出司法建议，要求撤销或者改变相应规章或相应规章的相应条款。

第五，人民法院审理行政案件，适用最高人民法院司法解释的，应当在裁判文书中援引。人民法院审理行政案件，可以在裁判文书中引用合法有效的规章及其他规范性文件。②

（四）将规章作为人民法院参照裁判行政案件的理由

如前所述，规章的制定具有宪法、法律的充分依据，但为什么行政诉讼法规定人民法院审理行政案件只是参照规章，而不规定依据规章呢？从根本上而言，行政诉讼法规定人民法院审理行政案件只是参照规章的理由是规章在内容上存在一些可能违背法律的公平正义精神的内容，这些内容在现阶段的规章制定体制内还不能够得到很好的解决。理论界较为一致的观点认为：③

第一，有权制定规章的行政机关，其作出的行政行为是可以受案的诉讼对象，如果规章是法律适用依据，可能影响针对有权制定规章的机关作出的行政行为的司法审查。因为，如果以规章为依据，等于规章自己规定司法审查的标准，可能不利于保护行政相对人的合法权益，也和行政机关依法行政原则不太一致。即行政机关自己为自己提供判断自己行为是否合法有效的标准，不能保证规章的内容的公正性。

第二，有权制定规章的行政机关，在建立和完善社会主义市场经济体制过程中，名称、职能、组成变动相对较快，这就必然会影响规章的法律效力，如果直接以规章为依据，会对人民法院的法律适用带来一定的困难。

第三，虽然《立法法》和其他法律、法规对规章的实体和程序作了界定，但是，无论是部门规章还是地方政府规章都不同程度地存在着诸如行业保护、地

---

① 江必新、邵长茂：《新行政诉讼法修改条文理解与适用》，中国法制出版社 2014 年版，第 240 页。

② 《适用行政诉讼法解释》第一百条。

③ 马怀德主编：《行政诉讼法学》（第二版），北京大学出版社 2008 年版，第 240 页。

方保护等问题。即不能有效防止行政机关“以规章谋私”的情况的发生。

此外，规章作为法律、法规的延伸和具体化，对行政管理的顺利进行具有十分重要的作用。许多行政行为是根据规章作出的，在一定程度上，没有规章行政机关很难有效地进行行政管理。如果人民法院彻底不以规章为标准来审理行政案件，在不少场合将无法对行政行为的合法性作出判断。但规章毕竟不同于法律、法规，实践中也存在一些问题，如果人民法院彻底依照规章来审理行政案件，则又让一些违法的规章在社会上得到实施，有悖于法制的统一。因此，“参照”更加符合我国的实际情况。

当然，也不是说“参照”规章可以置规章于不顾，因为规章的制定于宪法和法律有据，规章在现实中能够将法律、法规的规定具体化，为行政管理提供了大量的具有可操作性和弥补立法不足的漏洞的作用。因此，人民法院审理行政案件，既不能置规章于不顾，也不能直接依据规章，而只能“参照”规章。

四　规范性文件在行政诉讼中的适用问题

（一）规范性文件的含义

规范性文件，又称行政规范、行政规则、一般规范性文件、其他规范性文件等，是指有行政立法权的行政机关在行政法规、规章之外制定的，或者不具有行政立法权的其他行政机关制定的，具有普遍约束力的行政决定、命令等规范性文件以及不享有行政权的行政机关制定的，具有普遍约束力的行政决定、命令等规范性文件的总称。行政机关在行使其职权的过程中以及为了行使其职权，需要作出大量的抽象行政行为，制定、发布诸多规范性文件。《宪法》第一百零七条规定：“县级以上地方各级人民政府依照法律规定的权限，管理本行政区域内的经济、教育、科学、文化、卫生、体育事业、城乡建设事业和财政、民政、公安、民族事务、司法行政、计划生育等行政工作，发布决定和命令，任免、培训、考核和奖惩行政工作人员。”“乡、民族乡、镇的人民政府执行本级人民代表大会的决议和上级国家行政机关的决定和命令，管理本行政区域内的行政工作。”“省、直辖市的人民政府决定乡、民族乡、镇的建置和区域划分。”

《行政复议法》第七条规定：“公民、法人或者其他组织认为行政机关的具体行政行为所依据的下列规定不合法，在对具体行政行为申请行政复议时，可以一并向行政复议机关提出对该规定的审查申请：1. 国务院部门的规定；2. 县级以上地方各级人民政府及其工作部门的规定；3. 乡、镇人民政府的规定。”“前款所列规定不含国务院部、委员会规章和地方人民政府规章。规章的审查依照法律、行政法规办理。”也就是说，法律、法规和规章也是规范性文件，对法律、法规、规章以外的规范性文件，本书认为称为行政规则比较恰当。

（二）规范性文件在行政诉讼中的地位

规范性文件在行政诉讼中的法律效力，新《行政诉讼法》规定人民法院在审理行政案件的过程中，经审查认为规范性文件不合法的，不作为认定行政行为合法的依据，并向制定机关提出处理建议。《适用行政诉讼法解释》第一百条的规定：“人民法院审理行政案件，适用最高人民法院司法解释的，应当在裁判文书中援引。”“人民法院审理行政案件，可以在裁判文书中引用合法有效的规章及其他规范性文件。”据此也说明，行政规则在行政诉讼中是有一定地位的。

规范性文件不属于法的范畴，对人民法院没有约束力。但根据《行政诉讼法》的精神，对其他规范性文件在行政诉讼中的地位没有作出规定，并不意味着行政审判中完全可以对其在诉讼中的地位不予考虑。其对人民法院审查行政行为的合法性具有一定的参考意义。当行政规则有明确的法律、法规和规章依据，同时不违反相关法律、法规和规章的情况下，人民法院应当对其予以参考。

规范性文件在行政诉讼中的地位与规章在行政诉讼中的地位有相似之处，但是，二者又不相同。对规章参照适用与对行政规则予以考虑的不同在于：①

第一，关于规章的“参照”地位，法律明确予以规定，因而，只有规章被认为符合法律、法规，人民法院才必须参照适用；而法律没有明确规定规范性文件在行政诉讼中的地位，所以，人民法院不负有必须参考行政规则的义务，规范性文件则对行政案件的审理只是具有辅助作用，而不具有“参照”作用。

第二，人民法院在适用规范性文件时，也同样享有审查权，而且享有比规章更大的取舍权力，但当规范性文件之间冲突时，人民法院不必送请有关机关裁决，可以直接决定是否适用有关的其他规范性文件。

（三）对规范性文件进行附带审查后的处理

新《行政诉讼法》第五十三条规定：“公民、法人或者其他组织认为行政行

---

① 胡建淼主编：《行政诉讼法学》，高等教育出版社2003年版，第186—187页。

为所依据的国务院部门和地方人民政府及其部门制定的规范性文件不合法，在对行政行为提起诉讼时，可以一并请求对该规范性文件进行审查。”但规范性文件不含规章。根据新《行政诉讼法》第六十四条的规定，对规范性文件进行附带审查后，有两种基本处理方式：

第一，人民法院在审理行政案件中，经附带审查认为规范性文件不合法的，人民法院不作为认定行政行为合法的依据。

第二，经附带审查认为规范性文件不合法的，应当向制定机关提出处理建议。根据《宪法》第一百零八条规定：“县级以上的地方各级人民政府领导所属各工作部门和下级人民政府的工作，有权改变或者撤销所属各工作部门和下级人民政府的不适当的决定。”这里的“不适当的决定”当然包括不适当的规范性文件。

第三节　行政诉讼中法律规范冲突的选择适用规则

一　法律规范冲突的含义

法律规范冲突，是指多个现行有效的法律规范在针对同一问题作出规定时，出现的效力上互相排斥、内容上互相矛盾或者彼此不一致的情况。在行政诉讼中，法律规范的冲突，是指在行政诉讼过程中，针对同一法律事实或者法律关系存在两个或两个以上有效的法律规范，由于这些有效的法律规范对同一事实或者法律规定分别作了不同的规定，人民法院适用这些不同的规范将导致不同的裁判结果的矛盾状态。

行政主体在行政管理过程中对法律规范的适用是第一次适用，人民法院在审理行政案件的过程中是第二次适用。如果行政主体与人民法院在适用法律规范时所选择的规范不同，对案件的处理结果必然也就不同，因此，研究法律规范冲突的解决问题无论对于原告、被告，还是对于人民法院来说都具有十分重要的意义。

二　法律规范性冲突的表现

根据我国的立法体制和司法实践的具体情况，法律规范冲突的主要表现为：

（一）层级冲突

层级冲突，又称纵向冲突，是指处于不同法律位阶的法律规范之间因对同一法律事实或者法律关系规定不一致而发生的矛盾性规定。如，法律与宪法之间的冲突；行政法规与宪法、法律之间的冲突；地方性法规与宪法、法律、行政法规之间的冲突；自治条例、单行条例与宪法、法律、法规之间的冲突；上级地方性法规与下级地方性法规之间的冲突；上级规章与下级规章之间的冲突；等等。

（二）同一位阶法律规范之间的冲突

同一位阶法律规范之间的冲突，又称横向冲突、同级冲突、平级冲突，是指互相之间无隶属关系，没有效力差别且处于相同位阶的两种以上的法律规范之间的矛盾性规定。即级别相同的不同机关之间制定的法律规范之间的冲突、同一机关制定法律规范之间的冲突，等等。如，国务院各部委制定的规章之间的冲突；国务院各部委制定的规章与省、自治区、直辖市人民政府制定的规章之间的冲突；最高人民法院的司法解释与最高人民检察院的司法解释之间的冲突；司法解释与行政解释之间的冲突；等等。

（三）新法与旧法之间的冲突

新旧法之间的冲突，又称先后冲突，是指新的法律规范与旧的法律规范对同一事项或法律关系的规定不一致而产生的矛盾规定。如，同一机关制定的立法文件，新的规定与旧的规定不一致；同一机关制定的立法文件中，新的一般规定与旧的特别规定之间不一致。

（四）一般规范与特别规范之间的冲突

一般规范与特别规范之间的冲突，是指在我国法律体系中，特别法律规定与普通法律规定之间的矛盾或冲突。

（五）部门规范与地区规范冲突

不同部门、不同地区的法律文件发生冲突的主要情况有：地方性法规之间的冲突、自治条例和单行条例之间的冲突、部门规章之间的冲突、地方政府规章之间的冲突。

（六）部门规章与地方性法规、地方政府规章之间的冲突

部门规章与地方性法规、地方政府规章之间的冲突主要有部门规章与地方性

法规之间的冲突、部门规章与地方政府规章之间的冲突。

三　行政诉讼中解决法律规范冲突的规则

法律规范发生冲突时，应当依照上位法优于下位法（或称为下位法服从上位法）、特别法优于普通法（或称普通法服从特别法）、后法优于前法（或称前法服从后法）的规则选择应当适用的法律规范。

（一）解决层级冲突的规则——上位法优于下位法

根据《立法法》的规定，上位法优于下位法的规则是：一是宪法具有最高的法律效力，一切法律、行政法规、地方性法规、自治条例和单行条例、规章都不得同宪法相抵触；二是法律的效力高于行政法规、地方性法规、规章；三是行政法规的效力高于地方性法规、规章；四是地方性法规的效力高于本级和下级地方政府规章；五是省、自治区的人民政府制定的规章的效力高于本行政区域内的较大的市的人民政府制定的规章；六是自治条例和单行条例依法对法律、行政法规、地方性法规作变通规定的，在本自治地方优先适用自治条例和单行条例的规定；七是经济特区法规根据授权对法律、行政法规、地方性法规作变通规定的，在本经济特区优先适用经济特区法规的规定。

（二）解决同级冲突的规则——特别法优于一般法

同一机关制定的法律、行政法规、地方性法规、自治条例和单行条例、规章，特别规定与一般规定不一致的，适用特别规定；部门规章之间、部门规章与地方政府规章之间具有同等效力，在各自的权限范围内施行；同一法律的不同条文对相同事项有一般规定和特别规定的，优先适用特别规定。

（三）解决时间冲突的规则——新法优于旧法

人民法院审理行政案件时，发现被适用的法律之间、行政法规之间、地方性法规之间、自治条例之间、单行条例之间、地方性法规与规章之间、规章之间对同一事项的新的一般规定与旧的特别规定不一致的，应按照下列情形选择适用。①同一机关制定的法律、行政法规、地方性法规、自治条例和单行条例、规章，新的规定与旧的规定不一致的，适用新的规定。②不同机关制定的法律之间、行政法规之间、地方性法规之间、根据授权制定的法规与法律之间不一致的，新的一般规定允许旧的特别规定继续适用的，适用旧的特别规定；新的一般规定废止旧的特别规定的，适用新的一般规定；不能确定新的一般规定是否允许旧的规定继续适用的，应当中止行政案件的审理，逐级上报最高人民法院送请有关机关依照《立法法》的规定作相应处理。

这里新法优于旧法必须是同一位阶的规范性文件，如果规范性文件的位阶不同，则谈不上新法优于旧法的问题。

（四）送请或者报请解释、裁决

如果不能用以上办法进行处理的规范性文件冲突，比如同一效力等级的规范性文件中，或者同一机关制定的规范性文件中，新的一般规定与旧的特别规定相冲突，应当报请或送请有权的机关作出解释或裁决。根据《立法法》的规定，处理方式有：

1. 全国人民代表大会常务委员会裁决

法律之间对同一事项的新的一般规定与旧的特别规定不一致，不能确定如何适用时，由全国人民代表大会常务委员会裁决。

地方性法规与部门规章之间对同一事项的规定不一致，不能确定如何适用时，由国务院提出意见，国务院认为应当适用地方性法规的，应当决定在该地方适用地方性法规的规定；认为应当适用部门规章的，应当提请全国人民代表大会常务委员会裁决。

根据授权制定的法规与法律规定不一致，不能确定如何适用时，由全国人民代表大会常务委员会裁决。

2. 国务院裁决

行政法规之间对同一事项的新的一般规定与旧的特别规定不一致，不能确定如何适用时，由国务院裁决。

部门规章之间、部门规章与地方政府规章之间对同一事项的规定不一致时，由国务院裁决。

3. 制定机关裁决

地方性法规之间、规章之间的规定不一致时，同一机关制定的新的一般规定与旧的特别规定不一致时，由制定机关裁决。

第十二章　行政诉讼裁判

行政诉讼的裁判，是人民法院对案件进行审理之后，就案件的实体问题和程序问题作出的具有法律效力的决断。行政诉讼的裁判是行政诉讼制度中最为关键和最为重要的部分之一，可以说行政诉讼法的全部规定和制度设计都是追求如何实现合法、公正的裁判展开的。

第一节　行政诉讼的判决概述

一　行政诉讼判决的概念

行政诉讼判决，是指人民法院在行政案件审理终结时，根据所查清的案件事实，依据法律、法规规定，对行政案件实体问题作出的具有法律效力的权威性、结论性处理决定。

行政诉讼判决是人民法院行使国家行政审判权的体现，其他任何机关都无权对行政案件进行审理并作出裁判，也不得非法干预人民法院对行政案件的审理和裁判。

二　行政诉讼判决的特征

行政诉讼判决的特征如下。

第一，行政诉讼判决是人民法院对案件实体性问题所作出的具有法律效力的司法判断和处理。行政诉讼判决的司法判断和处理性，表现为行政判决解决的问题是案件的实体性问题，这既决定了判决的本质性特点，也充分表明了行政诉讼判决在诉讼裁判中的地位。行政诉讼判决的法律效力主要表现在行政判决一经作出，对当事人、法院和社会都具有约束力，判决所针对的各方都负有遵守和执行义务。

第二，行政诉讼判决是人民法院以国家的名义作出的判决，集中体现的是人民法院行使国家审判权的意思表示。因此，具有权威性，一经作出，非由法定的机关依照法定的程序不得改变或废止。同其他诉讼制度一样，行政诉讼是国家设置的正式争议解决机制，人民法院代表国家行使审判权，判决集中体现了国家意志。

第三，行政诉讼判决是针对行政争议作出的裁决，其目的是解决行政主体与行政相对人之间业已发生并诉诸人民法院的行政争议。

第四，行政诉讼判决是人民法院在查明案件事实情况，依照法律、法规规定对行政争议作出的结论性判定。行政诉讼判决是对被诉行政行为是否合法的判定，是对被诉行政行为效力所作的司法处理。

第五，行政诉讼判决只有在经过法定诉讼程序后才能作出。判决是人民法院对案件处理结果的宣示，因此必须在查明案件事实，并在准确适用法律的基础上作出。

第六，行政诉讼判决是对案件实体问题作出实质性处理的法律决定。在行政诉讼中，人民法院需要解决的问题主要是两大类，一类是实体问题，即行政行为的合法性问题；另一类是为公正处理行政行为的合法性而产生的程序性问题。根据我国诉讼法的规定，判决是用以解决案件的实体性问题，而案件的程序性问题是通过裁定的方式来解决的。

三　行政判决的分类

诉讼法学界，按照不同的标准，对行政诉讼判决作出不同的分类。常见的分类有如下几种。

（一）对席判决与缺席判决

按照双方当事人是否出庭为标准，将判决分为对席判决和缺席判决。

对席判决，是指人民法院在当事人双方或其代理人到庭的情况下，在双方当事人质证、辩论的基础上作出的判决。

缺席判决，是指人民法院在当事人一方或者双方未参加诉讼活动的情况下所作出的判决。

这里值得注意的是，有时当事人自己没有参加诉讼，但已经委托诉讼代理人参加诉讼的判决也属于对席判决。

（二）一审判决、二审判决和再审判决

按照判决作出审级的不同，将判决分为一审判决、二审判决和再审判决。

一审判决，又称初审判决，是指第一审人民法院适用第一审程序所作出的判决。除最高人民法院的一审判决外，其他第一审判决均非终审判决，当事人不服可以提出上诉。

二审判决，又称终审判决，是指第二审人民法院适用第二审程序审理行政案件后作出的判决。

再审判决，是指人民法院按照审判监督程序，对案件重新审理所作出的判决。

（三）生效判决和未生效判决

按照判决是否发生法律效力或按照判决是否还存在上诉的可能性为标准，将行政判决分为生效判决和未生效判决。

生效判决，是指已经发生法律效力，非通过审判监督程序无权加以改变的判决。生效判决包括已过上诉期限，当事人未提起上诉的一审判决、最高人民法院作出的判决和二审判决。

未生效判决，是指尚未发生法律效力的判决。根据行政诉讼法的规定，未生效判决包括基层人民法院、中级人民法院、高级人民法院所作的上诉期内的一审判决和已经被提起上诉的一审判决。

（四）给付判决、形成判决和确认判决

按照判决所保护的权利形态的不同，将行政诉讼判决分为给付判决、形成判决和确认判决。

给付判决，是指在认定原告诉讼请求权存在的基础上，责令被告履行一定给付义务的判决，即交付一定货币、财物，从事一定的行为或履行其他义务的判决。行政赔偿判决、履行判决、撤销被诉行政行为责令重作判决，都属于给付判决范畴。

形成判决，是指对现在法律关系进行变动的判决。形成判决的前提是当事人对现存法律关系并无异议，争执仅在于是否有必要继续保留或发展现存法律关系。在行政诉讼中，属于形成判决的判决形式包括撤销判决和变更判决两类。

确认判决，是指单纯确认当事人之间法律关系存在或不存在的判决。在行政诉讼中，具体指确认被诉行政行为是否合法或无效的判决。

（五）全部判决与部分判决

按照判决解决的是针对案件的全部争议，还是只针对部分争议作出为标准，将行政诉讼判决分为全部判决和部分判决。

全部判决，是指人民法院在案件全部审理终结后，针对当事人之间的所有争议作出的判决。

部分判决，是指人民法院根据已经查清的案件事实，就案件的部分争议作出的判决。

在一般情况下，人民法院是在查明全部案件事实的情况下作出判决的，但在案件的部分事实已经查清，且该事实及相关的权利义务关系与案件全部事实及权利义务关系有相对独立性时，法院也可以先行作出判决，由此形成部分判决。

值得注意的是，新《行政诉讼法》并未明确规定部分判决，但为加速争议的解决，本书认为符合作出部分判决的条件时，可以根据新《行政诉讼法》第一百零一条①的规定，适用《民事诉讼法》的规定作出部分判决。

（六）原判决与补充判决

根据判决作出的时间不同，可以将判决区分为原判决和补充判决。

原判决，是指人民法院在案件审理终结时最初作出的判决。

补充判决，又称追加判决，是指人民法院对于应当裁判的事项有遗漏时，在判决书宣告或送达之后予以补充的判决。

需要特别注意的是，在实践中应当将补充判决与判决更正区别开来。补充判决是人民法院对应当判决的事项有遗漏，没有作出判决的意思表示，所以判决书上对于所补充之判决事项没有记载；而判决更正是人民法院已经存在裁判的意思

① 新《行政诉讼法》第一百零一条规定：“人民法院审理行政案件，关于期间、送达、财产保全、开庭审理、调解、中止诉讼、终结诉讼、简易程序、执行等，以及人民检察院对行政案件受理、审理、裁判、执行的监督，本法没有规定的，适用《中华人民共和国民事诉讼法》的相关规定。”

表示，只是判决书中有误写、误算的情形。

四　行政诉讼判决的内容

根据行政诉讼法的规定和司法实践的经验，行政诉讼判决一般包括以下内容：

（一）诉讼参加人的基本情况

行政判决书应当写明诉讼参与人的基本情况，即当事人及诉讼代理人的姓名、性别、年龄、民族、籍贯、所在单位、职业、住所等，有第三人参加诉讼的案件还应当按上述要求写明第三人的基本情况。

（二）案由

案由，即案件的性质，是人民法院对诉讼案件所涉及的法律关系的性质进行概括后形成的案件名称。根据《最高人民法院关于规范行政案件案由的通知》①的规定，行政案件的案由分为：作为类案件、不作为类案件、行政赔偿类案件。

1. 作为类案件案由的构成要素和确定方法

确定作为类案件案由的基本方法是划分案件的类别，以行政管理范围为“类”，以行政行为种类为“别”进行构造。

案由的结构应当具备以下两个要素。

第一，行政管理范围。行政管理范围，是指行政主体代表国家管理行政事务的领域。以行政管理范围作为行政案件案由的第一个要素，将行政案件初步分为“公安”“市场监管”“税务”“海关”“民政”等行政纠纷，从类上区别开来。在一般情况下，以行政管理范围作为案由的第一构成要素，分类后无须再作分解，如海关、税务等，直接以“海关”“税务”等作为案由第一构成要素；但对个别行政管理范围比较宽泛的领域，可以将其细化、分解后的具体管辖范围作为第一构成要素用语。如公安行政管理，可细分为治安管理、消防管理等，将“治安”“消防”等作为第一构成要素用语。又如人力资源和社会保障，可以细分为人力资源管理、社会保障管理，可以以“人力资源”和“社会保障”作为第一构成要素用语。是否分解，应当结合案件实际，以表述简洁、清楚为原则。

---

① 法发〔2004〕2号，2004年1月14日施行。

第二，行政行为种类。[①] 以行政行为的种类或性质，如“行政处罚”“行政许可”“行政强制”“行政确认”等，作为案由的第二个构成要素。行政行为的表现形式，如行政处罚中的罚款、拘留等，不以构成要素出现，而均以“行政处罚”代之。

综合上述两个要素，行政作为类案件案由的结构为：管理范围＋行政行为种类。以诉公安机关所作的行政拘留处罚为例，案由应确定为：“治安行政处罚”。“治安”为公安行政管理范围之下具体的治安管理；“行政处罚”则是行政行为的种类，不用具体的处罚形式“拘留”进行表述。以海关作出没收走私物品的行为为例，其案由应确定为“海关行政处罚”。海关管理范围相对窄一些，无须再作分解，可直接以“海关”作为第一构成要素。

2. 不作为类案件案由的构成要素和确定方法

不作为类案件的案由，原则上仍适用上述作为类案件的两种构成要素的结构，但又要体现此类案件的特色，其确定方法是：以“诉”作为此类案件案由的第一个构成要素；以行政主体的类别作为第二个构成要素，如“市场监督与管理行政机关”“海关”等；以不履行特定行政职责或义务作为第三个构成要素。以公安机关不履行保护人身权法定职责案为例，案由确定为“诉公安机关不履行保护人身权法定职责”。“履行……法定职责”中要求履行的是何种职责，应当根据案件的具体情况确定，如可以具体区分为“诉××（行政主体）不履行保护人身权（财产权）法定职责”“诉××（行政主体）不履行行政合同义务”“诉××（房屋管理机关等）不履行登记法定职责”等等。

3. 行政赔偿类案件案由的构成要素和确定方法

行政赔偿类案件分为两种情况，即一并提起行政赔偿和单独提起行政赔偿。对于一并提起的行政赔偿案件，在被诉行政行为案件案由后加“及行政赔偿”一语即可。如“工商行政登记及行政赔偿”“诉公安机关不履行保护人身权法定职责及行政赔偿”等。对于单独提起行政赔偿的案件，案由的确定方法为：行政

---

① 根据最高人民法院的规定，行政行为的种类有：①行政处罚；②行政强制；③行政裁决；④行政确认；⑤行政登记；⑥行政许可；⑦行政批准；⑧行政命令；⑨行政复议；⑩行政撤销；⑪行政检查；⑫行政合同；⑬行政奖励；⑭行政补偿；⑮行政执行；⑯行政受理；⑰行政给付；⑱行政征用；⑲行政征购；⑳行政征收；㉑行政划拨；㉒行政规划；㉓行政救助；㉔行政协助；25行政允诺；㉖行政监督；㉗其他行政行为。

管理范围+行政赔偿。以税务工作人员在执法中致人伤亡单独提起行政赔偿之诉为例，案由确定为“税务行政赔偿”。

4. 案由适用范围和确定时间

在立案审查阶段，可以根据当事人的起诉确定初步案由。在审理阶段，如果发现初步确定的案由不准确时，应当根据审理后确定的法律关系性质来确定结案案由。因此，《最高人民法院关于规范行政案件案由的通知》的规定既适用于立案阶段，也适用于审理阶段，但法律文书和卷宗封面等均应以结案案由为准。

5. 难以确定案由情况的处理

当出现行政管理范围和行政行为种类难以界定、案由难以确定的情况时，可以作为例外情况，酌情确定案由。如起诉乡镇人民政府的一些越权行政行为或者不作为案件，就很难确定管理范围，也很难确定其行政行为的种类。这时，可以用“乡（镇）政府行政处理”“诉乡（镇）政府不履行法定职责或行政义务”作为案由。

不属于行政诉讼受案范围的案件，在裁定不予受理或驳回起诉时，案由可通过概括当事人诉讼请求的方式来确定。

（三）诉讼请求

诉讼请求既包括原告的诉讼请求，也包括被告的请求和第三人的请求。

（四）争议的事实和理由

争议的事实和理由，是指双方当事人各自对案件所主张的争议事实和理由。人民法院在判决时应当分别写明当事人各自所主张的事实和理由，不能有偏向。

（五）判决认定的事实、理由和法律根据

行政诉讼判决认定的事实，是人民法院依法对案件进行审理后，根据案件证据对案件真实情况所作的认定，即人民法院对案件发生的时间、地点、当事人、事情经过、前因、后果等所作的认定。

行政诉讼判决理由，是人民法院依据所认定的事实和法律根据，针对当事人的诉讼请求引出判决结论的过程的叙述。

判决所依据的法律，是指人民法院裁判行政案件的准绳，根据新《行政诉讼法》的规定，人民法院审理行政案件以法律和行政法规、地方性法规为依据。地方性法规适用于本行政区域内发生的行政案件。人民法院审理民族自治地方的行政案件，应以该民族自治地方的自治条例和单行条例为依据。人民法院审理行政案件，参照规章。

（六）判决结论

判决结论是判决的主文，是人民法院经过审理后对当事人之间的争议所作的决断和对当事人的诉讼请求或上诉请求所作的全面回复。

（七）诉讼费用的数额及负担

人民法院在案件审理完结后，应当根据案件审理的具体情况和诉讼费用负担的法定原则，对诉讼费用的负担作出裁判。

（八）上诉期间和上诉法院

除最高人民法院作出的一审判决外，地方各级人民法院作出的一审判决均为可以上诉的判决，因此，在第一审判决中就必须写明不服判决的上诉期限和相应的上诉人民法院，以便充分保障当事人行使诉权。

五 一审行政诉讼判决的法定种类

根据新《行政诉讼法》的规定，行政诉讼的判决分为驳回原告诉讼请求判决、撤销判决、给付判决、履行判决、变更判决、确认违法判决、确认无效判决七种。

（一）驳回原告诉讼请求判决

1. 驳回原告诉讼请求判决的概念

驳回原告诉讼请求判决是指人民法院通过对行政案件的审理，认定原告的诉讼请求不能成立，但又不适宜对被诉行政行为作出其他类型判决的情况下，直接作出否定原告诉讼请求的一种判决形式。驳回原告诉讼请求判决核心有三点：

第一，驳回原告诉讼请求判决是对原告诉讼请求的否定，从另一方面讲，是对被诉行政行为或行政不作为的合法性给予间接的肯定。

第二，驳回原告诉讼请求判决，是针对原告的诉讼请求和诉讼理由作出的，并非针对被诉行政行为作出的判决。

第三，驳回原告诉讼请求判决解决的是案件实体问题，而非案件程序问题，因此是判决，而不是裁定。

2. 驳回原告诉讼请求判决的法律依据及条件

新《行政诉讼法》第六十九条规定："行政行为证据确凿，适用法律、法规正确，符合法定程序的，或者原告申请被告履行法定职责或者给付义务理由不成立的，人民法院驳回原告的诉讼请求。"可见，人民法院作出驳回原告诉讼请求的判决适用于两种情况，即一是行政行为证据确凿，适用法律、法规正确，符合法定程序的案件；二是原告申请被告履行法定职责或者给付义务理由不成立的案件。

第一种情况必须同时满足以下三个条件：

第一，证据确凿。即一是行政行为所依据的证据真实可靠，二是行政行为所依据的证据足以证明行政行为认定事实的存在。证据确凿须同时达到以下四项要求：①案件事实应有相应的证据证明；②各项证据均真实、可靠；③各项证据对所证事实有证明力；④各项证据相互一致。[①]

第二，适用法律、法规正确。即被诉行政行为所适用的法律、法规及相应条款正确合理。适用法律、法规正确包括两个层面的要求：一是所适用的法律、法规本身须合法有效，所适用的条款内容不存在与上位法相冲突的情形；二是被告行政机关正确地把这些法律、法规运用于案件，包括对法律、法规的规定和立法目的解释正确，对案件事实定性无误，选择相关条款或规定适用于案件事实时准确等。[②]

第三，符合法定程序。即被告作出行政行为必须符合法律规定的行政程序。凡法律、法规、规章及规范性文件规定的程序要求，包括作出被诉行政行为的环节、步骤、方式、期限等要求，行政机关都应当严格遵循。

如果行政主体所作的行政行为在形式上符合法定程序，在内容上有确凿、充分的证据支持，适用法律法规准确无误，对行政管理相对人的权利义务作了正确的决定，那么，人民法院就应当认可行政行为的合法有效性，对原告的诉讼请求作出否定性评价。

第二种情况是原告申请履行法定职责或者给付义务理由不成立的案件。原告申请履行法定职责或者给付义务必须以被告负有履行职责或义务为前提。根据新

① 姜明安：《行政诉讼法》（第三版），北京大学出版社 2007 年版，第 297—298 页。
② 马怀德：《行政诉讼法学》，中国人民大学出版社 2009 年版，第 210 页。

《行政诉讼法》第十二条的规定，涉及被告履行职责或者给付义务的案件有三类，即申请行政许可，行政机关拒绝或者在法定期限内不予答复，或者对行政机关作出的有关行政许可的其他决定不服的案件；申请行政机关履行保护人身权、财产权等合法权益的法定职责，行政机关拒绝履行或者不予答复的案件；认为行政机关没有依法支付抚恤金、最低生活保障待遇或者社会保障待遇的案件。这些案件必须符合下列情况之一，才能作出驳回原告诉讼请求的判决：

第一，被告依法不承担履行职责或者给付义务的案件；

第二，被告已经依法履行了法定职责或者给付义务的案件；

第三，被告履行职责或者给付义务的期限未届满的案件；

第四，被告履行职责或者给付义务的条件尚未具备的案件。

此外，根据《政府信息公开规定》的规定，有下列情形之一，被告已经履行法定告知或者说明理由义务的，人民法院应当判决驳回原告的诉讼请求：①不属于政府信息、政府信息不存在、依法属于不予公开范围或者依法不属于被告公开的；②申请公开的政府信息已经向公众公开，被告已经告知申请人获取该政府信息的方式和途径的；③起诉被告逾期不予答复，理由不成立的；④以政府信息侵犯其商业秘密、个人隐私为由反对公开，理由不成立的；⑤要求被告更正与其自身相关的政府信息记录，理由不成立的；⑥不能合理说明申请获取政府信息系根据自身生产、生活、科研等特殊需要，且被告据此不予提供的；⑦无法按照申请人要求的形式提供政府信息，且被告已通过安排申请人查阅相关资料、提供复制件或者其他适当形式提供的；⑧其他应当判决驳回诉讼请求的情形。

3. 驳回原告诉讼请求判决的法律效力

驳回原告诉讼请求判决，是对原告诉讼请求的否定，是对被诉行政行为的合法性的间接肯定。驳回原告诉讼请求判决作出后，行政主体根据行政管理的需要可以依法对原行政行为进行变更。如果行政主体对行政行为变更后，原告仍然以相同的事实和理由对原行政行为再次起诉的，人民法院根据一事不再理的原则，不予受理。

（二）撤销判决

1. 撤销判决的概念

撤销判决，是指人民法院经过对案件的审理，认定被诉行政行为部分或全部违法，从而部分或全部撤销被诉行政行为，并可以责令被告重新作出行政行为的判决形式。

撤销判决是人民法院对被诉行政行为效力的部分或全部否定，是对原告权益的保护，因而撤销判决在行政诉讼中占有重要地位。

2. 撤销判决的种类

根据新《行政诉讼法》第七十条的规定，行政行为有下列情形之一的，人民法院判决撤销或者部分撤销，并可以判决被告重新作出行政行为：一是主要证据不足的；二是适用法律、法规错误的；三是违反法定程序的；四是超越职权的；五是滥用职权的；六是明显不当的。根据该条的规定，撤销判决可分为三种具体形式：

第一，全部撤销，适用于行政行为全部违法或行政行为部分违法，但行政行为不可分。

第二，部分撤销，适用于行政行为部分违法、部分合法，且具体行政行为可分，人民法院只作出撤销违法部分的判决。

第三，判决撤销并责令被告重新作出行政行为，适用于违法行政行为撤销后尚需被告对行政行为所涉及事项作出处理的情形。

3. 撤销判决的适用条件

从理论而言，适用撤销判决应当符合如下条件：

第一，被诉行政行为违法。

第二，被诉行政行为成立且具有约束力。

第三，被诉行政行为属于作为类型的行政行为，不作为类型的行政行为不能适用撤销判决。

第四，行政行为具有可撤销的内容。

第五，被诉行政行为仍然存在。

第六，撤销被诉行政行为不会给国家利益、社会公共利益造成重大损失。因为判决撤销将使被诉行政行为自始无效，因此，如果撤销判决会给国家利益或者社会公共利益造成重大损失，则应当判决确认行政行为违法，但保留其效力。

4. 撤销判决的法定情形

根据新《行政诉讼法》第七十条的规定，行政行为具备下列情形之一的，人民法院 可以作出撤销判决：

第一，主要证据不足。主要证据，是指能够证明案件基本事实的证据，是对查明案件事实不可或缺的证据，又称为基本证据，或定案证据。主要证据不足，指被诉行政行为缺乏必要的证据，不足以证明被诉行政行为所认定的事实情况。主要证据不足意味着行政主体在未查清案件基本情况或在没有充分证据证明的情况下就作出了行政行为，人民法院有权予以撤销。判断主要证据是否充足，可以从数量和质量两个方面进行。数量上要求，具体行政行为的作出要有相当数量的证据来证明；质量上要求证据要符合证据的基本特征，能够形成证据锁链。主要证据不足的具体表现有：行政行为认定的事实不清；行政行为认定的事实没有相应的证据证明；行政行为认定的责任主体错误或证明不足等等。[①]

这里值得特别注意的是，新《行政诉讼法》第六十九条规定的“证据确凿”和第七十条规定的“主要证据不足”相比，驳回原告诉讼请求判决对被诉行政行为的证据要求标准更加严格。

第二，适用法律、法规错误。适用法律、法规错误，是指行政主体作出行政行为错误适用了不该适用的法律、法规或者法律、法规的条款。在实践中，行政主体适用法律法规错误，主要表现为：适用了已经废止的法律、法规、规章；适用了尚未生效的法律、法规、规章；适用了对案件无管辖权的地方性法规、规章；应当适用甲法律、法规、规章，却适用了乙法律、法规、规章；应当适用某一法律、法规、规章的甲条款，却适用了其他条款。

第三，违反法定程序。指行政主体在实施行政行为时违反了法律、法规规定的作出该行政行为应当遵循的步骤、顺序、方式和时限等要求。违反法定程序是作出撤销行政行为判决一个独立存在的理由，不依附于其他任何条件，只要行政行为违反法定程序，不管实体决定正确与否，都构成撤销该行政行为的理由。

第四，超越职权。超越职权，是指行政主体所作的行政行为超出了法律、法规所授予的权力界限，实施了无权实施的行政行为，采取了无权采取的行政措施。越权无效是行政法上的一项基本原则，要求行政主体必须在自己的法定职责范围内活动，凡是超越行政主体法定职权所作的行政行为都是无效的行政行为。在实践中，行政主体超越法定职权作出行政行为的情形主要有：主管越权[②]、横

---

① 蔡小雪：《如何确认具体行政行为的主要证据不足》，《法律适用》1997 年第 1 期。

② 主管越权，是指行政主体行使了宪法、法律没有授权给任何国家机关的权力，或者行使了宪法、法律授权给其他国家机关的权力。

向越权[①]、纵向越权[②]、地域越权[③]和时间越权[④]等几种。

第五，滥用职权。滥用职权，是指行政主体具备实施行政行为的权力，并且其行使形式也合法，然而行政机关行使权力的目的违反法律、法规赋予其该项权力的目的。滥用职权的行政行为，从性质上而言，是违法的行政行为。因此，新《行政诉讼法》第七十条规定，滥用职权的行政行为人民法院应当判决予以撤销。滥用职权行为的基本特征有：①行为没有超越法定权限；②行政主体出于不合法的动机；③不公平、不合理的行为客观上违背了法律的目的、原则和要求；④“行政诉讼法所指滥用职权应该是指行政机关在法定权限范围内出于不合法的动机所作出的违背法律目的的不公正、不合理行为。”[⑤]滥用职权行为是由于行政主体及其工作人员故意的行为引起的。如何判断行政主体所作的行政行为是否属于滥用职权呢？有学者认为，人民法院在判断行政主体的行政行为是否构成滥用职权，需要进行三个步骤的工作：一是确定立法目的；二是行政主体作出被诉行政行为的目的和动机；三是将二者进行比较。即采用“目的三步骤分析法”。[⑥]

第六，明显不当。行政行为明显不当，是指行政行为严重违反行政合理性原则而不合适、不妥当或者不具有合理性。明显不当的情况主要包括：对违法行为的处理显失公正，同类违法行为，程度、后果相似而处理决定明显不同，畸轻畸重；明显违背国家基本方针政策；为地方利益而影响大局工作的行政行为；其他该当认定为明显不当的情形。[⑦]

5. *有关判决被告重新作出行政行为的规定*

人民法院在审理行政案件时，如果行政行为出现上述六种情形之一的，可以判决撤销或部分撤销，并且可以判决被告重新作出行政行为。但新《行政诉讼法》第七十一条规定：“人民法院判决被告重新作出行政行为的，被告不得以同一的事实和理由作出与原行政行为基本相同的行政行为。”据此，学术界认为要

---

① 横向越权，是指同级主体之间的越权。如公安局行使了市场监管局的职权。

② 纵向越权，是指上下级行政主体之间的越权。如下级机关行使了上级机关的职权，或上级机关行使了下级机关法定的专有职权。

③ 地域越权，是指甲地的行政主体超越自己的辖区范围，行使了乙地行政主体的职权。

④ 时间越权，是指已经撤销的行政主体仍然行使职权，未办理完法定成立手续的行政主体就开始行使职权。

⑤ 林莉红：《行政诉讼法学》（第四版），武汉大学出版社 2015 年版，第 186 页。

⑥ 马怀德主编：《行政诉讼法学》，中国人民大学出版社 2009 年版，第 215 页。

⑦ 江必新、邵长茂：《新行政诉讼法修改条文理解与适用》，中国法制出版社 2014 年版，第 265 页。

注意解决好如下三个方面的问题：一是人民法院判决被告重新作出行政行为，被告重新作出的行政行为与原行政行为的结果相同，但主要事实或者理由有改变的，不属于新《行政诉讼法》第七十一条规定的情形。二是如果人民法院以违反法定程序为由，判决撤销行政主体的行政行为，行政主体重新作出行政行为时，也不应当受新《行政诉讼法》第七十一条的限制。三是如果行政主体以同一事实和理由重新作出与原行政行为基本相同的行政行为，人民法院应当根据新《行政诉讼法》第七十条、第七十一条、第九十六条的规定决定撤销或者部分撤销该行政行为，并且向该行政主体的上一级行政主体或监察、人事机关提出司法建议。

为了给审判实践提供明确的依据，最高人民法院《适用行政诉讼法解释》第九十条中有如下规定。

第一，人民法院判决被告重新作出行政行为，被告重新作出的行政行为与原行政行为的结果相同，但主要事实或者主要理由有改变的，不属于新《行政诉讼法》关于“人民法院判决被告重新作出行政行为的，被告不得以同一的事实和理由作出与原行政行为基本相同的行政行为”的情形。

第二，人民法院以违反法定程序为由，判决撤销被诉行政行为的，行政机关重新作出行政行为不受新《行政诉讼法》关于“人民法院判决被告重新作出行政行为的，被告不得以同一的事实和理由作出与原行政行为基本相同的行政行为”的规定的限制。

第三，行政机关以同一事实和理由重新作出与原行政行为基本相同的行政行为，人民法院应当根据新《行政诉讼法》关于行政行为有主要证据不足，适用法律、法规错误的，违反法定程序的，超越职权，滥用职权，明显不当等情形之一的，人民法院判决撤销或者部分撤销行政行为。

第四，行政机关以同一事实和理由重新作出与原行政行为基本相同的行政行为，人民法院根据“人民法院判决被告重新作出行政行为的，被告不得以同一的事实和理由作出与原行政行为基本相同的行政行为”的规定判决撤销或者部分撤销行政行为。

第五，人民法院在判决撤销或者部分撤销行政行为的同时，对于行政机关拒绝履行判决、裁定、调解书的，第一审人民法院可以采取下列措施：①对应当归还的罚款或者应当给付的款额，通知银行从该行政机关的账户内划拨。②在规定期限内不履行的，从期满之日起，对该行政机关负责人按日处五十元至一百元的罚款。③将行政机关拒绝履行的情况予以公告。④向监察机关或者该行政机关的上一级行政机关提出司法建议。接受司法建议的机关，根据有关规定进行处理，并将处理情况告知人民法院。⑤拒不履行判决、裁定、调解书，社会影响恶劣的，可以对该行政机关直接负责的主管人员和其他直接责任人员予以拘留；情节严重，构成犯罪的，依法追究刑事责任。

6. 撤销判决的效力

对于全部撤销的判决而言，行政行为不再对相对人具有任何法律效力，如果该行政行为给相对人造成损害的，相对人有权要求赔偿；同时，作为被告的行政机关也必须承担该案的败诉后果。

对于部分撤销的判决而言，行政行为的被撤销部分失去法律效力；未被撤销的部分依然具有法律效力。

对于责令重新作出行政行为的撤销判决而言，行政主体在人民法院作出的撤销判决生效后，应当根据判决的要求重新对该事项作出行政行为。由于此类判决适用于行政行为事实不清，适用法律、法规错误，违反法定程序，明显不当等情况。因此，人民法院在作出该判决时，应当根据实际情况分别确定重新作出行政行为的条件和期限。

此外，根据《适用行政诉讼法解释》第八十九条的规定，复议决定改变原行政行为错误，人民法院判决撤销复议决定时，可以一并责令复议机关重新作出复议决定或者判决恢复原行政行为的法律效力。

（三）履行判决

1. 履行判决的概念

履行判决，是指人民法院经过对行政案件进行审理，认定被告具有不履行法定职责的情形，而作出的责令被告在一定期限内履行法定职责的判决形式。因此，履行判决的前提是被告具有法定职责和不履行法定职责的事实。

被告的法定职责通常有四类，即法律、法规以及规章、规范性文件确定的职责和义务；上级行政机关的命令产生的义务；因前期行为引发的附随义务和根据行政协议产生的义务。被告不履行法定职责表现为拒绝履行、不予答复、拖延履行、不完全履行和适当履行等情形。

2. 适用履行判决的条件

新《行政诉讼法》第七十二条规定："人民法院经过审理，查明被告不履行法定职责的，判决被告在一定期限内履行。"据此规定，人民法院在适用履行判决时必须同时具备下列条件。

第一，被告负有履行特定义务的法定职责。这是适用履行判决的前提和基础。

第二，原告已经依法向负有法定履行职责的行政主体提出了相应的申请，要求行政主体履行法定职责，作出一定的行政行为。

第三，被告不履行法定职责，且没有法律、法规规定或者适当的理由。这里需要注意的是，不履行，是指行政主体以明确的方式表明，拒绝行政相对人提出的要求行政主体履行法定职责的申请。

第四，被告有履行法定职责的能力和条件。

第五，判决被告履行对原告有实际意义。因为判令被告履行法定职责的目的是维护原告的合法权益。

3. 人民法院适用履行判决时的要求

人民法院适用履行判决时，应当明确规定履行此职责的所有条件，然后由行政机关依此作出履行行为，还是只简单指出应当履行职责，完全交由行政主体决断？对此，法律没有明确的规定，但理论界认可的基本的指导方向是：在不侵犯行政主体的自主权的前提下，基于保护当事人的权益和避免再生争议和诉讼，人民法院应尽当尽力明了该职责的内容。具体而言，如果条件成熟，人民法院应尽可能详细确定被告所应履行义务的具体内容；在条件尚不成熟或者事件含有较强专业因素或裁量因素时，法院也应明确阐明自己对该义务的法律意见，作为行政机关履行义务的指导。如原告请求法院判决被告履行发放抚恤金的法定职责，法院应根据法律规定和原告伤残等级，具体确定依据何种标准发放抚恤金。①

根据《适用行政诉讼法解释》第九十一条规定，原告请求被告履行法定职责的理由成立，被告违法拒绝履行或者无正当理由逾期不予答复的，人民法院可以根据"人民法院经过审理，查明被告不履行法定职责的，判决被告在一定期限

① 马怀德主编：《行政诉讼法学》，中国人民大学出版社2009年版，第222页。

内履行”[①] 的规定，判决被告在一定期限内依法履行原告请求的法定职责；尚需被告调查或者裁量的，应当判决被告针对原告的请求重新作出处理。

同时，除情况特殊难以确定期限外，人民法院在判决被告履行法定职责时，应当指定履行的期限。

4. 履行判决的内容

人民法院作出履行判决，通常包括如下内容：

第一，判决被告必须依法履行职责；

第二，判决被告依法对履行职责的方式提出原则性要求；

第三，判决应当明确履行的具体内容。

5. 履行判决的效力

履行判决一旦生效，被告必须根据判决所确定的内容和期限履行职责。可见，履行判决除了具有其他判决所共同具有的拘束力和既判力之外，还具有较强的执行力。因此，人民法院判决被告履行法定职责，应当明确被告履行职责的内容和期限。[②]

（四）给付判决

1. 给付判决的概念

给付判决，是指具有公法请求权的相对人对行政主体不履行给付义务的行政行为不服提起行政诉讼，人民法院判令作为被告的行政主体依法承担给付义务的判决形式。给付判决的实质也是一种履行法定职责的形式，因此，给付判决属于履行职责判决的一种特殊情形，其针对的主要是行政机关不履行货币或者特定财物的给付义务。

2. 给付判决的适用条件

新《行政诉讼法》第七十三条规定：“人民法院审理，查明被告依法负有给付义务的，判决被告履行给付义务。”《适用行政诉讼法解释》第九十二条规定：“原告申请被告依法履行支付抚恤金、最低生活保障待遇或者社会保险待遇等给付义务的理由成立，被告依法负有给付义务而拒绝或者拖延履行义务的，人

---

① 新《行政诉讼法》第七十二条。

② 江必新主编：《中华人民共和国行政诉讼法理解适用与实务指南》，中国法制出版社 2015 年版，第 334 页。

民法院可以根据行政诉讼法第七十三条的规定，判决被告在一定期限内履行相应的给付义务。”根据这些规定，人民法院作出给付判决应当同时满足下列条件：

第一，被告依法负有给付义务。给付义务是法定职责以外的其他行政义务，包括被告先行行为引发的义务、承诺引起的义务、行政合同义务及附随义务。

第二，被告在法律规定或认可的理由的条件下，未履行给付义务。

第三，原告提起了给付之诉的请求。根据《适用行政诉讼法解释》第九十三条第一款的规定，原告请求被告履行法定职责或者依法履行支付抚恤金、最低生活保障待遇或者社会保险待遇等给付义务，原告未先向行政机关提出申请的，人民法院裁定驳回起诉。

第四，被告不履行给付义务，没有法律、法规或者公认的理由。

第五，人民法院判决被告履行给付义务对原告有意义。

3. 给付判决的效力

给付判决除了具有其他判决所共同的拘束力和既判力之外，还具有较强的执行力。给付判决一经生效，被诉行政机关必须根据判决所确定的内容和履行期限履行给付义务。根据《适用行政诉讼法解释》第九十三条第二款的规定，人民法院经审理认为原告所请求履行的法定职责或者给付义务明显不属于行政机关权限范围的，可以裁定驳回起诉。

（五）确认违法判决

1. 确认违法判决的概念

确认违法判决，是指人民法院经过对行政案件的审理后，认定被诉的行政行为违法但不适合作出撤销判决或履行判决，而采用确认被诉行政行为违法的判决形式。可见，确认违法判决也是对被诉行政行为的一种否定性评价，是对撤销判决的修改和补充。

2. 适用确认违法判决的法定情形

根据新《行政诉讼法》第七十四条规定：“行政行为有下列情形之一的，人民法院判决确认违法，但不撤销行政行为：（一）行政行为依法应当撤销，但撤销会给国家利益、社会公共利益造成重大损害的；（二）行政行为程序轻微违法，但对原告权利不产生实际影响的。”“行政行为有下列情形之一，不需要撤销或者判决履行的，人民法院判决确认违法：（一）行政行为违法，但不具有可撤销内容的；（二）被告改变原违法行政行为，原告仍要求确认原行政行为违法的；（三）被告不履行或者拖延履行法定职责，判决履行没有意义的。"可见，人民法院判决确认违法有两类案件：

第一类是人民法院判决确认违法，但不撤销行政行为。其实行条件是行政行为依法应当撤销，但撤销行政行为会给国家利益、社会公共利益造成重大损害的；行政行为程序轻微违法，但对原告权利产生实际影响的。

第二类是人民法院确认违法，但不需要撤销或者判决履行。即一是行政行为违法，但不具有可撤销内容的案件。主要适用于事实行政行为，[①] 如执行行为，或者与执行职务有关联的殴打行为、损害财物行为。二是被告改变原违法行政行为，原告仍然要求确认原行政行为违法的案件。三是被告不履行或者拖延履行法定职责，但因行政行为的时效性已经错过，判决履行没有意义。

如何理解行政行为"程序轻微违法"呢？根据《适用行政诉讼法解释》第九十六条的规定，有下列情形之一，且对原告依法享有的听证、陈述、申辩等重要程序性权利不产生实质损害的，"属于行政行为程序轻微违法"，即：①处理期限轻微违法；②通知、送达等程序轻微违法；③其他程序轻微违法的情形。因此，"凡是未对原告依法享有的听证、陈述申辩等重要程序性权利产生实际损害的程序违法，均属'程序轻微违法'"。[②]

3. 确认违法判决的效力

人民法院判决确认违法，但不撤销行政行为的案件，既是对行政行为合法性作出的否定，目的是解决原告的赔偿问题，也是对行政行为效力作出的肯定，目的是维护国家利益、社会公共利益。

人民法院确认违法，但不需要撤销或者判决履行的案件，意味着被诉行政行为无论在合法性还是在效力上都受到了否定性评价。原告据此判决有权要求被告采取补救措施，并依法给予赔偿。

这里还需要注意，人民法院判决确认违法的，可以同时判决责令被告采取补救措施，给原告造成损失的，依法判决被告承担赔偿责任。

---

① 事实行政行为，指行政主体作出的，虽然不创设新的行政法律关系但实际上影响相对人利益的行政行为。

② 最高人民法院行政庭编著：《最高人民法院行政诉讼法司法解释理解与运用》（上），人民法院出版社 2002 年版，第 445 页。

（六）确认无效判决

1. 确认无效判决的概念

确认无效判决，是指人民法院通过对被诉行政行为的审理，确认被诉行政行为具有无效情形而判定其无效的一种判决形式。确认行政行为无效，是指公民、法人或者其他组织请求人民法院确认行政行为自始至终没有法律效力。

2. 确认无效判决的适用条件

根据新《行政诉讼法》第七十五条规定："行政行为有实施主体不具有行政主体资格或者没有依据等重大且明显违法情形，原告申请确认行政行为无效的，人民法院判决确认无效。"根据该条的规定，适用于行政行为重大且明显违法的情形。这包含如下几个含义：

第一，确认无效判决针对有重大且明显违法的行政行为作出，针对一般行政违法或轻微行政违法不能适用确认无效判决。

第二，重大且明显违法的主要表现是行政行为的实施主体不具有行政主体资格或者没有法律规范依据。

这里"重大且明显违法"是指其违法情形已经重大明显到任何有理智的人均能够判断的程度，因而其没有公定力，不必经人民法院等权威机构确认，公民就可以根据自己的判断而不服从。[①] 根据《适用行政诉讼法解释》第九十九条的规定，"重大且明显违法"的情形是指：①行政行为实施主体不具有行政主体资格；②减损权利或者增加义务的行政行为没有法律规范依据；③行政行为的内容客观上不可能实施；④其他重大且明显违法的情形。

根据《适用行政诉讼法解释》第九十四条的规定，实践中需要注意：

第一，公民、法人或者其他组织起诉请求撤销行政行为，人民法院经审查认为行政行为无效的，应当作出确认无效的判决。

第二，公民、法人或者其他组织起诉请求确认行政行为无效，人民法院审查认为行政行为不属于无效情形，经释明，原告请求撤销行政行为的，应当继续审理并依法作出相应判决；原告请求撤销行政行为但超过法定起诉期限的，裁定驳回起诉；原告拒绝变更诉讼请求的，判决驳回其诉讼请求。

---

① 江必新主编：《中华人民共和国行政诉讼法理解适用与实务指南》，中国法制出版社 2015 年版，第 343 页。

3. 确认无效判决的效力

行政行为一经人民法院的判决确定为无效，就意味着行政行为自始无效、对任何人都无效且永远无效。

这里还需要注意：

第一，人民法院判决确认无效的，可以同时判决责令被告采取补救措施，给原告造成损失的，依法判决被告承担赔偿责任。

第二，根据《适用行政诉讼法解释》第九十五条的规定，人民法院经审理认为被诉行政行为违法或者无效，可能给原告造成损失，经释明，原告请求一并解决行政赔偿争议的，人民法院可以就赔偿事项进行调解；调解不成的，应当一并判决。人民法院也可以告知其就赔偿事项另行提起诉讼。

（七）变更判决

1. 变更判决的概念

变更判决，又称为自为判决，是指人民法院经审理查明案件情况后，认为被诉的行政行政明显不适当，而直接改变被诉行政行为的内容的判决形式。

与行政诉讼其他判决形式相比，其他判决形式只是肯定或否定被诉行政行为或原告的诉讼请求，通常是定性的判决；而变更判决是肯定行政主体对行政处罚或者其他涉及款额的行政行为定性正确的前提，从定量上进行判断，对被诉行政行为的内容进行改变，因此变更判决的实质是替代行政主体作出行政管理活动。

变更判决涉及行政权力与司法权力之间的分工。通常情况下人民法院不能替代行政机关行使行政权力。根据《宪法》的规定，人民法院与行政机关行使不同的权力，自成不同的组织系统，各自在自己的职权范围内依据法定程序行使职权，相互之间既不能侵越对方的职权，也不能互相替代。因此，法律虽然设计了人民法院对行政机关的监督机制，但司法对行政的监督是有限制的，即将司法对行政的审查限制在合法性审查的范围内，其结果就必须表现在判决形态上要求人民法院原则上不能替代行政机关的判断权，即原则上不能替代行政机关作出行政行为。

新《行政诉讼法》确定人民法院变更判决的目的在于给予当事人充分的司法保护，消除僵化理解行政与司法分立，造成人民法院把一些案件简单发回被告重新处理，致使当事人反复诉讼的情况。允许人民法院在一定的条件下变更行政主体的行政行为能够达到既合理界定司法权与行政权的关系，又能够高效、经济、彻底地解决行政争议。

2. 变更判决的适用条件

根据新《行政诉讼法》的规定，变更判决的适用条件包括：

第一，被诉行政行为已经作出；

第二，被诉行政行为具有非专属于行政主体的裁量性；

第三，行政诉讼法明确规定人民法院可以判决变更。

3. 适用变更判决的法定情形

新《行政诉讼法》第七十七条规定："行政处罚明显不当，或者其他行政行为涉及对款额的确定、认定确有错误的，人民法院可以判决变更。""人民法院判决变更，不得加重原告的义务或者减损原告的权益。但利害关系人同为原告，且诉讼请求相反的除外。"据此规定，变更判决，是指法院认定行政处罚明显不当，或者其他行政行为涉及对款额的确定、认定确有错误的案件，运用国家审判权直接改变行政行为的判决。变更判决是人民法院行使司法变更权，对行政行为的合理性进行审查的具体体现。变更判决适用于两类案件：一类是行政处罚明显不当的案件；另一类是涉及对款额的确定或者认定确有错误的案件。

对于行政处罚案件，变更判决只能针对行政处罚行为作出，对于其他行政行为人法院无权行使司法变更权。因为，变更判决已经超出了人民法院对行政行为合法性监督的范围，但因行政处罚中存在的问题太多、民众的意见太大、保护受侵害的合法的权益的需求十分强烈和迫切，新《行政诉讼法》在作出明确授权规定的同时，也规定明确严格的限制条件。所谓"行政处罚明显不当"，是指行政处罚虽然在形式上符合法律规定，但实际上与法律的宗旨相违背、处罚结果明显不公正，损害了公民、法人或者其他组织的合法权益或者社会公共利益的情况。具体而言，明显不当是指"行政处罚的构成要件是行政处罚的作出主体、权限、内容、程序、幅度等都符合法律的规定，即符合行政行为的生效要件。但是，任何具有一般法律、道德认知水平和公平观念的主体均会认为这种行政处罚不公正，侵害了行政相对人的合法权益。这种处罚违背了通常意义上的平等原则、比例原则，其实质是出于恶意、偏见或其他不良动机，使行政处罚的实施偏离了法律设定行政处罚职权的目的"。[①] 在实践中，行政处罚明显不当的典型表

---

① 罗文燕主编：《行政法与行政诉讼法》，浙江大学出版社 2008 年版，第 632 页。

现形式有：一是畸轻畸重，即行政机关实际作出的行政处罚与被处罚人的违法行为应受到的行政处罚相差过于悬殊；二是行政机关在作出行政处罚时同样情况不同对待或者不同情况同等对待也可构成显失公正；三是行政主体在实施行政处罚时考虑了不应当考虑的因素或者没有考虑应当考虑的因素；四是在共同的行政违法案件中，对应当重罚的轻罚或者应当轻罚的重罚；五是处罚方式的选择与当事人的违法行为不匹配；六是对相同的违法行为在实施行政处罚时反复无常；等等。

对于行政处罚以外的其他行政行为涉及对款额的确定或者认定确有错误的案件，因其中涉及技术性层面的问题，不涉及原则性层面的问题，不论是由人民法院，还是由行政机关纠正，结果都应当是一样的。规定人民法院行使变更权，目的在于节约诉讼成本和行政成本，并不会涉及司法权干预行政权的问题。

这里必须注意的是，新《行政诉讼法》第七十七条第二款的规定："人民法院判决变更，不得加重原告的义务或者减损原告的权益。但利害关系人同为原告，且诉讼请求相反的除外。"这就规定变更判决中的禁止不利变更。所谓禁止不利变更即为了保护公民、法人或者其他组织的诉权，消除公民、法人或者其他组织在起诉时面临可能被加重处罚或加重义务的种种顾虑，人民法院对行为作出变更判决，原则上只能减轻不能加重。但是，如果在利害关系人同为原告且诉讼请求相反的情况下，人民法院如果认为行政机关对起诉的被处罚人的处罚过轻或义务过少的，可以作出加重对其处罚的变更判决。

4. 变更判决的效力

人民法院的变更判决生效后，人民法院已经裁决的行政行为被司法权确定，根据司法最终解决的原则，只能依照判决执行。因此，当事人如果以变更后的行政法律关系为标的提起诉讼，人民法院根据一事不再理原则，不予受理或者驳回起诉；其他案件如涉及本案判决所形成的行政法律关系时，人民法院也不得作出与该判决相反的判决。此外，人民法院的变更判决一经宣告或者送达，原告不得申请撤诉，被告不得改变和撤销已经司法裁判的行政行为。

（八）关于行政协议案件判决和行政复议决定与原行政行为一并裁判的特殊规定

1. 行政协议案件判决

新《行政诉讼法》第七十八条规定："被告不依法履行、未按照约定履行或者违法变更、解除本法第十二条第一款第十一项规定的协议的，人民法院判决被告承担继续履行、采取补救措施或者赔偿损失等责任。”“被告变更、解除本法第十二条第一款第十一项规定的协议合法，但未依法给予补偿的，人民法院判决给予补偿。”

2. 行政复议决定与原行政行为一并裁判

新《行政诉讼法》第七十九条规定：“复议机关与作出原行政行为的行政机关为共同被告的案件，人民法院应当对复议决定和原行政行为一并作出裁判。”这一规定是与新《行政诉讼法》第二十六条第二款关于经过复议的案件，复议机关维持原行政行为的，作出原行政行为的行政机关和复议机关是共同被告的规定是相关联的。因为在复议机关维持原行政行为的情况下，原告的起诉无论是针对原来的行政行为，还是针对复议决定，都必然涉及另外一个行政行为。如果人民法院只对复议决定作出裁判，原行政行为效力仍然存在；如果只对原行政行为作出裁判，则复议决定的效力仍然存在。只有对复议决定和原行政行为一并作出裁判，才能解决这一难题。因此，复议机关与作出原行政行为的行政机关为共同被告的案件，人民法院应当对复议决定和原行政行为一并作出裁判。

此外，根据《适用行政诉讼法解释》第九十七条、第九十八条的规定，人民法院在作出判决时还应当注意：

第一，原告或者第三人的损失系由其自身过错和行政机关的违法行政行为共同造成的，人民法院应当依据各方行为与损害结果之间有无因果关系以及损害发生和结果中作用力的大小，确定行政机关相应的赔偿责任；

第二，因行政机关不履行、拖延履行法定职责，致使公民、法人或者其他组织的合法权益遭受损害的，人民法院应当判决行政机关承担行政赔偿责任。在确定赔偿数额时，应当考虑不履行、拖延履行法定职责的行为在损害发生过程和结果中所起作用等因素。

六 二审判决

二审判决，又称终审判决，是指人民法院根据第二审程序对上诉案件进行审理后作出的终局性判决。人民法院审理上诉案件，应当在收到上诉状之日起三个月内作出二审判决。由于二审判决是生效判决，因此，无论当事人是否服判，都不能提出上诉。新《行政诉讼法》第八十九条规定：“人民法院审理上诉案件，按照下列情形，分别处理：（一）原判决、裁定认定事实清楚，适用法律、法规正确的，判决或者裁定驳回上诉，维持原判决、裁定；（二）原判决、裁定认定事实错误或者适用法律、法规错误的，依法改判、撤销或者变更；（三）原判决认定基本事实不清、证据不足的，发回原审人民法院重审，或者查清事实后改判；（四）原判决遗漏当事人或者违法缺席判决等严重违反法定程序的，裁定撤销原判决，发回原审人民法院重审。”“原审人民法院对发回重审的案件作出判决后，当事人提起上诉的，第二审人民法院不得再次发回重审。”“人民法院审理上诉案件，需要改变原审判决的，应当同时对被诉行政行为作出判决。”第二审人民法院可以作出两种类型的判决，即：驳回上诉，维持原判和依法改判。

（一）驳回上诉，维持原判

1. 驳回起诉，维持原判决、裁定的概念

驳回上诉，维持原判、裁定，是指第二审人民法院通过对上诉案件的审理，确认一审判决认定事实清楚，适用法律、法规正确，从而作出驳回上诉人上诉，维持一审判决或者裁定的判决形式。

这里需要注意两点。

一是“驳回上诉”与“驳回起诉”之间的区别。驳回起诉只是涉及程序问题，对此只能应使用裁定的形式解决，不能使用判决的形式解决；驳回上诉是二审人民法院对一审判决所确认的行政行为的合法性的肯定，有充分坚实的基础，相关事实同时有可靠证据作证明。驳回上诉，维持原判的对象是一审判决，因此，认定事实清楚是对一审法院的要求，而非对被诉行政行为的要求。

二是二审中的“认定事实清楚”与一审中“证据确凿”之间的区别。二审中的“认定事实清楚”，是指一审人民法院作出判决所基于的客观事实必须是清楚的，有充分证据支持的，而不论行政行为本身所基于的事实是否清楚和是否有证据支持。换言之，被诉行政行为认定事实不清楚或主要证据不足，不能成为人民法院不作出驳回上诉，维持原判的理由。一审中的“证据确凿”指的是：①行政行为所依据的证据确实可靠；②行政行为所依据的证据足以证明行政行为认定事实的存在。由于一审判决是对被诉行政行为合法性作出认定，被诉行政行为认定事实是否清楚，必然与一审法院判决认定事实是否清楚有关。因此，一审判决要做到认定事实清楚，须做到对被诉行政行为认定事实是否清楚作出正确无误的判断，并有充分的证据证明。

2. 驳回上诉，维持原判的适用条件

据此规定，驳回上诉，维持原判、裁定的适用条件有：

第一，原判决、裁定，事实清楚，即一审判决所依据的事实明确无误，且有充分确凿的证据予以证明。

第二，原判决、裁定适用法律、法规正确，即一审法院适用实体法律、法规和程序法律、法规都是正确无误的。当然，这里的“适用法律、法规正确”是对一审法院的判决而言的，而非被诉行政行为。

（二）改判

1. 改判的概念

改判，是指第二审人民法院通过对上诉案件的审理，认为一审判决、裁定认定事实错误，或者适用法律、法规错误，或确认一审判决、裁定所依据的事实不清，而直接改正第一审判决、裁定中错误内容的判决形式。改判的实质是第二审法院对第一审判决的否定和对一审判决错误的更正，是第二审法院行使监督权的结果。

2. 改判的适用条件

根据新《行政诉讼法》第八十九条第一款第二项、第三项的规定，改判适用于下列情形：

第一，原判决、裁定认定事实错误或者适用法律、法规错误。

第二，原判决认定基本事实不清、证据不足的二审人民法院查清事实后改判。

新《行政诉讼法》第八十九条第三款对改判作了必要的限制，即规定人民法院审理上诉案件，需要改变原审判决的，应当同时对被诉行政行为作出判决。

七 再审裁判

（一）再审裁判的概念

再审裁判，是人民法院按照审判监督程序所作出的裁判。再审裁判既可采用判决形式，也可以采用裁定形式。

（二）再审裁判的适用条件

1. 继续执行原判决

人民法院经过再审审理认为原审判决认定事实和适用法律均无不妥，应当裁定撤销原中止执行的裁定，继续执行原判决。

2. 原裁判有错误的，应当分情况不同处理

第一，原审人民法院审理案件时违反法定程序，可能影响案件正确裁决的，人民法院应当作出裁定，将案件发回作出生效裁判的人民法院重新审理。这些情形主要有：①审理本案的审判人员、书记员应当回避，而未回避的；②依法应当开庭审理，而未经开庭即作出判决的；③未经传票传唤当事人，而缺席判决的；④遗漏必须参加诉讼的当事人的；⑤对与本案有关的诉讼请求未予裁判的。

第二，人民法院经过再审审理，认为第二审人民法院维持第一审人民法院不予受理或者驳回起诉的裁定错误的，再审人民法院应当撤销第一审、第二审人民法院的裁定，指令第一审人民法院受理。

第三，再审人民法院认为原审判决、裁定确有错误时，在撤销原生效裁决或者裁定的同时，可以对生效判决、裁定的内容作出相应的裁判，也可以裁定撤销生效判决、裁定，发回作出生效判决、裁定的人民法院重审。

（三）再审裁判的效力

与刑事诉讼、民事诉讼的再审裁判一样，再审判决、裁定的效力取决于再审人民法院按照哪一种程序审理。具体有两种情形：

第一，如果人民法院按照第一审程序审理，再审人民法院所作的判决、裁定，当事人可以上诉。

第二，如果人民法院按照第二审程序审理，所作的判决、裁定是发生法律效力的判决、裁定，当事人不得上诉。

八　行政判决的效力

行政判决的效力，是指人民法院生效的行政诉讼判决所具有的法律效力。行政诉讼判决的效力包括拘束力、确定力和执行力。

（一）行政判决的拘束力

行政判决的拘束力，是指生效的行政诉讼判决具有的对特定主体的行为所产生的拘束作用。生效行政诉讼判决的拘束力体现在对当事人的拘束力、对人民法院的拘束力和对社会公众的拘束力。

对当事人而言，行政诉讼判决的拘束力表现为必须遵守人民法院生效行政判

决所确定的义务，不得有任何的违反；对人民法院而言，行政判决的拘束力表现为行政判决一经生效，就不得任意变更或者撤销；对社会公众而言，行政判决的拘束力表现为行政判决一经生效，任何个人和单位均不得无视其存在，而作出与其内容相冲突的行为。

（二）行政判决的确定力

行政判决的确定力，是指生效行政判决在程序法上的效力。包括形式上的确定力和实质上的确定力。

形式上的确定力，是指行政判决一经生效，受该判决拘束的当事人就不得再以上诉的方式要求人民法院将该项判决拘束予以变更或者撤销。

实质上的确定力，亦称既判力，是指作为诉讼标的的行政法律关系，如果已经在发生法律效力的行政裁判中得到裁判，当事人即不得再以这一行政法律关系作为诉讼标的提起新的诉讼。

（三）行政诉讼判决的执行力

行政诉讼判决的执行力，是指在给付判决中，义务人不依照生效行政判决确定的内容履行应当履行的给付义务时，权利人有权在法定期限内申请人民法院强制执行。

第二节　行政诉讼的裁定

人民法院审理行政案件，除运用判决形式对案件的实体问题作出结论性判定外，还要处理行政诉讼程序问题，以及应对案件出现的一些特殊事项，前者采用裁定，后者使用决定形式。虽然表面上看二者不及判决重要，但就行政诉讼运用而言，二者同样不可或缺。

一　行政诉讼裁定的概念

行政诉讼裁定，是指人民法院在审理行政案件或者执行案件的过程中，就程序问题所作出的处理决定。

行政诉讼裁定和行政诉讼判决都是人民法院行使国家行政审判权的体现，具有权威性和法律效力，但二者有许多区别，正是这些区别体现了行政诉讼的裁定的特点：

第一，适用对象不同。行政诉讼的裁定解决的是行政案件审理过程或者是案件执行过程中的程序问题；而行政诉讼的判决解决的是行政案件的实体问题。

第二，适用的阶段不同。行政诉讼的裁定在行政诉讼的任何阶段都可能作出；而行政诉讼的判决一般是在行政案件审理的最后阶段作出。

第三，数量不同。人民法院在一个审理程序可能作出多个裁定；而通常一个法院在一个审理程序中只能作出一个判决。

第四，法律依据不同。行政诉讼裁定依据的是行政诉讼法；而行政诉讼判决依据的是行政实体法、行政程序法和行政诉讼法。

第五，形式不完全相同。行政诉讼裁定既可以是书面形式，也可以是口头形式；而行政诉讼判决是要式行为，必须采用书面形式。

第六，对当事人的效力不同。当事人对第一审程序中的行政裁定并非都可以提出上诉，而只能对部分裁定提出上诉；而当事人对地方各级人民法院作出的一审判决不服，均可以提出上诉。

第七，对当事人的影响不同。裁定不涉及当事人的实体权利和义务；而判决是对当事人权利义务的处置。

二　行政诉讼裁定的适用范围

（一）行政诉讼裁定的适用范围

行政诉讼裁定只适用于行政诉讼中的程序性问题。根据新《行政诉讼法》及《适用行政诉讼法解释》第一百零一条的规定，行政诉讼中的裁定主要适用于下列事项：①不予立案；②驳回起诉；③管辖异议；④终结诉讼；⑤中止诉讼；⑥移送或者指定管辖；⑦诉讼期间停止行政行为的执行或者驳回停止执行的申请；⑧财产保全；⑨先予执行；⑩准许或者不准许撤诉；⑪补正裁判文书中的错误；⑫中止或者终结执行；⑬提审、指令再审或者发回重审；⑭准许或者不准许执行行政机关的行政行为；⑮其他需要裁定的事项。

对于上述裁定，当事人如果对第一项、第二项、第三项不服的，可以上诉。上诉期限为裁定书送达之日起十日内。对其他裁定，当事人不得上诉。

（二）裁定的具体情形

1. 不予受理与驳回起诉裁定

这两类裁定都涉及对不符合起诉条件案件的处理，只是作出的时间点不同。不受理适用于诉讼启动阶段，而驳回起诉则适用于人民法院受理案件之后。人民法院受理当事人起诉后，应当对起诉是否符合法定条件进行审查，对符合受理条件的法院应予受理，诉讼正式启动；对不符合起诉条件的，人民法院应作出不予受理的裁定，对此裁定当事人可以上诉。《适用行政诉讼法解释》第六十九条的规定："有下列情形之一，已经立案的，应当裁定驳回起诉：（一）不符合行政诉讼法第四十九条规定的；（二）超过法定起诉期限且无行政诉讼法第四十八条①规定情形的；（三）错列被告且拒绝变更的；（四）未按照法规规定由法定代理人、指定代理人、代表人为诉讼行为的；（五）未按照法律、法规规定先向行政机关申请复议的；（六）重复起诉的；（七）撤回起诉后无正当理由再行起诉的；（八）行政行为对其合法权益明显不产生实际影响的；（九）诉讼标的已为生效裁判或者调解书所羁束的；（十）其他不符合法定起诉条件的情形。""前款所列情形可以补正或者更正的，人民法院应当指定期间责令补正或者更正；在指定期间已经补正或者更正的，应当依法受理。""人民法院经过阅卷、调查或者询问当事人，认为不需要开庭审理的，可以迳行裁定驳回起诉。"

在人民法院正式受理案件后，如果发现不符合起诉条件的，人民法院应裁定驳回起诉。《适用行政诉讼法解释》第二十六条规定："原告所起诉的被告不适格，人民法院应当告知原告变更被告；原告不同意变更的，裁定驳回起诉。""应当追加被告而原告不同意追加的，人民法院应当通知其以第三人的身份参加诉讼，但行政复议机关作共同被告的除外。"对驳回起诉裁定不服，当事人也可提出上诉。

2. 有关管辖问题的裁定

有关管辖问题的裁定包括管辖异议、移送管辖和指定管辖三类。

新《行政诉讼法》第二十二条规定：人民法院发现受理的案件不属于自己

① 新《行政诉讼法》第四十八条规定："公民、法人或者其他组织因不可抗力或者其他不属于其自身的原因耽误起诉期限的，被耽误的时间不计算在起诉期限内。""公民、法人或者其他组织因前款规定以外的其他特殊情况耽误起诉期限的，在障碍消除后十日内，可以申请延长期限，是否准许由人民法院决定。"

管辖时，应当移送有管辖权的人民法院。受移送的人民法院应当受理。受移送的人民法院认为受移送的案件按照规定不属于本院管辖的，应当报请上级人民法院指定管辖，不得再自行移送。第二十一条规定，有管辖权的人民法院由于特殊原因不能行使管辖权的，由上级人民法院指定管辖。人民法院对管辖权发生争议，由争议双方协商解决。协商不成的，报它们的共同上级人民法院指定管辖。移送管辖和指定管辖，均应以裁定的形式作出。

《适用行政诉讼法解释》第十条规定："人民法院受理案件后，被告提出管辖异议的，应当在收到起诉状副本之日起十五日内提出。""对当事人提出的管辖异议，人民法院应当进行审查。异议成立的，裁定将案件移送有管辖权的人民法院；异议不成立的，裁定驳回。""人民法院对管辖异议审查后确定有管辖权的，不因当事人增加或者变更诉讼请求等改变管辖，但违反级别管辖、专属管辖规定的除外。"

3. 中止诉讼的裁定

在行政诉讼过程中由于出现法定事由，需要中止行政诉讼时，人民法院应当以裁定方式中止诉讼，待中止诉讼的事由消失后，再恢复诉讼。这里需要中止诉讼的情形，根据《适用行政诉讼法解释》第八十七条规定，是指"在诉讼过程中，有下列情形之一的，中止诉讼：（一）原告死亡，须等待其近亲属表明是否参加诉讼的；（二）原告丧失诉讼行为能力，尚未确定法定代理人的；（三）作为一方当事人的行政机关、法人或者其他组织终止，尚未确定权利义务承受人的；（四）一方当事人因不可抗力的事由不能参加诉讼的；（五）案件涉及法律适用问题，需要送请有权机关作出解释或者确认的；（六）案件的审判须以相关民事、刑事或者其他行政案件的审理结果为依据，而相关案件尚未审结的；（七）其他应当中止诉讼的情形"。"中止诉讼的原因消除后，恢复诉讼。"

4. 终结诉讼的裁定

在行政诉讼过程中，由于发生法定事由，使诉讼无法继续进行的，人民法院应当作出终结诉讼的裁定。《适用行政诉讼法解释》第八十八条规定的终结诉讼的情形是指"在诉讼过程中，有下列情形之一的，终结诉讼：（一）原告死亡，没有近亲属或者近亲属放弃诉讼权利的；（二）作为原告的法人或者其他组织终止后，其权利义务的承受人放弃诉讼权利的"。"因本解释第八十七条第一款第一、二、三项原因中止诉讼满九十日仍无人继续诉讼的，裁定终结诉讼，但有特殊情况的除外。”

5. 诉讼期间停止行政行为的执行或者驳回停止执行的申请裁定

这类裁定是针对新《行政诉讼法》第五十六条的规定作出的。诉讼期间，不停止行政行为的执行。但有下列情形之一的，裁定停止行政行为的执行：

第一，被告认为需要停止执行的。

第二，原告或者利害关系人申请停止执行，人民法院认为该行政行为的执行会造成难以弥补的损失，并且停止执行不损害国家利益、社会公共利益的。

第三，人民法院认为该行政行为的执行会给国家利益、社会公共利益造成重大损害的。

第四，法律、法规规定停止执行的。

这里还需要注意的是，当事人对停止执行或者不停止执行的裁定不服的，可以申请复议一次。

6. 财产保全和先予执行裁定

《适用行政诉讼法解释》第七十六条规定，人民法院对于因一方当事人的行为或者其他原因，可能使行政行为或者人民法院生效裁判不能或者难以执行的案件，根据对方当事人的申请，可以裁定对其财产进行保全、责令其作出一定行为或者禁止其作出一定行为；当事人没有提出申请的，人民法院在必要时也可以裁定采取上述保全措施。

人民法院采取保全措施，可以责令申请人提供担保；申请人不提供担保的，裁定驳回申请。

人民法院接受申请后，对情况紧急的，必须在四十八小时内作出裁定；裁定采取保全措施的，应当立即开始执行。

当事人对保全的裁定不服的，可以申请复议；复议期间不停止裁定的执行。

7. 准许或者不准许撤诉裁定

撤诉是当事人的一项权利，但当事人在行使撤诉权时，人民法院须对此进行审查，不管准许撤诉与否，都应以裁定的方式作出。根据《撤诉规定》① 的规定，在处理撤诉问题时要注意如下几个方面的问题。

第一，被告改变被诉行政行为，原告申请撤诉，符合下列条件的，人民法院

① 《最高人民法院关于诉讼撤诉若干问题的规定》2008 年 1 月 14 日颁布。2008 年 2 月 1 日实施。

应当裁定准许：①申请撤诉是当事人真实意思表示；②被告改变被诉行政行为，不违反法律、法规的禁止性规定，不超越或者放弃职权，不损害公共利益和他人合法权益；③被告已经改变或者决定改变被诉行政行为，并书面告知人民法院；④第三人无异议。

第二，被告改变被诉行政行为，原告申请撤诉，有履行内容且履行完毕的，人民法院可以裁定准许撤诉；不能即时或者一次性履行的，人民法院可以裁定准许撤诉，也可以裁定中止审理。

第三，准许撤诉裁定可以载明被告改变被诉行政行为的主要内容及履行情况，并可以根据案件具体情况，在裁定理由中明确被诉行政行为全部或者部分不再执行。

第四，申请撤诉不符合法定条件，或者被告改变被诉行政行为后当事人不撤诉的，人民法院应当及时作出裁判。

第五，第二审或者再审期间行政机关改变被诉行政行为，当事人申请撤回上诉或者再审申请的，参照《撤诉规定》执行。

第六，准许撤回上诉或者再审申请的裁定可以载明行政机关改变被诉行政行为的主要内容及履行情况，并可以根据案件具体情况，在裁定理由中明确被诉行政行为或者原裁判全部或者部分不再执行。

8. 补正裁判文书中笔误的裁定

在行政诉讼中，法院如果发现判决书内容有错写、错算、用词不当等情况，人民法院应以裁定方式加以补正。

9. 中止或者终结执行裁定

在行政诉讼执行程序中，如果出现需要中止或终结执行的法定情形时，人民法院应用裁定方式进行。

10. 提审、指令再审或者发回重审裁定

这类裁定有以下几种情形。

第一，新《行政诉讼法》第八十九条第一款第三项规定："原判决认定基本事实不清，证据不足的，发回原审人民法院重审，或者查清事实后改判。"

第二，新《行政诉讼法》第八十九条第一款第四项规定："原判决遗漏当事人或者违法缺席判决、严重违反法定程序的，裁定撤销原判决，发回原审人民法院重审。"

第三，新《行政诉讼法》第九十二条规定："各级人民法院院长对本院已经发生法律效力的判决、裁定，发现有本法第九十一条[①]规定的情形之一，或者发现调解违反自愿原则或者调解书内容违法，认为需要再审的，应当提交审判委员会讨论决定。""最高人民法院对地方各级人民法院已经发生法律效力的判决、裁定，上级人民法院对下级人民法院已经发生法律效力的判决、裁定，发现有本法第九十一条规定的情形之一，或者发现调解违反自愿原则或者调解书内容违法的，有权提审或者指令下级人民法院再审。"

这里需要注意的是，原审人民法院对发回重审的案件作出判决后，当事人提起上诉的，第二审人民法院不得再次发回重审。

11. 准许或者不准许执行行政机关的行政行为的裁定

根据新《行政诉讼法》第九十七条规定："公民、法人或者其他组织对行政行为在法定期限内不提起诉讼又不履行的，行政机关可以申请人民法院强制执行，或者依法强制执行。"如果行政机关提出执行申请的，人民法院应以裁定的方式进行。

12. 其他需要裁定解决的事项

凡不属于上述事项，人民法院可以根据具体情形和法律规定适用裁定。例如，原审判决遗漏了必须参加诉讼的当事人或者诉讼请求的，第二审人民法院应当裁定撤销原审判决，发回重审。

三　行政诉讼裁定的法律效力

行政诉讼裁定的法律效力有以下三种情况。

第一，对一审法院作出的不予受理的裁定、驳回起诉的裁定和管辖权异议的裁定，当事人可以在一审法院作出裁定之日起十日内向上一级人民法院提出上诉，逾期不提出上诉的，一审人民法院的裁定即发生法律效力。

第二，第二审人民法院经审理认为原审人民法院不予受理或者驳回起诉的裁

---

① 新《行政诉讼法》第九十一条规定："当事人的申请符合下列情形之一的，人民法院应当再审：(一) 不予立案或者驳回起诉确有错误的；(二) 有新的证据，足以推翻原判决、裁定的；(三) 原判决、裁定认定事实的主要证据不足、未经质证或者系伪造的；(四) 原判决、裁定适用法律、法规确有错误的；(五) 违反法律规定的诉讼程序，可能影响公正审判的；(六) 原判决、裁定遗漏诉讼请求的；(七) 据以作出原判决、裁定的法律文书被撤销或者变更的；(八) 审判人员在审理该案件时有贪污受贿、徇私舞弊、枉法裁判行为的。"

定确有错误，且起诉符合法定条件的，应当裁定撤销原审人民法院的裁定，指令原审人民法院依法立案受理或者继续审理。

第三，对于除以上三类裁定之外的其他所有裁定，当事人无权提出上诉，一经宣布或者送达，即发生法律效力。

四　制作裁定书的要求

根据《适用行政诉讼法解释》第一百零一条第三款的规定，人民法院制作裁定书应当写明裁定结果和作出该裁定的理由。裁定书由审判人员、书记员署名，加盖人民法院印章。口头裁定的，记入笔录。

第三节　行政诉讼的决定

一　行政诉讼决定的概念

行政诉讼决定，是指人民法院为了保证行政诉讼的顺利进行，而依法对行政诉讼中的某些特殊事项所作的处理。

行政诉讼决定与行政诉讼裁定相比，具有如下特点。

第一，所解决的问题不同。决定所解决的问题是发生在行政诉讼中的某些特殊事项，这些事项往往具有紧迫性，它既不同于行政诉讼判决那样解决的是实体问题，也不同于行政诉讼裁定那样解决的是程序问题。

第二，作用不同。行政诉讼决定的作用在于保证诉讼程序的正常和顺利进行，或者为案件的正常审理提供必要的条件。

第三，效力不同。决定不是人民法院的审判行为，但是一经作出立即生效。当事人对决定不服，不能提起上诉，但可以申请复议。

二　行政诉讼决定的适用范围

行政诉讼决定，是人民法院在行政诉讼中依法对特殊事项所作的处理，总体而言，适用的事项有两类：一是需要处理的事项具有紧迫性；二是需要处理的事项与人民法院的职权有关。根据新《行政诉讼法》的规定，行政诉讼决定主要有：

第一，有关回避事项的决定。人民法院作出是否回避决定并以口头或者书面方式作出，申请人对决定不服，可以申请人民法院复议一次，但不停止执行。

第二，对妨害行政诉讼的行为采取强制措施的决定。人民法院作出训诫、责令具结悔过强制措施的，通常由审判长当庭作出口头决定，并记入笔录；对采取罚款、拘留强制措施的，应由合议庭作出书面决定，并报院长批准，当事人不服的，可以申请复议。

第三，审判委员会对已经生效的行政案件的裁判作出再审的决定。对人民法院对已发生法律效力的裁判，发现违反法律需要再审的，由院长提交审判委员会讨论决定是否再审。审判委员会决定再审的，该行政案件应进行再审。

第四，有关诉讼期限事项的决定。公民、法人或者其他组织因不可抗力或者其他特殊情况耽误法定期限的，在障碍消除后的十日内，可以申请延长期限，由人民法院决定。对于下级人民法院需要延长审理期限的申请，高级人民法院和最高人民法院作出是否延长的决定。此外，如诉讼费用的减免、强制执行措施的采取等事项，都可适用决定。

第五，有关执行事项的决定。如行政机关拒绝履行生效判决、裁定的，人民法院可以从期满之日起，对该行政机关负责人按日处以 50 至 100 元的罚款决定；将行政机关拒绝履行的情况给予公告。如果执行过程中，案外人对执行标的提出异议的，由执行员进行审查，认为异议有理的，报院长批准中止执行，由合议庭审查或由审判委员会作出行政诉讼决定。

第六，按照法定程序提交审判委员会讨论的事项，审判委员会应当作出决定。

三　行政诉讼决定的形式

行政诉讼决定可以采用口头和书面两种形式。

口头决定必须由书记员记入笔录。采用书面决定要制作正式的书面决定书。

四　行政诉讼决定的效力

在行政诉讼中，无论何种性质的决定，一经宣布或送达，即发生法律效力，义务人必须履行相关义务。对决定不服，不得提出上诉。法律规定当事人可以申请复议的，当事人有权申请复议，但复议期间不停止决定的执行。

第十三章　行政诉讼执行

行政诉讼执行，是行政诉讼中获胜一方当事人实现权利，败诉一方当事人履行义务的重要阶段和手段，也是行政诉讼程序的最后一个环节。执行与审理具有十分紧密的关系，经过审理得出的结论（行政诉讼判决和行政诉讼裁定）是执行的根据，执行又能够保证审理得出的结论的实现。

第一节　行政诉讼执行概述

一　行政诉讼执行的概念

行政诉讼执行是行政诉讼制度的重要组成部分，是人民法院审理、裁判行政案件的延续。

行政诉讼执行，亦称行政诉讼强制执行，是指人民法院和享有执行权的行政机关在执行义务人逾期不履行已经发生法律效力的行政裁判文书（包括判决书、裁定书、调解书）及非诉合法行政行为所确定的义务时，依照法定程序强制履行义务，从而保证生效法律文书的内容得到实现的司法活动。

行政诉讼法规定的执行包括诉讼执行和非诉讼执行两类基本情况。诉讼执行，是指对经过诉讼程序确定的义务进行执行，是对司法裁判的执行；非诉讼执行，是指人民法院或行政机关对未经审理的行政行为的执行。

这里需要注意的是，行政诉讼执行与行政强制执行具有严格的区别。行政强制执行，是指行政相对人不履行行政主体依法所作的行政处理决定所确定的义务，国家机关依法强制其履行义务或达到与履行义务相同的状态的行为。根据现行体制，行政强制执行实行行政与司法并行的双轨制。即在法律赋予行政机关享有强制执行权的情况下，行政机关有权自行强制执行自己所作的行政决定，只有在法律没有授权行政机关强制执行的情况下，行政机关才需要申请人民法院强制执行。

行政诉讼执行与行政强制执行的区别如下表。

标准 \ 名称	行政诉讼执行	行政强制执行
性质	属于行政诉讼制度的一个组成部分，是司法权的表现之一	属于一种行政行为，是行政权的表现形式之一
执行主体	第一审人民法院，具体工作由人民法院内设的执行局承担	在法律授权时行政机关可以依法自行执行；在法律没有授权时申请人民法院强制执行
执行对象	人民法院发生法律效力的判决书、裁定书、调解书等	行政机关作出的行政行为
被执行人	既可以是作为原告的行政相对人，也可以是作为被告的行政主体	仅限于行政相对人

二 行政诉讼执行的特点

根据新《行政诉讼法》的规定，行政诉讼执行具有如下特点。

（一）执行主体具有特定性

新《行政诉讼法》规定，行政诉讼的执行组织是人民法院或依法享有执行权的行政机关。诉讼案件的执行权是审判机关的审判权的重要组成部分，对生效的行政裁判文书、调解书，负有执行义务的人必须履行。因此，当负有执行义务的人（人民法院的强制执行措施，不仅可以对行政相对人采取，亦可对行政主体采取）逾期不履行人民法院的生效行政裁判文书、调解书所确定的义务，人民法院就有权采取强制手段强迫义务人履行义务。同时，根据没有强制执行权的行政机关或法律、法规授权组织的申请，人民法院也有权对逾期拒不履行其作出的合法行政行为的行政相对人采取强制措施。新《行政诉讼法》第九十五条规定：

“公民、法人或者其他组织拒绝履行判决、裁定、调解书的，行政机关或者第三人可以向第一审人民法院申请强制执行，或者由行政机关依法强制执行。”

当然，人民法院在执行案件时，也必须根据有关执行管辖的规定进行。因此，执行管辖的确定不仅与人民法院对行政案件的执行权限有关，而且还与行政诉讼当事人申请执行权的正确性有关。人民法院的执行管辖权如何确定呢？新《行政诉讼法》没有明确的规定。但《适用行政诉讼法解释》第一百五十四条明确规定：“发生法律效力的行政判决书、行政裁定书、行政赔偿判决书和行政调解书，由第一审人民法院执行。”“第一审人民法院认为情况特殊，需要由第二审人民法院执行的，可以报请第二审人民法院执行；第二审人民法院可以决定由其执行，也可以决定由第一审人民法院执行。”第一百五十七条规定：“行政机关申请人民法院强制执行其行政行为的，由申请人所在地的基层人民法院受理；执行对象为不动产的，由不动产所在地的基层人民法院受理。”“基层人民法院认为执行确有困难的，可以报请上级人民法院执行；上级人民法院可以决定由其执行，也可以决定由下级人民法院执行。”可见，我国实行的对于生效裁判以第一审人民法院执行为原则，对非诉行政案件的执行由基层人民法院执行为原则。

这里需要特别注意的是，由于各级人民法院都有权受理第一审行政案件，因而对于生效的行政裁判，各级人民法院都可能成为具有执行管辖权的人民法院。

根据新《行政诉讼法》第九十五条的规定，有的行政机关有“依法强制执行”的权力。这里要注意，“依法强制执行”的“法”，仅指全国人大及其常委会制定的法律，是狭义上的，不包括行政法规和地方性法规，更不包括规章。即“依法强制执行”必须是依全国人大及其常委会在法律中的明确授权。

（二）执行内容的特定性

无论行政诉讼的具体情况如何复杂多样，但行政诉讼执行的内容总是与行政行为相关。这是因为，不论是行政主体申请人民法院执行其作出的行政行为的非诉案件，还是行政相对人不服行政主体所作的行政行为起诉的行政案件，都是因行政行为的合法性问题所引起的，人民法院作出的生效行政裁判文书亦都与行政行为的合法性有关。

（三）执行目的具有特定性

行政诉讼的执行目的在于实现确保生效行政裁判文书确定的内容得到实现，

进而保证行政法上的权利义务在行政管理中的实现，可以说是行政诉讼的执行是行政管理法律化的一种体现。因为，行政诉讼当事人对人民法院生效行政裁判文书的履行，最终目的是实现人民法院生效行政裁判文书所确认的行政法律关系。

（四）执行手段具有差异性

由于行政诉讼执行程序的当事人中有一方必定是行政法律关系中的行政主体，另一方是行政法律关系中的行政相对人，而这两方在行政法律关系中的地位存在差异，对行政主体和行政相对人不能够采取完全相同的强制措施，这就决定了人民法院采取的执行措施也必然具有差异性。例如新《行政诉讼法》第九十六条规定，被执行人是行政机关或组织时，人民法院可以采取划拨、对行政机关负责人罚款、将行政机关拒绝履行的情况予以公告、提出司法建议、对主管人员或者直接责任人员进行司法拘留或者追究其刑事责任等形式强制执行措施，而被执行人是公民、法人或其他组织时强制执行措施的形式更加多样。

（五）执行的根据具有法定性

根据新《行政诉讼法》的相关规定，在行政诉讼执行程序中，据以强制执行的根据是已经发生法律效力的法律文书。这些法律文书包括行政判决书、行政裁决书、行政赔偿调解书、行政附带民事判决书、决定书等已经发生法律效力的法律文书。

三　行政诉讼执行的种类

根据执行依据的不同，行政诉讼执行可以分为行政诉讼裁判执行和非诉行政案件的执行。

行政诉讼裁判执行的依据是人民法院制作的已经生效的法律文书，而非诉行政案件执行的依据是行政主体制作的已经生效的行政法律文书。

非诉行政案件的执行，是行政机关申请人民法院执行行政行为的简称，是指行政机关在作出行政行为后，行政相对人在法定期限内既不向人民法院提起行政诉讼，也不履行行政机关作出的行政行为，行政机关向人民法院提出执行申请，由人民法院采取强制措施，使行政行为的内容得以实现的制度。非诉行政案件的执行是行政行为强制执行的一种方式，即行政行为的强制执行包括行政机关的强制执行和非诉行政案件的执行两种。

非诉行政案件的执行与行政诉讼裁判执行既有联系，也有区别。

内容＼名称	行政诉讼裁判执行	非诉行政案件的执行
区别	执行依据是人民法院的判决、裁定	依据是行政机关作出的行政行为
	在审理阶段经过了法院对其合法性的全面审查,在执行阶段不审查实质内容	需要法院的行政审判庭对行政行为是否符合执行的要求进行审查,对于“重大且明显错误”的行政行为不予执行
	在程序方面,行政诉讼执行是根据行政诉讼法和民事诉讼法的相关规定进行,属于司法程序的范围	非诉行政案件的执行程序应当根据行政强制执行程序进行,属于行政程序的范围
相同点	(1)执行机构和执行措施一致。二者都是由人民法院采取相应的执行措施实施强制执行,从而达到法律文书确定内容的实现	
	(2)都存在一定意义上的司法审查。行政诉讼裁判执行的依据是法院的判决、裁定,本身是法院审查的结果,而非诉行政案件的执行中,作为执行依据的行政行为也需要经过法院的审查	

四　行政诉讼执行的主体

行政诉讼执行的主体，是指行政执行案件中涉及的享有诉讼权利和承担诉讼义务的主体。行政诉讼的执行主体包括执行组织、执行当事人、执行参与人和执行异议人。

（一）执行组织

执行组织，又称执行机关，是指享有行政诉讼执行权，并主持执行过程、采取强制措施的组织人民法院和特定的行政机关，即采取执行强制措施的主体。

根据新《行政诉讼法》的规定，采取执行强制措施的主要包括人民法院和行政机关。通常而言，在行政机关具有执行权时，由行政机关强制执行；在行政机关没有执行权时，由行政机关申请人民法院强制执行。

这里需要指出的是，执行组织在执行过程中居于主导地位，是整个执行过程的主持者，在执行过程中的具体工作主要有：审查执行申请，决定执行立案，选择执行措施，制定执行方案，组织开展执行，收取执行费用，处理案外人异议和决定执行中止、终结，宣告执行完毕，等等。

发生法律效力的行政判决书、行政裁定书、调解书，由第一审人民法院执行。第一审人民法院认为情况特殊需要由第二审人民法院执行的，可以报请第二审人民法院执行；第二审人民法院可以决定由其执行，也可以决定由第一审人民法院执行。

行政诉讼裁判执行的措施是在执行行政诉讼裁判时需要采取的手段和方式。执行措施涉及被执行人的人身、财产等重大的利益，因此，需要法律的明确规定，而不能由执行机关任意为之。

（二）执行当事人

执行当事人，是指执行申请人与被申请人，又称为执行人和被执行人。

执行当事人的身份由一审程序中的原告和被告转化而来，是执行案件中权利与义务的争议主体。这里需要指出的是，在行政诉讼的执行中，原告和被告都可以成为申请人，也都可以成为被申请人，关键是看谁是行政诉讼裁判所确定的权利人。在行政机关依法自行执行的情况下，没有申请人与被申请人，作为原争议一方的行政机关同时成为执行机关。

执行申请人包括行政机关和第三人；执行被申请人，是指人民法院生效判决、裁定、调解书确定义务的主体，既可能是原告，也可能是第三人。

（三）执行参与人

执行参与人，是指除执行申请人与被申请人以外的其他参与执行过程的公民、法人或其他组织。

执行参与人因情况不同，各自承担的义务内容也不一致。在执行中，主要有以下几种参与人。

第一，执行涉及被执行人的存款、劳动收入时，该存款或劳动收入所在的机构就有义务协助执行这部分财产，这些机构就是执行参与人。如银行或被执行人所在的单位等。

第二，执行涉及物件或票证等时，掌握或持有这些物件、票证的单位和个人有义务按照执行通知交出这些物件、票证等。这些单位或个人就是执行参与人。

第三，执行涉及财产的手续登记或变更时，主管的行政机关或单位也有义务协助完成登记或变更，从而成为执行参与人。如土地使用权拍卖执行中负有协助变更登记的国土资源部门等。

除上述执行参与人外，未成年人的家属、被执行人所在的村委会、居委会等也可能成为行政诉讼裁判执行的参与人。

执行参与人通常与案件没有直接利害关系，其参与执行程序是由于其对执行中涉及的财产转移、交付负有相应的协助义务。

（四）执行异议人

执行异议人，也称案外异议人，是指执行当事人以外的，对执行标的提出不同诉讼主张的主体。

根据《民事诉讼法》第二百二十五条规定，当事人、利害关系人认为执行行为违反法律规定的，可以向负责执行的人民法院提出书面异议。当事人、利害关系人提出书面异议的，人民法院应当自收到书面异议之日起十五日内审查，理由成立的，裁定撤销或者改正；理由不成立的，裁定驳回。当事人、利害关系人对裁定不服的，可以自裁定送达之日起十日内向上一级人民法院申请复议。

根据《民事诉讼法》第二百二十七条规定，在执行过程中，案外人对执行标的提出书面异议的，人民法院应当自收到书面异议之日起十五日内审查，理由成立的，裁定中止对该标的的执行；理由不成立的，裁定驳回。案外人、当事人对裁定不服，认为原判决、裁定错误的，依照审判监督程序办理；与原判决、裁定无关的，可以自裁定送达之日起十五日内向人民法院提起诉讼。

五　行政案件的执行对象

行政诉讼的执行对象，又称执行客体，是指由生效的执行根据所确定的，并由执行机关执行行为所指向的目标。行政诉讼的执行对象包括财物、行为和人身三种。

这里需要注意的是，根据《民事诉讼法》规定，被执行人或者被执行的财产在外地的，可以委托当地人民法院代为执行。受委托人民法院收到委托函件后，必须在十五日内开始执行，不得拒绝。执行完毕后，应当将执行结果及时函复委托人民法院；在三十日内如果还未执行完毕，也应当将执行情况函告委托人民法院。受委托人民法院自收到委托函件之日起十五日内不执行的，委托人民法院可以请求受委托人民法院的上级人民法院指令受委托人民法院执行。

六　行政诉讼执行的条件

人民法院的执行是一种运用国家强制力进行的司法活动，是一种强制执行，要对被执行人的人身、行为或财产产生实际的、直接的限制或剥夺，因此，只有具备一定的法定条件才能执行。根据新《行政诉讼法》的规定，人民法院进行强制执行必须具备的条件有以下四个。

第一，人民法院进行强制执行，必须具有执行依据。执行依据，是指当事人据以申请强制执行和执行主体采取执行措施的法律凭证，即已经发生法律效力的法律文书。新《行政诉讼法》规定，当事人必须履行人民法院发生法律效力的判决、裁定、调解书。公民、法人或者其他组织拒绝履行判决、裁定、调解书的，行政机关或者第三人可以向第一审人民法院申请强制执行或者由行政机关依法强制执行。据以执行法律文书，即判决、裁定、调解书已经发生法律效力，未发生法律效力的法律文书不能作为执行的根据。这里需要注意的是，已经发生法律效力的执行文书包括人民法院制作的终审裁判，已经过上诉期限当事人没有上诉的第一审裁决和已经生效的行政决定。

第二，据以执行的依据必须具有给付内容。因此，执行依据中必须确定了一方当事人的给付义务，包括交付金钱、财物或者完成一定的行为。在现行的法律规定中，给付内容主要有交付罚款、交付税费、给付抚恤金、给付赔偿金、颁发许可证照、强制拘留，等等。

第三，必须有当事人拒绝履行生效法律文书确定的义务的事实，如果义务人已经根据法律文书的规定，自觉地履行了义务，则不存在强制执行的问题。“拒绝履行”，是指明确表示不履行和有条件履行但拖延不履行两种情形。

第四，未超过申请期限。《适用行政诉讼法解释》第一百五十三条规定，申请执行的期限为二年。申请执行时效的中止、中断，适用法律有关规定。申请执行的期限从法律文书规定的履行期间最后一日起计算；法律文书规定分期履行的，从规定的每次履行期间的最后一日起计算；法律文书中没有规定履行期限的，从该法律文书送达当事人之日起计算。逾期申请的，除有正当理由外，人民法院不予受理。

七　执行的意义

执行在行政诉讼中虽然不是必经程序，但却具有十分重要的地位，一方面执行能够切实保证人民法院判决、裁定和行政决定所确立的权利义务得以实现；另一方面执行能够保护当事人通过诉讼所欲维护的合法权益，维护国家法律的尊严。

第二节　行政诉讼裁判的执行

行政诉讼裁判的执行对于保障当事人合法权益的实现、维护法律的权威与尊严具有重要意义。行政诉讼裁判的执行应当符合一定的条件。人民法院执行行政诉讼裁判的，应当采取法定措施并依照法定程序进行。

一　行政诉讼裁判执行的含义

行政诉讼裁判的执行，是指对人民法院发生法律效力的判决和裁定，负有义务的一方拒绝履行时，由执行机构依法采取强制措施，以确保生效法律文书的内容得以实现的活动。

行政诉讼裁判执行是诉讼程序中的最后一个阶段，是审理程序的后续和保障。行政诉讼裁判执行的主要特征有：

第一，执行的主体既包括法院，也包括具有行政强制执行权的行政机关。这是行政裁判执行与民事裁判执行的重要区别之一。

第二，行政机关为执行申请人或者被申请执行人。由于行政诉讼的执行，既可以由原告方提出申请，也可以由被告方提出申请，因此，当作为行政诉讼原告一方的行政相对人申请执行行政诉讼裁判时，作为被告的行政主体一方为被申请执行人；当作为原告一方的行政相对人不履行行政诉讼裁判时，作为被告一方的行政主体可以成为执行申请人。

第三，执行的目的是实现已经生效的行政裁判法律文书所确定的义务。这里需要注意的是，行政诉讼执行只有在义务人逾期拒不履行义务时，才能依照法定程序采取强制措施，以实现生效裁判文书所确定的义务。因此，执行机关本身只是对已经确定的法律义务的实现，无权重新调整或者确定、变更当事人之间的义务。

二　行政诉讼裁判执行的种类

1. 行政诉讼裁判执行与行政行为的强制执行的区别

行政行为的强制执行，是指在行政相对人不履行行政行为所确定的法定义务时，由行政机关或者行政机关申请人民法院依法采取强制手段，迫使其履行义务或者达到与履行义务同等状态。行政行为强制执行的实施以申请人民法院执行为原则，行政机关自力执行为例外。只有法律、法规明确规定可由行政机关强制执行的，行政机关才能够自力执行，除此之外的行政行为的执行都应申请法院执行。

行政行为的强制执行与行政诉讼裁判执行还是具有比较明显的区别，如下表。

名称 标准	行政行为的强制执行	行政诉讼裁判执行
执行依据	行政机关作出的已经生效的法律效力行政行为	人民法院作出的已经生效的行政判决书、裁定书、调解书、行政决定
地位	关于行政行为所设定的权利义务的实现问题，是行政实体法的重要组成部分	行政诉讼制度的重要组成部分，是关于司法判决裁定的实施问题
被执行人	被执行人只能是行政相对人，一般是公民、法人或者其他组织，行政机关只有在处于行政相对人地位时才能成为被执行人	被执行人既可以是作为行政诉讼原告的行政相对人，也可以是作为行政诉讼被告的行政主体
执行机关	可以是人民法院，也可以是依法具有强制执行权的行政机关。只有在行政机关自己不具有强制执行权，且行政相对人不主动履行义务的情况下，行政机关才需要申请人民法院执行	行政诉讼裁判执行的机关是人民法院。在特殊情况下行政机关也可以成为执行机关，执行人民法院生效的法律文书，但应当满足以下两个条件：一是该行政机关依法具有强制执行权；二是人民法院作出的是维持判决
执行方式	直接强制执行和间接强制执行（包括执行罚和代执行）	查封、扣押、冻结、划拨提取、强制拆除，等等

2. 申请执行、移交执行和委托执行

（1）申请执行。

申请执行，是指行政诉讼中权利人一方，向人民法院申请对义务一方采取强制执行的措施。

在实践中，无论案件经过何种程序审结，胜诉一方作为权利人都有权向第一审人民法院提出执行申请。

（2）移送执行。

移送执行，又称为移交执行，是指由案件审判机构直接将案件移送给执行机构的执行。

移送执行是一种依职权执行的方式，无须权利人的申请而由人民法院主动依职权执行。

这里需要特别注意的是，移送执行只是发生在人民法院内部工作机构之间。国家法律对移送执行未作明确规定。依职权执行是申请执行的补充形式，是为了更好、更及时地实现裁判确认的权利，维护公共利益和司法审判的权威。

（3）委托执行。

委托执行，是指负责执行的人民法院，在不便到异地执行的时候，委托当地人民法院并由受委托人民法院代为执行的制度。

委托执行的情形主要是发生在执行对象不在本地的特殊情形。委托执行并不是执行的提起方式，而是人民法院之间相互协助的一种具体表现形式。在委托人民法院委托其他的人民法院执行之前，还是必须由当事人提出执行申请或者人民法院移送执行。如果没有当事人提出执行申请或者人民法院移送执行，也就不可能有委托执行。

三　行政诉讼裁判执行的程序

行政诉讼裁判执行的启动包括两种，即当事人的申请执行和人民法院的移交执行。

1. 申请执行

执行是一种依申请的司法行为，没有申请人的申请，人民法院不主动开展执行工作。申请执行，是指生效法律判决书确定的权利人、作出行政行为的行政主体，在义务人拒不履行生效法律文书所确定的义务时，在法定期限内依法要求有执行管辖权的人民法院予以强制执行的诉讼行为。新《行政诉讼法》第九十五条规定，公民、法人或者其他组织拒绝履行判决、裁定、调解书的，行政机关或者第三人可以向第一审人民法院申请强制执行，或者由行政机关依法强制执行。《适用行政诉讼法解释》第一百五十二条进一步规定，对发生法律效力的行政判决书、行政裁定书、行政赔偿判决书和行政调解书，负有义务的一方当事人拒绝履行的，对方当事人可以依法申请人民法院强制执行。人民法院判决行政机关履行行政赔偿、行政补偿或者其他行政给付义务，行政机关拒不履行的，对方当事人可以依法向法院申请强制执行。最高人民法院《关于人民法院执行工作若干问题的规定（试行）》第十八条规定，人民法院受理执行案件应当符合下列条件：

第一，申请或移送执行的法律文书已经生效。

第二，申请执行人是生效法律文书确定的权利人或其继承人、权利承受人。

第三，申请执行人在法定期限内提出申请。

第四，申请执行的法律文书有给付内容，且执行标的和被执行人明确。

第五，义务人在生效法律文书确定的期限内未履行义务。

第六，属于受申请执行的人民法院管辖。人民法院对符合上述条件的申请，应当在七日内予以立案；不符合上述条件之一的，应当在七日内裁定不予受理。

根据《适用行政诉讼法解释》第一百五十五条的规定，行政机关根据《行政诉讼法》第九十七条的规定申请执行其行政行为，应当具备以下条件：

第一，行政行为依法可以由人民法院执行。

第二，行政行为已经生效并具有可执行内容。

第三，申请人是作出该行政行为的行政机关或者法律、法规、规章授权的组织。

第四，被申请人是该行政行为所确定的义务人。

第五，被申请人在行政行为确定的期限内或者行政机关催告期限内未履行义务。

第六，申请人在法定期限内提出申请。

第七，被申请执行的行政案件属于受理执行申请的人民法院管辖。

行政机关申请人民法院执行，应当提交《行政强制法》第五十五条[①]规定的

---

① 《中华人民共和国行政强制法》第五十五条规定："行政机关向人民法院申请强制执行，应当提供下列材料：（一）强制执行申请书；（二）行政决定书及作出决定的事实、理由和依据；（三）当事人的意见及行政机关催告情况；（四）申请强制执行标的情况；（五）法律、行政法规规定的其他材料。""强制执行申请书应当由行政机关负责人签名，加盖行政机关的印章，并注明日期。"

相关材料。

人民法院对符合条件的申请，应当在五日内立案受理，并通知申请人；对不符合条件的申请，应当裁定不予受理。行政机关对不予受理的裁定有异议，在十五日内向上一级人民法院申请复议的，上一级人民法院应当在收到复议申请之日起十五日内作出裁定。

对于执行主管，最高人民法院的规定，法律、法规没有赋予行政机关强制执行权，行政机关申请人民法院强制执行的，人民法院应当依法受理；法律、法规规定既可以由行政机关依法强制执行，也可以申请人民法院强制执行，行政机关申请人民法院强制执行的，人民法院可以依法受理。

对于执行管辖，最高人民法院规定，行政机关申请人民法院强制执行其行政行为的，由申请人所在地的基层人民法院受理；执行对象为不动产的，由不动产所在地的基层人民法院受理。基层人民法院认为执行确有困难的，可以报请上级人民法院执行；上级人民法院可以决定由其执行，也可以决定由下级人民法院执行。

第八，执行申请应当在法定期限内提出。新《行政诉讼法》没有明确规定申请强制执行的期限，但《适用行政诉讼法解释》第一百五十六条作了明确规定，没有强制执行权的行政机关申请人民法院强制执行其行政行为，应当自被执行人的法定起诉期限届满之日起三个月内提出。逾期申请的，除有正当理由外，人民法院不予受理。

第九，申请人民法院强制执行，应当向人民法院提交执行申请书和相关材料。根据最高人民法院的规定，行政机关申请人民法院强制执行其行政行为，应当提交申请执行书、据以执行的行政法律文书、证明该行政行为合法的材料和被执行人财产状况以及其他必须提交的材料。享有权利的公民、法人或者其他组织申请人民法院强制执行的，人民法院应当向作出裁决的行政机关调取有关材料。

当事人申请执行的，应当向一审人民法院提出执行申请而不能向其他人民法院提出执行申请。如果一审法院认为应由上一级人民法院执行时，也可以报经上一级人民法院同意决定。之所以这样规定，是为了方便就近执行。

2. 执行申请的期限

根据《适用行政诉讼法解释》第一百五十三条的规定，申请执行的期限为两年。申请执行时效的中止、中断，适用法律有关规定。

申请执行的期限从法律文书规定的履行期间最后一日起计算；法律文书规定分期履行的，从规定的每次履行期间的最后一日起计算；法律文书中没有规定履行期限的，从该法律文书送达当事人之日起计算。

逾期申请的，除有正当理由外，人民法院不予受理。

3. 执行申请的审查和准备

（1）执行申请的审查。

人民法院在收到执行申请后，应当对执行申请及相关问题进行审查，以便了解案情，确定是否执行和具体的执行方案。

审查执行的内容包括：①申请人是否适格；②执行根据是否具有执行的内容；③执行文书、材料是否真实、完备；④被申请人是否适格；⑤被申请人是否具有履行义务的能力及不履行义务的原因。

执行机构经过审查认为符合条件应当立案的，应通知申请人、被申请人和移交机构；如果经审查认为不符合条件的，则不予立案执行，并将有关文书、材料退回；如果经审查发现材料不足的，则应通知执行申请人和移交机构补充材料；如果属于执行事项不清、不准确或者文书制作有错误的，则应通知有关机构予以补正后立案执行。

认为符合条件的申请，应当立案受理，并通知申请人。对于符合执行条件，决定立案受理的案件，人民法院应当及时通知被执行人在指定的期限内履行义务，告知不自觉履行义务的法律后果。只有在被执行人在指定的履行期限内仍然不履行义务的，人民法院才能采取强制执行措施。

人民法院经过审查之后，认为不符合条件的申请，应当裁定不予受理。这里的“不符合条件的申请”，根据最高人民法院《适用行政诉讼法解释》第一百六十一条的规定，被申请执行的行政行为有下列情形之一的，人民法院应当裁定不准予执行：①实施主体不具有行政主体资格的；②明显缺乏事实根据的；③明显缺乏法律、法规依据的；④其他明显违法并损害被执行人合法权益的情形。行政机关对不准予执行的裁定有异议，在十五日内向上一级人民法院申请复议的，上一级人民法院应当在收到复议申请之日起三十日内作出裁定。

人民法院在审查时还需要注意，在审查过程中如果发现作为执行根据的人民法院的生效裁判确有错误，审查人员应当及时提出书面审查意见，向院长请示。如果执行依据是上级人民法院或异地人民法院作出的，审查人员应当提出书面意见，经院长批准后，报请上级人民法院或函请异地人民法院审查处理。在相关人民法院审查期间，执行工作暂缓进行。

（2）强制执行的准备。

如果被申请人在接到执行通知后仍然拒绝履行义务，人民法院应当开始准备强制执行。

经决定立案执行的，执行机构在实施执行前，还需要进行一些相应的准备，主要包括：

第一，了解被执行人拒不履行义务的原因以及是否有能力执行、财产状况等。

第二，发出执行通知书，人民法院在决定受理执行案件后，应当在三日内向被执行人发出执行通知书，责令其在指定的期间内履行生效法律文书确定的义务。

第三，制定执行方案，包括决定所要采取的执行措施，确定执行的时间、地点，确定执行范围，明确执行对象等。

通常情况下强制执行的准备工作包括确定执行对象，界定执行范围，确定执行时间、地点和方式，制作相关的法律文书，调集必要的执行人员，通知执行当事人和参与人到场等内容。

4. 执行实施

执行实施是适用执行措施的过程，是执行的实现阶段，也是执行的攻坚阶段。

5. 执行阻却

执行阻却，是指人民法院在案件执行过程中，因发生法定事由，使执行不能继续或继续进行没有必要时，而中断执行程序的情形。执行阻却，包括执行中止、执行终结、执行和解三种情形。

（1）执行中止。

执行中止，是指在执行过程中，由于法定事由的出现，暂时中断执行，待事由消失后继续进行执行程序的情形。

执行中止的法定事由有：

第一，申请人表示可以延期执行。

第二，案外人对执行标的提出确有理由的异议。

第三，作为一方当事人的公民死亡，需要等待继承人或承担义务的人。

第四，作为一方当事人的法人或其他组织终止，尚未确定权利义务承受人。

（2）执行终结。

执行终结，是指因法定事由的出现，使执行程序已经没有必要或不可能继续进行，因而结束执行程序的情形。执行终结的原因不是由于义务已经得到了实现，而是由于如下特殊原因：

第一，申请人撤销执行申请。

第二，据以执行的法律文书被合法撤销。

第三，作为被执行人的公民死亡，无遗产可供执行，又无义务承担人。

第四，追索抚恤金案件、社会保险金案件、最低生活保障费案件的权利人死亡。

第五，人民法院认为应当终结执行的其他情形。

终结执行的，人民法院应当作出书面裁定，裁定送达当事人后立即生效。

（3）执行和解。

执行和解，是指在执行过程中，申请执行人与被申请执行人就赔偿内容自愿协商达成协议，并经人民法院审查批准后结束执行程序的行为。

执行和解是双方当事人的自愿行为，对双方都产生拘束力，产生终结诉讼执行的效果。执行和解的对象只能是行政行为所涉及的赔偿内容，不得违反法律的禁止性规定，不得损害公共利益以及其他人的合法利益。

这里需要特别指出的是，在通常情况下，由于行政诉讼法规定不适用调解，因此，行政诉讼判决不适用调解。但新《行政诉讼法》第六十条规定：“人民法院审理行政案件，不适用调解。但是，行政赔偿、补偿以及行政机关行使法律、法规规定的自由裁量权的案件可以调解。”“调解应当遵循自愿、合法原则，不得损害国家利益、社会公共利益和他人合法权益。”因此，在执行过程中，仅有行政赔偿、补偿以及行政机关行使法律、法规规定的自由裁量权等几类案件在执行过程中可以适用和解，其他案件的执行不能和解。

此外，和解应在双方自愿的基础上进行，和解协议应当交执行机构记录在案。

6. 执行完毕

执行完毕，是指法院通过采取强制执行措施，使得法律文书所确立的权利义务得以实现，执行完毕是执行案件在程序和内容上的终结，从而结束执行的一个环节。执行机构需要完成的工作包括结算执行费用、整理执行文书并进行归档等。

7. 执行补救

执行补救，是指执行程序结束后，因法定事由出现而需要对已经执行事项采取补救措施，予以救济。包括以下两种。

（1）执行回转。

执行回转，是指在执行程序结束后，因法定事由而将已经执行的对象恢复到执行前的状态。

执行回转是执行机构纠正错误的一种制度。根据执行实践，执行回转的事由包括：

第一，已经执行完毕的法律文书被有权人民法院依照审判监督程序予以撤销的。

第二，一审人民法院先行给付的裁定执行完毕后，该一审判决被上诉法院撤销，从而导致一审的先行给付裁定失去合法的基础与效力的。

第三，执行人员违法执行的。

出现上述三种情形的，执行机构应当依职权完成执行回转，以恢复合法状态。当事人自动履行的情形，如果出现上述事由的，也同样适用执行回转。

（2）再执行。

再执行，是指在执行程序结束后，对未执行的内容再次执行。再执行发生的原因是原执行的内容尚未完成，但在程序被终结后，由于新事物的出现而需要对已经终结的执行再次予以执行。

导致再执行的原因包括以下三个。

第一，发现新的情况。如原执行中认定被执行人死亡并无遗产可供执行，从而终结执行程序，后来发现有遗产存在，原执行中的认定错误的。

第二，发现被执行人以违法手段威胁，迫使申请执行人撤回申请而终结执行，事后经申请人提出，确属正当理由而应予执行的。

第三，其他应当再执行的情形。

四　实施强制执行措施

执行措施，是指执行机关所采用的具体执行手段与方法。执行手段和方法，必须严格依照法律的授权进行，不能由执行机关任意创造。

1. 对行政主体的执行措施

对行政主体的强制措施，是指被告不履行人民法院业已生效的裁判，人民法院根据原审原告的申请，对被申请的行政主体采取强制措施，以使裁判得以落实。新《行政诉讼法》第九十六条规定了行政机关不履行行政诉讼判决、裁定、调解书的五种强制措施。具体包括以下五点。

（1）划拨。

划拨是人民法院通知银行从该行政机关的账户上划拨应给付的金额。该种强制措施适用于被告行政机关应当返还行政相对人罚款或者应当给付的款额，而拒绝给付的情形。人民法院采用划拨的执行措施时，需要银行等金融机构的配合和支持，一般是向行政机关的开户行发出协助执行通知书，由银行按照人民法院确定的款项转入权利人的账户中。

（2）司法罚款。

司法罚款是一种间接强制措施。人民法院在行政诉讼裁判的执行中，罚款并不是最终目的，罚款的目的是为了督促行政机关及时履行义务。

司法罚款包括对行政机关的罚款和对个人的罚款两种。

行政机关在规定期限内拒不执行人民法院生效的判决、裁定的，从期满之日起，人民法院对行政机关负责人按日处以 50 元至 100 元的罚款。

对个人的罚款是指行政机关拒绝履行行政裁判所确定的义务，人民法院可以对行政机关的主要负责人或直接责任人予以罚款。

（3）将行政机关拒绝履行的情况予以公告。

新《行政诉讼法》第九十六条第三项规定，行政机关拒绝履行判决、裁定、调解书的，第一审人民法院可以将行政机关拒绝履行义务的情况通过电台、电视台、报刊、网络等新闻媒体，以公告的形式发布，使其不履行义务的情况在一定范围内为社会公众知晓，以造成一定的社会影响舆论压力，迫使其履行义务。

（4）向有关机关提出司法建议。

司法建议，是指由人民法院发函给被执行人的上一级机关或者监察、人事机关，建议由这些机关对拒不履行义务的被执行人（行政机关）进行必要的纪律处分，从而促使其尽快履行生效法律文书的行为。行政机关拒不履行相应义务时，作为执行机关的人民法院可以向该行政机关的上一级机关或者监察、人事机关提出司法建议。

接受司法建议的机关，根据有关规定进行处理，并将处理结果告知人民法院，从而通过行政内部监督的方式促使行政机关履行行政诉讼制度所确定的义务。

(5) 对主要负责人和直接责任人员进行司法拘留或者依法追究其刑事司法责任。

对于拒不履行人民法院生效判决、裁定、调解书，社会影响恶劣的，可以对该行政机关直接负责的主管人员和其他直接责任人员予以拘留；情节严重，构成犯罪的，依法追究刑事责任。

2. 对公民、法人或其他组织的执行措施

对公民、法人或其他组织的执行措施，《行政诉讼法》没有作出具体规定，行政诉讼中一般根据《民事诉讼法》规定的执行措施予以执行。对公民、法人或其他组织的执行措施，主要包括以下几种。

(1) 查询、冻结、划拨被执行人的存款。

被执行人未履行法律文书确定的义务的，人民法院有权向银行等金融机构查询被执行人的存款情况，有权冻结、划拨被执行人的存款。人民法院决定冻结、划拨存款，应当作出裁定，并发出协助执行通知书，金融机构必须办理。金融机构拒绝办理的，人民法院可以按照规定予以处罚。

(2) 扣留、提取被执行人的收入。

这是对劳动收入直接从发放或存放处扣留和提取的执行措施。被执行人未按执行通知履行法律文书确定的义务的，人民法院有权扣留、提取被执行人应当履行义务部分的收入。人民法院扣留、提取收入时，应当作出裁定，并发出协助执行通知书，被执行人所在单位以及金融机构必须办理。

(3) 查封、扣押、冻结、拍卖、变卖被执行人的财产。

被执行人未按执行通知履行法律文书所确定的义务的，人民法院有权查封、扣押、冻结、拍卖、变卖被执行人应当履行义务部分的财产。采取这些措施时，人民法院应当作出裁定。财产被查封后，人民法院的执行员应当责令被执行人在指定期间履行法律文书确定的义务。被执行人逾期不履行的，人民法院可以按照规定交有关单位拍卖或者变卖被查封、扣押的财产。

(4) 现场搜查措施。

被执行人如果不履行法律文书所确定的义务，并隐匿财产的，人民法院有权发出搜查令，对被执行人及其住所或者财产的隐匿地进行搜查。采取搜查措施，必须由院长签发搜查令。

（5）强制被执行人迁出房屋或者退出土地。

被执行的对象是房屋或者土地时，人民法院可以采取此类措施强制被执行人迁出房屋或者退出土地，但必须由院长签发公告，责令被执行人在指定期间履行。被执行人逾期不履行的，强制执行。

（6）强制销毁。

强制销毁，是指人民法院对违禁物品或者有毒、有害的物品依法给予销毁的行为。

（7）强制被执行人支付利息或者支付迟延履行金。

除上述措施外，人民法院可以采取的措施还包括强制被执行人交付法律文书确定的财物或者票证等。

这里需要注意：根据《民事诉讼法》的规定，被执行人未按执行通知履行法律文书确定的义务，人民法院有权查封、扣押、冻结、拍卖、变卖被执行人应当履行义务部分的财产。但应当保留被执行人及其所扶养家属的生活必需品。强制迁出房屋或者强制退出土地，由院长签发公告，责令被执行人在指定期间履行。被执行人逾期不履行的，由执行员强制执行。

强制执行时，被执行人是公民的，应当通知被执行人或者他的成年家属到场；被执行人是法人或者其他组织的，应当通知其法定代表人或者主要负责人到场。拒不到场的，不影响执行。被执行人是公民的，其工作单位或者房屋、土地所在地的基层组织应当派人参加。执行员应当将强制执行情况记入笔录，由在场人签名或者盖章。强制迁出房屋，被搬出的财物，由人民法院派人运至指定处所，交给被执行人。被执行人是公民的，也可以交给他的成年家属。因拒绝接收而造成的损失，由被执行人承担。

五 执行审查

执行审查，是指执行机构在接到执行申请或移交执行书后，在法定期限内对有关文书、材料等进行审查并决定是否立案执行的过程。只有通过审查并立案的，执行程序才能继续进行。执行作为一个独立的过程，执行审查由执行机构负责，这是必不可少的环节。审查内容与执行申请的审查内容相同。

第三节　非诉行政案件的执行

一　非诉行政案件执行的概念

行政机关向人民法院提出执行非诉行政案件的，应当具备一定的条件，并向具有管辖权的人民法院提出。人民法院在审查后认为符合执行条件的，依法予以执行。

非诉行政案件执行，是指行政行为发生法律效力后，负有履行义务的行政相对人既不向人民法院提起行政诉讼，又拒不履行已经生效的行政行为所确定的义务，没有强制执行权的行政机关向人民法院提出执行申请，由人民法院依法采取执行措施使行政机关的行政行为的内容得以实现（强制义务人履行义务或达到与履行义务相同的状态）的制度。新《行政诉讼法》第九十七条规定："公民、法人或者其他组织对行政行为在法定期间不提起诉讼又不履行的，行政机关可以申请人民法院强制执行，或者依法强制执行。"《行政强制法》第五十三条亦规定："当事人在法定期限内不申请行政复议或者提起行政诉讼，又不履行行政决定的，没有强制执行权的行政机关可以自期限届满之日起三个月内，依照本章①规定申请人民法院强制执行。"

非诉行政案件的执行不同于行政诉讼裁判的执行。非诉行政案件的执行具有以下特点：

第一，非诉行政案件的执行机关是人民法院，而非行政机关。虽然非诉行政案件的执行对象是行政行为。但对行政行为的执行，行政机关在享有强制执行权的情况下也可以自己执行。非诉行政案件的执行专门指由行政机关申请人民法院执行行政行为的执行。因而，非诉行政案件的执行机关只能是人民法院，而非行政机关。

第二，非诉行政案件执行的根据是行政主体作出的已经生效的行政行为。非诉行政案件执行的特点是执行的依据是未经过行政诉讼程序就已经生效的行政行

① "本章"指《行政强制法》第五章。

为。对于没有生效的行政行为，行政机关不能申请人民法院执行。

第三，非诉行政案件的执行申请人是行政管理过程中的行政主体，被执行人只能是行政管理过程的行政相对人，公民、法人或其他组织，在特定情况下，非诉行政案件的执行申请人也可以是生效行政行为确定的权利人或者其继承人。《行政诉讼法解释》第一百五十八条规定："行政机关根据法律的授权对平等主体之间民事争议作出裁决后，当事人在法定期限内不起诉又不履行，作出裁决的行政机关在申请执行的期限内未申请人民法院强制执行的，生效行政裁决确定的权利人或者其继承人、权利承受人在六个月内可以申请人民法院强制执行。""享有权利的公民、法人或者其他组织申请人民法院强制执行生效行政裁决，参照行政机关申请人民法院强制执行行政行为的规定。"

第四，非诉行政案件的执行前提是作为行政相对人的公民、法人或者其他组织对行政行为在法定期限内既不履行行政行为所确定的义务，又不提起行政诉讼。如果公民、法人或其他组织已经向人民法院提起了行政诉讼，且人民法院已经受理，即使其没有履行该行政行为所确定的义务，行政机关也不能向人民法院申请强制执行该行政行为。

二　非诉行政案件执行的适用范围

根据新《行政诉讼法》及相关司法解释的规定，凡是行政机关对行政行为没有强制执行权，及行政机关和人民法院对行政行为都享有强制执行权时，行政机关都有权申请人民法院强制执行行政行为。

三　非诉行政案件执行的条件

由于非诉行政案件的执行未经司法审查就将直接影响公民、法人或其他组织的权益，因而应对非诉行政案件的执行予以严格限定。概括而言，非诉行政案件执行的条件是当事人在法定期限内不申请行政复议或者提起行政诉讼，又不履行行政决定。《适用行政诉讼法解释》第一百五十五条的规定，行政机关根据《行政诉讼法》第九十七条[①]的规定申请执行其行政行为，应当具备以下条件。

第一，行政行为依法可以由人民法院执行。

① 新《行政诉讼法》第九十七条规定："公民、法人或者其他组织对行政行为在法定期间不提起诉讼又不履行的，行政机关可以申请人民法院强制执行，或者依法强制执行。"

第二，行政行为已经生效并具有可执行内容。

第三，申请人是作出该行政行为的行政机关或者法律、法规、规章授权的组织。

第四，被申请人是该行政行为所确定的义务人。

第五，被申请人在行政行为确定的期限内或者行政机关催告期限内未履行义务。

第六，申请人在法定期限内提出申请。

第七，被申请执行的行政案件属于受理执行申请的人民法院管辖。

行政机关申请人民法院执行，应当提交《行政强制法》第五十五条规定的相关材料。

人民法院对符合条件的申请，应当在五日内立案受理，并通知申请人；对不符合条件的申请，应当裁定不予受理。行政机关对不予受理裁定有异议，在十五日内向上一级人民法院申请复议的，上一级人民法院应当在收到复议申请之日起十五日内作出裁定。

四　非诉行政案件执行的管辖

非诉行政案件执行的管辖，是指人民法院内部对非诉行政案件执行的权限分工。《适用行政诉讼法解释》第一百五十七条规定："行政机关申请人民法院强制执行其行政行为的，由申请人所在地的基层人民法院受理；执行对象为不动产的，由不动产所在地的基层人民法院受理。""基层人民法院认为执行确有困难的，可以报请上级人民法院执行；上级人民法院可以决定由其执行，也可以决定由下级人民法院执行。"

根据该规定，非诉行政案件执行的管辖如下。

第一，非诉行政案件的执行原则上由申请人所在地的基层人民法院管辖。即原则上由作为申请人的行政机关所在地的基层人民法院管辖。

第二，执行对象为不动产的，由不动产所在地的基层人民法院专属管辖。这是对前述原则的例外规定。涉及不动产的案件，由不动产所在地的人民法院管辖，这也是案件管辖的惯例，有利于人民法院实施执行。

五　非诉行政案件执行的申请期限

新《行政诉讼法》没有规定非诉行政案件执行的申请期限。此前，《适用行政诉讼法解释》第一百五十六条的规定，没有强制执行权的行政机关申请人民法院强制执行其行政行为，应当自被执行人的法定起诉期限届满之日起三个月内提出。逾期申请的，除有正当理由外，人民法院不予受理。这一规定与《行政强制法》第五十三条规定“当事人在法定期限内不申请行政复议或者提起行政诉讼，又不履行行政决定的，没有行政强制执行权的行政机关可以自期限届满之日起三个月内，依照本章规定申请人民法院强制执行”是一致的。

六　非诉行政案件的执行程序

非诉行政案件的执行程序始于行政机关或者行政裁决所确定的权利人的申请，行政机关或者权利人向人民法院提出强制执行的申请是非诉行政案件执行启动的唯一方式，人民法院无权自行开始非诉行政案件的执行。非诉行政案件执行的程序一般包括：申请与受理、审查、告知履行和强制执行等环节。

（一）申请与受理

行政机关申请人民法院强制执行前，应当催告当事人履行义务。催告书送达十日后当事人仍未履行义务的，行政机关可以向所在地有管辖权的人民法院申请强制执行；执行对象是不动产的，向不动产所在地有管辖权的人民法院申请强制执行。在通常情况下，行政机关申请执行时应向人民法院提交下列材料。

1. 强制执行申请书

行政机关申请人民法院强制执行的，应当以书面形式提出，即提交申请执行书。申请执行书除了应表达申请人民法院强制执行的意向外，还应载明与执行有关的事项，主要包括：

第一，申请执行机关的基本情况，包括名称、法定代表人、地址等；

第二，被执行人的基本情况，包括姓名、住址等；

第三，行政行为的主要内容、理由和根据；

第四，被执行人拒不履行义务的事实；等等。

强制执行申请书应当由行政机关负责人签名，加盖行政机关的印章，并注明日期。

2. 据以执行的行政决定书及作出决定的事实、理由和依据

据以执行的行政法律文书即行政行为的外在表现形式。它是行政机关申请人民法院强制执行的依据，也是必须向人民法院提交的材料之一。没有据以执行的

行政法律文书，行政机关就不能向人民法院申请强制执行。

3. 当事人的意见及行政机关催告情况

由于催告是申请人民法院强制执行的先决条件。行政机关是否履行了催告义务、当事人是否收到了行政机关的催告书、催告书规定的履行期限是否届满、当事人是否提出异议等情况直接关系到当事人的合法权益，也关系到人民法院能否执行。因此，当事人必须向人民法院给予说明。

4. 申请强制执行标的情况

申请强制执行的标的，是指具有给付内容的法律文书所确定的给付内容，是人民法院强制执行行为所指向的对象，包括行为和财产两个方面。行政机关申请人民法院执行公民、法人或其他组织的财产，需要提供被执行人的财产状况。申请强制执行的标的情况主要包括：

第一，权利和义务关系；

第二，给付方式；

第三，给付的物质种类；

第四，数额要求。

5. 其他必须提交的材料

除上述材料外，其他必须提交的材料是指与执行相关的必要材料。如执行的标的为特定物时，行政机关应该提供该特定物的特征、具体的存放地点、持有人等情况。

在接到行政机关提出的非诉行政案件执行的申请后，人民法院应对行政机关的申请进行形式审查，以确定行政机关的申请是否符合非诉行政案件的执行条件，对于符合执行条件的，立案执行；对不符合非诉行政案件执行条件的，应当裁定不予受理。这里的审查是形式审查，类似于行政诉讼中的立案审查。《行政强制法》第五十六条规定："人民法院接到行政机关强制执行的申请，应当在五日内受理。""行政机关对人民法院不予受理的裁定有异议的，可以在十五日内向上一级人民法院申请复议，上一级人民法院应当自收到复议申请之日起十五日内作出是否受理的裁定。"

（二）审查

1. 书面审查

《行政强制法》规定："人民法院对行政机关强制执行的申请进行书面审查，

对符合本法第五十五条[①]规定，且行政决定具有法定执行效力的，除本法第五十八条[②]规定的情况外，人民法院应当自受理之日起七日内作出执行裁定。”

2. 实质审查

人民法院在决定立案执行后，还需要对行政行为的合法性进行审查，就审查的性质而言，类似于行政诉讼审理阶段对行政行为的审查。

《行政强制法》规定人民法院对执行申请进行实质性审查，其理由是现阶段的行政执法工作还存在不少问题，执法违法的现象在有的地区、有的部门还较为严重，如果不作审查即执行，必然会对当事人的合法权益造成损害。根据《行政强制法》的规定，人民法院发现存在下列情形之一的，在作出裁定前可以听取被执行人和行政机关的意见：①明显缺乏事实根据的；②明显缺乏法律、法规依据的；③其他明显违法并损害被执行人合法权益的。

3. 审查的期限

《行政强制法》规定：“人民法院应当自受理之日起三十日内作出是否执行的裁定。裁定不予执行的，应当说明理由，并在五日内将不予执行的裁定送达行政机关。”《适用行政诉讼法解释》第一百六十条规定：“人民法院受理行政机关申请执行其行政行为的案件后，应当在七日内由行政审判庭对行政行为的合法性进行审查，并作出是否准予执行的裁定。”“人民法院在作出裁定前发现行政行为明显违法并损害被执行人合法权益的，应当听取被执行人和行政机关的意见，并自受理之日起三十日内作出是否准予执行的裁定 ”“需要采取强制执行措施的，由本院负责强制执行非诉行政行为的机构执行。”

由此可见，法院对被申请执行的行政行为负有审查义务。虽然此处的审查也属于合法性审查，但在审查标准上，则不同于行政诉讼审理阶段对行政行为的审

① 《行政强制法》第五十五条：“行政机关向人民法院申请强制执行，应当提供下列材料：（一）强制执行申请书；（二）行政决定书及作出决定的事实、理由和依据；（三）当事人的意见及行政机关催告情况；（四）申请强制执行标的情况；（五）法律、行政法规规定的其他材料。”“强制执行申请书应当由行政机关负责人签名，加盖行政机关的印章，并注明日期。”

② 《行政强制法》第五十八条：“人民法院发现有下列情形之一的，在作出裁定前可以听取被执行人和行政机关的意见：（一）明显缺乏事实根据的；（二）明显缺乏法律、法规依据的；（三）其他明显违法并损害被执行人合法权益的。”“人民法院应当自受理之日起三十日内作出是否执行的裁定。裁定不予执行的，应当说明理由，并在五日内将不予执行的裁定送达行政机关。”“行政机关对人民法院不予执行的裁定有异议的，可以自收到裁定之日起十五日内向上一级人民法院申请复议，上一级人民法院应当自收到复议申请之日起三十日内作出是否执行的裁定。”

查标准。区别在于这里的审查标准比行政诉讼审理阶段的审查标准较低，只有被申请执行的行政行为存在较为明显的错误，人民法院才能对行政行为不予执行。

根据《行政诉讼法解释》第一百六十一条的规定："被申请执行的行政行为有下列情形之一的，人民法院应当裁定不准予执行：（一）实施主体不具有行政主体资格的；（二）明显缺乏事实根据的；（三）明显缺乏法律、法规依据的；（四）其他明显违法并损害被执行人合法权益的情形。""行政机关对不准予执行的裁定有异议，在十五日内向上一级人民法院申请复议的，上一级人民法院应当在收到复议申请之日起三十日内作出裁定。"

这里需要特别指出的是，对于人民法院作出的准予执行或者不准予执行的裁定，当事人均不得上诉。《行政强制法》规定，行政机关对人民法院不予执行的裁定有异议的，可以自收到裁定之日起十五日内向上一级人民法院申请复议，上一级人民法院应当自收到复议申请之日起三十日内作出是否执行的裁定。

（三）通知履行

根据《适用行政诉讼法解释》第一百六十条的规定，人民法院受理行政机关申请执行其行政行为的案件后，应当在七日内由行政审判庭对行政行为的合法性进行审查，并作出是否准予执行的裁定。

人民法院在作出裁定前发现行政行为明显违法并损害被执行人合法权益的，应当听取被执行人和行政机关的意见，并自受理之日起三十日内作出是否准予执行的裁定。

需要采取强制执行措施的，由本院负责强制执行非诉行政行为的机构执行。

（四）强制执行

非诉行政案件的强制执行程序，与行政诉讼裁判的强制执行程序相同，具体也包括强制执行前的准备、采取强制措施进行执行等。因情况紧急，为保障公共安全，行政机关可以申请人民法院立即执行。经人民法院院长批准，人民法院应当自作出执行裁定之日起五日内执行。

（五）执行结束

负责非诉行政案件执行的机构，在执行完毕后，应当将案卷材料归档，并结清各种手续和费用，书面通知申请强制执行的行政机关，宣告执行程序结束。

七　非诉行政案件执行前的财产保全

财产保全，是指人民法院依法对被执行人的财产采取的一种强制性的保护措施，以避免被执行人恶意对财产进行处分。执行保全，属于司法程序的担保，是人民法院针对被执行人的财产实施的，体现的是诉讼法中的强制执行法律关系。《适用行政诉讼法解释》第一百五十九条规定："行政机关或者行政行为确定的权利人申请人民法院强制执行前，有充分理由认为被执行人可能逃避执行的，可以申请人民法院采取财产保全措施。后者申请强制执行的，应当提供相应的财产担保。"根据最高人民法院的这一规定，非诉行政案件执行前的财产担保应当符合下列条件：

第一，行政机关或者行政行为确定的权利人向人民法院提出财产保全申请；

第二，申请应当向对该行政行为有强制执行管辖权的人民法院提出；

第三，申请人有充分的理由证明被执行人可能逃避执行；

第四，非诉行政案件执行前，财产保全申请人必须向人民法院提供相应的财产担保。

对于符合执行前财产保全条件的申请，人民法院应当采取保全措施，对被执行人的财产加以保护，防止被执行人恶意处分这些财产。

八　执行中的中止与终结

（一）执行中止

根据《民事诉讼法》第二百五十六条的规定，有下列情形之一的，人民法院应当裁定中止执行，中止的情形消失后，恢复执行：

第一，申请人表示可以延期执行的；

第二，案外人对执行标的提出确有理由的异议的；

第三，作为一方当事人的公民死亡，需要等待继承人继承权利或者承担义务的；

第四，作为一方当事人的法人或者其他组织终止，尚未确定权利义务承受人的；

第五，人民法院认为应当中止执行的其他情形。

（二）执行终结

根据《民事诉讼法》第二百五十七条的规定，有下列情形之一的，人民法院裁定终结执行：

第一，申请人撤销申请的；

第二，据以执行的法律文书被撤销的；

第三，作为被执行人的公民死亡，无遗产可供执行，又无义务承担人的；

第四，追索赡养费、扶养费、抚育费案件的权利人死亡的；

第五，作为被执行人的公民因生活困难无力偿还借款，无收入来源，又丧失劳动能力的；

第六，人民法院认为应当终结执行的其他情形。

这里需要注意的是，对于中止执行和终结执行，人民法院应当使用裁定的方式作出，裁定书送达当事人后立即生效。

九　执行费用

根据《行政强制法》的规定，行政机关申请人民法院强制执行，不缴纳申请费。强制执行的费用由被执行人承担。

人民法院以划拨、拍卖方式强制执行的，可以在划拨、拍卖后将强制执行的费用扣除。

这里需要注意的是，依法拍卖财物，应当由人民法院委托拍卖机关依照《拍卖法》的规定办理；划拨存款、汇款以及拍卖和依法处理所得的款项应当上缴国库或者划入财政专户，不得以任何形式截留、私分或者变相私分。

第十四章　行政公益诉讼

第一节　公益诉讼概述

一　公益诉讼的概念和词源

（一）公益诉讼的概念

公益与私益相对应，诉讼也可以分为公益诉讼与私益诉讼。公益诉讼是指与自己没有直接的利害关系，诉讼针对的行为是社会公共利益，而没有直接损害原告的利益。[①] 具体而言，公益诉讼，一般指特定的国家机关和相关的团体组织和个人，根据法律的授权，对违反法律、法规并侵犯国家利益、社会利益和不特定多数人的利益的行为，向法院提起诉讼，由法院依法追究其法律责任的活动。简而言之，公益诉讼就是因公共利益发生纠纷而引发的诉讼，而私益诉讼就是因私人利益发生纠纷而引发的诉讼。公益诉讼是社会运用诉讼方式维护公益的活动。根据诉讼方式和适用程序的区别，可以将公益诉讼分为民事公益诉讼、刑事公益诉讼和行政公益诉讼等类型。[②]

（二）公益诉讼中的公益

在一般意义上，利益就是“好处”。[③] 它是社会主体的需要在一定条件下的

---

① 梁慧星：《关于公益诉讼》，载吴汉东主编《私法研究》（第 2 卷），中国政法大学出版社 2002 年版，第 361 页。

② 董成威：《公益诉讼的概念》，载《审判监督指导与研究》（2002 年第 3 卷），人民法院出版社 2002 年版。

③ 中国社会科学院语言研究所词典编辑室编：《现代汉语词典》（2002 年增补版），商务印书馆 2002 年版，第 779 页。

转化形式，表现为社会主体对客体的一种主动关系，构成人们行为的内在动力。利益包含了四个方面的含义，即：①需要是利益的基础和始因；②利益是主体对客体的一种主动关系；③利益是人们行为的内在动力；④利益具有客观性。[①] 利益是倾向于给主体带来快乐、幸福或者倾向于减少主体的痛苦和损失的某种事物。[②] 利益“是人类个别地或在集团社会中谋求得到满足的一种欲望或要求，因此人们在调整人与人之间的关系和安排人类行为时，必须考虑到这种欲望或要求”。[③]

公益是公共利益的简称，是与私益，即私人利益的对称，可与英文中的“public interest”互译。公益与私益的关系十分紧密，可以说在公私不分的社会中，无公即无私，既无公益，亦无私益，二者是孪生的，但同时也是相对的。只有在社会利益具有公私观念之后才产生公益和私益的问题。正是在这个意义上，孟德斯鸠指出：“公共利益永远是：第一个人永恒不变地保有民法所给予的财产。”“公共利益绝不是用政治性的法律或法规去剥夺个人财产，或是减少哪怕是它最微小的一部分。”“公家需要某一个人的财产的时候，绝对不应当以公私合营政治法采取行动；在这种场合，应该以民法为根据。在民法慈母般的眼里，每一个个人就是整个的国家。”[④] 边沁也指出，公共利益决不是什么独立于个人利益的特殊利益，“共同体是个虚构体，由那些被认为可以说其成员的个人组成，那么，共同体的利益便毫无意义”。[⑤] 早在罗马时代，著名法学者西塞罗就提出了“公益优先于私益”的名言，影响迄今仍然十分明显。但对于究竟什么是公共利益的概念，法学界一直没有共识。甚至有学者明确拒绝公共利益这一概念具有任何独立的意义。[⑥] 公益概念之所以没有一个统一的标准，在于其概念内容的不确定性。这种内容的不确定性，主要表现在其利益主体的不明确和利益内容的不确定和不具体。但仍然有学者认为，公共利益中“公共”的判断标准至少要具备两个。一是非隔离性，即开放性，任何人在任

---

① 张文显主编：《法理学》，高等教育出版社1999年版，第215页。

② ［英］边沁：《道德与立法原理导论》，时殷弘译，商务印书馆2000年版，第58页。

③ ［美］罗斯科·庞德：《通过法律的社会控制》，沈宗灵译，商务印书馆1984年版，第81页。

④ ［法］孟德斯鸠：《论法的精神》（下），张雁深译，商务印书馆1963年版，第190页。

⑤ ［英］边沁：《道德与立法原理导论》，时殷弘译，商务印书馆2000年版，第58页。

⑥ ［美］詹姆斯·M. 布坎南、戈登·塔洛克：《同意的计算——立宪民主的逻辑基础》，陈光金译，中国社会科学出版社2000年版，第14页。

何时候都可以自由加入，没有特别条件限制，并且不封闭也不专门为个人保留；二是在数量上必须达到一定的多数。[①] 这正如“任何公共利益，因非常抽象，可能人言人殊”。[②] 公共利益应包含有机统一的两个方面：普遍性的个体利益和社会共同体的利益。其中，由于个体之间的同一性和差异性，个体利益又可以分为普遍性的个体利益和个别化的个体利益；而社会共同体的利益也包含了两层含义：第一层为社会公共利益，即为社会全部或部分成员所享有的利益；第二层是指国家利益。个体利益和社会共同体利益之间在大多数情况下是可以区分的，而在某种个人利益具有社会普遍性的情况下，个人利益就成为社会公共利益而不仅仅是个人利益。

公共利益是人们对社会文明状态的一种愿望和需要，它包括：①公共秩序的和平和安全；②经济秩序的健康、安全及效率化；③社会资源与机会的合理保存和利用；④社会弱者利益（如市场竞争社会中的消费者利益、劳动者利益等）的保障；⑤公共道德的维护；⑥人类朝文明方向发展的条件（如公共教育、卫生事业的发展）等方面。[③] 我们认为，公共利益是经过对共同体内成员的个体利益的整合而形成的共同体成员共同的利益，是能够满足共同体成员社会合作的需要和其他各项共同需求的现实客体。[④] 作为公共利益应当具有五个方面的基本特征：

第一，公共利益具有不明确性的特点。主要体现在：主体不明确性、受益对象不明确、概念内容不明确、享受时的开放性。

第二，公共利益具有非营利性的特点，即公共利益不得直接或间接地以营利为目的，任何有商业利益包含于其中的利益都不是公共利益。

第三，公共利益具有优先保障性的特点，即当公共利益与私人利益发生冲突时，公共利益一般应获得优先保障。

第四，公共利益为社会直接享有。只有社会成员都能够直接享有的利益才属于公共利益。社会成员不能直接享有的利益不能称为公共利益。

---

① 陈恩仪：《论行政法上公益原则》，载《行政法之一般原则》，台湾三民书局 1997 年版，第 158—159 页。

② 陈锐雄：《民法总则新论》，台湾三民书局 1983 年版，第 913 页。

③ 孙笑侠：《论法律与社会利益》，载《中国法学》1995 年第 4 期。

④ 杨临宏等：《行政法学新领域问题研究》，云南大学出版社 2006 年版，第 6 页。

第五，公共利益具有社会共享性，即公共利益是开放的，在享受时不能被某个特定的主体所垄断，而应当由所有的成员所享受。①

谁是公共利益的主体？如果说公共利益是组成社会的全体个人的利益总和，并且公共利益的受益者又是全体个人，那么这一概念本身就是没有意义的法律概念。如果说公共利益是一种独立于个人之外的利益形式，那么，其代表者又是谁呢？是否有脱离个人而存在的“公共”？在权力形式上，公共利益的代表者可以是公民个人、法人、利益阶层或国家。这些主体要成为公益的代表者，其必须能够代表公益。具体而言，个人作为公共利益的代表者必须是其自身的个体利益具有社会公共性，即一种普遍性而非特殊性，一种全局性而非局部性，一种大众性而非个人性，个别化的个人利益能够转化为普遍性的社会公共利益；法人作为公共利益的代表者，特指以谋求社会公共利益为目的而设立的法人，如教育机构、学术团体、宗教组织、慈善机构、工会、保护消费者机构、动物保护协会等。公益法人的成立，须具备以公益为目的的积极条件。如果兼具公益和营利目的者，则不是公益法人，而系营利法人；国家作为公共利益的代表者是通过国家的特设机关实现的，如我国的检察机关和外国公益诉讼中的检察官等。国家特设机关提起诉讼，不仅能够使侵害社会公共利益的行为处于严密的监督和有效遏制之下，维护公民、法人和国家的经济利益，还可以“最大限度上保证起诉标准的统一公正，避免私人起诉可能产生的报复和滥诉弊端，实现诉讼的效率与效益”。②

（三）公益诉讼的起源

公益诉讼起源于罗马法，在罗马程序式诉讼中，有私益诉讼和公益诉讼之分。私益诉讼是“保护个人所有权诉讼，仅特定人才可提起；公益诉讼用于保护社会公共利益，除法律有特别规定外，凡市民均可提起”。③

意大利法学家彼德罗·彭梵得亦指出：“人们称那些为维护公共利益而设置的罚金诉讼为民众诉讼，任何市民均有权提起它。受到非法行为损害或被公认为更为适宜起诉的人具有优先权。”④ 古罗马的任何市民都可以代表集体直接起诉

① 同上书，第7页。
② 韩志红：《我国检察机关应当有权提起民事诉讼》，载《南开大学学报》2000年第5期。
③ 周枏：《罗马法原理》，商务印书馆1996年版，第887页。
④ ［意］彼德罗·彭梵得：《罗马法教科书》，黄风译，中国政法大学出版社1992年版，第92页。

以维护社会公共利益。

也有称公益诉讼为民众诉讼的。如保罗在《学说汇编·论告示》第八编中说：维护民众自己权利的诉讼被称为民众之诉。在《论告示》第一编中说：如果数人同时提起民众之诉，执法官应选择其中最适当的。在《论告示》第四十一编中说："提起民众之诉的人并不被认为会变得更富。"① 还有称公益诉讼为公共诉讼。如马切尔在《学说汇编·论公共诉讼》第一编中说："并非一切指控犯罪的诉讼均为公共诉讼，只有那些由有关公共诉讼的法律加以调整的诉讼才是公共诉讼。"②

古代罗马法中的公益诉讼有如下特点。①公益诉讼的原告可以是不特定的人，既可以是无利害关系的人，也可以是有利害关系的人。如果原告有多人，由法官选择的适宜人选作为原告。②原告起诉的目的不是为自己的利益，而是为维护社会公共利益、维护法律的尊严及社会公正。③原告可以起诉的违法行为范围较宽泛，既有民事侵权行为，也有其他违法行为、犯罪行为。④原告在胜诉后可以受到奖励，而不是得到赔偿。⑤公益诉讼的作用是对国家机关执法的补充，而不是取代国家机关的执法。当然，在罗马法时代只有具有罗马公民资格的人才能担任原告，原告的范围并不是很广泛的。③

（四）公益诉讼与私益诉讼的区别

前已述及，公益诉讼是相对于私益诉讼而言的，虽然二者都同为解决纠纷的方式，"没有私益保护机制，保障公益就很难谈上，同样，缺乏公益保护机制也不利于私益的保障。对公共利益的保护不仅有助于促进私益的发展，而且也是实现私益的一个极其重要的途径"。④ 可见两者的关系是十分密切的，但两种毕竟是性质不同的诉讼形式。概括起来二者的区别主要表现为：

---

① ［意］桑德罗·斯奇巴尼选编：《司法管辖权审判诉讼》，黄风译，中国政法大学出版社1992年版，第37页。

② 同上书，第91页。

③ 李刚：《外国公益诉讼立法之比较》（一），载中国公益诉讼网（http：//www.pil.org.cn/article_view.asp？uid=5），最后访问时间：2008年8月28日。

④ 高玉珍：《论公益诉讼与私益诉讼的关系》，《社会科学论坛》2007年第7期。

	行政公益诉讼	民事公益诉讼
目的	维护公益	维护私益
功能	既有事后救济性,也有事前预防性	事后救济
主体地位	与案件没有直接利害关系	必须与案件有直接利害关系
诉讼针对者	行政机关	平等民事主体

二　公益诉讼的基本形态①

1. 国外公益诉讼的基本形态

通过对各国公益诉讼制度的研究，总的来说，公益诉讼主要呈现出了以下几种形式。

（1）集团诉讼。

集团诉讼是美国的法律专家创造出来的颇具特色的成果。其真正价值在于对大众侵权的制约。在集团诉讼中，个人作为原告并不是为了自己，而是要求赔偿集团所属的全部成员所受的损害。比如，因轻信虚假的招股说明书而提起的证券集团诉讼，纳税人因被迫交纳超额的地方税金而提起的税务集团诉讼，消费者因商业欺诈提起的集团诉讼等。通过这一机制，成百上千人的合法权利从理论上可以由一名义上的原告来代表，然后整个政府项目、机构或公司等都被卷入诉讼，他们运作经营的合法性在诉讼中被质疑并被裁判。集团诉讼的原告们不仅已成功地对诸如飞机失事和建筑物坍塌等“大众事件”进行了侵权集团诉讼，而且也在那些囊括上万人的涉及有害物质的大众侵权案件中取得成功，如在石棉和烟草领域的集团诉讼。

集团诉讼有效地使公共利益得到了保护。在这一机制中，私人诉讼作为执行公共法律的方法之一，当涉及众多的小额请求时，私人诉讼的目的并不在于获得损害赔偿或是对于个人权利的维护，而更多甚至全部目的在于使做出不当行为的

---

①　本部分内容重点参考了肖建国《民事公益诉讼的基本模式研究——以中、美、德三国为中心的比较考察》，《中国法学》2007 年第 5 期。

人通过付出代价，从而为社会的福利作出贡献。也就是说，震慑和改变不当行为人是其主要目标。

在欧洲，类似于美国的集团诉讼是团体诉讼，通过团体提起诉讼来保护社会利益是近年来欧盟国家的一个显著趋向。

（2）告发人诉讼。

告发人诉讼是在英国实行的一种诉讼形式。这是一类允许个人或实体代表政府起诉不法行为人的诉讼。在提起告发人诉讼后，如果胜诉，则该私人告发人可获得对赔偿额的分配。告发人“诉讼程序的基础在于国家利益，类似于国家保护，旨在为了普遍公共利益而维护法律。国家需要保证公共机构、公共信托机构与慈善机构不得超越或滥用其权利与资金，减少公害并防止无视法律的现象。法院通常应检察总长的请求，抑制这类滥用权力的行为。换言之，国家总是具有这方面的诉讼资格，而私人原告主体则可能被拒绝提供救济，原因在于就该诉讼事项而言，他并不比其他任何公共成员涉及更多的利害关系。正如国家将会把自己的名字出借给特权救济的诉讼申请人一样，检察部长也会将自己的名字供给告发人诉讼申请者”。①

（3）实验案件。

它是当事人为确定一项重要的法律原则、法律权利或法律的合宪性而提起的诉讼。这种案件形式在普通法国家和大陆法国家都有。从起诉权的实际获得上看，在欧盟国家中，对于实验案件仍然存在类似于团体诉讼中的障碍，限于某些机构，如维也纳种族和排外监控中心被授权提起实验案件。

由于大多涉及对现有法律的突破，因此，无论是在欧盟国家还是在美国，实验案件的诉讼期限都特别长，而且它的目标非常明确，即获得全社会的关注，从而通过诉讼来促进社会改革。在美国，某些有计划的法律改革甚至是通过实验案件来进行的。

2. 我国公益诉讼的形态

公益诉讼形态是指公民、法人和其他组织可以提起公益诉讼请求救济并且法院仅在法定的裁判方法范围内裁判的诉讼种类。我国公益诉讼可以分为行政公益

---

① ［英］威廉·韦德、克里斯托弗·福赛：《行政法》，骆梅英、苏苗罕、周华兰、卢超、王瑞雪译，中国人民大学出版社 2018 年版，第 440 页。

诉讼和民事公益诉讼两种基本形态。公益诉讼种类直接与当事人的起诉条件、法院的审理规则和权限以及判决之机会和法院裁判方法之加强或抑制。本题只讨论民事公益诉讼的形态问题，行政公益诉讼的形态将在本章的其他部分进行讨论。从出现的一系列的公益诉讼来看，较典型的公益诉讼主要包括以下几种。

（1）环境与资源保护诉讼。

这一类诉讼是伴随着环境权这一新兴的公民权利的发展而出现的。由于环境权所具有的整体性和共有性、和环境行为的公害性，决定了侵权行为人只要侵犯了某一个公民的环境权，就意味着侵犯了群体的环境权和一定的社会利益。因此，有人认为“环境权是一种公益权。因为环境权是环境危机的产物，它所保护的是公共利益，具有公益性，任何只具有自益性的私权都不可能属于环境权”。①

（2）反垄断诉讼。

反垄断具有明显的社会性质。在反垄断诉讼中，诉讼形式一般分为两类。一是个别合法经营者和消费者单独提起诉讼；二是竞争者和消费者以群体形式提起诉讼。其中由个别消费者单独提起的公益诉讼具有更强的公益性。

（3）消费者权益保护诉讼。

作为社会主体的消费者由于信息不对称等原因，虽身为“上帝”，但比起生产者和经营者，一般处于弱势地位。但消费者的权益涉及每个公民的基本和重要的权益，必须受到有效的保护。如果消费者的纠纷得不到很好的解决，会使消费者对市场失去信心，导致市场经济的恶性循环。另外，消费者的认可和信任是企业重要的无形资产，也是良好的市场秩序和道德环境所要求的，如果消费者的纠纷得不到解决，或投诉无门，企业的名誉会受到影响，企业也会遭受更大的损失，从而影响了市场的正常运行。

（4）国有资产流失。

国有资产流失是指国有资产的经营者、占用者、出资者、管理者，出于主观故意或者由于过失，违反法律、法规及国家有关国有资产管理、监督、经营的规定，造成国有资产损失、或者使国有资产处于流失危险的行为。国有资产是属于

---

① 王蓉等：《创新环境资源法学、共建绿色新千年——中国法学会环境资源法研究会 2000 年年会综述》，《法学评论》2001 年第 3 期。

全部公民的财产，对国有资产的破坏、侵犯，最终会损害广大民众的利益，因此，国有资产应当纳入公益诉讼的保护范围。[①]

三　公益诉讼的基本特征

从实质上而言，公益诉讼无论是在英美法系国家还是大陆法系国家，都有一些最基本的特征。

从上述定义中可以看出，公益诉讼具有以下几个基本的特征：

第一，公益诉讼的主体具有广泛性。由于公益诉讼的主体不限于直接利害关系人，只要行为人实施了侵权行为，法律规定的主体（包括合法权益受到不法侵害者和其他无直接利害关系的公民、法人、机关或其他组织）均可提起诉讼。

第二，从公益诉讼的目的而言，无论是检察机关提起的公诉，还是私人提起的诉讼，目的都是为了维护公共利益、国家利益和社会整体利益。与维护个人和组织自身的合法权益的私益诉讼相比，公益诉讼的诉讼目的是为维护公共利益。通过对公民、法人和其他组织的授权，法律赋予了合法的权利主体相应的诉讼权利，在法院经过法定程序查明事实，正确适用法律，确认权利义务关系并对违法行为做出裁判以保护国家利益和社会公共利益。起诉者的目的是通过提起公益诉讼，即通过司法程序阻止某些机关、法人、公民或个人的行为侵害公共利益，进而建立和维护良好的社会秩序。正如梁慧星教授所指出的：公益诉讼针对的行为损害的是社会公共利益，而没有直接损害原告的利益，因而是与起诉人自己没有直接利害关系的诉讼。所谓“没有直接损害”一语，在这里要作狭义的解释，只是指没有“直接损害”。当然，损害社会公共利益的行为最终是要损害个人的利益，公共利益与个人利益有天然的联系。[②]

第三，与传统的原告适格理论完全不同的是公益诉讼中的原告可以是与侵害后果无直接利害关系的任何组织或个人，既可以是直接受到违法行为侵害的社会组织或个人，也可以是没有直接受到违法行为侵害的社会组织或个人。当事人适格理论起源于德国，“当事人适格是指特定的诉讼，自己可以成为当事人的资格”。[③] 公益诉讼是对传统的当事人适格理论的一种突破。传统当事人理论采取

① 韩志红、阮大强：《新型诉讼——经济公益诉讼的理论与实践》，法律出版社 1999 年版，第 24 页。

② 梁慧星：《关于公益诉讼》，载《私法研究》（第 2 卷），中国政法大学出版社 2002 年版，第 361 页。

③ 李长春：《民事公益诉讼原告的多元化》，《湖南文理学院学报》（社会科学版）2004 年第 1 期。

的是“实体权利人”的概念和标准，认为进入诉讼的当事人必须与案件有直接利害关系，其着眼点就是实体权利的有否，强调当事人与实体主体具有同一性方为适格。而在公益诉讼中，只要违法者的违法行为侵害了国家利益或侵害了社会管理秩序，对国家或不特定的人的合法权益构成损害或具有损害的潜在可能，任何组织和个人都有权利代表国家起诉违法者，以保护国家利益和公共秩序。无任何直接利害关系的人之所以有权起诉违法侵犯国家利益、社会利益的行为，是因为，从宪法层面上说，起诉人是国家的主人，管理国家事务、管理社会事务是宪法赋予人们的权利，而维护国家利益又是公民的基本义务。同时，国家、社会、个人或组织的利益从根本上说是一致的，三者关系是互相依存的，不可能绝对的分割开来，侵犯了国家或社会的整体利益，个人和组织的个体利益也必然受到侵害。因此，保护了国家利益、社会利益也就维护了个体利益。

第四，在诉讼标的上，公益诉讼的前提既可能是因为违法行为所造成的现实的损害，也可以是违法行为还未造成现实的损害。传统的民事诉讼、行政诉讼和刑事诉讼一般都须以已经发生了现实的损害为依据，而公益诉讼的成立及最终裁决则并不要求一定要有损害事实发生，只要存在违法行为，不论其是否已给国家、组织或个人带来损失，都可以被起诉并经审理作出判决，由违法者承担相应的责任。这样做是因为违法行为的对象是国家或社会的公共利益，就会给国家和社会带来严重的损害，其损害的强度和广度也一定巨大，而诉讼的目的不是一定要在损害发生以后再起作用，因此如能防微杜渐，尽可能将违法行为消灭在萌芽状态，才能更加有效地保护国家利益和社会公共利益。

第五，公益诉讼在具体的原则和制度方面也有其特殊性。如对处分原则有过多的限制。当事人能否处分，抑或究竟能够处分“什么”的问题，也就是处分权主义是否为宪法所保障的问题。这一问题需要与许多国家宪法所保障的一般自由裁量权和所有权等基本权联系起来考虑。因为这些基本权是身份法和财产法上处分权能的基础。不过，这种基本权也要服从宪法上的限制。例如，有时为了公共利益，而在人格权和财产权上不承认当事人的处分权的规定，就不能说是违反了宪法和法律。

在对公益诉讼作了一定的了解后，更多地应该去探求公益诉讼在宪法学上的意义，首先，应当了解的就是开展公益诉讼的宪法基础，这可以从宪法的性质来考虑。就宪法的性质来看，宪法与其他法律最大的不同就在于一般的法律只规定社会某一个方面的问题，解决某一类人群的、特定的利益问题，宪法不一样，宪法规定的是整个社会方方面面的问题，是有关公共利益，为着最大的、最多人的根本利益、长远利益而制定的法律，因此，公益诉讼作为一种诉讼方式是对宪法所保护的公共利益进行最有效救济的一种途径。其次，宪法是关于人权的法律，公民通过公益诉讼的方式维护公共利益是宪法赋予公民的基本权利，是人民管理国家事务的一种体现。

从上述公益诉讼的特征来看，将公益诉讼理解为以个人、组织或者机关为原告，以损害国家、社会或者不特定多数人利益（公益）的行为作为对象，以制止损害公益行为并追究加害人相应法律责任为目的，向法院提出的特殊诉讼活动①是恰当的。

第二节　行政公益诉讼的基本原理

一　行政公益诉讼的含义

对于什么是行政公益诉讼，理论界一直存在分歧意见。具有代表性的观点有如下几种：

有学者认为，行政公益诉讼，严格而言是指公民、法人、其他组织认为行政机关的违法行政行为侵害了社会公共利益，在法律法规赋予诉权的情况下，以自己的名义提起行政诉讼的一种诉讼类型。相当于美国的纳税人诉讼、日本的民众诉讼等。② 有学者认为，行政公益诉讼是指特定当事人认为行政机关的行政活动侵犯公共利益，依法向人民法院提起行政诉讼的法律制度；③ 有学者认为，行政公益诉讼是指当行政机关违法行为或不作为对公共利益造成侵害或有侵害之虞时，法律容许无直接利害关系人为维护公共利益而向人民法院提起行政诉讼的

① 别涛主编：《环境公益诉讼》，法律出版社2007年版，第1页。

② 龚雄艳：《我国应该建立行政公益诉讼制度》，《法学杂志》2001年第6期。

③ 解志勇：《论公益诉讼》，《行政法学研究》2002年第2期。

制度，是针对国家公权力机关的作为或不作为提起的诉讼；[①] 有学者认为，行政公益诉讼是指公民和社会组织以及检察机关认为行政主体的行政行为侵犯了公共利益，依法向法院提起诉讼，法院对被诉讼行政行为依法审查并作出相应裁判的活动；[②] 有学者认为，行政公益诉讼是指当行政机关违法作为或不作为对公共利益造成侵害或有侵害之虞时，公民、法人、其他组织（或称非法人组织、非法人团体）以及检察机关为维护公共利益而向法院提起的行政诉讼。[③] 有学者认为，行政公益诉讼具有广义和狭义两种含义。广义的行政公益诉讼是指当行政机关的违法行为或不作为对公共利益造成侵害或有侵害的危险时，法律规定由无利害关系的主体，如个人、法人或其他，为维护公共利益而向法院提起行政公益诉讼的制度。狭义的行政公益诉讼是指行政机关实施的违法行为或不作为严重侵害了国家利益或社会利益，而又无具体受害人，或者受害人是不特定多数人的情况下，由机关（检察机关）代表国家和社会公益提起行政诉讼的制度。[④]

从上述列举的各种有关行政公益诉讼的定义中，我们不难发现学者关于行政公益诉讼的观点除了表述上的差异外，最大的区别有两个：一是对公益的理解；二是对原告人范围的认识。因此，如果人们关于行政公益诉讼能够在这两个方面达成共识，将对构建符合我国实际的行政公益诉讼制度产生十分积极的影响。我们认为，公益关系到社会公众的利益，因此，维护公益人人有权，也人人有责，但主要责任应当是国家。基于此，从理论上来说，所谓行政公益诉讼是指具有独立法律地位的公民、法人或其他组织以及法定的国家机关，为了保护社会公共利益免遭行政权力的侵害而依法向人民法院提起的行政诉讼。但基于实务的立场，根据《最高人民法院最高人民检察院关于检察公益诉讼案件适用法律若干问题的解释》[⑤]（以下简称《公益诉讼司法解释》）的规定，本书认为行政公益诉讼是指

---

① 蔡虹、梁远：《也论行政公益诉讼》，《法学评论》2002 年第 2 期。另外，张明华在《行政公益诉讼制度探讨》一文（载《重庆社会科学》2003 年第 2 期）、叶明蓉在《我国行政公益诉讼的障碍分析及现实选择》一文（载《律师世界》2003 年第 12 期）中有相同的认识。

② 黄学贤：《行政公益诉讼若干热点问题探讨》，《法学》2005 年第 10 期。

③ 杨海坤、章志远主编：《行政诉讼专题研究述评》，中国民主法制出版社 2006 年版，第 635 页。

④ 胡建淼主编：《行政诉讼法修改研究——〈中华人民共和国行政诉讼法〉法条建议及理由》，浙江大学出版社 2007 年版，第 78 页。

⑤ 2018 年 2 月 23 日最高人民法院审判委员会第 1734 次会议、2018 年 2 月 11 日最高人民检察院第十二届检察委员会第 73 次会议通过，自 2018 年 3 月 2 日起施行。

作为国家法律监督机关的人民检察院，为了保护社会公共利益免遭行政权力的侵害而依法向人民法院提起的行政诉讼。

二　行政公益诉讼的特征①

第一，从诉讼的起因看，提起行政公益诉讼是行政权力已经或可能给公益造成现实或潜在的损害。

第二，从起诉的主体看，提起行政公益诉讼的主体是人民检察院。人民检察院以公益诉讼起诉人身份提起公益诉讼，依照民事诉讼法、行政诉讼法享有相应的诉讼权利，履行相应的诉讼义务。

第三，从原告与所受侵害的利益关系看，非直接利害关系人作为提起行政公益诉讼的主体。为了使公益获得司法保护，即让公益具有可诉性，没有必要要求原告必须与本案有直接利害关系。因为，原告与公益之间如果具有直接的利害关系，则公益即可具体化为私益，这种诉讼也就不再是公益诉讼，而成为普通行政诉讼，因此，应将原告的范围尽可能地扩大。② 正如印度最高法院大法官 Bhagwaiti 所言，“在一个由于国家或公共当局的行为或疏忽对公共利益造成损害而没有对个人或特定的阶层或群体造成特殊的损害的案件中，谁有权提起一个维护法治、宣告违法行为无效或要求履行公共职责的诉讼？在公益诉讼中，诉讼承担的目的是为了补救公共损害，强制实施公共职责，保护社会的、集体的、扩散的权利或利益，或者维护公共利益。任何公民，只要是出于诚信，或者对争议的主题有‘充分利益’，就应当被授予诉讼资格”。③ 这里需要特别注意的是，我国现阶段的行政公益诉讼，由人民检察院以国家法律监督机关的名义提起。

第四，从诉讼标的看，行政公益诉讼既可以是违法的公权力行为（包括作为

---

① 也有学者认为行政公益诉讼的特征包括起诉人往往是与被诉行政行为无直接利害关系的人；诉讼的对象是公共权力部门，侵害公共利益的公权力行为或有侵害可能的公权力行为；诉讼的目的是为了维护公共利益；诉讼的功能具有明显的预防性质；判决的效力未必仅限于诉讼当事人等一个方面（参阅黄学贤、王太高《行政公益诉讼》，中国政法大学出版社 2008 年版，第 42—47 页）。

② 也有学者认为行政公益诉讼的特征包括起诉人往往是与被诉行政行为无直接利害关系的人；诉讼的对象是公共权力部门，侵害公共利益的公权力行为或有侵害可能的公权力行为；诉讼的目的是为了维护公共利益；诉讼的功能具有明显的预防性质；判决的效力未必仅限于诉讼当事人等一个方面（黄学贤、王太高：《行政公益诉讼》，中国政法大学出版社 2008 年版，第 42—47 页）。

③ 黄学贤、王太高：《行政公益诉讼研究》，中国政法大学出版社 2008 年版，第 43 页。

和不作为）造成了现实的损害，也可能是尚未造成的损害，允许提起行政公益诉讼能够尽可能地减轻违法行为所带来的财产、生命损失，有利于将违法行政行为纠正于萌芽状态，最大限度地保护社会公众生命权、自由权、财产权及其他合法权益。因此，行政公益诉讼的功能具有一定的预防性质。

第五，从诉讼目的看，行政公益诉讼的目的可以有两种：一是包括维护自身利益的同时自愿、自觉维护公共利益；二是不考虑自身利益，纯粹是为社会公益而诉。因此，行政公益诉讼的目的，从总体上来讲是维护公共利益。人民法院、人民检察院办理公益诉讼案件的主要任务是充分发挥司法审判、法律监督职能作用，维护宪法法律权威，维护社会公平正义，维护国家利益和社会公共利益，督促适格主体依法行使公益诉权，促进依法行政、严格执法。

三 行政公益诉讼与民事公益诉讼的区别

行政公益诉讼与民事公益诉讼，都同属于公益诉讼的范畴，具有一些共同点，但同时也具有明显的区别。行政公益诉讼之所以被从公益诉讼中分离出来作为一种特有的诉讼种类，是因为：

第一，从诉讼当事人的地位看，行政公益诉讼中当事人地位不平等，被告方是有关行政主体。

第二，从当事人承担的责任性质看，公益行政诉讼中当事人承担的责任是行政责任。

第三，从产生诉讼的法律关系看，公益行政诉讼中当事人之间的法律关系属行政侵权和国家赔偿法律关系的范畴。

第四，从诉讼中的举证责任看，公益行政诉讼中遵循谁主张谁举证的原则。

第五，从诉讼的目的看，公益行政诉讼中的目的是通过当事人的参与与法院的介入，以督促法律的正确执行，并通过告知义务的履行，调和相对人参与执法程序及行政机关执法的弹性，而不是单纯的保护。①

概括起来，行政公益诉讼与民事公益诉讼具有如下几个方面的异同。

① 胡建淼主编：《行政诉讼法修改研究——〈中华人民共和国行政诉讼法〉法条建议及理由》，浙江大学出版社2007年版，第77页。

诉讼性质 \ 内容	起源	起诉主体	功能	性质	诉讼程序	损害后果	被告	争议的法律关系
行政公益诉讼	古罗马程式诉讼	公民、公益组织或特定的国家机关	维护公益	行政诉讼	行政诉讼程序	客观后果与现实威胁	行政主体	行政法律关系
民事公益诉讼	古罗马程式诉讼	公民、公益组织或特定的国家机关	维护公益	行政诉讼	民事诉讼程序	客观后果与现实威胁	非行政主体	民事法律关系

四 行政公益诉讼比较分析

（一）国外及我国台湾地区的行政公益诉讼制度

尽管公益诉讼在古罗马时期就已经形成，但真正在各国全面发展起来是第二次世界大战之后。

1. 美国行政公益诉讼

现代公益诉讼的创始国是美国。公益诉讼在美国称为公共诉讼，是以私人检察总长理论为基础发展而来的。“私人检察总长理论”产生于美国 1943 年的“纽约州工业联合会诉伊克斯案”。[①]《美国法典》规定：检察官在涉及联邦利益等七种民事案件中，有权参加诉讼。其中包括检察官有权对所有违反《谢尔曼法》或《克莱顿法》而引起的争议提起公诉。根据《美国地区法院民事诉讼法规》第十七条规定：在法定情况下，个人和社会团体在保护别人利益的案件中也可以以美利坚合众国国家的名义提起诉讼。典型的有相关人诉讼、职务履行令请求诉讼和禁止令请求诉讼。相关人诉讼是指当司法部长决定不亲自起诉违法行为时，私人可以以司法部长（或国家或州）的名义起诉。如《美国联邦采购法》规定：任何人均可代表美利坚合众国对政府采购中的腐败和有损于美国公众利益的行为提起诉讼，诉讼获胜之后，可以在诉讼收益中获取相应的比例作为回报。1986 年颁布的《反欺骗政府法》中也有类似的规定。职务履行令请求诉讼是指

① 王名扬：《美国行政法》，中国法制出版社 1995 年版，第 627 页。

法律允许私人在公职人员来履行其义务的时候，以市民的身份并根据其义务的具体内容向法院提起请求发布职务履行令的诉讼；禁止请求诉讼是指纳税人以其纳税人身份提起请求禁止公共资金违法支出的诉讼。

除了美国之外，英国、德国、法国、日本、印度等国都建立了相应的公益诉讼制度。

2. 英国行政公益诉讼

行政公益诉讼在英国称为以公法名义保护私权之诉。

英国行政公益诉讼的基本特点：一是起诉主体的广泛性，与一般行政诉讼制度相比，行政公益诉讼中的原告并不局限于具体的合法权利或财产受到损害的特定人（即任何公民、社会组织及特定国家机关均可以以原告身份对违法行政行为向法院提起诉讼，检察机关作为国家公诉机关也可以提起公益行政诉讼）；二得益于关系的不特定性，即违法行政行为侵害的对象是公共利益，对普通民众往往只有不利影响，而无直接利益上的损害；三是可诉对象的双重性，即可以提起行政公益诉讼的违法行政行为，不仅包括行政主体做出的只对特定行政相对人发生效力的具体行政行为，也包括不针对特定行政相对人但却侵害了公共利益的抽象行政行为。①

在20世纪以前，由于恪守“无利益即无诉讼”的传统观念，“除非某个人有着自己的个人冤情，否则，法院是不愿意让任何人跨进自己大门的。一般来讲，一个人必须指出他自己的哪些合法权利受到了侵犯或哪些财产受到侵害，他仅是成百或成千的受害者之一，他就没有足够的资格来法院起诉。”② 可见，在法律传统中，英国十分重视个人的权利和自由，但同时也从法律上保护公共利益。

在英国，检察总长代表国王，享有阻止一切违法行为的权力，而且有权依照职权为公共利益而主动请求对行政行为进行司法审查。从法律上说，检察总长可以依职权独立行动，但在实践中，检察总长一般只应请求人的请求才会采取行动。一般情况下，只有检察总长可以代表公众提起诉讼以倡导公众利益，阻止公共性不正当行为。检察总长参与行政诉讼的方式有两种：一是由总检察长或者由

① 王学成：《英国的行政公益诉讼制度及其启示——兼论我国行政公诉制度的建立》，《政法学刊》2004年第5期。

② ［英］丹宁勋爵：《法律的训诫》，杨百揆等译，法律出版社1999年版，第125页。

其授权的检察长对行政机关因滥用行政权力而侵害社会公共利益的行为，代表公益直接提起行政诉讼，要求法院发布阻止令或作出确认判决；另一种是由公民告发的行政诉讼，经总检察长或者是由其授权的检察长审查核实后，可以授权公民以总检察长的名义提起诉讼。但有以下例外：其一，在不正当行为已直接使自己的利益受损或可能受损，而检察总长又拒绝行使其起诉权时，经检察总长同意，私人可以提起诉讼，但其目的不是为了其自身而是为了一般公众的利益。其二，英国的《污染控制法》规定："对于公害，任何人都可提起诉讼。"其三，某些组织经检察长同意可以提起环境公共卫生群体诉讼。其四，英国法也赋予某些机构如英国的平等委员会及某些特别公职人员如公平交易局局长等以特别诉权，以维护社会公共利益。这正如韦德所指出的："用公法名义保护私权之诉（relator action）是指检察总长在别人要求禁止令或宣告令或同时请求这两种救济时，为阻止某种违法而提起的诉讼。通过为此而出借他的名字，检察总长使得禁止令和宣告令这些基本上是用于捍卫私人权利的救济转而成了保护公共利益的公法救济。这样它们便获得了混合特性。"[①] 但检察总长是否出借他的名字完全由他自己自由裁判。

以公法名义保护私权之诉可以针对正在越权行事或越权行动的危险的公共机构而提起，同样，它可以针对制造以别的方式触犯法律的私人或私人机构提起。在这种诉讼中，被告通常是地方机构。[②] 在英国，视政府为私人利益与公益的对立面，在诉讼活动中，检察机关作为国家和政府的代表而出现，只有在法律规定的情况下，才代表公益。在法庭审理过程中，出庭的检察官除享有原告的一切权利外，还可以在法庭发表评论，提出意见；对不合法或者不合理的判决向上级提出上诉，要求复审；高等法院提出申请，要求法院审查核实行政机关的违法行为。[③]

3. 德国行政公益诉讼

德国民事诉讼法规定，检察机关作为社会公共利益的代表，对涉及国家、社会公共利益的重大案件可提起民事诉讼。防止不正当竞争法、专利法、商标法等

---

① ［英］威廉·韦德：《行政法》，徐炳等译，中国大百科全书出版社 1997 年版，第 257 页。

② 同上书，第 259 页。

③ 王学成：《英国的行政公益诉讼制度及其启示——兼论我国行政公诉制度的建立》，《政法学刊》2004 年第 5 期。

民事经济法律都规定了有关公益团体（如消费者保护团体，促进工商业利益团体等）可以提起团体诉讼。[①]

在德国，《行政法院法》[②] 确立了行政诉讼的公益代表人制度，即分别把联邦最高检察官、州高等检察官、地方检察官作为联邦、州、地方的公益代表人。公益代表人在行政诉讼中是参加人，为捍卫公共利益，可以提起上诉和要求变更行政行为。[③] 公益代表人的任务与职能是无可争议的，[④] 只要是属于其参与权限范围内的事务，公益代表人可以作为相应案件的诉讼参加人。

4. 法国行政公益诉讼

大革命以后，法国的检察官在民诉活动和民事活动中不再是国王利益的代表，而是社会公益的维护者。1804 年《拿破仑法典》规定，检察官可以为了社会公益提起或参与诉讼。1806 年《民事诉讼法典》及后来的《法国新民事诉讼法》也都有相应规范，如后者第四百二十二条规定“法律专门规定的案件中，检察机关作为主要当事人提起诉讼”。第四百二十三条则更明确规定“在公法秩序受到损害时，它（检察机关）可以为维护公法秩序而提起诉讼。”1913 年，法国以判例方式确定了团体诉讼。1973 年法国的《罗艾依埃（Loi Koyer）法律》第四十六条正式给消费者团体以原告资格。[⑤]

法国具有行政法母国的美誉，是现代行政法及行政诉讼制度的发源地。其行政诉讼包括完全管辖之诉、越权之诉、解释之诉和处罚之诉，其中最具特色的当属越权之诉。法国的行政公益诉讼被称为越权之诉或反越权之诉。所谓越权之诉，是“指起诉人请示行政法官检查某项行政决定的合法性并在其非法的情况下撤销该决定”。“是法国行政法中最重要、最著名、最独特的诉讼”。[⑥] 越权之诉最初是为了解决两个行政长官之间的管辖权上出现的困难而设立的程序，由国家

---

① 何勤华主编：《德国法律发展史》，法律出版社 1999 年版，第 472 页。

② 德国《行政法院法》第三十五条第一款规定：“在联邦行政法院中设有一名检察官，为维护公益，该检察官可以参与在联邦行政法院中的任何诉讼。但不包含纪律惩罚审判庭的案件以及军事审判庭的案件。该联邦行政法院检察官听命于政府。”第三十六条第一款又规定：“根据州政府法规规定的准则，高等行政法院或行政法院内各设一名公益代表人，可一般就特定案件，授权该代表，代表州或州机关。”

③ 黎赟：《从借鉴到完善——有关我国行政公益诉讼思考》，《法制与社会》2006 年第 1 期。

④ ［德］弗里德赫尔穆·胡芬：《行政诉讼法》，莫光华译，法律出版社 2003 年版，第 53 页。

⑤ 肖建华：《群体诉讼与我国代表人诉讼的比较研究》，《人大复印报刊资料——诉讼法学、司法制度》1999 年第 9 期。

⑥ ［法］古斯塔夫·佩泽尔：《法国行政法》，廖坤明、周洁译，国家行政学院出版社 2002 年版，第 289 页。

元首参与解决，在1830年前未见于任何成文法。[①] 1872年的法律在第九条中规定：行政法院享有审理行政法案件的最高权力并有权根据越权行为无效的原则而宣布各行政机关的行为无效。越权之诉的诉讼价值在于，“它是制裁政府部门非法行为的一种手段；人们觉得，为了达到同一目的，这种方式比其他符合法规真凭实据的方式更为有效。”[②]

越权之诉的性质表现为四个方面：①越权之诉是一种诉讼的救济手段，不是行政的救济手段；②越权之诉是当事人在其合法利益受到侵害时当然具有诉讼救济手段，不需要法律明文规定；③越权之诉属于客观的诉讼，主要目的在于制裁违法的行政行为，保障良好的行政秩序，不再保护申诉人的主权权利，是一个没有当事人，对事不对人的诉讼；④越权之诉属于撤销之诉，申诉人只能请求撤销违法的行政决定。行政法院不能变更或改正撤销的决定，也不能判决行政主体负赔偿责任。提起越权之诉，必须具备四个条件，即：①被攻击的行政决定的性质；②当事人的资格；③申诉的法定期间和形式；④不存在平等的诉讼救济途径。[③]

5. 意大利行政公益诉讼[④]

行政公益诉讼在意大利称为团体诉讼，是用来保障那些超个人利益或者能够达到范围很广的利益的一种特殊制度。这种团体诉讼的适用范围最初仅限于不正当竞争的诉讼，后来立法者将其扩大至劳动法、环境法的范围。1986年7月8日发布的第三百四十九号法令规定，行政公益诉讼的范围作了进一步的扩大，如果行政行为的许可、拒绝或者不作为违反了对自然的保护及对自然景观的维护，那么某些被认可的团体，尽管其权利并没有受到侵害，也有权利对这一行政行为提起诉讼。

6. 日本行政公益诉讼

在日本，公益诉讼被称为民众诉讼。所谓民众诉讼是指国民请求纠正国家或者公共团体不符合法律规定的行为，并以作为选举人的资格或自己在法律上的利

① ［法］古斯塔夫·佩泽尔：《法国行政法》，廖坤明、周洁译，国家行政学院出版社2002年版，第290页。

② ［法］让·里韦罗、让·瓦利纳：《法国行政法》，鲁仁译，商务印书馆2008年版，第788页。

③ 王名扬：《法国行政法》，中国政法大学出版社1988年版，第675—676页。

④ 冯勇：《现代西方国家公益行政诉讼制度的实践和特征》，《中州大学学报》2005年第4期。

益无关的其他资格提起的诉讼。“由于民众诉讼是请求纠正国家或共同体不符合法规行为的诉讼，因此，其诉讼对象不是当事人之间具体的权利义务纷争，不局限于‘法律上的争诉’。该诉讼以确保法律规范的正确实施与维持客观法律秩序作为目的，是以保护一般性的公共利益为目的的诉讼，因此，被称为‘客观诉讼’。”①

根据日本《行政案件诉讼法》第四十二条的规定，在日本，民众诉讼只有在特别法作出明确规定时可以提起，因此其范围是受到严格限制的。民众诉讼的类型包括有关选举的诉讼（包括有关选举人名单的诉讼、有关选举效力的诉讼、有关当选的诉讼和有关农业委员会或海区渔业调整委员会选举的诉讼）、地方自治相关诉讼（包括与直接请求有关的诉讼、与居民投票有关的诉讼和居民诉讼②）、基于最高法院法官国民审查法的诉讼（包括有关审查无效的诉讼和罢免无效的诉讼）等。

日本民众诉讼的原告可以是纳税人，也可以是利益受到普遍影响的选举人或者其他公众之一，可以准用抗告诉讼、当事人诉讼的程序。

7. 印度行政公益诉讼③

印度的公益诉讼制度是指如果公民或者某一特定阶层受到违法行为、越权行为的侵害或被课以非法负担，或存在上述危险，而该公民或阶层因贫穷或能力不足等处于经济或社会的弱势地位，不能进入法院寻求救济时，任何人都有根据《宪法》（第二百二十六条）请求高等法院发布适当的令状或指示的权利；如果违法行为侵犯了该公民或阶层的基本权利，任何人都享有根据《宪法》（第三十二条）请求最高法院司法救济的权利。该项制度在印度起源于20世纪70年代末80年代初，是从宪法诉讼中转化而来的。印度最高法院在放宽原告资格标准基础上确立其独特的公益诉讼，法院允许采用非正式的起诉程序（启动程序），且可以调查程序替代对抗式诉讼程序，并放宽了原告资格规则，形成了一些新的救济方式。“印度司法机关看起来有在必要时随时都可以改变游戏规则的偏好。诉讼不公可以通过正式卖主的方式启动，而且写给法院或廉价住所，也都可能被视

① 江利红：《日本行政诉讼法》，知识产权出版社2008年版，第617页。

② 居民诉讼是指地方公共团体的居民基于地方自治法（第二百四十二条）的规定，对于该地方公共团体的机关或其职员的违法的财务支出、财产取得、管理或处分等财务上的一定行为或事实，请求停止、撤销该行为或确认无效、损害赔偿、返还不当得利等而提起的诉讼。

③ 本部分内容主要参考了何兵、王轩《印度的公益诉讼制度》，载《行政法学研究》2007年第3期。

为声请，有报道称，有的法官将所收到的明信片视为声请。甚至将报纸编辑转来的读者来信也视为令状声请。法官因挑起和鼓励公益诉讼而出名。”①

8. 韩国的行政公益诉讼

韩国的行政公益诉讼属于客观诉讼的一种，亦称为民众诉讼。在韩国，“民众诉讼是指当国家或公共团体机关作出违反行政法规的行为时，一般选举人、一般居民等在没有和自己的法律上的利益存在直接关系的情况下，在选举人或居民的位置上，为了要求更正而提起的诉讼。”②

韩国民众诉讼的目的是确保行政选举及其他行政的正确性而提起的诉讼，不属于法律上的争讼，不解决个人之间的具体权利、义务上的纷争，只能在法律有明确规定的情况下才可以提出。

韩国民众诉讼的种类包括四种基本类型，即选举无效诉讼、当选无效诉讼、国民投票无效诉讼和居民诉讼等。

9. 我国台湾地区的行政公益诉讼

我国台湾地区的行政公益诉讼，称为维护公益之特种诉讼。是在借鉴日本行政案件诉讼法有关民众诉讼的精神，规定人民为维护公益，就无关自己权利及法律上利益之事项，对于行政机关之违法行为提起的行政诉讼。为了防止维护公益诉讼之诉过度扩张，明确规定必须在法律有特别规定的情况下才能进行维护公益之诉。但是，凡是选举罢免事件的争议，除法律另有规定之处，可以提起维护公益之诉。

台湾提起行政公共诉讼需要具备四个基本要件，③ 即：①须人民为维护公益而提起；②须针对行政机关的违法行为无关原告自己的权利及法律上利益的事项提起诉讼；③提起维护公益诉讼，根据诉讼的性质可以用撤销、确认或给付诉讼有关的规定；④提起维护公益诉讼，必须以法律有特别规定为限。

（二）不同国家和地区行政公益的共同点

从上述对实行行政公益诉讼典型的国家和地区的分析比较来看，我们不难看出，各国行政公益诉讼制度在称谓、范围、诉讼制度设计等诸多方面都存在明显

---

① 转引自黄学贤、王太高：《行政公益诉讼研究》，中国政法大学出版社 2008 年版，第 204 页。

② ［韩］金东熙：《行政法》，赵峰译，中国人民大学出版社 2008 年版，第 576 页。

③ 林腾鹞：《行政诉讼法》，台湾三民书局 2005 年版，第 162—163 页。

的差异，但不同国家和地区之间的行政公益诉讼制度也具有一些共同性，其具体表现为：

第一，行政诉讼中利害关系人的范围被扩大，允许权利直接或间接受到行政机关行政行为侵害或可能受到侵害的行政相对人，抑或是任何人均可以依法享有提起行政公益诉讼的权利。

第二，行政公益诉讼中的利害关系不特定。在各国的行政公益诉讼中，违法行政行为侵害的对象是公益，这种侵权行为对社会公众而言只具有不利的影响而无直接的利益损失，如果严格按照一般行政诉讼的要求，社会公众是不能提起诉讼的，但按照行政公益诉讼的原理和规定，在行政相对人不愿意或不便提起诉讼的时候而由国家专门机关、公益组织或个人提起诉讼。

第三，可诉对象具有广泛性，既可以针对具体行政行为提起行政公益诉讼，亦可针对抽象行政行为提起行政公益诉讼。

第四，受案的标准相对比较严格。为了防止原告滥用行政公益诉权而使政府的行政效率受到不必要的影响，各国一般规定提起行政公益诉讼必须以法律有特别的规定为前提，即行政公益诉讼不是一种普遍性诉讼，而是一种特殊性诉讼。

第五，各国普遍设置代表公众提起行政公益诉讼的机构，以保障行政公益诉讼的顺利进行。

第六，多数国家一般都规定了公民提起行政公益诉讼的前置程序，即公民提起行政公益诉讼之前，需要首先向行政公益诉讼代表机关申请，由代表机关起诉，只有在代表机关不起诉的情况下，公民才能提起行政公益诉讼。

另外，从上面分析中我们不难发现，各国行政公益诉讼可以分为两种基本模式，即民众诉讼模式和检察机关诉讼模式。这两种模式都是根据本国的实际情况而建立的，对我国创立行政公益诉讼制度具有较好的参考和借鉴意义。

五　建立和完善我国行政公益诉讼的必要性

（一）建立和完善行政公益诉讼是实施宪法的需要

1. 行政公益诉讼能够保证实现人民主权的原则

人民主权是指国家中的绝大多数人拥有国家的最高权力。人民主权学说的出现，是国家学说发展史上的一大飞跃，也是资产阶级民主思想的核心。自1776年美国《独立宣言》宣布："政府的正当权力得自被统治者的同意"；1789年法国《人权宣言》宣称“整个国家主权的本源寄托于国民，任何团体任何个人都不得行使主权所未明白授予的权力”以来，无论是资本主义国家宪法，还是社会主义国家的宪法，都无不确认和体现了人民主权原则。一些国家通过宪法明文规定人民主权原则，如日本 1946 年宪法规定：“兹宣布主权属于国民”；有的国家通过规定人民行使国家权力的形式来保障人民主权。如我国《宪法》规定：“人民行使权力的机关是全国人民代表大会和地方各级人民代表大会”；还有的国家通过规定公民广泛的权利和自由来体现人民主权。公益诉讼对于这一宪法基本原则的贡献主要在于公益诉讼丰富了人民行使主权的具体形式，为人民主权的行使提供了新途径，更为重要的是公益诉讼通过法律对组织或个人的授权使人民管理国家事务得到了司法保障。可以说，公益诉讼是人民以诉讼方式实现主权在民的具体表现形式。公益诉讼不仅将历来比较抽象而不确定的人民主权转换成为明确而清晰的现实权利，而且通过诉讼使这种权利易于安全行使，具有极强的可操作性，政治意义、经济价值、法治意义都是十分巨大的。由于公益诉讼是任何组织和个人都可以根据法律的授权，代表国家起诉违法行为，以保护国家利益，维护社会秩序，因此，公益诉讼制度的建立是民主在诉讼领域的具体体现，并使民主制度化和法律化。

行政公益诉讼能够保障人民对权力行使者进行监督，让人民直接参与到国家事务的管理中，切实成为国家的主人的制度。在权力所有者与使用者相分离的情况下，保留了人民直接对违法行为要求司法救济的权利，保证人民能够真正行使国家主权。行政公益诉讼制度使人民管理国家事务得到了司法保障。司法保障是司法机关通过司法程序审查原告提出的诉讼请求，从而作出最终裁决的制度。当人民管理国家事务的权力和公共利益受到行政机关侵害或者行政机关不法行使行政权力时，人民可以通过程序诉权来实现实体权，即他可以作为原告把违反法律，侵犯国家利益，扰乱社会秩序的行为提交司法审判，由司法机关作出最终裁决，从而实现自己管理国家事务的权力。

2. *建立和完善行政公益诉讼能够实现权力制约原则*

权力制约原则是指国家权力的各部分之间互相监督、彼此牵制，以保障公民权利的原则。权力制约是宪法的核心精神之一，在资本主义国家宪法中一般表现为分权制衡原则，在社会主义国家则主要表现为监督原则。

在现代国家中，行政权渗透到了社会生活的各个方面，拥有非常广泛的行政管理权和行政执法权，行政权明显呈现出扩张，无限扩张的趋势，势必对三权的平衡与制约造成破坏，有必要对行政权加以限制。如果只是以行政权内部制约为依靠，会造成这样的一种情况：如果将一项行政权授予一个行政机关行使，要制约它，就需要再设立一个享有监督权力的机关进行控制，但如果监督的行政机关滥用权力，又怎么办？按照理论上的推论，又需要设置第三个机关来干预。如此循环反复，就会造成行政机构的膨胀，势必造成社会资源的浪费。正是由于行政权内在制约的先天不足，司法权对行政权的制约显得尤为重要。就广义而言，行政与司法，都是法的执行。然而其执行法的方式和目的不同。行政的目的是实现国家政策、国家目的，因而以统筹、决策、执行为特征，以“治事”为中心，它对法律的遵守和执行，可以说是附属为之；而司法的功能为维护、恢复法的秩序，它以中立、判断和救济为特征，它将抽象的法规适用于具体的事件，以决定合法违法或确定法律义务关系，即以法的适用为中心。[①] 它在直接维护法治的同时还对行政起着重要的法律制约作用。

司法权对行政权的制约可以体现在很多的方面，具体到公共利益的保护上就是公益诉讼制度。在实行代议民主制条件下，公民不能直接行使自己拥有的公共权力，而由代议制机关来使用这些权力，公共权力所有者和使用者的分离使得行政机关在很多时候都是以公共权力机关的姿态出现的。在法律上，作为个人基于绝对的所有权可以在法律规定的范围内自由的处分自己的权力。但行政机关作为一个公共权力机关就不能这样无约束地行使公共权力，只能为了公共利益的合法目的行事。无约束的自由裁量权的整个概念是不适宜于为公共利益而使用权力的公共权力机关的。所有的自由裁量权都可能被滥用，这仍是个至理名言。现实生活中，行政机关往往会垄断公共权力，权力如果得到合理利用就是对公共利益的保护，但情况并不总是这样，权力被滥用的事情比比皆是。在这种情况下，作为权力行使者的行政机关就变成了公共利益的破坏者，也不能有效地保护公共利益。

出于上述理由，行政公益诉讼正是这样一种既能够保护社会公共利益，同时也能起到制约行政权的司法制度。行政公益诉讼赋予组织或个人的公益诉权，是一种司法权，它的实质是公民对公益违法行为的救济权，即只要公民认为违法行

---

① 史尚宽：《司法权与法官的涵义之演进》，载《宪法论丛》，台北荣泰印书馆1973年版，第305页。

为对公共利益造成了侵害或有可能造成侵害，均可以向人民法院提起诉讼，即使这样的侵害是由行政机关造成的。行政机关造成公益侵害可能是因为作为或不作为造成，前一种是错误的行政决策致使公共利益的受损，后一种是指具有行政执法权的行政机关对于公益违法行为不依法作为或怠于作为，如市场监督管理机关不积极行使管理权，致使大量有质量问题的商品在市场出现，这样既破坏了社会经济秩序，又损害了消费者的利益。这时，对于行政机关与厂商的不法行为，任何人都可提起公益诉讼，以自己的名义起诉行政机关或者厂商，以实现社会正义。可见，无论是司法机关的监督权，还是公民或组织的诉权，打破了行政机关对公共权力的垄断，通过对诉权的行使，司法审判机关依法做出裁判，利用裁判权的政策引导功能和强制威慑功能来促进行政权的依法行使，既不能滥用职权，谋取私利，也不得因怠于行使而出现行政执法的盲区，从而实现司法权对行政权的制约。当然，根据三权分立的原则，这样的权力制约应仅限于国家、社会公共利益遭到损害的场合，不能够任意超越，否则，也会构成对行政权的侵犯。

行政公益诉讼制度通过诉讼主体积极行使诉权，由司法审判机关对公共权力机关的公益违法行为进行判决，有效地保护了社会公共利益，体现了司法权对行政权的制约，同时也是在公共利益保护的诉讼领域实现了宪法权力制约的基本原则。

3. 建立和完善行政公益诉讼制度能够实现法治原则

法治也称“法的统治”，是一种源远流长的意识形态、治国方略和社会文化现象。在 1959 年印度召开的“国际法学家会议”上通过的《德里宣言》中将法治大致概括为三条原则：一是立法机关的职能在于创设和维护使每个人保持“人类尊严”的各种条件；二是不仅要为制止行政权的滥用提供法律保障，而且使政府能有效地维护法律秩序，借以保证人们具有充分的社会和经济生活条件；三是司法独立和律师自由是实施法治原则必不可少的条件。①

按照法治原则的要求，立法的过程必须经过法定的程序，由有权机关进行法律的制定，有了依法而立的法才能“依法而治”；在行政管理中，行政机关运用立法机关所制定的法律管理国家行政事务，行政权力的行使必须符合法律规定即依法行政；而司法更是体现法治精神最好的平台。正如美国著名法学家德沃金所

---

① 王人博、程燎原：《法治论》，山东人民出版社 1989 年版，第 31 页。

说，“法治不是靠政府，而是靠独立自治的法院建立起来的。在一个法治国家，法院有权对一切问题作终极的司法审查。法院是法律帝国的首都。”① 司法具有权威性和终局性的特征。“社会中发生的几乎任何一种矛盾、争议，尽管经过各种各样的决定仍不能得到解决可以被诉讼、审判所吸收或中和。”“由于司法所具有的诸如把一般问题转换为个别问题，把价值问题转化为技术问题等特殊的性质和手法，因发生争议或矛盾从而可能给政治及社会体系正统性带来的重大冲击得以分散或缓解。”因此，“司法在政治及社会体系中占有的是一种可称之为‘平衡器’的特殊位置；或者说，司法作为维持政治及社会体系的一个基本支点发挥着正统性的再生产功能。”② 在法治国家里，接受司法裁判权是人民享有的一项由宪法保障的最基本权利。宪法赋予人民享有接受司法裁判权，是因为在法治国家中，人们之间的关系是受法律支配的而不是受人支配的，要解决人民之间发生的纠纷就必须保障人民接受司法审判的权利；再者，国家权力的分离和制约是法治的要求，为了保障人民的自由和权利不受违法的或不当的行政行为侵害，确立与行政权相分离的司法权，并在此基础上赋予人民有请求司法救济的权利，就成了贯彻法治的基本条件；最后，宪法作为一国的根本大法，司法权作为国家权力的一个组成部分，由于国家权力的行使必须以法律为依据，因此行使司法权进行的诉讼必须是依法进行的裁判。

诉讼是人们保护自己权利的最基本形式和最后保障。随着司法制度的逐步健全，诉讼已发展成为我国公民保护个人权利的常用方式。行政公益诉讼根据法律，通过对组织和个人授予行政公益诉权，对违反法律，侵犯国家利益、社会公共利益的行为向法院起诉，由法院追究违法者的法律责任，是运用诉权保护社会公共利益的一种司法活动。行政公益诉讼制度不仅为人民参加国家事务的管理提供了新途径，而且将其成功地嫁接到了诉讼制度上，体现了司法的终局性和权威性，在行政公益诉讼领域实现了宪法的法治原则。

行政公益诉讼将公民个人对国家事务的治理权从一种有名无实的权利进化成一种具体的看得见、摸得着的权利，将人民对国家的管理权转换成了行政公益诉权，通过诉讼保障了人民的管理权，不仅是一种诉讼制度的创新，而且提供了一

① ［美］德沃金：《法律帝国》，李常青译，中国大百科全书出版社 1996 年版，第 361—362 页。

② ［日］谷口安平：《程序的正义与诉讼》，王亚新译，中国政法大学出版社 1996 年版，王亚新的“代译序”。

条通过公益诉讼推进民治的坦途。首先，对于提起行政公益诉讼的主体而言，行政公益诉讼是有实效的，一旦提起诉讼，就会自动启动司法审查程序，对所诉行政行为进行审理，而不需要通过特别的审批程序，而且司法机关会依法定期做出裁决结果。比起传统的举报、控告等执法、监督方式，个人是以诉讼主体的身份始终置身于诉讼过程中，避免了做“局外人”的尴尬，因为对被举报或被控告的调查处理往往成了与举报者无关的事，举报者或控告者无法了解，参与其过程。同时，由于公益诉讼作为一种诉讼制度有法定的诉讼期限，克服了传统监督方式久拖不决的痼疾；其次，行政公益诉讼对国家而言是经济的，不需要付出太多的成本去另起炉灶建立一个自上而下的庞大机构，利用现有的司法资源，只要通过立法赋予公民公益诉权以提起公益诉讼。对于公民个人，提起行政公益诉讼不仅可以保护公共利益，以较小的诉讼成本投入获得较大的诉讼收益。行政公益诉讼制度在经济上为公民执法提供了制度保障，使行使监督权成为一件真正既利于国家又利于监督者个人的一举两得的好事。

行政公益诉讼正是这样的一种制度，公民通过提起诉讼对违法侵犯国家利益、社会公共利益的行为要求法院进行司法审判并最终作出判决，以司法方式最终解决公益纠纷。同时，行政公益诉讼不仅将比较含糊而不确定的人民主权转换成了明确而清晰的现实权利，而且通过诉讼使这种权利易于安全行使，具有极强的可操作性，实现了民治的理念，在公益诉讼领域实现了宪法的法治原则。

（二）建立和完善行政公益诉讼制度的现实必要性

1. 建立和完善行政公益诉讼制度是完善我国行政诉讼体系的需要

新《行政诉讼法》第一条规定：“为保证人民法院公正、及时审理行政案件，解决行政争议，保护公民、法人和其他组织的合法权益，监督行政机关依法行使职权，根据宪法，制定本法。”由此可知，我国行政诉讼法的立法宗旨有两个：一是保护公民、法人和其他组织的合法权益；二是维护和监督行政；三是保证人民法院正确、及时地审理行政案件。这里所说的保护公民法人和其他组织的合法权益，既可以包括合法的个人的私权，也应当包括合法公权；这里所说的维护和监督行政机关依法行使职权，其中监督应当是全方位的，既应当保护对侵犯私权益的监督，也应当包括对侵犯公益的监督；这里所说的确保人民法院正确、及时地审理行政案件，既包括正确、及时地审理因私益纠纷引起的案件，也包括审理因公益纠纷引起的案件。因此，在行政诉讼体系内设立相应的行政公益诉讼制度对行政机关的某些违法行为予以限制和纠正，符合我国行政诉讼法的立法宗旨，是将立法宗旨具体化，可以弥补我国现有行政诉讼制度的缺陷。

2. 建立和完善行政公益诉讼制度是保护公共利益的需要

当前，我国现实生活中存在着大量公共利益被侵害而得不到司法救济的情况，主要有：①国有资产流失；②环境污染和破坏；③土地开发中不合理利用问题严重；④政府在公共工程、政府采购等领域，违法招标、发包，违法审批无效工程、豆腐渣工程，给国家造成重大损失；⑤电信、铁路等行业的垄断现象，致使服务价格居高不下，甚至出现随意提高价格的现象。这些问题发生的根本原因在于没有切实有效的法律制度有针对性地保护社会公共利益，建立公益诉讼制度已非常紧迫。[①]

3. 建立和完善行政公益诉讼制度是贯彻诉讼经济原则的需要

诉讼经济原则是指以较小的诉讼成本，实现较大的诉讼效益，换言之，诉讼经济就是指为了实现特定的诉讼目的，应当选择成本最低的方法或手段。由于国家的司法资源是有限的，行政公益诉讼不以单个受害个体提起诉讼为前提，能够将许多可能需要单独处理的案件集合起来一并处理，这就节约了有限的司法资源，节约了人们单独进行诉讼所必须要支付的人力、物力和财力，同时行政公益诉讼能够有效地预防行政行为可能对公益造成的损害（即节约了公共利益），因此，开展行政公益诉讼是符合诉讼经济的原则的。

（三）建立和完善我国行政公益诉讼制度的可行性

建立我国行政公益诉讼制度的可行性主要表现为：

第一，就国际法律实践而言，国外的行政公益诉讼实践已经总结了许多的成功经验，可供我国参考和借鉴。

第二，就国内法律实践而言，我国开展刑事公诉、行政诉讼和行政抗诉制度的成功经验也为创立我国行政公益诉讼制度积累了经验，奠定了基础。

第三，尽管创立行政公益诉讼制度可能会出现滥用诉权的现象，但这绝对不会是普遍现象，而且依法行政产生的利益和对公共利益进行保护所产生的利益，应当远远超过可能的滥诉所产生的不利益。

---

① 楚静：《构建我国行政公益诉讼制度的思考》，《法制与社会发展》2007 年第 5 期。

第四，我国行政公益诉讼的试点已经取得较好的经验。人民法院、人民检察院办理公益诉讼案件，应当遵守宪法法律规定，遵循诉讼制度的原则，遵循审判权、检察权运行规律。2015 年 7 月 1 日第十二届全国人民代表大会常务委员会第十五次会议通过《全国人民代表大会常务委员会关于授权最高人民检察院在部分地区开展公益诉讼试点工作的决定》，试点地区确定为北京、内蒙古、吉林、江苏、安徽、福建、山东、湖北、广东、贵州、云南、陕西、甘肃等十三个省、自治区、直辖市。2015 年 7 月 2 日最高人民检察院发布的《检察机关提起公益诉讼试点方案》，2015 年 12 月 16 日，最高人民检察院第十二届检察委员会第四十五次会议通过《人民检察院提起公益诉讼试点工作实施办法》，2016 年 2 月 25 日最高人民法院发布了《人民法院审理人民检察院提起公益诉讼案件试点工作实施办法》，这些规定出台后，试点地区积极开展行政公益诉讼，积累了很好的经验，为全国范围内建立行政公益诉讼奠定了坚实的基础。

2017 年 6 月 27 日第十二届全国人民代表大会常务委员会第二十八次会议通过了《全国人民代表大会常务委员会关于修改〈中华人民共和国民事诉讼法〉和〈中华人民共和国行政诉讼法〉的决定》明确规定：行政诉讼法“第二十五条增加一款，作为第四款：‘人民检察院在履行职责中发现生态环境和资源保护、食品药品安全、国有财产保护、国有土地使用权出让等领域负有监督管理职责的行政机关违法行使职权或者不作为，致使国家利益或者社会公共利益受到侵害的，应当向行政机关提出检察建议，督促其依法履行职责。行政机关不依法履行职责的，人民检察院依法向人民法院提起诉讼。’”2018 年 3 月 1 日，最高人民法院、最高人民检察院联合出台了《关于检察公益诉讼案件适用法律若干问题的解释》[①]（以下简称《行政公益诉讼司法解释》）自 2018 年 3 月 2 日起施行。明确要求人民法院、人民检察院办理公益诉讼案件，应当遵守宪法法律规定，遵循诉讼制度的原则，遵循审判权、检察权运行规律。人民检察院以公益诉讼起诉人身份提起公益诉讼，依照行政诉讼法享有相应的诉讼权利，履行相应的诉讼义务，但法律、司法解释另有规定的除外。

---

① 2018 年 2 月 23 日最高人民法院审判委员会第 1734 次会议、2018 年 2 月 11 日最高人民检察院第十二届检察委员会第 73 次会议通过。

第三节　行政公益诉讼制度的基本内容

一　行政公益诉讼的受案范围

从概括式方面而言，我们认为公益诉讼的受案范围的确定主要包括以下四种情况：①行政机关作出的侵害或可能侵害社会公共利益而又没有特定受害主体的违法行政行为；②行政机关不履行法定职责，致使公共利益受侵害或可能受侵害而又没有特定受害主体的消极行政行为；③行政机关不当的行政行为对公共利益已造成或可能造成损害而又没有特定受害主体；④违反宪法、法律法规的规定，侵害或可能侵害到公共利益的行政行为。

我国新《行政诉讼法》和《关于检察公益诉讼案件适用法律若干问题的解释》（以下简称《公益诉讼解释》）的规定，公益行政诉讼案件的受案范围具体包括：①生态环境和资源保护案件；②食品药品安全案件；③国有财产保护案件；④国有土地使用权出让案件。

当然，建立公益诉讼制度不仅仅是针对以上四种类型的案件，在实际的司法实践中，公益违法行为的形式是多种多样的，只是在现阶段的中国，以上的四类案件较为突出，急需公益诉讼制度来对违法行为进行制裁。公益诉讼的目的是通过诉讼，对违法侵害国家利益、社会公共利益的行为进行制裁，因此，只要是与公共利益的保护有关的方面都是需要建立公益诉讼的。

二　行政公益诉讼的管辖

根据《公益诉讼解释》的规定，行政公益诉讼管辖的规定具体是：

第一，市（分、州）人民检察院提起的第一审民事公益诉讼案件，由侵权行为地或者被告住所地中级人民法院管辖；

第二，基层人民检察院提起的第一审行政公益诉讼案件，由被诉行政机关所在地基层人民法院管辖。

三　行政公益诉讼的起诉人资格的确定

前已述及，理论界关于行政公益诉讼的原告范围是扩大了的。在各国的立法实践中，在行政公益诉讼中我们认为提起诉讼的主体虽然各有不同，但一般包括个人、组织和检察机关三类。因此，我们认为我国行政公益诉讼的原告范围，应当在借鉴别国经验和总结我国自身实践的基础上进行，故此，我们同意多数学者的观点，在创立我国行政公益诉讼原告时将行政公益诉讼的原告分为三类：一是机关之诉，指负有维护公益职责的机关（如人民检察院），有权以国家名义对侵害国家利益、社会公共利益、公众或群体公共利益和公共秩序的违法行为向法院提起公诉。二是团体之诉，指企事业单位、社会团体（包括具有法人资格和不具有法人资格的社会组织），有权以自己的名义对侵害国家利益、社会公共利益、公众或群体公共利益和公共秩序的违法行为向法院提起诉讼。三是公民之诉，指公民（包括与本案有直接利害关系和与本案无直接利害关系人）以自己的名义对侵害国家利益、社会公共利益、公众或群体的公共利益和公共秩序的违法行为向法院提起诉讼。① 如何解决公民、法人或其他组织提起行政公益诉讼的原告资格问题，即如何使公民、法人或其他组织提起行政公益诉讼原告资格的合法化呢？有学者建议采用通过立法（如《监督法》《行政程序法》《行政诉讼法》《环境保护法》等直接确认）和司法解释两种方式加以明确。②

这里需要特别指出的是，根据我国现行制度的规定，我国行政公益诉讼只能通过人民检察院提起诉讼，其他社会组织不能提起行政公益诉讼。

在行政公益诉讼案件中，人民检察院是以公益诉讼起诉人的身份提起公益诉讼。排除了社会团体作为公益诉讼起诉人的可能性。人民检察院作为行政公益诉讼的起诉人，在诉讼中处于原告地位，享有相应的诉讼权利，履行相应的诉讼义务。

四　行政公益诉讼的起诉、撤回与变更

根据《公益诉讼解释》第二十二条的规定，人民检察院提起行政公益诉讼应当提交下列材料：

第一，行政公益诉讼起诉书，并按照被告人数提出副本；

第二，被告违法行使职权或者不作为，致使国家利益或者社会公共利益受到

---

① 楚静：《构建我国行政公益诉讼制度的思考》，《经济与社会发展》2007 年第 12 期。

② 黄学贤、王太高：《行政公益诉讼研究》，中国政法大学出版社 2008 年版，第 222 页。

侵害的证明材料；

第三，检察机关已经履行诉前程序，行政机关仍不依法履行职责或者纠正违法行为的证明材料。

根据《公益诉讼解释》第二十四条的规定，在行政公益诉讼案件审理过程中，被告纠正违法行为或者依法履行职责而使人民检察院的诉讼请求全部实现，人民检察院撤回起诉的，人民法院应当裁定准许；人民检察院变更诉讼请求，请求确认原行政行为违法的，人民法院应当判决确认违法。

五　行政公益诉讼立案登记制

根据《公益诉讼解释》第二十三条的规定，人民检察院依据行政诉讼法第二十五条第四款[①]的规定提起行政公益诉讼，符合行政诉讼法第四十九条第二项、第三项、第四项及本解释规定的起诉条件的，人民法院应当登记立案。[②]

六　关于行政公益诉讼中的举证责任问题

我国《行政诉讼法》第三十四条规定："被告对作出的行政行为负有举证责任，应当提供作出该行政行为的证据和所依据的规范性文件。""被告不提供或者无正当理由逾期提供证据，视为没有相应证据。但是，被诉行政行为涉及第三人合法权益，第三人提供证据的除外。"这就确立了行政诉讼中举证责任倒置的原则，这样规定的原因在于行政相对人与行政机关相比其举证能力较弱。行政公益诉讼中应否继续坚持举证责任倒置的原则呢？我们认为应当区别不同情况确定举证责任问题，即分两种情况进行规定：一是，由检察机关提出的公益诉讼，其举证责任应由公诉人负责，理由是检察机关具有公诉职能，享有侦查权，搜集证据处于有利地位；二是，法人、非法人组织或公民提起的公益诉

---

① 《行政诉讼法》第二十五条："行政行为的相对人以及其他与行政行为有利害关系的公民、法人或者其他组织，有权提起诉讼。""有权提起诉讼的公民死亡，其近亲属可以提起诉讼。""有权提起诉讼的法人或者其他组织终止，承受其权利的法人或者其他组织可以提起诉讼。""人民检察院在履行职责中发现生态环境和资源保护、食品药品安全、国有财产保护、国有土地使用权出让等领域负有监督管理职责的行政机关违法行使职权或者不作为，致使国家利益或者社会公共利益受到侵害的，应当向行政机关提出检察建议，督促其依法履行职责。行政机关不依法履行职责的，人民检察院依法向人民法院提起诉讼。"

② 《行政诉讼法》第四十九条："提起诉讼应当符合下列条件：（一）原告是符合本法第二十五条规定的公民、法人或者其他组织；（二）有明确的被告；（三）有具体的诉讼请求和事实根据；（四）属于人民法院受案范围和受诉人民法院管辖。"

讼，应采用举证责任部分倒置，理由与一般行政诉讼相同。根据《行政公益诉讼司法解释》第六条的规定，“人民检察院办理公益诉讼案件，可以向有关行政机关以及其他组织、公民调查收集证据材料；有关行政机关以及其他组织、公民应当配合；需要采取证据保全措施的，依照民事诉讼法、行政诉讼法相关规定办理。”

七 关于前置程序问题

在提起行政公益诉讼的前置程序问题上，多数学者主张借鉴美国的司法审查强调“穷尽行政救济”原则来创立我国的行政行为公诉前置程序，即当事人没有利用一切可能的行政救济之前，不能申请法院裁决对他不利的决定。具体制度构建上可以考虑：当事人在寻求救济时，首先必须利用行政内部的救济手段，然后才能请求检察机关提起公益行政诉讼，只有在穷尽行政救济程序，且检察机关又不愿意提起公益诉讼时，才允许公民、法人或其他组织向人民法院起诉。

之所以规定穷尽行政救济原则，其理由是：一方面可以给行政机关自我纠错的机会，另一方面也可以减轻法院的诉讼负担。当事人认为行政机关的违法行为侵害或危及社会公共利益时，可先以书面形式说明行政机关违法的具体内容，告知原行政机关，以便让其了解自己违法之所在，并给予行政机关对违法行为采取必要措施的机会。对原行政机关采取的措施不服，当事人可向上级机关申请复议，对复议决定不服或复议机关在规定的期限内不作复议决定，当事人可以向人民法院提起行政公益诉讼，请求判令其执行。

之所以规定先向检察机关申诉，其理由是：检察机关是国家的法律监督机关，对于行政机关的行政行为是否侵害公益，在一般情况下会比普通民众更具有判断能力。由其先进行审查，一方面能够保障民众的诉权，另一方面又能够防止民众滥用诉讼而影响行政效率和增加司法负担，加大司法成本。

总之，公益诉讼是一把双刃剑。一方面，它有利于保护公共利益、集体利益和社会利益，有利于保护弱者，有利于强化对依法行政的监督；但另一方面，公益诉讼可能使司法权过于具有能动性，而易于导致滥诉。为了防止原告滥用诉权，在公益诉讼制度建立的同时，应当设置一些前置程序进行防范是十分必要的。

《公益诉讼解释》第二十一条规定，人民检察院在履行职责中发现生态环境和资源保护、食品药品安全、国有财产保护、国有土地使用权出让等领域负有监督管理职责的行政机关违法行使职权或者不作为，致使国家利益或者社会公共利益受到侵害的，应当向行政机关提出检察建议，督促其依法履行职责。

行政机关应当在收到检察建议书之日起两个月内依法履行职责，并书面回复人民检察院。出现国家利益或者社会公共利益损害继续扩大等紧急情形的，行政机关应当在十五日内书面回复。

行政机关不依法履行职责的，人民检察院依法向人民法院提起诉讼。

八　行政公益诉讼的判决方式

根据《公益诉讼解释》第二十五条的规定，行政公益诉讼案件的判决形式有确认判决、撤销判决、给付判决、变更判决、驳回原告诉讼请求的判决等形式。在具体案件中，对于行政公益诉讼人民法院区分下列情形作出行政公益诉讼判决：

第一，被诉行政行为具有《行政诉讼法》第七十四条、[①] 第七十五条[②]规定情形之一的，判决确认违法或者确认无效，并可以同时判决责令行政机关采取补救措施。

第二，被诉行政行为具有《行政诉讼法》第七十条[③]规定情形之一的，判决撤销或者部分撤销，并可以判决被诉行政机关重新作出行政行为。

第三，被诉行政机关不履行法定职责的，判决在一定期限内履行。

第四，被诉行政机关作出的行政处罚明显不当，或者其他行政行为涉及对款额的确定、认定确有错误的，判决予以变更。

---

① 新《行政诉讼法》第七十四条规定："行政行为有下列情形之一的，人民法院判决确认违法，但不撤销行政行为：（一）行政行为依法应当撤销，但撤销会给国家利益、社会公共利益造成重大损害的；（二）行政行为程序轻微违法，但对原告权利不产生实际影响的。""行政行为有下列情形之一，不需要撤销或者判决履行的，人民法院判决确认违法：（一）行政行为违法，但不具有可撤销内容的；（二）被告改变原违法行政行为，原告仍要求确认原行政行为违法的；（三）被告不履行或者拖延履行法定职责，判决履行没有意义的。"

② 新《行政诉讼法》第七十五条规定："行政行为有实施主体不具有行政主体资格或者没有依据等重大且明显违法情形，原告申请确认行政行为无效的，人民法院判决确认无效。"

③ 新《行政诉讼法》第七十条规定："行政行为有下列情形之一的，人民法院判决撤销或者部分撤销，并可以判决被告重新作出行政行为：（一）主要证据不足的；（二）适用法律、法规错误的；（三）违反法定程序的；（四）超越职权的；（五）滥用职权的；（六）明显不当的。"

第五，被诉行政行为证据确凿，适用法律、法规正确，符合法定程序，未超越职权，未滥用职权，无明显不当，或者人民检察院诉请被诉行政机关履行法定职责理由不成立的，判决驳回诉讼请求。

人民法院可以将判决结果告知被诉行政机关所属的人民政府或者其他相关的职能部门。

九 行政公益诉讼案件的特别规定

根据《公益诉讼解释》的规定，行政公益诉讼适用下列特殊规定。

1. 第一审行政公益诉讼案件可以适用人民陪审制

人民法院审理人民检察院提起的第一审公益诉讼案件，可以适用人民陪审制。

2. 人民检察院派员出席庭审

人民法院开庭审理人民检察院提起的公益诉讼案件，应当在开庭三日前向人民检察院送达出庭通知书。

人民检察院应当派员出庭，并应当自收到人民法院出庭通知书之日起三日内向人民法院提交派员出庭通知书。派员出庭通知书应当写明出庭人员的姓名、法律职务以及出庭履行的具体职责。

人民法院审理第二审案件，由提起公益诉讼的人民检察院派员出庭，上一级人民检察院也可以派员参加。

出庭检察人员履行以下职责：①宣读公益诉讼起诉书；②对人民检察院调查收集的证据予以出示和说明，对相关证据进行质证；③参加法庭调查，进行辩论并发表意见；④依法从事其他诉讼活动。

3. 行政公益诉讼案件中人民检察院的上诉权

人民检察院不服人民法院第一审判决、裁定的，可以向上一级人民法院提起上诉。

4. 行政公益诉讼案件裁判的执行

人民检察院提起公益诉讼案件判决、裁定发生法律效力，被告不履行的，人民法院应当移送执行。

第十五章 涉外行政诉讼

新《行政诉讼法》关于涉外行政诉讼的程序问题规定在第九十八条至第一百条之中。由于篇幅的限制，规定得十分原则。为了弥补实践中的不足，特别是我国加入WTO后产生的涉外行政诉讼问题，最高人民法院先后出台了《国际贸易规定》《反倾销规定》以及《反补贴规定》，为司法实践提供了坚实的法律依据。

第一节 涉外行政诉讼概述

一 涉外行政诉讼的概念

涉外行政诉讼是我国行政诉讼的一个重要组成部分。它是指外国人、无国籍人、外国组织不服我国行政机关作出的处理决定，按照我国行政诉讼法的规定向人民法院起诉，人民法院依照行政诉讼法进行审理的一种活动。简言之，涉外行政诉讼是指行政诉讼中的原告人是不具有我国国籍（外国人、无国籍人和外国组织）的人和组织提起的行政诉讼。由此可见，涉外行政诉讼与非涉外行政诉讼的最大区别就在于涉外行政诉讼的原告人不具有我国国籍。

根据《国籍法》和相关条约的规定，法律上不具有我国国籍的人包括三类，即外国人、无国籍人、外国组织。

外国人，是指在一国境内不具有该国国籍而具有他国国籍的自然人。双重国籍人如果其一个重叠国籍是所在国国籍，对所在国来说不是外国人，而是本国人。当然，如果其所具有的国籍，均非所在国国籍，则该人属于外国人。根据国际法上的国家主权原则，一个国家的行政管理是以地域为基础的，只要在本国领域范围内，政府均有权对其进行管理。因此，一国的行政管理活动不仅要针对本国人，而且还要针对本国领域内的外国人。根据属地管辖原则，所有在一国境内的外国人，都处于所在国法律的管辖之下，外国人必须遵守居留国的法律。外国人不仅受所在国的法律管辖，还要服从其本国的管辖，受本国法律的保护。外国人不能享受属于所在国公民资格的政治权利，如选举权和被选举权，并且不负担政治上的一些义务。外国人的入境必须经过许可，在一国境内的法律地位，一般由各国的国内立法加以规定。

无国籍人，是指不具有任何国籍的自然人。无国籍人是任何国家根据本国的法律都不认为其是国民的人。无国籍人在国际法上不享有任何国家的外交保护。无国籍是因为各国国内法关于国籍的规定不同而造成的结果。在我国，无国籍人处于与外国人同等的地位，不受歧视。根据《国籍法》第六条的规定："父母无国籍或国籍不明，定居在中国，本人出生在中国，具有中国国籍。"

外国组织，是指外国或地区批准成立的法人和非法人组织，包括这些组织的派出机构。

二　涉外行政诉讼的特征

与非涉外行政诉讼、涉外民事诉讼、涉外刑事诉讼相比，涉外行政诉讼具有如下几个方面的特征。

（一）原告人的涉外性

原告人的涉外性，是涉外行政诉讼的最主要特征。根据新《行政诉讼法》第九十八条的规定，涉外行政诉讼的原告必须是外国人、无国籍人或者外国组织。由于涉外行政诉讼的客体——行政行为是由我国的行政机关所作的，发生在我国境内，因此被告人和诉讼客体都不具有涉外的因素。

（二）诉讼原则的特殊性

由于涉外行政诉讼的原告是外国人、无国籍人以及外国组织，所以诉讼过程中必须考虑既要维护原告的合法权益，又要考虑维护国家的主权和国家的利益，因此，涉外行政诉讼中除遵守非涉外行政诉讼的原则外，还要遵守国家主权原则、同等对待原则和对等原则。

(三) 诉讼规则的特殊性

由于涉外行政诉讼的原告人具有涉外性，这就决定了进行行政诉讼时要遵守一些不同于非涉外行政诉讼的规则。如涉外诉讼只能委托我国的律师作为代理人、送达期限和方式有专门的规定，等等。

三　涉外行政诉讼的类型

根据现有立法和司法实践，涉外行政诉讼的类型主要包括如下几类。

(一) 涉外贸易行政诉讼案件

涉外贸易行政诉讼案件，是指我国政府在管理对外贸易过程中，因行使对外贸易的行政管理权时，针对外国人、无国籍人或外国组织作出行政行为时，外方行政相对人不服而提起行政诉讼的案件。根据 WTO 规则，对与对外贸易有关的行政行为进行司法审查，是确保 WTO 规则在各成员方有效实施的一项重要制度。我国在加入 WTO 的法律文件中承诺，对与 WTO 有关的货物贸易、服务贸易和知识产权的行政行为，应当为受到影响的企业提供司法审查的机会。根据《国际贸易规定》第一条的规定，国际贸易行政案件包括：“（一）有关国际货物贸易的行政案件；（二）有关国际服务贸易的行政案件；（三）与国际贸易有关的知识产权行政案件；（四）其他国际贸易行政案件。”自然人、法人或者其他组织认为中华人民共和国具有国家行政职权的机关和组织及其工作人员作出的有关国际贸易的行政行为侵犯其合法权益的，可以依照行政诉讼法以及其他有关法律、法规的规定，向人民法院提起行政诉讼。

第一审国际贸易行政案件由具有管辖权的中级以上人民法院管辖。人民法院行政审判庭依法审理国际贸易行政案件。

人民法院审理国际贸易行政案件所适用的法律、行政法规的具体条文存在两种以上的合理解释，其中有一种解释与中华人民共和国缔结或者参加的国际条约有关规定相一致的，应当选择与国际条约有关规定相一致的解释，但中华人民共和国声明保留的条款除外。

(二) 反倾销行政诉讼案件

倾销，是指一国（地区）的生产商或出口商以低于其国内市场价格或低于成本的价格将其商品挤进另一国（地区）市场的行为。受到倾销商品损害的进口国为此采取的控制措施被称之为反倾销。根据《反倾销规定》，反倾销行政诉讼案件包括："（一）有关倾销及倾销幅度、损害及损害程度的终裁决定；（二）有关是否征收反倾销税的决定以及追溯征收、退税、对新出口经营者征税的决定；（三）有关保留、修改或者取消反倾销税以及价格承诺的复审决定；（四）依照法律、行政法规规定可以起诉的其他反倾销行政行为。"

与反倾销行政行为具有法律上利害关系的个人或者组织为利害关系人，[①]可以依照行政诉讼法及其他有关法律、行政法规的规定，向人民法院提起行政诉讼。反倾销行政案件的被告，应当是作出相应被诉反倾销行政行为的国务院主管部门。与被诉反倾销行政行为具有法律上利害关系的其他国务院主管部门，可以作为第三人参加诉讼。第一审反倾销行政案件由下列人民法院管辖："（一）被告所在地高级人民法院指定的中级人民法院；（二）被告所在地高级人民法院。"

（三）反补贴行政诉讼案件

出口商品在生产、运输、买卖过程中接受的来自政府或同业协会直接或间接的补助、奖金称为补贴。其中，向国内出口商提供的以支持其扩大出口的补贴称为出口补贴，向国内出口商品生产者提供的以提高其增值性产品生产和出口能力的补贴，称为国内补贴或生产补贴。WTO《补贴与反补贴措施协议》规定，对于其他成员造成负面影响的补贴措施，其他成员可采取两种措施予以补救：一是向世界贸易组织争端解决机构提出援用争端解决程序的要求；二是启动征收反补贴税调查程序，并在经过了规定的程序后征收反补贴税。但《补贴与反补贴措施协议》规定，一成员的相关产业只有在确实因另一成员的补贴措施而受到损害的情况下，才可以启用反补贴程序。在其他情况下，唯一的补救方式是通过争端解决程序。

根据《反补贴规定》，与反补贴行政行为具有法律上利害关系的个人或者组织为利害关系人，[②]可以依照行政诉讼法及其他有关法律、行政法规的规定，向

① 是指向国务院主管部门提出反倾销调查书面申请的申请人，有关出口经营者和进口经营者及其他具有法律上利害关系的自然人、法人或者其他组织。

② 同上。

人民法院提起行政诉讼。人民法院依法受理对下列反补贴行政行为提起的行政诉讼："（一）有关补贴及补贴金额、损害及损害程度的终裁决定；（二）有关是否征收反补贴税以及追溯征收的决定；（三）有关保留、修改或者取消反补贴税以及承诺的复审决定；（四）依照法律、行政法规规定可以起诉的其他反补贴行政行为。"

反补贴行政案件的被告，应当是作出相应被诉反补贴行政行为的国务院主管部门。与被诉反补贴行政行为具有法律上利害关系的其他国务院主管部门，可以作为第三人参加诉讼。

第一审反补贴行政案件由下列人民法院管辖："（一）被告所在地高级人民法院指定的中级人民法院；（二）被告所在地高级人民法院。"

（四）涉外知识产权行政案件

涉外知识产权行政案件主要包括专利权涉外行政案件和商标涉外行政案件两大类。专利权涉外行政案件常见的有不服专利复审委员会专利权无效宣告请求决定案件、不服专利复审委员会维持驳回申请复审决定案件等。商标涉外行政案件常见的有不服国务院工商行政管理部门商标评审委员会作出的复审决定或者裁定的案件，不服工商行政管理部门作出的有关商标的行政行为的案件等。①

（五）外国人入境出境行政诉讼案件

随着我国对外开放程度的加大，外国人、无国籍人出入我国的次数和频度不断增加，发生争议的概率也在增加。根据《出境入境管理法》的规定，外国人出境行政诉讼案件主要有两类：第一类是外国人在中国境内居住引发的行政诉讼案件；第二类是入境出境处罚或强制措施引发的行政诉讼案件。根据《出境入境管理法》的规定，除第六十四条②规定的情况外，只要符合新《行政诉讼法》规定的受案范围，当事人都有权提起行政诉讼。

（六）其他涉外行政诉讼案件

除上述五类涉外行政案件外，还有其他涉外行政案件，如外国人缴纳所得税

① 马怀德主编：《行政诉讼法学》，中国人民大学出版社2009年版，第261页。

② 《出境入境管理法》第六十四条规定："外国人对依照本法规定对其实施的继续盘问、拘留审查、限制活动范围、遣送出境措施不服的，可以依法申请行政复议，该行政复议决定为最终决定。""其他境外人员对依照本法规定对其实施的遣送出境措施不服，申请行政复议的，适用前款规定。"

的行政诉讼案件、外国人违反治安管理处罚的行政诉讼案件、外国人违反卫生法律法规的强制措施的行政诉讼案件等。

第二节　涉外行政诉讼的原则

涉外行政诉讼的原则，是贯穿于涉外行政诉讼的全过程，反映涉外行政诉讼的基本特征和规律，对涉外行政诉讼具有普遍指导意义的基本行为规则。

一　国家主权原则

国家主权，指的是一个国家独立自主处理自己国家的内外事务，管理自己国家的最高权力。国家主权原则在行政诉讼领域表现为，人民法院审理涉外行政案件，必须维护国家主权，外国人、无国籍人、外国组织因对我国行政机关作出的行政行为不服而提起的行政诉讼，只能由人民法院审理。具体表现在以下几个方面。

第一，涉外行政诉讼案件的审判权统一由人民法院行使，其他任何机关不得行使；

第二，涉外行政诉讼案件必须适用行政诉讼法的规定；

第三，涉外行政诉讼案件，必须使用我国通用的语言文字；

第四，涉外行政诉讼案件只能委托我国的律师出庭应诉。

二　适用我国行政诉讼法原则

新《行政诉讼法》第九十八条规定："外国人、无国籍人、外国组织在中华人民共和国进行行政诉讼，适用本法。法律另有规定的除外。"这就明确规定了涉外行政诉讼适用我国行政诉讼法的原则。我国独立行使审判权，不受任何干涉、不容许任何外国人、无国籍人、外国组织在我国领域内享有特权，这是涉外行政诉讼中维护国家主权的重要原则。如《治安管理处罚法》第四条规定："在中华人民共和国领域内发生的违反治安管理行为，除法律有特别规定的外，适用本法。在中华人民共和国船舶和航空器内发生的违反治安管理行为，除法律有特别规定的外，适用本法。"

三 诉讼权利平等原则

诉讼权利平等原则，又称为诉讼权利同等原则，是国民待遇原则在行政诉讼领域的具体体现。诉讼权利平等原则，是指在涉外行政诉讼中，外国人、无国籍人、外国组织在我国进行行政诉讼时，可以享有与我国公民、组织在诉讼中所享有的同样的诉讼权利，承担同样的诉讼义务。新《行政诉讼法》第九十九条第一款规定："外国人、无国籍人、外国组织在中华人民共和国进行行政诉讼，同中华人民共和国公民、组织有同等的诉讼权利和义务。"

根据国际条约和国际惯例，在诉讼实践中贯彻该项原则时要注意两点：一是平等原则并不是无条件的，平等原则要受对等原则的限制；二是只适用于行政诉讼上的权利和义务，而不适用于实体法上的权利和义务，我国公民与外国人在我国法律上实体权利是否同等取决于实体法的具体规定。[①]

四 对等原则

对等原则，是指在涉外行政诉讼中，如果外国法院对我国公民、组织的诉讼权利加以限制，则我国人民法院对该国公民、组织在我国进行行政诉讼权利也要作相应的限制。新《行政诉讼法》第九十九条第二款规定："外国法院对中华人民共和国公民、组织的行政诉讼权利加以限制的，人民法院对该国公民、组织的行政诉讼权利，实行对等原则。"《国际贸易规定》第十条规定："外国人、无国籍人、外国组织在中华人民共和国进行国际贸易行政诉讼，同中华人民共和国公民、组织有同等诉讼权利和义务，但有行政诉讼法规定的情形的，适用对等原则。"

对等原则是国家主权原则的延伸，是平等原则的补充。其具体含义包括：

第一，对等原则在涉外行政诉讼中主要适用于对诉讼权利的限制。

第二，外国对我国公民、组织在该国进行行政诉讼的权利进行限制的，无论采取何种形式，我国人民法院都应当给予相应的限制。

---

① 马怀德主编：《行政诉讼法学》，中国人民大学出版社 2009 年版，第 263 页。

第三节　涉外行政诉讼的特殊规定

一　涉外行政诉讼案件的管辖

新《行政诉讼法》没有专门关于涉外行政诉讼管辖的规定，最高人民法院在《适用行政诉讼法解释》第五条①和《管辖规定》第一条都规定，涉外行政诉讼案件，由中级人民法院管辖。此外，《最高人民法院关于审理国际贸易行政案件若干问题的规定》第五条明确规定："第一审国际贸易行政案件由具有管辖权的中级以上人民法院管辖。"《反倾销规定》第五条、《反补贴规定》第五条也分别明确规定，第一审反倾销行政诉讼案件、反补贴行政诉讼案件由被告所在地高级人民法院指定的中级人民法院或被告所在地高级人民法院管辖。

二　涉外行政诉讼案件的代理制度

律师制度是一个国家司法制度的组成部分。一国司法制度只能在本国领域内行使，不能延伸于国外。新《行政诉讼法》第一百条规定："外国人、无国籍人、外国组织在中华人民共和国进行行政诉讼，委托律师代理诉讼的，应当委托中华人民共和国律师机构的律师。"这就从立法上禁止外国律师制度延伸到我国，是维护国家主权的表现。

外国人、无国籍人、外国组织在我国人民法院进行行政诉讼，可以亲自出庭，也可以委托他人代理。如果需要委托律师代理诉讼时，只能委托中华人民共和国的律师，不能委托外国律师。如果外国当事人已经委托了外国律师，受委托的该律师可以作为法律顾问，作为中国律师的助手，协助中国律师进行工作，而不能出席法庭进行行政诉讼活动。

外国人、无国籍人、外国组织委托中国律师代理诉讼，必须有授权委托书。如不在中华人民共和国境内居住，可以寄送委托书，并附有所在国的公证机关证

① 《适用行政诉讼法解释》第五条规定："有下列情形之一的，属于行政诉讼法第十五条第三项规定的'本辖区内重大、复杂的案件'：（一）社会影响重大的共同诉讼案件；（二）涉外或者涉及香港特别行政区、澳门特别行政区、台湾地区的案件；（三）其他重大、复杂案件。"

明，经我国驻该国使馆和领事馆的认可，委托中国律师代理诉讼方能生效。

三　涉外行政诉讼案件的证据制度

《证据规定》第十六条第一款规定："当事人向人民法院提供的在中华人民共和国领域外形成的证据，应当说明来源，经所在国公证机关证明，并经中华人民共和国驻该国使领馆认证，或者履行中华人民共和国与证据所在国订立的有关条约中规定的证明手续。"第五十七条第五项规定："在中华人民共和国领域以外或者在中华人民共和国香港特别行政区、澳门特别行政区和台湾地区形成的未办理法定证明手续的证据材料"不能作为定案的依据。这些规定，就是我国涉外行政诉讼与非涉外行政诉讼在证据制度方面的区别。

第十六章　行政诉讼中的期间、送达和诉讼费用

期间、送达和诉讼费用是行政诉讼中的几个具体问题，虽然涉及的理论不多，但对于正确开展行政诉讼具有十分重要的意义。新《行政诉讼法》第一百零一条规定："人民法院审理行政案件，关于期间、送达、财产保全、开庭审理、调解、中止诉讼、终结诉讼、简易程序、执行等，以及人民检察院对行政案件的受理、审理、裁判、执行的监督，本法没有规定的，适用《中华人民共和国民事诉讼法》的相关规定。"因此，本章的多数内容是以《民事诉讼法》的规定为基础的。

第一节　行政诉讼的期间

一　期间的概念

行政诉讼的期间，是指人民法院、当事人和其他诉讼参与人单独或者会合实施或者完成行政诉讼行为所应当遵守的时间。

广义的行政诉讼期间包括期限和期日，狭义的则仅指期限，不包括期日。期限，是指人民法院、当事人或者其他诉讼参与人进行或完成某种诉讼行为的时间长短。如举证期限、人民法院审理第一审行政案件的期限、当事人对受理法院管辖权提出异议的期限、上诉期限、当事人对生效裁判申请强制执行的期限等。期

日，是指人民法院、当事人或诉讼参与人一同进行诉讼行为的具体日期和时间。如行政相对人起诉的日期，人民法院开庭审理的日期，宣判的日期等。期日又具体包括时或日。

期间和期日是两个既有联系又有区别的概念。二者的联系主要表现在期日总是体现为期限中的某一个具体日期。二者的区别主要表现在：

第一，期间是有开始日和届满日的一段时间；期日是指特定的某一天，即时间点。

第二，期间有法定期间、指定期间和约定期间之分，而期日只有指定期间和约定期间。其原因是期日必须要根据某个具体的诉讼活动来确定，无法由法律事先加以明确规定。

第三，期间是人民法院、当事人和其他诉讼参与人单独完成诉讼活动的时间，而期日是他们会合在一起完成诉讼活动的时间。

第四，期间有始期和终期，而期日只限于开始时间，不包括终结时间。期日终结由审判人员根据具体情况决定。

第五，期间有法定期间与指定期间之分，而期日则都是由人民法院指定。

二　期间的效力

期间在法律上具有两个方面的法律效力。

（一）期间对人民法院的法律效力

在行政诉讼中，期间首先对人民法院产生法律效力。具体表现在，人民法院只能在法定的期限或期日内进行审判活动。它决定了法院在争议发生后的多长期限内对该争议有管辖权，也决定了人民法院行使审判权的期限和行使强制执行权的期限等。人民法院违反期间规定进行的审判行为无效，构成程序违法。

（二）期间对当事人的法律效力

期间对当事人的法律效力具体表现在：诉讼当事人只能按照期间行使诉讼权利，进行诉讼行为，否则可能导致法院的不受理或行为无效的不利法律后果。如行政诉讼中，经人民法院传票传唤，原告无正当理由拒不到庭的，视为申请撤诉；被告无正当理由拒不到庭的，法院可作出缺席判决；超过上诉期的上诉行为，上诉无效，等等。

（三）期间的法律意义

在诉讼制度中，期间具有重要意义：

第一，期间直接影响诉讼的公正与效率。行政诉讼是需要在人民法院主持下，当事人和其他诉讼参与人投入相当的时间共同完成的活动。如果投入的时间不足，或投入的时间不能相互配合，则必然会导致纠纷解决的合理性或有效性缺失；反之，如果投入的时间过多，则会造成诉讼迟延，造成正义迟到。因此，司法权的运行必须有一个合理的期间，规定人民法院的审判活动必须遵守的时间，包括审理案件的具体时间、审理期限等。以审理期限为例，如果期限过短，人民法院没有足够的时间审查、分析案件，必然影响办案质量，影响司法权运行的公正性；如果审理期限过长，积案不决，会使行政法律关系处于一种不稳定状态之中也会影响整个诉讼制度功能的发挥和诉讼效率的提高。

第二，期间直接影响对行政相对人的有效救济。无论是起诉期限，还是人民法院审理案件的期限等，都直接影响对行政相对人权利的保护。起诉期限设置太短，审理期限过长，都不利于对行政相对人的救济。另外，期限的计算合理与否也影响到对行政相对人权益的保护。①

三　期间的种类

按照不同的标准，可对期间进行不同分类。

（一）法定期间和指定期间

这是以期间是否为法律明确规定、人民法院指定为标准进行的划分。期间包括法定期间和人民法院指定的期间。

1. 法定期间

法定期间，是指法律直接规定的诉讼期间。法定期间也是不变期间，除法律另有规定外，无论是人民法院、当事人或其他参与人都不得改变。在行政诉讼中，法定期间主要由行政诉讼法、其他法律、法规以及最高人民法院的司法解释明确规定。法定期间通常是以特定的法律事实作为起算点。例如，人民法院审查起诉的期限从收到起诉状的第二日开始计算；第一审的审限从立案的第二日开始

---

① 胡建森主编：《行政诉讼法学》，高等教育出版社2003年版，第341页。

计算。对于法定期间，除法律另有规定外，人民法院、当事人和其他诉讼参与人都不得加以变更。他们可以选择在法定期间内的任何时间进行诉讼活动。但他们进行诉讼活动的时间不能超过法定期间。换言之，如果他们在法定期间内不能完成相应的诉讼活动，就会引起相应的法律后果。

新《行政诉讼法》多处规定了法定期间，如行政相对人起诉的期间、对一审裁判上诉的期间、人民法院审理一审、二审案件的期间等。

法定期间是就期限而言，不包括期日。因为期日是人民法院指定的。

2. 指定期间

指定期间，是指法律明确授权人民法院根据案件审理的具体需要，依职权指定完成某项诉讼行为的期限或进行某项诉讼行为的期日。在多数情况下，人民法院所指定的期间，是当事人或者其他诉讼参与人实施或者完成特定诉讼活动的期限。如在行政诉讼中，人民法院可以指定相对人补正起诉状欠缺之处的期限和开庭审理的具体日期。

指定期间，是法定期间的补充，由人民法院根据具体情况决定，人民法院也可以根据情况的变化另行指定期间。因此，指定期间是可变期间。

（二）不变期间和可变期间

这是根据期间被确定以后是否可以变更为标准进行的划分。

1. 不变期间

不变期间，是指一经确定，人民法院、当事人和其他诉讼参与人就必须严格遵守，不得加以变更的期间。

2. 可变期间

可变期间，是指期间确定之后，如果在规定的时间内出现了当事人无法完成特定的诉讼活动的情形，人民法院可以根据当事人的申请或者职权加以变更的期间。

在通常情况下，法定期间就是不变期间，指定期间就是可变期间。但是也有一些法定期间，法律规定可以根据具体情况加以变更。例如，新《行政诉讼法》第八十一条规定："人民法院应当在立案之日起六个月内作出第一审判决。有特殊情况需要延长的，由高级人民法院批准，高级人民法院审理第一审案件需要延长的，由最高人民法院批准。"基层人民法院申请延长审理期限，应当直接报请高级人民法院批准，同时报中级人民法院备案。

四　期间的计算

期间的计算主要包括计算单位、始期和终期三个部分。由于期日是进行诉讼活动的时间起点，不存在计算问题，因此，期间的计算也就限于期限的计算。

（一）期间的计算单位

新《行政诉讼法》对期间的计算单位没有作具体规定。根据最高人民法院《适用行政诉讼法解释》第四十八条，《民事诉讼法》第八十二条的规定，行政诉讼期限以时、日、月、年为计算单位。至于某种诉讼行为具体适用哪种计算单位，取决于新《行政诉讼法》及最高人民法院《适用行政诉讼法解释》的规定或人民法院的决定。人民法院决定计算单位的事项，其计算单位要符合该类事项的性质要求。期间的计算包括如下基本规则：

第一，期间以时、日、月、年计算，但对于具体的诉讼活动，是以时、日、月为计算单位，还是以年为计算单位，则需要由法律明确规定或人民法院指定。

第二，期限以时、日为计算单位的，其开始的时和日不计算在期限内，应从开始时、日的次时、日起算；期限以月、年为计算单位的，其起算以日为标准。换言之，期间如果是以小时为单位计算的，开始的小时不计算在内，从下一小时开始计算。终期则根据期间的实际小时数相加确定。期间如果是以日为单位计算的，开始的日也不计算在内，从第二天开始计算。终期则根据期间的实际天数相加确定。同样，如果期间是以月、年为单位计算的，由于它们实际上是由日组成的，因此也是从第二天开始计算。终期则是根据期间的实际月或者年数相加所确定的届满月或者届满年的始期对应日。如果没有对应日的，就以该月的最后一天为届满日。如新《行政诉讼法》第四十六条规定："公民、法人或者其他组织直接向人民法院提起诉讼的，应当自知道或者应当知道作出行政行为之日起六个月内提出。法律另有规定的除外。"第八十五条规定："当事人不服人民法院第一审判决的，有权在判决书送达之日起十五日内向上一级人民法院提起上诉。当事人不服人民法院第一审裁定的，有权在裁定书送达之日起十日内向上一级人民法院提起上诉。逾期不提起上诉的，人民法院的第一审判决或者裁定发生法律效力。"在这里，上诉期限是从人民法院的第一审判决书、裁定书送达之日起计算。需要特别注意的是，新《行政诉讼法》第五十一条第二款规定："对当场不能判定是否符合本法规定的起诉条件的，应当接收起诉状，出具注明收到日期的书面凭证，并在七日内决定是否立案。不符合起诉条件的，作出不予立案的裁定。裁定书应当载明不予立案的理由。原告对裁定不服的，可以提起上诉。”这里的立案期限是七日，但因起诉状内容欠缺或者有其他错误通知原告限期补正的，从补正后递交人民法院的次日起算。由上级人民法院转交下级人民法院立案的案件，从上诉人民法院收到起诉状的次日起算。

第三，期间届满的最后一日是节假日[①]的，以节假日后的第一日为期间届满的日期。但是，如果节假日是在期间中间的而不是在期间届满的最后一日的，就不能扣除。如期限届满的最后一日为10月1日，那么，10月8日才是期限届满之日。因为10月1日至10月7日为节假日。如果期限届满最后一日为星期六的，则期限届满之日为下星期一。

第四，期间不包括在途时间，诉讼文书在期间届满前交邮的，视为在期限内发送，不算过期。这里所谓“在途时间”是指诉讼文书在邮寄途中所花费的时间。确定诉讼文书交邮的时间，通常是以邮寄地邮局邮戳上的时间为准。

第五，期限不包括中止的时间。如在行政诉讼中，案件涉及法律适用问题，需要送请有权机关作出解释或者确认的，会发生诉讼中止，中止的时间不计算在审理的期限内。

第六，根据新《行政诉讼法》的规定，人民法院应当在立案之日起六个月内作出第一审判决、适用简易程序审理的行政案件应当在立案之日起四十五日内审结、上诉案件应当在收到上诉状之日起三个月内作出终审判决，根据《适用行政诉讼法解释》第五十条的规定，这些期限是指从立案之日起至裁判宣告、调解书送达之日止的期间，但公告期间、调解期间、中止诉讼期间、审理当事人提出的管辖异议以及处理人民法院之间的管辖争议期间不应当计算在内。再审案件分别按照一审程序或者二审程序确定审理期限。审理期限自再审立案的次日起算。

五　期间的耽误

（一）期间的耽误的概念

期间的耽误，是指当事人或者其他诉讼参与人本应当在法定期间、指定期间

① 节假日指国家的法定节假日，例如元旦节、春节、元宵节、清明节、五一节、端午节、中秋节、国庆节、周末。

内实施或者完成诉讼行为，但因某种原因未能在法定期限或指定期限内实施或完成诉讼行为的状态。

（二）期间耽误的处理

期间的耽误由主观或客观原因造成。因主观故意或过失造成期间耽误的，当事人要承担不利的法律后果。如，行政相对人没有在法定的起诉期限里提起诉讼，则将丧失胜诉权；被告人没有在法定的期限内举证，则可能导致败诉的后果。

如果期间的耽误是因为某种客观原因，根据新《行政诉讼法》的规定，当事人可以申请顺延期限，或者由法院依职权决定顺延期限或者重新指定期限。新《行政诉讼法》第四十八条规定："公民、法人或者其他组织因不可抗力或者其他不属于其自身的原因耽误起诉期限的，被耽误的时间不计算在起诉期限内。""公民、法人或者其他组织前款规定以外的其他特殊情况耽误起诉期限的，在障碍消除后十日内，可以申请延长期限，是否准许由人民法院决定。"对法定期限的耽误，通常是耽误几天，顺延几天，但需要有人民法院的同意。对指定期限的耽误，可由人民法院重新指定期限。

第二节 行政诉讼的送达

一 送达的概念

送达，是指人民法院按照法定程序和方式，将诉讼文书交给当事人或其他诉讼参与人的诉讼行为。据此概念，送达具有如下几个方面的含义：

第一，送达的主体是人民法院。在我国，由于诉讼模式主要采用职权主义，因此，送达的主体是法院，当事人或其他诉讼参与人向人民法院或相互之间送交诉讼文书的行为不属于送达的范畴，不适用相关送达的规定。

第二，送达的对象是当事人或其他诉讼参与人。人民法院向当事人及其他诉讼参与人之外的人（如下级人民法院或上级人民法院）发送或者报送材料，都不属于送达。如果当事人是未成年人的，应当送达给其法定代理人；如果当事人有委托代理人，并已向人民法院出示了委托代理书的，也可向委托代理人送达。

第三，送达是一种诉讼行为。送达在诉讼实践中表现为诉讼文书交给。这种行为一旦实施，就会产生相应的法律效力。如新《行政诉讼法》第六十七条规定："人民法院应当在立案之日起五日内，将起诉状副本发送被告。被告应当在收到起诉状副本之日起十五日内向人民法院提交作出行政行为的证据和所依据的规范性文件，并提出答辩状。"这里，一旦人民法院将起诉状副本送达被告，将对被告产生约束力，被告必须在十五日内提出答辩状，否则，会导致不利的后果。

第四，送达的内容只能是诉讼法律文书。在行政诉讼中，诉讼文书主要有：起诉状副本、答辩状副本、传票、行政判决书、行政裁定书、行政决定书、上诉状、传票、通知书等。送达的内容主要是当事人应该采取下一步诉讼行为的或应该知晓的相关诉讼事项。

第五，送达的方式和程序由法律规定。在我国，送达的方式和程序为法律明确规定，不允许人民法院和当事人约定。人民法院不按照法定方式和程序实施的送达，不具有法律效力。

二 送达地址确认

为了保证人民法院法律文书送达的准确性，《适用行政诉讼法解释》第五十一条对送达地址作了明确规定：

第一，人民法院可以要求当事人签署送达地址确认书，当事人确认的送达地址为人民法院法律文书的送达地址。

第二，当事人同意电子送达的，应当提供并确认传真号、电子信箱等电子送达地址。

第三，当事人送达地址发生变化的，应当及时书面告知受理案件的人民法院；未及时告知的，人民法院依法按照原地址送达，视为依法送达。

第四，人民法院可以通过国家邮政机构以法院专递方式进行送达。

三 送达的方式

送达方式，是指人民法院将诉讼文书交给当事人或其他诉讼参与人的具体表现形式。行政诉讼的送达方式适用《民事诉讼法》的规定，送达诉讼文书必须有送达回证，由受送达人在送达回证上记明收到日期、签名或者盖章。受送达人在送达回证上的签收日期为送达日期。按照《民事诉讼法》的规定，人民法院的送达方式有六种，可根据具体情况采用。

（一）直接送达

直接送达，又称交付送达，是指人民法院派专人（主要是司法警察、书记员）把诉讼文书直接交付给受送达人（当事人或其他诉讼参与人）的送达方式，是最基本的，也是最重要的送达方式。凡能直接送达的，都应当直接送达。适用《民事诉讼法》第七十八条的规定，人民法院采用直接送达方式送达时，要注意如下几个方面的问题：

第一，直接送达原则上要直接送交受送达人。

第二，受送达人是公民的，如本人不在可交他的同住成年家属签收。

第三，受送达人是法人或者其他组织的，应当由它的法定代表人、其他组织的主要负责人或者该法人、组织负责收件的人签收。

第四，受送达人有诉讼代理人的，可送交其诉讼代理人签收，受送达人已向人民法院指定代收人的，送交代收人签收。

第五，受送达人的同住成年家属或代收人签收的，与送达人签收有同等效力。送达日期为受送达人、代收人在送达回执上签收的日期。

第六，根据《适用行政诉讼法解释》第五十二条的规定，人民法院可以在当事人住所地以外向当事人直接送达诉讼文书。当事人拒绝签署送达回证的，采用拍照、录像等方式记录送达过程即视为送达。审判人员、书记员应当在送达回证上注明送达情况并签名。

这里需要特别指出的是，现行法律没有明确规定当受送达人是行政机关时如何直接送达，实践中一般都是按向法人或其他组织送达的方式办理。

（二）留置送达

留置送达，是指在受送达人无正当理由拒收诉讼文书时，送达人依法将需送达的文书放置在送达人住所即视为送达的方式。留置送达是直接送达的补充，其法律效力等同于直接送达。受送达人或者他的同住成年家属拒绝接收诉讼文书的，送达人可以邀请有关基层组织或者所在单位的代表到场，说明情况，在送达回证上记明拒收事由和日期，由送达人、见证人签名或者盖章，把诉讼文书留在受送达人的住所；也可以把诉讼文书留在受送达人的住所，并采用拍照、录像等方式记录送达过程，即视为送达。根据《民事诉讼法》的规定，采用留置送达时，应当注意如下几个方面的问题：

第一，受送达人或者他的同住成年家属拒绝接受诉讼文书的，送达人应当邀请有关基层组织或者所在单位的代表在场，说明情况，在送达回证上记明拒收事由和日期，由送达人、见证人签名或者盖章，把诉讼文书留在受送达人的住所，即视为送达。

第二，向法人或者其他组织送达诉讼文书，应当由法人的法定代表人、该组织的主要负责人或者办公室、收发室、值班室等负责人签收或者盖章，拒绝签收或者盖章的，适用留置送达。

第三，受送达人有诉讼代理人的，人民法院既可以向送达人送达，也可以向其诉讼代理人送达。受送达人指定诉讼代理人为代收人的，向诉讼代理人送达时，适用留置送达。

第四，受送达人拒绝接受诉讼文书，有关基层单位或者所在单位的见证人不愿在送达回证上签字或者盖章，由送达人在送达回证上记明情况，把送达文书留置在送达人住所。

第五，调解书应当直接送达当事人本人，不适用留置送达。当事人本人因故不能签收的，由其指定的代收人签收。

（三）传真、电子送达

根据《民事诉讼法》第八十七条的规定，经受送达人同意，人民法院可以采用传真、电子邮件等能够确认其收悉的方式送达诉讼文书，但判决书、裁定书、调解书除外。采用传真、电子邮件等方式送达的，以传真、电子邮件等到达受送达人特定系统的日期为送达日期。

（四）委托送达

委托送达，是指受理诉讼的人民法院直接送达诉讼文书有困难，委托其他人民法院代为送达的送达方式。委托送达是一种补充的送达方式，根据《民事诉讼法》第八十八条的规定，委托其他人民法院代为送达的，委托人民法院应当出具委托函，并附需要送达的诉讼文书和送达回证，以受送达人在送达回证上签收的日期为送达日期。委托送达的适用条件是人民法院直接送达有困难，而委托其他人民法院代为送达比较方便。如被送达人在外地，委托外地人民法院送达。

（五）邮寄送达

邮寄送达，是指受理诉讼的人民法院在直接送达诉讼文书有困难时，通过邮局将诉讼文书送达给受送达人的送达方式。采用邮寄送达方式送达时要注意如下几个问题：

第一，邮寄送达是与委托送达并列的一种送达方式，根据《民事诉讼法》第八十八条的规定，人民法院直接送达诉讼文书有困难时，既可以委托其他人民法院代为送达，又可以邮寄送达。

第二，根据相关司法解释，邮寄送达，应当附有送达回执。挂号信回执上注明的收件日期与送达回执上注明的收件日期不一致的，或者送达回执没有寄回的，以挂号信回执上注明的收件日期为送达日期。

（六）转交送达

转交送达，是指人民法院将诉讼文书送交受送达人所在机关、单位或监管单位，由他们转交给受送达人的送达方式。转交送达只适用于特殊情况，不便于直接送达时。根据《民事诉讼法》的规定，转交送达具体有三种情况：

第一，受送达人是军人的，通过其所在部队团以上单位的政治机关转交。

第二，受送达人是被监禁的，通过其所在监所转交。

第三，受送达人被采取强制性教育措施的，通过其所在强制性教育机构转交。

代为转交的机关在收到诉讼文书和法律文书后，要立即交受送达人签收，受送达人在送达回证上签收的日期为送达日期。

（七）公告送达

公告送达，是指在受送达人下落不明或者采用其他送达方式无法送达时，人民法院通过公告将应送达的诉讼文书的内容告诉社会公众，经过法定期间，即视为已经送达受送达人的送达方式。根据《民事诉讼法》第九十二条及最高人民法院的司法解释，采用公告送达应当注意如下几个问题。

第一，公告送达适用于受送达人下落不明，或用前六种方式无法送达的情况。

第二，公告送达起诉状或上诉状副本的，应当说明起诉或上诉要点，受送达人答辩期限及逾期不答辩的法律后果；公告送达传票，应当说明出庭地点、时间及逾期不出庭的法律后果；公告送达判决书、裁定书的，应当说明裁判的主要内容，属于一审判决、裁定的，还应当说明上诉权利、上诉期限和上诉的人民法院。

第三，公告的方式可以是在法院的公告栏、受送达人原住所地张贴公告；也可以在报纸上刊登公告；对公告方式有特殊要求的，应按要求的方式进行公告。

第四，公告的期限是六十日，自公告发出之日起计算，公告期满，即视为送达。公告送达应当在案卷中记明原因和经过。

四　送达的效力

送达的效力，是指人民法院依法定的程序和方式，将诉讼文书送达给当事人或者其他诉讼参与人后所产生的法律效果。有学者认为，送达有实体方面的效力，又有程序上的效力。也有学者认为实际上这里是混淆了送达的效力与诉讼文书和法律文书的效力。送达作为一种诉讼行为，仅具有程序上的效力，不具有实体方面的效力。[①] 送达效力具体表现在以下几个方面：

第一，受送达人实施诉讼行为、行使诉讼权利和履行诉讼义务的起始时间得以确定。例如，当事人不服人民法院一审判决的，有权在判决书送达之日起十五日内向上一级人民法院提起上诉。当事人不服人民法院第一审裁定的，有权在裁定书送达之日起十日内向上一级人民法院提起上诉。逾期不提起上诉的，人民法院的第一审判决或者裁定发生法律效力。

第二，受送达人接受送达之后，如果没有按照所送达的诉讼文书的要求实施特定的行为，就要承担相应的法律后果。例如当事人没有在收到一审判决之日起十五日内、收到一审裁定之日起十日内上诉，就视为放弃上诉权，一审判决或裁定就发生法律效力。

第三，送达能够引起行政诉讼法律关系的产生或者消灭。例如，人民法院立案后，将起诉状副本送达被告，就使被告与受诉人民法院之间产生行政诉讼法律关系。

第四，送达是某些诉讼文书发生法律效力的要件之一。例如行政赔偿诉讼中

---

① 胡建淼：《行政诉讼法学》，法律出版社 2004 年版，第 333 页。

的调解书，只有经过当事人签收才能发生法律效力，如果当事人一方拒绝签收调解书，调解书就不能发生法律效力。

第五，送达是人民法院诉讼行为完成的标志。没有送达，人民法院的诉讼行为，如行政判决、裁定、传票等都不对当事人或其他诉讼参与人产生拘束力。可见，送达是司法文书产生法律效力的前提。

五　送达地址确认

由于当事人的居住情况十分复杂，因此，有必要让当事人确定一个接收法律文书的地址。根据《适用行政诉讼法解释》第五十一条的规定，送达地址按如下方式确定：

第一，人民法院可以要求当事人签署送达地址确认书，当事人确认的送达地址为人民法院法律文书的送达地址。

第二，当事人同意电子送达的，应当提供并确认传真号、电子信箱等电子送达地址。

第三，当事人送达地址发生变更的，应当及时书面告知受理案件的人民法院；未及时告知的，人民法院按原地址送达，视为依法送达。

第四，人民法院可以通过国家邮政机构以法院专递方式进行送达。

六　送达回证

送达回证，是指人民法院制作的用于证明受送达人已经收到人民法院所送交的诉讼文书的书面凭证。

根据《民事诉讼法》第八十四条的规定，送达诉讼文书必须有送达回证，由受送达人在送达回证上注明收到日期，签名或者盖章。受送达人在送达回证上的签收日期为送达日期。

根据《适用行政诉讼法解释》第五十二条的规定，人民法院可以在当事人住所地以外向当事人直接送达诉讼文书。当事人拒绝签署送达回证的，采用拍照、录像等方式记录送达过程即视为送达。审判人员、书记员应当在送达回证上注明送达情况并签名。

第三节　行政诉讼费用

一　行政诉讼费用的概念

行政诉讼费用，是指当事人进行行政诉讼，依法向人民法院交纳或者支付的费用。交纳和支付诉讼费用，是各国诉讼中普遍规定的一项法律制度。诉讼费用体现了行政诉讼活动的严肃性和公正性。新《行政诉讼法》第一百零二条规定："人民法院审理行政案件，应当收取诉讼费用。诉讼费用由败诉方承担，双方都有责任由双方分担。收取诉讼费用的具体办法另行规定。"从诉讼费用最终由败诉方承担来看，诉讼费用具有一定的制裁性，对违反行政法或滥用诉讼权利的当事人来讲，具有一定的经济制裁性质。[①] 1989 年最高人民法院制定的《人民法院诉讼收费办法》对行政诉讼的收费范围、标准、费用的交纳、负担等作了具体规定。2006 年 12 月国务院通过了《诉讼费用交纳办法》，并于 2007 年 4 月 1 日起开始实行，大大降低了诉讼费用。该办法对行政诉讼费用的交纳范围、标准、交纳和退还、负担、司法救助等作了具体规定。

二　诉讼费用的意义

行政诉讼费用制度设置合理，将有利于行政诉讼制度功能的发挥。理论界通常认为，合理的诉讼费用制度具有以下意义。

第一，有利于均衡社会对公务费用的负担。司法是社会的公共资源。诉讼费用制度体现了"谁享受服务、谁付费"的精神。行政诉讼只是发生在一部分行政机关和行政相对人之间，如果全部费用都由国库开支，必然增加国家财政的负担，而国家财政负担的增加又将转嫁到纳税人身上。因此，由当事人负担自己的费用是合乎情理的，有利于均衡社会对公务费用的负担。

第二，有利于防止和减少滥用诉权的现象发生。诉讼费用由败诉人和在诉讼中有不正当行为的人负担，将对那些诉讼目的不纯，无理缠讼的人产生一定的制

---

① 张卫平：《民事诉讼法》（第二版），法律出版社 2009 年版，第 261 页。

约作用。当然，诉讼费用的收取需要有合理的标准，如果诉讼费用标准太低，难以遏制滥诉现象的发生；但如果诉讼费用的收取标准过高，将会在一定程度上影响相对人行使诉权，使一些人因无钱诉讼而丧失司法救济的机会。

第三，有利于促使行政机关依法行政和积极应诉。由于实行诉讼费用由败诉方承担的制度，就意味着行政机关如果不依法行政或者发生纠纷后不积极应诉，将承担败诉和支付行政诉讼费用的后果。因此，诉讼费用制度能够在一定程度上促使行政机关依法行政。当然，严格地说，行政机关败诉承担诉讼费用只具有形式意义，因为行政机关的所有支出都是来自于国库，对行政机关而言，支付诉讼费用的威慑作用的效果还需要实践的检验。

三　行政诉讼费用的种类和征收标准

按照诉讼费用的性质和征收的目的，可以把诉讼费用分为案件受理费、案件执行费和其他诉讼费用。每类费用适用不同的征收标准。

（一）诉讼费用的种类

诉讼费用的种类，是指根据法律规定的不同标准由人民法院收取的不同性质的诉讼费用。主要分为两大类：程序启动费和其他诉讼费用。程序启动费又可以分为案件受理费和申请费两类。申请费又可以细分为执行申请费和非讼程序申请费。其他诉讼费用主要是程序进行中实际开支的费用。① 按照诉讼费用的性质和行政征收的目的，《诉讼费用交纳办法》把诉讼费用分为案件受理费、申请费和其他诉讼费用。

1. 案件受理费

案件受理费，是指人民法院决定受理行政案件后，按照有关规定由当事人向人民法院交纳的费用。案件受理费在一定程度上具有“规费”的性质，应上缴国库。除法律另有规定外，案件受理费一般由原告预交。除法律、法规另有规定外，所有的行政案件在原则上都要收取案件受理费。

根据行政诉讼案件的审理程序不同，案件受理费分为三类：一是第一审案件受理费；二是第二审案件受理费；三是再审案件受理费。

第一审案件受理费，是指原告在人民法院决定受理第一审行政案件后向人民

---

① 张卫平：《民事诉讼法》（第二版），法律出版社2009年版，第262页。

法院交纳的费用。应当交纳第一审案件受理费的原告未按照受理案件的人民法院的通知按时交纳的，将按自动撤回起诉处理。根据《诉讼费用交纳办法》规定，第一审人民法院裁定不予受理、驳回起诉的案件，以及行政赔偿案件不交纳案件受理费。①

第二审案件受理费，是指人民法院对决定受理的第二审行政案件的上诉人所依法收取的费用。应当交纳第二审案件受理费的上诉人未按照受理案件的人民法院的通知按时交纳的，将按自动撤回上诉处理。根据《诉讼费用交纳办法》的规定，第二审裁定驳回上诉的案件，以及对一审不予受理、驳回起诉和管辖权异议裁定不服，提起上诉的案件，不交纳第二审案件受理费。

再审案件受理费，是指人民法院对符合特定情形的再审行政案件向当事人所收取的费用。人民法院根据《行政诉讼法》规定的审判监督程序审理再审行政案件，原则上当事人不交纳案件受理费。但下列两种情形除外：一是当事人有新的证据，足以推翻原判决、裁定，向人民法院申请再审，人民法院经审查决定再审的案件；二是当事人对人民法院第一审判决、裁定未提起上诉，第一审人民法院判决、裁定或者调解书发生法律效力后又申请再审，人民法院经审查决定再审的案件。

根据案件是否涉及财产纠纷，案件受理费分为两类：一类是财产案件的受理费；另一类是非财产案件的受理费。在行政诉讼中，对被诉行政行为有争议价额或金额的，按财产案件处理。

根据《诉讼费用交纳办法》的规定，对于人民法院裁定不予受理、驳回起诉、驳回上诉的案件；对不予受理、驳回起诉和管辖异议裁定不服提起上诉的案件和行政赔偿案件，人民法院不得收取案件受理费。

2. 案件申请费

案件申请费，是指当事人申请人民法院办理有关特殊诉讼事项时向人民法院所交纳的费用。根据《诉讼费用交纳办法》的规定，当事人在行政诉讼中，依法向人民法院申请下列事项，应当交纳申请费：

一是申请执行人民法院发生法律效力的判决、裁定、调解书；

---

① 《国家赔偿法》第四十一条规定："赔偿请求人要求国家赔偿的，赔偿义务机关、复议机关和人民法院不得向赔偿请求人收取任何费用。""对赔偿请求人取得的赔偿金不予征税。"

二是申请保全措施。申请财产保全措施的收费标准，应当根据实际保全财产数额按照规定标准交纳，同时该项申请费用最高不得超过5000元；

三是申请承认和执行外国法院的判决和裁定。

这里需要特别注意的是，申请执行行政机关的行政行为，是否需要交纳费用，我国的规定有所变化。原《人民法院诉讼收费办法》规定行政机关应当交纳申请费，但《诉讼费用交纳办法》对此没有规定。本书认为，既然《诉讼费用交纳办法》没有规定，人民法院就丧失了收费的法律根据，就不应当向行政机关收取非诉行政案件的执行费。

3. 其他诉讼费用

行政诉讼中的其他诉讼费用，是指人民法院在审理行政案件中实际支出的费用。根据《诉讼费用交纳办法》的规定，其他诉讼费用主要是指证人、鉴定人、翻译人员、理算人员在人民法院指定日期出庭发生的交通费、住宿费、生活费和误工补贴等。上述费用由人民法院按照国家规定的标准代为收取。另外，当事人复制案件卷宗材料和法律文书，应当按实际成本向人民法院交纳工本费。

此外，《诉讼费用交纳办法》还规定，诉讼过程中因鉴定、公告、勘验、翻译等发生的依法应当由当事人负担的费用，人民法院根据“谁主张、谁负担”的原则，决定由当事人直接支付给有关机构或者单位，人民法院不得代收代付；人民法院依法向当事人提供当地民族通用语言、文字翻译的，不收取费用。

（二）诉讼费用的标准

按照《诉讼费用交纳办法》的规定，行政案件受理费的交纳标准非常简单，即商标、专利、海事行政案件每件交纳100元，其他行政案件每件交纳50元。当事人提出案件管辖异议，异议不成立的，每件交纳50至100元。[①] 申请费和其他费用需要根据实际情况确定交纳数额。但对于撤诉的案件，人民法院可以减半收取案件受理费，对于合并审理的案件应当分别减半收取案件受理费。

---

① 需要注意的是，《诉讼费用交纳办法》与原来最高人民法院1989年制定的《人民法院诉讼收费办法》中，对被诉具体行政行为有争议价额或金额，按财产案件收取案件受理费的规定，有很大的不同，从根本上有利于减轻人们的诉讼负担。

四 诉讼费用的交纳与退还

（一）诉讼费用的交纳

行政诉讼费用的交纳，主要是指诉讼费用的预交。按照《诉讼费用交纳办法》的规定，案件受理费由原告人、上诉人预交；申请费由申请人预交，但申请执行人民法院发生法律效力的判决、裁定、调解书的，其申请费不由申请人预交，而是在执行后交纳；其他诉讼费用，待实际发生后交纳。

根据《诉讼费用交纳办法》的规定，原告自接到人民法院交纳诉讼费用通知次日起七日内交纳案件受理费；上诉案件的受理费由上诉人向人民法院提交上诉状时预交；双方当事人都提起上诉的，分别预交。上诉人在上诉期内未预交诉讼费用的人民法院应当通知其在七日内预交。申请费由申请人在提出申请时或者在人民法院指定的期限内预交；依法需要交纳案件受理费的再审案件，由申请再审的当事人预交。双方当事人都申请再审的，分别预交。

当事人逾期不交纳诉讼费用又未提出司法救助申请，或者申请司法救助未获批准，在人民法院指定期限内仍未交纳诉讼费用的，由人民法院依照有关规定处理。

（二）诉讼费用的退还

根据《诉讼费用交纳办法》的规定，中止诉讼、中止执行的案件，已经交纳的案件受理费、申请费不予退还。中止诉讼、中止执行的原因消除，恢复诉讼、执行的，不再交纳案件受理费、申请费。

第二审人民法院决定将案件发回重审的，应当退还当事人已经交纳的案件受理费；当事人对第一审人民法院的不予受理、驳回起诉的裁定提起上诉，第二审人民法院维持第一审人民法院作出的裁定的，第一审人民法院应当退还当事人已交纳的案件受理费。

五 行政诉讼费用的负担

行政诉讼费用的负担，是指行政案件审结后，由哪一方当事人来承担诉讼费用的制度。诉讼费用的负担应当公平合理，新《行政诉讼法》第一百零二条规定了行政诉讼费用由败诉方负担的原则，《诉讼费用交纳办法》进一步作了具体明确的规定。

第一，行政诉讼费用原则上由败诉方负担，胜诉方自愿承担的除外。部分胜诉、部分败诉的，人民法院根据案件的具体情况决定当事人各自负担的诉讼费用数额。共同诉讼当事人败诉的，人民法院根据其对诉讼标的利害关系，决定当事人各自负担的诉讼费用的数额。第二审人民法院改变第一审人民法院作出的判决、裁定的，应当相应变更第一审人民法院对诉讼费用负担的决定。

第二，行政案件的被告人改变或者撤销行政行为，原告申请撤诉，人民法院裁定准许的，案件受理费由被告负担。

第三，当事人不得单独对人民法院关于诉讼费用的决定提起上诉。当事人单独对人民法院关于诉讼费用的决定有异议的，可以向作出决定的人民法院院长申请复核。复核决定应当自收到当事人申请之日起十五日内作出。当事人对人民法院诉讼费用的计算有异议的，可以向作出决定的人民法院请求复核。计算确有错误的，作出决定的人民法院应当予以更正。

六　行政诉讼费用的管理

根据《诉讼费用交纳办法》规定，人民法院应当严格按照规定的范围和标准收取诉讼费用。诉讼费用的交纳和收取制度应当公示。人民法院收取诉讼费用按照其财政隶属关系使用国务院财政部门或者省级人民政府财政部门印制的财政票据。案件受理费、申请费全额上交财政，纳入预算，实行收支两条线管理。

人民法院收取诉讼费用应当向当事人开具缴费凭证，当事人持缴费凭证到指定代理银行交费。

依法应当向当事人退费的，人民法院应当按照国家有关规定办理。

案件审结后，人民法院应当将诉讼费用的详细清单和当事人应当负担的数额书面通知当事人，同时在判决书、裁定书或者调解书中写明当事人各方应当负担的数额。需要向当事人退还诉讼费用的，人民法院应当自法律文书生效之日起十五日内退还有关当事人。

七　诉讼费用缓交、减交和免交

（一）诉讼费用的缓交

根据《诉讼费用交纳办法》的规定，当事人申请司法救助，符合下列情形之一的，人民法院应当准予缓交诉讼费用：

第一，追索社会保险金、经济补偿金的。

第二，海上事故、交通事故、医疗事故、工伤事故、产品质量事故或者其他人身伤害事故的受害人请求赔偿的。

第三，正在接受有关部门法律援助的。

第四，确实需要缓交的其他情形。

（二）诉讼费用的减交

根据《诉讼费用交纳办法》的规定，当事人申请司法救助，符合下列情形之一的，人民法院应当准予减交诉讼费用：

第一，因自然灾害等不可抗力造成生活困难，正在接受社会救济，或者家庭生产经营难以为继的。

第二，属于国家规定的优抚、安置对象的。

第三，社会福利机构和救助管理站。

第四，确实需要减交的其他情形。

这里需要指出的是，人民法院准予减交诉讼费用的，减交比例不得低于30%。

（三）诉讼费用的免交

根据《诉讼费用交纳办法》的规定，当事人申请司法救助，符合下列情形之一的，人民法院应当准予免交诉讼费用：

第一，残疾人无固定生活来源的。

第二，追索赡养费、扶养费、抚育费、抚恤金的。

第三，最低生活保障对象、农村特困定期救济对象、农村五保供养对象或者领取失业保险金人员，无其他收入的。

第四，见义勇为者为保护社会公共利益致使自身合法权益受到损害，本人或者其近亲属请求赔偿或者补偿的。

第五，确实需要免交的其他情形。

这里需要注意的是，费用的免交只适用于自然人。

八　诉讼费用司法救助的程序

当事人申请司法救助，应当在起诉或者上诉时提交书面申请、足以证明其确有经济困难的证明材料以及其他相关证明材料。因生活困难或者追索基本生活费用申请免交、减交诉讼费用的，还应当提供本人及其家庭经济状况符合当地民政、劳动保障等部门规定的公民经济困难标准的证明。

当事人申请缓交诉讼费用，经审查符合规定情形的，人民法院应当在决定立案之前作出准予缓交的决定。人民法院对当事人的司法救助申请不予批准的，应当向当事人书面说明理由。人民法院准予当事人减交、免交诉讼费用的，应当在法律文书中载明。

人民法院对一方当事人提供司法救助，对方当事人败诉的，诉讼费用由对方当事人负担；对方当事人胜诉的，可以根据申请司法救助的当事人的经济状况决定减交、免交诉讼费用。

参考文献

王名扬:《外国行政诉讼制度》，人民法院出版社 1991 年版。

王名扬:《美国行政法》（上、下册），中国法制出版社 1995 年版。

王名扬:《法国行政法》，北京大学出版社 2007 年版。

王名扬:《英国行政法》，北京大学出版社 2007 年版。

罗豪才:《中国司法审查制度》，北京大学出版社 1993 年版。

罗豪才、湛中乐:《行政法学》（第二版），北京大学出版社 2005 年版。

应松年:《当代中国行政法》（下卷），方正出版社 2005 年版。

应松年:《行政诉讼法学》（第四版），法律出版社 2007 年版。

应松年:《行政法与行政诉讼法学》，中国人民大学出版社 2009 年版。

应松年:《行政诉讼法与行政复议法的修改和完善》，中国政法大学出版社 2013 年版。

应松年:《行政法与行政诉讼法学》，高等教育出版社 2017 年版。

姜明安:《行政法》，北京大学出版社 2017 年版。

姜明安:《行政法与行政诉讼法》（第六版），北京大学出版社、高等教育出版社 2015 年版。

姜明安:《行政诉讼法》（第三版），北京大学出版社 2016 年版。

胡建淼:《外国行政法规与案例评述》，中国法制出版社 1997 年版。

胡建淼:《行政诉讼法学》，高等教育出版社 2003 年版。

胡建淼:《行政法与行政诉讼法》，高等教育出版社 2001 年版。

胡建淼:《世界行政法院制度研究》，武汉大学出版社 2007 年版。

胡建淼:《行政法与行政诉讼法》，清华大学出版社 2008 年版。

马怀德：《行政诉讼原理》，法律出版社 2004 年版。

马怀德：《司法改革与行政诉讼制度的完善——〈行政诉讼法〉修改建议稿及理由说明书》，中国政法大学出版社 2004 年版。

马怀德：《行政诉讼制度的发展历程》，北京大学出版社 2009 年版。

马怀德：《新编〈中华人民共和国行政诉讼法〉释义》，中国法制出版社 2014 年版。

杨海坤、章志远：《行政诉讼法专题研究述评》，中国民主法制出版社 2006 年版。

江必新：《中国行政诉讼制度的完善：行政诉讼法修改问题实务研究》，法律出版社 2005 年版。

江必新、梁凤云：《行政诉讼法理论与实务》（上下卷），北京大学出版社 2009 年版。

江必新、梁凤云：《行政诉讼法理论与实务》（上下卷）（第三版），北京大学出版社 2009 年版。

江必新、梁凤云：《行政诉讼法理论与实务》（上下卷）（第三版），法律出版社 2009 年版。

江必新、邵长茂：《新行政诉讼法修改条文理解与适用》，中国法制出版社 2015 年版。

江必新、邵长茂、方颉琳：《行政诉讼法修改资料汇纂》，中国法制出版社 2015 年版。

江必新：《行政诉讼法司法解释实务指南与疑难解答》，中国法制出版社 2018 年版。

江必新：《中华人民共和国行政诉讼法理解适用与实务指南》，中国法制出版社 2015 年版。

江必新：《中华人民共和国行政诉讼法及司法解释条文理解与适用》，人民法院出版社 2015 年版。

江必新：《新行政诉讼法专题讲座》，中国法制出版社 2015 年版。

张树义：《行政法与行政诉讼法学》（第二版），高等教育出版社 2007 年版。

张树义：《行政诉讼法学》，中国政法大学出版社 2009 年版。

张树义：《冲突与选择——行政诉讼的理论与实践》，时事出版社 1992 年版。

张树义：《寻求行政诉讼制度发展的良性循环》，中国政法大学出版社 2000 年版。

张树义：《最高人民法院〈行政诉讼证据规定〉释评》，中国法制出版社 2002 年版。

张树义：《纠纷的行政解决机制研究——以行政裁决为中心》，中国政法大学出版社 2006 年版。

张树义：《〈中华人民共和国行政诉讼法〉精解与案例适用》，中国民主法制出版社 2015 年版。

张树义、张力：《行政法与行政诉讼法学》（第三版），高等教育出版社 2015 年版。

张千帆、赵娟、黄建军：《比较行政法——体系、制度与过程》，法律出版社 2008 年版。

张千帆、包万超、王卫明：《司法审查制度比较研究》，译林出版社 2012 年版。

高家伟：《行政诉讼证据的理论与实践》，工商出版社 1998 年版。

薛刚凌：《行政诉权研究》，华文出版社 1999 年版。

薛刚凌：《行政法与行政诉讼法》，中国人民大学出版社 2007 年版。

林莉红：《中国行政救济理论与实务》，武汉大学出版社 2000 年版。

林莉红：《行政诉讼法学》（第四版），武汉大学出版社 2015 年版。

何海波：《行政诉讼法》（第二版），法律出版社 2016 年版。

何海波：《中外行政诉讼法汇编》，商务印书馆，2018 年版。

刘恒：《行政救济制度研究》，法律出版社 1998 年版。

甘文：《行政诉讼司法解释之评论——理由、观点与问题》，中国法制出版社 2000 年版。

傅思明：《中国司法审查制度》，中国民主法制出版社 2002 年版。

蔡小雪：《行政复议与行政诉讼的衔接》，中国法制出版社 2003 年版。

杨伟东：《行政行为司法审查强度研究——行政审判权纵向范围分析》，中国人民大学出版社 2003 年版。

何兵：《现代社会的纠纷解决》，法律出版社 2003 年版。

高家伟：《行政法与行政诉讼法学》，中国政法大学出版社 2004 年版。

顾培东:《社会冲突与诉讼机制》(修订版),法律出版社 2004 年版。

朱新力:《司法审查的基准:探索行政诉讼的裁判技术》,法律出版社 2005 年版。

杨临萍:《中国司法审查若干前沿问题》,人民法院出版社 2006 年版。

高新华:《行政诉讼原告论》,中国人民公安大学出版社 2006 年版。

杨小军:《行政诉讼问题研究与制度改革》,中国人民公安大学出版社 2007 年版。

吕艳滨:《行政诉讼法的新发展》,中国社会科学出版社 2008 年版。

王麟:《行政诉讼法学》,中国政法大学出版社 2008 年版。

沈福俊:《中国行政救济程序论》,北京大学出版社 2008 年版。

江利红:《日本行政诉讼法》,知识产权出版社 2008 年版。

罗文燕:《行政法与行政诉讼法》,浙江大学出版社 2008 年版。

黄学贤、陈仪:《行政诉讼若干问题研究》,厦门大学出版社 2008 年版。

黄学贤、王太高:《行政公益诉讼研究》,中国政法大学出版社 2008 年版。

颜运秋:《公益诉讼法律制度研究》,法律出版社 2008 年版。

田凯:《行政公诉论》,中国检察出版社 2009 年版。

谭宗泽:《行政诉讼结构研究:以相对人权益保障为中心》,法律出版社 2009 年版。

杨临宏:《行政诉讼法:原理与制度》,云南大学出版社 2011 年版。

杨临宏:《新修行政诉讼法 》,知识产权出版社 2015 年版。

杨临宏:《中国行政诉讼制度空白及完善问题研究 》,云南大学出版社 2009 年版。

杨临宏、黄金泉:《中国行政诉讼制度缺失及完善问题研究 》,云南大学出版社 2010 年版。

王天华:《行政诉讼的构造:日本行政诉讼法研究》,法律出版社 2010 年版。

汪庆华:《政治中的司法:中国行政诉讼的法律社会学考察》,清华大学出版社 2011 年版。

孔繁华:《行政诉讼性质研究》,人民出版社 2011 年版。

蔡小雪、郭修江、耿宝建:《行政诉讼中的法律适用——最高人民法院行政诉讼批复答复解析》,人民出版社 2011 年版。

李荣珍：《行政诉讼原理与改革》，法律出版社 2011 年版。

王振宇：《行政诉讼制度研究》，中国人民大学出版社 2012 年版。

黄启辉：《行政救济构造研究》，武汉大学出版社 2012 年版。

莫于川：《建设法治政府需要司法更给力：行政诉讼法修改问题研究及专家建议稿》，清华大学出版社 2014 年版。

刘国光：《最高人民法院〈关于行政诉讼证据若干问题的规定〉释义与适用》，人民法院出版社 2015 年版。

王雅琴：《中国行政诉讼法十二讲》，中国法制出版社 2016 年版。

王雅琴：《中国行政诉讼与公法救济》，人民法院出版社 2016 年版。

易花萍：《行政审判理论与实务探索》，法律出版社 2012 年版。

刘东亮：《行政诉讼程序的改革与完善：行政行为司法审查标准问题研究》，中国法制出版社 2010 年版。

刘东亮：《行政诉讼目的研究：立法目的和诉讼制度的耦合与差异》，中国法制出版社 2011 年版。

刘飞：《行政诉讼制度专题研究：中德比较的视角》，法律出版社 2016 年版。

李广宇：《新行政诉讼法逐条注释》（上下卷），法律出版社 2015 年版。

李广宇：《理性诉讼观与实质法治主义》，法律出版社 2018 年版。

李广宇：《如何裁判行政案件：判例体现的理念与方法》，法律出版社 2018 年版。

梁凤云：《新行政诉讼法讲义》，人民法院出版社 2015 年版。

梁凤云：《新行政诉讼法逐条注释》，中国法制出版社 2017 年版。

梁凤云：《行政诉讼法司法解释讲义》，人民法院出版社 2018 年版。

耿宝建：《裁判的方法》，人民法院出版社 2016 年版。

陈金钊、孙光宁：《司法方法论》，人民出版社 2016 年版。

张光宏、毕洪海：《行政附带民事诉讼的理论与实践》，中国政法大学出版社 2014 年版。

吉罗洪、池寒冰：《行政诉讼证据实务问题研究》，中国法制出版社 2015 年版。

胡卫列：《行政诉讼目的论》，中国检察出版社 2014 年版。

王青斌：《行政复议制度的变革与重构——兼论〈行政复议法〉的修改》，

中国政法大学出版社 2013 年版。

谭炜杰：《行政诉讼和解研究》，中国政法大学出版社 2012 年版。

刘峰：《行政诉讼裁判过程研究》，知识产权出版社 2013 年版。

李哲范：《行政诉讼司法权界限》，中国书籍出版社 2013 年版。

宋智敏：《从行政裁判院到行政法院：近代中国行政诉讼制度变迁研究》，法律出版社 2012 年版。

宋玲：《民国行政诉讼制度研究》，中国政法大学出版社 2015 年版。

赵勇：《民国北京政府行政诉讼制度研究——基于平政院裁决书的分析》，中国政法大学出版社 2017 年版。

信春鹰：《中华人民共和国行政诉讼法释义》，中国法制出版社 2014 年版。

袁杰：《中华人民共和国行政诉讼法解读》，中国法制出版社 2014 年版。

全国人大常委会法制工作委员会行政法室：《行政诉讼法立法背景与观点全集》，法律出版社 2014 年版。

全国人大常委会法制工作委员会行政法室：《〈中华人民共和国行政诉讼法〉解读与适用》，法律出版社 2015 年版。

中华人民共和国最高人民法院：《中国法院的行政审判（1990—2017）》，人民法院出版社 2018 年版。

最高人民法院行政审判庭：《最高人民法院行政诉讼司法解释理解与适用》（上下卷），人民法院出版社 2018 年版。

章志远：《行政法案例分析教程》，北京大学出版社 2016 年版。

刘宗德、赖恒盈：《台湾地区行政诉讼：制度、立法与案例》，浙江大学出版社 2011 年版。

林峰：《香港地区行政诉讼：制度、立法与案例》，浙江大学出版社 2011 年版。

米万英、何伟宁：《澳门地区行政诉讼：制度、立法与案例》，浙江大学出版社 2011 年版。

吴庚：《行政争讼法论》（第三版），中国台湾三民书局 2005 年版。

林腾鹞：《行政诉讼法》（第二版），中国台湾三民书局 2005 年版。

陈清秀：《行政诉讼法》（第二版），翰芦图书出版有限公司 2002 年版。

陈清秀：《行政诉讼法》，法律出版社 2016 年版。

徐瑞晃：《行政诉讼法》，五南图书出版股份有限公司 2009 年版。

［美］欧内斯特・盖尔霍恩、罗纳德・M. 利文：《行政法和行政程序概要》，黄列译，中国社会科学出版社 1996 年版。

［德］弗里德赫尔穆・胡芬：《行政诉讼法》（第五版），莫光华译，法律出版社 2003 年版。

［美］史蒂文・J. 卡恩：《行政法：原理与案例》，张梦中、曾二秀、蔡立辉译，中山大学出版社 2004 年版。

［日］室井力：《日本现代行政法》，吴微译，中国政法大学出版社 1995 年版。

［日］南博方：《行政法》（第六版），杨建顺译，中国人民大学出版社 2009 年版。